Rolf Oerter Psychologie des Denkens

Rolf Oerter

Psychologie des Denkens

Verlag Ludwig Auer Donauwörth

2. Auflage. 1971

Gesamtherstellung: Druckerei Ludwig Auer, Donauwörth
ISBN 3-403-00221-7

Meiner Frau

INHALT

Zweites Kapitel

Denken als Problemlösen

VORWORT

Denken als die höchste Leistung des Menschen fesselt den Laien und den Wissenschaftler gleichermaßen. Von der deutschen Psychologie wurde das Denken bereits um die Jahrhundertwende untersucht. Man kann sagen, daß seitdem die Tradition der Denkpsychologie, die mit Namen wie Ach, Bühler, Selz und Duncker verbunden ist, in Deutschland nie ganz abriß, aber nach 1945 durch die Beschäftigung mit der angelsächsischen Psychologie und dem damals dort vorherrschenden Behaviorismus doch fast in Vergessenheit geriet. Heute, da der Behaviorismus selbst in seiner Heimat überwunden ist und die Simulation von kognitiven Prozessen auf elektronischen Rechenanlagen große Fortschritte gemacht hat, gewinnt auch im deutschsprachigen Raum die experimentelle Untersuchung von Denkprozessen immer mehr an Bedeutung.

Das vorliegende Buch stellt unter diesem Aspekt einen Beitrag dar, beim Studierenden und interessierten Laien allzu eingeengte Vorstellungen über Lernen als blinde Reiz-Reaktions-Koppelung zu korrigieren und die Aufmerksamkeit auf die organisierenden und planenden Leistungen des Individuums zu richten.

Denken erregt heute noch aus einem anderen Grund allgemeines Interesse. Einerseits zeigt sich, daß Beweglichkeit und Produktivität des Denkens zu größeren beruflichen Erfolgschancen verhelfen, andererseits bedarf auch die Gesellschaft in zunehmendem Maße produktiver Denkleistungen des einzelnen, da die politische und wirtschaftliche Struktur eines modernen Industriestaates auf qualifizierte Individuen angewiesen ist.

Damit wird die Förderung des Denkens zur zentralen pädagogischen Aufgabe, und eine Darstellung der Psychologie des Denkens kann wohl an dieser Bedarfslage nicht vorübergehen. Es wurde deshalb versucht, eine pädagogisch relevante Auswahl aus dem Gesamtfragenkreis des Denkens zu treffen und darüber hinaus Anregungen für eine effektivere Denkförderung zu bieten.

Das Buch soll zur Einführung und Orientierung dienen. Es wurde deshalb versucht, die Darstellung möglichst einfach zu halten, so daß sie auch dem Laien leicht verständlich sein dürfte. Genauere methodische Hinweise zu einzelnen Experimenten konnten nicht immer weggelassen werden, doch sind sie für das Verständnis der mitgeteilten Ergebnisse nicht von entscheidender Wichtigkeit.

Rolf Oerter

EINLEITUNG

Die Psychologie hat mit vielen schier unüberwindlichen Schwierigkeiten zu kämpfen. Zu ihnen gehören die Komplexität des Gegenstandes der Psychologie, der Dualismus zwischen Bewußtsein und Materie sowie der Umstand, daß wir schon vor aller wissenschaftlichen Erfahrung ein psychologisches Verständnis besitzen oder zu besitzen glauben, weshalb die meisten psychologischen Begriffe schon kulturell und durch die Einzelerfahrung determinierte Bedeutungen haben, von denen wir sie nur schwer befreien können.

Diese drei genannten Schwierigkeiten treffen wir auch bei der Untersuchung des Denkvorganges an. Beginnen wir mit der letzten. Wir gebrauchen die Bezeichnung „Denken" in mannigfacher Weise, etwa: an jemanden denken, an etwas nicht gedacht haben, über eine Sache so und so denken, sich etwas ausdenken, nachdenken, bedenken, schlüssig denken, schöpferisch denken u. a. m. Kann ein Begriff, der so verschiedenartige Bedeutungen umfaßt, als psychologisch eindeutiger und sinnvoller Begriff verwendet werden? Merkwürdigerweise sind wir überzeugt, doch zu wissen, was Denken ist, weil wir es selbst schon oft praktiziert haben. Es darf daher nicht wundernehmen, wenn Philosophen das Bewußtsein um die eigene Denktätigkeit zum Ausgangspunkt ihrer Philosophie machten und dem Wissen um das eigene Denken höchste Gewißheit zusprechen. Gerade dieser Gewißheitscharakter und das Gefühl des innigen Vertrautseins mit einem Phänomen mag beim Denken mit daran schuld gewesen sein, daß wir bis auf den heutigen Tag noch gar nicht allzuviel darüber wissen, wie Denkakte ablaufen, wie Denkleistungen zustande kommen. Das zeigt sich bei den gegenwärtigen Versuchen, Denkleistungen mit Hilfe von Computern zu simulieren.

Sicherlich liegt das auch an der eingangs erwähnten Komplexität des Gegenstandes. Man kann mit Hilfe von 20 Fragen mit Ja-Nein-Antwort aus einer Menge von rund einer Million Objekten das gesuchte Objekt ausfindig machen. Eine Folge von 20 Entscheidungen zwischen gleichwahrscheinlichen Möglichkeiten überprüft $2^{20} = 1\,048\,576$ Fälle. Tatsächlich werden solche Leistungen zumindest annäherungsweise erreicht. Beim Schachspiel gibt es so viele Zugmöglichkeiten, daß sie mit Sicherheit kein menschliches Gehirn alle zugleich speichern und zugriffsbereit haben kann. Dennoch entwickelt der Spieler eine oder mehrere Strategien, die mit fortschreitendem Spiel außerordentlich komplex werden und durch das Labyrinth der riesigen Zahl von Möglichkeiten hindurchfinden. Wahrscheinlich handelt es sich hier noch um recht einfache Denkvorgänge (man kann sie bereits relativ gut technisch simulieren), doch läßt sich leicht einsehen, wie schwierig sich eine exakte Beschreibung des Denkens angesichts dieses Komplexitätsgrades gestaltet.

Schließlich macht bei der Analyse des Denkens der Zwiespalt zwischen Bewußtseinserlebnis und physiologischem Prozeß, zwischen Geist und elektronischer Schaltung zu schaffen. Nichts hat so sehr den Charakter des Unstofflichen wie das Denken, und doch besitzt man heute die Kühnheit, die gleichen Leistungen, die durch das Denken zustandekommen, durch rein physikalische Vorgänge herbeizuführen, indem man Computer beispielsweise schachspielen oder Sprache übersetzen läßt.

Innerhalb des Bewußtseinsbereichs schrieb man dem Denken lange Zeit besonderen Klarheitsgrad zu und war der Meinung, daß Denkprozesse den höchsten Grad der Bewußtheit besäßen. Schon die Denkpsychologen der Würzburger Schule mußten aber zu ihrer Verblüffung feststellen, daß der eigentliche Lösungsvorgang bei der Bearbeitung eines Problems ohne Bewußtsein ablief. Die Versuchspersonen konnten nicht angeben, wie sie zur Lösung gekommen waren. Vollends unzureichend wird der Zugang zum Denken über Bewußtseinsvorgänge bei Problemen wie dem bereits erwähnten Ratespiel. Niemand erlebt bewußt, wie er aus einer Million Möglichkeiten auswählt und schließlich richtig rät.

Aus dem bisher Gesagten wird verständlich, daß es nicht sehr sinnvoll ist, das Denken schlechthin, d. h. all das, was wir unter Denken verstehen, in einem einzigen Zugriff zu erfassen und untersuchen zu wollen. Wir müssen uns vielmehr auf bestimmte Leistungen und ihre Ursachen (eben die dort benötigten Denkprozesse) beschränken. Eine weitere Beschränkung liegt in den Methoden, die man zur Erforschung des Denkens benutzt. Jede dieser Methoden ist der Versuch, sich durch das Dickicht des Gegenstandes „Denken" einen Weg zu bahnen. Vielfach verlaufen diese Wege noch völlig isoliert. Vielfach kann das, was man auf dem einen Weg angetroffen hat, noch kaum in Beziehung gesetzt werden zu den Entdeckungen anderer Wege. Es bleibt uns also nichts anderes übrig, als Denken und Denkprozesse durch die Methoden zu beschreiben, die man einschlägt, um dieses Phänomen zu erforschen. Damit wird aber Denken anders definiert als in der Umgangssprache, nämlich durch die Operationen, die vom Denkenden verlangt werden, oder auch nur durch Operationen, von denen wir begründet annehmen, daß sie der Denkende bei den Leistungen, die man verlangt, benutzt.

Freilich geht man bei der Untersuchung des Denkens zunächst von der Alltagserfahrung aus und kehrt auch immer wieder zu ihr zurück, indem man die angetroffenen Befunde zu ihr in Beziehung setzt. Würde keine solche Beziehung bestehen, so wäre es sinnlos, die Bezeichnung „Denken" aufrecht zu erhalten.

Beginnen wir also mit der Alltagserfahrung. Hier ist Denken aufs engste verbunden mit der Vergegenwärtigung von Welt. Wir sind in der Lage, uns Objekte und Vorgänge „innerlich" präsent zu machen, die zu diesem Zeitpunkt überhaupt nicht existieren müssen. Diese Fähigkeit der unabhängigen und beliebigen Repräsentation von Ausschnitten der Welt hat offenkundig mit dem zu tun, was wir Denken nennen. Nach Zweck und Sinn einer solchen Leistung befragt, vermuten wir zunächst, daß wir durch das beliebige „Aufrufen" und „Wegschieben" von Objekten und Ereignissen Ordnung und System in die überwältigende Fülle von Einzelerscheinungen bringen. Wir schaffen uns Begriffe. Die Frage der Begriffsbildung wird uns im ersten Kapitel beschäftigen.

Auf eine zweite Art der Charakterisierung des Denkens stoßen wir von verschiedenen Seiten. Wenn man (im Sinne der Umgangssprache) denkt, tut man etwas, man ist aktiv. Diese Überzeugung besitzt man, obwohl keine Handlung nach außen hin sichtbar sein muß. Viele Denkvorgänge werden sogar durch das Einstellen der äußeren Aktivität signalisiert (man bleibt etwa plötzlich stehen, wenn man einen neuen Gedanken faßt). Deswegen kann man beim Denken auch von einem „inneren" Handeln sprechen. Diese Art des Handelns wird nötig, wenn ein Hindernis auftaucht, das nicht einfach durch eingelernte Handlungsvollzüge beseitigt werden kann. Unter diesem Aspekt erweist sich dann Denken als biologisch wichtig. Es dient der Erhaltung des Individuums, das durch risikoarmes inneres Handeln die Konsequenzen eines etwaigen äußeren Verhaltens erproben und voraussehen kann. Das „Probehandeln", bei dem Hypothesen gebildet, überprüft und je nach dem Ergebnis akzeptiert oder verworfen werden, dient der Lösung von Problemen. Mit diesem Aspekt des Denkens als Problemlöseverhalten beschäftigt sich das zweite Kapitel.

Der Versuch, das Denken als systematisches, strengen Regeln gehorchendes Fortschreiten vom Problem zur Lösung zu beschreiben, ist sehr einseitig und darf nur als Methode des Forschers verstanden werden, das Denken zu analysieren, nicht jedoch als die eigentliche und einzige Form des Denkens. Vor allem kommen in dieser Betrachtungsweise Denkvorgänge zu kurz, die als plötzlicher Einfall erlebt werden oder bei denen das, was man gemeinhin als Phantasie bezeichnet, konstitutiv ist. Kreativität und schöpferisches Denken heben sich als Leistung von der Intelligenz im herkömmlichen Sinne überdies deutlich ab. Mit Fragen der Kreativität befaßt sich das dritte Kapitel näher.

Bei allen Ausführungen über das Denken wird immer wieder das Verhältnis des Denkens zu den Gesetzen der Logik auftauchen. Von der philosophischen Tradition her rührt die Neigung, erst dann von Denken im eigentlichen Sinne zu sprechen, wenn es den logischen Gesetzen gehorcht. Es wird zu zeigen sein, daß unser Denken nur selten wirklich streng logisch ist. Die Gegenüberstellung von logischem Denken und Denkvorgängen, wie wir sie empirisch vorfinden, erweist sich dabei als förderlich, da es den Anschein hat, als könne man die Logik besser als normatives System denn als conditio sine qua non für das Denken auffassen. Das Verhältnis von Denken zu emotionalen Prozessen wird uns im vierten Kapitel beschäftigen.

Wir werden uns im vorliegenden Buch hauptsächlich mit Leistungen befassen, die man als produktives Denken bezeichnet. Was ist mit diesem Terminus gemeint?

„Produktives Denken" betitelte *Max Wertheimer* sein berühmt gewordenes Buch, in dem er ein Denken beschreibt, das weiterführt und sich nicht nur blind oder mechanisch in vertrauten Bahnen bewegt. Produktives Denken überschreitet also in jedem Falle das Niveau der zuvor erworbenen Gewohnheit oder Geschicklichkeit. Dieses Denken läßt sich, wie zu zeigen sein wird, von Anfang an nicht auf der Basis einer Reiz-Reaktionsverbindung allein erklären. Es ist, wie *Wolfgang Metzger* in seiner Einführung zur deutschsprachigen Ausgabe von *Wertheimers* Buch meint, „selbständig" und „einsichtig". Selbständig kann man dieses Denken bezeichnen, weil der Denkende das Problem auf eigenem Weg löst. Sein Weg kann zwar schon oft von anderen begangen worden sein, er muß nicht besonders originell sein, doch hat er ihn eigenständig gefunden, um das gegenwärtige Problem zu bewältigen. Einsichtig ist das produktive Denken in dem Sinne, daß der Denkende versteht, warum dieser und jener Weg zum Ziel geführt hat. Die Einsicht muß nicht immer während des Lösungsprozesses selbst vorhanden sein, sie kann sich auch erst bei der nachträglichen Rekonstruktion des Lösungsweges einstellen.

Im Vergleich zu *Wertheimer* wird im folgenden der Begriff des produktiven Denkens etwas weiter gefaßt und schlicht ein Denken darunter verstanden, das mit der Benutzung eingefahrener Geleise *allein* nicht auskommt. Das Attribut „produktiv" dient somit lediglich der Abgrenzung gegenüber kognitiven Leistungen, die nur erlernter „Techniken" und

Gewohnheiten (habits) bedürfen. Trotzdem kann man die Beifügung „produktiv“ nicht weglassen, weil sich nämlich nun zeigt, daß vieles, was in Schulen unter Denkleistung verstanden wird, kein Denken in diesem Sinne mehr ist. Es hat den Anschein, als würde hier produktives Denken zu wenig verlangt. Das liegt wohl weniger am guten Willen des Lehrenden oder an den Bildungszielen einzelner Schultypen als an der Schwierigkeit, adäquate Aufgaben zu finden, die produktives Denken beanspruchen. Jüngere Kinder werden entweder unterfordert, weil man ihnen produktives Denken nicht zutraut, oder überfordert, weil man sich auf zu hohem Abstraktionsniveau bewegt. Bei älteren Kindern und Jugendlichen existiert andererseits schon ein großes Repertoire an Strategien, die auch bei uneinsichtigem Einsatz zu befriedigenden Erfolgen führen.

Erstes Kapitel

Begriffsbildung

ZUR DEFINITION

Unter Begriffen versteht man gewöhnlich logische Klassen, die durch Wörter benannt sind. Sprache und Logik als konstituierende Merkmale des Begriffs schränken aber das Feld viel zu sehr ein, da sie die Fülle der vorlogischen und vorsprachlichen Klassifizierungen unberücksichtigt lassen. Man könnte im Anschluß an *Hunt* (1962) und andere vielmehr schon dann von einem Begriff sprechen, wenn das Individuum eine identifizierende Antwort (Reaktion) auf einen Satz von Reizen produziert, die nicht vollkommen gleich sind. Diese Umschreibung des Begriffs ist nun wieder zu weit, da alle generalisierenden Reaktionen auf ein Kontinuum ähnlicher Reize als Benutzung von Begriffen anzusehen wären.

Hat ein Tier, das lernte, auf das Merkmal rot zu reagieren, und Futter bei Objekten mit verschiedenen Rottönungen erwartet, einen Begriff gebildet?

Wir können diese Frage nicht ohne weiteres verneinen, sträuben uns aber dagegen, bereits dann von Begriffsbildung zu sprechen, wenn einfache Reiz-Reaktions-Koppelung vorliegt. Vielmehr erwarten wir, daß jemand, der Begriffe besitzt und verwendet, Klassifikationsregeln gefunden hat, die er auf Eindrücke verschiedenster Art anwenden kann. Zwischen Eingabe (Reiz) und Antwortverhalten müssen also vermittelnde Prozesse treten, die eigentlich den Begriff ausmachen. Der Begriff wäre demnach am einfachsten als Regel oder System von Regeln zu umschreiben, mit deren Hilfe Ereignisse (Eindrücke, Reize, Erlebnisse) klassifiziert werden.

1.1 Die Bildung von Klassifikationsregeln

1.11 Repräsentationsmöglichkeiten der Welt

Um klassifizieren zu können, muß man bestimmte Merkmalsdimensionen bei den Objekten herausgreifen (abstrahieren) und andere Merkmale vernachlässigen. Dazu aber reicht das bloße Vor-Augen-Haben der Gegenstände nicht. Sie müssen vielmehr noch ein zweites Mal gegeben sein, nämlich als kognitive Leistung des Individuums. Die Repräsentation der Gegenstände bzw. Reize erfolgt aber nicht durch Vorstellungen, also gewissermaßen durch innere Bilder, sondern auf recht verschiedene Weise. *Bruner* et al. (1966) unterscheiden Repräsentation durch Symbole, durch Bilder und durch Handlungen.

Am frühesten tritt die aktionale Repräsentation (‚enactive representation') auf. Sie hat sehr viel mit den kinästhetischen Rückempfindungen zu tun, die bei der Ausführung von Handlungen auftreten. Das Kind „weiß" von einem Gegenstand zuerst durch die Aktionen, die es mit ihm ausgeführt hat. Die Aktionen definieren gewissermaßen das Ding. Durch die Entsprechung (Korrelation) von Wahrnehmung und eigener Bewegung wird das Verständnis der Welt (Dingerkenntnis, Lokalisation der Dinge im Raum) allmählich aufgebaut.

Piaget spricht von Aktionsschemata, die gleichzeitig als erste Begriffe zu verstehen sind. Infolge der aktionalen Repräsentation haben die Dinge für das Kind anderen Charakter als für Erwachsene, sie sind „Aktionsdinge", dem Kind nicht vorhanden, sondern zu-handen (*Werner,* 1959). Der erste und vordringlichste Aspekt an den Dingen ist für das kleine Kind derjenige, wozu man sie brauchen kann, was man mit ihnen tun kann bzw. was sie tun.

Allmählich wird eine andere Form der Repräsentation immer wichtiger. Sie wird von *Bruner* ‚ikonic representation' oder ‚imaginary' genannt (*Bruner* et al., 1966) und bedeutet die Fähigkeit, sich die Welt durch Bilder oder räumliche Schemata zu vergegenwärtigen. Wie aber sind solche Bilder oder Vorstellungen bei Kindern beschaffen?

Rückschlüsse auf die Vorstellungswelt des Kindes liefern vor allem Befunde über seine Wahrnehmungsleistungen. *Mooney* (1957) beobachtete, daß jüngere Kinder (Siebenjährige) weit weniger imstande waren, unvollständig gezeichnete Objekte zu identifizieren, als ältere Kinder (z. B. Dreizehnjährige). Kinder unter sechs Jahren haben große Schwierigkeiten, gestrichelte oder aus Punkten zusammengesetzte Figuren zu erkennen

(*Piaget und v. Albertini,* 1954). Figuren, die sich überschneiden, und solche, die in komplexere Muster eingebettet sind (Vexierbilder), werden von jüngeren Kindern viel schwerer aufgefunden (*Witkin* et al., 1962; *Ghent,* 1956). Die Wahrnehmung des Kindes scheint also weniger „ökonomisch" zu sein als beim Erwachsenen. Das Kind braucht viel mehr redundante[1] Information als später, um ein Objekt zu erkennen. Insgesamt kann man sagen, die kindliche Wahrnehmung erfaßt eher die auffälligen Züge an der „Oberfläche" als die „tiefer liegenden" invarianten stabilen Merkmale.

Das kindliche Bild von der Welt, seine Vorstellungen von ihr, sind rigide (sie können in Gedanken nicht beliebig verändert werden, wie es beispielsweise zur Bildung abstrakter Begriffe nötig ist), abhängig von kleinen Details, die in große diffuse Zusammenhänge eingebettet sind (*Elkind, Koegler & Go,* 1964), selbstzentriert (egozentrisch) und an auffällige Oberflächenmerkmale des Gegenstandes gebunden. Die imaginative Repräsentation ist konkret und wenig schematisiert, sie klebt am einzelnen und kann sich schwer davon lösen.

Man vermutet zu Recht, daß diese Art der Repräsentation der Begriffsbildung im Sinne der Klassifizierung nach wesentlichen Merkmalen zunächst eher hinderlich als förderlich ist. Diese Vermutung wird bestärkt durch Untersuchungsergebnisse, die weiter unten referiert werden sollen. Freilich scheint die imaginative Repräsentation nicht unwichtig für die spätere symbolische Repräsentation zu sein. Symbolisch wird ein Objekt dann nachgebildet, wenn man von der Fülle von Einzelkriterien absieht und nur wenige Kriterien speichert, die das Objekt symbolisieren. Ein hervorragendes Mittel der Symbolisierung ist die Sprache. Von der Bedeutung der Sprache für die symbolische Repräsentation wird ebenfalls die Rede sein. Doch wäre es irrig anzunehmen, ohne Sprache könne der Mensch die Objekte symbolisch im Denken überhaupt nicht handhaben. Für höhere Formen des Denkens ist die Operation mit Symbolen, die wenig Details besitzen und dem Reichtum des Wahrnehmungserlebnisses schon ferne stehen, notwendig. Symbolische Repräsentationsformen können demnach als ungeformte verarmte Vorstellungen mit geringer Redundanz aufgefaßt werden.

Bis jetzt haben wir auf vermittelnde Prozesse zwischen Eingabe und Antwort als Repräsentationen (Handlungsschemata, innere Bilder, Gedanken, Begriffe) aus dem Verhalten, den Wahrnehmungsleistungen und stillschweigend wohl auch aus der Selbsterfahrung von Bewußtseinser-

[1] Zum Begriff der Redundanz s. Abschn. 2.212

lebnissen geschlossen. Einen anderen „Beweis" für das Vorhandensein vermittelnder repräsentierender Ereignisse liefern *Kendler* und Mitarbeiter (*Kendler* & *Kendler*, 1959; *Kendler* & *Kendler*, 1962; Kendler et al., 1960). Sie fragen sich, wie jemand auf Reizmaterial reagieren müßte, wenn er keine Begriffe im Sinne solcher vermittelnden Prozesse besäße, und wie das Antwortverhalten ausfällt, falls sie beteiligt sind. Der Nachweis wird mit Hilfe von Umlernaufgaben geführt. Probanden, die leichter innerhalb der gleichen Dimension umlernen (z. B. von ‚schwarz' auf ‚weiß') als auf eine neue (z. B. von ‚schwarz' auf ‚groß'), orientieren sich an einem ‚Begriff' (hier die Farbe des Gegenstandes). Wer hingegen das Attribut einer anderen Dimension bevorzugt (z. B. von ‚schwarz' auf ‚groß' umschwenkt), reagiert nach dem einfachen Reiz-Reaktionsprinzip (Näheres siehe Abschn. 1.42).

1.12 Klassifizierung und Gruppierung von Objekten auf verschiedenen Altersstufen

Wie bilden Kinder im Vergleich zu Erwachsenen Begriffe, welche Klassifikationsregeln entwickeln sie? Nach dem bisher Gesagten müßte sich die Begriffsbildung nach der dominierenden Form der Repräsentation der Dinge richten. Wir können begründetermaßen vermuten, daß Kinder mit aktionaler Repräsentation (Handlungsschemata) sich vorwiegend am Handlungsaspekt orientieren und nach ihm klassifizieren. Analog sollten Kinder mit imaginativer Repräsentation die Wahrnehmungsaspekte beim Ordnen bevorzugen, und erst wenn die symbolische Repräsentation im Vordergrund steht, dürfte man logische Klassifizierungen erwarten.
Olver und *Hornsby* (in *Bruner* et al., 1966) überprüften diese Hypothese, indem sie Kindern und Jugendlichen im Alter von sechs bis neunzehn Jahren Wortreihen und Bildmaterial vorlegten und nach gemeinsamen Merkmalen suchen ließen. Es wurden zwei Wortreihen geboten: Banane, Pfirsich, Kartoffel, Fleisch, Milch, Wasser, Luft, Bazillen und: Glocke, Hupe, Telefon, Radio, Zeitung, Buch, Malerei, Erziehung. Bei beiden Serien boten die Versuchsleiter zuerst zwei Wörter (Banane – Pfirsich bzw. Glocke – Hupe) und fragten den Probanden, worin sich die beiden Dinge ähnlich seien. Danach nannten sie das nächste Objekt und fragten, inwiefern es den beiden ersten ähnlich sei. Am Ende jeder Serie wurde ein Wort genannt, das nicht zur Serie paßte. Bei der ersten Serie hieß es ‚Stein', bei der zweiten ‚Verwirrung' (confusion). Die Probanden sollten angeben, inwieweit es sich von den übrigen Objekten unterschied. Man erkennt, daß mit Fortschreiten in der Serie die Begriffe

immer weiter entfernt von den ersten beiden Wörtern liegen und das Auffinden eines gemeinsamen Merkmals immer schwieriger wird.

Die Autoren fanden deutliche Unterschiede in der Gruppierungsweise. Sechsjährige gruppierten in der Tat mehr als Ältere nach Wahrnehmungskriterien, wie Farbe, Größe, Form und Position der Objekte. Die Funktion der Objekte rückte hingegen mit zunehmendem Alter mehr und mehr in den Vordergrund. Dabei zeigte sich allerdings ein merkwürdiges Verhalten bei Kindern im Alter von etwa 9 Jahren (untersucht wurden die Altersstufen: 6, 9, 12, 13, 16, 19). Sie suchten nach einer gemeinsamen Funktion der Dinge ohne Berücksichtigung des tatsächlichen Verwendungszweckes. Bemerkenswerterweise häuften sich in diesem Alter auch Äußerungen mit persönlichen Fürwörtern, die etwa mit „ich kann", „man kann" oder mit „wenn ich ..." begannen. Es hat den Anschein, als würde der Wechsel von Wahrnehmungskriterien zu (unsichtbaren) Funktionskriterien Schwierigkeiten bereiten. Wie aus Abb. 1.1 zu ersehen ist, treffen wir weder bei den jüngeren (sechsjährigen) noch bei den älteren (zwölf- und dreizehnjährigen) Kindern so viele willkürliche Funktionszuweisungen und Verwendung von Personalpronomina an.

Abb. 1.1: Funktionszuweisung und Verwendung von Personalpronomina als Indikatoren für den Wechsel des Repräsentationsniveaus (*Bruner* et al., 1966)

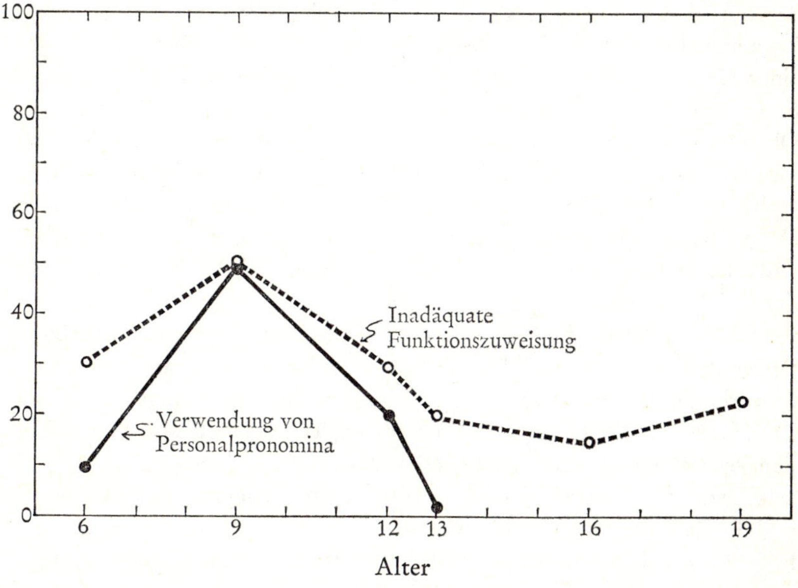

Ein typisches Beispiel für die inadäquate Gruppierung nach einer Funktion ist die Äußerung: „Ich kann Zeitungspapier zerknittern, dann macht es Lärm wie eine Glocke oder eine Hupe." Daraus wird in einem späteren Alter etwa: „Sie sagen uns alle Gedanken auf ihre eigene Weise."

Wichtiger noch als die Art der gewählten gemeinsamen Kriterien ist der Begriff, den die Kinder und Jugendlichen bilden, bzw. die Klassifikationsregel, nach welcher die Dinge einander zugeordnet werden. Die ideale Form besteht in der Bildung eines Oberbegriffs, der durch das Auffinden eines allen Objekten der Serie gemeinsamen Merkmals zustandekommt. Dabei ist nicht entscheidend, ob nun ein Wort unserer Sprache für diesen Oberbegriff zur Verfügung steht oder ob das gemeinsame Merkmal mit einem Satz umschrieben wird. Faktisch trat die Verwendung von Begriffsnamen selten auf, da die Serien so beschaffen sind, daß ein solcher Name für die Probanden nur schwer zu finden ist. Jüngeren Kindern gelang natürlich das Auffinden eines gemeinsamen Merkmals um so weniger, je mehr Wörter der Serie hinzutraten. Die Aufgabe wurde dann durch die Bildung von Regeln angegangen, die Teillösungen darstellen. Die Kinder gruppierten etwa je zwei oder drei Objekte unter ein Merkmal („Ein Telefon ist wie ein Radio, ich weiß das. Eine Glocke und eine Hupe machen Töne. Aber über die Zeitung weiß ich nichts"). Eine vielleicht noch primitivere Form der Regelbildung bestand in der Nennung von kontrastierenden oder sonstwie in einem Zusammenhang stehenden Merkmalen, die aber die Objekte nicht zu einer Gruppe zusammenfügten („Die Glocke ist schwarz, die Hupe ist braun, das Telefon ist blau, das Radio ist rot"). Ein anderer Versuch, die Objekte einer Serie zusammenzufügen, bestand in der Vereinigung zweier Items durch ein Merkmal („Bananen und Pfirsiche sind gelb"), wobei das vorausgegangene Objekt jeweils mit dem darauffolgenden neu verbunden wurde („Pfirsiche und Kartoffeln sind rund, Kartoffeln und Fleisch werden zusammen serviert, Fleisch und Milch kommen von der Kuh").

Eine höhere Form der Gruppierung bestand darin, eines der präsentierten Objekte auszuwählen und es einzeln mit den anderen Items zu verbinden („Zeichnungen ... eine Zeitung hat Zeichnungen, ein Buch hat schwarzen Druck, ein Radio und ein Telefon haben außen Zeichnungen, und eine Glocke hat auch die Farbe von Zeichnungen"). Abb. 1.2 zeigt, wie die Teilgruppierungen mit fortschreitendem Alter abnehmen und die Zahl der Oberbegriffe wächst.

Eine Verschiebung dieser Entwicklungskurven ergibt sich, wenn man

Abb. 1.2: Die Bildung von Klassifikationsregeln im Entwicklungsprozeß (*Bruner* et al., 1966)

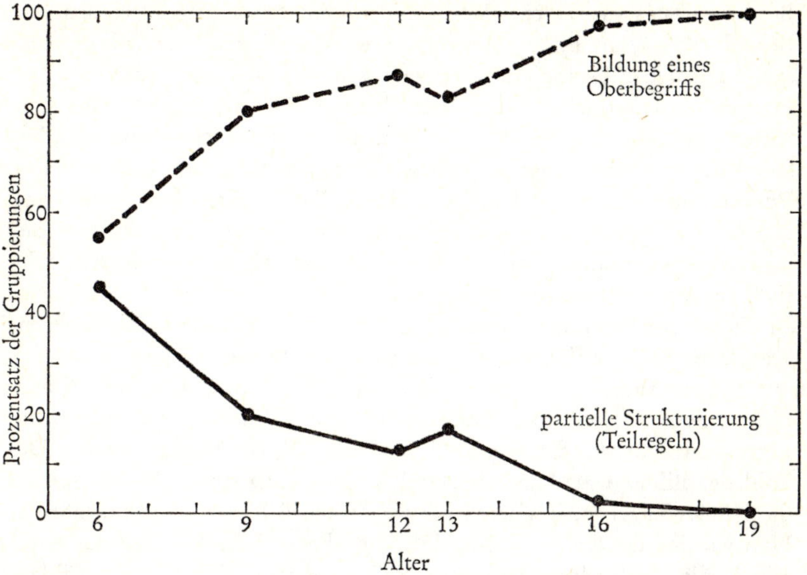

zwischen leichten und schweren Aufgaben trennt. Mußte nur für drei Objekte ein gemeinsames Merkmal gefunden werden, so gelang diese Aufgabe natürlich früher. Bei schweren Aufgaben (fünf bis acht Items) fielen auch Ältere wieder in die Ebene der partiellen Strukturierung zurück. Während aber Jüngere bei dieser Art von Aufgaben eher zu den primitivsten Formen der Gruppierung griffen (z. B. Verknüpfung des jeweils folgenden Items mit dem jeweils vorausgehenden), lösten Ältere die Aufgabe durch Konstruktion von komplizierteren Teilregeln (etwa: Benutzung eines Items als Zentralobjekt, das mit den übrigen Objekten einzeln verbunden wird).

Zwischen der Art der Repräsentation und der Regelbildung fanden *Olver* und *Hornsby* einen eindrucksvollen Zusammenhang. Wer funktionale Attribute zur Gruppenbildung auswählte, hatte mehr Erfolg beim Auffinden eines gemeinsamen Merkmals und somit bei der Bildung eines Oberbegriffs. Dies gilt freilich nur für Objekte, wie sie in den beiden oben genannten Serien zusammengestellt wurden. Es gibt Items (vor allem Figuren), bei denen Wahrnehmungsaspekte entscheidend sind. Ein Beispiel werden wir in Abschnitt 1.2 näher kennenlernen. Immerhin zeigte sich, daß Kinder mit vorwiegend wahrnehmungsorientierter Repräsentation (imaginativer Repräsentation) bei der Begriffsbildung im Nachteil waren.

Bevor wir uns mit einem Parallelexperiment beschäftigen, bei dem die Begriffsbildung an Bildern untersucht wurde, sei noch auf eine interessante Form der Gruppierung hingewiesen, die von den Autoren „thematisch" genannt wird. Die Kinder betteten nämlich teilweise die Objekte einer Serie in eine Geschichte ein, die meist nur aus einem Satz bestand („Der kleine Junge aß Bananen auf dem Weg zum Laden, wo er Pfirsiche und Kartoffeln kaufen wollte"). Die thematische Gruppierung als Weg, Objekte zusammenzuordnen, wird gemeinhin nicht zur Begriffsbildung gezählt. Dadurch übersieht man aber eine wichtige faktisch vorhandene Leistung des Kindes bei seinen Ordnungsversuchen.

In einem zweiten Experiment legten *Olver* und *Hornsby* sechsjährigen, achtjährigen und elfjährigen Kindern einen Satz von 42 bunten Bildern mit Gegenständen aus dem Alltag vor (Schere, Stiefel, Haus, Blume, Lineal, Schirm usw.). Die Kinder durften nun Bilder heraussuchen, die zusammengehörten, die sich in irgendeiner Weise ähnlich waren. Die Zahl der Bilder war ihnen freigestellt. Nach vollzogener Auslese sollten die Kinder angeben, inwiefern die gewählten Bilder zusammengehörten. Nun wurden die Karten wieder in die Reihe zurückgelegt und das Kind erhielt die Aufforderung, eine neue Gruppe von Bildern auszuwählen. Insgesamt hatten sie zehn solche Gruppierungen vorzunehmen.

Obwohl diese Art der Aufgabe sich beträchtlich von der zuvor beschriebenen unterscheidet, zeigte sich in bezug auf die Repräsentation und auf die Leistung beim Auffinden des gemeinsamen Merkmals eine parallele Entwicklung. Die Kinder bevorzugten mit sechs Jahren imaginative Repräsentation, sie wählten Wahrnehmungsaspekte als gemeinsame Merkmale. Beim Bildmaterial war die Dominanz des Wahrnehmungsaspektes begreiflicherweise stärker. Er war auch bei älteren Kindern noch deutlich vorhanden. Trotzdem wurden auch bei den Bildvorlagen mehr und mehr funktionale Attribute verwendet. Die Kinder gruppierten mit acht und elf Jahren in 47% der Fälle nach der Funktion, die die Objekte innehatten. Interessant ist, wie stark die „nominale" Gruppierung bei diesem zweiten Experiment anwuchs. Die Kinder, die sich nach freiem Belieben Bilder auswählen konnten, waren zum größten Teil ohne weiteres imstande, einen Begriff zu benennen, unter den die gewählten Objekte subsumiert waren. Natürlich stieg die Benutzung solcher Klassennamen mit dem Alter an: 47% der Sechsjährigen benutzten mindestens einmal einen Klassennamen zur Gruppierung, bei den Achtjährigen waren es bereits 83% und bei den Elfjährigen verwendeten alle Kinder mindestens einmal einen Klassennamen. Dieser Befund muß im Vergleich zu den Ergebnissen des ersten Experiments gesehen werden. Bei der Gruppierung der zwangsweise vorgegebenen Wörter benutzten die Kinder aller Altersstufen bis zu zwölf Jahren nur in etwa 10% der Fälle Klassennamen. Zum Teil mag das wohl an dem Schwierigkeitsgrad der Aufgabe liegen. Möglicherweise erleichtert aber die wahrnehmungsmäßige Hilfe, die die Bilder bieten, die Benutzung von Klassennamen. Man kann vermuten, daß es für Kinder viel selbstverständlicher ist, mehrere sichtbare konkrete Dinge mit einem einzigen Namen zu benennen, als für eine Reihe von Namen nach einem gemeinsamen Namen zu suchen.

Auch über die Zahl der Items, die das Kind bei freier Wahl zu einer Klasse vereinigt, gibt das zweite Experiment Aufschluß. Etwa 60% der von Sechsjährigen gebildeten Gruppen bestand aus nur zwei Bildern. Das Kind wählte zwei Nahrungsmittel aus, übersah aber die übrigen eßbaren Dinge. Oder es gruppierte zwei Tiere zusammen, ohne die übrigen Tiere der Serie zu berücksichtigen. Es gibt eine Reihe von Hinweisen, daß Kinder dieses Alters nicht mehr als zwei Dinge überschauen können, weil sie in ihrer Wahrnehmung noch stark gebunden sind. Sie begnügen sich mit dem Auffinden eines einzelnen gemeinsamen Zuges bei zwei wahrnehmungsmäßig gegebenen Objekten (*Vurpillot* und *Zobermann*, 1965).

Mit dem Zusammenhang zwischen imaginativer Repräsentation und dem Denken befaßte sich auch *Clementia Kuhlman* näher (*Kuhlman*, 1960). Sie untersuchte Kinder der ersten mit vierten Klasse der Grundschule (Primary School) und bildete zwei Gruppen, die nach Intelligenz und Alter vergleichbar waren, sich aber hinsichtlich der Vorstellungsfähigkeit unterschieden. Die eine Gruppe setzte sich aus Kindern mit guten Vorstellungsleistungen bei Aufgaben der Raumorientierung, der Identifizierung von Körpern verschiedener Lage, der gedanklichen Rekonstruktion von flächig aufgefalteten Körpern u. a. m. zusammen (gute imaginative Repräsentation). Die andere Gruppe produzierte schlechte Leistungen auf diesem Gebiet. Probanden mit guter imaginativer Repräsentation lernten rascher als die Probanden der Vergleichsgruppe eine beliebige Wortmarke mit einem Bild verbinden (mechanische Assoziation). Dagegen gelang der Gruppe mit niedriger imaginativer Repräsentationsfähigkeit leichter die Bildung von Begriffen aufgrund der Erfassung des gemeinsamen Attributes bei einer Serie von Bildern. Die eigentlich doch so positive Fähigkeit der bildhaften Vorstellungskraft erwies sich deutlich als Hindernis für das Auffinden gemeinsamer Merkmale und das Absehen von unwichtigen Einzelheiten. Umgekehrt konnten sich

Kinder mit guter Vorstellungsgabe „Namen“ für einzelne Bilder einprägen, da diese Bilder auch in der Vorstellung lebendig und reichhaltig blieben. *Kuhlmans* Untersuchungen förderten auch zutage, warum die bessere imaginative Repräsentation der Begriffsbildung im Wege stand. Es war nicht der Mangel an der Fähigkeit zu generalisieren, also ein Merkmal auf alle fraglichen Objekte zu übertragen, sondern die Tatsache, daß die Kinder bei der Gruppierung periphere (Oberflächen-) Merkmale wählten, nämlich Merkmale, die sich in der Wahrnehmung besonders einprägsam präsentierten.
Interessant ist der Zusammenhang zwischen Vorstellungsleistung und Schulleistung. In den ersten Klassen ist er positiv, während er in der dritten und vierten Klasse nahezu verschwindet. Die Schulanforderungen der ersten Schuljahre greifen offenbar gerne auf Vorstellungsleistungen der oben beschriebenen Art zurück, während später mehr und mehr abstrakte Formen des Denkens gebraucht werden. Nun befürchtet *Kuhlman* wohl zu Recht, daß eine vorzeitige Hemmung der imaginativen Repräsentation auch Nachteile mit sich bringt. Sie führt zu einer Stereotypisierung des Denkens durch Übernahme der konventionellen Begriffe und gefährdet wichtige Unterscheidungsleistungen der Wahrnehmung.

1.13 Didaktische Konsequenzen

Letztere Vermutung wirft die Frage auf, wie man Begriffsbildung außerhalb und vor aller Logik betreiben soll und welche Bedeutung einer so gearteten Schulung zukommt.
Da hier zum ersten Male die Förderung des Denkens zur Sprache kommt, erscheint es notwendig, auf den Charakter solcher Vorschläge eigens hinzuweisen. Von experimentellen Befunden didaktische Maßnahmen in einem bestimmten Schultypus zu folgern, bedeutet ein gewagtes Unterfangen. Von der riesigen Zahl von Variablen, die beim Zustandekommen einer bestimmten Leistung mitwirken, werden im Experiment einige wenige kontrolliert. Ob sich bestimmte Effekte auch unter anderen Bedingungen einstellen, läßt sich schwer vorhersagen, und ob bei tatsächlichem Erfolg nicht auch negative Erscheinungen auftreten, bleibt dahingestellt. Unter diesem kritischen Aspekt sollten die nun folgenden und die späteren Ausführungen über Förderung des Denkens gesehen werden. Freilich bleibt uns kaum eine andere Wahl der Ableitung didaktischer Maßnahmen, da eine intuitive oder von der ungeläuterten Alltagserfahrung herrührende Unterrichtsgestaltung noch wesentlich mehr Irrtümern unterliegt.

Beginnen wir mit den dominierenden Formen der Repräsentation. Solange Aktionsschemata und imaginative Repräsentation überwiegen, sollte man ihre Leistungen bei der Klassifikation und der Formung von Begriffen nutzen. Als gemeinsame Kriterien werden zuerst „Oberflächenmerkmale“ gefunden. Es gibt viele Objekte, bei denen Wahrnehmungskriterien entscheidend sind. Man denke nur an geometrische Figuren und Körper. Hier hilft die Wahrnehmung zur Auffindung der logischen Ordnungsprinzipien! Nicht umsonst erzielte *Maria Montessori* mit ihrem Spielmaterial so große Erfolge. Das *Montessori*-Spielzeug läßt sich nach Wahrnehmungsmerkmalen ordnen und gruppieren. Die Kinder sind von dem Material gefesselt und beschäftigen sich intensiv und erfolgreich damit. Die logischen Blöcke von *Dienes* können als moderne Fortsetzung der *Montessori*-Idee gelten, nur daß die Wahrnehmungskriterien noch stärker zu logischen Prinzipien geworden sind.

Ordnen, Gruppieren, Klassifizieren und zwar durch manuelle Tätigkeit ist aber nicht eine Beschäftigung, die auf vorschulische Institutionen beschränkt bleiben sollte. Begriffsbildung wird in sämtlichen Schultypen relativ gleichförmig betrieben. Man benennt oder entwickelt Oberbegriffe mit logischem Charakter und führt die gemeinsamen Merkmale der klassifizierten Objekte auf. Dadurch werden die Denkleistungen der Kinder verhältnismäßig wenig strapaziert. Kinder, die selbständig auf verschiedene – und auch auf unübliche – Weise klassifizieren dürfen, müssen beweglich im Denken sein. Jede neue Klassifikationsregel, die sie aufstellen, ist eine Findeleistung, ist produktives Denken. Man erinnere sich an das Experiment, in dem Kinder verschiedenen Alters Bilder aus einem Satz von Kärtchen auswählten und so zehn Klassen von Objekten zu bilden hatten. Solche Aufgaben sollten viel häufiger als jetzt im Schulalltag zum Einsatz kommen. Die Klassifikation kann an verschiedensten Materialien und Serien vorgenommen werden, an Bildern, an Modellgegenständen (z. B. Bauwerken mit verschiedenen Stilen) und wirklichen Gegenständen (z. B. Werkzeugen), an Teilen von Gegenständen (z. B. Maschinenteilen), an geometrischen Figuren und Körpern u. a. m. Sinnvoll erscheint es jedenfalls, nicht immer bei Wörtern mit der Begriffsbildung zu beginnen, sondern die Gruppierung von Wörtern nach der Gruppierung von Objekten vorzunehmen. Ordnen und Klassifizieren nach Wahrnehmungsmerkmalen muß nicht auf einer primitiven Stufe stehenbleiben. Die Kinder sind in der Lage, zumindest in zeitlicher Sukzession sehr feine Unterschiede und wenig auffällige Gemeinsamkeiten aufzufinden. Das Übereinanderlegen oder Nebeneinanderlegen von Objekten bzw. Figuren erleichtert diese Leistung beträchtlich. Immer dann, wenn im Handlungs- und Wahrnehmungsraum des Kindes eine Hilfe gegeben ist, gelingen höhere Leistungen, ohne daß durch solche Hilfen die Produktivität des Denkens, also seine Eigenständigkeit und seine Findeleistung, eingeschränkt würde. Man darf aber nicht glauben, daß Wahrnehmungs- und Handlungshilfen etwas für kleine Kinder seien, während Jugendliche und Erwachsene mit dem „inneren Handeln“ allein auskommen müßten. Aus später zu beschreibenden Experimenten geht eindeutig hervor, daß auch der Erwachsene nach äußeren Hilfen verlangt, wenn er das Problem nicht mehr überblickt. Viele der Versuchspersonen baten bei Denkaufgaben um Bleistift und Papier (s. z. B. Abschnitt 1.3). Nicht die Art der hier gemeinten Aufgaben und ihre Struktur soll besonders einfach sein, sondern die Zahl und Art der verwendeten Items. Wie wir sahen, begnügen sich Sechsjährige damit, zwei Items zu gruppieren. In den ersten Jahren der Grundschule sollte man also bei solchen Gruppierungsaufgaben nicht mit zu vielen Elementen beginnen. Oft kann man die Anzahl der Items, die zusammengefaßt werden sollen, der freien Wahl des Kindes überlassen. Verwendet man nicht beliebige Objekte aus dem Alltag, wie in dem oben beschriebenen Experiment, sondern systematisch zusammengestellte Items, so lassen sich Aufgaben vom niedrigsten bis zum höchsten Schwierigkeitsgrad bilden. Man kann etwa die Zahl der Items vermehren, die Ähnlichkeit zwischen den Items sukzessiv herabsetzen und statt der wahrnehmungsorientierten Oberflächenmerkmale Funktionskriterien suchen lassen (etwa bei Werkzeugen und Maschinenteilen).

Für die Flexibilität des produktiven Denkens ist die schrittweise Vermehrung der zu klassifizierenden Objekte zumindest eindrucksmäßig eine gute Trainingsmethode. Nach Darbietung von drei Objekten bzw. Wörtern beispielsweise hat sich der Proband einen bestimmten Begriff gebildet (z. B. Früchte). Das neue Item (z. B. Brot), das dargeboten wird, paßt nun nicht in das vorherige Schema. Der Lernende muß seine bisherige Klassifikationsregel aufgeben oder erweitern. Oft ist mit einer Erweiterung nicht mehr gedient (etwa beim Übergang auf das Item „Luft“). Dann muß nach neuen gemeinsamen Merkmalen gesucht werden. Das Verwerfen einer Hypothese und das Konzipieren einer neuen sind wesentliche Merkmale eines beweglichen und produktiven (weiterführenden) Denkens.

Ähnlich verhält es sich mit der Bildung verschiedener Begriffe durch verschiedenartige Gruppierung von Objekten ein und derselben Serie. Das Aufstellen verschiedener Ordnungsprinzipien und Klassifikationsregeln am gleichen Satz von Elementen zeigt dem erfolgreich Denkenden, wie sehr Begriffe und Ordnungsdimensionen Leistungen des Subjekts sind und wie leicht ein Ordnungsprinzip zugunsten eines besseren aufgegeben werden kann. Der Gefahr einer zu raschen und zu intensiven Konventionalisierung der Begriffswelt könnte auf diesem Weg begegnet werden. Es besteht überdies begründeter Verdacht, daß viele der außerordentlich tief verankerten Werthaltungen und Vorurteile durch frühzeitige Begriffsbildung entstanden sind. Oft setzt man in früher Kindheit einen Namen für Sachverhalte, die dem Kind noch unbekannt sind, von denen es weder eine symbolische noch eine imaginative Repräsentation besitzt. Von einer eigenständigen Begriffsbildung kann da natürlich nicht mehr die Rede sein. Neben den Rassen- und Klassenvorurteilen ist der Gebrauch inhaltsleerer Begriffe, wie ‚Kapitalismus', ‚Revanchismus', ‚Kommunismus' oder ‚Freiheit', der Prototyp für die hier gemeinte unerwünschte Art der Begriffsbildung.

Zusammenfassung

Begriffe können psychologisch verstanden werden als Klassifikationsregeln für die Zusammenfassung von Objekten nach Merkmalen. Solche Regeln lassen sich erst mit Hilfe von Leistungen der Repräsentation bilden. Der dem Kind anfänglich ausschließlich zur Verfügung stehenden aktionalen Repräsentationsform von Ereignissen (Vergegenwärtigung durch motorische Aktivität im Umgang mit Objekten) folgt die imaginative (ikonische) Repräsentation, die mit Wahrnehmungsaspekten der Objekte zu operieren vermag. Für Begriffsbildung und Denken erweist sich die sprachlich-symbolische Repräsentationsform, bei der das Objekt durch unanschauliche Symbole (vor allem sprachliche Zeichen) vertreten wird, als entscheidend. Repräsentierende Prozesse können allgemein als Vermittler zwischen Eingabe (Reiz, Information) und Antwortverhalten verstanden werden. Durch ihr Dazwischentreten ergeben sich neue Zuordnungsmöglichkeiten von Reiz und Reaktion.
Kinder entwickeln zuerst primitive Klassifikationsregeln, die beispielsweise nur zwei Objekte zusammenfassen. Sie bevorzugen Wahrnehmungskriterien und gruppieren nach „Oberflächen"-Merkmalen. Die Suche nach einer gemeinsamen Funktion der Objekte führt allmählich zu umgreifenderen adäquaten Klassifikationsregeln. Die imaginative Repräsentation erweist sich dabei als vorteilhaft für mechanische Gedächtnisleistungen, erschwert aber die Begriffsbildung oft, weil das Kind zu viele Details gespeichert hat.
Begriffsbildung als didaktische Aufgabe ist nur sinnvoll, wenn das

Repräsentationsniveau des Kindes berücksichtigt wird. Imaginativ repräsentierende Kinder sollten Objekte nach Wahrnehmungskriterien gruppieren und erst dann Begriffe mit „tiefer liegenden" allgemeinen Merkmalen erlernen, wenn sie die symbolisch-sprachliche Repräsentationsform einsetzen können.

1.2 Logische Begriffe

1.21 Verschiedene Arten von Begriffskonstruktionen

Solange man ein einziges gemeinsames Merkmal bei der Begriffsbildung benutzt, ist die Zahl der Gruppierungsmöglichkeiten sehr groß. Die meisten Begriffe, die wir verwenden, sind nicht durch ein einziges, sondern durch mehrere Merkmale definiert. Die Art und Weise, wie diese Merkmale miteinander verbunden sind, hat uns zunächst zu beschäftigen. Wir werden im folgenden konjunktive, disjunktive und relationale Verbindungen kennenlernen, eine Einteilung, die *Bruner* und Mitarbeiter (1956) benutzt haben.

Konjunktive Begriffe. Das Vorhandensein von zwei oder mehreren Merkmalsdimensionen bestimmt den Begriff in der Weise, daß beide (bzw. alle) Dimensionen zur Beschreibung nötig sind. Das rechtwinklige Dreieck stellt einen konjunktiven Begriff dar, es ist definiert durch drei Ecken (Winkel) *und* das Vorhandensein eines rechten Winkels. Die Bezeichnung ‚Negerin' ist ebenfalls konjunktiv, weil Rasse *und* Geschlecht zur Definition nötig sind. In der Logik hat sich für konjunktive Beziehungen die Schreibweise a $\wedge$ b (a und b) eingebürgert.

Disjunktive Begriffe. Hier bestimmt das eine *oder* das andere Merkmal den Begriff. Der Begriff ‚Konfessionsschule' ist disjunktiv: Das Kind besucht entweder eine katholische oder eine evangelische Klasse. Eine *exklusive Disjunktion* liegt dann vor, wenn nur eines der Merkmale möglich ist (wie im obigen Beispiel). Von inklusiver Disjunktion spricht man, wenn eines der Merkmale oder alle möglich sind. Letzteres ist beispielsweise bei vielen Spielregeln der Fall (etwa der Foul-Begriff beim Fußball). Für exklusive Disjunktion kann man die Schreibweise $\overline{\vee}$verwenden a b (a oder b), für inklusive Disjunktion läßt sich setzen a$\vee$b (a und/oder b).

Relationale Begriffe. Bei logischen Klassen dieser Art stehen die definierenden Attribute in einer Beziehung zueinander. Bei *Aristoteles* ist die Tugend die Mitte zwischen zwei Extremen, sie wird durch die Beziehung zu diesen Extremen definiert. Somit bilden alle Tugenden eine relationale Klasse von Objekten. Einen relationalen Begriff bilden auch alle Items in Abb. 1.3, die gleich viele Rahmen und Figuren haben. Relationale Klassen oder Begriffe sind oft schwer zu erfassen und bereiten Schwierigkeiten bei der Kommunikation. Viele Begriffe aus der klinischen Praxis und aus der

Psychologie sind relationaler Art (z. B. Krankheitsbilder, psychologische Typen). Im Schulalltag häufig verwendete relationale Begriffe sind ‚groß' und ‚klein', ‚leer' und ‚voll'.

Bis jetzt war von Attributen die Rede, die mit Sicherheit den Begriff definieren. Oft haben wir es auch mit Definitionsmerkmalen zu tun, die nur einen bestimmten Wahrscheinlichkeitsgrad besitzen. Vielfach kann eine vollkommene Garantie oder Sicherheit für die kennzeichnenden Attribute nicht erreicht werden. In diesem Fall begnügt man sich mit einer Reihe positiver Beispiele, in denen das fragliche Attribut auftrat. Die Erreichung des Klassenziels wird durch Wahrscheinlichkeitskriterien mitdefiniert. In der Regel kann man erwarten, daß jemand, der in zwei Fächern die Note sechs erhalten hat, nicht den Anforderungen der nächsten Klasse gewachsen ist. Die Klassifizierung von Patienten bei der Zuordnung zu einem bestimmten Krankheitsbild richtet sich ebenfalls nach Wahrscheinlichkeitskriterien, da ein bestimmtes Syndrom zwar in vielen Fällen, sagen wir in 80% der Fälle, zutrifft, aber manchmal auch nicht (in 20% der Fälle). Man sieht, daß bei Wahrscheinlichkeitskriterien immer eine Entscheidung getroffen werden muß, die auch ein gewisses Risiko in sich birgt. Vielfach überschätzen wir natürlich die tatsächliche Wahrscheinlichkeit. Dies ist beispielsweise bei der charakterlichen Beurteilung der Mitmenschen der Fall, denen wir aufgrund unserer Erfahrungen bestimmte Eigenschaften zuschreiben. Unter dem Gesichtspunkt der logischen Struktur sind Eigenschaftsbegriffe durch Attribute definiert, deren Wahrscheinlichkeit weitgehend unbekannt ist.

Es muß an dieser Stelle hervorgehoben werden, daß man auf induktivem Wege nicht über Wahrscheinlichkeitskriterien der Attribute hinauskommt, da man nie mit vollkommener Sicherheit sagen kann, ob ein an einer Reihe von Fällen beobachteter Sachverhalt auf *alle* Fälle zutrifft. Für die Einführung des Studierenden in das moderne naturwissenschaftliche Denken erweist sich die hier getroffene Einteilung als recht bedeutsam.

Es gibt Versuche, die logischen Strukturen beim Denken exakter und umfassender zu beschreiben (*Garner*, 1962; *Frank*, 1961; *Klix*, 1967). *Tack* (1965) versucht beispielsweise, eine Sprache L_a zu konzipieren, mit deren Hilfe alle Objekte durch Konjunktionen beschrieben werden können. Sie enthält eine endliche Anzahl von Eigenschaftsbezeichnungen a_i. Eine Konjunktion, in der *jedes* a_i oder seine Negation $\bar{a}_i$ einmal und nur einmal auftritt, wird als „Objektbeschreibung" bezeichnet. Bestünde die Sprache L_a aus drei Eigenschaftsbezeichnungen, so lassen sich 8 Objekte beschreiben:

Objekt 1:	$a_1 \wedge a_2 \wedge a_3$	Objekt 5:	$\bar{a}_1 \wedge a_2 \wedge a_3$
Objekt 2:	$a_1 \wedge a_2 \wedge \bar{a}_3$	Objekt 6:	$\bar{a}_1 \wedge a_2 \wedge \bar{a}_3$
Objekt 3:	$a_1 \wedge \bar{a}_2 \wedge a_3$	Objekt 7:	$\bar{a}_1 \wedge \bar{a}_2 \wedge a_3$
Objekt 4:	$a_1 \wedge \bar{a}_2 \wedge \bar{a}_3$	Objekt 8:	$\bar{a}_1 \wedge \bar{a}_2 \wedge \bar{a}_3$

Ein Begriff, der etwa die Objekte 1 und 3 umfaßt, ist durch $a_1 \wedge a_3$ definiert. Die Zahl der beschreibbaren Objekte richtet sich nach der Zahl der Eigenschaftsbezeichnungen in der Sprache L_a. Mit N Eigenschaften können 2^N Objekte beschrieben werden. Zwei Objekte oder Begriffe stehen im ‚vollständigen Gegensatz' zueinander, wenn beidemal die gleichen Eigenschaften gebunden sind, jedoch jeweils im gegensätzlichen Zustand. So bilden die Objekte 1 und 8 einen ‚vollständigen Gegensatz', da alle in 1 bejahten Eigenschaften in 8 verneint sind und umgekehrt. Genauso verhält es sich etwa mit den Objekten 3 und 6.
Diese Darstellungsweise würde eine große Vereinfachung und Klärung für unsere Begriffe und Objektbeschreibungen bedeuten, da man auf Disjunktion und relationale Begriffsbeschreibung verzichten könnte. Für praktische Zwecke wäre es nützlich, möglichst viel mit Begriffen zu arbeiten, die eine solche Darstellung gestatten. Diese für die Unterrichtsdidaktik sehr reizvolle Aufgabe würde ganz von selbst zu einer hierarchischen Struktur der Stoffpläne führen. Daß diese Arbeit außerordentlich aufwendig ist, versteht sich von selbst.

1.22 Strategien bei der Bildung konjunktiver und disjunktiver Begriffe

Bislang haben wir uns nur mit dem Ergebnis des Denkprozesses bei der Begriffsbildung befaßt. Neuerdings hat man Wege gefunden, wie man die einzelnen Schritte beim Denkvorgang aufspüren kann. Der Denkprozeß wird dabei allgemein als Strategie beschrieben, die der Denkende benutzt, um zum Ziel zu gelangen. Strategien können oft als Kette von Hypothesen aufgefaßt werden, die man aufstellt und hinterher überprüft. In jedem Falle aber nehmen Strategien die Zukunft vorweg oder sie planen in die Zukunft hinein. Mit dem Begriff der Strategie ist eine rein assoziationistische Auffassung des Denkens endgültig überwunden. Er wurde durch *Duncker* und *Wertheimer* bereits in den zwanziger und dreißiger Jahren vorweggenommen. Ein bahnbrechendes Werk über Denkstrategien bei der Begriffsbildung stammt von *Bruner, Goodnow* und *Austin* (1956). Da die Methoden, die diese Autoren anwandten, auch für die Förderung des Denkens sehr aufschlußreich sind, sollen sie etwas ausführlicher beschrieben werden.

1.221 Selektionsstrategien bei konjunktiven Begriffen

Bruner und Mitarbeiter legten den Versuchspersonen (Studenten) 81 Karten mit Figuren vor, wie sie in Abb. 1.3 zu sehen sind. Jede Karte variiert in der Gestalt der Figur, nach der Zahl der Figuren, nach der Farbe der Figuren und nach der Zahl der Rahmen. Den Versuchspersonen (Vpn) wurde erklärt, was ein konjunktiver Begriff ist, z. B. „alle Karten mit roten Kreuzen und zwei Rahmen". Danach erklärte der Versuchsleiter (Vl), die Vp müsse einen bestimmten Begriff (eine bestimmte Merkmalskombination), die der Vl sich ausgewählt habe, herausfinden. Begonnen wurde mit einer Karte, die ein positives Beispiel für das gedachte Konzept war. Die Aufgabe des Probanden bestand darin, Karten auszuwählen, die den betreffenden Begriff repräsentierten. Er konnte eine Karte auf einmal wählen und erhielt darauf die Information, ob die Karte ein positives Beispiel (zu dem Begriff gehörig) oder ein negatives Beispiel (nicht zu dem Begriff passend) darstellte. Die Autoren entwickeln nun ideale Strategien, die bei der Lösung der Probleme angewendet werden können. Sie gestehen aber hinterher ein, daß sie diese Strategien a posteriori aufgrund der tatsächlichen von der Vp angewendeten Verfahren konstruiert haben. Deshalb wollen wir uns mit den tatsächlich vorgefundenen Strategien befassen. Bei Aufgaben obiger Art konnten in der Hauptsache zwei Strategien beobachtet werden. Die eine kann als *Focus-Strategie* bezeichnet werden, die andere ist eine Form der *sukzessiven Hypothesenprüfung* (successive scanning).

Die Focus-Strategie besteht im Idealfall darin, alle Merkmale der positiven Anfangskarte als Focus (Brennpunkt, Anhaltspunkt) festzuhalten und dann Karten zu wählen, bei denen nur jeweils *ein* Attribut anders ist als das des positiven Anfangsbeispiels. Diese optimale Focus-Strategie wurde von den Vpn meist in veränderter Form eingesetzt. Gerade diese Abwandlungen sind didaktisch höchst bedeutsam und sollen daher kurz beschrieben werden. Die eine Variation der Focus-Strategie bestand in einem Bedürfnis nach redundanter Bestätigung. An und für sich genügt es, bei Veränderung eines einzigen Aspektes zu erfahren, ob er positiv (begriffsrelevant) oder negativ (irrelevant) ist. Die Vpn waren sich offensichtlich ihrer Sache nicht so sicher und testeten lieber noch einmal, ob das zuvor geprüfte Merkmal auch tatsächlich die Eigenschaft besaß, die man festgestellt hatte. Wenn die Focus-Karte beispielsweise zwei rote Quadrate mit einem Rahmen enthielt, so konnte die Vp zwei grüne Quadrate mit einem Rahmen auswählen. Im Falle einer positiven Bestätigung durch den Vl wüßte die Vp, daß Farbe

Abb. 1.3: Geordnetes Material für Begriffsbildungsaufgaben (*Bruner* et al., 1956)

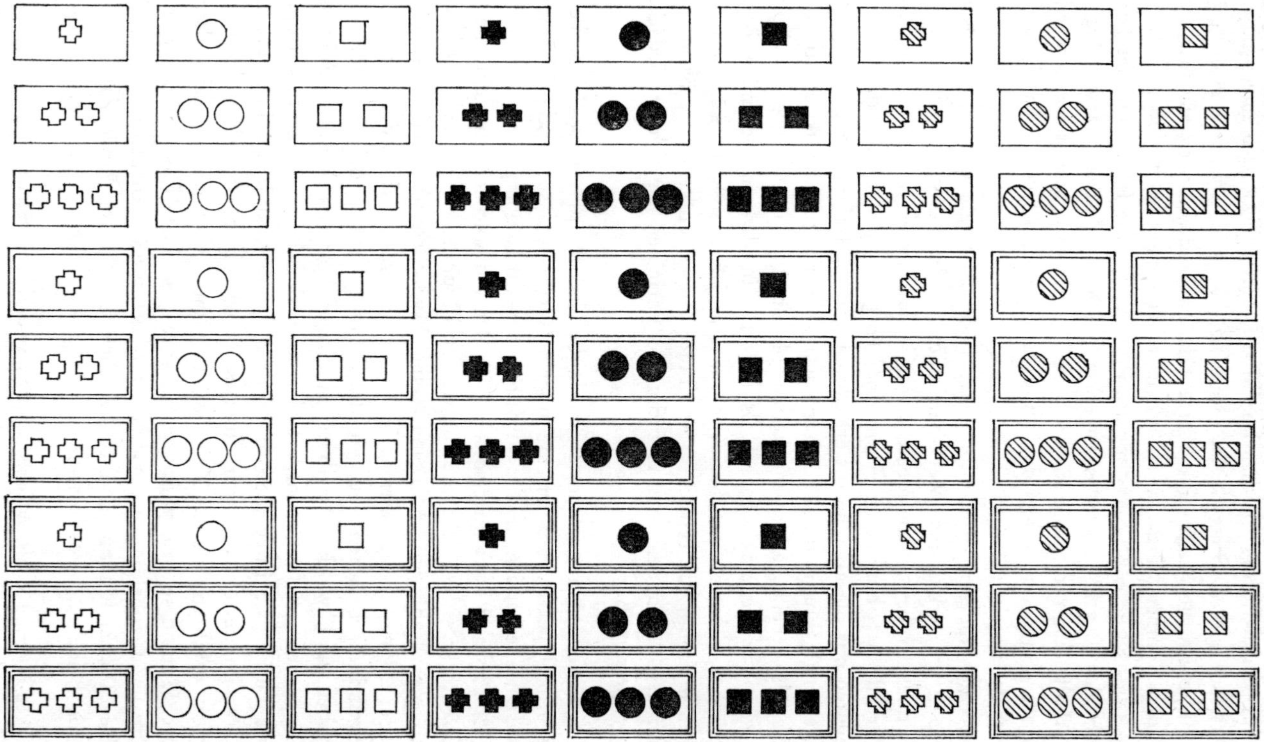

kein Merkmal des fraglichen Begriffs ist, und könnte nach einem anderen Attribut suchen. Statt dessen suchte sie häufig eine weitere Bestätigung, wählte beispielsweise eine Karte mit zwei schwarzen Quadraten und einem Rahmen. Diese Karte erbringt keine neue weiterführende Information, sondern ist eine doppelte Prüfung für die Irrelevanz der Farbe. Ob der Begriff als Wesensmerkmal ‚Quadrat' bzw. ‚zwei' Figuren enthält, kann durch positive Beispiele nicht herausgefunden werden, sondern nur durch logische Elimination, indem der Proband erfährt, was der Begriff *nicht* ist.

In einer anderen Abwandlung der Focus-Strategie wurden die als unwesentlich erkannten Merkmale nicht mehr konstant gehalten. Wie erinnerlich, besteht die ideale Strategie darin, eine Karte zu wählen, auf der alle Attribute außer einem einzigen gleich geblieben sind. Viele Vpn hielten nur die als relevant erkannten und die bislang noch unbekannten Merkmale konstant, kümmerten sich aber nicht mehr systematisch um die als bedeutungslos ermittelten Merkmale. Hatte jemand beispielsweise das Merkmal ‚Farbe' als negativ für den zu suchenden Begriff erkannt, achtete er nicht mehr auf die Farbe, sondern kümmerte sich nur noch um die restlichen Attribute. Dieses Vorgehen ist ökonomisch für den Probanden, weil er nicht alle Variablen zugleich im Gedächtnis speichern muß.

Die zweite Hauptstrategie wurde bereits als sukzessive Hypothesenprüfung[1] gekennzeichnet. Sie besteht darin, eine spezifische Hypothese aufzustellen und sie *direkt* durch Kartenwahl zu überprüfen.

Der Proband schränkt also seine Wahlen auf solche Karten ein, die eine direkte (positive) Überprüfung seiner Hypothese gestatten. Nach vollzogener Wahl geht er zu einer neuen Hypothese über und testet wieder direkt. Diese Art der Strategie führt dann weiter, wenn der Proband im Gedächtnis behalten hat, wie die zuvor getesteten Beispiele ausgesehen haben und welche Attribute in Frage kommen können. Sukzessive Hypothesenprüfung erfordert also wesentlich mehr Gedächtnisleistungen als die Focus-Strategie. Sie erweist sich letzterer auch aus einem logischen Grund unterlegen. Durch direktes Testen einer Hypothese kann man nicht erfahren, welche Kriterien unwichtig sind. Lautet beispielsweise die Hypothese ‚rot plus zwei' Figuren, so bedarf es vieler Versuche, um herauszubekommen, welche Attribute tatsächlich bedeutungslos sind. Der Proband kann nämlich bei direkter Testung lange das Merkmal ‚rot' beibehalten, ohne seine Irrelevanz zu erkennen. In den vorgegebe-

[1] Von *Bruner* et al. als „successive scanning strategies" bezeichnet.

nen Aufgaben, durch gezielte Kartenwahl einen Begriff ausfindig zu machen, ist die indirekte Prüfung die rascheste und sicherste, sofern nicht der Zufall eine Rolle spielt (faktisch haben viele Vpn vorzeitig die richtige Kombination erraten). Bei sehr komplexem Material bietet die sukzessive Hypothesenprüfung allerdings Erleichterung, da man mit einer Hypothese aus einer Vielfalt von Möglichkeiten die richtige unmittelbar treffen kann.

Verschiedene Versuchsbedingungen wurden gegeben: Zunächst hatten die Vpn alle 81 Karten wie in Abb. 1.3 geordnet vor sich liegen und konnten zwei Begriffsaufgaben durch eigenhändiges Auswählen von Karten aus dem anschaulich gegebenen Satz lösen. Eine dritte Aufgabe mußte im Kopf gelöst werden. Die Probanden mußten die kennzeichnenden Merkmale ohne anschauliche Hilfe herausfinden. Eine weitere Variation des Experiments bestand darin, die Karten nicht geordnet, sondern in Zufallsanordnung zu präsentieren. Das Bildmaterial bestand hierbei aus 64 Beispielen, von denen jedes eine große *und* eine kleine Figur enthielt. Gestalt und Farbe der Figuren sowie Umrahmung variierten.

Probanden mit sukzessiver Hypothesenprüfung errieten die richtige Merkmalskombination bei anschaulich gegebenem Kartenrepertoire relativ rasch, brauchten aber lange, um auswendig den richtigen Begriff zu finden (im Durchschnitt 13 Wahlen). Vpn mit Focus-Strategie schafften die Lösung in der leichten und schweren Situation im Mittel nach fünf Wahlen. Diese Überlegenheit der Focus-Strategie bei Aufgaben, in denen Beispiele wahrnehmungsmäßig nicht gegeben sind, hängt wohl damit zusammen, daß sie weniger exakte Gedächtnisleistungen und weniger Anstrengung beim Ziehen von Schlüssen erfordert. Wie dem auch sei, es gibt offenbar Strategien, die leichter sind und größeren Erfolg einbringen. Dies ist deswegen bemerkenswert, weil die Probanden sich ihre Strategie selbst suchten und manchmal zur schwereren Strategie griffen. Bei der Gegenüberstellung von Begriffsbildungsleistungen an geordnetem und ungeordnetem Material (Karten mit je einer großen und einer kleinen Figur) erwies sich, wie zu erwarten, die vorgegebene Ordnung als beträchtliche Hilfe: Die Vpn brauchten im Durchschnitt 6,1 Wahlen, während bei ungeordnetem Material im Mittel 10,4 Wahlen nötig waren. Die vorherige Ordnung ermöglichte vor allem zwei Dinge:

a) eine systematische Focus-Strategie, bei der nur ein Merkmal pro Wahl variiert wird (in allen vier gestellten Aufgaben gingen 11 von 15 Vpn in dieser Weise vor),

b) ein ökonomisches Vorgehen, so daß im Durchschnitt nur *eine* redundante Wahl auftrat (Wahl eines Beispiels, das die vorher eingeholte Information lediglich bestätigt).

Vpn mit Aufgaben an nichtgeordnetem Material bevorzugten die weniger wirksame Strategie der sukzessiven Hypothesenbildung – wohl weil sie angesichts der Unüberschaubarkeit des Problems direkte (aber nicht planlose) Rateversuche unternahmen – und produzierten im Mittel 4,1 redundante Wahlen. Die Zahl der falschen „Tips" lag begreiflicherweise höher als bei der Gruppe, die mit geordnetem Material arbeitete. Damit rücken wieder Aspekte in den Vordergrund, die schon seit langem von den Gestaltspsychologen in ihrer Bedeutung für den Erfolg beim Denken erkannt worden waren (*Köhler, Wertheimer, Duncker;* siehe auch *Müller,* 1964).

Man mag sich fragen, ob diese Befunde auch für Formen der Begriffsbildung bzw. für Ordnungsversuche gelten, die der sozialen Realität näherstehen. *Bruner, Goodnow* und *Austin* vermuten, daß bei Ordnungsversuchen im Bereich des sozialen Zusammenlebens noch andere Faktoren wirksam sind als bei der Strukturierung systematischen Materials mit wenigen, leicht faßlichen Kriterien. Sie wählten unter Beibehaltung der bisher beschriebenen Prozedur anstelle von geometrischen Figuren bedeutungsvolles und wohlvertrautes Bildmaterial. Auf jedem Bild befand sich ein Erwachsener (weiblich oder männlich) und ein Kind (weiblich oder männlich). Die Erwachsenenfigur und die Kindfigur waren entweder im Tages- oder im Nachtdress abgebildet. Weitere Merkmale bestanden in den sozialen Beziehungen zwischen den beiden Partnern. Der Erwachsene gab sich entweder lächelnd und schenkend oder abweisend, mit den Händen auf dem Rücken. Analog variierte auch das Verhalten des Kindes, es zeigte sich lächelnd und empfangend oder mit gesenktem Kopf und den Händen auf dem Rücken. Bei beiden Figuren wurde also Geschlecht, Kleidung und „Affekt" variiert. Vier Beispiele der möglichen 64 Kombinationen (2 x 2 x 2 x 2 x 2 x 2) sind auf Abb. 1.4 wiedergegeben. Eine Vergleichsgruppe erhielt die 64 bereits beschriebenen Items, jedes mit einer großen und kleinen geometrischen Figur.

Das Ergebnis ist aufschlußreich. Während die Vergleichsgruppe, wie bereits weiter oben mitgeteilt, durchschnittlich 6,1 Wahlen benötigte, bis sie den richtigen Begriff gefunden hatte, brauchte die Gruppe mit thematischem Material 9,7 Wahlen. Zwei Ursachen sind für dieses schlechte Abschneiden verantwortlich, und beide gehen auf die Intention der Vp zurück, einen Sinn in die Bilder hineinzulegen. Die Probanden bevorzugten die sukzessive Hypothesenprüfung als Strategie, da sie eine gezielte Hypothese für brauchbarer hielten als das systematische Einschränken von Möglichkeiten, wie es bei der Focus-Strategie gegeben ist. Auf diese Weise brauchten sie länger als Vpn mit „sinnlosem" Material. Die Vpn schienen auch an gewissen Merkmalen stärker festzuhalten als an anderen. Die stärkste Perseveration zeigte sich beim Merkmal „Geschlecht" der Erwachsenenfigur. Der Proband konzentrierte sich offenbar mehr auf sozial sinnvolle und vertraute Hypothesen.

Abb. 1.4: Thematisches Bildmaterial zur Begriffsbildung (*Bruner* et al., 1956)

1.222 Rezeptionsstrategien bei konjunktiven Begriffen

Sicherlich hängen die bisher genannten Befunde sehr stark von der Selektionsmethode ab, die den Probanden auferlegt wurde. Sie hatten einen vollständigen Satz von Beispielen vor sich liegen und konnten aus ihm beliebig ein Item wählen, worauf sie eine positive oder negative Bestätigung ihrer Entscheidung erhielten. Sowohl im Bereich der wissenschaftlichen Forschung als auch im Alltag ist oft eine andere Situation gegeben, nämlich angesichts einer Einzelbeobachtung eine Hypothese aufzustellen und abzuwarten, ob sich diese beim nächsten Fall bestätigt. In dieser Lage befindet sich der Mediziner, der ein bestimmtes Krankheitsbild auf seine Ursachen hin untersucht. Er kann die für seine Hypothese nötigen Beispiele nicht nach Belieben herstellen, weil er nicht willkürlich in den menschlichen Organismus eingreifen darf. Seine Aufgabe ist es, die Beispiele so hinzunehmen, wie sie sich ihm anbieten, und seine Hypothese entsprechend den Beispielen abzuwandeln, bis sie eindeutig verifiziert ist. Die Frage, die hier auftaucht, ist: Wie gelingt die Begriffsbildung, wenn die Beispiele nicht selbst ausgewählt werden können, sondern in einer vom Denkenden unkontrollierbaren Folge auftreten? Wir fragen nach den „Rezeptions"-Strategien oder Verarbeitungsmodi bei der Aufnahme (Wahrnehmung) von Einzelbeispielen.

Bruner und Mitarbeiter wählten zur Untersuchung der Denkstrategien, die in einer solchen Situation verwendet werden, folgende Methode. Der Vl zeigte den Vpn einige Karten mit den später zu beurteilenden Figuren und erklärte, in welcher Weise sie in ihren Attributen variierten. Sodann wurde ihnen der konjunktive Begriff als Kombination von Merkmalen bzw. den Werten, die die Merkmale annehmen, erklärt. Der Vl sagte nun, daß er eine Reihe von Karten hintereinander zeigen werde, die positive und negative Beispiele darstellten. Über das, was ein positives und negatives Beispiel ist, wurden die Vpn ebenfalls genau unterrichtet. Nach jeder Karte mußten sie ihre Hypothese über das mutmaßliche Konzept hinschreiben, also einfach angeben, welcher Begriff gemeint sei. Auf diese Weise hatten sie 14 Aufgaben zu lösen. Sie konnten aber nicht ihren vorausgegangenen Tip sehen, da sie ihre Vermutung sofort nach dem Hinschreiben zudecken mußten. Die Reihenfolge und Zahl der dargebotenen Karten war zuvor sorgfältig festgelegt worden, und zwar in der Weise, daß

a) gerade genug Beispiele offeriert wurden, um das Problem zu lösen,
b) die Gesamtzahl der Beispiele für jedes Problem gleichblieb,
c) das Verhältnis von positiven zu negativen Beispielen konstant gehalten wurde,
d) jeder Schwierigkeitsgrad (von 1 bis 4 relevanten Begriffsmerkmalen) in jedem Viertel der 14 Aufgaben ungefähr gleich häufig vertreten war.

Die Aufgaben mußten in der einen Versuchsbedingung unter Zeitdruck gelöst werden, in der anderen hatten die Probanden beliebig lange Zeit.

Wiederum konnten zwei Hauptstrategien beobachtet werden. Die Focus-Strategie bestand, analog zu den eben beschriebenen Experimenten, darin, die erste Karte als Focus zu benützen. Da den Vpn sämtliche Dimensionen (Merkmale) von der Instruktion her bekannt waren, konnten sie mit *allen* Dimensionen als Ausgangspunkt beginnen und durch die nachfolgenden Informationen laufend ihre ganzheitliche (wholistic) Hypothese einengen.

Die sukzessive Hypothesenprüfung bestand darin, mit einer relativ *engumgrenzten* Hypothese zu beginnen und bei den nachfolgenden Hypothesen die vorausgegangenen Informationen mitzuverwerten. Die ganzheitliche Focus-Strategie wurde bevorzugt und brachte auch den besseren Erfolg. 61% der Probleme konnten mit ihr unter Zeitdruck gelöst werden. Demgegenüber bewältigten Vpn mit sukzessiver Hypothesenprüfung nur 31% der Probleme. Interessanterweise aber verschwand dieser Unterschied, wenn die Probanden nicht unter Zeitdruck standen: In dieser Versuchssituation lösten Vpn mit Focus-Strategie 80% der Probleme und solche mit sukzessiver Hypothesenprüfung 79%. Man kann vermuten, daß die anstrengenden Leistungen der Gedächtnisabfrage und des Schließens, wie sie bei der spezifischen Hypothesenaufstellung der sukzessiven Hypothesenprüfung verlangt werden, unter erschwerenden Bedingungen (Zeitdruck) nicht mehr gelingen.

Bemerkenswert ist die individuelle Konsistenz, mit der die beiden Strategien benutzt werden. Wer mit einer ganzheitlichen Hypothese beginnt (Focus-Strategie), behält sie der Tendenz nach bei. Analog verhält sich der Benutzer von partiellen Hypothesen. Er schwenkt selten zu einer ganzheitlichen Hypothesenbildung um. Die Probanden verhielten sich ganz ähnlich wie Wissenschaftler, die an bestimmten Denkgewohnheiten oder -wegen festhalten. *Bruner* et al. bringen als Beispiel die Neurologen *Broca* und *Flourens*.

Broca fand bekanntlich, daß die Schädigung einer bestimmten Region der linken Hemisphäre im Frontalhirn die Ursache für Aphasie ist (*Broca*sches Sprachzentrum). Er behielt seine partielle Hypothese konsistent bei. Eine andere Position nahm *Flourens* ein.
Nach seiner Meinung ist keine spezifische Läsion allein für die Aphasie verantwortlich. Wenn das Gehirn des Aphasikers bestimmte Schäden aufweist, dann bewirkt die Wechselbeziehung zwischen den beschädigten Regionen und den intakten Bezirken eine spezifische Schädigung. *Flourens*' „wholistische" Strategie ging von der Voraussetzung aus, daß ein spezifisches klinisches Bild immer durch die Beteiligung des gesamten Cortex bzw. Gehirns zustandekommt.

Noch in einer anderen Hinsicht verhielten sich die Vpn rational. Sie reagierten sinnvoll auf positive und negative Information, d. h. auf die Mitteilung, ob die vorgezeigte Karte ein positives oder ein negatives Beispiel des Begriffs sei. Beidemal lagen für den Probanden zwei Möglichkeiten vor, seine vorherige Hypothese wurde entweder bestätigt oder widerlegt. Die vier Situationen, denen er gegenüberstehen konnte, waren also:

Positives Beispiel: Bestätigung der Hypothese (PxB)
Positives Beispiel: Widerlegung der Hypothese (PxW)
Negatives Beispiel: Bestätigung der Hypothese (NxB)
Negatives Beispiel: Widerlegung der Hypothese (NxW)

Für diese vier Kombinationen gelten logische Regeln des optimalen Vorgehens, die für beide Strategien (Focus-Strategie und sukzessive Hypothesenprüfung) nicht ganz identisch sind.
In nachfolgender Tabelle sind die vier möglichen Kombinationen zwischen (positiver und negativer) Information und vorausgegangenen Hypothesen des Probanden mit der optimalen logischen Antwort zusammengestellt. Als zu ermittelnder Begriff seien die Merkmale „3“ (Menge der Figuren) und „Kreuz“ angenommen. Die Hypothese des Probanden sei in allen vier Fällen „Kreuz“ (1. Merkmal) und „2 Rahmen“ (2. Merkmal). Sie ist bei einer Focus-Strategie, die von einem positiven Beispiel ausgeht, eigentlich nicht möglich, weil das Merkmal „3“ (Menge der Figuren) unberücksichtigt bleibt. Doch braucht man zur Illustration der Bedingung NxW eine solche zu früh eingeengte Hypothese.
Man beachte, daß bei der Focus-Strategie nur in der NxW-Kombination die vorherige Hypothese völlig aufgegeben werden muß, während bei der sukzessiven Hypothesenprüfung mit engumgrenzten Hypothesen in zwei Kombinationen (PxW und NxW) eine neue Hypothese gefunden werden muß, die nicht auf den vorausgegangenen aufbauen kann. Die NxW-Bedingung dürfte bei idealem Vorgehen in der Focus-Strategie gar nicht auftreten. Liegt sie vor, dann hat der Proband schon zuvor Fehler gemacht und falsche Schlüsse gezogen (z. B. ein für den Begriff wesentliches Merkmal eliminiert). Obwohl es sich um theoretisch geschulte Personen handelte (Studenten), kann man nun nicht erwarten, daß die vier Bedingungen immer in idealer Weise beantwortet werden. Interessant ist aber, bis zu welchem Grad sie in den beiden Strategien adäquat berücksichtigt wurden. Es genügt, wenn wir hier das Verhalten der Probanden heranziehen, die mit der ganzheitlichen Focus-Strategie arbeiteten. Die logisch adäquaten Regeln wurden

Tab. 1.1: Logische Regel für das Vorgehen nach vier Kombinationsmöglichkeiten zwischen Art des Beispiels (positiv, negativ) und Erfolg der aufgestellten Hypothese (Bestätigung, Widerlegung).

Kombination zw. vorausgegangener Hypothese der Vp und Information des Vl	Dargebotene Karte	Focus-Strategie (ganzheit. Hypothese)	sukzessive Hypothesenprüfung (engumgrenzte Hypothese)
P x B	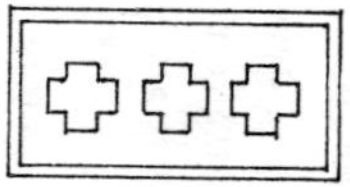	Die bisherige Hypothese beibehalten	Die bisherige Hypothese beibehalten
P x W	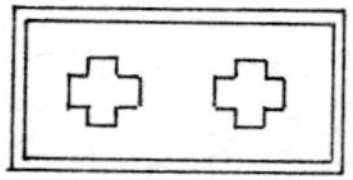	Nach dem Gemeinsamen zwischen der alten Hypothese und dem neuen Beispiel suchen	Eine Hypothese bilden, die mit der Erinnerung an früh. Beispiele konsistent ist. (Aufgeb. d. alt. Hypothese!)
N x B		Die bisherige Hypothese beibehalten	Die bisherige Hypothese beibehalten
N x W		Hypothese auf der Basis der Erinnerung an frühere Beispiele ändern (Aufgeben der alten Hypothese!)	Eine Hypothese bilden, die mit der Erinnerung an früh. Beispiele konsistent ist. (Aufgeb. d. alt. Hypothese!)

Gesuchter Begriff: 3 Kreuze
Hypothese des Probanden: Kreuze mit zwei Rahmen

bei der PxB-Bedingung in 54% der Konfrontationen
bei der PxW-Bedingung in 54% der Konfrontationen
bei der NxB-Bedingung in 61% der Konfrontationen
bei der NxW-Bedingung in 10% der Konfrontationen

befolgt. Man sieht, daß die Situation, in der eine Hypothese durch ein negatives Beispiel Bestätigung findet, am besten gehandhabt wird. Erstaunlich niedrig liegt die Quote bei der NxW-Kombination. Die Widerlegung der vorausgegangenen Hypothese durch ein Beispiel, das nach Ansicht des Probanden zum Begriff gehört, nach der Information des Vl aber nicht, ist eine bittere Pille für den Denkenden. Denn sie eröffnet ihm, daß er irgendwann und -wo relevante Kriterien ausgeschieden hat. Im Beispiel der Tab. 1.1 hat der Proband den Wert 3, den die Menge der Figuren annehmen kann, zu früh ausgeschieden. Es liegt nun für ihn näher, an seiner alten Hypothese in irgendeiner Form festzuhalten, als noch einmal von vorne zu beginnen. Die Tendenz, eine längere Reihe von vorausgegangenen Entscheidungen lieber beizubehalten, als alles umzuwerfen und noch einmal neu zu beginnen, wird uns bei praktischen Konsequenzen, die wir zu ziehen haben, noch beschäftigen.

1.223 Strategien beim Erwerb disjunktiver Begriffe

Bei der Auffindung disjunktiver Begriffe sieht sich der Denkende wesentlich größeren Schwierigkeiten gegenüber als bei der Ermittlung konjunktiver Begriffe. Das rührt von der Mehrdeutigkeit her, die das Einzelbeispiel eines Begriffes hat. Verwenden wir als Exempel eine Karte, die ein kleines weißes Dreieck und ein großes schwarzes Rechteck enthält. Stellt sie ein positives Beispiel des zu suchenden disjunktiven Begriffs mit zwei Merkmalen dar, so kann dieser sehr vieles sein: weiße kleine Figur und/oder schwarze große Figur, weiße kleine Figur und/oder großes schwarzes Dreieck usw. Auf jeder Seite eines aus zwei Merkmalen bestehenden disjunktiven Begriffs kann sich bei einem positiven Beispiel alles ändern. Strategien wie die bisher beschriebenen führen nicht zum Ziel. Da das Problem des Ermittelns disjunktiver Begriffe weitaus komplexer ist als bei konjunktiven Begriffen, müssen wir uns auf ein einziges Beispiel beschränken, das von *Bruner* und Mitarbeitern in einem Experiment näher untersucht wurde. Sie befaßten sich mit einem inklusiven disjunktiven Begriff, der aus zwei Attributen bestand ($a \vee b$). Wieder handelte es sich um neutrales Material mit geometrischen Figuren. Geboten wurden 16 Karten mit je einer großen und einer kleinen

Abb. 1.5: Objektmaterial zur Bildung disjunktiver Begriffe (nach Art des von *Bruner* et al., 1956, verwendeten Materials)

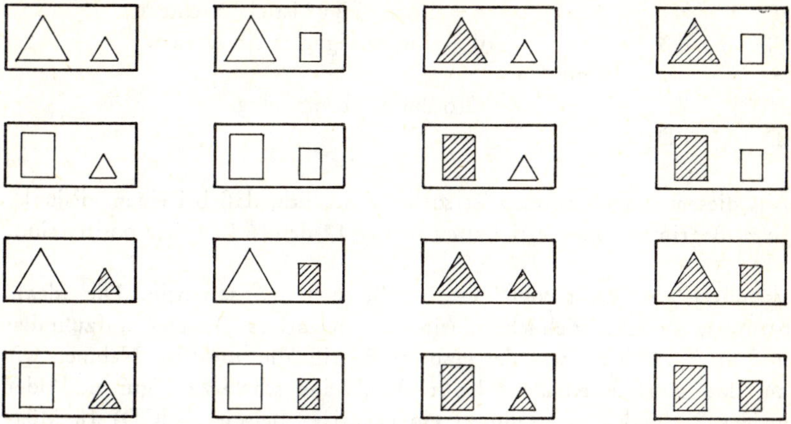

Figur. Jede der beiden Figuren konnte ein Dreieck oder Rechteck sein, jedes Dreieck oder Rechteck konnte schwarz oder gelb sein (Abb. 1.5). Die Karten lagen geordnet vor dem Probanden (Studenten). Er wurde zunächst genau darüber informiert, was ein disjunktiver Begriff ist, und durchlief das Experiment erst dann, wenn sichergestellt war, daß er an Beispielen des vor ihm liegenden Materials inklusive Disjunktionen erfaßt hatte. Analog zu früher beschriebenen Experimenten erklärte man ihm, was ein positives und negatives Beispiel für den zu suchenden Begriff sei, und ließ ihn nach erstmaligem Aufzeigen eines positiven bzw. je nach Versuchssituation negativen Beispiels eine Karte wählen. Nach jeder Wahl erhielt der Proband die Information „positiv“ bzw. „negativ“. Es war ihm freigestellt, seine Hypothese zu äußern, wann er wollte. Die Aufgabe galt als gelöst, wenn der Proband richtig geraten hatte. Die Versuchsbedingungen waren je nach Versuchsgruppe verschieden. Eine Gruppe erhielt als erste Karte ein negatives Beispiel, andere Gruppen sahen zunächst ein positives Beispiel. Dieses enthielt für eine Gruppe als Exempel nur *ein* Attribut, für die andere Gruppe beide Attribute. Jeder Proband hatte drei Aufgaben zu lösen.

Zum Verständnis der idealen Strategien und der Strategien, die benutzt wurden, bedarf es einiger Erläuterungen. Für die 16 gebotenen Bilder existieren 24 Möglichkeiten der Gruppierung zu einem disjunktiven Begriff:

gG	rG	GR	Zeichenerklärung:
gS	rS	GD	g = kleine Figur gelb
gR	rR	SR	s = kleine Figur schwarz
gD	rD	SD	r = kleine Figur ist ein Rechteck
sG	dG	gr	d = kleine Figur ist ein Dreieck
sS	dS	gd	
sR	dR	sr	Großbuchstaben analog
sD	dD	sd	

Aus diesen Kombinationen ist sofort ersichtlich, daß bei einem disjunktiven Begriff mit zwei Attributen immer 12 der 16 Beispiele positiv sind.

Es nützt also nicht viel, positive Beispiele zu sammeln. Die ideale Strategie besteht vielmehr darin, ein negatives Beispiel aufzufinden und so zu erfahren, was der gesuchte Begriff alles *nicht* ist. Nehmen wir an, das gesuchte Konzept heißt sR (kleine schwarze Figur und/oder großes Rechteck), so eliminiert ein negatives Beispiel (gdGD) 18 Möglichkeiten, sechs bleiben übrig. Dieses negative Beispiel dient nun als Focus. Man ändere auf einmal nur ein einziges Attribut, beginne also in obigem Beispiel mit der Farbe der kleinen Figur und wähle die Kombination sdGD. Diese Karte ist positiv, wodurch der Nachweis geführt ist, daß s (schwarze kleine Figur) eines der beiden definierenden Attribute ist. Das zweite Attribut läßt sich wiederum am schnellsten aus einem negativen Beispiel ermitteln. Wenn man also das erste Bestimmungsstück gefunden hat, darf man es nicht beibehalten, sondern muß zu dem negativen Beispiel zurückkehren und das nächste Attribut variieren. Man wählt z. B. grGD. Diese Karte ist negativ, wodurch wir die Information erhalten, daß die Gestalt der kleinen Figur irrelevant ist. Die nächste Wahl heißt gdSD und fällt wiederum negativ aus. Damit ist aber die Lösung bereits gefunden: Das zweite definierende Merkmal kann nur noch R sein. Natürlich können je nach Wahl der definierenden Kriterien auf die erste negative Karte mehr positive Beispiele folgen. In diesem Falle hat man bei richtigem Vorgehen sofort das zweite Merkmal ermittelt. Diese Strategie zentriert sich also um einen negativen Focus. Eine kompliziertere und weniger effektive Strategie besteht darin, so lange Karten auszuwählen, bis man zwei oder mehr negative Beispiele gefunden hat. Die allen negativen Beispielen gemeinsamen Merkmale gehören nicht zum Begriff, wohl aber zu dessen Gegenteil. In unserem obigen Beispiel sind die Karten gdGD, grGD und gdSD negativ. Diesen drei Beispielen sind die Merkmale g und D ge-

meinsam. Da es nur zwei definierende disjunktive Merkmale gibt, muß das Gegenteil dieser beiden Attribute, nämlich s und R, schon die Lösung sein. Diese Strategie ist weniger wirksam als die oben beschriebene. Könnte man die eine als negative Focus-Strategie bezeichnen, so die zweite als multiple negative Strategie.
Interessanterweise benutzten die Probanden auch falsche Strategien. Sie verhielten sich so, als müßten sie einen konjunktiven Begriff aufsuchen. So orientierten sie sich beispielsweise an den positiven Beispielen und ermittelten, welche Elemente ihnen gemeinsam waren. Diese gemeinsamen Elemente hielten sie für die gesuchten Attribute. Da aber 12 der 16 Karten bei jedem disjunktiven Begriff mit zwei Merkmalen positiv sind, kann dieser Weg nicht zum Ziel führen. Eine etwas abgewandelte Strategie suchte nach Attributen, die in der Mehrzahl der positiven Beispiele gemeinsam waren. Andere Formen von Strategien sollen hier nicht näher beschrieben werden.
Unter Berücksichtigung der Gesamtzahl der bearbeiteten Probleme verteilen sich die Strategien folgendermaßen:

28% der Probleme wurden adäquat bearbeitet,
38% durch den Einsatz einer nach gemeinsamen Elementen suchenden Strategie und
17% mit einer Strategie, die nach in der Mehrzahl der positiven Beispiele auftauchenden Merkmalen suchte.

Mit der Benutzung richtiger und falscher Strategien ist noch nichts über die tatsächliche Findeleistung ausgesagt. Die Probanden hatten beliebig lange Zeit und konnten beliebig oft raten. 60% aller Aufgaben wurden durch volle Determination gelöst, d. h. die gefundene Lösung mußte notwendigerweise richtig sein. 40% der Probleme wurden durch Raten ermittelt bzw. durch Lösungen, die nicht volldeterminiert waren, bei denen der Zufall seine Hand mit im Spiel hatte.
Didaktisch besonders bedeutsam ist die Hilfestellung, die der Proband durch die Eigenschaft der ersten Karte erfährt. Bietet man ihm als erstes ein positives Beispiel, so gibt es 18 Begriffe, die als richtig in Frage kommen, nur 6 werden eliminiert. Der Proband, der ja nicht alle 24 Möglichkeiten systematisch ausgearbeitet hat, unterschätzt sicherlich diese Zahl. Außerdem legt man ihm durch das Anbieten eines positiven Beispiels eine falsche Strategie nahe, eben das Suchen nach gemeinsamen Merkmalen bei positiven Fällen. Ist die erste offerierte Karte negativ, so bleiben von den 24 möglichen Begriffen nur noch sechs übrig. Auch

wenn der Proband die wirkliche Zahl der Kombinationen nicht kennt, merkt er bei der Suche nach möglichen Konzepten, daß es gar nicht mehr viele gibt. Zudem wird ihm die richtige (negative) Strategie nahegelegt, weil er zwangsläufig „erkennt", was ein negatives Beispiel leistet. In der Tat wurden 48% der Probleme, bei denen die erste Karte negativ war, mit einer adäquaten Strategie bearbeitet, während nur 15% der Probleme mit positivem Beispiel als Anfangskarte durch die „richtige" Strategie angegangen wurden.
Insgesamt zeigen die Experimente mit disjunktiven Begriffen, daß die Probanden größere Schwierigkeiten bei der Lösung haben und dazu neigen, so vorzugehen wie bei konjunktiven Begriffen. Es ist nicht ganz auszuschließen, daß dieses Verhalten auch kulturell mitdeterminiert ist. Die Vpn waren samt und sonders Studenten, hatten also ein relativ intensives logisches Training hinter sich. Möglicherweise aber war diese Förderung des Denkens zu einseitig auf konjunktive logische Beziehungen ausgerichtet.

1.23 Zur Bildung logischer Begriffe auf verschiedenen Altersstufen

Die bisherigen Untersuchungen bezogen sich auf die Leistungen überdurchschnittlich intelligenter Erwachsener. Welche Leistungen können wir bei Kindern erwarten, welche Leistungen sind erreichbar? Zwischen dem gegenwärtig anzutreffenden Leistungsstand und dem erreichbaren Niveau muß scharf unterschieden werden. Vermutlich sind Kinder bei entsprechendem Training zu wesentlich größeren Leistungen im logischen Denken fähig. Diese Frage wird uns noch in anderem Zusammenhang beschäftigen (s. Abschn. 1.4 und Kapitel 2).
Hier sollen zwei Untersuchungen näher beschrieben werden, die in Übereinstimmung mit dem Ansatz von *Bruner* et al. die Begriffsbildung in Einzelschritte zerlegen und die Strategie des Denkenden auf diese Weise genau zu beschreiben gestatten.

1.231 Nutzung von Information

Nadiraschwili (1965) knüpft an die Untersuchungen *Bruners* et al. (1956) über die Rezeptionsstrategien an und prüft, wie positive und negative Beispiele bei der Suche nach dem Begriff genutzt werden. Er verwendete konjunktive, disjunktive und relationale Begriffe, sowie konjunktive Begriffe mit wahrscheinlichen und notwendigen Merkmalen. Wir befassen uns ausführlicher nur mit konjunktiven Begriffen. Die Versuchsanordnung war der bereits beschriebenen sehr ähnlich. Das Versuchsmaterial bestand aus farbigen geometrischen Figuren. Die Vpn sahen ein positives Beispiel für das zu suchende Konzept und stellten dann eine Hypothese auf. Danach wurde die nächste Karte zusammen mit der Information positiv – negativ geboten, und die Vp formulierte wieder eine Hypothese. Genau wie in den früher beschriebenen Experimenten gab es vier mögliche Kombinationen:

positiv-bestätigend (PxB)
positiv-widerlegend (PxW)
negativ-bestätigend (NxB)
negativ-widerlegend (NxW)

Untersucht wurden Sieben- bis Sechzehnjährige und Erwachsene (Studenten und Personen mit Hochschulbildung). Betrachten wir zunächst einmal die Entwicklung an der Zahl der gelösten Probleme. Wie zu erwarten, steigt die Zahl der richtig gefundenen Begriffe (Merkmale) mit dem Alter an (Abb. 1.6). Interessant ist aber, wodurch der Anstieg

Abb. 1.6: Richtige Verallgemeinerungen in Abhängigkeit vom Lebensalter (*Nadiraschwili*, 1956)

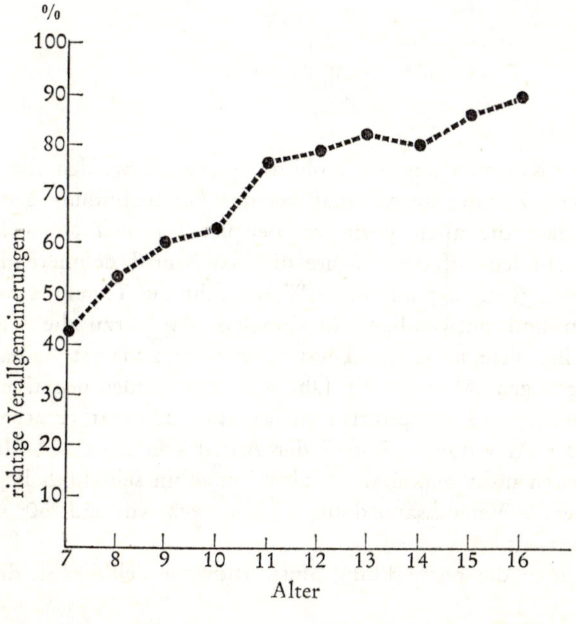

Abb. 1.7: Nutzung positiver und negativer Beispiele bei der Begriffsbildung in Abhängigkeit vom Alter (*Nadiraschwili*, 1965)

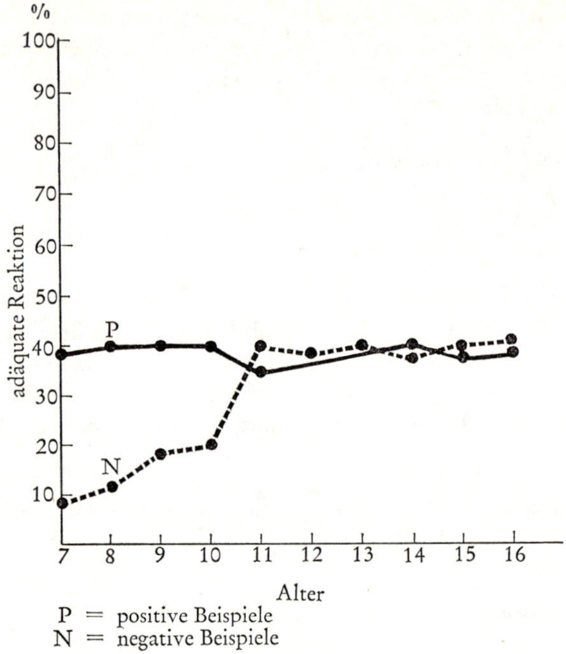

bedingt ist. Wie man aus der Abbildung ersieht, werden die positiven Beispiele von Anfang an adäquat bei der Begriffsbildung genutzt. Die Kinder suchen die allen positiven Beispielen gemeinsamen Merkmale heraus und finden auf diese Weise die den Begriff definierenden Attribute. Allerdings gelingt auf diese Weise nicht die Trennung von wahrscheinlichen und notwendigen Merkmalen, da hierzu die Verwertung negativer Beispiele nötig ist. Letztere werden zunächst kaum sinnvoll mit herangezogen. Aber mit elf Jahren bereits werden negative Beispiele im gleichen Ausmaß wie positive Information adäquat verarbeitet. Man sieht aus der Abbildung 1.7, daß der Anteil von etwa 40% bei beiden Informationen nicht maximal ist, aber immerhin sehr hoch liegt, da bei der gegebenen Versuchsanordnung 50% negative und 50% positive Beispiele präsentiert wurden.

Betrachtet man die Entwicklung hinsichtlich der Fehlerzahl, die bei den vier Bedingungen auftrat, so zeigt sich wiederum, daß die positiven Beispiele am wenigsten Schwierigkeiten bereiten. Bei Bestätigung der Hypothese durch ein positives Beispiel machen Siebenjährige kaum mehr Fehler als Sechzehnjährige (Abb. 1.8). Positive Beispiele, die der eigenen Hypothese zuwiderlaufen (PxW-Bedingung), werden ab etwa 9 Jahren im allgemeinen richtig gehandhabt. Erstaunlich ist auch das von *Nadiraschwili* beobachtete rasche Absinken der Fehlerquote bei negativen Karten, die die eigene Hypothese widerlegen. Bereits Zehnjährige machen hier nur noch in 15% der Fälle Fehler. Wie erinnerlich, zeigten in den Experimenten von *Bruner* et al. die Vpn nur in wenigen Fällen auf diese Bedingung (NxW) das richtige Verhalten. Man muß sich aber vor Augen halten, daß die von *Nadiraschwili* gestellten Aufgaben wesentlich einfacher strukturiert waren als *Bruners* Probleme. Am merkwürdigsten ist der Entwicklungsverlauf der Reaktionen auf negative Beispiele, die die eigene Hypothese bestätigen. Der Autor vermutet wohl zu Recht, daß die NxB-Kombination die zentrale

Abb. 1.8: Altersunterschiede hinsichtlich der Hypothesenbildung beim Aufsuchen von Begriffsstrukturen (*Nadiraschwili,* 1965)

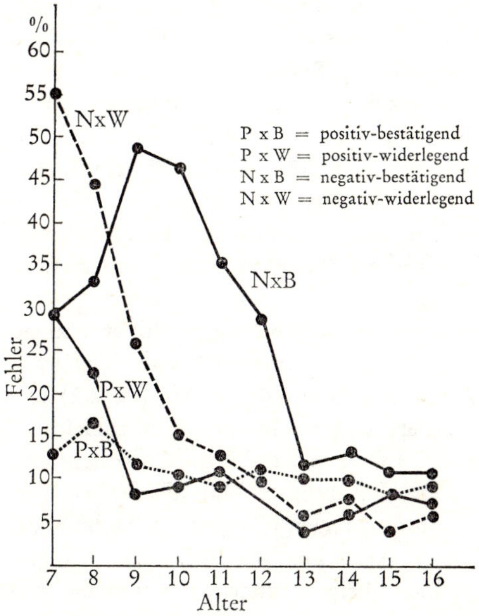

Bedingung bei der Begriffsfindung darstellt. Hier steigt die Fehlerzahl zunächst stark an (beim Neun- und Zehnjährigen), um danach rasch abzufallen. Offenbar erkennen die Kinder den Informationswert der NxB-Bedingung und versuchen ihn zu nützen. Eine adäquate Verwertung gelingt aber erst später, so daß zunächst die Fehlerzahl anwächst.

Recht deutlich gehen aus den Untersuchungen des russischen Autors zwei unterschiedliche Arten der Informationsnutzung hervor. Kinder der Grundschule sind bereits in der Lage, positive Beispiele bei der Suche nach gemeinsamen Merkmalen zu nutzen. Aber erst mit etwa zehn, elf Jahren werden negative Beispiele sinnvoll herangezogen, und zwar merkwürdigerweise zunächst dann, wenn das negative Beispiel die eigene Hypothese widerlegt. Die Einbeziehung positiver und negativer Beispiele bei der Verallgemeinerung von Merkmalen auf einen Begriff entwickelt sich zwischen elf und dreizehn Jahren.

Erst jetzt wäre potentiell auch die Bildung disjunktiver und relationaler Begriffe möglich. Tatsächlich beobachtete *Nadiraschwili* zunehmend ab diesem Alter richtige Verallgemeinerungsprozesse bei diesen Begriffsarten.

Der Autor versucht nun nachzuweisen, daß die beiden hier gekennzeichneten Entwicklungsniveaus verschiedenen logischen Strukturen entsprechen. Die logische Struktur bei der Nutzung positiver Beispiele ist einfach. Die Merkmale des Objekts (hier des Bildmaterials) sind (logische) Klassen. Der Proband sucht nach Überschneidung der einzelnen Klassen bei verschiedenen Beispielen und bildet so eine „Klasse der Klassen", d. h. er fragt nach den gemeinsamen Zügen dieser Klassen. Ein solches Vorgehen kann nur mit positiven Beispielen arbeiten, negative Beschreibungsmerkmale führen nicht weiter. Das Auftauchen eines negativen Beispiels sagt dem Probanden nur, daß hier Merkmale (Klassen) auftauchen, die nicht zu den gesuchten (positiven) Beispielen gehören und nicht in die Suche nach gemeinsamen Merkmalen mit einbezogen werden dürfen.

Die logische Struktur bei Verwertung positiver und negativer Beispiele ist wesentlich komplizierter. Sie wird von *Nadiraschwili* als logisch-mathematische Struktur dargestellt (s. Abschn. 2.2) und impliziert, daß der Denkende mehrere logische Beziehungen zugleich im Auge hat; eine Leistung, die bei der hier behandelten Aufgabenstellung erst ab dem elften Lebensjahr möglich wurde. Man darf aber nicht vergessen, daß in zahlreichen Untersuchungen *Piagets* (s. auch Abschn. 1.3) logische Strukturen ähnlicher Art schon bei Siebenjährigen grundgelegt werden können. Es muß hier übrigens angemerkt werden, daß logische Struk-

turen nicht als Ursache für das Gelingen der Lösung beim Denkenden nachweisbar sind. Sie stellen vielmehr Modelle des Untersuchers dar, der mit ihrer Hilfe das Verhalten des Denkenden erklären will.
Wie schon bei Befunden *Bruners* und seiner Mitarbeiter (1956) deutlich wurde, können die Vpn gar nicht genau Auskunft geben, wie sie die Lösung gefunden haben und warum sie ihre Lösung für richtig halten. Bei den Untersuchungen *Nadiraschwilis* an Kindern trat dieser Sachverhalt noch deutlicher hervor. Die Kinder gaben nur sehr unvollkommen Auskunft über das, was sie sich gedacht hatten oder welchen Weg sie während des Denkprozesses gegangen waren.

1.232 Ökonomie der Lösungswege auf verschiedenen Altersstufen

Verwendet man relativ leichte Aufgaben bei der Begriffsbildung, so werden sie auch von jüngeren Kindern gelöst. Trotzdem gibt es, wie wir sahen, Altersunterschiede hinsichtlich des Lösungsverfahrens. Im folgenden wollen wir den Lösungsweg, der auf verschiedenen Altersstufen beschritten wird, näher in Augenschein nehmen und prüfen, welche Unterschiede im Hinblick auf seine Ökonomie bestehen. Sind die Wege sehr lang bzw. führen sie nicht direkt zum Ziel, so ist die vollbrachte Leistung geringer einzuschätzen als bei optimalen Lösungswegen.

Linhart (1965) präsentierte Schülern aus dem 2., 4., 6. und 8. Schuljahr Bilder mit Kombinationen von zwei Merkmalen. Das Reizmaterial bestand in einem Falle aus geometrischen Figuren, im anderen aus Buchstabenpaaren. Wir beschränken uns auf Buchstabenpaare. Den Vpn wurden 30 Paare dargeboten, von denen 15 mit Z begannen (z. B. ZJ, ZH, ZN) und der Rest mit C endete (z. B. JC, LC, FC). Bei richtiger Antwort (Drücken einer Taste) leuchtete ein weißes Licht auf, bei falschem Tastendruck erschien ein rotes Signal. Als richtiges allgemeines Merkmal wurde Z verwendet, bei Tastendruck erschien ein weißes Lichtzeichen, Tastendruck bei Buchstabenpaaren mit C am Ende war somit die falsche Reaktion und wurde mit rot signalisiert. Die positiven und negativen Buchstabenpaare wurden in gemischter Reihenfolge dargeboten.
Man kann nun sämtliche möglichen Entscheidungen in einem „Entscheidungsbaum" darstellen (Abb. 1.9). Sind von Anfang an alle Reaktionen richtig, so erhält man den optimalen Weg für die Beantwortung der 30 Aufgaben (oberste Linie in der Abbildung). Werden alle Reaktionen (Niederdrücken bzw. Nichtdrükken der Taste) falsch ausgeführt (also Tastendruck bei Buchstabenpaaren mit C und Nichtdrücken bei Buchstabenpaaren mit Z), so ergibt sich der unterste Weg der Abbildung. Man erkennt, daß eine steigende Linie richtiges Niederdrücken der Taste anzeigt, eine waagrechte Linie keine Reaktion und eine fallende Linie Tastendruck beim falschen Beispiel (C am Ende) bedeutet. Wenn jemand bei der ganzen Serie von Beispielen kein einziges Mal die Taste niederdrückt, zeigt sich das in einer waagrecht durchlaufenden Geraden von Aufgabe 1 bis 30.

Abb. 1.9: Entscheidungsbaum und Differenzierungswert bei einfachen Begriffsbildungsaufgaben (*Linhart*, 1965)

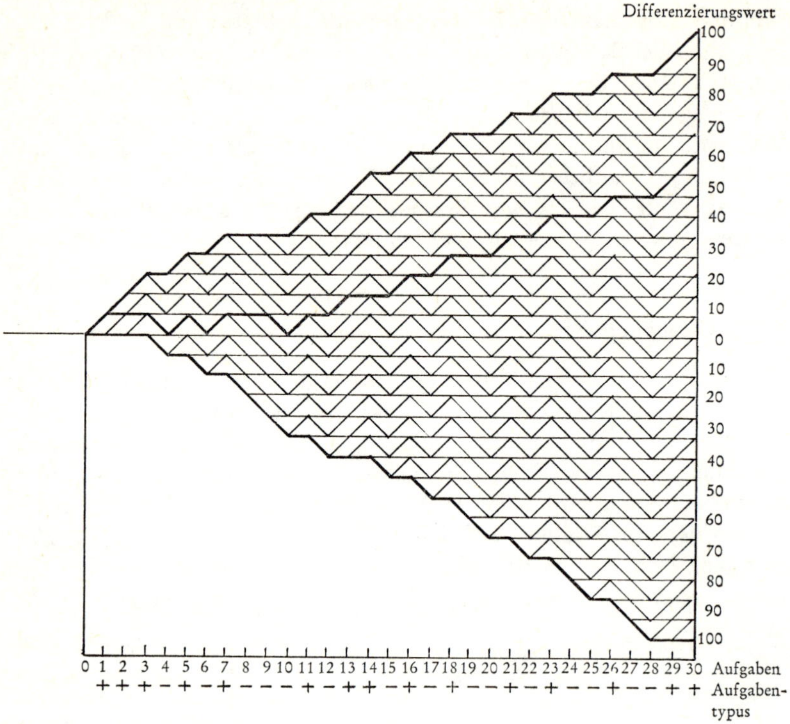

Zieht man die Zahl der falschen Reaktionen (Tastenbetätigungen) von der Zahl der richtigen Tastenbetätigungen ab und dividiert durch die Zahl der positiven Beispiele (die in unserem Fall gleich der Zahl der negativen Beispiele ist, nämlich 15), so erhält man einen „Differenzierungswert" von —1 bis +1, der angibt, wie gut ein Proband oder eine Gruppe von Probanden zwischen negativen und positiven Beispielen unterscheiden (differenzieren) kann. Der Abstand des jeweiligen Endpunktes von der Mittellinie gibt zugleich den Differenzierungswert an, bei der optimalen Lösung beträgt er +1, beim vollkommen entgegengesetzten Weg beträgt er —1.

In Abb. 1.10 sind typische Lösungswege für vier Altersstufen (8, 10, 12, 14) in je einem Beispiel dargestellt. Die unterste Linie beschreibt die Reaktionen eines Achtjährigen, der die Lösung (Niederdrücken nur bei Buchstabenpaaren mit Z) nicht gefunden hat. Man sieht sofort beträchtliche Altersunterschiede: Ältere Kinder sind viel schneller auf dem richtigen Weg als jüngere, ihr Differenzierungswert liegt höher.

Der „Entscheidungsbaum" liefert, wie man daraus ersieht, noch eine weitere Information. Er zeigt, wann die Lern-Phase abgeschlossen ist und die Kenn-Phase einsetzt. Sobald die Linie parallel zum optimalen Weg (auf beiden Abbildungen die oberste Linie) verläuft, hat der Proband den Begriff gefunden und wendet ihn richtig auf alle folgenden Beispiele an. *Linhart* gliedert den Erwerb des Konzepts noch einmal unter in eine Orientierungsphase und eine identifizierende Phase. In der Orientierungsphase gewinnt der Denkende die grundlegenden Informationen über die Aufgabe (verschiedene Buchstabenpaare, verschiedene Signale, Art der Antwort). In der nächsten Phase geht er „hypothetisch-verifizierend" vor, er versucht zu ermitteln, welches Merkmal positiv bedeutsam ist. Diese Teilung läßt sich nur schwer aufrechterhalten. Übrigens kommt es vor, daß der Proband die richtige Lösung nur vorübergehend beibehält und dann wieder aufgibt, um erst ganz am Ende wieder adäquat zu reagieren. Dies ist beispielsweise bei dem in Abb. 1.10 aufgezeichneten Lösungsweg des Zehnjährigen der Fall, der von Aufgabe 24 bis 28 falsch reagiert, obwohl er von Aufgabe 11 bis 23 richtig geantwortet hatte.

Interessant sind die Hypothesen der Probanden im einzelnen. Die ersten Reaktionen lassen vermuten, daß die Vp lieber die Taste niederdrückt als untätig bleibt. Das in Abb. 1.10 wiedergegebene Verhalten des Achtjährigen zeigt, daß er vierzehnmal hintereinander die Taste betätigt. Auch die übrigen hier beschriebenen Vpn reagieren bei den drei

Abb. 1.10: Lösungswege von Kindern verschiedener Altersstufen (nach *Linhart*, 1965)

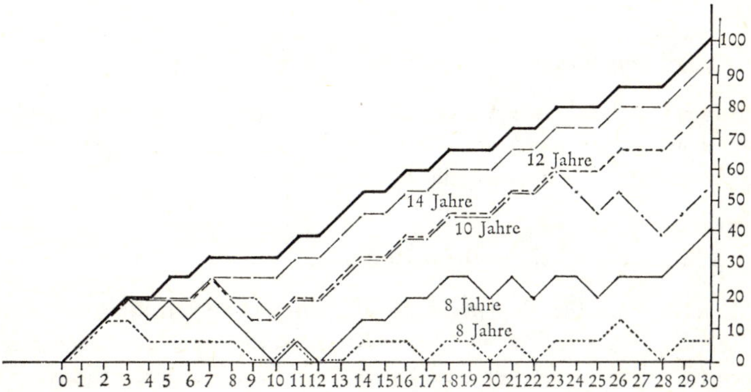

ersten Versuchen mit Tastendruck und produzieren so das richtige Verhalten. Trotzdem sind sie weit davon entfernt, schon den Begriff gefunden zu haben. Vielmehr neigen sie zu einer Strategie, in der die Reaktion im Mittelpunkt steht und nicht das Reizmaterial. Der Achtjährige in Abb. 1.10 beispielsweise tendiert dazu, immer die Taste zu drücken, auch bei der zweiten Hälfte der Aufgaben. Sein Verhalten gibt eine ziemlich stereotype und inadäquate Strategie wieder. Solche Stereotypien im Denken hat man gerade auf dieser Altersstufe schon öfter gefunden (z. B. *Weir,* 1964, s. *Oerter,* 1970a S. 417). Später treten reaktionsorientierte Strategien in den Hintergrund, überwiegen aber doch noch in der ersten Phase der Aufgabenserie. Beim Zehnjährigen in Abb. 1.10 beispielsweise folgt auf drei positive Reaktionen ein dreimaliges Aussetzen der Tastenbetätigung. Man gewinnt den Eindruck, als versuche es der Proband zunächst mit einer Sequenz von Drücken – Nichtdrücken. Erst im Laufe der Darbietung von Aufgaben merkt er, daß diese Strategie nicht zum Ziel führt. Nachdem er schon lange Zeit richtig reagiert hat (16 mal!), verfällt er wieder in ein reaktionsorientiertes Verhalten und drückt ununterbrochen bis zum Ende der Serie die Taste nieder, so daß wir nicht einmal sicher sind, ob er den Begriff wirklich besitzt. Bezeichnenderweise verschwindet ein solches Vorgehen bei 12- und 14jährigen fast vollständig. Sie zeigen in der ersten Phase ebenfalls ein reaktionsorientiertes Verhalten (der abgebildete Zwölfjährige: dreimal drücken, dreimal nicht drücken, dann wieder dreimal drücken; der Vierzehnjährige: sechsmal drücken), dann aber haben sie sofort das positive Merkmal gefunden und verallgemeinern es richtig, ohne noch einmal von dieser Merkmalsorientierung abzukommen. Dieser Befund erscheint aus mehreren Gründen didaktisch besonders bedeutsam.

1.24 Einige Folgerungen für die Förderung des Denkens

Die folgenden didaktischen Gedanken kreisen hauptsächlich um Aspekte, die in den Schulen meist relativ wenig berücksichtigt werden. Dadurch wird diese Darstellung zwangsläufig etwas einseitig.

1.241 Hilfestellung bei der Begriffsbildung

Der Erwerb logischer Begriffe muß als produktive Denkleistung aufgefaßt werden, die Kindern wie Erwachsenen auch unter günstigen Bedingungen Schwierigkeiten bereitet. Es ist deshalb zu fragen, welche Hilfen man anbieten kann, um die für die Begriffsbildung nötigen Denkprozesse zu schulen und ihnen zum Erfolg zu verhelfen. Die Antwort auf diese Frage kann nicht in der Zusammenstellung von einfachen Rezepten bestehen, weil angesichts der vielen Faktoren, die das Denken mitbestimmen, keine einfache Wenn-dann-Beziehung besteht (etwa durch die Hilfe A kann die Leistung B erreicht werden). Außerdem können wir nur von experimentellen Befunden aus auf die fördernde Wirkung bestimmter Maßnahmen schließen und noch viel zuwenig von tatsächlichen schulpraktischen Erfahrungen aus. Die persönliche Initiative des Lehrers und seine kritische Haltung bei der Kontrolle des Leistungserfolgs sind deshalb im Bereich der Denkerziehung besonders notwendig.

Zielangabe

Alle in diesem Abschnitt referierten Experimente zur Begriffsbildung unterscheiden sich von früheren Untersuchungen durch die präzise Angabe des Denkziels. Bevor die Vpn an die Aufgabe herangingen, wurde ihnen ausführlich erklärt, was ein konjunktiver oder disjunktiver Begriff ist. In den *Bruner*- Experimenten lernten die Probanden an demselben Material den zu suchenden Begriffstypus kennen, an dem sie später den Begriff erarbeiten sollten. Das bedeutet natürlich eine Erleichterung und erklärt zum Teil den Erfolg der Vpn. Man vergegenwärtige sich nur, in welcher Situation sich der Proband befindet, der einen Begriff suchen muß, dessen logische Struktur ihm noch unbekannt ist. In der Schulpraxis geht man oft umgekehrt vor: Man verschweigt die logischen Beziehungen (z. B. Oberbegriff, Unterbegriff) und liefert dafür den Begriff selbst, wobei man wohl annimmt, daß die logische Struktur des Begriffs vom Schüler im Laufe der Zeit selbst gefunden wird. In jedem Sachunterricht der Grundschule und der weiterführenden Schule werden neue Begriffe vermittelt. Die Art der Begriffe (konjunktiv, disjunktiv, relational) und die logischen Beziehungen dieser Begriffe zueinander hingegen lernt der Schüler nicht kennen. Die für den Erwerb von Begriffen typischen Denkvorgänge, etwa die oben beschriebenen Strategien, werden nicht gefordert, zum Teil aber Leistungen, die der Schüler wohl nicht bewältigen kann, wie etwa die eigenständige Erarbeitung der logischen Struktur des Stoffes.

Ordnen und Zuordnen durch das Auffinden der kennzeichnenden Attribute eines Begriffs ist zunächst nur möglich, wenn man die Struktur des Begriffs kennt. Nicht nötig ist es dagegen, den Begriff vorzeitig zu nennen. Er kann unter günstigen Bedingungen selbständig gefunden und mit Hilfe einer Regel oder eines Wortes benannt werden.

Strukturierung der Problemsituation

Die Ausgangslage bei der Bewältigung einer Aufgabe ist, wie noch mehrfach zu zeigen sein wird, von ausschlaggebender Bedeutung für den Erfolg beim Denken. Im Zusammenhang mit der Begriffsbildung sollen hier nur drei Aspekte kurz beleuchtet werden: die Anordnung des Materials (der Elemente), die Beschaffenheit der Elemente selbst und der Impuls (Denkanstoß) zu Beginn des Denkprozesses.
Die Anordnung der Elemente bzw. Beispiele, die bei der Erarbeitung eines Begriffs verwendet wurden, waren in den oben beschriebenen Experimenten von Bedeutung. Die Figuren von *Bruner* und Mitarbeitern waren so angeordnet, daß sich benachbarte Bilder nur hinsichtlich eines einzigen Merkmals unterschieden. Ein kurzer Überblick genügte, um sich zu orientieren. Es besteht kein Zweifel, daß die in der Wahrnehmung gegebene Struktur schon einen Schritt hin zur Lösung bedeutet. Bei ungeordnetem Material brauchten die Vpn wesentlich länger zur Lösung bzw. brachten weniger Lösungen zustande. Auch die sukzessive Zufallsfolge bei der Untersuchung von Rezeptionsstrategien bedeutete eine sichtliche Erschwerung des Denkens bei der Begriffsbildung. Oft versucht man im Unterricht einer optimalen Anordnung gerecht zu werden, z. B. durch Tafelbild oder Gruppierung von Anschauungsmaterial. Vielfach aber müssen die Schüler gerade dann ohne Vorstrukturierung auskommen, wenn man sie besonders nötig hätte, etwa bei der Erarbeitung logischer Oberbegriffe. Der Denkende muß in vielen Fällen die zuvor gespeicherten Beispiele suchen und „aufrufen", er hat sie nicht geordnet vor sich liegen oder in irgendeiner anderen Form wahrnehmungsmäßig gegeben.

Die Beschaffenheit der Elemente bzw. Beispiele ist in der realen Schulsituation meist anders als in Experimenten. Die Figuren (s. Abb. 1.1, 1.2) bestehen aus wenigen einfachen Merkmalen, jede Merkmalsänderung springt sofort ins Auge. Viele Unterrichtsstoffe lassen eine so einfache Darstellung von Beispielen für einen Begriff nicht zu. Geht es dem Lehrer darum, eigenständige Begriffsbildung zu fördern, dann muß er zu klar gegliederten Einheiten greifen. Komplexere Stoffe (Erdkunde, Geschichte), bei denen so einfache Elemente nicht konstruierbar sind, bedürfen zusätzlicher Hilfen bei der begrifflichen Strukturierung. Hier müssen unter Umständen der Begriff *und* der logische Weg mitgeteilt werden. Andererseits läßt sich im Unterricht vieles anschaulich gruppieren und ordnen, was man für überflüssig oder der Altersstufe nicht mehr angemessen hält. Wie schnell auch der Erwachsene nach äußeren Hilfen greift, wenn die Denkaufgabe schwerer wird, ist bekannt. Warum soll man dem Kind nicht solche Hilfen gönnen? Es handelt sich wohlgemerkt hier nicht um den Einsatz von Anschauungsmitteln zur Gewinnung bestimmter Informationen und Einsichten über einen Gegenstand, sondern um Wahrnehmungshilfen, die den Denkprozeß erleichtern. Diese Wahrnehmungshilfen können durchaus stark symbolischen Charakter haben und sehr vereinfachte Darstellungsweisen von Objekten oder Sachverhalten sein. Angefangen von einfachen Gebrauchsgegenständen bis zur Analyse der Funktionsweise eines politischen Systems kann man mit Wahrnehmungshilfen arbeiten, und zwar nicht nur zur Veranschaulichung einer Struktur, wie das in den gebräuchlichen Schaubildern bereits geschieht, sondern auch bei der Erarbeitung solcher Strukturen selbst bzw. beim Finden von Begriffen, die bislang dem Lernenden noch unbekannt sind.

Vollends den Bezug zu einem konkreten Gegenstand verliert man bei Wahrnehmungshilfen im Bereich der Mathematik. Mengenlehre kann man schon in der Grundschule betreiben, wenn man mit Wahrnehmungshilfen arbeitet, und viele mathematische Begriffe sind Prototypen für die logischen Beziehungen der Konjunktion und Disjunktion, die aus klar gegliedertem Material leichter gefolgert werden können. Das hier grundgelegte „Anschauungsmaterial" ist abstrakt, aber dafür sehr einfach und klar gegliedert. Die Elemente bestehen beispielsweise aus Kringeln oder Punkten oder Linien.

Schließlich soll das Augenmerk noch kurz auf den Beginn des eigentlichen Denkverlaufs gerichtet werden. Die Art und Weise, wie man eine Sache beginnt, ist oft entscheidend für den Erfolg. Ein Beispiel hierfür ist die Wirkung des Beispieltypus in *Bruners* Experimenten über den Erwerb disjunktiver Begriffe. Wie erinnerlich, benutzten Probanden, die als erstes Bild ein negatives Beispiel sahen, viel häufiger adäquate Strategien als Probanden, die zunächst mit einem positiven Beispiel konfrontiert wurden. Das erste Beispiel war also ausschlaggebend für die Denkrichtung oder die Denkstrategie. Die Auseinandersetzung mit dem Aussagewert der negativen Karte brachte den Probanden zur Erkenntnis, worauf es bei disjunktiven Begriffen ankommt: auf eine negative Strategie, die alle Merkmale des negativen Beispiels sukzessiv variiert.

Man weiß meist nicht vorher, welche Hinweise und Informationen förderlich sind und welche in die falsche Richtung führen. Deshalb sollte man auch altgewohnte Verfahrensweisen variieren. Ist eine negative Strategie förderlich, so sollte man sie durch das Anbieten von negativen Beispielen anregen. Die Tendenz, bei thematischem Material an manchen Kriterien (z. B. Vaterfigur) ungerechtfertigt lange festzuhalten, kann man schon zuvor abzubauen suchen. So scheint es beispielsweise in Geschichte und Sozialkunde Schwierigkeiten im Verständnis der Demokratie zu geben, weil der Schüler nur die Abhängigkeitsbeziehung zum Erwachsenen genau kennt und an diesem Autoritätsmodell hängen bleibt.

Altersabhängigkeit von Leistungen bei der Begriffsbildung

Der letzte Abschnitt über die Entwicklung einiger Leistungen bei der Begriffsbildung zeigt, daß es Grenzen in der Aufgabenstellung und in der Art des abzuverlangenden Denkens gibt. Kinder unter zehn Jahren scheinen gemeinsame Merkmale durch eine Art Induktion aus positiven Beispielen zu bilden. Sie neigen weiterhin dazu, inadäquate Strategien anzuwenden (z. B. reaktionsorientiertes Verhalten, s. Abschn. 1.32). Sicherlich kann man durch entsprechendes Training eine Altersverschiebung erreichen, doch darf man nicht erwarten, daß Sechsjährige zu den gleichen Leistungen fähig sein werden wie Zwölfjährige. Lernen braucht Zeit. Die Grundschule hat bei logischen Begriffen der hier abgehandelten Art nur begrenzte Möglichkeiten. Diese allerdings sollten intensiv genutzt werden: Bildung von Begriffen aus den gemeinsamen Merkmalen (Klassen) von positiven Beispielen, Beschränkung auf konjunktive Begriffe (diese aber werden bereits in diesem Alter verstanden!), allmähliches Ausscheiden falscher Strategien. Hauptschulen und weiterführenden Schulen steht dann ein weites Feld offen. Nun können die Schüler auch disjunktive und relationale Begriffe finden. Sie sind zudem imstande, negative und positive Beispiele zu einem System zu vereinigen und eine sinnvolle Strategie anzuwenden, die beide Beispieltypen einbezieht. Man sollte spätestens ab jetzt klare Begriffsbildung mit den genannten Möglichkeiten betreiben und immer dann, wenn eindeutige Begriffe nicht vorliegen, auf diesen Mangel hinweisen.

1.242 Begriffsbildung als produktives Denken

Es ist sicherlich klar geworden, daß der Erwerb von Begriffen eine produktive Leistung des Denkens ist. Die Probanden fanden in den mitgeteilten Experimenten den Weg zum Ziel selbst und versuchten, die dargebotene Information sinnvoll zu nutzen. Das Endergebnis ihrer Bemühungen war durchaus neu, sie reproduzierten nicht einfach eine früher erworbene Leistung. Es leuchtet ein, daß vernünftige didaktische Maßnahmen bei der Begriffsbildung darauf abzielen müssen, gerade den produktiven Charakter der Denkleistungen zu erhalten.

Falsche Hilfen

Es ist also verfehlt, möglichst oft den gesuchten Begriff einzuführen, ohne auf die Erarbeitung seiner bestimmenden Merkmale Wert zu legen. Entscheidend ist dabei nicht, daß die Schüler den Begriffsnamen selbst finden — er wird ihnen oft unbekannt sein —, sondern daß sie den Begriff aus vorgegebenen Fakten ableiten können.

Es liegt nun nahe, die von *Bruner* et al. gefundenen Strategien zu trainieren und so gewissermaßen Normalverfahren oder Techniken zu vermitteln, die bei Bedarf eingesetzt werden können. Damit wäre das Denken natürlich weit weniger produktiv. Es gibt aber noch einen anderen Grund, weshalb man den Denkweg nicht festlegen sollte. Die Strategie, wie sie als Begriff in der Denkpsychologie verwendet wird, ist eine Modellvorstellung, die zu dem vorgefundenen Verhalten in Beziehung steht. Denkleistungen lassen sich gut in Form von Strategien beschreiben, aber wir wissen trotzdem nicht, wie das Denken eigentlich abläuft. Wie im zweiten Kapitel zu zeigen sein wird, kann sich der Denkende in den seltensten Fällen genau Rechenschaft darüber ablegen, wie er zur Lösung gekommen ist. Gleichwohl sollte man nicht ganz auf die Vermittlung von Lösungswegen verzichten, da sie bei der Reflexion über das Denken und die logischen Denkoperationen wichtige Dienste leisten. Es geht also darum, eine Art Kompromiß zu verwirklichen, dergestalt, daß die Vermittlung von Denk- und Lösungswegen nicht zu einer stereotypen Anwendung von Verfahren führt. Diese Faustregel gilt auch für alle weiteren Bereiche des Problemlösens, mit denen wir uns im nächsten Kapitel befassen werden.

Ein neuer Akzent im Unterricht

Man kann sich fragen, ob die psychologischen und didaktischen Ausführungen über Begriffsbildung überhaupt für unsere Schulgattungen relevant sind.

Handelt es sich hier nicht um Spielereien, um Laboratoriumssituationen, noch härter gesagt, um Zeitvergeudung? Diese Frage ist eine Wertfrage, sie wird uns noch öfter zu beschäftigen haben. Sollten wir den Hauptzweck der Schule allein in der Vermittlung von Wissen und Fertigkeiten sehen, so ist es wenig sinnvoll, sich mit der Förderung des produktiven Denkens abzugeben. Sind wir aber der Meinung, daß bestimmte Kenntnisse und Wissensbestände infolge der raschen technischen und wissenschaftlichen Entwicklung und infolge des raschen Strukturwandels von Kultur und Gesellschaft eine spätere Bewährung des Kindes und Jugendlichen nicht sicherstellen, dann ist es notwendig, mehr Zeit für die Förderung des produktiven Denkens zu verwenden. Dazu gehört auch die bislang beschriebene Art der Begriffsbildung. Eine Realisierung von Förderungsmaßnahmen auf diesem Gebiet würde eine beträchtliche Veränderung vieler unterrichtlicher Traditionen implizieren. Im Mittelpunkt stünde dabei nicht die Wissensvermittlung, sondern die logische Struktur des Wissens. Auf weite Sicht bringt die Betonung dieses Aspektes auch einen Gewinn für das Wissen: es kann sinnvoller verwendet werden und widersteht besser dem Vergessensprozeß. Im Unterricht, der den Denkstrategien freien Lauf läßt, wird man häufiger als bisher „Rateformen", Aufgaben des Ordnens von strukturiertem und unstrukturiertem Material, das aus einer Serie von Elementen besteht, und „nutzlose" Denkspiele antreffen.

Aufgabe der Didaktik

Unter dem Aspekt der Begriffsbildung fällt der Didaktik eine wichtige Aufgabe zu. Die logische Struktur, die der Schüler auffinden soll, besteht nämlich in einzelnen Fächern oft gar nicht. Weder die Begriffe selbst noch die Relationen zwischen den Begriffen sind in wünschenswerter Klarheit ausgearbeitet. Die Wissenschaften selbst, die die Grundlage der einzelnen Fächer bilden, können sich diese Problematik in vielschichtiger Weise bewußt machen. Beim Unterricht in den einzelnen Fächern aber werden immer nur Teilprobleme, Ausschnitte vermittelt. Oft trifft man die Auswahl nach Belieben, oft nach dem exemplarischen Charakter des Stoffes und zu Recht selten in systematischer Weise. Daß man aus dem Gesamtwissen unserer Zeit nur sehr eng begrenzte Ausschnitte präsentieren kann, schließt aber nicht eine sinnvolle logische Strukturierung des Stoffes aus. Eine Überarbeitung der Lehrziele an Volksschulen wie an weiterführenden Schulen im Sinne einer logischen Begriffsklärung ist wohl eine gewaltige Aufgabe, aber eine, die sich lohnt und die dringend erforderlich erscheint. Der heute allenthalben geforderte grundlegende Sachunterricht kommt ohne eine Vorarbeit in der hier angegebenen Richtung nicht aus, wenn er bestehende Mängel beseitigen soll.

Zusammenfassung

Logische Begriffe können konjunktiv (Merkmale sind durch Und-Relationen verknüpft), disjunktiv (Oder-Relationen) und relational (Merkmale drücken eine Relation aus) sein. Neben Begriffen mit notwendigen Merkmalen gibt es Begriffe mit wahrscheinlichen Merkmalen. Auf induktivem Wege lassen sich nur Begriffe letzterer Art gewinnen.
Mit *Bruner* und Mitarbeitern kann man nach den vorgegebenen Möglichkeiten der Begriffsbildung zwischen Selektionsstrategien (man testet Merkmale einer gegebenen Objektmenge durch gezielte Selektion) und Rezeptionsstrategien (der Denkende hat keinen Einfluß auf die Reihenfolge in der Darbietung der Objekte) unterscheiden. Bei beiden Möglichkeiten fand man in der Hauptsache zwei Arten des Vorgehens: die Focus-Strategie (sämtliche Merkmale des ersten Objekts bilden die Ausgangsbasis) und die sukzessive Hypothesenprüfung (es werden gezielte Hypothesen aufgestellt und der Reihe nach durchprobiert).
Die Anwendung solcher Strategien im Laufe der Entwicklung zeigt, daß Kinder zunächst nur positive Beispiele bei der Begriffsbildung berücksichtigen können und erst später die negative Information systematisch einbeziehen. Das Vorgehen der Kinder ist zunächst auch wenig ökonomisch, da sie redundant (sich mehrfach absichernd) abfragen.
Didaktisch wird die Bildung logischer Begriffe begünstigt durch vorheriges Vertrautmachen mit der logischen Struktur des Begriffs, durch die Auswahl und günstige Reihenfolge geeigneter Beispiele für den Begriff und durch die Berücksichtigung des individuellen Leistungsniveaus. Begriffe mit komplexer logischer Struktur können erst dann gewonnen werden, wenn diese Struktur durchschaut wird und die nötigen Strategien verfügbar sind. Produktives Denken kommt bei der Begriffsbildung unter anderem dann zum Einsatz, wenn man dem Denkenden die Strategien selbst überläßt und keine „Normalverfahren“ anbietet.

1.3 Begriffe als Instrument der Erkenntnis

Bis jetzt haben wir die Willkür bei der Ordnung von Phänomenen durch Begriffe hervorgehoben. Der Begriff war in allen Experimenten eine Klassifikationsregel, die vom Vl nach Belieben, zum Teil sogar nach Zufallsgesichtspunkten aufgestellt wurde. Nun gibt es aber auch Regeln, mit deren Hilfe wir uns selbst und die Umwelt zu verstehen trachten. Der Kausalitätsbegriff, die Begriffe von Raum und Zeit, Gegenstand und Zahl, Wahrscheinlichkeit und Zufall sind beispielsweise solche Regeln oder Systeme von Regeln. Sie sind nicht willkürlich, sondern, um mit *Piaget* zu sprechen, erklärende Regeln oder Gesetze, welche die Beziehungen zwischen zwei oder mehr Ereignissen beschreiben können. Solche Regeln müssen aber nicht unbedingt Klassifizierungsregeln sein, und damit weitet sich der Begriff vom Begriff noch einmal aus. Diese „Erklärungsbegriffe" stehen in enger Verbindung zu den *Kant*schen Kategorien und Anschauungsformen. *Piaget* versucht zu zeigen, *daß* und *wie* der Mensch während seiner Entwicklung solche Erklärungsbegriffe erwirbt. Sie werden durch Assimilationsprozesse (Anpassung des Individuums an die Umwelt) und Akkommodationsvorgänge (Anpassung der Umwelt an das Individuum) vorgeformt und erhalten ihre logische Struktur durch das Zusammenwirken von Operationen, die anfangs nur isoliert und als äußeres Handeln, schließlich (ab etwa 6 bis 7 Jahren) aber gleichzeitig und mit großer Geschwindigkeit und Beweglichkeit als „inneres" Handeln ablaufen. Es kann hier nicht ausführlicher auf das Werk von *Piaget* eingegangen werden. Detailliertere Angaben siehe *Aebli* (1964), *Petter* (1966) und *Oerter* (1970 a). Die Entwicklung der erklärenden und ordnenden Begriffe von Kausalität, Raum, Zeit und Zahl in der Kindheit ist aber für den Schulalltag höchst belangvoll, da erst ihr Vorhandensein den Aufbau vieler Leistungen ermöglicht. *Piaget* selbst meint, daß sich diese entscheidenden Begriffe sowie die logischen Denkoperationen, durch die sie aufgebaut werden, durch Training nicht zeitlich vorverlegen lassen. Wer andererseits einmal die logischen Operationen besitzt, könne sie jederzeit zuverlässig anwenden. *Piagets* Werk ist in jüngerer Zeit häufig kritisiert worden. Die Kritik richtet sich aber weniger gegen den Grundansatz, nämlich Leistungen des Denkens mit Hilfe von Operationen und deren Gruppierung zu beschreiben, als vielmehr gegen bestimmte Einzelannahmen. So wird bezweifelt, daß die einzelnen Entwicklungsstufen des Denkens altersmäßig fixiert sind, daß die von *Piaget* angesetzten Operationen tatsächlich die notwendigen und hinreichenden Bedingungen für die beobachteten Leistungen sind und daß

die logischen Operationen, wenn sie einmal aufgebaut sind, jederzeit in einer Reihe von Bereichen angewandt werden können.
Wir konzentrieren uns im folgenden auf die Frage, ob Erklärungs- und Erkenntnisbegriffe, wie wir die *Piaget*schen Begriffe der Kürze halber nennen wollen, früher erworben werden können und ob ein logisches Training dabei förderlich ist.

1.31 Zum Invarianzbegriff

Zum Verständnis der Welt und zur Orientierung in ihr gehört das Wissen um ihre relative Konstanz. Die Dinge, die aus dem Blickfeld rücken und später wieder wahrgenommen werden, sind die gleichen Dinge geblieben. Ein Objekt, das verschwindet, hört nicht auf zu existieren[1]. Mengen, die umplaziert und aufgeteilt werden, bleiben als Ganzes erhalten. Die Ausdehnung eines Objekts verändert sich nicht, wenn man es bewegt, Zeitstrecken bleiben konstant, unabhängig von der Geschwindigkeit, mit der sie durcheilt werden. Alle diese Erkenntnisse machen den Invarianzbegriff aus, umgekehrt ausgedrückt, mit Hilfe des Invarianzbegriffes können diese Erkenntnisse gewonnen werden.
Die Frage, wie solche Denkleistungen geschult werden können, läßt sich nicht unabhängig davon beantworten, wie sie zustandekommen. Damit aber stoßen wir auf eine erkenntnistheoretische Frage. Es gibt keine (logisch) zwingende Notwendigkeit, daß und inwieweit die Invarianz gilt. Man kann nicht beweisen, daß die Objekte sich bei Fortbewegung nicht verändern, daß die Menge (Gewicht, Volumen, Substanz) erhalten bleibt usw. In der Tat gilt die Invarianz ja auch nur annähernd und nur unter den physikalischen Bedingungen, die wir im Alltag antreffen. Wie die Relativitätstheorie zeigen kann, muß der Invarianzbegriff im Makrokosmos aufgegeben werden. Ohne eine philosophisch-erkenntnistheoretische Position beziehen zu wollen, müssen wir feststellen, daß es im Alltagsleben nützlich und am erfolgreichsten ist, wenn man den Invarianzbegriff verwendet. Dieser schlichte pragmatische Gesichtspunkt soll nur besagen, daß das Kind ungezählte Male den Erfolg seiner Invarianzhypothese erlebt und nahezu immer die Widerlegung einer Invarianzhypothese.
Piaget glaubt demgegenüber, daß das Kind durch Anwendung logischer Beziehungen zum Invarianzbegriff kommen muß. Eine Plastilinkugel, die zu einer Walze verformt wurde, behält ihre Substanz, weil

[1] Für Kinder unter einem halben Jahr scheint die Existenz des Gegenstandes tatsächlich mit seinem Verschwinden aufzuhören.

man sie (in Gedanken oder tatsächlich) wieder in eine Kugel zurückformen kann. Man kann gewissermaßen die Umformung ungeschehen machen und so die Identität der Substanz logisch beweisen (bei *Piaget* handelt es sich hierbei um die Gleichgewichtsbedingungen der Reversibilität und Identität). Logisch genauso konsequent wäre es aber zu sagen: Bei der Umformung der Knetkugel in eine Walze verändern sich Knetmenge, Gewicht und Volumen, bei der Rückformung nehmen sie wieder die ursprünglichen Werte an. Die Bevorzugung der Reversibilitäts- und Identitätsbedingung dürfte mit einer Vielzahl von Bedingungen zu tun haben, die mit der Erfahrung, Ökonomie und mit weiteren logischen Gleichgewichtsfaktoren zu tun haben. Eine wichtige logische Bedingung ist beim Beispiel der verformten Knetkugel die Kompensation: die größere Länge der Walze wird kompensiert durch ihre im Vergleich zur Kugel geringere Breite (Dicke). Ökonomisch ist der Invarianzbegriff in vielerlei Hinsicht. Mit invarianten Größen läßt sich leichter operieren (denken), die Gleichgewichtsbedingungen, die zum Invarianzbegriff führen, sind sehr viel einfacher als solche, die die Annahme der Invarianz zulassen, und schließlich erklärt die Invarianz die täglichen Erfahrungen im Umgang mit den Dingen sowie die sozialen Erfahrungen (Bestätigung durch soziale Partner) sparsamer als ein anderes Prinzip.

Fragen wir uns umgekehrt, was dem Invarianzbegriff im Wege steht, so ist es in der Hauptsache das Wahrnehmungserlebnis. Die Wahrnehmung der größeren Länge bei der Walze gegenüber der Kugel bzw. die Wahrnehmung einer Veränderung überhaupt ist ein Hindernis bei der Bildung des Invarianzbegriffs. Erst wenn der unmittelbare Wahrnehmungseindruck überwunden werden kann, indem viele Wahrnehmungsaspekte zugleich verfügbar sind oder indem von ihnen auch abgesehen werden kann, gelingen logische Denkleistungen der Identität, Reversibilität und Kompensation.

1.311 Beseitigung störender Wahrnehmungseindrücke

Wenn man eine Flüssigkeit aus einem breiten Gefäß in ein schmales umgießt, entsteht der Wahrnehmungseindruck, in dem zweiten Gefäß sei mehr, weil der Flüssigkeitsspiegel höher ist. Kinder unter sechs Jahren behaupten tatsächlich, daß in dem zweiten Gefäß nun mehr Flüssigkeit enthalten sei. Kann der Invarianzbegriff leichter gewonnen werden, wenn der irreführende Wahrnehmungseindruck verhindert wird bzw. erst später auftritt?

Bruner berichtet über ein Experiment von *Francoise Frank,* in dem der Umschüttvorgang hinter einem Schirm stattfand, vom Kind also nicht gesehen werden konnte (*Bruner* et al., 1966). Bei vier-, fünf-, sechs- und siebenjährigen Kindern wurde in einem Vortest ermittelt, ob der Begriff der Mengeninvarianz bereits vorhanden war. Der gleiche Test wurde als Nachtest (nach Abschluß der Trainingsphase) durchgeführt. Im Trainingsstadium wurden vier gläserne Becherpaare benutzt: zweiter Becher gleichgroß, zweiter Becher höher und gleichbreit, zweiter Becher gleichhoch und breiter, zweiter Becher höher und breiter. Der erste Becher war halb mit gefärbter Flüssigkeit gefüllt. Im ersten Abschnitt des Experiments zeigte man dem Kind das erste der Becherpaare (gleichgroß) und stellte es dann hinter einen Schirm, der den Blick auf den obersten Teil der Gläser frei ließ. Nun goß der Vl die Flüssigkeit in das zweite Gefäß und fragte, ob es jetzt noch genausoviel zu trinken sei wie zuvor. Derselbe Vorgang wiederholte sich mit den drei restlichen Gefäßpaaren. Das Kind konnte das Flüssigkeitsniveau nicht sehen.
Im zweiten Teil des Experiments sah das Kind wieder je zwei Gefäße vor sich. Es handelte sich um die gleichen Paare wie zuvor. Der Vl ließ das Kind voraussagen, ob sich nach dem Umschütten im zweiten Gefäß noch genausoviel zu trinken befinde wie zuvor. Es mußte außerdem die Höhe des Flüssigkeitspegels auf dem zweiten Gefäß anzeigen. Die Flüssigkeit wurde aber *nicht* umgeschüttet. Im dritten Teil des Versuchs arbeitete der Vl wieder mit einem Schirm. Das Kind sah zunächst das jeweilige Gefäßpaar, von dem das erste wie zuvor halb gefüllt war. Nun zeichnete das Kind die Pegelhöhe der Flüssigkeit im ersten Gefäß auf

Abb. 1.11: Einfluß verschiedener Trainingsbedingungen auf die Bildung des Invarianzbegriffs (*Bruner* et al., 1966)

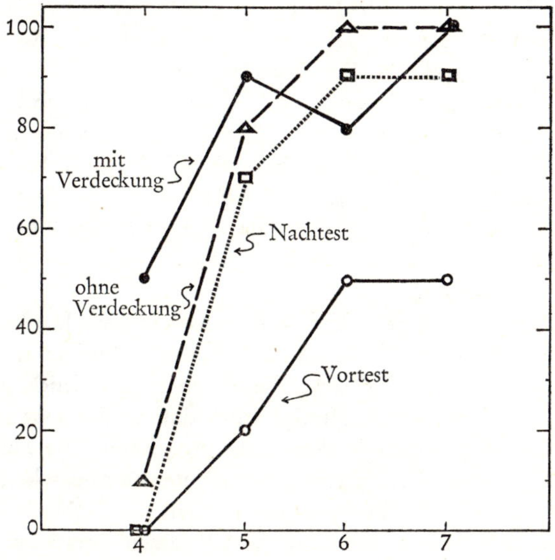

den Schirm. Hernach wurden die Gefäße hinter den Schirm gestellt und die Flüssigkeit in das leere Glas umgegossen. Wiederum sah das Kind nicht die Pegelhöhe im zweiten Glas, sollte sie aber auf dem Schirm markieren. Danach wurden die Gefäße wieder hervorgeholt, so daß das Kind nun zum erstenmal die tatsächliche Niveauhöhe erblickte. Es sollte beurteilen, ob die Flüssigkeitsmenge gleichgeblieben war.

Aus Abb. 1.11 kann man den Effekt dieses Trainings sehen.

Die Ergebnisse sind verblüffend und widersprechen teilweise dem Ansatz *Piagets*. Vierjährige haben noch nichts von dem Training, wenn man den Nachtest als Maß heranzieht. Fünfjährige und vollends Sechs- und Siebenjährige werden durch das beschriebene Verfahren sehr deutlich gefördert. Dreimal soviel Fünfjährige und doppelt soviel Sechs- und Siebenjährige wie vorher urteilen nun gemäß dem Invarianzbegriff. Verblüffend ist das Verhalten der Vierjährigen in der Verdeckungssituation. Sobald die Kinder nämlich die Gefäßpegel nicht sehen konnten, urteilten sie wesentlich häufiger richtig als unter dem irritierenden Wahrnehmungseindruck, d. h., sie sagten, es sei nach dem Umschütten gleichviel zu trinken. Entfernte man den Schirm, so revidierten sie angesichts des Wahrnehmungseindrucks ihr Urteil und behaupteten, die Menge habe sich verändert. Ältere Kinder registrierten zwar auch, daß die Flüssigkeit im zweiten Becher nach mehr (bzw. weniger) aussehe, begründeten aber dann, warum es gleichviel sein müsse. Von der Operation her ist also den Vierjährigen die Identität der Menge ohne weiteres begreiflich. Damit aber ist Identität in diesem Fall nicht das Ergebnis von Reversibilität und Kompensation. Daß die Kompensierung der Gefäßhöhe durch die Gefäßbreite zu diesem Zeitpunkt noch nicht erwogen wird, beweisen auch die Markierungsangaben der Vierjährigen. Sie geben nämlich beim zweiten Gefäß meist (zu 90%) die gleiche Pegelhöhe an, folgern also aus der Identität der Flüssigkeitsmenge die Konstanz der Pegelhöhe. Bei den Fünfjährigen sagen bereits 40% das Absinken des Pegels in den breiteren Gefäßen voraus, und bei den älteren Kindern steigt der Prozentsatz auf 70 bis 90 an.

Der hier auftauchende Aspekt, daß Wahrnehmung dem Denken hinderlich sein kann, ist in der Didaktik noch kaum diskutiert worden. Im oben beschriebenen „Training“ tritt die Anschauung zeitlich *hinter* den Denkvorgang, wodurch er so gefestigt wird, daß er sich gegenüber irreführenden Wahrnehmungseindrücken behaupten kann. Die kurzen Versuche zur Festigung des Invarianzurteils bedeuten übrigens kein direktes Training (und damit evtl. ein einseitiges Lernen) der in Nach- und Vortest gestellten Aufgaben, weil bei diesen von einem breiteren Gefäß in

ein bzw. mehrere engere Gefäße umgeschüttet wurde. Das Kind muß also tatsächlich mit Hilfe der Invarianz und ab 5 Jahren allmählich auch mit Hilfe der Kompensation urteilen, um zur richtigen Lösung zu gelangen.
Es gibt eine Reihe von Problemen in der Grundschule, bei denen Wahrnehmungsgegebenheiten vorliegen, die das Denken erschweren. Das Abschätzen von Mengen, Strecken, Flächen wird durch irritierende Wahrnehmungsaspekte, wie etwa andersartige sichtbare Verteilung von Elementen, Verschiebung von Strecken, „Dehnung" von Flächen manchen Kindern unmöglich gemacht. Bei ihnen fehlt oft die vorausgehende Erfahrung der Invarianz, die bei obigem Umschüttversuch bereits Vierjährige besaßen. Verwendet man beim Operieren mit Mengen, Strecken und Flächen nur solche Wahrnehmungshilfen, die den Denkvorgang erleichtern, so gelangt das Kind früher zu Erklärungsbegriffen. Durch Steigerung des Schwierigkeitsgrades, wie sie eine in bezug auf die Vergleichsreihe breitere Verteilung von Elementen, eine Verschiebung der Strecken und eine Umformung der Flächengestalt darstellen, kann sich das Denken allmählich gegenüber irritierenden Wahrnehmungsgegebenheiten behaupten[1].

1.312 Training durch sprachliche Etikettierung wichtiger Beziehungen

Bei der Invarianz fester und flüssiger Körper spielt, wie wir sahen, die Kompensation der Höhe durch die Breite (Dicke) eine wichtige Rolle. Sie wird vom Kind als Erklärung dafür angeführt, daß trotz des widersprechenden Wahrnehmungseindruckes Identität besteht. Versucht man, die Kompensation von Höhe und Breite in eine äußere Handlung umzuformen, wie man durch Umschütten und Zurückschütten den Reversibilitätsprozeß in Handlung umwandelt, so stößt man auf Schwierigkeiten. Das Kind kann die Kompensation nicht manuell durchführen und ohne Hinweise im vorlogischen Stadium wohl auch nicht erkennen. Man muß es auf die Relation zwischen hoch und breit, zwischen Länge und Dicke hinweisen. Dieser Hinweis ist nur durch eine sprachliche Etikettierung und durch die sprachliche Formulierung der Relationen hoch – schmal etc. möglich.

Anne McKinnon Sonstroem untersuchte an der Plastilinaufgabe unter anderem die Wirkung der Einführung sprachlicher Hinweise auf die Bildung des Invarianzbegriffs (in: *Bruner* et al., 1966). Die Kinder hatten zwei gleichgroße Plasti-

[1] Die Invarianz der Fläche wird uns auf einer komplexeren Ebene noch im nächsten Kapitel zu beschäftigen haben.

linkugeln vor sich liegen und durften eine davon selbst in einen „Bleistift" oder in einen anderen Gegenstand umformen. Die Umformung und Rückformung erfolgte unter verschiedenen Versuchsbedingungen. In der für uns in diesem Abschnitt relevanten Bedingung wurde das Kind gefragt: „Welches ist am längsten?" Nach der richtigen Antwort fragte der Vl nach dem dicksten Objekt und fuhr auf die Antwort des Kindes fort: „Gut, der Bleistift ist am längsten, aber der Ball ist am dicksten. Nun sage mir, hat einer davon mehr Knetmasse oder haben beide gleichviel?" Nach dem Urteil des Kindes äußerte der Vl: „Gut, du hast mir gesagt, der Bleistift ist am längsten und der Ball ist am dicksten. Nun möchte ich, daß du diesen langen Bleistift nimmst und ihn genauso dick wie den Ball für mich machst." Hatte das Kind den Bleistift in einen Ball zurückgeformt, was es meist auf diese Aufforderung hin tat, fragte der Vl: „Ist er jetzt so dick?" und „Ist er immer noch länger?" Hinterher wurde das Kind nach der Knetmenge beider Bälle gefragt. In der zweiten Hälfte des Versuchs hatte es die bisher unverändert gebliebene Kugel in einen Bleistift umzuformen und wurde auf ähnliche Weise wie eben beschrieben dazu veranlaßt, die zweite Kugel ebenfalls in einen Bleistift umzuformen, der genauso lang sein sollte wie der erste.

Die in Abb. 1.12 zusammengestellten Ergebnisse zeigen, daß ein Training mit selbsttätigem Umformen und gleichzeitigem Hinweis auf die relevanten Beziehungen lang – dick weitaus den besten Erfolg hatte. Die selbständige Umformung und Rückformung allein hatte überhaupt keinen fördernden Effekt, da die Kontrollgruppen, bei welchen der Vl selbst die Umformung vornahm, nahezu den gleichen Anteil an erfolgreichen Probanden aufweisen.

Abb. 1.12: Einfluß verschiedener Trainingsmethoden bei Plastilinaufgabe nach *Piaget* (*Bruner* et al., 1966)

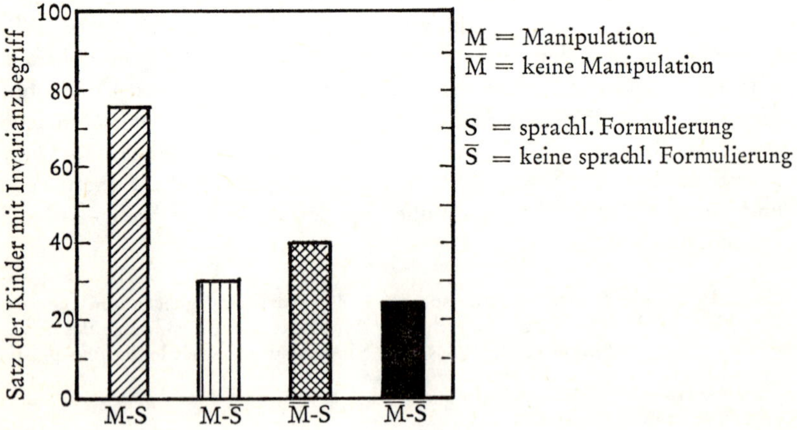

Dieser geringe Erfolg der äußeren Manipulation als „Materialisation“ des Denkvorgangs wurde auch in anderen Trainingsversuchen beobachtet (*Seiler,* 1968, s. Abschn. 1.313). Dafür sind wahrscheinlich mehrere Gründe verantwortlich. Die Manipulation allein verändert eigentlich wenig im Vergleich zur Testsituation. Der störende Wahrnehmungseindruck bleibt unvermindert erhalten, ja, der Proband erlebt sogar, daß er ihn durch die eigene Manipulation hervorgerufen hat. Vermutlich kann das Kind die Identität durch die Umkehrung des Umformungsvorganges auch deshalb nicht erkennen, weil dieser in zeitlicher Sukzession und nicht simultan, wie beim Denkvorgang, erfolgt. Wie soll man sich aber erklären, daß sprachliche Etikettierung zusammen mit selbständiger Manipulation eine sehr viel bessere Wirkung hat als eine dieser Bedingungen allein? Offenbar hängt das mit der Ergänzung der (hier eher störenden) imaginativen Repräsentationsebene durch die enaktive und die symbolische Ebene zusammen. Die sprachlichen Formulierungen des Vl etikettieren sowohl die imaginative als auch die aktionale Repräsentation, so daß die drei Repräsentationsebenen adäquat miteinander korrespondieren. Es ist aber auch möglich, daß eine gewisse Beeinflussung stattfand, also soziale Faktoren mit am Werk waren.

1.313 Einfluß sozialer Faktoren auf den Invarianzbegriff

Unabhängig von der Gruppe um *Bruner* an der Harvard Universität in Cambridge (USA) befaßte sich *Seiler* (1968) ausgiebig mit dem Problem der Invarianz.

Er untersuchte Berliner Kindergartenkinder. Neben Umschüttversuchen mit Pulver und Perlen und Knetversuchen der eben beschriebenen Art wurde mit Strekken-, Flächen- und Raumveränderung gearbeitet, wobei der Proband ebenfalls die Invarianz erkennen mußte. Vor- und Nachtest waren wiederum identisch. Die Trainingsmethode variierte je nach Versuchsbedingung. Bei der „Regulationstechnik“ wurde nicht mehr zum Ausgangspunkt (ursprüngliches Gefäß, anfängliche Kugelform usw.) zurückgegangen, sondern immer weiter transformiert, wobei nach Möglichkeit von einem Extrem (z. B. hohes, dünnes Glas) in andere (dickes, niedriges Gefäß) gewechselt wurde. Durch dieses Vorgehen sollten Regulationsprozesse (z. B. Umwechseln von der Beachtung der Höhe in die Beachtung der Breite) angeregt und damit beispielsweise die Kompensation begünstigt werden. Die „Gleichheitstechnik“ betonte demgegenüber die Gleichheit der Vergleichsgrößen durch Herstellen der Ausgangssituation. Beide Hauptbedingungen wurden mit und ohne sprachliche Hinweise durchgeführt, so daß sich vier Versuchsgruppen ergaben. Eine zusätzliche Versuchsgruppe erhielt Dimensionshinweise vor der Testfrage (nach Gleichheit), jedoch keine Suggestivfrage wie in der sprachlich unterstützten Regulationsbedingung. Warum *Seiler* in letzterer eine Suggestivfrage stellte („Könnte es also nicht gleichviel sein?“), in der korrespondierenden Gleichheitstechnik nicht, ist unerfindlich. *Seiler* fand jedoch auf diese Weise einen wichtigen Faktor bei der Gewinnung des Invarianzbegriffs. Es stellte sich nämlich heraus, daß nur die Gruppe, die obige „Suggestivfrage“ gestellt bekam, einen im Vergleich zur Kontrollgruppe signifikanten Lernerfolg aufwies.

Seiler argwöhnte, daß nicht die von *Piaget* vermuteten logischen Operationen in erster Linie zum Invarianzbegriff (und analog zu anderen Erkenntnisbegriffen) führen, sondern soziale Beeinflussung. Er bildete deshalb nochmals drei Versuchsgruppen, von denen die erste während des Trainings (nach der Regulationstechnik) nur unsicher gemacht werden sollte („Hast du dir das genau überlegt?“, „Stimmt das wirklich?“ etc.), die zweite und dritte durch zusätzliche Äußerungen des Vl erfuhr, daß ihr Invarianzurteil falsch war („Das ist doch nicht richtig!“, „Das ist doch nicht wirklich so!“). Die letzte Gruppe erhielt zudem noch einen Hinweis auf die einander kompensierenden Dimensionen (z. B. hoch – breit).

Es zeigte sich, daß alle drei Gruppen ungefähr den gleichen Erfolg hatten wie die einzige erfolgreiche Versuchsgruppe im Hauptversuch. Damit hielt *Seiler* die entscheidende Wirkung sozialer Verstärkung auf den Erwerb des Invarianzbegriffes für erwiesen. Sicherlich hat die Suggestivwirkung der Versuchsleiterfragen zu dem Ergebnis beigetragen. Ohne den Kontakt mit dem Vl und ohne dessen glaubwürdigen Hinweis, daß die Vp sich im Irrtum befinde, wären diese nicht zu einer Verbesserung ihrer Urteile im Nachtest gekommen. Der Einfluß des Lehrers als eines glaubwürdigen Garanten für die Vermittlung von Sachverhalten erscheint dadurch in einem neuen Licht: Die Kinder (besonders kleine Kinder) suchen die Lösung in der vom Erwachsenen angedeuteten Richtung. Die soziale Komponente allein kann andererseits nicht für die Ergebnisse *Seilers* verantwortlich sein, es sei denn, die Kinder hätten im Nachtest ohne Einsicht die Meinung des Vl vertreten. Diese Vermutung läßt sich nicht ganz von der Hand weisen, da alle Fragen des Vor- und Nachtests auch in der Trainingsphase gestellt wurden. Nehmen wir aber an, die Antworten seien einsichtig gegeben worden, dann kann die soziale Beeinflussung allein gar nicht die richtigen Leistungen bedingen. Sie kann aber sehr wohl das Kind veranlaßt haben, nach der Ursache seines falschen Urteils zu suchen und die zuvor unbeachtet gelassenen Informationen mit zu verwerten. Dann hätte die verbale Hilfe die Funktion des Hinführens auf die entscheidenden Bedingungen.

Zwischen *Bruners* Gruppe am Center for Cognitive Studies in Harvard und *Piaget* und Mitarbeitern bestehen beträchtliche Meinungsverschiedenheiten. Die Untersuchungen von *Smedslund* (1961) über das gleiche Problem fördern noch weitere neue Aspekte zutage. Mit Sicherheit ist *Piagets* Erklärungsversuch nicht ausreichend. Da wir nicht einmal bei einem so gut untersuchten Gebiet wie dem Invarianzbegriff über die ihn konstituierenden Leistungen Bescheid wissen, ist es ausgeschlossen, zuverlässige didaktische Folgerungen ziehen zu können. Einige wichtige fördernde Maßnahmen scheinen zu sein:

Vorbereitung wichtiger Denkoperationen durch das Nach-außen-Verlegen in Form von Handlung und Manipulation,
sprachliche Etikettierung der Operationen und Beschreibung wichtiger Relationen,
soziale Bestätigung,
Herbeiführung eines kognitiven Konflikts z. B. durch Mitteilung, daß die abgegebenen Urteile falsch sind.

Inhaltlich sollte man viele Operationen verlangen, beim Invarianzproblem also Folgerung der Identität, Erkenntnis der Reversibilität des Umschüttvorgangs und Erklärung des kompensatorischen Zusammenhangs zwischen zwei oder mehr Dimensionen, außerdem Beseitigung störender Wahrnehmungseindrücke.

1.32 Zufall und Wahrscheinlichkeit

Piaget und Mitarbeiter fanden, daß Kinder unter elf Jahren noch nicht die Erklärungsbegriffe des Zufalls und der Wahrscheinlichkeit besaßen. Die Kinder glauben beispielsweise, daß anfänglich nach der Farbe geordnete Kugeln, die man in einer offenen Schachtel hin und her schwenkt und dadurch mischt, wieder in den geordneten Zustand zurückgelangen. In einer anderen Untersuchung mußten die Kinder raten, welche Farbe die Spielmarke haben würde, die sie blind aus einer Schachtel herausgriffen. Die gleiche Zusammenstellung der Spielmarken lag dabei in geordneter Reihenfolge offen vor der Vp. Fünf- bis Siebenjährige machten ihre Vorhersagen nicht auf der Basis der quantitativen Verhältnisse der Elemente, sondern benutzten andere Kriterien, z. B. die Anordnung auf dem Tisch. So rieten sie „rot“, wenn die erste Marke auf dem Tisch rot war. Ältere Kinder (etwa von 8 bis 10 Jahren) berücksichtigten die Proportion der einzelnen Farben bei ihrer Wahl, zogen aber nicht in Betracht, daß sich das Farbverhältnis bei sukzessiver Entnahme aus der

Schachtel veränderte. Erst Kinder eines noch höheren Alters gaben adäquate Vorhersagen.

Wie bei allen Aufgaben *Piagets* zur Erfassung des kognitiven Entwicklungsniveaus spielt auch hier die Sprache eine wichtige Rolle. Die Kinder mußten wissen, was der Ausdruck „wahrscheinlich" bedeutet, und mußten die Farbe benennen, die sie zu ziehen erwarteten. Möglicherweise waren die Kinder auch durch das Vorhandensein von zwei Spielmarkensortimenten irritiert, eines geordnet auf dem Tisch, eines vermischt in der Schachtel. Es ist deshalb nicht erwiesen, ob kleinere Kinder nicht doch die Wahrscheinlichkeit von Merkmalen abschätzen können, wenn andere erschwerende Bedingungen, vor allem die sprachliche Kodierung, wegfallen.

Messick und *Solley* (1957) prüften mit Hilfe von Experimenten zum Wahrscheinlichkeitslernen, wie genau Kinder die Wahrscheinlichkeit des Auftretens von Merkmalen (Ereignissen) abschätzen können und wie genau die Unterscheidungsleistung in der Wahrscheinlichkeit des Auftretens von Merkmalen ist.

Kinder von drei bis acht Jahren spielten einzeln mit dem Vl ein „Ratespiel". Der Vl zeigte ihnen einen Kartenstapel mit 20 Karten, auf denen große und kleine Figuren abgebildet waren. Ein Satz bestand z. B. aus 20 großen und Null kleinen Pferden (Eingabewahrscheinlichkeit für „groß" gleich 1.00), ein anderer aus 18 großen und 2 kleinen Strichmännchen (Eingabewahrscheinlichkeit für „groß" gleich .90). Andere Kartensätze hatten eine Eingabewahrscheinlichkeit von .75 und .60. Dem Kind wurde gesagt, es solle raten, ob auf der obersten Karte ein großes oder ein kleines Objekt sei. Die Karten wurden gemischt und mit dem Rücken nach oben auf einen Stapel gelegt. Das Kind riet die oberste Karte, worauf sie der Vl umdrehte und je nach dem Ergebnis „richtig" oder „falsch" sagte. Waren alle 20 Karten eines Stapels durchgeraten, so wurden sie erneut gemischt und das Spiel begann von vorne.

Die Ergebnisse in Abb. 1.13a veranschaulichen, wie rasch die Kinder die tatsächlichen Wahrscheinlichkeiten des Merkmals „groß" lernten. Selbst die Wahrscheinlichkeit von .60, die nur geringfügig von der Zufallswahrscheinlichkeit abweicht, wurde bereits von 3- und 4jährigen richtig geschätzt. Altersunterschiede traten erst auf, wenn man eine richtige Schätzung mit einem Stückchen Kandiszucker belohnte (Abb. 13b). Dann nämlich stieg die „Ausgabewahrscheinlichkeit", also die Zahl der abgegebenen Schätzungen, bei älteren Kindern an. Sieben- bis Achtjährige rieten bei einer Eingabewahrscheinlichkeit von .75 für das Merkmal „groß" nach 100 Rateversuchen immer „groß" (Ausgabewahrscheinlichkeit = 1.00). Die Drei- und Vierjährigen hingegen blieben auf dem gleichen Schätzungs-

Abb. 1.13: Wahrscheinlichkeitslernen bei Kindern verschiedener Altersstufen (in *Bruner*, et al., 1966)

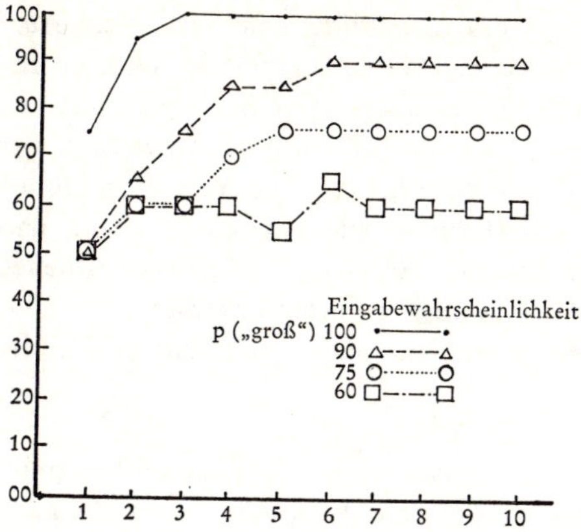

Versuchseinheiten
(20 Rateversuche je Einheit)

a) Lernkurven für alle Altersstufen bei vier verschiedenen Eingabewahrscheinlichkeiten

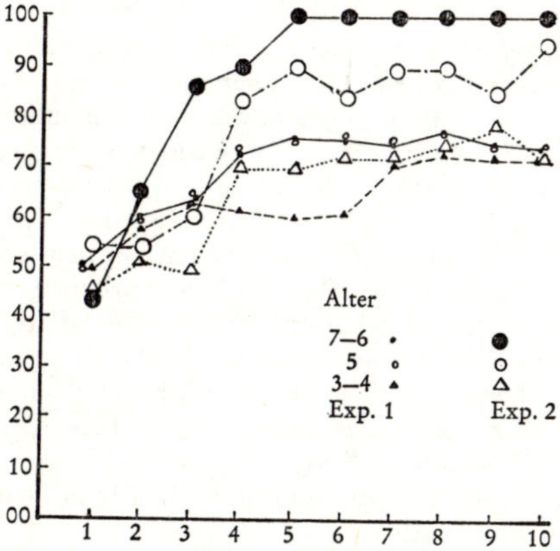

Versuchseinheiten
(20 Rateversuche je Einheit)

b) Lernkurven für verschiedene Altersstufen bei einer Eingabewahrscheinlichkeit von .75 mit verbaler Zustimmung (Exp. 1) und zusätzlicher materieller Belohnung (Exp. 2)

niveau wie ohne Belohnung. Man sieht, daß ältere Kinder den Wahrscheinlichkeitsbegriff anders als jüngere handhaben; sie versuchten, sobald die Wahrscheinlichkeit von Merkmalen bedeutsam wird (bei Anbieten einer Belohnung), nicht nur die tatsächliche Häufigkeit des Auftretens zu schätzen, sondern so zu raten, daß ein maximaler Gewinn für sie heraussprang. Daß es sich dabei um eine kognitive Strategie handelte, die erst entwickelt werden mußte, zeigt das allmähliche Anwachsen der Schätzanzahl über die ersten 100 Versuche hinaus. Die Versuchspersonen waren sich also zunächst nicht klar darüber, wie es anzustellen sei, daß man die maximale Anzahl von Kandis bekam. Erst allmählich schienen sie zu begreifen, daß man nur immer „groß" zu raten brauchte.
Diese Deutung des Versuchsergebnisses liegt nahe, weil jüngere Kinder nicht auf diese Lösung kamen.

Eine andere Untersuchung über den Wahrscheinlichkeitsbegriff stammt von *Yost, Siegel* und *Andrews* (1962). Sie knüpften unmittelbar an *Piagets* Befunde an und prüften, ob nicht bereits vier- bis fünfjährige Kinder sprachfreie Urteile über die Wahrscheinlichkeit des Auftretens von Merkmalen machen können. Die Ergebnisse von *Messick* und *Solley* legen eine solche Vermutung nahe.

Vier- bis fünfjährige Kinder hatten zwei Plastikkästen vor sich stehen. Der Vl legte vor den Augen des Kindes in beide Behälter gleichviel Spielmarken einer Farbe (z. B. rot), indem er in beide gleichzeitig je eine Spielmarke beförderte. Danach verteilte er auf beide Kästen Spielmarken einer zweiten Farbe (z. B. weiß), die für das Kind eine besondere Bedeutung besaßen. Sie hatten nämlich zuvor erfahren, daß sie bei Ziehung einer Marke dieser Farbe einen Preis gewinnen könnten. Den Preis (ein Spielzeug) hatten sie sich schon ausgesucht, und zur Erinnerung wurde eine Spielmarke der relevanten Farbe dazugelegt. Die Verteilung der Gewinnmarken war nicht gleichmäßig, sondern in einem bestimmten Verhältnis zu den Spielmarken der anderen Farbe. Die Marken wurden nun durch Schütteln gemischt und das Kind sollte ohne Hineinschauen die Schachtel wählen, aus der es am leichtesten eine Gewinnmarke erhalten konnte. Es gab damit ein Urteil über die Wahrscheinlichkeitsunterschiede einer richtigen Ziehung zwischen beiden Behältern ab. Die Kinder trafen mehrere solcher Wahlen. Die Verteilung der Gewinnmarken variierte dabei, so daß systematische Fehler vermieden wurden. Es zeigte sich, daß die Kinder weit über Zufallstreffer hinaus den Behälter mit der größeren Trefferwahrscheinlichkeit wählten.

Interessant sind nun eigentlich erst weitere Einzelheiten in dem von den Autoren verwendeten Versuchsplan. Der einen Hälfte der Vpn wurde anschließend die von *Piaget* verwendete Aufgabenform über Wahrscheinlichkeitsurteile gestellt. Die andere Hälfte erhielt diese Aufgabe *vor* dem Experiment. Es zeigte sich, daß die erste Gruppe wesentlich häufiger als die zweite die *Piaget*-Aufgabe löste. Sie hatte also etwas über den Wahrscheinlichkeitsbegriff gelernt. Die andere Versuchsgruppe leistete hingegen nur in der sprachfreien, von den Autoren entworfenen Aufgabe mehr, als man per Zufall erwarten konnte. Die Autoren führen das Ergebnis hauptsächlich auf die Erleichterung der Aufgabe durch sprachfreie Wahlen und durch Belohnung (die zu wählende Marke war eine Gewinnmarke) zurück. Für die Frage der Trainierbarkeit ist aber noch ein Faktum wichtig: Jedes Kind durchlief insgesamt 48 Versuche, bei jedem Aufgabentypus waren 24 Aufgaben zu lösen. Bemerkenswerterweise halfen 24 Versuche beim Aufgabentypus modo *Piaget* den Kindern nicht weiter. Dagegen bewirkte die Beschäftigung mit den von *Yost* et al. entworfenen Aufgaben eine Leistungssteigerung auch bei den *Piaget*-Problemen.

Die Übung an einem leichter zu handhabenden Wahrscheinlichkeitsproblem hat einen Übertragungseffekt auf die schwerere Aufgabe, die vorausgehende Übung des schwereren Problems verbessert die Leistung bei diesem selbst nicht, aber die andere (leichtere) Aufgabe wird genauso gelöst wie in der ersten Versuchsbedingung (Tab. 1.2). Wie und ob Transferwirkungen auch bei der ersten Versuchsgruppe am Werk waren, läßt sich aus den Befunden nicht eindeutig folgern. Sie zeigen aber, daß der Wahrscheinlichkeitsbegriff in der hier definierten Form bereits bei Fünfjährigen angetroffen werden kann, wobei anzunehmen ist, daß er in einem aktuellen „Elaborationsprozeß" erworben wurde (*Aebli,* 1963).

Tab. 1.2: Mittlere Zahl richtiger Antworten bei der Wahl eines Behälters mit größerer Trefferwahrscheinlichkeit für Gewinnmarken (*Yost, Siegel* & *Andrews,* 1962)

	Erste Sitzung	Zweite Sitzung
Versuchsgruppe 1	*Piaget*-Aufgaben: 12	Gewinnmarken-Aufgaben: 19
Versuchsgruppe 2	Gewinnmarken-Aufgaben: 18	*Piaget*-Aufgaben: 18

Die Maximalzahl richtiger Lösungen bei beiden Versuchsbedingungen betrug 24.

Damit rückt die Bedeutung gezielter Förderung für die Entwicklung grundlegender Erkenntnisbegriffe ins Blickfeld. Die richtige Einschätzung von Wahrscheinlichkeiten und zufälligen Ereignissen ist nicht nur für spezifische Ausbildungswege wichtig (etwa für das Studium der Mathematik, Physik und Chemie), sondern hat für die gesamte Lebenseinstellung und das Verständnis von frohen und traurigen Ereignissen größte Bedeutung. Das „Rechnen" mit adäquaten Wahrscheinlichkeiten für Krankheit, Tod, glückliches Zusammentreffen mehrerer günstiger Umstände u. a. m. ermöglicht die intellektuelle Meisterung von Geschehnissen, von denen man ansonsten affektiv überwältigt sein würde.

Auch in der Personwahrnehmung kann die angemessene Abschätzung im Auftreten bestimmter Verhaltensweisen wichtige Dienste leisten. Bekanntlich überschätzt man die Konstanz von Verhaltenstendenzen und schreibt dem andern demzufolge bestimmte Persönlichkeitseigenschaften zu, die er nicht notwendigerweise besitzen muß. Wahrscheinlichkeits- und Zufallsbegriff sind in anderen Kulturen (Islam) und in früheren Epochen recht eingeengt bei der Erkenntnis und Erklärung von Geschehnissen verwendet worden. Man bevorzugte Erklärungsversuche, die auf direkten Ursachen und Sonderbedingungen fußten (Aberglaube, Wunderglaube) oder dem Ereignis einen moralischen Sinn gaben (Lohn und Strafe für begangene Taten). In der modernen Gesellschaft läßt sich ein radikaler Umschwung beobachten, der nicht zuletzt auf die Verwendung des Wahrscheinlichkeitsbegriffs als Erklärung für Ereignisse anzusehen ist.

1.33 *Zur Wirkung logischen Trainings auf die Entwicklung des Zahlbegriffs*

Der logische Zahlbegriff ist für viele schulische Leistungen, besonders für Rechnen und Mathematik, eine entscheidende Bedingung. Gemäß der Analyse von *Piaget* ist er gebildet, wenn die Operation der Klassifizierung und die Operation der Reihung die Zahlen zugleich „einschachteln" (die kleinere Menge in die größere) und ihr Positionen in einer Reihe geben (Reihen, Einordnen, Zuordnen). Damit gelingen nämlich auch eine Reihe anderer Operationen, die aus dem logischen Gleichgewichtssystem folgen, das *Piaget* für die Bildung des Zahlbegriffs (und für andere Begriffe) erforderlich hält, nämlich die additive Komposition von Mengen (Äquivalenz von verschieden aufgegliederten Mengen, z. B. $3 + 5 = 4 + 4$), die multiplikative Zuordnung von Mengen (etwa zu

10 Vasen zehn rote und zehn blaue Blumen zuordnen und die Äquivalenz der Mengen erkennen) und die Invarianz von Mengen (nötig für die Gewinnung einer Maßeinheit). *Piaget* ist der Meinung, daß der logische Zahlbegriff mit sechs bis sieben Jahren erworben wird und daß damit einfache und komplexe Zahlenprobleme zu bewältigen seien. Ein neuer Schritt in der Entwicklung erfolge erst mit etwa 12 Jahren durch den Aufbau der formalen logischen Operationen, die ein (systematisches und freies) Operieren mit Operationen, ein Denken über das Denken ermöglichen. Man kann nun aber leicht zeigen, daß sich zwischen dem Denkniveau konkreter logischer Operationen und dem formaler Operationen Verschiebungen zeigen. Der Siebenjährige ist nicht mehr in der Lage, die logischen Operationen adäquat einzusetzen, wenn das Problem zu komplex wird, wenn z. B. die Zahl der Elemente zu stark anwächst oder zu viele Beziehungen auf einmal überblickt werden müssen. Es lassen sich ohne weiteres Aufgaben mit steigendem Schwierigkeitsgrad finden, die erst allmählich mit zunehmendem Alter gelöst werden. Da man eine solche Niveauverschiebung nach oben als Lernprozeß auffassen muß, erhebt sich die Frage, ob man diesen Lernprozeß durch gezielte Maßnahmen nicht beschleunigen bzw. seinen Erfolg verbessern kann.

Es soll zunächst ein Experiment beschrieben werden, das an der Pädagogischen Hochschule München im Rahmen einer Zulassungsarbeit durchgeführt wurde (*Barbara Muschiol*, 1968). 32 Kinder im Alter von 5 bis 6 Jahren, die teilweise den Kindergarten, zum Teil bereits die erste Klasse Volksschule besuchten, wurden in eine Versuchs- und eine Kontrollgruppe aufgeteilt. Die Kinder besaßen den Zahlbegriff noch nicht bzw. zeigten nur in höchstens 2 von 4 zu bewältigenden Aufgaben positive Leistungen. Diese vier Bereiche des Anfangs-(Vor-)tests waren: Invarianz der Mengen, „Stück-für-Stück-Korrespondenz" (Erkennen von Mengengleichheit zweier Reihen, die einander Stück für Stück zugeordnet sind), Äquivalenz der Mengen (Erkenntnis der Mengengleichheit, wenn eine der beiden Reihen lockerer gelegt wird), multiplikative Zuordnung (s. o.). Das logische Training bestand aus Aufgaben, die genau eine der im Vortest verlangten Leistungen übten, und aus Aufgaben, die nicht im Vortest enthalten waren. Da der Zahlbegriff eine Vielzahl von Operationen und Gruppierungen impliziert, wurde angenommen, daß die im Training geübten Leistungen sich auf die Gesamtentwicklungshöhe des Zahlbegriffs auswirken (Transfer-Effekt). Die Übungsaufgaben bestanden in Umschüttversuchen (direkte Übung des Invarianzbegriffs), Mengengruppierungen (Aufgliederung von 16 Bonbons in wechselnde

Umformungen), in kombinierter Addition und Subtraktion (Ausgleichen verschiedenlanger Reihen) und in der Aufteilung von Mengen in 2 und 4 gleichgroße Teile. Das Training dauerte eine Woche. Der Nachtest war identisch mit dem Vortest und sollte prüfen, ob bei der Trainingsgruppe ein Entwicklungsfortschritt zu verzeichnen war.
Bevor der Hauptbefund mitgeteilt werden soll, sei noch auf ein unerwartetes Ergebnis beim Vortest verwiesen. Die Kinder konnten einige Aufgaben lösen, andere wieder nicht. Nach dem System von *Piaget,* der genau diese Aufgaben bei der Untersuchung des Zahlbegriffes stellte, müßten die Kinder entweder alle Leistungen vollbringen oder gar keine. Tatsächlich lösten aber die Kinder in einem der Bereiche Aufgaben, im andern nicht. Am leichtesten fiel den Kindern die Erkenntnis der Mengenäquivalenz bei Stück-für-Stück-Korrespondenz (diese Leistung ist allerdings schon im vorlogischen Stadium möglich), am schwersten die Erkenntnis der Mengeninvarianz (Umschüttversuch). Muliplikative Zuordnung und Mengenäquivalenz bei irritierenden Wahrnehmungseindrücken (verschiedenlange Reihen) lagen im Schwierigkeitsgrad in der Mitte. Die Trainingsgruppe zeigte im Gegensatz zur Kontrollgruppe einen starken Lerngewinn. Die mittlere Leistung stieg von 1,06 auf 3,06 (erreichbarer Höchstwert: 4) an. Die Kontrollgruppe zeigte hingegen keine Veränderung in ihrer Leistung (mittlere Leistung im Vortest: 1,06, im Nachtest: 1,19).

Durch Denktraining kann man also in relativ kurzer Zeit einen Entwicklungsfortschritt erzielen. Daß es sich um einen echten Fortschritt handeln dürfte, zeigen die Transferwirkungen. Wie zu erwarten, war der größte Lernerfolg (94%) bei dem direkt trainierten Invarianzbegriff zu verzeichnen, doch traten auch bei den anderen Bereichen Lerngewinne auf: Stück-für-Stück-Korrespondenz 44%, Mengenäquivalenz 38%, multiplikative Zuordnung 25%. Der hier vorgenommene Versuch der Förderung von Denkleistungen steht der Schulrealität näher als die zuvor beschriebenen Untersuchungen. Er trennt nicht zwischen verbalen Hilfen und Manipulationen des Kindes, da im Schulalltag eine solche Trennung ebenfalls nicht möglich ist. Freilich wird das mit einem Verlust an Information darüber bezahlt, welche Faktoren den Entwicklungsfortschritt bedingt haben. Hier sollte in erster Linie gezeigt werden, daß Denkschulung auch in Bereichen möglich ist, die man lange Zeit als das Ergebnis eines „natürlichen“ Wachstums ansah.
Erfolge im logischen Training sind im Einzelversuch sehr viel effektiver als in der Gruppe. Auch die eben beschriebene Schulung wurde im Ein-

zelversuch vorgenommen. Wie weitere Untersuchungen unter Anleitung des Verf. zeigen, können auch auf anderen Gebieten (Raumbegriff, multiplikatives Klassifizieren, s. Kap. 2) Erfolge erzielt werden. Schulung in der Gruppe erwies sich in allen Fällen als wenig effizient. Dieser Tatbestand ist nicht verwunderlich, wenn man den produktiven Denkvorgang als das versteht, was er in allen bisherigen Beschreibungen ist: ein individueller, eigenständiger Weg zur Erreichung eines gestellten Zieles.

Auf Anregung des Verf. wurde ein Versuch mit länger anhaltendem Training unternommen.

Bauer (1970) erfaßte das Niveau der logischen Operationen im Bereich der Invarianz (Umschüttversuche), der multiplikativen Komposition von Zahlen (Zuordnen äquivalenter Mengen von Blumen und Vasen) und der Zuordnung von Rangplatz und Anzahl bei Klasseninklusion mit Reihung (verschiedengroßen Männchen mit dazupassenden Stöcken und Rucksäcken). Da die Vpn bereits 8 bis 9 Jahre alt waren, wurden die *Piaget*schen Aufgaben erweitert und erschwert, so daß bei jedem gemessenen Bereich eine Serie von dem Schwierigkeitsgrad nach gestaffelten Aufgaben vorlag. *Bauer* bildete in ihrer eigenen Klasse eine parallelisierte Versuchs- und Kontrollgruppe. Die Versuchs-(Trainings-)gruppe wurde in ca. zehnminütigen Einzelversuchen geschult, die insgesamt 3 bis 4 Wochen dauerten. Der einzelne Proband kam infolge des Einzeltrainings nur alle paar Tage an die Reihe. Das Training erstreckte sich nun nicht direkt auf die zuvor gemessenen Leistungen, sondern auf eine allgemeine Schulung des Denkens. Dabei lag die Annahme zugrunde, daß sich eine Transferwirkung auch auf die im Vortest erfaßten spezifischen Leistungen ergeben müsse. Im einzelnen verwendete *Bauer* vier Aufgaben zur Förderung des Denkens: den Turm von Hanoi (s. Abschn. 2.211), systematische Kombination (Übungsmaterial bestand in drei, vier oder fünf verschiedenfarbigen gleichgroßen Plättchen, die auf einen Streifen in allen möglichen Kombinationen zu legen waren; Thema der Aufgabe: Landverteilung), das Ausmessen von Flächen durch Auslegen mit Quadraten oder mit Rechtecken, und schließlich Ordnungsversuche (zweidimensionales Ordnen von Figuren auf einer quadratischen Fläche mit 36 Feldern, s. auch Abschn. 2.152).

Die Kontrollgruppe (parallelisierte Hälfte der Klasse) wurde genauso lange und ebenfalls im Einzelversuch sprachlich und rechtschriftlich trainiert. Das Training erstreckte sich lediglich auf den schulisch vorgeschriebenen Stoff, so daß bei dieser Gruppe vorwiegend die Wirkung des intensiven sozialen Kontakts zwischen Schüler und Lehrerin kontrolliert wurde. Eine zweite Kontrollgruppe, bestehend aus Schülerinnen einer anderen Klasse, erhielt keinerlei besonderes Training. Bei allen Gruppen wurde die Leistung auf den eingangs genannten drei Bereichen mit Hilfe eines Nachtests erfaßt, der neben den im Vortest zusammengestellten Aufgaben einige Zusatzprobleme enthielt.

Die Ergebnisse dieser Untersuchung sind in Tab. 1.3 zusammengestellt. Sie zeigen in eindeutiger Weise den Erfolg des Denktrainings.

Tab. 1.3: Einfluß eines Denktrainings und sozialer Faktoren auf Leistungen im Bereich des operativen Zahlbegriffs (*Bauer*, 1970)

Gruppe	Untertest	Lernzuwachs	t-Wert u. Signifikanz (zweiseitig) Parallelstichprobe t	p	Gruppenvergleich	t	p
V	I	16	3,31	.01	V/K_2	1,06	–
(n = 14)	II	15	2,52	.05		1,80	–
	III	15	2,45	.05		2,27	.05
	G	46	4,70	.001		3,15	.01
K_1	I	0	0,00	–	V/K_1	1,90	–
	II	12	2,20	.05		0,37	–
(n = 14)	III	9	1,29	–		0,65	–
	G	21	1,70	–		1,59	–
K_2	I	7	1,00	–	K_1/K_2	–0,71	–
	II	2	0,49	–		1,46	–
(n = 14)	III	– 5	–0,79	–		1,49	–
	G	4	0,44	–		1,11	–

Zeichenerklärung:
V = Versuchsgruppe (gezieltes Einzeltraining im Denken)
K_1 = Kontrollgruppe 1 (irrelevantes Einzeltraining im Deutschunterricht)
K_2 = Kontrollgruppe 2 (keinerlei Einzeltraining)
Untertest I = Invarianz
Untertest II = Operationen der Sereation und Klasseninklusion
Untertest III = multiplikative Komposition
G = Gesamttest

Auch die (irrelevant) trainierte Kontrollgruppe hat einen leichten Leistungsanstieg zu verzeichnen, er erreicht jedoch nur einmal das Signifikanzniveau von 5%. Man beachte, daß keine der vier Trainingsaufgaben in direktem Zusammenhang mit den Aufgaben des Vor- und Nachtests stand. Wie hat man sich aber dann die Wirkung der Denkförderung vorzustellen?

Da es sich um einen praxisnahen Versuch handelt, der nicht in erster Linie unter denktheoretischem Aspekt konzipiert wurde, läßt sich nur eine vorläufige Feststellung treffen. Durch das Training wurde die Beweglichkeit der Operationen erhöht und ihr Zusammenwirken in der ‚logischen Gruppierung' verbessert. Die im Training benutzten Aufgaben verlangen in besonderem Maße die Beweglichkeit der Denkoperationen, bieten aber zugleich den Vorteil, daß die Operationen durch äußere Handlungen begleitet werden. Jeder Schritt zeigt sich in einer Manipulation. Beim Turm von Hanoi müssen Scheiben bewegt werden (s. 2.211), bei der Kombinationsaufgabe handelt es sich um Zusammenfügen von Farbplättchen usw. Man beachte, daß die Sprache zumindest auf seiten der Vp wenig in Aktion trat. Dagegen spielte die sprachliche Instruktion durch den Lehrer beim Einzeltraining eine wichtige Rolle. Die Art der abverlangten Denkprozesse unterscheidet sich zum Teil von den Leistungen, die sonst in der Schule gefordert werden. Vor allem wird der einzelne bis zu einem Ziel geführt, das er normalerweise im Klassenverband nie erreichen dürfte, da die dort gesetzten Ziele allenfalls auf den Durchschnitt abgestimmt sind.

1.34 Denktraining beim Raumbegriff

In einer parallel laufenden Untersuchung (*Kohl*, 1970) wurde der Einfluß des Trainings von Leistungen der Raumvorstellung auf den Raumbegriff geprüft.

Der Vortest (identisch mit dem Nachtest) bestand aus sechs Untertests. Der erste enthielt Aufgaben zum bekannten Bergproblem (die Vpn mußten aus der Vorstellung herausbekommen, wie ein Beobachter die dargebotenen Berge von hinten sieht), der zweite bestand aus einer Aufgabe zur Invarianz (verschieden zusammengebaute Würfel, die aber in der Anzahl konstant blieben, sollten auf ihr Fassungsvermögen hin beurteilt werden), der dritte und vierte Untertest erfaßten das Verständnis für horizontale und vertikale Richtung (Einzeichnen des Flüssigkeitspegels in verschieden geneigte Flaschen und von Bäumen auf einen Hang), der fünfte Untertest enthielt Aufgaben, in denen die Projektionen geometrischer Körper an die Wand (z. B. daß ein umgestürzter Kegel als Kreis zu sehen ist) erraten werden mußten, und im sechsten Untertest mußten taktil erfaßte Flächen und Körper bei visueller Darbietung wiedererkannt werden.

Das Training erstreckte sich auf fünf Wochen, wobei die Kinder wieder einzeln je 10 bis 20 Minuten beschäftigt wurden. Jedes Kind hatte wöchentlich nur eine einzige kurze Trainingsphase. In der ersten Woche wurde das Auseinanderlegen eines Würfels in seine Flächen (wir basteln einen Würfel) geübt, danach erfolgte ein ähnliches Training bei Quader und Pyramide. In der dritten Woche übte der Vl mit den Kindern das Einräumen von Zimmern, deren Grundriß in verschiedene Positionen gedreht wurde (das Schulzimmer als bekannter Raum und ein zuvor unbekannter Raum). In der vierten Woche wurde anhand von Verkehrsproblemen, die auf Karten abgebildet waren, das Erfassen der rechten und linken Seite unabhängig vom eigenen Beobachtungsstandpunkt geübt. In der letzten Woche trainierte der Vl die Erfassung der Vertikalen und Horizontalen anhand von konkreten Aufgaben. Analog zur vorher beschriebenen Untersuchung gab es zwei Kontrollgruppen, die parallelisierte Klassenhälfte, die sich — ebenfalls im Einzelversuch — in verschiedenen Fächern (vor allem Deutsch) übte, und eine weitere Kontrollgruppe (2. u. 3. Schuljahr), die keinerlei Training unterworfen war. Die trainierte Klasse (Versuchsgruppe und Kontrollgruppe 1) bestand aus Kindern des ersten mit vierten Jahrgangs einer zweiklassigen Landschule. Diese altersheterogene Stichprobe erwies sich aus mehreren Gründen als recht interessant für die Fragestellung der Förderung.

Zunächst einmal zeigte sich keine deutliche Altersabhängigkeit in der Anfangsleistung (Vortest). Die höchste Punktzahl erreichte im Vortest ein Kind des ersten Schülerjahrgangs! Weiterhin mag die heterogene Zusammensetzung der Kinder für den erstaunlichen Effekt bei Kontrollgruppe 1 verantwortlich sein (Tab. 1.4).
Diese Gruppe wurde von der Lehrerin genausolang wie die Trainingsgruppe einzeln betreut, allerdings mit für den Raumbegriff irrelevanten Zielen (Förderung in einzelnen Fächern). Der individuelle soziale Kontakt und das allgemeine Training in einzelnen Schulfächern hatte offenbar deutliche intelligenzfördernde Wirkung. Der größte Einfluß der Einzelbeschäftigung mit Kindern der Kontrollgruppe 1 liegt beim Invarianzbegriff (Untertest II). Hier scheint die sprachliche Kommunikation und die soziale Interaktion einen besonders großen Einfluß zu haben. Es zeigt sich somit ein deutlicher Zusammenhang dieses Befunds zu den bereits erwähnten Untersuchungen von *Seiler* (1968). Insgesamt muß man aber mit systematischen Fehlern infolge des Einflusses einer Kommunikation zwischen den Kindern rechnen, die ja einer Klasse angehörten und ihre Erlebnisse beim Einzelversuch austauschten. Trotzdem ist die Wirkung der gezielten Förderung immer noch eindeutig (Tab. 1.4). Der weitaus größte Leistungsanstieg zeigt sich bei der Versuchsgruppe. Berücksichtigt man, daß die Kinder durchschnittlich nicht viel länger als 5 x 10 Minuten insgesamt trainiert wurden, so kann man abwägen, wieviel Zeit bei gezielten intensiven Maßnahmen eingespart wird. Sonderbar ist der Anstieg der Leistungen in Test VI, bei welchem das Kind aus mehreren visuell dargebotenen Figuren diejenige auszusuchen hatte, die mit einer nur durch Abtasten erfaßten Figur identisch war. Da während des Trainings kein einzigesmal der Tastsinn zu Hilfe genommen wurde und auch die Kontrollgruppe 1 einen signifikanten Anstieg zeigt, muß es sich hierbei um eine Leistung handeln, an der gegen den Augenschein Denkfunktionen beteiligt sind, die für eine adäquate Repräsentation räumlicher Beziehungen sorgen. Möglicherweise werden im Nachtest haptische Qualitäten anders kodiert als

vorher. Hierüber können aber nur weitere Untersuchungen Aufschluß geben. Die von *Kohl* (1970) mitgeteilten Ergebnisse deuten wohl auch auf eine motivationale Komponente hin. Anspruchsniveau und Selbstvertrauen wurden offenkundig durch den intensiven Einzelkontakt mit der Lehrerin gesteigert.

Tab. 1.4: Leistungsanstieg bei Training im Bereich der räumlichen Vorstellung (*Kohl*, 1970)

Gruppe	Test	Leistungsanstieg	t-Wert (Parallelstichpr.)	Signifikanzniveau (zweiseitig)
V	G	138	6.12	.001
(n=19)	I	54	3,09	.01
	II	5	2,92	.01
	III	16	2,25	.05
	IV	20	3,93	.01
	V	16	1,64	–
	VI	27	4,14	.001
K_1	G	91	2,88	.01
(n=19)	I	54	1,76	–
	II	11	4,99	.001
	III	9	0,89	–
	IV	5	0,90	–
	V	7	0,47	–
	VI	21	0,46	–
K_2	G	42	2,49	.05
(n=19)	I	26	1,69	–
	II	2	1.50	–
	III	12	1.36	–
	IV	–2	–0,49	–
	V	3	0,47	–
	VI	1	0,40	–

Zeichenerklärung:
V = Trainingsgruppe
K_1 = Kontrollgruppe mit irrelevantem Training
K_2 = Kontrollgruppe ohne Training
G = Gesamttest; I = Bergaufgabe; II = Invarianzaufgabe; III = Wasserspiegel in geneigten Flaschen; IV = Bäume auf Abhang; V = Projektion geometrischer Körper; VI = taktiles Erfassen von Figuren und räumlichen Beziehungen

Zusammenfassung

Zur Ordnung der raumzeitlichen Relationen, zur Erklärung von Geschehnisabläufen und zur Deutung von Ereignissen entwickelt der Mensch durch logische Operationen die Begriffe von Raum und Gegenstand, von Zahl und Zeit, von Kausalität und Zufall. Eine zentrale Bedeutung kommt dabei dem Invarianzbegriff zu, der für die Schaffung von Maßeinheiten und als fixer Ausgangspunkt für das Denken unentbehrlich ist. Trainingsversuche mit kleinen Kindern zeigen, daß er leichter erworben wird, wenn störende Wahrnehmungseinflüsse fehlen, wenn eine sprachliche Etikettierung der relevanten Beziehungen erfolgt und der Lernende eine äußere Kontrolle durch soziale Verstärkung erfährt.

Zufall und Wahrscheinlichkeit können auf sprachfreier Ebene schon im Vorschulalter richtig erfaßt werden, während sie bei Einschaltung sprachlicher Beziehungen und bei schwierigeren Sachverhalten erst durch die formalen Denkoperationen aufgebaut werden können.

In einigen vom Verfasser angeregten Untersuchungen konnte der fördernde Effekt eines Denktrainings auf die Konstruktion des Zahl- und Raumbegriffs nachgewiesen werden. Die Denkschulung hatte zudem Transferwirkung, denn die im Vor- und Nachtest gestellten Aufgaben waren andere als die Probleme, mit denen geübt wurde. Einzeltraining und kontinuierliche soziale Interaktion zwischen Lehrer und Schüler erwiesen sich als entscheidende Bedingungen für einen Erfolg in diesem Bereich der Denkförderung.

1.4 Sprache und Denken

Wenn man von einem Begriff spricht, meint man landläufig ein Wort, mit dem eine Bedeutung allgemeinerer Art verknüpft ist. Es fällt schwer, Begriffsbildung unabhängig von der Sprache zu betrachten. Mit voller Absicht haben wir bis jetzt das Verhältnis von Denken und Sprache außer acht gelassen, um zu zeigen, daß Begriffsbildung kein rein sprachlicher Prozeß ist, ja unabhängig von der Sprache erfolgen kann. Freilich kommt der Sprache beim Bilden von Begriffen eine besonders wichtige Rolle zu, weshalb wir nun auf das Verhältnis von Sprache und Denken eingehen müssen.

1.41 Sprache – Instrument oder Procrustesbett des Denkens?

Gemäß der älteren Assoziationspsychologie entsteht die Verbindung von Wort und Bedeutung nach den Gesetzen der Assoziation. Das Wort und der durch das Wort bezeichnete Gegenstand fallen häufig zusammen, wodurch sich eine feste Verbindung zwischen Zeichen und Bezeichnetem bildet. Die Würzburger Schule lehnte die mechanischen Verknüpfungsregeln für die Denkprozesse ab, überließ aber die Sprache weiterhin den Assoziationsgesetzen.
Ach (1905) führte die Bezeichnung „determinierende Tendenz“ für das zielstrebige Suchen und Vorantasten bei der Bildung von Begriffen ein. *Selz* (1922) überwand bereits endgültig den Assoziationismus bei seiner Analyse des produktiven Denkens, faßte aber das Denken als einen von der Sprache unabhängigen Vorgang auf, der sich vorwiegend in unanschaulichen „Gedanken“ vollzieht. Sprache ist vorwiegend das Instrument, mit dem man seine Gedanken zum Ausdruck bringt. Sie dient nicht eigentlich dem Denken, sei es Begriffsbildung, sei es Problemlösen, sondern nur der Darstellung von Denkvorgängen und der Mitteilung von Denkergebnissen.
Auch die Gestaltpsychologie, die übrigens vieles vom *Selz*schen Gedankengut aufgegriffen hat, ohne ihn zu erwähnen, betrachtet den Denkprozeß unabhängig von der Sprache. Das Denken gehorcht Gestaltgesetzen, die auch bei infrahumanen Lebewesen wirksam sind. Der Zusammenhang zwischen Wort und Bedeutung wird allerdings nicht mehr durch assoziative Verbindungen erklärt. Das Wort wird vielmehr Bestandteil einer Struktur, z. B. der Bedeutungsstruktur. Der strukturelle Zusammenhang wird aber nicht anders gesehen als bei anderen Strukturen auch. So gehorcht die Wahrnehmung den gleichen Gesetzen wie das Denken, und das in einer Bedeutungsstruktur eingebettete Wort unterscheidet sich funktional nicht von anderen Elementen der Struktur, etwa der Geradlinigkeit oder der Regelmäßigkeit.

Was das Verhältnis zwischen Denken und Sprache in den drei bisher besprochenen älteren Richtungen der Psychologie kennzeichnet, ist die Konstanz und Unveränderbarkeit von Bedeutungseinheiten. Begriffe entwickeln und verändern sich nicht, sie werden lediglich gefunden bzw. gebildet, um danach unverändert beibehalten zu werden. Insgesamt gesehen neigen die Vertreter der älteren deutschen Psychologie zu einer sprachinstrumentalistischen Auffassung: Sprache dient lediglich als Werkzeug oder Instrument zur Übersetzung und Umsetzung von Denkvorgängen. Das Denken selbst wird als relativ unabhängiger Prozeß angesehen. Im klassischen Behaviorismus ist das Denken umgekehrt ein verkümmertes Sprechen. Primär gibt es für *Watson* (1920) keine inneren Denkprozesse unabhängig von der Sprache, sie entstehen erst durch das Aufkommen des „inneren Sprechens", das für *Watson* durch ein sukzessives Verstummen der äußeren Sprache gekennzeichnet ist. Denken als rudimentäre äußere Reaktion ist als Aspekt in viele spätere Überlegungen eingegangen, doch ließ sich auch in der behavioristischen Forschung das einfache S-R-Modell (Denken als R) nicht aufrechterhalten.

Den bisherigen Auffassungen entgegengesetzt ist die in der deutschen Tradition seit langem verwurzelte Ansicht, daß unsere geistigen Leistungen von der Sprache, in der wir denken, determiniert ist (z. B. bei *Herder, W. v. Humboldt, Weisgerber).* Die Sprache ist nun nicht eine Leistung, die zum Denken hinzutreten kann oder nicht, sondern sie schreibt uns vor, wie wir zu denken haben und was wir denken. Wir können uns im Denken gar nicht außerhalb der von der Sprachstruktur vorgeschriebenen Bahnen bewegen, meint *Whorf* (1963), der Hauptvertreter dieser Hypothese in den USA, weil die Formen des persönlichen Denkens durch unerbittliche Strukturgesetze der Sprache beherrscht werden. In der Tat gliedern wir die Erscheinungen der Welt mit den Mitteln, die uns die Sprache zur Verfügung stellt. Im Amazonasgebiet verwenden die Indianer für ‚grün' eine ganze Reihe von Wörtern, haben aber für andere Farben weniger Bezeichnungen als wir. Die Eskimosprache kennt verschiedene Wörter für verschiedene Arten von Schnee und Bearbeitungsformen von Eis. Das bedeutet, daß die Wahrnehmung durch die Sprache in bestimmte Bahnen gelenkt wird. Man nimmt bis zu einem gewissen Grad so wahr und lernt zwischen den Erscheinungen der Umwelt so unterscheiden, wie es die Sprache vorschreibt. Während aber die bisherigen Beispiele noch an der Sprachperipherie liegen — Indianer, die in die Steppe oder in die Wüste ziehen, passen sicherlich ihren Wortschatz den veränderten Bedingungen an —, sorgt die syntaktische Struktur der Sprache für grundlegende Denkvorschriften. *Whorf* (1956) weist z. B. mit Recht darauf hin, daß im Englischen (wie überhaupt in den indogermanischen Sprachen) zwei Wortklassen die Einteilung der Welt vornehmen: Hauptwörter und Verben. Die Natur wird bipolar eingeteilt in langdauernde Ereignisse oder Zustände (Dinge, Objekte) und in vorübergehende oder kurzlebige Vorgänge (Aktionen). Diese grammatikalische Zweiteilung stellt auch zugleich eine Weltbeschreibung und Weltdeutung dar. Wir unterscheiden bei einem Ereignis zwischen einem Subjekt, das etwas tut oder mit dem etwas geschieht, und einem Prädikat, das aus dem Ereignis die aktuelle kurzlebige Komponente ausgliedert. Hingegen gibt es beträchtliche Unter-

schiede in der Aufgliederung und Strukturierung von Geschehnissen nach diesen zwei Kategorien. In unserer Sprache sind auch relativ kurzlebige Ereignisse bereits zu Substantiven geworden (Blitz, Gefühl, Welle), die Hopi dagegen benutzen Verben zur Bezeichnung kurzlebiger Ereignisse (z. B. für Meteor, Flamme, Welle, Blitz). In Nootka, einer Sprache auf Vancouver Island, gibt es nur eine Klasse von Wörtern für Ereignisse. ‚Eine Flamme' wird immer ausgedrückt als ‚es brennt', ‚ein Baum' wird dargestellt als ‚es baumt'. *Whorf* geht in seinen Konsequenzen, die er aus solchen unterschiedlichen Sprachstrukturen zieht, aber noch weiter. Die großen verallgemeinerten Erklärungsbegriffe, wie Zeit, Geschwindigkeit und Gegenstand, sind durch die Sprachvergangenheit der westlich-abendländischen Kultur nahegelegt worden. Sie sind nicht notwendige Bestandteile für die (geistige) Konstruktion des Universums. In der Hopi-Sprache gibt es den Zeitbegriff in unserem Sinne nicht. Das zeitlose Verb der Hopi-Sprache unterscheidet nicht zwischen Vergangenheit, Gegenwart und Zukunft. Vielmehr werden fünf typische Situationen unterschieden, von denen die erste einen Kontakt zwischen Sprecher und Zuhörer im gleichen „objektiven Feld" darstellt. Diese Situation ist in unserer Sprache in zwei Bedingungen unterteilt: Gegenwart und Vergangenheit. In einer Sprache fällt diese Unterscheidung weg, die konstatiert, daß die sprachlichen Äußerungen einen Bericht darstellen (*Whorf*, 1956). Die Hopi-Sprache unterscheidet auch durch ihre grammatikalischen Formen zwischen momentanen, kontinuierlichen und sich wiederholenden Ereignissen, obwohl sie keine Zeitdimension verwendet. *Whorf* meint, daß eine Physik durchaus ohne den Zeitbegriff denkbar wäre. In der Hopi-Sprache biete sich als Möglichkeit die Intensität an, die jedem Ding zukomme. Je nach dem Grad der Bewegung bzw. Ruhe, in der sich der Gegenstand befindet, könne man ihm verschiedene Intensitätsgrade zuweisen. Geschwindigkeit wäre dann zu transponieren in Intensität, Beschleunigung in ein Variationsmaß der Intensität.
Ob diese Überlegungen stichhaltig sind, bleibt dahingestellt. Die Relativität der Erklärungsbegriffe (Raum, Zeit) und ihre sprachliche Determination würden von *Piaget* und seiner Schule sicherlich bezweifelt. Er versuchte den Nachweis, daß sich diese Begriffe nicht innerhalb des sprachlichen Kontextes entwickeln, sondern durch die Auseinandersetzung mit der Umwelt. Immerhin haben spätere Versuche gezeigt, daß die sprachliche Komponente doch eine nicht zu unterschätzende Bedeutung bei der Bildung dieser Begriffe zu besitzen scheint (s. Abschn. 1.312, 1.313).

Die Hypothese der *linguistischen Relativität,* wie man die bisherige Auffassung auch nennt, hat sicherlich einen bestimmten Geltungsbereich. Man darf sie aber nicht verabsolutieren, indem man behauptet, ein Denken außerhalb der Sprache sei nicht möglich oder es bestehe ein Kausalzusammenhang zwischen Sprache und Denken (Sprache als notwendige und hinreichende Ursache für Denken).
Die Kausalannahme ist schon deshalb nicht gerechtfertigt, weil sie in einen logischen Zirkel führt. Die Ursache etwa für verschiedene Bezeichnungen von Schnee in der Eskimosprache liegt im Lebensraum der Eskimos begründet. Er führte zur Differenzierung eines Objektbereiches,

für den es bei uns nur einen Namen gibt, und zur globalen Zusammenfassung anderer Objektbereiche, zwischen denen wir begrifflich trennen. Die Sprache hat sich also in bestimmte Richtungen entwickelt, sowohl ihrem semantischen Gehalt nach als auch im Hinblick auf ihre syntaktische Struktur. Die Ursache für solche Entwicklungen liegt zumindest zum Teil in den Lebensbedingungen des Sprachträgers begründet. Da sich Sprache auch heute noch wandelt, nimmt sie nicht einmal zum gegenwärtigen Zeitpunkt, da sie längst – aus welchen Ursachen auch immer – konstituiert ist, einseitig Einfluß auf das Denken, sondern wird durch das Denken in neue Bahnen gelenkt. Der gegenwärtige Trend scheint auf eine Verringerung des Wortschatzes und eine Vereinfachung der grammatikalischen Struktur hinauszulaufen.

Freilich scheint es in allen menschlichen Sprachen Verknüpfungsregeln zu geben, die auf einen gemeinsamen Ursprung hinweisen. Die Subjekt-Prädikat-Struktur beispielsweise dürfte in der ‚generativen Grammatik' grundgelegt sein und somit zur Sprachausstattung des Homo Sapiens gehören (*Chomsky*, 1957; *Miller*, 1962; *Lenneberg*, 1967). Wie durch den Neopositivismus der linguistischen Richtung (*Wittgenstein*, 1922) überzeugend dargelegt wurde, kann die Sprache ganze Wissenschaften und ihre Denkweise determinieren. Die Psychologie leidet beispielsweise auch heute noch sehr darunter, daß die Sprache eine Reihe von psychologischen Begriffen zur Verfügung stellt, wie Bewußtsein, Gefühl, Ehrfurcht usw., und daß solche Begriffe durch syntaktische Regeln mit bestimmten Aussagen verknüpft werden können, so als handle es sich tatsächlich um substantielle Einheiten, wie es Dinge der Außenwelt sind. ‚Bewußtsein' beinhaltet sogar das Sein als Bestimmungsmerkmal, obwohl es völlig irreführend ist, hier einen Substanzbegriff zu verwenden.

Zur *Whorf*-Hypothese und verwandten Ansichten deutscher Sprachforscher kann eine vorläufige Stellungnahme bezogen werden: die Sprache legt uns häufig Kategorien der Begriffsbildung und Denkvorschriften nahe, sie determiniert jedoch das Denken nicht ausschließlich. Vor allem stellt die Sprache in ihrer vielfältigen Ausprägung selbst eine menschliche Schöpfung dar, die ohne Denkleistung nicht zu der augenblicklichen ‚Oberflächen'-Struktur gefunden hätte.

Im folgenden soll im einzelnen untersucht werden, welche Funktion die Sprache bei Begriffsbildungs- und Denkprozessen besitzt.

1.42 Sprache als vermittelnder Prozeß

Begriffe können verstanden werden als vermittelnde Prozesse zwischen Reizmustern und dem Antwortverhalten. Die Verwendung eines Wortes für ein Objekt oder einen Sachverhalt bedeutet ebenfalls einen vermittelnden Prozeß: Das Wort stellt, sofern es eine Bedeutung hat, die Verbindung her zwischen dem Objekt oder der Objektklasse und dem Antwortverhalten darauf. Es liegt nahe, beide Prozesse in Verbindung zu bringen. Wenn die Repräsentation eines Objektes ein vermittelnder Prozeß ist, der sich zwischen Wahrnehmung und Antwortverhalten schaltet, so kann er durch die Sprache gestützt werden. Wird nämlich das Wort mit einer Repräsentation verknüpft, so ist diese Repräsentation leichter verfügbar, sie kann leichter aufgerufen werden. Es gibt eine Reihe von Experimenten, die sich mit dieser Verknüpfung bzw. Etikettierung von repräsentierten Ereignissen befassen. Vordringlich interessiert aber nicht dabei die Benennung eines engumgrenzten Sachverhaltes, etwa eines Einzelobjektes, denn jedes Wort steht für eine ganze Klasse von Ereignissen. Das Wort ‚Hund' meint nicht nur einen einzigen Hund, etwa einen schwarzen mit langen zottigen Haaren, wie ihn das Kind als erstes Exemplar kennenlernen mag, sondern alle Hunde, die es gibt, ja sogar alle Hunde, die es geben wird und die denkbar sind. Vermittelnde Prozesse, ob sprachlich verfügbar oder nicht, werden von den meisten Autoren deshalb daraufhin untersucht, ob sie Begriffe formen, d. h. ob sie eine Menge von Objekten zu einer Klasse zusammenfassen bzw. eine Dimension bilden, nach der Objekte klassifiziert werden können.

1.421 Die Natur vermittelnder Prozesse

Kendler und Mitarbeiter (s. z. B. *Kendler & Kendler,* 1962; *Kendler,* 1963) führten eine Reihe von Experimenten zur Untersuchung repräsentierender vermittelnder Prozesse durch. Ihr Ansatz soll an einem experimentellen Beispiel näher erläutert werden.

Kindern verschiedener Altersstufen wurden zwei Paare von Karten geboten. Das eine Kartenpaar enthielt ein großes schwarzes Quadrat (S) und ein kleines weißes Quadrat (w), das andere Paar bestand aus großem weißem Quadrat (W) und kleinem schwarzem Quadrat (s). Die vier abgebildeten Quadrate enthielten also jeweils zwei Merkmalsdimensionen, nämlich Größe und Helligkeit. Das Kind durfte nun von einem dargebotenen Kartenpaar eine Karte auswählen. Die „richtige" Karte wurde durch eine Murmel belohnt. Jeder der vier möglichen Begriffe (groß – schwarz – klein – weiß) wurde für je ein Viertel der Probanden belohnt, war somit „richtig". Hatte ein Kind das Merkmal ‚schwarz' zu lernen, so wurden

die Karten S und s belohnt, bei den Karten W und w mußte das Kind wieder eine Murmel hergeben. Nachdem das Kind den Begriff (‚schwarz') gelernt hatte, wurde eine zweite Reizserie geboten, die nur jeweils eine Karte der zwei Paare verwendete, in unserem Falle z. B. S und w. Gleichzeitig wurde das „Belohnungssystem" geändert: nur noch auf die Wahl von w erhielt das Kind eine Murmel.
Das Kind konnte beispielsweise das Merkmal ‚klein' bei w für richtig halten, dann schwenkte es von der Helligkeitsdimension auf die Größendimension um. Es konnte aber auch ‚weiß' beachten, dann blieb es innerhalb der gleichen Dimension. Auch eine dritte Möglichkeit gibt es: Die Kinder konnten in der Beachtung der Dimension wechseln. Das Auffinden der richtigen Karte in der zweiten Reizserie (in unserem Beispiel w) war also auf drei Wegen möglich.
Um zu bestimmen, auf welcher Basis Serie II gelernt wurde, bot der Vl noch eine dritte Serie, in unserem Beispiel bestehend aus W und s als Testkarten und S und w als restlichem Kartenpaar. Hier konnte das Kind entweder auf ‚weiß' oder auf ‚klein' reagieren, aber nicht auf beides zugleich, weil es ja nur eine der beiden Karten wählen durfte. Wählte das Kind in dieser dritten Serie in zehn aufeinanderfolgenden Versuchen ‚klein', so zeigte es damit, daß es auch in der zweiten Serie nach der Dimension ‚Größe' klassifiziert hatte. Analoges gilt für die fortlaufende Wahl von weiß (w). Wechselte das Kind zwischen den Karten, so wurde sein Verhalten als inkonsistent eingestuft.

Betrachten wir nun diese Art der Begriffsbildung im Lichte des S-R-Paradigmas. Lernt das Kind in der ersten Serie die Beachtung des Merkmals ‚schwarz' nach der direkten S-R-Koppelung, so wird einmal ein großes Quadrat (S), das andere Mal ein kleines Quadrat (s) verstärkt. Die Verstärkung von Merkmalen führt zur Ausbildung von habits (SR-Verbindungen). Beim Umlernen auf W (zweite Serie) mußte es dem Kind leichter fallen, die Größe als entscheidende Dimension zu wählen, weil zuvor bereits große Quadrate verstärkt worden waren. In der Tat zeigen eine Reihe von Experimenten, daß diese Art des Lernens bei jüngeren Kindern bevorzugt auftritt. Daneben fand *Kendler* (1963) allerdings auch das oben beschriebene inkonsistente Verhalten (Wechsel zwischen den Dimensionen), das ebenfalls für die einfache S-R-Koppelung spricht.
Beachtet das Kind in der ersten Reizserie beim Erlernen des Merkmals ‚schwarz' die Helligkeitsdimension, so muß ein vermittelnder Prozeß (Begriff ‚Helligkeit') vorhanden sein, wie man aus dem Umlernverhalten folgern kann. Beachtet das Kind nämlich in unserem obigen Beispiel in der dritten Serie die Helligkeitsdimension, so wählt es ein Quadrat, das zuvor überhaupt noch nicht verstärkt worden war, nämlich W. Mit der S-R-Koppelung durch Verstärkung ist dieses Verhalten, das bei älteren Kindern und bei Erwachsenen zur Regel wird, nicht mehr erklärbar. Dagegen wird es leicht einsichtig, wenn man einen vermittelnden Prozeß einführt:

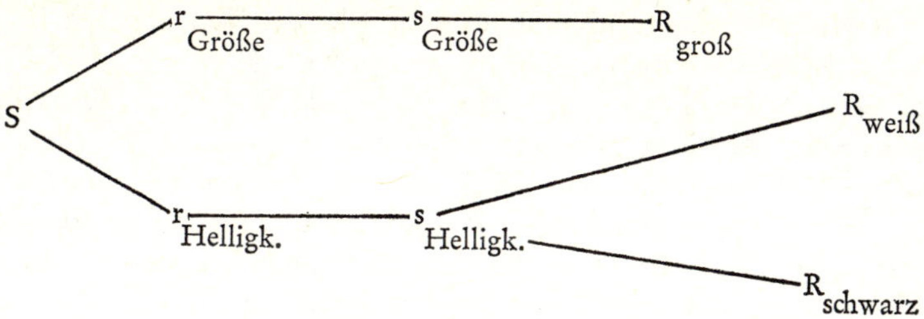

Wer also innerhalb der gleichen Dimension umschwenkt (von ‚schwarz' auf ‚weiß'), verhält sich gegen das unmittelbare Verstärkungsprinzip, weil zuvor bei ihm (durch Verstärkung) ein vermittelnder Prozeß (hier dargestellt als r ——— s) aufgebaut wurde, den wir als den Begriff ‚Helligkeit' bezeichnen können, der sowohl ‚schwarz' als auch ‚weiß' umgreift. Der Wechsel von Helligkeit auf Größe läßt sich hingegen, wie wir sahen, ökonomischer durch den Aufbau von S-R-Habits erklären.

1.422 Wörter als Vermittler

Genau besehen sind eigentlich die Versuche von *Kendler* und Mitarbeitern der Prototyp für sprachfreie Begriffsbildung. Sie könnten geradezu als Beweis dafür herangezogen werden, daß es Begriffe ohne sprachliche Benennung gibt, daß Sprache keine notwendige Bedingung bei der Begriffsbildung ist. Sicherlich ist diese Betrachtungsweise richtig, wenn es um die im vorigen Abschnitt diskutierte Frage geht, ob die Sprache eine Voraussetzung für das Denken ist. Andererseits kann bereits an den *Kendler*schen Umlernaufgaben eindrucksvoll gezeigt werden, wie die Sprache doch als bedeutsamer Faktor bei der Begriffsbildung beteiligt ist. *Kendler* (1963) legte den Kindern nach Abschluß des Versuchs, dessen Verlauf oben geschildert wurde, noch einmal das Kartenpaar der Serie II vor und stellte eine Reihe von Fragen, bei deren Beantwortung das Kind zeigte, ob es sein Verhalten erklären konnte bzw. ob es sprachliche Etiketten für seine Begriffe benutzte.
Diese zusätzliche Aufgabe brachte merkwürdige Ergebnisse. Wie zu erwarten, benannten die meisten Kinder, die innerhalb der gleichen Dimension umlernten (reversal shift), die richtige Dimension (in unserem Beispiel ‚Helligkeit'), wobei die einfache Benennung ‚weiß' als korrekt gerechnet wurde. Aber die Kinder, die auf eine neue Dimension (Größe) umgeschwenkt waren, benannten ebenfalls zu einem beträchtlichen Pro-

zentsatz (66,7%) die richtige Dimension. Nur die Vpn, die sich inkonsistent verhalten hatten, brachten vermehrt irrelevante sprachliche Äußerungen, erwähnten aber doch zu rund 58% eine der beiden Dimensionen. Nehmen wir an, die oben getroffene Schlußfolgerung stimmt, daß Kinder mit Umschwenken auf eine neue Dimension (nonreversal shift) keine vermittelnden Prozesse benutzt haben, so ist es nur schwer erklärbar, warum sie den gesuchten Begriff bereits richtig benennen können. Eine vorläufige Antwort besteht in der Annahme, daß wir es hier mit einem Übergangsstadium zu tun haben: die Kinder mit ‚nonreversal shifts' sind gerade dabei, die Funktion der Sprache als vermittelnden Prozeß zu übernehmen, aber noch nicht imstande, diese Funktion mit der Begriffsbildung, also mit der eigentlichen Denkleistung zu koordinieren. *Kendler* (1963) unterscheidet deshalb auch drei Entwicklungsniveaus aufgrund ihrer Untersuchungen: inkonsistentes Verhalten, Umlernen auf eine andere Dimension und Umwechseln innerhalb der gleichen Dimension.

Abb. 1.14: Verhaltensänderung bei Umlernaufgaben in Abhängigkeit vom Alter (*Kendler*, 1963)

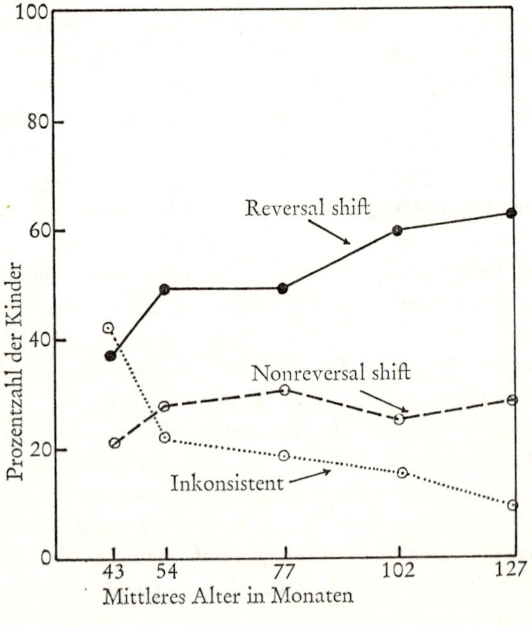

Auf der untersten Ebene können sprachliche Etiketten noch nicht sinnvoll bei der Lösung des Problems eingesetzt werden. Beim Umlernen auf eine neue Dimension scheinen sprachliche vermittelnde Prozesse schon möglich, aber zunächst treten sie eher am Ende oder nur dann auf, wenn man sie provoziert (wie im Experiment). Auf dem höchsten Niveau (Umstellen innerhalb derselben Dimension) dienen sprachliche Etikettierungen als stützende Vermittlerprozesse bei der Begriffsbildung.
Die Verbalisierung von Merkmalen zeigte übrigens bei einigen Zehnjährigen (der ältesten Gruppe) die Berücksichtigung beider Dimensionen (z. B. das kleine, weiße Quadrat), woraus man schließen kann, daß ältere Kinder oft deshalb nicht ein ‚reversal shift' (Umstellung innerhalb der gleichen Dimension) zeigten, weil sie zwei Dimensionen zugleich berücksichtigten. Zur Erhärtung dieser Vermutung kann nicht nur das verbale Verhalten herangezogen werden, sondern auch der Altersvergleich beim Umlernen (Abb. 1.14). Die Umstellung innerhalb der gleichen Dimension, die das Vorhandensein vermittelnder Prozesse am deutlichsten indiziert, steigt zwar zunächst an, tritt aber auch im höchsten getesteten Alter (ca. 10 Jahre) nicht ausschließlich auf, vielmehr bleibt die Umstellung auf eine andere Dimension (nonreversal shift) ziemlich konstant für alle untersuchten Altersstufen. Dieser Entwicklungstrend widerspricht eigentlich deutlich der Grundannahme von *Kendler* und Mitarbeitern. *Kendler* (1963) sieht einen Zusammenhang zwischen der Verbalisierung beider Dimensionen und dem hartnäckigen Vorhandensein von ‚nonreversal shifts' bei den Zehnjährigen. Er meint, daß auf diesem Entwicklungsniveau das Umstellen auf eine andere Dimension wohl nicht einen primitiven S-R-Lernprozeß widerspiegelt, sondern die Fähigkeit, mit zwei Begriffen respektive vermittelnden Prozessen zugleich zu operieren.

Zur weiteren Analyse des Einflusses der Verbalisation auf die Begriffsbildung variierte *Kendler* (1963) die Umlernaufgaben in der folgenden Weise. Zunächst wurde dem Kind nur ein Paar (z. B. S und w) geboten. Das „richtige" Quadrat (S) wurde für die erste Versuchsgruppe relevant für die folgende Umlernaufgabe benannt (z. B. ‚groß'), für die zweite Gruppe irrelevant (‚schwarz'). Bei der nachfolgenden Umlernaufgabe wurden zwei Quadrate belohnt, in unserem Beispiel S und W, wobei das Etikett ‚groß' Stützfunktion hatte, das Etikett ‚schwarz' in die Irre führte. Eine dritte Gruppe führte die Umlernaufgabe ohne Verbalisation durch.

Wie zu erwarten, wirkte die irrelevante Benennung störend, die Kinder brauchten wesentlich länger, bis sie das richtige Merkmal gefunden hatten, als bei richtiger Etikettierung oder ohne sprachliche Benennung

(Tab. 1.5). Aber die richtige Verbalisation bedeutete nur für die jüngere Gruppe (die Vierjährigen) eine Hilfe. Die Älteren (siebenjährig) lernten genauso rasch, wenn keine sprachliche Unterstützung gegeben wurde. Man kann annehmen, daß die siebenjährigen Kinder verbale Hilfen bereits internalisiert hatten und die laute sprachliche Benennung nicht mehr brauchten. Freilich ist es auch möglich, daß sie ohne die Sprache als Vermittler auskommen.

Ähnlich wie mit der Aussagekraft der Befunde *Kendlers* verhält es sich mit den Ergebnissen vieler anderer Experimente. Sie beweisen nicht schlüssig, daß die Sprache wesentlich bei der Begriffsbildung beteiligt ist, wohl aber, daß Probanden, die rasch Begriffe bilden, leicht eine Verbalisierung der gefundenen Merkmale vornehmen können.

Eines der ersten Experimente zu dieser Fragestellung stammt von *Kuenne* (1946). Die Autorin verwendete eine für die Gestaltpsychologie typische Transpositionsaufgabe. Die Probanden (Kinder im Alter von 3 bis 7 Jahren) mußten das jeweils kleinere von zwei dargebotenen Quadraten auswählen. Bei richtiger Wahl öffnete sich die hinter dem betreffenden Quadrat liegende Schachtel, und die Kinder konnten als Belohnung ein Spielzeug entnehmen. Nach gestaltpsychologischen Annahmen müßte man meinen, daß die Kinder nach dem Finden der Lösung auch dann noch das jeweils kleinere Quadrat wählen, wenn bei Wahrung des Verhältnisses von größerem zu kleinerem Quadrat die absolute Größe der zur Wahl gestellten Flächen deutlich kleiner ist. *Kuenne* bot den Kindern, nach-

Tab. 1.5: Zusammenhang zwischen Verbalisierung und Umlernen (*Kendler*, 1963)

Art der Wahl	Nennung der gewählten Dimension	Nennung der nicht gewählten Dimension	keine relevante Benennung
gleiche Dimension	84,8	7,6	7,6
andere Dimension	66,7	25,5	7,7
inkonsistentes Verhalten	57,7*		42,3

Die Zahlen drücken den Prozentsatz der Kinder beim jeweiligen Wahlverhalten aus.

* Wenn das Verhalten als inkonsistent eingestuft wurde, konnte keine Dimension als korrekt betrachtet werden. Deshalb wurde die Erwähnung einer der beiden Dimensionen gezählt und zwischen die Spalten gesetzt.

Abb. 1.15: Altersabhängigkeit richtiger Wahlen bei nahen und entfernten Transpositionsaufgaben (*Kuenne,* 1946)

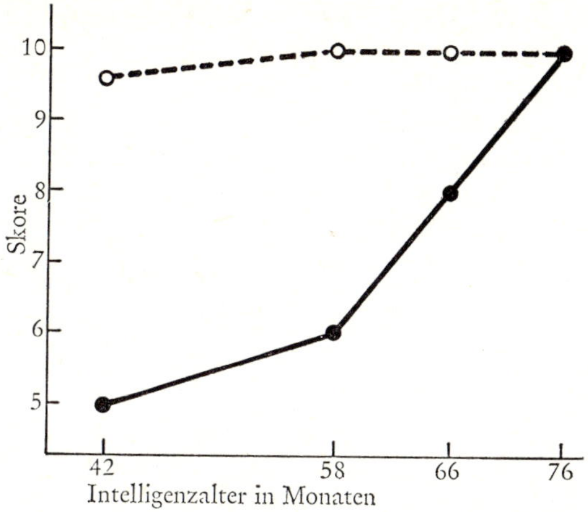

dem sie gelernt hatten, auf das kleinere Quadrat zu reagieren, zwei weitere Quadratpaare an. Das eine lag in der absoluten Größe nahe beim Standardpaar, das andere war beträchtlich kleiner. Im Gegensatz zu den Gestaltpsychologen postulierte *Kuenne,* daß die Erfassung des jeweils kleineren Quadrats ein Vorgang der Begriffsbildung sei, zu dem vermittelnde Prozesse, vor allem auch die Sprache, gebraucht würden[1].

Die Ergebnisse sprechen für das Vorhandensein vermittelnder Prozesse und gegen die Annahmen der Gestaltspsychologie (Abb. 1.15). Während alle Altersstufen (in der Abb. 1.15 nicht als Lebensalter, sondern als Intelligenzalter aufgetragen) bei der leichten Transpositionsaufgabe (geringer Größenunterschied zum Standardpaar) nach Erlernen des Kriteriums richtig reagierten, stieg die Zahl der richtigen Reaktionen bei der schweren Transpositionsaufgabe (im Vergleich zum Standardpaar sehr viel kleinere Quadrate) erst allmählich mit zunehmendem (Intelligenz-)Alter an. Anfangs überschritt die Zahl der richtigen Antworten nicht die Zufallserwartung, bei den Sechsjährigen dagegen war die Trefferquote bereits praktisch hundert Prozent.

Noch interessanter ist die Auswertung des sprachlichen Verhaltens der Kinder. Die Autorin registrierte alle sprachlichen Äußerungen der klei-

[1] Die Erfassung der Beziehung größer — kleiner ist ein typischer relationaler Begriff (s. Abschnitt 1.21).

nen Versuchspersonen während des Experiments und bildete vier Kategorien. In Kategorie A befanden sich Kinder, die weder spontan noch auf Fragen hin den Größenaspekt erwähnten. Kinder der Kategorie B erwähnten die Größe, etwa indem sie das eine Quadrat als groß, das andere als klein bezeichneten, aber sie stellten keinen Zusammenhang zwischen ihrer Wahl und dem Merkmal ‚klein' oder ‚das Kleinere' her. Kinder der Gruppe C verbalisierten das Prinzip, aber erst als sie am Ende des Experiments danach gefragt wurden. Gruppe D schließlich drückte das Prinzip spontan im Verlaufe des Experiments aus.

Tab. 1.6: Transpositionsleistung und Verbalisierung (*Kuenne,* 1946)

Verbalisierungs-kategorie	Anzahl der Kinder	Mittlere Anzahl richtiger Transpositionen: nahe Transp.	entfernte Transp.
A	3	9,0	6,0
B	10	10,0	5,0
C	14	10,0	10,0
D	17	10,0	10,0

Die in Tab. 1.6 zusammengestellten Ergebnisse zeigen deutlich, daß Kinder, die das Prinzip spontan oder auf Befragung hin verbalisieren können, auch in der schwierigen Transpositionsaufgabe die richtige Wahl treffen. Anders ausgedrückt: Kinder, die den Begriff ‚kleiner als' oder das ‚Kleinere von beiden' (oder wie immer man das gesuchte Prinzip verbalisieren mag) besitzen, sind offenbar auch in der Lage, eine sprachliche Etikettierung für ihn zu finden. Wiederum ist nicht geklärt, ob die sprachliche Symbolisierung ausschlaggebend für die Lösung war. Unklar ist vor allem, warum Kinder der Kategorie C (Verbalisierung nach Aufforderung) die Lösung fanden. Benutzten sie verbale Symbolisierungs- und Repräsentationsformen während des Begriffsbildungsprozesses oder fanden sie die Lösung ohne Hilfe sprachlicher Mittel und verbalisierten erst im nachhinein? Nach dem gegenwärtigen Stand der Dinge ist es besser, sich das Verhältnis von vermittelndem Prozeß und sprachlichem Prozeß nicht kausal zu denken. Eindeutig erwiesen dürfte inzwischen sein, daß jüngere Kinder noch keine vermittelnden Prozesse besitzen und sie erst aufbauen müssen. Solange keine Begriffe im Sinne der Vermittler gebildet werden können, hilft auch die Sprache als unterstützendes Medium nichts (*Kendler, Kendler* & *Wells,* 1960). Sie wirkt aber interferierend (störend), wenn eine inadäquate Verbalisation erfolgt, wie bei der Benennung des falschen Merkmals im oben beschriebenen Experiment von *Kendler* (siehe auch *Spiker*, 1961; *Reese*, 1960). Im Laufe der Entwicklung werden in immer größerem Maße vermittelnde Prozesse möglich. Das bedeutet zugleich, daß sprachliche Mittler diese Vorgänge begünstigen. Aber das Vorhandensein vermittelnder Prozesse unabhängig von der Sprache scheint eine Voraussetzung dafür zu sein.

Vermittelnde Prozesse ohne die Sprache sind also sicherlich möglich, aber sie sind andererseits nicht besonders leistungsfähig. Erst die Synthese zwischen Sprache und „Begriff" führt zu einer raschen Leistungssteigerung. Denn nun haben wir die Repräsentationsform vor uns, die die rasch ablaufenden Operationen des Denkens erst ermöglicht, von *Bruner* als „sprachlich-symbolische Repräsentation" bezeichnet (s. Abschn. 1.21).

Abschließend sei die Vermittlerfunktion durch die Hypothese der Sprachschleife von *Glanzer* & *Clark* (1964) erläutert. Sie bezieht sich hauptsächlich auf die Funktion des Wortes bei der Wahrnehmung, kann aber auch auf seine Rolle bei vermittelnden Prozessen selbst angewandt werden. *Glanzer* meint, daß zwischen das Wahrnehmungsereignis (Stimulus) und Reaktion auf die Wahrnehmung eine stumme Verbalisierung tritt, die auf die Reaktion einen steuernden Einfluß ausübt. Diese „stumme Verbalisierung" kommt einem vermittelnden Prozeß gleich, der seinerseits wiederum die kognitiven Leistungen, die zum Begriff als Vermittler nötig sind, aktivieren. Das Wort stellt, auch wenn es gar nicht genannt wird, deshalb mit der Zeit eine Art inneren Stimulus dar, der weitere vermittelnde Prozesse aktiviert und gleichsam als Angelpunkt dient, an den sich diese Prozesse anklammern können.

1.423 Die Steuerungsfunktion der Sprache

Bis jetzt haben wir die Stützfunktion der Sprache durch Etikettierung (verbal labeling) kennengelernt. Es wäre sehr einseitig, wollte man den Vermittleraspekt der Sprache nur unter ihrer Zeichen- und Klassifikationsfunktion sehen. *Wygotski* und nach ihm vor allem *Luria* weisen nach, daß die Sprache regulierend auf das äußere und „innere" Verhalten einwirkt.

Luria (1961) befaßt sich vorwiegend mit dem Zusammenhang zwischen Sprache und Handlung. Auf dem untersten Niveau hat die Sprache noch keinen Einfluß auf das Verhalten. Die Regulierung der Aktion erfolgt durch Signale und vor allem durch die aus der eigenen Handlung resultierenden Wahrnehmungsereignisse. Kinder unter drei Jahren können beispielsweise richtig auf ein Lichtsignal mit Zusammendrücken eines Balles reagieren, wenn der Balldruck das Signal zum Verschwinden bringt. Gibt es keine solchen regulierenden rückmeldenden Reize, so drückt das Kind immerfort weiter. In einem nächsten Stadium dient das eigene Sprechen bereits als Impuls für die Handlung. Das Kind drückt beispielsweise auf sein eigenes Kommando „drücken!“ den Ball. Aber die Sprache hat vorwiegend noch aktivierenden, nicht hemmenden Charakter. Auch wenn das Kind „nicht drücken!“ sagt, drückt es den Ball, obwohl es das geforderte Verhalten (z. B. bei rot drücken, bei grün nicht drücken) ohne weiteres zustande bringt. Die entscheidende Wende liegt nach *Luria* zwischen viereinhalb und fünfeinhalb Jahren (natürlich bezogen auf die Versuchsanordnung von *Luria* und Mitarbeitern). In dieser Zeit wird die Regulationsfunktion der Sprache allmählich von der bloßen impulsgebenden Seite in ein Zeichensystem umgeformt. Das zeigt sich zunächst darin, daß das äußere begleitende Sprechen nun sowohl aktivierend als auch hemmend wirken kann. Das Eigenkommando „nicht drücken!“ unterbindet das Zusammendrücken des Balls. Bald vermag das Kind auch ohne das begleitende äußere Sprechen seine Handlungen zu kontrollieren, die Sprache ist zur inneren Sprache geworden. Sobald man die Aufgabe erschwert, greift das Kind wieder zum äußeren Sprechen und vermag auf diese Weise sein Verhalten auch in komplexeren Folgen zu regulieren (z. B. bei kurzen Signalen zweimal drücken, bei langen Signalen gar nicht drücken). Auch der Erwachsene kehrt zum äußeren Sprechen zurück, wenn er eine Handlungsabfolge nicht „stillschweigend“ meistern kann („Wie war das wieder ... Erst muß ich ...“). Über dieses Stadium lagert sich aber nach *Lurias* Ansicht noch eine Ebene: Die innere Sprache wird reduziert zu einem System höherer Ordnung, das sowohl willentliche Handlungen als auch Denken beeinflußt und reguliert.

Wie die „innere“ Sprache beschaffen ist, wissen wir nicht. Sie darf jedenfalls nicht mit dem Denken gleichgesetzt werden. Dies wird aus der Darstellung in Kapitel 2 noch deutlich werden.

Einige interessante Hinweise über die Beschaffenheit der inneren Sprache stammen von *Wygotski* (1964). Der Autor meint, daß die egozentrische Sprache des Kindes nicht ein Mangel an sozialer Kommunikationsfähigkeit sei, sondern eine notwendige Vorstufe zum inneren Sprechen. Er beobachtete in seinen Versuchen mit Kindern eine Veränderung der egozentrischen Sprache in Richtung auf eine abnehmende Vokalisation und syntaktische Verkürzung. Der egozentrische Anteil der Sprache gewinnt gewissermaßen eine neue Funktion, er bildet sich zur inneren Sprache um. Das Verstummen der egozentrischen Sprache geht nach Beobachtungen *Wygotskis* einher mit einer charakteristischen Veränderung der Syntax, die im großen und ganzen durch ihren prädikativen Charakter gekennzeichnet ist. Das Subjekt wird weggelassen, das Prädikat oder weitere prädikative Bestimmungen, etwa das Objekt, werden beibehalten. Die Verkürzung zeigt sich, wie gesagt, zunächst im äußeren Sprechen und bringt übrigens den Lehrer, der auf ganzen Sätzen beharrt, zur Verzweiflung.

Der Schüler neigt immer wieder dazu, nur mit dem Prädikat oder Objekt zu antworten. Es sei in diesem Zusammenhang darauf hingewiesen, daß durch das Abverlangen ganzer Sätze als Antwort auf eine Frage lediglich der Denkprozeß gestört, nicht aber die Sprache gefördert wird. Sprachförderung im Sinne der Entwicklung eines differenzierten Codes darf nur dann vollständige Satzsequenzen aktivieren, wenn sie gebraucht werden, also bei der Darstellung eines Sachverhaltes oder bei der Beschreibung eines Ereignisses u. a. m. Kein Mensch antwortet auf die Frage „Wo liegt Paris?" mit: „Paris liegt in Frankreich", sondern jeder wird nur antworten: „In Frankreich". Warum soll ausgerechnet der Schüler dem natürlichen Sprachempfinden (der deutschen Sprache) zuwiderhandeln?
Die syntaktische Reduktion der äußeren Sprache wird, wie *Wygotski* ausführt, von einer sukzessiven Abnahme der Lautbildung begleitet. Die innere Sprache ist im Endzustand etwas deutlich anderes als die äußere ausformulierte Sprache. Sie wird von *Wygotski* als der Prozeß des sprachlichen Denkens verstanden. „... Die innere Sprache ist in beträchtlichem Maße ein Denken mit reinen Bedeutungen. Sie ist dynamisch inkonstant und fluktuierend und erscheint zwischen den stabileren extremen Polen des sprachlichen Denkens – zwischen dem Wort und dem Gedanken" (*Wygotski,* 1964, S. 350). Die innere Sprache ist aber auch bei *Wygotski* durchaus nicht das Denken selbst, vielmehr bilden Sprache und Denken nach ihrer Synthese ein neues Ganzes. Da die innere Sprache, wie eben zum Ausdruck kam, fluktuierend und inkonsistent ist, erfüllt sie oft nicht mehr ihre regulierende und steuernde Funktion. Zwingt man den Denkenden, seine Denkschritte sprachlich zu formulieren oder wenigstens durch sprachliche Äußerungen zu begleiten, so gewinnt sehr oft das Denken an Klarheit und der Proband steigert seine Denkleistungen. Für diesen merkwürdigen Vorgang seien zwei experimentelle Belege angeführt.

Gagné und *Smith* (1962) studierten an einer sprachfreien Aufgabe den Effekt des Verbalisierens auf das Problemlöseverhalten. Die Aufgabe bildete der bekannte „Turm von Hanoi", der den Vpn (28 Jungen im Alter von 15 bis 16 Jahren) in etwas abgewandelter Form präsentiert wurde. Dabei mußte ein Turm mit übereinanderliegenden, immer kleiner werdenden Scheiben unter Beachtung be-

stimmter Regeln auf einem neuen Feld aufgebaut werden. Die Probanden hatten zunächst mit zwei, dann mit drei, vier und fünf Scheiben zu spielen (Einzelheiten s. Abschn. 2.211).
Nach einer vorausgehenden Trainingsphase, in der alle Probanden mit der Aufgabe etwas vertraut gemacht wurden, lösten sie die gestellten Aufgaben (verschiedene Schwierigkeitsgrade) unter verschiedenen Versuchsbedingungen. Gruppe 1 mußte bei jedem Zug angeben, warum sie ihn ausgeführt hatte. Außerdem wurde ihr vor Beginn der Lösungsversuche gesagt, daß sie am Ende das Lösungsprinzip für sämtliche Aufgaben angeben sollte. Diese Gruppe wird durch das Symbol VP gekennzeichnet. Gruppe 2 (V) mußte ebenfalls verbalisieren, wurde aber nicht auf das Auffinden eines gemeinsamen Lösungsprinzips aufmerksam gemacht. Gruppe 3 (P) sollte am Ende das Lösungsprinzip angeben, mußte aber nicht verbalisieren. Gruppe 4 (O) schließlich bildete gewissermaßen die Kontrollgruppe, sie löste die Aufgaben, ohne zu verbalisieren und ohne den Auftrag, am Ende das Lösungsprinzip zu benennen. Im Nachtest mußten die Probanden eine neue schwerere Aufgabe (mit sechs Scheiben) lösen, wobei bei allen die Versuchsbedingungen gleich waren (keine Verbalisation, kein Hinweis auf das Auffinden eines Lösungsprinzips).

Die Ergebnisse sind verblüffend (Abb. 1.16). Bereits bei der Aufgabe mit fünf Scheiben trennen sich die verbalisierenden Gruppen von den nicht verbalisierenden. Letztere machen deutlich mehr überflüssige Züge. Dieser Trend verstärkt sich immens im Nachtest mit sechs Scheiben (keine Verbalisierung). Die beiden Gruppen, die zuvor ihre Züge sprachlich begründen mußten, machen auch bei der letzten schweren Aufgabe kaum überflüssige Züge. Bei den anderen Gruppen hingegen verlängert sich der Lösungsweg erheblich. Die bewußte Suche nach dem Lösungsprinzip verbessert die Leistung offenbar kaum. Die entscheidende Hilfe liegt im lauten Sprechen und Begründen.

Nun gibt es bei diesem wie bei anderen Experimenten der gleichen Fragestellung eine systematische Fehlerquelle. Die verbalisierenden Versuchspersonen brauchten naturgemäß länger zu jedem Zug, da sie ihr Verhalten jedesmal beschrieben oder begründeten. Die Autoren prüften deshalb im Nachtest, bei welchem keine der Gruppen verbalisierte, sorgfältig den Zeitfaktor. Dabei zeigte sich aber, daß die zuvor sprachlich aktiven Gruppen auch wesentlich weniger Zeit bis zur Lösung benötigten (4,2 und 3,8 gegenüber 10,1 und 10,0 Minuten). Sie hatten also das Lösungsprinzip zum Zeitpunkt des Nachtests klar erfaßt und brauchten es nur noch anzuwenden, während die beiden anderen Gruppen offenbar, wie auch die Zahl der überflüssigen Schritte (Umweg) beweist, ein allgemeingültiges Prinzip noch nicht besaßen.

Abb. 1.16: Einfluß des Verbalisierens auf das Problemlöseverhalten bei einem sprachfreien Problem (*Gagné* & *Smith*, 1962)

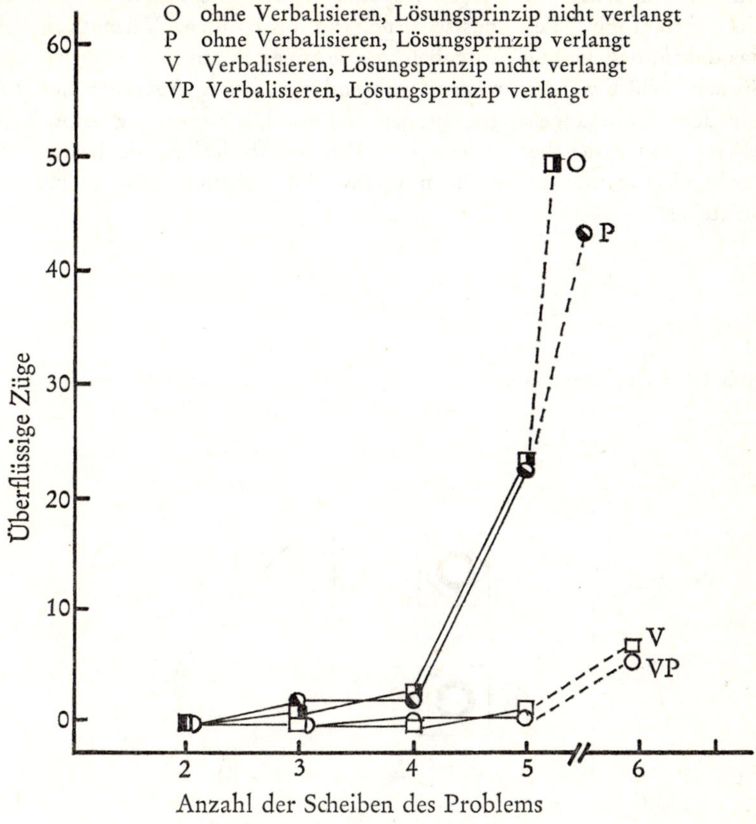

Merz (1968) ließ an einer Reihe von Testaufgaben den Verbalisierungseffekt prüfen. Ähnlich wie im Experiment von *Gagné* und *Smith* mußten die Probanden jeden Schritt durch lautes Sprechen begleiten, gewissermaßen laut denken. Auch bei diesen Experimenten nahm die Verbalisierung einen positiven Einfluß auf die Testleistungen. Was nun aber bei den Untersuchungen von *Merz* auffällt, ist die Tatsache, daß der fördernde Effekt des Verbalisierens hauptsächlich bei nichtsprachlichen Tests auftrat, wie dem Test von *Raven* (Abb. 1.17) und dem ‚Figure Reasoning'. So zeigte sich beispielsweise beim ‚Figure Reasoning' im „Standardwert" ein Anstieg von 13 Punkten (auch eine Möglichkeit, seinen IQ zu verbessern).

Verbalisierung scheint aber nur unter bestimmten Bedingungen so wirksam zu sein, wie es in den beiden hier beschriebenen Beispielen der Fall war. In von Hause aus verbalen Tests beispielsweise war keine oder nur eine geringfügige Leistungssteigerung zu beobachten. Vermutlich liegt das daran, daß verbale Aufgaben von vornherein auf dem Weg über die Sprache gelöst werden müssen, während sprachfreie Aufgaben auf verschiedene Weise angegangen werden können. Die Benutzung sprachlicher Mittel erwies sich bei diesen Aufgaben als förderlich, sie brachte die Probanden vermutlich zu einem Wechsel im Vorgehen bzw. zu besseren Strategien.

Abb. 1.17: Aufgabenbeispiel aus dem ‚Progressive matrices test' von *Raven*

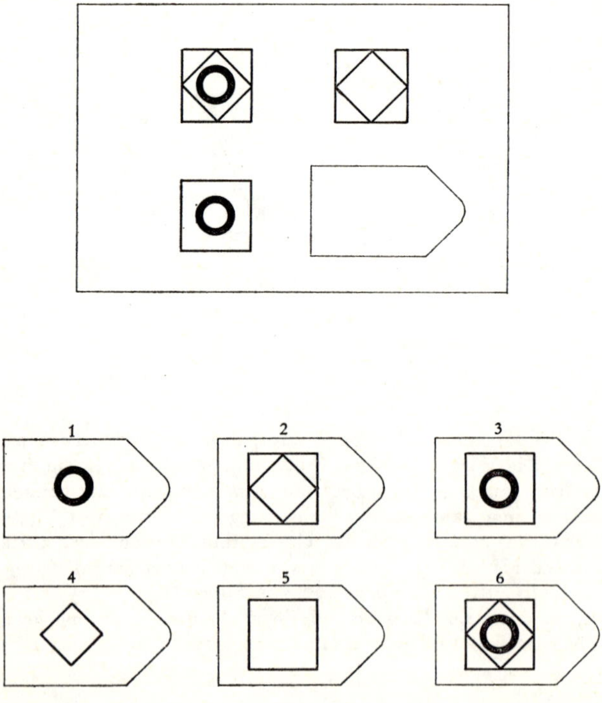

Wie ein Experiment von *Stern* (1967) zeigt, bleibt Verbalisierung wirkungslos, wenn sie lediglich als Benennung einer vollzogenen Handlung dient.

In dem *Stern*schen Experiment erwarben acht- bis neunjährige Kinder Problemlösestrategien auf verschiedene Art und Weise. Sie mußten unter anderem bestimmte vorgegebene Regeln auf ihre Richtigkeit hin überprüfen und die richtige auswählen. Das zusätzliche laute Benennen der Regel nach der Wahl hatte keinen fördernden Effekt. Das bedeutet, daß in den zuvor beschriebenen Aufgaben der Verbalisierungszwang nicht eine einfache begleitende Handlung beim Denken war, sondern das Denken und die einzelnen Schritte beeinflußt hat. Die Instruktion, alle Schritte in der Turm-von-Hanoi-Aufgabe zu verbalisieren, zwingt den Probanden von vornherein, sich Rechenschaft über seine Pläne und Strategien zu geben.

Da der Turm von Hanoi, der Raven-Test und ‚Figure Reasoning' sprachfreie Probleme sind, stellt sich zunächst die Frage, welche Hilfe die Sprache ausgerechnet bei solchen Problemen bieten kann. Die Antwort auf diese Frage wollen wir von den bisher behandelten zwei Aspekten der Etikettierung und Regulierung her geben. Durch Benennen dessen, was man beim Problemlösen tut, klassifiziert man das Problemmaterial und das eigene Verhalten. Dabei zeigt sich sehr rasch, ob man sinnvoll verfährt oder nicht. Reines Versuch-Irrtums-Verhalten wird bloßgestellt. Wer im Raven-Test (s. Beispiel in Abb. 1.17) erklärt, warum er eine bestimmte Alternative wählt, muß Strukturmerkmale nennen, die bei Testfigur und ausgewählter Figur gleich sind. Dabei bildet er Begriffe, die sprachlich benannt werden. Es ist relativ unwichtig, wie treffend die sprachlichen Benennungsversuche sind. Die Etikettierung sorgt aber für die bessere und bewußtere Heraushebung von Merkmalen. Sie werden fixiert und präzisiert. Unter dem Aspekt der Steuerungsfunktion der Sprache erweist sich die Verbalisierung als Mittel zur konsequenten Durchführung einer Strategie. Die äußere Sprache hält die einzelnen Denkschritte fest, sie sorgt gewissermaßen dafür, daß man den roten Faden nicht verliert. *Merz* (1968) meint, daß die Verbalisierung das analytische Denken fördere. Damit ist ebenfalls ein besseres Aufgliedern in Teilschritte und das konsequente Fortschreiten von einem zum nächsten Teilziel gemeint.

1.43 Sprache und Kodierung

Bis jetzt haben wir uns vorwiegend mit dem formalen Aspekt bei der Frage nach dem Zusammenhang zwischen Sprache und Denken befaßt. Durch Etikettierung werden die Gedanken oder Begriffe leichter handhabbar und verfügbar. Weiterhin reguliert die (äußere) Sprache die Denkprozesse, so daß sie gezielter und konsequenter ablaufen können. Hat die Sprache nur eine formale Funktion beim Denken, ist sie lediglich ein instrumentelles Hilfsmittel? Sicherlich besitzt die Sprache auch von der inhaltlichen Seite her große Bedeutung für das Denken. Wenn wir hier von Inhalt sprechen, soll nicht nur der semantische Aspekt, also die Sprache als Bedeutungs- und Sinnträger, gemeint sein, sondern auch die Verknüpfungsregeln, die syntaktische Struktur der Sprache berücksichtigt werden, die für den Ablauf von Denkprozessen gewissermaßen inhaltlich festlegbare Denkvorschriften zur Verfügung stellt.

1.431 Gedächtnis und Kodierung

Man kann immer wieder feststellen, daß sprachlich kodierte Sachverhalte besser gemerkt werden und leichter verfügbar sind als Zusammenhänge, die ohne sprachliche Hilfen eingeprägt wurden. Über den Zusammenhang zwischen Gedächtnis und Sprache gibt es eine Fülle von Untersuchungen und theoretischen Überlegungen. Wir interessieren uns nur für die Frage näher, welche Gedächtnisleistungen, die beim Denkvorgang benötigt werden, eine Förderung durch sprachliche Prozesse erfahren. Bekanntlich gibt es recht verschiedenartige Speicherungsvorgänge und Arten des Aufrufens von gespeicherter Information. *Paivio* und *Csapo* (1969) befassen sich mit dem Zusammenhang zwischen der Speicherung visueller Eindrücke und der Speicherung von sprachlichen Einheiten. Sie mutmaßen, daß es sich um parallele Systeme handelt, die relativ unabhängig voneinander wirken, sich aber auch gegenseitig stützen können. Wenn die Gedächtniselemente in beliebiger Weise aufgerufen werden, dann ist das „Bilder"-Gedächtnis (imagery) sicherlich nicht dem Wortgedächtnis unterlegen. Bei sequentiellem Abrufen, d. h. bei Reaktivierung der Einheiten in genau der Reihenfolge, wie sie aufgenommen wurden, müßte dagegen das „sprachliche Gedächtnis" überlegen sein, da Sprache ein typisch sequentieller Prozeß ist, bei dem die Aufeinanderfolge von Wörtern nicht beliebig vertauscht werden kann.

Die Autoren prüften diesen Sachverhalt, indem sie den Pbn jeweils 9 konkrete Wörter (piano, snake, pencil, clock usw.), 9 abstrakte Wörter (justice, ability, ego, moral usw.) oder 9 Bilder (in der gleichen Größe wie die Wörter) darboten. Je nach Versuchsgruppe erfolgte die Darbietung schnell oder langsam. Weiterhin wurden zwei Arten von Gedächtnisleistungen geprüft: a) die genaue Reproduktion der Reihenfolge der Elemente, wobei das nicht verfügbare Element als Lücke („blank") zu kennzeichnen war, und b) die freie Reproduktion der Elemente ohne Berücksichtigung der Reihenfolge.

Die Ergebnisse sprechen für die von den Autoren getroffene Unterscheidung zwischen nonsequentiellen und sequentiellen Gedächtnisaufgaben. Wenn nur eine sequentielle Speicherung möglich ist, wie bei der raschen Darbietung der Einheiten, dann übersteigt die Gedächtnisleistung für Wörter das Gedächtnis für Bilder. Werden die Einheiten dagegen langsamer dargeboten, dann gewinnt das Gedächtnis für Bilder und konkrete Wörter einen Vorsprung gegenüber der Speicherung von abstrakten Wörtern. Sobald man nicht mehr die genaue Reihenfolge bei der Reproduktion der Elemente verlangt und zugleich die Darbietung über der „Klassifikationsschwelle" liegt (die langsamere von beiden Darbietungsarten), bietet sich das Bild, wie man es von der früheren Gedächtnisforschung gemeinhin kennt: Bilder werden besser reproduziert (d. h. in diesem Fall genannt) als konkrete Wörter, diese wiederum besser als abstrakte Wörter.
Da die Bilder ebenfalls durch Nennung eines Begriffs zu reproduzieren waren, wird deutlich, daß die hier auftretende bessere Leistung bei langsamer Darbietungsrate und freier Reproduktion auch nicht ohne Sprache möglich gewesen wäre, weshalb die Autoren wohl auch zu Recht das Zusammenwirken zweier paralleler „Prozeßsysteme" annehmen.

Das Zusammenwirken von bildhafter Vorstellung und Sprache beschäftigte auch *Reynolds* (1968). Er ließ acht sinnlose Silben auf dreierlei Art lernen: als Beschriftung von Objekten in einem zusammenhängenden Bild (z. B. einer Straßenkreuzung oder einer alten Stadt), als Beschriftung von acht getrennt dargestellten Objekten (die aber die gleichen wie in den zusammenhängenden Bilddarstellungen waren) und als isoliert dargebotene Silben. Nach einem Vergessensintervall von 10 Minuten, in dem die Pbn sich mit einer anderen Aufgabe beschäftigten, lernten sie erneut die Silben, aber nun im Zusammenhang mit einem Beruf, der aus der bildlichen Darstellung in der ersten Phase des Experiments zu folgern war (PUM stand beispielsweise bei einem Lastwagen; der dargebotene Satz lautete: PUM ist ein Lastwagenfahrer). Bei der eigentlichen Gedächtnisaufgabe mußte dann der Pb zur dargebotenen Silbe lediglich den Beruf nennen.

Die Ergebnisse zeigen, daß die entscheidende Bedingung nicht die Koppelung zwischen bildlicher Darstellung und Wort (sinnloser Silbe) war, sondern der im Bild gegebene Sinnzusammenhang zwischen den einzelnen Elementen. Die Gedächtnisleistungen waren nämlich mit Ausnahme einer Bedingung bei den Pbn am besten, die zu Beginn ein zusammenhängendes Bild (z. B. Straßenkreuzung) gesehen hatten. Die Darbietung von Einzelbild und dem damit gekoppelten Wort erwies sich gegenüber der bloßen Darbietung der sinnlosen Silbe nicht als überlegen. Offenbar können die „neuen" Wörter vorteilhafter kodiert werden, wenn sie in einen gemeinsamen Sinnzusammenhang eingebettet werden. Die Etikettierung einer Situation durch eine Anzahl von „Wörtern" macht diese vermutlich leichter verfügbar. Umgekehrt ist der Sinn und die Verfügbarkeit verbaler Einheiten abhängig von der Art der Kodierung. Kann die gesamte visuelle Information durch ein Superzeichen (s. Abschn. 2.212) zusammengefaßt werden, wie dies bei der Darstellung einer Straßenkreuzung oder einer alten Stadt der Fall ist, so fallen alle Teilinformationen unter die Gesamtinformation, sie stehen zueinander und zum „Überbegriff" (Straßenkreuzung) in Beziehung.

Aus diesen Überlegungen wird deutlich, wann Sprache den Denkprozeß stützt. Nicht die Etikettierung als solche macht die Objekte oder Denkinhalte verfügbar und griffig, sondern die Art und Weise ihrer Kodierung durch die Sprache. Die Sprache liefert entweder das Ordnungsprinzip selbst, oder sie zwingt den Benutzer zu Ordnungsversuchen, oder aber sie kann auf bestehende Ordnungen zurückgreifen, wie in dem eben beschriebenen Experiment von *Reynolds*. Das Ordnungsprinzip kann nun in der Sprache selbst liegen, wenn die benutzten Wörter Begriffe einer logischen Hierarchie sind. Die Etikettierung gruppiert in diesem Falle zugleich die Objekte. Dann freilich sind sie leichter verfügbar. Ein weiteres, wohl noch wichtigeres Ordnungsprinzip liefert die Sprache durch die syntaktische Struktur, durch ihr System von Verknüpfungsregeln. Ein seit langem vorliegender Befund der Gedächtnisforschung besagt, daß sinnvolles sprachliches Material ungleich viel besser behalten wird als sinnloses Material (sinnlose Silben). Dabei erweist sich die Kodierung von Wörtern in Sätzen wiederum dem Einprägen von Wörtern überlegen[1].

Abschließend seien noch zwei Experimente kurz beschrieben, die belegen, daß die Ordnungsprinzipien der Sprache die Verfügbarkeit und den Speicherungsvorgang erleichtern.

In einem Experiment von *Samuels* und *Wittrock* (1969) ist die Assoziationsstärke zwischen Wörtern als Ordnungsprinzip wirksam.

Die Autoren ließen Wortpaare mit verschieden großer Assoziationsstärke lernen. Während eine Gruppe Paare vom Typus Haus — Hof, schwarz — weiß usw. lernte, übte die andere Gruppe Paare vom Typus Haus — Hütte, schwarz — Farbe usw. Bei anderen Vpn war die Assoziationsstärke zwischen den Wörtern der Paare noch geringer. Eine Gruppe schließlich lernte Paare, bei denen die Asso-

[1] Informationstheoretisch gesehen sind Wörter redundanter als sinnlose Silben, und Sätze redundanter als Wörter. Das Speichern redundanter Information ist leichter möglich, denn bei vollkommener Redundanz braucht überhaupt nichts mehr gespeichert zu werden: die Information ist bereits abgebaut (Näheres s. Abschnitt 2.212).

ziationsstärke gleich Null war. Bei der Prüfung der Behaltensleistung für das zweite Wort in den Wortpaaren erwiesen sich Wörter mit starker oder auch schwacher assoziativer Bindung an das erste Wort der Paare als überlegen. Sie waren leichter verfügbar als Wörter ohne assoziative Bindung.

Ein Experiment von *Davidson* und *Dollinger* (1969) zeigt sehr eindrucksvoll den Einfluß der syntaktischen Struktur auf Kodierung und Speicherung.

54 Kinder der zweiten Klasse lernten 20 Sätze, in denen jeweils ein Wortpaar, z. B. Brot — Pony, eingebettet war. Die Sätze hatten die gleiche Oberflächenstruktur (Passivsätze), aber verschiedene Tiefenstruktur, die durch das Zeitwort variiert wurde. Ein Satz hieß beispielsweise: Weiches Brot wurde vom Pony gegessen. Der korrespondierende Satz hieß: Weiches Brot wurde vom Pony ausgetragen. Im ersten Fall sind Brot und Pony eng miteinander verknüpft, das Pony selbst verzehrt das Brot (integrale Subjekt-Objekt-Beziehung), beim zweiten Satz dient das Pony als Überbringer, es ist mit dem Faktum, daß Brot geliefert wird, adverbial verknüpft. Für die Hauptaussage, daß Brot geliefert wurde, ist das Wort Pony als adverbiale Aussage relativ unwichtig, während es im ersten Satz unentbehrlich ist, wenn er noch eine sinnvolle Aussage darstellen soll. Nachdem die Kinder die Sätze kennengelernt hatten, wurde ihre Wiedererkennensleistung bei den Wortpaaren geprüft. Die integrale Subjekt-Objekt-Beziehung erleichterte das Wiedererkennen mehr als die adverbiale Subjekt-Objekt-Beziehung[1]. Dieses Ergebnis ist einigermaßen verblüffend, wenn man bedenkt, daß die Sätze sich äußerlich nur durch jeweils ein Wort unterscheiden.

1.432 Lexikalische Markierung

Sprechen ist nur möglich, wenn zuvor Sätze und Wörter gespeichert worden sind. Ähnlich wie in einem Lexikon die Begriffe eine bestimmte Reihenfolge, nämlich die alphabetische, einnehmen und je nach ihrer Bedeutung größeren oder geringeren Platz zugewiesen erhalten, sind auch beim Menschen Wörter und syntaktische Strukturen in gewisser Weise geordnet. Wörter, die sehr häufig gebraucht werden oder auch größeren Allgemeinheitsgrad besitzen, sind leichter verfügbar und rangieren, wenn man so will, im „Alphabet" weiter vorne. Die lexikalische Ordnung von Bedeutungen, mit der wir uns vorwiegend befassen, ist eine wichtige Ursache für die Stützfunktion der Sprache beim Denken. Mit Hilfe der Sprache können die Erscheinungen der Welt gegliedert und lexikalisiert werden. Diese Ordnung ist freilich keine alphabetische, sie ist auch keine streng logische, wie sie etwa ein Begriffssystem mit Ober- und Unterbegriffen darstellt.

[1] Im Englischen ist das Passiv viel gebräuchlicher als im Deutschen. Die hier übersetzten Sätze wirken deshalb recht unbeholfen. Im Deutschen müßte man bei Wiederholung des Experiments andere Tiefenstrukturen suchen.

Von zwei Gesichtspunkten aus soll diese lexikalische Markierung beleuchtet werden, von der Art der Kodierung und vom Begriff der habit-family hierarchy.
Begriffe, die in einer Sprache wichtiger und häufiger sind und positiven Charakter besitzen, werden einfacher kodiert als weniger relevante Begriffe, z. B. steht das Wort ‚gut' in der lexikalischen Markierung vor ‚schlecht'. Es dürfte einfacher (ökonomischer) kodiert sein. Deshalb kann man mit diesem Begriff leichter denken als mit seinem Gegenteil. Ebenso verhält es sich mit dem Begriffspaar groß—klein oder lang—kurz.
Die Bedeutung ‚gut' oder ‚groß' haben eine nominale (namengebende) und eine untergeordnete spezifische Bedeutung. Die nominale Bedeutung liegt in der Benennung der Dimension ‚gut', die von gut bis böse reicht, analog bei ‚groß' in der Dimension, die von groß bis klein reicht. Die Gegenbegriffe ‚böse' oder ‚schlecht' haben dagegen nur die untergeordnete spezifische Bedeutung als Gegenpol zu ‚gut' bzw. ‚groß' auf der Dimension der Güte bzw. Größe.
Will man ‚schlecht' oder ‚klein' kodieren, so muß sowohl die allgemeine Bedeutung der Dimension Güte bzw. Größe registriert werden, als auch die spezifische Bedeutung als Minuspol auf dieser Dimension. *Marshall* (1968) konnte zeigen, daß bei Assoziationsversuchen, in denen auf gebotene Reizwörter beliebige Wörter produziert werden durften (freie Assoziation), die zusätzliche spezifische Bedeutung von Wörtern weniger herangezogen wird als die nominale Bedeutung. *Clark* und *Card* (1969) fanden, daß spezifische Bedeutungen weniger gut gemerkt werden als nominale Bedeutungen. Die Art der Kodierung dürfte also für die Zuhilfenahme der Sprache beim Denken eine wichtige Rolle spielen.
Clark (1969) prüfte diesen Sachverhalt mit Hilfe von Syllogismen der folgenden Form nach: „Peter ist besser als Franz, Franz ist besser als Fritz, wer ist der Beste?" oder „Peter ist schlechter als Franz, Franz ist schlechter als Fritz, wer ist der Beste?" Es zeigte sich, daß positive Beziehungen leichter erfaßt wurden als negative. Freilich spielen hier noch andere (auch weitere sprachliche) Momente eine Rolle (ausführliche Diskussion in Abschn. 2.116).
An dieser Stelle müssen wir uns an die anfangs mitgeteilten Befunde über unterschiedliche Ordnungen der Welt in verschiedenen Sprachen erinnern. Tatsächlich besteht einer der wesentlichen Unterschiede zwischen den Sprachen darin, daß sie die Erscheinungen der Welt nicht in die gleiche lexikalische Ordnung bringen. Die durch die sprachliche Klassifizierung der Eskimos oder Amazonasindianer vorgegebene Ordnung der Welt ist tatsächlich nicht unsere Ordnung. Selbst bei nahe verwandten

Sprachen, wie denen der indogermanischen Sprachfamilie, gibt es deutliche Unterschiede in der lexikalischen Zuordnung der Erscheinungen. Diese Unterschiede beziehen sich sowohl auf Substantiva als auch auf andere Wortklassen. *Carroll* und *Cassagrande* (1958) fanden beispielsweise Zusammenhänge zwischen der Ordnung, die durch die Verben einer Sprache gegeben ist, und der Wahrnehmung von bildlichen Darstellungen. Bemerkenswerterweise wirkten auch dann noch die Verben als Einteilungsgesichtspunkt, wenn die Bilder sprachfrei zu klassifizieren waren.
Assoziationsversuche zeigen recht deutlich die verschiedenartige lexikalische Markierung von Wörtern und deren Kodierung. Man kann beispielsweise zwischen dem Alter von 5 bis 30 Jahren ein stetiges Anwachsen von Assoziationen beobachten, die in der Sprache sehr häufig auftreten und die alle Menschen der Sprachgemeinschaft mehr oder minder miteinander gemeinsam haben (*Palermo*, 1963, 1964, 1965). Die Wörter, die am gebräuchlichsten sind und die am häufigsten als Antwort auf ein Reizwort auftreten, werden so kodiert, daß sie am leichtesten abrufbar sind, ja sich förmlich aufdrängen.
Neben diesem allgemeinen Gesetz zunehmender Konformität gibt es interessante Altersunterschiede in der Kodierung von Wörtern und damit in der Kodierung von Sachverhalten. Jüngere Kinder assoziieren in syntaktischer Folge, bringen also beispielsweise auf ein Hauptwort gerne ein Verb (Auto – fährt; Hund – bellt). Ältere Kinder und Erwachsene bevorzugen Assoziationen der gleichen Wortklasse (*Deese*, 1962; *Brown & Berko*, 1960; *Entwisle, Forsyth & Muuss*, 1964). Anfänglich entscheiden bei der Assoziation vermutlich die Übergangswahrscheinlichkeiten zwischen den Wörtern, wie sie in der gesprochenen Sprache gegeben sind. Später dient ein syntaktisches Schema zur Klassifizierung der Wörter. Die Wörter stehen zu verschiedenen Zeiten der Entwicklung gewissermaßen nicht in der gleichen nachbarschaftlichen Beziehung zueinander. Dies gilt auch für die Kodierung der Wörter als Unter- bzw. Oberbegriffe. Betrachtet man die Entwicklung von der ersten zur vierten Schulklasse (USA), so werden in zunehmendem Maße auf Reizwörter übergeordnete Begriffe genannt. Nach dem sechsten Schuljahr sinkt aber der Anteil der Oberbegriffe beim Assoziieren wieder ab (*Palermo*, 1964; *Palermo & Jenkins*, 1963).
Offenbar spiegelt sich hier die allgemeine Bemühung um Begriffsbildung wider, sie reicht zeitweise (nach den Untersuchungen in den ersten sechs Schuljahren) bis in das alogische Geflecht der Assoziationen hinein. Ist die Begriffsbildung stabilisiert und selbstverständlich geworden, so verliert sie bei den assoziativen Verbindungen an Gewicht.

Aus den Altersunterschieden bei Assoziationsleistungen wie aus Assoziationsversuchen überhaupt geht deutlich hervor, daß es verschieden starke assoziative Bänder zwischen Wörtern gibt. Auf ein bestimmtes Reizwort (Stimulus) können gleichsam verschiedene Wege eingeschlagen werden, die alle zum verlangten Ziel (nämlich eine Antwort zu finden) führen. Manche dieser Wege werden bevorzugt eingeschlagen, der Pb nennt als erstes das gebräuchlichste Wort. Andere Wege werden selten begangen, oft erst, wenn die gewohnteren Wege verwehrt sind (wie bei der Aufgabe, auf ein Wort eine ganze Serie von Assoziationen zu nennen). Man kann deshalb von einer Hierarchie der Wege sprechen. Die Wege (Antworten) gehören aber zusammen, sie bilden eine Familie, weil sie sich auf den gleichen Stimulus beziehen. *Hull* (1943) nennt solche zusammengehörigen und hierarchisch geordneten Gewohnheiten (Reaktionstendenzen) habit-family hierarchy. Bei der lexikalischen Markierung der Wörter und der durch sie etikettierten Sachverhalte spielen solche Hierarchien gewiß eine bedeutende Rolle. Wörter, die in den Hierarchien weit oben stehen, sind leichter verfügbar bzw. drängen sich vor. Erst durch ihre Blockierung können andere Wörter, die in den Hierarchien weiter unten liegen, zum Zug kommen. Es liegt auf der Hand, daß durch verbale Hierarchien die Welt in einer Weise strukturiert wird, die nicht unbedingt sachlich die vorteilhafteste ist. Dieses Problem wird uns im vierten Kapitel zu beschäftigen haben, wenn es um Überzeugungen und Gesinnungen geht.

1.433 Kodierung und syntaktische Struktur der Sprache

Gegenstände, Sachverhalte und Ereignisse lassen sich durch die Sprache ausdrücken. Zu diesem Zweck müssen sie aber in einer Folge von Zeichen dargestellt werden. Die Sprache dient also als Kode, ähnlich wie das Morsealphabet ein Buchstabenkode ist oder eine sprachliche Botschaft in einer Geheimschrift kodiert werden kann. Jeder Kode muß sich an Regeln halten, sonst wird er unverständlich. In der Sprache handelt es sich dabei hauptsächlich um Verknüpfungsregeln kleinster sprachlicher Einheiten. Der Sachverhalt, den man sprachlich als „Der Stuhl ist umgefallen“ kodieren kann, stellt sich in der ersten sprachlichen Ausdrucksweise des Kindes einfach dar als „Stuhl“. Diese Kodierung ist wenig objektiv, sie wird nur verständlich, wenn man die Situation kennt, zu der sie gehört. Bekannt ist das sprachliche Verhalten des Einheimischen, der nach einer Straße gefragt wird und den Weg etwa erläutert: „Da gehen sie erst zum Markusplatz und die Wilhelmstraße hoch.“ Dem Fremden, der erklärt, daß er nicht wisse, wo der Markusplatz liegt, wird bedeutet, er müsse erst zur Kantstraße. Da der Fremde aber auch diese nicht kennt, ist der Einheimische ratlos und meint: „Wenn Sie gar nichts kennen, kann ich ihnen auch den Weg nicht sagen." Die Kodierung in Sprache bleibt für den Sprachpartner unverständlich, weil sie ungeeignet ist.

Bezeichnenderweise findet man solche Darstellungen gehäuft in der Unterschicht. *Harms* (1961) fand beispielsweise, daß Sprecher der Unterschicht insgesamt am schlechtesten verstanden werden. *Schatzmann* und *Strauss* (1955) belegen dies an einem aufschlußreichen Beispiel. Angehörige der Unterschicht und der Mittelschicht wurden über den Hergang einer Unwetterkatastrophe befragt. Die Erzählungen von Sprechern der Unterschicht waren für den Interviewer zum großen Teil unverständlich, weil sich die Erzähler nicht in die Lage des Interviewers versetzen konnten und eine Menge von Einzelheiten zusammentrugen, die diesem fremd waren. Angehörige der Mittelschicht dagegen konnten die Ereignisse in verständlicher Folge und klar gegliedert beschreiben.

Je nach Differenziertheitsgrad eignet sich also die Sprache verschieden gut für das Denken. Es gibt Bereiche, in denen die Sprache auch in ihrer differenziertesten Form nicht ausreicht, um Sachverhalte oder Beziehungen darzustellen. Dies ist z. B. in der Mathematik und in den Naturwissenschaften, vor allem in der Physik, der Fall. Deshalb mußten neue Sprachen entwickelt werden, die sich besser als die Umgangssprache für die Kodierung von Sachverhalten eignen (mathematische Formeln, logistische Zeichenfolgen).

Im folgenden wollen wir uns noch etwas mit der Entstehung sprachlicher Kodes und ihrer Brauchbarkeit für das Denken befassen. Man kann die syntaktischen Strukturen, also das, was man gemeinhin als Grammatik bezeichnet, auf ein System von Regeln zurückführen, aus dem sich alle grammatikalisch richtigen Sätze einer Sprache ableiten lassen. Wir wollen am Beispiel eines einfachen Satzes einen kleinen Ausschnitt aus der „generativen Grammatik", wie *Chomsky* (1957) dieses Regelsystem nennt, kennenlernen. Wie man aus dem Beispiel der Abb. 1.18 ersieht, lassen sich in dem Satz „Hans malt ein Bild" Untereinheiten bilden. ‚Ein Bild' gehört enger zusammen als ‚malt ein'. Deshalb läßt sich für ‚ein Bild' eine einzige Einheit setzen, nämlich ‚es', was für ‚malt ein' nicht möglich ist. Der Ausdruck ‚malt ein Bild' läßt sich wiederum zusammenfassen, etwa durch ‚handelt' (Zeile 3). Hingegen ist eine weitere Zusammenfassung nicht mehr möglich. Im unteren Teil der Abbildung sind Symbole eingeführt, die diese einfache Struktur des Satzes beschreiben. Geht man von der allgemeineren Regel zur spezifischen, so entsteht (in Abb. 1.18 von unten nach oben) eine generative Grammatik, die für alle Sätze dieses Typus vollkommen ausreicht und zugleich die Bildung falscher Sätze verhindert. In Abb. 1.19 ist dargestellt, wie man sich die Erzeugung des endgültigen Satzes aus den Regeln vorstellen kann. Man geht von einem Axiom aus und schreibt es in abgewandelter Form nieder. Dieser Vorgang wiederholt sich so lange, bis der konkrete Einzelsatz gewonnen ist.

Abb. 1.18: Syntaktische Analyse eines einfachen Satzes (Analogiebeispiel zu *Miller*, 1962)

1	Hans	malt	ein	Bild
2	Hans	malt	es	
3	Hans	handelt		

Hans	malt	ein	Bild
		A	H
	V	HP2	
HP1	VP		

Zeichenerklärung: A = Artikel, H = Hauptwort, V = Verb, HP = Hauptwortphrase, VP = Verbphrase

Abb. 1.19: Ein Ausschnitt aus der Grammatik, ausgedrückt durch Neuformulierung der jeweils vorausgehenden Regel (Illustration einer generativen Grammatik nach *Miller, 1962)*

Axiom: S
Regel 1 S → HP + VP
Regel 2 HP → A + H
Regel 3 VP → V + HP
Regel 4 HP → Hans, Gerhard, Otto usw.
Regel 5 A → der, die, das, ein, eine
Regel 6 H → Junge, Mädchen, Bild usw.
Regel 7 V → malt

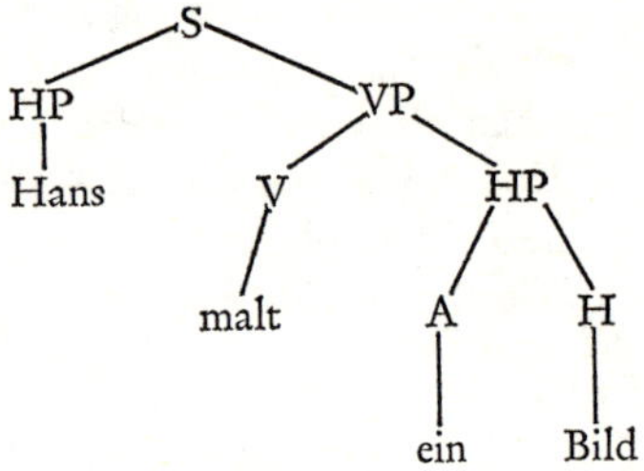

Zeichenerklärung: S = Satz, H = Hauptwort, A = Artikel, V = **Verb**, HP = Hauptwortphrase, VP = Verbphrase

Das Grundaxiom ist symbolisiert als S. Die Regeln 1 bis 7 erlauben eine schrittweise Umformulierung des Axioms. Zunächst wird S geschrieben als HP + VP (Regel 1), dann können wir HP neu schreiben als ‚Hans' (Regel 4). Da ‚Hans' nicht durch eine Regel umgeschrieben werden kann, ist die Transformation der Grammatik hier bereits am Ende angelangt. VP hingegen kann neu geschrieben werden als V + HP (Regel 3) und man erhält ‚Hans' + V + HP. V kann ersetzt werden durch ‚malt' (oder nach Bedarf durch ein anderes Wort), schließlich kann auch A + H umformuliert werden in ‚ein Bild'. Der Satz von Regeln (in Abb. 1.19 bestehend aus 7 Regeln) kann als (generative) Grammatik bezeichnet werden, die Menge aller mit dieser Grammatik zu erzeugenden Sätze als Sprache. In dieser Art von Grammatik gibt es Endsymbole, die nicht mehr durch neue ersetzt werden können. Sie stellen — etwas vergröbernd gesagt — den Wortschatz einer Sprache dar. Die Wörter erscheinen nun nicht mehr allein unter dem von der Syntax isolierten Aspekt der Semantik, sondern als *Endpunkte der Regeln einer generativen Grammatik*[1].

Chomsky (1965) interessiert sich vorwiegend für eine generative Grammatik, die dem Sprecher als endogenes Programm zur Verfügung steht und den Erwerb aller Sprachen steuert. Daneben spielen aber noch andere Determinanten eine Rolle, vor allem die Regeln, nach denen aus den Möglichkeiten dieses endogenen Programms ausgewählt wird. Allgemein betrachtet, sind dies die Regeln, welche die Muttersprache kennzeichnen, im besonderen aber Regeln, die durch den jeweiligen spezifischen sozialen Kontakt aufgebaut werden. Was das Kind dabei lernt, sind Prinzipien oder Strategien, wie man Sätze bildet, oder auch, wie man etwas sprachlich mitteilt. Das Merkwürdige ist nun, daß diese Strategien (Regeln) auch innerhalb der Sprachgemeinschaft nicht die gleichen sind[2]. Verschiedene sozioökonomische Schichten benutzen verschiedene Strategien der „verbalen Planung" oder, wie *Bernstein* sagt, verschiedene linguistische Kodes (*Bernstein*, 1964). Die Unterschicht verwendet einen „restringierten" Kode bei der Konstruktion von Sätzen. Er entspricht den in der Unterschicht typischen Sozialbeziehungen, die starrer als die der Mittelschicht sind. Die sozialen Rollen können wenig modifiziert werden. Die Individuen der Unterschicht werden stärker durch Konformität und Orientierung an den Gruppennormen eingeengt als Angehörige der Mittelschicht (*Durkheim*, 1933). Der linguistische Kode ist also im eigentlichen Sinne ein Spiegel der sozialen Beziehungen. Die Regeln, die das soziale Zusammenleben bestimmen, determinieren auch die Strategien bei der Bildung des sprachlichen Ausdrucks, kurzum den Kode.

Der Begriff „Kode" hat hier also eine spezifischere Bedeutung als die bisherige Verwendung dieser Bezeichnung. „Kode" muß hier verstanden werden als theoretische Konstruktion, die hinter dem Sprachverhalten als Bedingung angesetzt wird.

Obwohl man den Kode selbst nicht direkt nachweisen kann — er ist ein Konstrukt —, gibt es doch Hinweise aus dem sprachlichen Verhalten der Mittel- und Unterschicht, die das Vorhandensein solch unterschiedlicher Kodes belegen. Die Sprache der Unterschicht läßt sich wegen der rigideren Sozialbezüge leichter vorhersagen als die Sprache der Mittelschicht. Dem Sprecher stehen weniger Alternativen zur Verfügung. Dieser Umstand ist auch verantwortlich für die kleineren Pausen im Sprechen bei Angehörigen der Unterschicht gegenüber längeren Pausen bei Sprechern der Mittelschicht. Letztere wählen aus einer größeren Anzahl von Möglichkeiten (Wörtern, Satzstrukturen) aus, weshalb der Entscheidungsvorgang länger dauert. Die Sprache der Unterschicht eignet sich weniger zur objektiven Darstellung von Sachverhalten und zur logischen Gliederung bei der Darstellung. Sofern also Sprache bei der Begriffsbildung mitwirkt, wird dieser Vorgang durch den restringierten Kode der Unterschicht beeinträchtigt. Kinder

[1] Beispiel und Beschreibung folgen *Miller* (1962).

[2] Die folgende Darstellung lehnt sich an *Oevermann* (1969) an.

verschiedener soziologischer Schichten haben also unterschiedliche Chancen in der Entwicklung des Denkens, sobald die Sprache ein entscheidender Faktor beim Denken wird.
Unterschiedliche sprachliche Kodes bzw. die dazu korrespondierenden äußeren Merkmale des Sprachverhaltens wurden besonders bei Kindern in einer Vielzahl von Untersuchungen nachgewiesen. In Deutschland befaßt sich vor allem *Oevermann* mit dieser Frage. Empirische Befunde legte er 1967 vor. Eine Überprüfung der Hypothese der linguistischen Kodes in jüngster Zeit stammt von *Smedley* (1969), der bei einer großen Zahl von syntaktischen Variablen schichtspezifische Unterschiede fand, die allesamt in die von *Bernstein* gekennzeichnete Richtung wiesen.

1.434 Instruktionsverständnis

Beim Verhältnis von Denken und Sprache muß uns noch ein Fragenkomplex beschäftigen, der mit einer bisher kaum erwähnten Funktion der Sprache zusammenhängt. Sprache dient bei fast allen Lernvorgängen als Mittel der Instruktion. Der Lernende wird mit Aufgaben konfrontiert und erfährt meist durch verbale Äußerungen eines Instrukteurs, was er tun soll. Denkprobleme sind vielfach verbal gegebene Instruktionen. Das Instruktionsverständnis des Lernenden ist also ein wesentlicher Faktor für das Zustandekommen von Lösungen und bedingt das Niveau der meisten Leistungen mit.
Was geschieht, wenn eine Instruktion aufgenommen und verstanden wird? Der Lernende oder Denkende muß zunächst die sprachliche Information dekodieren und sie gleichzeitig in Beziehung zum Problem setzen. Nach dieser kognitiven Leistung des Aufnehmens (Auffassens, Verstehens) muß die Instruktion in ein Verhalten umgesetzt werden. Das Verhalten kann in äußeren Handlungsweisen bestehen (ein Gerät laut Instruktion basteln) oder innere Prozesse (Denken, Begriffe bilden) umschließen oder beide Möglichkeiten enthalten (ein vorgegebenes Bildmaterial ordnen).

Dekodierung

Bei den Augsburger Längsschnittuntersuchungen[1], die nahezu dreitausend Kinder vom Schuleintritt an über mehrere Jahre hin beobachten, zeigte sich ein korrelativer Zusammenhang zwischen allen Leistungsmerkmalen, der sinnvoll nur als Instruktionsverständnis beschrieben werden kann. Um Testaufgaben zu verstehen oder die vom Lehrer gestellten Fragen beantworten zu können, bedarf es des Umsetzens von sprachlicher Information. Das Instruktionsverständnis ist gewissermaßen ein

[1] Durchgeführt vom Institut für Unterrichtsforschung der Pädag. Hochschule Augsburg.

Filter, das allen Aufgaben vorgeschaltet ist. Wenn das Instruktionsverständnis bei allen Probanden gleich gut ist und sich nicht mehr störend bemerkbar macht, weil die sprachliche Leistungsfähigkeit des Umsetzens von verbaler Instruktion in Handlung keine Schwierigkeiten bereitet, messen Tests das, was sie eigentlich erfassen wollen. Dies trifft in der Regel für Jugendliche und Erwachsene zu. Wenn aber das Instruktionsverständnis verschieden stark ausgeprägt ist und die Testleistung mehr oder minder stark beeinflußt, so wird es als Generalfaktor sichtbar, der in alle Aufgaben miteingeht. Der Verfasser neigt zu der Ansicht, daß viele Schulversager am Instruktionsverständnis scheitern und nicht an den Aufgaben selbst. Dies gilt insbesondere für die höhere Schule, in der besonders in den Unterklassen extrem hohe Anforderungen an das Instruktionsverständnis gestellt werden.

Umsetzen in Handlung

Mit dem Umsetzen einer dekodierten (verstandenen) Information in Handlung haben sich vor allem *Wygotski* und *Luria* befaßt. Wie wir sahen, handelt es sich hierbei um die Steuerungsfunktion der Sprache, die sowohl beim Denken als auch bei Willenshandlungen eine wichtige Rolle spielt. In *Lurias* Untersuchungen war die Entwicklung dieser Steuerungsfunktion bei Schuleintritt abgeschlossen. Man muß sich aber vor Augen halten, daß es sich dabei um relativ einfache Aufgaben handelte. Immer wenn die Aufgabe erschwert wurde, benutzte in *Lurias* Versuchen der Proband wieder das äußere Sprechen als Regulator. Das Umsetzen einer bereits verstandenen Information in Handlung bereitet sicherlich auch noch auf späteren Altersstufen, besonders im Grundschulalter, Schwierigkeiten. Dabei geht es sowohl um den Ablauf längerer Denksequenzen im Sinne des zielgerichteten konvergenten Denkens als auch um willentlich gesteuerte Verhaltensketten. Beide Aktivitäten können offenbar durch eingreifende verbale Instruktion gestützt und gefördert werden. Dies ist aber nur der Fall, wenn der beschriebene Umsetzungsprozeß möglich ist. Die Kontrolle hierüber sollte sorgfältig und häufig vorgenommen werden.
Für unsere augenblickliche Fragestellung wichtiger ist der erste Teil des Umsetzungsprozesses beim Instruktionsverständnis, nämlich das Dekodieren selbst. Es ist der Vorgang, der fortwährend in jeder Schule stattfindet. Dies sei am Begriffsbildungsprozeß verdeutlicht. Im Gegensatz zu den Begriffsbildungsaufgaben in psychologischen Experimenten, wie sie in Abschn. 1.1 und 1.2 beschrieben wurden, muß der Schüler *neue* Begriffe lernen, bei denen auch die konstituierenden Merkmale neu sind.

Die meisten Begriffe werden dabei mit Hilfe der Sprache gewonnen, schon deshalb, weil sie fast ausschließlich sprachliche Begriffe sind. Dabei geht es meist darum, mit Hilfe bereits bekannter Begriffe den neuen Begriff zu definieren. Dieser Vorgang kann vom Kind nur nachvollzogen werden, wenn es die Regeln bei dieser Begriffsbildung beherrscht (s. 1.3) und die vorausgesetzten Begriffe, auf die der neue Begriff aufbaut, kennt.

Carroll (1964 b) nennt als treffendes Beispiel die Begriffe ‚Tourist' und ‚Einwanderer'. Kinder der vierten Klasse (USA) kennen den Unterschied zwischen beiden Bedeutungen nicht, während er in den darauffolgenden Jahren allmählich erworben wird. Wie bei vielen anderen Wörtern mag das Kind die beiden Bedeutungen mit der Zeit selbst herausfinden. Die Begriffe können aber auch durch Instruktion, also durch Lehren, vermittelt werden. Der Lehrer mag vom Touristen beispielsweise sagen: „Er reist nur während des Urlaubs in ein anderes Land, weil er Spaß daran hat. Eines Tages kehrt er wieder zurück in seine Heimat." Vom Einwanderer mag er erzählen: „Er will bleiben und hier eine neue Heimat finden."

Wann versteht das Kind die Ausführungen (Instruktion) des Lehrers? Wenn die Begriffe, die bei der Definition verwendet wurden, dem Kind bekannt sind. So muß das Kind wissen, was Heimat (Vaterland, Heimstätte u. dgl.) ist oder was eine Vergnügungs- oder Bildungsreise bedeutet. Eine Reihe von sprachlichen Begriffen, die sehr häufig sind, bereiten dem Kind große Schwierigkeiten, weil es ihre Struktur noch nicht erfaßt hat. Dazu gehören etwa ‚viele', ‚wenige', ‚im Durchschnitt', die Angabe großer Zeitstrecken und räumlicher Entfernungen. Die zuerst genannten Begriffe sind typisch relationale Begriffe, sie haben nur Sinn, wenn man sie in Relation zu Daten setzt („viele" oder „wenige" im Verhältnis zu einer Menge). Gerade solche Begriffe werden sehr häufig und zudem oft unpräzis verwendet. Das Kind kann in diesen Fällen die sprachlich kodierten Sachverhalte nicht richtig erfassen.
Die im vorigen Abschnitt behandelten Befunde über unterschiedliche syntaktische Strukturen bieten weitere Schwierigkeiten für das Instruktionsverständnis. Der Kode des Lehrers ist differenzierter als der des Schülers. Selbst wenn der Lehrer versuchte, nur in einfachen Hauptsätzen zu sprechen, bliebe dieses Faktum erhalten, weil die verbale Planung sich ja nicht nur auf eine Satzeinheit erstreckt, sondern auf die Darstellung von Ereignissen und Sachverhalten. Je mehr der Schüler seinen Kode in Richtung auf die Sprache des Lehrers verändert, desto besser wird sein Instruktionsverständnis werden, wenn andere Bedingungen konstant bleiben. Bekanntlich haben Studenten, die die Sprache des Prüfenden sprechen, wie er denken und wie er ihre sprachliche Darstellung

planen, größere Chancen, eine gute Bewertung zu erhalten, als solche, deren Sprache andere „Pläne“ zugrunde liegen. Dies dürfte sich besonders deutlich zeigen, wenn geisteswissenschaftliche und naturwissenschaftliche Denkungsart aufeinanderstoßen.

Die bereits erwähnten schichtspezifischen Unterschiede zwischen linguistischen Kodes sind beim Instruktionsproblem natürlich besonders gravierend. Es wird deshalb vermutet, daß Kinder der Mittelschicht in der Schule eine Sprache hören, die ihrer bisherigen recht ähnlich ist, daß aber Kinder der Unterschicht einer Sprache begegnen, die ihnen vergleichsweise fremd ist. Ihr Instruktionsverständnis ist deshalb grundsätzlich geringer. Sie müssen neben dem Lehrstoff auch noch die Sprache des Lehrers lernen. Dabei dürfte es aber prinzipielle Schwierigkeiten geben, da die Solidarität mit der Gruppe, die den restringierten Kode benutzt, eine Verbesserung des Kodes verhindert. Auf dieses Problem kann aber hier nicht eingegangen werden, da es unsere Thematik der Denkprozesse überschreitet.

Abschließend noch eine Bemerkung zum Verhältnis von Instruktion und selbständigem Finden. *Kersh* und *Wittrock* (1962) prüfen an Hand einer Reihe von Untersuchungen, inwieweit Instruktion im Sinne von Hilfen bzw. genauen Anweisungen einem Verständnis hinderlich oder förderlich sind und inwieweit selbständiges Finden von Lösungen der vollständigen Instruktion überlegen ist. Freilich läßt sich im Einzelfall sehr schwer sagen, was selbständiges Finden überhaupt ist. Wie wir im nächsten Kapitel sehen werden, erleichtert allein schon die geschickte Formulierung eines Problems dessen Lösung. In der Formulierung steckt dann aber schon ein Stück Instruktion. Verzichtet man auf eine präzise Definition des selbständigen Findens (discovery), so lassen sich eine Reihe von Aufgaben bilden, bei denen ein Prinzip gefunden werden muß, das dann auf weitere Aufgaben anzuwenden ist. In den von den Autoren mitgeteilten Untersuchungen leisteten Kinder, denen das jeweilige Prinzip vollständig gelehrt wurde, in einem nachfolgenden Test mehr, waren aber nach einem längeren Intervall den Kindern, die das Prinzip selbständig gefunden hatten, unterlegen. Insgesamt gewinnen die Autoren den Eindruck, daß weder das selbständige Finden für sich noch eine zu weitreichende Instruktion zu optimalen Lerngewinnen führt, sondern ein Prinzip, das sie „guided discovery“ nennen. Ein eigenständiges Finden also, das durch eine behutsame Instruktion gesteuert wird, scheint am vorteilhaftesten zu sein. Dieses Prinzip ist eigentlich in der Didaktik recht alt, doch stoßen seine Verwirklichung und seine Kontrolle auf Schwierigkeiten, weil die Anteile von eigenständigem Finden und Lehrerinstruktion im Klassenverband für jeden Schüler anders ausfallen. Eine Möglichkeit der objektivierten Verwirklichung dieses Prinzips bietet sich in der Programmierten Unterweisung an, sofern sie auf eine zu weitgehende Instruktion verzichtet und erst dann Instruktionshilfen gibt, wenn der Lernende in seiner Findeleistung überfordert wird.

1.44 Integration von Sprache und Denken als Entwicklungsprozeß

Bis heute gibt es bei der Frage vorschulischer Förderung des Kindes zwei große Lager. Das eine betrachtet die sprachliche Förderung als primäre Aufgabe (z. B. *Bereiter*, 1966; *Deutsch*, 1964; *Jensen*, 1967), das andere sieht die sprachfreie Intelligenz und die Förderung der Wahrnehmungsleistung als Fundament der geistigen Entwicklung an (*Piaget*, 1966; *Dienes & Jeeves*, 1968; *Hunt*, 1961, 1964). Beide Seiten können empirische Befunde für ihre Position anführen. Einerseits zeigt die geistige Entwicklung von blinden Kindern eine geringere Beeinträchtigung als die von Gehörlosen (*Bereiter*, 1966). Andererseits weisen die Leistungen Taubstummer bei sprachfreien Aufgaben vielfach kaum einen Rückstand gegenüber normalen Kindern auf (*Furth*, 1966; *Lenneberg*, 1967). Zudem gibt es Beweise, daß es ein sprachfreies Begriffsverständnis gibt. Man erinnere sich an dieser Stelle an die Untersuchungen von *Messick* und *Solley* (1957) sowie *Yost*, *Siegel* und *Andrews* (1962) über das Verständnis des Zufalls- und Wahrscheinlichkeitsbegriffs bei sprachfreier Formulierung der Aufgabe (s. Abschn. 1.32).

Es steht außer Frage, daß die Sprache das Denken entscheidend fördert. Nach unserem heutigen Wissen sind Denkleistungen von einem gewissen Niveau an ohne Sprache nicht möglich. Der Hauptgrund hierfür liegt aber nicht darin, daß das Denken auf dieser Ebene gleichsam ein inneres Sprechen ist, sondern daß die Sprache bei adäquater Verwendung Funktionen verlangt, die auch für das Denken unentbehrlich sind. Diese Funktionen hat *Bruner* (1966) als sprachlich-symbolische Repräsentationsform umschrieben. Es handelt sich um die Fähigkeit, Sachverhalte durch Symbole innerlich präsent zu machen und auf diese Weise rasch mit ihnen zu operieren. Die Symbole müssen nicht immer sprachliche Begriffe sein; in der Mathematik, der abstraktesten Form des Denkens, werden bekanntlich andere Symbole benutzt. Aber die Sprache bietet eine Vielfalt von Symbolen an und hat zugleich für den einzelnen „vorgedacht", so daß sie sich besonders für die symbolische Repräsentation eignet. Die Symbolfunktion umfaßt aber nicht nur Begriffe oder Gedanken, sondern auch das Operieren mit den Gedanken. Das innere Handeln oder die Operationen des Denkens können als (symbolische) Repräsentation äußerer Vorgänge und Handlungsweisen verstanden werden. Auch die sinnvolle Verwendung der Syntax (sei es der sprachlichen oder etwa der mathematischen) setzt die Leistung des symbolischen Repräsentierens in Form innerer Prozesse, Operationssequenzen u. dgl. voraus.

Man darf aus diesen Erwägungen heraus und aufgrund der bisher beschriebenen Befunde über den Zusammenhang zwischen Denken und Sprache annehmen, daß Leistungsbedingungen im Laufe der kindlichen Entwicklung entstehen, die sowohl die Sprache adäquat einzusetzen gestatten als auch Denkvorgänge im Sinne symbolischer Repräsentationsformen ermöglichen. Es hat den Anschein, als hingen diese Leistungsbedingungen wieder selbst von dem Niveau der Sprachentwicklung und dem Niveau des Denkens ab. Daher kommt es, daß im Endzustand Sprache und Denken eine Symbiose eingehen, die so eng ist, daß man beide Anteile nicht mehr voneinander scheiden kann.

1.441 Verschmelzung von anfänglich getrennt verlaufenden Entwicklungen

Wie hat man sich diese Synthese vorzustellen? Ist sie von allem Anfang an gegeben, ereignet sie sich plötzlich, wann ist sie gewöhnlich abgeschlossen?
Nach unserem heutigen Wissen verlaufen Entwicklung der Sprache und Entwicklung der Intelligenz zunächst unabhängig voneinander. Die Sprache entwickelt sich rascher als die Intelligenz. Die wesentlichen Züge der Grammatik der Erwachsenensprache sind mit vier bis fünf Jahren übernommen. Das Kind benutzt die sprachlichen Regeln sinnvoll und vermag sie auf neue Satzbildungen zu übertragen. Die dabei auftretenden typischen Kinderfehler beweisen, daß das Kind bereits ein sprachliches Regelverständnis hat und Regeln generalisieren kann („er hat geruft", „Lasters" für die Mehrzahl von Laster). Dies ist außerordentlich erstaunlich, denn die Sprachen von Hochkulturen sind sehr komplex. In sie ist die Konstruktionsleistung von vielen Generationen eingegangen. Der rasche Erwerb der Sprache veranlaßt immer mehr Autoren zu der Annahme, daß es endogene Programme geben muß, die als Grundlage für alle sprachlichen Grammatiken dienen, nämlich eine generative Grammatik, die den Verlauf des Spracherwerbs steuert (*Chomsky*, 1965; *Lenneberg*, 1967). Die Entwicklung der Intelligenz vollzieht sich, wie *Piaget* (1966) gezeigt hat, zunächst innerhalb der sensorischen und motorischen Leistungen. Später werden einzelne Operationen isoliert durchgeführt unter Unterstützung der Wahrnehmung (anschauliches Denken). Erst mit sechs bis sieben Jahren treten Leistungen auf, die der operativen Intelligenz zugeschrieben werden können: mehrere Operationen wirken zusammen, es erfolgt eine Dezentrierung (der Denkende klammert sich nicht an eine einzige Operation bei Vernachläs-

sigung der übrigen) und Denkprozesse werden reversibel. Dies ist der Zeitpunkt, wo die Sprache erstmals eine wichtige Rolle beim Denken erhält. Sie wird in ihrer Symbolfunktion begriffen und erleichtert nun den Denkprozeß. Eine Anbahnung und zunehmende Verflechtung von Denken (Intelligenzleistung) und Sprache scheint aber schon vom vierten Lebensjahr an zu erfolgen (*White*, 1965). Die Sprache hilft immer mehr bei der Ordnung der Erscheinungen der Welt und bei der Beziehungsstiftung zwischen den Erscheinungen mit. Möglicherweise ist das der Hauptgrund, weshalb sich im Laufe des Vorschulalters (von vier bis sechs Jahren) die Intelligenz-Unterschiede zwischen Kindern aus verschiedenen soziologischen Schichten immer mehr vergrößern: Mittel- und Oberschichtkinder gewinnen einen Vorsprung gegenüber Kindern aus einfacheren Verhältnissen. Zuvor dagegen spielt die soziale Herkunft noch keine Rolle. Wie *Bayley* nachgewiesen hat, unterscheiden sich die verschiedensten sozioökonomischen Gruppen in bezug auf die Intelligenz der Kinder in den ersten zwei Jahren noch nicht (*Bayley*, 1965). Dieser Befund läßt sich allerdings auch anders interpretieren, einerseits als Folge des allgemeinen Erziehungsstils (*Oerter*, 1970 a), andererseits aus der Eigenart von „Intelligenz"-Leistungen, die man in den ersten beiden Lebensjahren messen kann (*Horn*, 1968).

Die Bedeutung der Sprache bei Leistungen der konkret logischen Operationen haben wir an einigen Beispielen kennengelernt (Abschn. 1.312, 1.313). Eine entscheidende Funktion scheint der Sprache aber erst bei formal logischen Operationen zuzukommen. *Piaget* greift oft zu sprachlichen Beispielen, um dieses Denkniveau zu erklären (etwa: Edith ist heller als Susi, Dora ist heller als Edith; wer ist am hellsten?). Allgemein kennzeichnet *Piaget* das Niveau des formal logischen Denkens als Operieren mit den Operationen, als bewußtes Reflektieren über die Operationen. Auf diese Weise werden die Operationen unabhängig von einem konkret-anschaulichen Gegenstand. Es ist dies der Zeitpunkt, wo mathematisches Denken als Umgehen mit Symbolen und als Auffinden oder Konstruieren von Strukturen möglich wird[1]. Das bewußte Umgehen mit Operationen und die Reflexion über Operationen hängt aufs engste mit der Benutzung der Sprache in ihrer symbolischen Repräsentationsfunktion zusammen. Um Leistungen auf dem formal logischen Niveau zustande zu bringen, muß man eine Sprache haben. In vielen Fällen reicht

[1] Diese Feststellung widerspricht nicht den heutigen Bestrebungen, Mathematik möglichst früh als ideale Form des Denktrainings zu betreiben (*Dienes*, *Bruner*). Aber sie zeigt doch recht deutlich gewisse Grenzen auf, die man wohl in der Grundschule nicht überschreiten kann (s. hierzu Abschnitt 2.172).

die Muttersprache aus, für kompliziertere Sachverhalte eignen sich Spezialsprachen, wie die mathematische, jedoch besser[1].
Mit *Oevermann* (1969) kann man die Wurzeln der Sprachentwicklung im sozialen Kommunikationsprozeß sehen. Die Intelligenz hat ihre Anfänge bei der Auseinandersetzung mit der Umwelt. Das Erobern und Strukturieren von Ausschnitten der Umgebung verläuft zum großen Teil auch außerhalb des sozialen Entwicklungsprozesses. Letzterer stellt nur eine günstige Rahmenbedingung für die Anfänge der Intelligenzentwicklung dar. Sobald aber Sprache und Intelligenz integriert werden, erweist sich ein hohes sprachliches Niveau als außerordentlich wichtig für die Leistungen des Denkens.

1.442 Sprachbarrieren

Damit kommen wir auf die Beeinträchtigung der Intelligenz durch „Sprachbarrieren" zu sprechen. Ebensowenig wie von der Intelligenzförderung und -beeinträchtigung im allgemeinen im Rahmen dieses Buches gesprochen werden kann, ist es möglich, ausführlich auf dieses Thema einzugehen (ein Überblick über die Befunde dieser Fragestellung findet sich bei *Oevermann*, 1969). Aber es muß darauf aufmerksam gemacht werden, daß die Beeinträchtigung des Denkens durch eine mangelhaft ausgebildete Sprache mehrschichtig ist. Zunächst denkt man wohl an die Beeinträchtigung des Denkens durch den restringierten Kode der Unterschicht. Wie *Bernstein* (1964) ausführt, eignet er sich weniger als der Kode der Mittelschicht zur Bildung abstrakter Begriffe und versagt in Situationen, die einen analytischen Einsatz der Sprache erfordern. Untersuchungen über den Einfluß von linguistischen Kodes auf das Denken sind aber noch spärlich (z. B. *Robinson*, 1965).
Man darf nicht vergessen, daß es noch andere sprachliche Entwicklungsstörungen gibt. Viele Kinder wachsen in einem ungepflegten Sprachmilieu auf. Die Kinder lernen weniger Wörter, wobei die Bedeutungen dieser Wörter nur ungenau umrissen sind. Bei vielen Kindern entwickelt sich die Sprache nicht genügend, weil es an nötiger Umweltanregung fehlt. Das Sprachmodell (Mutter) ist entweder wenig differenziert – es spricht beispielsweise mit dem Kind in dessen mangelhafter Sprache –

[1] Nach *Whitehead* und *Russell* (1910) braucht man künstliche Sprachen, weil a) manche Begriffe so abstrakt sind, daß die Umgangssprache kein Wort für sie bereithält, b) die Syntax der Umgangssprache zu wenig exakt ist, c) viel kürzere Symbole gewählt werden können, wodurch eine Vereinfachung zu erzielen ist, d) viele Wörter der Umgangssprache mehrdeutig sind (warum = ‚aus welchem Grund' und ‚zu welchem Zweck').

oder es tritt zu selten mit dem Kind in Kontakt. Die sprachliche Vernachlässigung der Kinder während der ersten sechs Lebensjahre hat oft verheerende Wirkung, die sich auf Artikulation, Wortschatz und Grammatik erstreckt. Die Denkleistung solcher Kinder ist wohl noch gravierender beeinträchtigt als durch den restringierten Kode der Unterschicht. Da sich aber beide Phänomene oft zusammen vorfinden, läßt sich ermessen, wie sehr Kinder und Unterschicht in ihrer gesamten geistigen Entwicklung beeinträchtigt werden können.

Neben diesen negativen Effekten der sozialen Umwelt gibt es wohl auch einen Einfluß auf die Sprachentwicklung zu berücksichtigen, der keine Hemmung des Sprachprozesses bedeutet, aber gleichwohl interferierend bei den Denkvorgängen wirken kann. Wie bereits erläutert, schreibt die Sprache einer Sprachgemeinschaft dem einzelnen bis zu einem gewissen Grad vor, was und wie er zu denken hat (*Whorf*-Hypothese). Es läßt sich nicht von der Hand weisen, daß auch in Subkulturen solche Denkvorschriften eigener Art existieren. Im negativen Sinne ist dies der Fall bei der Hypothese der linguistischen Kodes im Sinne von *Bernstein.* Man muß aber auch bedenken, daß es nicht nur um Verarmung bei gewissen sprachlichen Untergruppen geht, sondern um andersartige Strukturierung und Akzentuierung durch die Sprache. Landkinder haben einen anderen Wortschatz als Stadtkinder. Viele Objekte (Tiere, Kulturpflanzen) sind sprachlich bei Landkindern weiter differenziert als bei Stadtkindern. Das Denken von Landkindern beschäftigt sich wohl auch heute noch bis zu einem gewissen Grad mit anderen Inhalten als das von Stadtbewohnern. Arbeiter und manuell tätige Erwachsene benutzen wesentlich mehr konkrete Begriffe als der höhere Mittelstand. Die Sprache dient für verschiedene sozioökonomische Schichten verschiedenartigen Bedürfnissen und Interessen. Sie reflektiert verschiedene Welten. Das sagt nichts darüber aus, daß solche „Sprachen“, die von der Sprache des Lehrers oder des Wissenschaftlers abweichen, ärmer sein müssen. Man denke nur an den mundartlichen Reichtum, an spezifische treffende Ausdrücke, die es in der Hochsprache nicht gibt.

Sofern solche „Sprachen“ andere Begriffsbildungen oder Denkwege nahelegen, können sie beeinträchtigend wirken, wenn in der Hochsprache gedacht werden muß, wie das an sämtlichen Schulen, Volksschulen wie Hochschulen, der Fall ist.

1.45 Einige didaktische Konsequenzen

Aufbau einer „Denksprache“

Obwohl es nicht unsere Aufgabe sein kann, uns ausführlich mit der Möglichkeit der sprachlichen Förderung und der Förderung des Denkens durch Synthese mit der Sprache zu befassen, sollen einige Aspekte näher beleuchtet werden.

In den bisherigen Überlegungen konzentrierte man sich vorwiegend auf die Förderung der Sprache selbst und räumte dabei der vorschulischen Erziehung große Bedeutung ein. Die sprachliche Förderung in der Volksschule hat trotz wertvoller didaktischer Ansätze und trotz eines relativ großen Zeitaufwands wohl nicht den Erfolg, den man sich wünschen könnte. Nach Ansicht des Verf. liegt dies weniger an einem Versagen der Lehrkräfte als an dem bereits erläuterten Umstand, daß die Kinder an ihrer „Sprache“ festhalten, weil sie das Rollenverständnis und die Eigenart der Beziehungen der sozialen Schicht widerspiegelt, der sie angehören. Einmal dürfte also die „Solidarität“ mit der sozialen Bezugsgruppe als Barriere gegen Förderungsmaßnahmen wirken. Möglicherweise ist im Schulalter auch der Aufbau der Sprache über soziale Kommunikationsvorgänge nicht mehr so leicht möglich, weil das endogene Programm bereits in all seinen Sequenzen abgespult wurde und die generative Grammatik einschließlich der Wörter als Endstellen dieser Grammatik ausformuliert (ausdifferenziert) ist.

Deshalb sollte man sich überlegen, ob nicht auch ein prinzipiell anderer Weg erwogen werden sollte. Wenn nämlich eine differenzierte und zugleich einheitliche Sprachstruktur wegen ihrer Stützfunktion beim Denken wünschenswert ist, könnte man daran denken, die Sprachstruktur über sachliche Problemstrukturen aufzubauen. Da es im Unterricht immer um den Erwerb von Ordnungsprinzipien für Wissensbestände und um Problemlöseverhalten geht, bei denen die Sprache eine wichtige Aufgabe hat, wäre es möglich, neue differenziertere syntaktische Strukturen erst im nachhinein, quasi als Kodierung der Denkprozesse aufzubauen. Sprache als Kodierung von Denkvorgängen wäre dann gewissermaßen eine zweite Sprache, die sich neben der Umgangssprache behaupten kann. Genau dies scheint bei allen „Fachsprachen“ der Fall zu sein. Außerhalb seines Bereichs wird der Fachmann, welcher Provenienz auch immer, in einer mehr oder minder differenzierten Umgangssprache kommunizieren. In dem Augenblick, da er sich mit Fachleuten unterhält, ändert sich sein sprachliches Verhalten, er benutzt ein anderes sprachliches Bezugssystem. Analog dazu könnte man sich ein sprachliches Be-

zugssystem vorstellen, das der Schüler beim Denken und Problemlösen benutzt, aber beiseite läßt, wenn es nicht gebraucht wird.
Mit der Sache muß also der Schüler zugleich ihre adäquate Etikettierung und Kodierung lernen. Ist entwicklungspsychologisch eine Ebene erreicht, auf der die Synthese von Sprache und Intelligenz erfolgen kann, so dürfte dieser doppelte Lernprozeß möglich sein.
Im einzelnen lassen sich bei dieser didaktischen Aufgabe zwei Schwerpunkte bilden: die Etikettierung von Begriffen (Wortschatzproblem) und die Kodierung von Sachverhalten (Strukturen, Relationen) in einer adäquaten Syntax.

Etikettierung

Bei der Etikettierung handelt es sich, wie wir sahen, darum, vermittelnde Prozesse durch sprachliche Benennung griffig und verfügbar zu machen. Die Neuetikettierung dürfte dabei unter Umständen leichter vonstatten gehen als eine Umetikettierung. Wird ein neuer Begriff erarbeitet, für den ein bislang unbekanntes Wort zur Verfügung steht, so ergibt sich wenig Interferenz mit dem vorhandenen Wortschatz. Steht jedoch für einen Begriff nur ein Wort zur Verfügung, das bislang eine andere Bedeutung hatte, so ergibt sich für den Lernenden die Schwierigkeit, für ein Wort zwei Bedeutungen zu erwerben.

Dies ist beispielsweise für Studierende der Fall, die sich mit psychologischen Problemen befassen. Nahezu alle Begriffe entstammen der Umgangssprache, haben aber dort andere Bedeutungen als im wissenschaftlichen Kontext der Psychologie. Während der Psychologe noch das Problem der Doppelbedeutung überschauen und meistern kann (es reicht aber bis in die Forschungsarbeit hinein), haben es Personen, die Psychologie als Hilfswissenschaft benutzen (Pädagogen, Lehrer, Ärzte), relativ schwer, weshalb eine bewußte Beschäftigung mit dem Problem der „Fachsprache“ eine wichtige Voraussetzung für das richtige Verhältnis zur Psychologie ist.

Die vielfach übliche Gepflogenheit, aus dem Wortsinn der Umgangssprache die Begriffsbedeutung abzuleiten, erscheint nicht ungefährlich (etwa den Umfang einer Fläche zu verstehen aus „umfangen“, „umfassen“). Für den effektiven Einsatz von Wortmarken bei der Begriffsbildung dürfte nämlich gerade die Beliebigkeit der Etikettierung ausschlaggebend sein. Der Schüler muß verstehen lernen, daß das Wort nicht die Sache selbst ist, sondern eine Marke, ein Symbol für einen Sachverhalt (Begriff), dessen Struktur unabhängig vom Wort existiert.

Kodierung

Mit Kodierung von Sachverhalten, dem zweiten der oben genannten Aspekte, ist dagegen mehr als eine bloße Etikettierung gemeint. Die Sprache dient hier der präzisen Darstellung von Strukturen und Relationen. An einigen Beispielen soll dargestellt werden, was hier gemeint ist.

Die konjunktive, disjunktive und relationale Begriffsstruktur kann, wie wir sahen, durch die Konjunktionen „und", „oder" sowie „und/oder" sprachlich kodiert werden. Ein kleiner Ausschnitt der Syntax dient so der Klärung und Präzisierung von Begriffen. Noch deutlicher wird dieser Zusammenhang bei Konjunktionen, die Über- und Unterordnung festlegen (obwohl, da, weil, während usw.). Die richtige Benutzung solcher Konjunktionen stößt auf große Schwierigkeiten. Versuche, direkt über sprachliche Förderungsmaßnahmen hier eine Besserung anzubahnen, führen vermutlich aus den bereits genannten Gründen nicht zum Erfolg. Anders verhält es sich, wenn man die Bildung von Para- und Hypotaxen an der Darstellung von Sachverhalten aufhängt, die bereits durchschaut worden sind. In diesem Falle nämlich wird ein Sachverhalt, der im Denken bereits vorweggenommen („gelöst") wurde, nachträglich sprachlich kodiert. Die Sprache dient wiederum der besseren Verfügbarkeit des Sachverhalts, der Sachverhalt selbst bildet die Basis für die so gewonnene differenziertere Grammatik. Freilich müssen noch viele Versuche unternommen werden, bis geklärt werden kann, ob und in welchem Umfang die hier gemachten Annahmen richtig sind.

Wörter, die sich auf relationale Begriffe beziehen, sind bei der Kodierung besonders wichtig. Wir nannten bereits die Bezeichnungen „viele" und „wenige", die ähnlich wie „klein" und „groß", „voll" und „leer", „reich" und „arm" relationale Begriffe sind. Schwierigkeiten bereitet hier allerdings die mögliche Doppelfunktion dieser Wörter; sie werden in der Umgangssprache mehrdeutig und unpräzise verwendet. Wiederum scheint es vorteilhaft, erst den Begriff selbst zu erarbeiten oder zu klären und dann die sprachliche Kodierung vorzunehmen. Auf diesem Wege läßt sich, wie für viele verbalen Bereiche, eine „neue" Sprache aufbauen, die es dem einzelnen freistellt, seine durch die soziale Umwelt determinierte „Umgangssprache" beizubehalten, wenn die „Denksprache" nicht gebraucht wird.

Die bis jetzt diskutierte nachträgliche Synthese von Sprache und Denken bietet sich vorwiegend dann an, wenn die Sprache des Denkenden zu wenig differenziert ist, als daß sie simultan oder vorneweg beim Denkprozeß eingesetzt werden kann. Aber auch bei Vorhandensein eines hohen Sprachniveaus (etwa bei Abiturienten) erweist es sich immer wieder als vorteilhaft, eine Scheidung zwischen Sache und Sprache vorzunehmen, da vielfach die Existenz eines Wortes schon als hinreichender Garant für das Vorhandensein eines Bezugsobjektes gewertet wird (in der Psychologie gilt dies in besonderem Maße für die Wörter „Bewußtsein" und „Unbewußtes").

Verbalisierung von Denkvorgängen

Ein ganz anderer Aspekt bei der Förderung von Denkprozessen ist das Verbalisieren von Denkprozessen. Die erwähnten Versuche damit sind so verblüffend, daß man dieser Möglichkeit größere Aufmerksamkeit schenken sollte. Offenbar sind die Schüler oft überfordert, wenn sie Probleme intern lösen müssen. Selbst der Erwachsene profitiert durch lautes Verbalisieren bzw. durch das als Ersatz dienende schriftliche Fixieren von Problemlösungsschritten. Da im Unterricht „lautes Denken" nur selten möglich ist (nur jeweils ein Schüler der ganzen Klasse hat diese Chance), müßte man nach Unterrichtsformen suchen, in denen Verbalisieren für alle zugleich erreicht werden kann. Da die Lautstärke sicherlich irrelevant ist, könnte man an Partnerarbeit denken, wobei der eine die Problemschritte ausformuliert, der andere die Kontrolle dergestalt ausführt, daß er nachfragt, sobald er einen Denkschritt des Partners nicht verstanden hat.

Diagnostische Aufgabe

Der Zusammenhang zwischen Sprache und Denken impliziert schließlich auch eine wichtige diagnostische Aufgabe. Da ein Sprecher mit weniger differenzierter Sprache oft in seiner Intelligenz unterschätzt wird, muß der Lehrer, der die Entscheidung über den Bildungsgang endgültig fällt, die Zusammenhänge zwischen jetzigem Sprachniveau und der vorausgegangenen Lerngeschichte kennen. Zudem sollte er an sprachfreien Problemen prüfen, zu welchen Denkleistungen der fragliche Proband fähig ist. Damit erweist sich der diagnostische Aspekt als wichtig für eine sinnvolle Unterrichtsplanung und für die Förderung des einzelnen. Die Notwendigkeit einer objektiven Leistungsdiagnose wird uns noch einmal beim Abschnitt über Kreativität zu beschäftigen haben. Dort vorwiegend unter dem Gesichtspunkt, daß es Leistungen gibt, die im Unterricht zu wenig gewürdigt und in ihrer Bedeutung unterschätzt werden.

Zusammenfassung

Sprache kann einerseits als Werkzeug des Denkens (Sprachinstrumentalismus), andererseits als vorgegebene Struktur für Denkinhalte und Denkwege (linguistische Relativität) betrachtet werden. Aus der Entwicklung von Denken und Sprache zeigt sich aber, daß beide Leistungen zunächst unabhängig voneinander entstehen. Sobald aber Ereignisse (Objekte, Prozesse, Situationen) symbolisch repräsentiert werden können, führt die Integration von Sprache und Denken zu einer gewaltigen Leistungssteigerung der Intelligenz.

Vermittelnde Prozesse sind aufs engste mit sprachlicher Etikettierung verknüpft, wobei eine ökonomische sprachliche Kodierung die Verfügbarkeit und Manipulierbarkeit solcher Prozesse begünstigt. Sprache reguliert zudem äußeres und „inneres" Verhalten und wird zum unentbehrlichen Mittel der Steuerung von Denkprozessen. Für schulische Leistungen (insbesondere an Höheren Schulen) wirkt das Instruktionsverständnis möglicherweise als überlagernder g-Faktor. Das milieuabhängige unterschiedliche Sprachniveau kann zur Fehldiagnose des Intelligenzniveaus beitragen, da die meisten Intelligenzaufgaben sprachliche Leistungen abverlangen. Im übrigen sind ntürlich sprachlich beeinträchtigte Individuen bei vielen Problemstellungen tatsächlich benachteiligt.
Da Sprache nur dann eine Hilfe fürs Denken bedeutet, wenn sie den Differenziertheitsgrad besitzt, den das jeweilige Denkproblem benötigt, sollte der Lehrer das Lösen von Problemen nicht allein über die Sprache anregen, sondern umgekehrt eine Differenzierung der Syntax und Strukturierung des Wortschatzes durch sprachliche Kodierung und Etikettierung bereits geglückter Lösungsprozesse versuchen.

Zweites Kapitel

Denken als Problemlösen

Vorbemerkung

Fragt man nach der biologischen Aufgabe des Denkens, also nach der Funktion, die das Denken für die Erhaltung des Lebens ausübt, so läßt es sich am leichtesten als Instrument zur Meisterung von auftauchenden Schwierigkeiten beschreiben. Wir brauchen das Denken, um Probleme zu lösen, die auf andere Weise (durch Reflexe, Instinktbewegungen, Gewohnheiten) nicht bewältigt werden können. Die Leistung des Problemlösens steht auch bei didaktischen und pädagogischen Fragestellungen im Vordergrund. Wenn man Denken fördern will, dann aus der pragmatischen Sicht, den Menschen lebenstüchtiger zu machen. Der Hauptwert von Denkleistungen wird allgemein in ihrem Nutzen für die Verbesserung von Lebensbedingungen gesehen. Wir werden im nächsten Kapital aber auch noch einen anderen Aspekt des Denkens zu behandeln haben.

In diesem Kapitel soll beschrieben werden, wie Probleme auftauchen und wie es der Denkende anstellt, sie zu lösen. Es wird sofort deutlich, daß auch die bisher beschriebenen Leistungen bei der Begriffsbildung zum Problemlöseverhalten gehören. Doch wurde dieser Bereich in einem eigenen Kapitel zusammengefaßt, da er besonders ausgiebig untersucht worden ist und einen Spezialfall von Problemlösen darstellt.

2.1 Denken als Aufhellungs- oder Klärungsprozeß

Nicht ohne Grund beschreibt die Umgangssprache den Lösungsvorgang als Klären eines Sachverhalts. Der Denkende erlebt das Fortschreiten von einem Problem zur Lösung als „Erhellung“ einer „dunklen“, verworrenen, diffusen Sachlage. Was man verstanden hat, „leuchtet“ einem „ein“. Selbst am Ausdruck läßt sich der Lösungsprozeß als Klärung beobachten: Die Gesichtszüge hellen sich auf. Der Vorgang des Problemlösens wird sprachlich durch bildliche Ausdrücke umschrieben: Er bewegt sich von ‚dunkel‘ zu ‚hell‘, von ‚verworren‘ und ‚verschwommen‘ zu ‚klar‘, von ‚diffus‘ zu ‚gegliedert‘.

2.11 Einige Beispiele zur Beschreibung des Phänomens

Duncker (1935) und *Wertheimer* (1945, deutsch 1957) haben bahnbrechende Werke über das produktive Denken vorgelegt. Ihr Vorgehen bestand im allgemeinen darin, ein bestimmtes Problem zu stellen und die Vp während des Lösungsvorgangs zu beobachten.

2.111 Die „Bestrahlungs“-Aufgabe

Eine von *Duncker* verwendete Aufgabe lautete: Gesucht ist ein Verfahren, mit dem man den Menschen von einer inoperablen Magengeschwulst mit Hilfe von Strahlen befreien kann, ohne gesundes Gewebe zu zerstören.

Die Lösung dieser Aufgabe besteht darin, nicht nur eine, sondern mehrere Strahlungsquellen einzusetzen, die von verschiedenen Seiten auf die Geschwulst gerichtet sind. Dadurch kann die Strahlungsintensität so gering gehalten werden, daß sie gesundes Gewebe nicht zerstört. Das „Hindernis“, das einer Lösung im Wege steht, sind die gesunden Teile des Körpers, die auf dem Weg zum Ziel von den Strahlen durchdrungen werden. Der folgende Ausschnitt aus einem Denkprotokoll zeigt, wie die Vp dieses Hindernis zu umgehen trachtet. Im vorliegenden Fall sorgte der Vl bei Lösungsvorschlägen, die das eigentliche Problem außer acht ließen, dafür, daß die Vp wieder zum Kernpunkt der Aufgabe zurückkehrte (*Duncker*, 1935, S. 2).

1. Strahlen durch die Speiseröhre schicken.
2. Freilegen der Geschwulst durch Operation (inadäquat, da Operation vermieden werden soll).

3. Etwas Unorganisches zu sich nehmen zum Schutz der gesunden Magenwände (inadäquat, da andere Körperteile ebenfalls betroffen sind).
4. Abhärten des gesunden Körpers durch vorausgehende schwache Bestrahlung.
5. Ich sehe eben nur zwei Möglichkeiten: entweder den Körper schützen oder die Strahlen unschädlich machen.
6. Irgendwie ablenken — diffuse Strahlung — zerstreuen — halt: ein breites und schwaches Strahlenbündel so durch eine Linse schicken, daß die Geschwulst in den Brennpunkt und also unter intensive Bestrahlung fällt.

Dieses Protokoll enthält eigentlich nur das jeweilige Endergebnis eines Denkprozesses, nämlich Lösungsvorschläge. Bis zum Schluß bewegt sich der Pb im Dunkeln, er steht gleichsam vor einer Wand. Erst am Ende stellt sich ziemlich rasch ein brauchbarer Lösungsvorschlag ein (er ist mit der „besten" Lösung nicht identisch, doch bedeutet er eine gute Annäherung an sie). Hier handelt es sich um einen Denkvorgang, der lange „im Dunkeln tappt" und erst am Ende „Licht" in die Angelegenheit bringt. Die folgenden Protokolle (*Wertheimer*, 1957, S. 108) beschreiben einen Denkvorgang, der trotz seiner Kürze Schritt für Schritt zur Klärung führt.

2.112 Arithmetische Reihe

Die Aufgabe bestand darin, die Summe einer Zahlengröße (z. B. 1 bis 7) zu ermitteln, ohne sie Schritt für Schritt zusammenzuzählen.

Nachdem ein Elfjähriger gefragt worden war: „Was ist 1+2+3+4+5+6+7+8+9?"
fragte er: „Soll ich sie zusammenzählen?" Auf die verneinende Antwort sagte er: „Hier am Ende ist 9. Acht mit der Eins am Anfang ist auch neun und ebenso die anderen Paare .... Darauf nannte er das Ergebnis.
Ein Zwölfjähriger, der 1+2+3+4+5+6+7 addieren sollte, äußerte: „Die Zahlen steigen gleichmäßig ..., ich habe eine Idee! Ich nehme einfach die Zahl hier in der Mitte und multipliziere sie mit der Anzahl der Glieder in der Reihe — die natürlich gleich der Endzahl ist." Als der Vl ihm eine Reihe anbot, die mit 8 endete, nahm er den Wert $4^1/_2$ und multiplizierte ihn mit acht.

Hier liegen zwei eigenständige Lösungen des durch eine Anekdote von dem jungen *Gauß* bekanntgewordenen Problems vor. Als sechsjähriger Junge bekam *Gauß* zusammen mit seinen Klassenkameraden vom Lehrer die Aufgabe gestellt, die Zahlen von 1 bis 10 zusammenzuzählen. *Gauß* hatte als erster die Lösung und erklärte dem überraschten Lehrer, wie er zu ihr gekommen war: das erste und letzte Glied sowie alle übrigen korrespondierenden Paare bildeten eine Summe, die immer gleich groß ist. Man mußte also nur diese Summe mit der Anzahl möglicher Paare malnehmen. Dies ist im Keim die Entdeckung eines wichtigen Lehrsatzes:

$$S_n = (n+1) \cdot \frac{n}{2}$$

Die beiden von *Wertheimer* mitgeteilten Lösungen sind nicht identisch mit dem *Gauß*schen Weg. Der Elfjährige im obigen Beispiel ermittelte, wie oft die Summe von 9 zu bilden war, nämlich 5 mal und multiplizierte 9 · 5, was der Formel entspricht:

$$S_n = n \cdot \frac{n+1}{2}$$

Der oben beschriebene Lösungsweg des Zwölfjährigen dagegen ging davon aus, daß bei einer gleichmäßig steigenden Zahlenreihe der mittlere Wert, n mal genommen, die Summe dieser Zahlenreihe ergeben müßte: $S_n = c \cdot n$; (wobei c der mittlere Wert der Reihe ist).
Um zu solchen Lösungen zu gelangen, muß der Proband erst gewisse Gesetzlichkeiten, die in der Zahlenreihe stecken, erkannt haben. Der Zwölfjährige in unserem Beispiel nahm das gleichmäßige Ansteigen der Reihe zum Ausgangspunkt seines Denkens. Der Elfjährige fand die Lösung offenbar, indem er die Reihe anders strukturierte, nämlich in Zahlenpaare mit der Summe 9.

2.113 Die 13-Aufgabe

Eine von *Duncker* (1935) verwendete Aufgabe lautet: Warum sind alle sechsstelligen Zahlen von der Form 276276; 591591; 112112 durch 13 teilbar? Die folgenden Wege bzw. Schritte sind nach *Dunckers* Beobachtungen typisch:

1. Sind etwa schon die Tripel durch 13 teilbar?
2. Gibt es hier vielleicht irgendeine Quersummenregel, wie bei der Teilbarkeit durch 9?
3. Es muß aus einem verborgenen gemeinsamen Bauprinzip folgen — das erste Tripel ist 10mal das zweite, 591591 ist 591 mal 11, nein: mal 101 (Vl: so?) nein: mal 1001, ob 1001 durch 13 teilbar ist?

Auch bei dieser Aufgabe nähert man sich der Lösung nicht in einem einzigen Schritt. Zuerst muß man erkannt haben, daß alle Zahlen der Struktur abcabc 1001 als Faktor gemeinsam haben. Der nächste Schritt besteht dann nur noch darin, zu prüfen, daß 1001 durch 13 teilbar ist. Die meisten Vpn. versuchten längere Zeit, mit einer Quersummenregel die Lösung zu finden. Ein Proband fand beispielsweise heraus, daß $2 + 7 + 6 = 5 + 9 + 1 = 15$ ist, ein Ergebnis, das für die Lösung des Problems keinerlei Bedeutung besitzt.

Die drei Aufgaben und ihre Lösung zeigen, worin sich der produktive Denkvorgang von der einfachen Anwendung früher gelernter Kenntnisse und Fertigkeiten unterscheidet. In allen drei Fällen erwies sich die vorausgegangene Erfahrung als sehr wichtig, doch reichte sie nicht aus, um die Lösung herbeizuführen. Die Aktivität des Denkenden richtete sich auf ein Ziel und stellte die bereits vorhandenen Kenntnisse in den Dienst dieses Zieles. In der Bestrahlungsaufgabe diente das Wissen um die Konzentration von Strahlen in einem Brennpunkt bzw. das Wissen um Multiplikativität von Strahlenpartikelchen (Modell der Beschießung) an einem Kreuzungspunkt der Lösungsfindung. In der Zahlenreihenaufgabe ist nicht nur die Kenntnis der Addition und Multiplikation, sondern auch die Vertauschbarkeit der Glieder einer Reihe bei der Addition Voraussetzung für die Lösung. Die 13-Aufgabe verlangt die Kenntnis der Regel: „Ist ein Teil einer Zahl durch p teilbar, so ist die Zahl selbst durch p teilbar." In welcher Weise solche Regeln gespeichert und verfügbar sind, ist recht verschieden. Meist besitzt sie der Denkende nicht in so abstrakter Form, wie sie hier der Kürze halber angegeben worden sind.

Denken wäre einfach, müßte man lediglich solche früheren Kenntnisse und Fertigkeiten „aufrufen" und einsetzen. Die Schwierigkeiten beim Problemlösen bestehen gerade darin, daß man nicht von vornherein weiß, welche Kenntnisse einem weiterhelfen und welche vom Ziel wegführen. Man muß also dem Problem „ansehen", welche bereits vorhandenen Informationen gebraucht werden können. Solche Informationen sind übrigens nicht immer bestimmte Wissensbestände und „Techniken", sie bestehen auch in den Denkregeln selbst (Folgern, Schließen, Beziehung stiften), da diese offenbar ebenfalls früher erworben wurden. Zum Verständnis des Aufbaus von Denkoperationen hat das Lebenswerk von *Piaget* in entscheidender Weise beigetragen.

Man kann also nicht erwarten, daß Lösungen gelingen, wenn die Voraussetzungen für sie fehlen. Von Anfang an hat es die Denkpsychologen fasziniert, wie der Denkende den Zusammenhang zwischen geeigneten Mitteln und dem Problem selbst entdeckt. *Selz* (1913, 1922) weist auf die Bedeutung der „Wissensaktualisierung" hin, die bei neuen Aufgaben stattfindet. Die Auswahl geeigneter Mittel (Mittelaktualisierung, Mittelabstraktion) gelingt nach *Selz* durch Antizipation (gedankliche Vorwegnahme) ihres Effekts. Die Antizipation wiederum ist möglich aufgrund der Ähnlichkeit zwischen der Problemsituation und dem aktualisierten Wissen oder den aufgerufenen Mitteln. Es kommt dabei zu einer „Resonanzwirkung" (*Duncker*) oder zu einer „Gleichheitserregung“ (*Selz*). Dieser Vorgang soll an dem Beispiel der Bestrahlungsaufgabe illustriert werden. Bei der Suche nach einer Lösung (Mittelaktualisierung) mag das Bild einer Verkehrskreuzung auftauchen. Auf der Kreuzung passieren viel mehr Fahrzeuge als in den Straßen, die zur Kreuzung führen. Die Ähnlichkeit zwischen Aufgabensituation und dem Kreuzungsbild führt zur Resonanzwirkung. Durch gedankliche Vorwegnahme erweist sich ein analoges Verfahren bei der Bestrahlungsaufgabe als die richtige Lösung.

Die Erklärung der Lösungsfindung durch Resonanzwirkung bzw. durch Mittelabstraktion befriedigt in vielen Fällen nicht, wie die Gestaltpsychologen gezeigt haben. Vor allem versagt sie dann, wenn solche Ähnlichkeitsbeziehungen zunächst nicht gegeben sind, sondern erst durch Umstrukturierung des Problems herbeigeführt werden, d. h. wenn die Aufgabe so verändert werden muß, daß bekannte Mittel zur Klärung beitragen können.

Duncker (1935) versucht zu zeigen, daß man den Denkvorgang beim Problemlösen sowohl als Entwicklung des Problems wie auch als Entwicklung der Lösung auffassen kann. Unter diesen beiden Aspekten soll im folgenden dargelegt werden, wie sich der Klärungs- und Erhellungsvorgang beim Denken vollziehen kann.

2.12 *Der Denkvorgang als Entwicklung des Problems*

An Hand von Lösungsprotokollen stellte *Duncker* fest, daß der Denkende bei jedem beachtbaren Denkschritt auch eine Umformung des Problems vollzog. Er fragte etwa bei der Bestrahlungsaufgabe nicht mehr allgemein nach Heilung ohne Mitzerstörung des gesunden Gewebes, sondern nach geringerer Strahlenintensität unterwegs. Diese Spezifizierung des Problems bedeutet gleichzeitig einen Schritt auf die Lösung zu. Schon *Selz* fand solche Umformungen (Transformationen) des Problems. Die Pbn vertauschten das ursprüngliche Ziel mit einem spezielleren, sie ersetzten die „Aufgabe durch eine andere Aufgabe, durch deren Lösung die ursprüngliche Aufgabe mitgelöst werden soll“ (*Selz*, 1922, S. 41).

2.121 Spezifizierung des Problems

Wenn man sämtliche Lösungsvorschläge und Überlegungen des früher schon in Teilen wiedergegebenen Protokolls der Bestrahlungsaufgabe logisch gruppiert, kommt man zur Darstellung eines „Lösungsstammbaumes“, wie er in Abb. 2.1 wiedergegeben ist. Aus dieser Dar-

Abb. 2.1: Problementwicklung bei der Bestrahlungsaufgabe (nach *Duncker*, 1935)

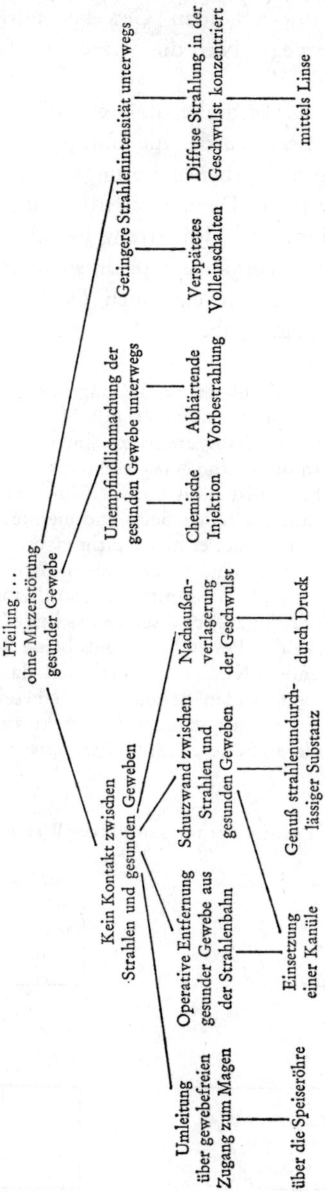

stellung sind auch die drei Veränderungen des ursprünglichen Problems ersichtlich: Kein Kontakt zwischen Strahlen und gesundem Gewebe – Unempfindlichmachen des gesunden Gewebes unterwegs – geringere Strahlenintensität unterwegs. Nur die letzte Problemumformung führt zur Lösung.
Man beachte gleich an dieser Stelle, daß nur die letzte Problemformulierung tatsächlich geäußert wurde, die übrigen müssen aber vorausgesetzt werden, wenn die angegebenen Lösungen einen Sinn haben sollen. Interessant ist auch, wie das Denken zwischen den einzelnen Möglichkeiten hin- und herspringt und nicht streng logischen Regeln folgt. Diese Eigenart ist für viele Denkvorgänge typisch, sie belegt, warum es psychologisch wenig fruchtbar ist, die einzelnen Denkschritte mit Hilfe von logischen Denkregeln zu beschreiben.

Wie die Transformation des Problems zur Lösung verhilft, läßt sich auch an der Parallelogrammaufgabe zeigen. *Wertheimer* (1957) stellte kleinen Kindern die Aufgabe, die Fläche eines Parallelogramms zu finden, nachdem er ihnen zuvor kurz gezeigt hatte, wie man die Fläche eines Rechtecks berechnet. Ein fünfeinhalbjähriges Mädchen meinte: „Das ist nicht gut hier" und zeigte auf die linke Seite der Figur. Dann zeigte es auf die rechte Seite und meinte: „Und das ist nicht gut hier." Zögernd sagte es: „Ich könnte es hier richtig machen (linke Seite) ... aber." Plötzlich erkannte es: „Kann ich eine Schere haben? Was hier schlecht ist, ist genau, was dort gebraucht wird." Es schnitt das Parallelogramm mit der Schere auf der linken Seite durch (Abb. 2.2) und setzte das linke Teil rechts an. Die Problemumformung bestand in der Feststellung, daß beide Seiten störend sind. Die meisten erfolgreich denkenden Kinder spezifizierten das Problem in ähnlicher Weise: Die „Störungen" auf beiden Seiten müssen beseitigt werden. Das Abschneiden auf der einen Seite führt dann meist direkt zum Ziel, weil das abgeschnittene Teil auf der anderen Seite „paßt" (*Wertheimer*, 1957, S. 56).

Abb. 2.2: Lösungen der Parallelogrammaufgabe (*Wertheimer*, 1957)

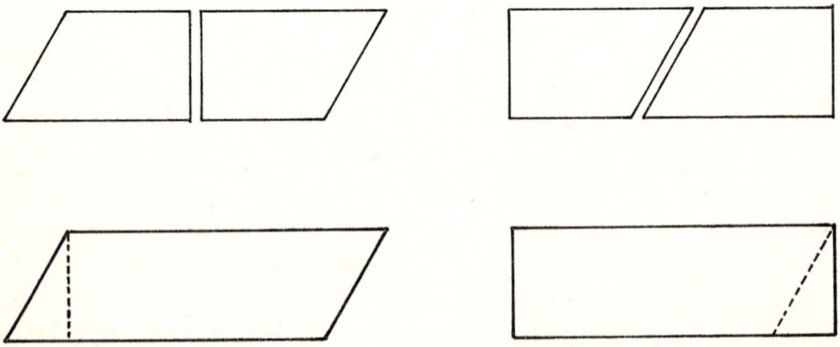

Der Vorgang der Problemtransformation sei abschließend noch an einer komplizierten Aufgabe demonstriert. Die Pendel-Aufgabe (*Duncker*, 1935) besteht darin, die durch Temperaturschwankungen hervorgerufenen Veränderungen der Pendellänge auszugleichen, damit ein präziser Gang der Uhr erreicht wird. Die Vpn (Erwachsene) wurden eigens darauf hingewiesen, daß es nur auf den Abstand zwischen Aufhängepunkt und Schwerpunkt ankäme. Das Pendel könne im übrigen beliebig aussehen. Eine Lösung ist in Abb. 2.3 wiedergegeben. Zwischen Schwerpunkt des Pendels und Drehpunkt sind Stäbe so eingefügt, daß die Wärmeausdehnung der äußeren Stäbe nach unten durch eine gleichgroße Ausdehnung der inneren Stäbe nach oben aufgefangen wird.
Aus den Antworten und Lösungsvorschlägen hat *Duncker* wieder einen „Lösungsstammbaum“ entworfen, den wir in Abb. 2.4 als Entwicklung des Problems darstellen: Das Hauptproblem „Vermeiden, daß die Uhr unregelmäßig geht“ wird nach drei Richtungen hin entwickelt: Konstanthalten der Temperatur – Vermeiden der Wirkung einer Längenänderung auf den Gang der Uhr – Vermeiden der längenverändernden Wirkung vorhandener Temperaturschwankungen. Nur der rechte Pfad führt zu obiger Lösung. Man sieht zugleich, daß mehrere Lösungen vorgeschlagen werden, die sich alle aus der nächsten Problemstellung entwickeln: „Wie läßt sich die Längenänderung kompensieren?“ Die anderen beiden Einengungen dieser Problemrichtung (Verwendung eines temperaturunempfindlichen Materials – Blockieren der Längenänderung) führen zu keiner adäquaten Lösung.

2.122 Ziel- und Konfliktanalyse

Der Erfolg beim Denken hängt nicht zuletzt davon ab, wie scharf man das Ziel ins Auge faßt. Die Fragen: „Was ist eigentlich gesucht und was nicht?“ oder „Was kann ich eigentlich?“ und „Was kann ich entbehren?“ lassen bei der eben beschriebenen Pendelaufgabe z. B. erkennen, daß das Pendel nicht vom Schwerpunkt bis zum Angelpunkt direkt durch eine

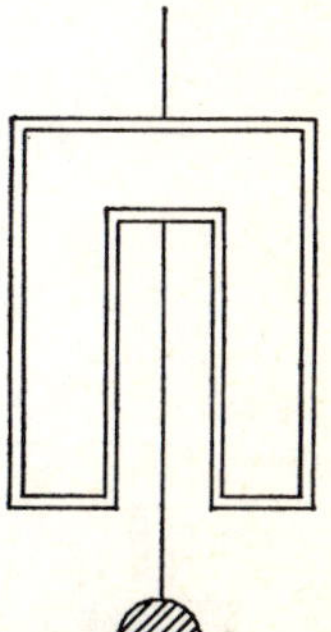

Abb. 2.3: Lösung der Pendelaufgabe (*Duncker*, 1935)

Abb. 2.4: Entwicklung des Problems bei der Pendelaufgabe (in Anlehnung an *Duncker*, 1935)

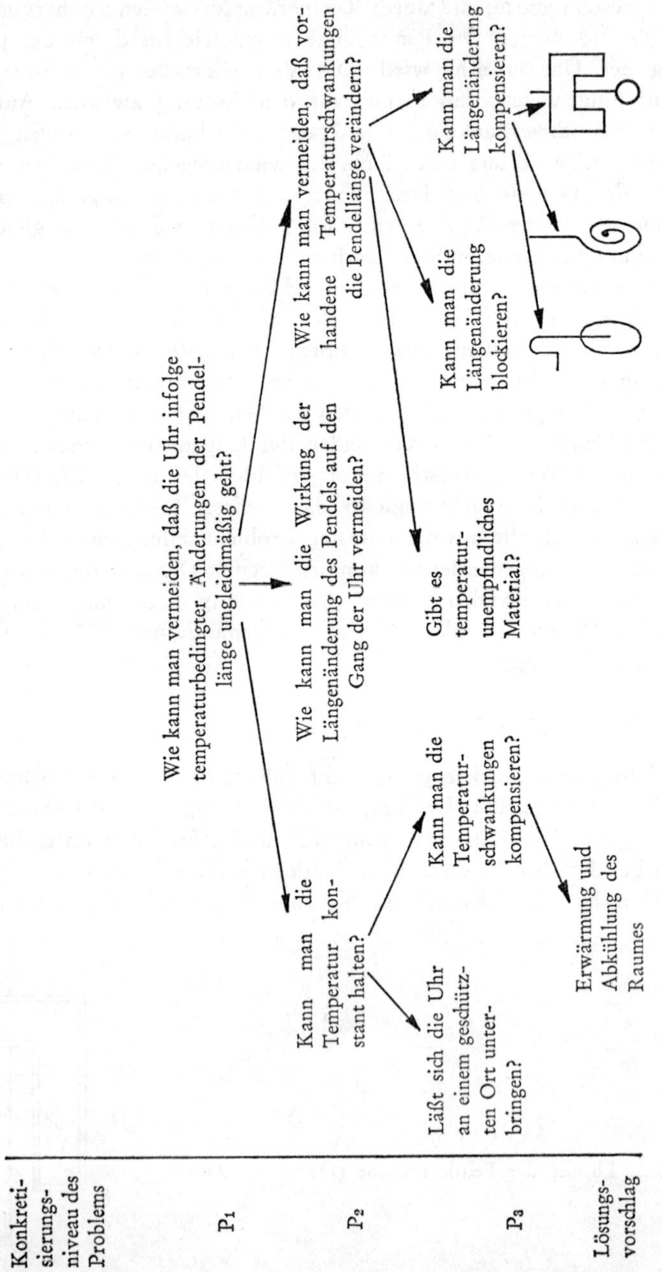

Stange verbunden sein muß oder daß der Schwerpunkt ganz unten zu liegen hat. In der Bestrahlungsaufgabe fördert die Zielanalyse zutage, daß der gebündelte Strahlengang von einer einzigen Quelle nicht zu den Bedingungen der Aufgabe gehört.

In der Zahlenreihenaufgabe, die *Wertheimer* verwendete, ist die Reihenfolge der einzelnen Glieder nicht festgelegt, ja nicht einmal eine Addition verlangt.

Damit wird aber auch deutlich, daß die Formulierung des Problems ganz wesentlich bei der Zielanalyse mitwirkt. Ist das Zahlenreihenproblem so gefaßt, wie es der junge *Gauß* in der Anekdote erfuhr, nämlich als Zusammenzählen der Zahlen von 1 bis 10, so ist die Zielanalyse schwerer, als wenn die Frage gestellt wird, wieviel alles zusammen ist. *Duncker* hat in einer Reihe von Versuchen gezeigt, wie stark die Problemformulierung den Lösungserfolg mitbestimmt.

Die 13-Aufgabe stellte er beispielsweise in zwei Versionen. Das eine Mal verwendete er als Zahlenbeispiele die Zahlen 276276 und 591591, das andere Mal 276276 und 277277. In der zweiten Fassung fanden mehr Vpn die Lösung. Sie erkannten durch die Problemfassung, daß jede beliebige Zahl von der Form abcabc durch 13 teilbar sein müsse, während Probanden mit dem ersten Zahlenbeispiel häufiger falsche Wege einschlugen. In der Bestrahlungsaufgabe bot *Duncker* das Problem in verschiedenen Fassungen. Die ursprüngliche Aufgabe enthielt eine Skizze, aus welcher der Proband entnehmen sollte, wie der Sachverhalt liege (Abb. 2.5). *Duncker* bemerkte, daß die Skizze die Vpn oft am Lösungsvorgang hinderte. Er stellte fest, daß die Aufgabe ohne Skizze von mehr Probanden gelöst wurde. In einer anderen Fassung wurde das Problem dem Probanden als Beschießung durch Strahlenpartikelchen erklärt. Doppelt so viele Vpn lösten das Problem in dieser Fassung wie in der ursprünglichen. Auch kleine Abänderungen, wie die sprachliche Fassung des Sachverhalts der schädigenden Wirkung der Strahlen in aktiver oder passiver Form, hatten starke Auswirkungen auf das Lösungsverhalten. Daraus kann man schließen, daß auch die Umformung des Problems auf der gleichen Ebene (also ohne Spezifizierung in irgendeine Richtung) bereits zur Lösungsfindung beiträgt. Der Denkende kann

Abb. 2.5: Skizze zur Bestrahlungsaufgabe (*Duncker*, 1935)

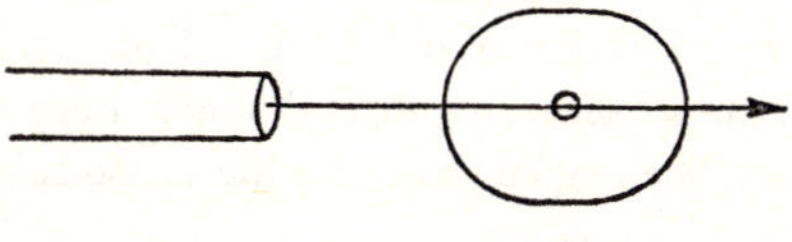

sich also auch dann weiterhelfen, wenn er zunächst nur das Problem ganz verschiedenartig zu formulieren sucht. Genau das nämlich bedeutet eine intensive Zielanalyse und fördert zutage, was nicht gesucht ist.

Wenn man phänomenologisch den Denkvorgang beim Problemlösen beschreibt, so stößt man unweigerlich auf das Erlebnis des Steckenbleibens, des Nichtweiterkommens. Dieses Aufgehaltenwerden wurde bereits in anderer Sicht als das Auftauchen eines Hindernisses umschrieben. Woher rührt der Widerstand gegen eine Lösung? Er ist in den einander widersprechenden Einzelheiten der Aufgabe zu suchen. Sie passen nicht zusammen, und gerade diese gestörten Beziehungen machen das Problem aus. Die Gestaltpsychologen sprechen deshalb bei einem Problem auch von einer defekten Struktur. *Duncker* nennt die nicht zueinanderpassenden Teile „Konfliktmomente" (op. cit., S. 24). Bei der Bestrahlungsaufgabe sind solche Konfliktmomente das räumliche Zueinander von Strahlen, Geschwulst und gesundem Gewebe. Der Denkende nimmt meist angesichts der Schwierigkeit eine „Konfliktanalyse" (*Duncker*) vor. Er fragt sich: „Warum geht es eigentlich nicht?" oder „Was ist der Grund des Übels?" Bei der Parallelogrammaufgabe fanden die Kinder, sofern sie erfolgreich waren, gleich den „Konflikt", nämlich „warum es nicht geht". Sie sagten: „Das ist nicht gut hier" (s o.) oder „wenn das nicht wäre" und lokalisierten den Konflikt auf die schrägen Teile des Parallelogramms.

Ein schönes Beispiel für eine Konfliktanalyse ist bei *Wertheimer* (1957) zu finden. Er legte den Vpn, die mit der *Gauß*schen Lösung der Summenbildung einer Reihe vertraut waren, auch andere Reihen vor, unter anderem die folgende:

$$-63 - 26 - 7 + 1 + 2 + 9 + 28 + 65$$

Eine Vp (ein Erwachsener) war von dem Problem der Reihe fasziniert und beschäftigte sich zunächst nicht mit der Summe der Reihe. „Nach rechts wächst die Reihe immer schneller; ähnlich nimmt sie links ab. Die Zahlen entsprechen einander irgendwie, die —63 und 65, —26 und 28, —7 und 9. Wie steht es dann um die Mitte?" (*Wertheimer*, 1957, S. 134). Der Proband suchte also die Natur des Konflikts zu ergründen, er wollte herausbekommen, warum die Struktur dieser Reihe nicht einfach zu der Formel $\frac{n}{2}(n+1)$ paßte. Er lokalisierte auch tatsächlich den Konflikt, indem er nach der Mitte der Reihe fragte: „... Oh, die Reihe ist verrutscht! Die wirkliche Mitte ist, wo +1 steht. Diese 1 sollte 0 sein ... Und wenn wir überall 1 abziehen, erhalten wir $x_n = n^3$." Er konstruierte also die Reihe: $(-4)^3 + (-3)^3 + (-2)^3 + (-1)^3 + 0^3 + 1^3 + 2^3 + 3^3 + 4^3$ (*Wertheimer*, 1957, S. 134).

Eine Konfliktanalyse, zusammen mit der Zielanalyse, kann bei der Bergtour-Aufgabe, die *Duncker* während einer Bergwanderung einfiel, wesentlich zur Lösung beitragen. Ein Wanderer besteigt einen Berg von

5–12 Uhr. Am nächsten Tag unternimmt er in der gleichen Zeit den Abstieg und wählt den gleichen Weg. Gibt es einen Ort auf dem Weg, an dem er sich beim Abstieg zur genau gleichen Tageszeit befindet wie am Aufstieg? Diese Aufgabe ist nicht ohne weiteres durchschaubar. Fragt man sich, wo denn eigentlich die Schwierigkeit liegt, warum nicht sofort eine Lösung möglich ist, dann wird man sich vielleicht sagen: Es liegt daran, daß der Wanderer nicht zugleich aufsteigt und absteigt, es liegt an der zeitlichen Verschiebung um einen Tag. Damit mag man aber schon auf eine recht einfache Lösung stoßen: Wenn man nämlich den Aufstieg durch einen zweiten Wanderer unternehmen läßt, der gleichzeitig mit dem absteigenden Wanderer losläuft, so müssen sich die beiden ja wohl begegnen. Es gibt also einen Ort, an dem man sich zum gleichen Zeitpunkt beim Aufstieg und Abstieg befindet.

2.123 Zur Didaktik der Problemstellung und -entwicklung

Die Bedeutung einer präzisen Problemstellung ist dem Praktiker längst bekannt. Ebenso weiß er um die Notwendigkeit der Zielanalyse und lenkt seine Schüler immer wieder zur Frage hin: Was ist gesucht? Trotzdem erscheint es notwendig, den didaktischen Aspekt bei der Problementwicklung etwas eingehender zu behandeln. Zum einen besteht im Schulalltag die Gefahr der Stereotypisierung sowohl beim Schüler, der mechanisch fragt, als auch beim Lehrer, der aus Gewohnheit dazu neigt, seine Aufgaben und Probleme in einförmiger Weise zu stellen.

Wahrnehmungshilfen bei der Problemstellung

Solange bei einem Problem optische Hilfen nötig sind (Figuren, Zahlenreihen, Darstellung von Sachverhalten), läßt sich die Wirkung der Problemformulierung auf die Lösung recht deutlich ablesen. Man kann auch einzelne Ursachen herausfiltern, die die Lösung erleichtern und erschweren.

In Abb. 2.6 a und b sind zwei Versionen der Bestrahlungsaufgabe dargestellt. Die erste Skizze wurde beim ursprünglichen Versuch verwendet. Die zweite Skizze regte die Vpn zu einer „Linsenlösung" an (Sammeln der Strahlen in der Geschwulst), während bei der ersten Skizze nur sehr wenige Vpn diese Lösung brachten[1]. Wie erinnerlich, fanden der Tendenz nach mehr Versuchspersonen die Kreuzungslösung,

[1] *Dunckers* Ergebnisse sind nicht statistisch gesichert, doch ist ihre Tendenz so eindeutig, daß man sie mit gutem Gewissen als zuverlässig bezeichnen kann.

Abb. 2.6: Wahrnehmungshilfen bei Problemformulierungen (nach *Duncker*, 1935)

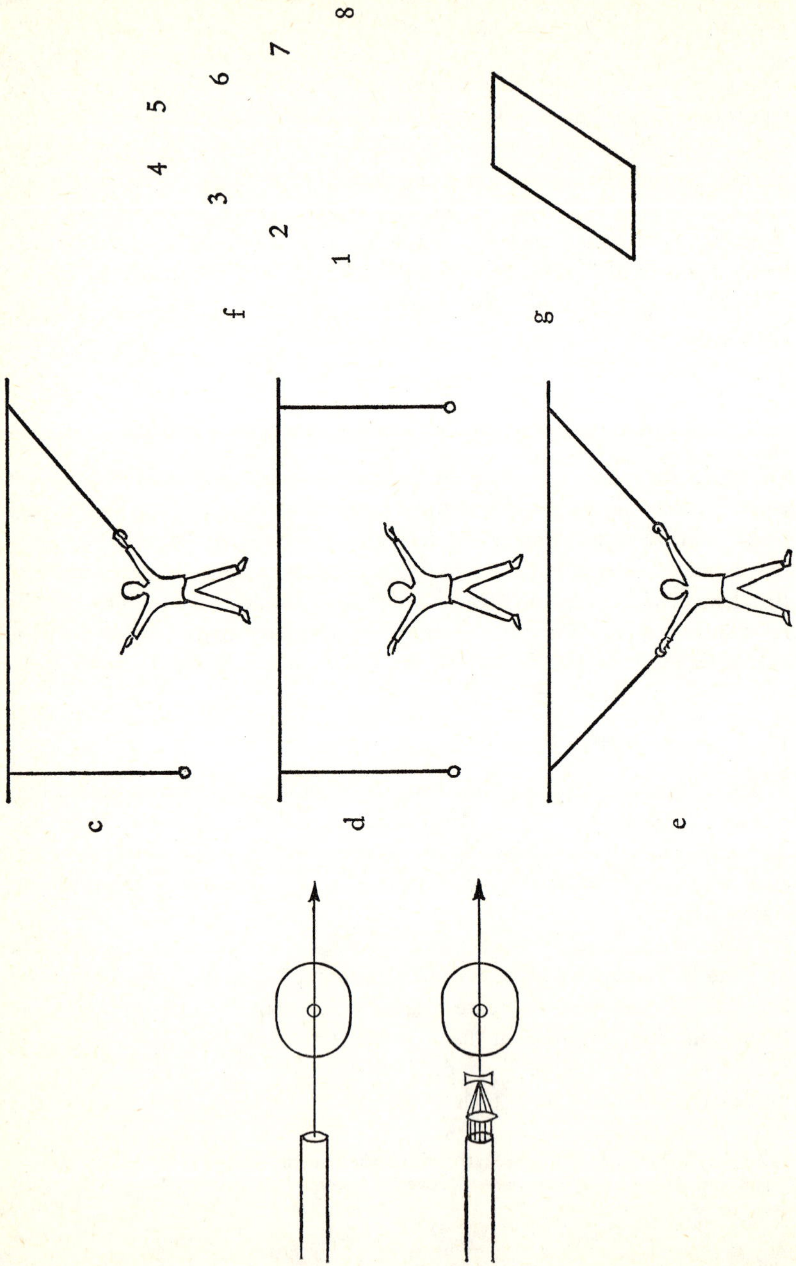

wenn die Skizze ganz weggelassen wurde. Viele schulische Denkprobleme bedürfen einer anschaulichen Darstellung. Wie man sieht, kommt es sehr darauf an, wie diese Darstellung aussieht. Sie kann helfen, sie kann aber auch in die Irre führen.
Eindrucksvoll wird der Zusammenhang zwischen Lösungsrichtung und gewählter Darstellungsweise bei der *Maier*schen Seilaufgabe[1]. In einem großen Zimmer hängen in einiger Entfernung zwei Stricke von der Decke herab. Der eine hat an seinem Ende einen Ring, der andere einen Haken. Die Stricke sollen ineinandergehakt werden, hängen aber soweit voneinander entfernt, daß man nicht beide zugleich fassen kann.

Versuchspersonen, die das Problem mit Skizze c der Abb. 2.6 erhielten, bevorzugten die „Verankerungsmethode" als Lösung (mit einem Strick bis zur Mitte gehen und ihn an einem Stuhl oder etwas Ähnlichem festbinden). Skizze d und e führten wesentlich seltener zu dieser Lösungsform. Die Summe einer Zahlenreihe nach dem *Gauß*schen Verfahren kann wohl leichter gefunden werden, wenn die Zahlenanordnung die Lösung nahelegt (Abb. 2.6 f).
Eine Aufgabe kann aber auch durch das Anschauungsmaterial erschwert werden. Als Beispiel nannten wir die Skizze a der Abb. 2.6. *Wertheimer* bot Schülern, die wußten, wie man ein Parallelogramm berechnet, eine Figur von der Art der Abb. 2.6 g an. Begreiflicherweise waren viele angesichts dieser neuen Situation ratlos.
Für den Lehrer ergeben sich aus dem bisher Gesagten Konsequenzen nach zwei Richtungen hin. Er muß sich einmal überlegen, wie er das Problem formulieren und veranschaulichen soll, damit ein bestimmter Lösungsweg leichter einsichtig und bevorzugt eingeschlagen wird. Zum anderen kann er mit Hilfe der Problemformulierung den Schwierigkeitsgrad der Aufgabe variieren. Zum wirklichen Verständnis und zur Übertragbarkeit einer Einsicht gehört es, daß sie relativ unabhängig von der Problemfassung gehandhabt werden kann. Variierung und Erschwerung durch Umformulierung von Problemen, die im Prinzip identisch sind, ist eine wichtige Aufgabe der Denkförderung.

Problementwicklung

Die Entwicklung eines Problems ist eine der alltäglichen Aufgaben im Unterricht. Sie muß mit großer Behutsamkeit angegangen werden, da es leicht zu zwei störenden Erscheinungen kommen kann: der Ver-

[1] *Maier* (1931)

ständnislosigkeit des Schülers oder der Mechanisierung des Lösungsweges. Wenn der Lehrer gewisse Vorgehensweisen bei der Problementwicklung bevorzugt, so lernt der Schüler allmählich, wie er vorzugehen hat („Schema F"), ohne produktiv denken zu müssen. Es besteht z. B. begründeter Verdacht, daß die Impulse (Denkanstöße), die der Lehrer zu geben pflegt, zu solchen standardisierten Hilfen werden. Der äußere Eindruck, daß die Klasse „denkt", kann hier in die Irre führen. Andererseits mag die Weiterentwicklung eines Problems dem Schüler zu ungewohnt und zu fremd sein, so daß er in seinem Denken nicht folgen kann. Diese Erscheinung gehört ebenfalls zwangsläufig zum Alltag, weil der schwächere Schüler meist anders denkt als der gute Problemlöser. Eine ideale Problementwicklung kann deshalb eigentlich nur individuell erfolgen. Es lassen sich Möglichkeiten denken, wie individuelle Hilfen bei der Problementwicklung realisierbar sind. Wir werden später darauf noch zurückkommen.

Hier zunächst drei Beispiele, die zeigen, wie Problementwicklung aus-

Abb. 2.7: Katonas Tetraeder-Aufgabe (in *Duncker*, 1935)

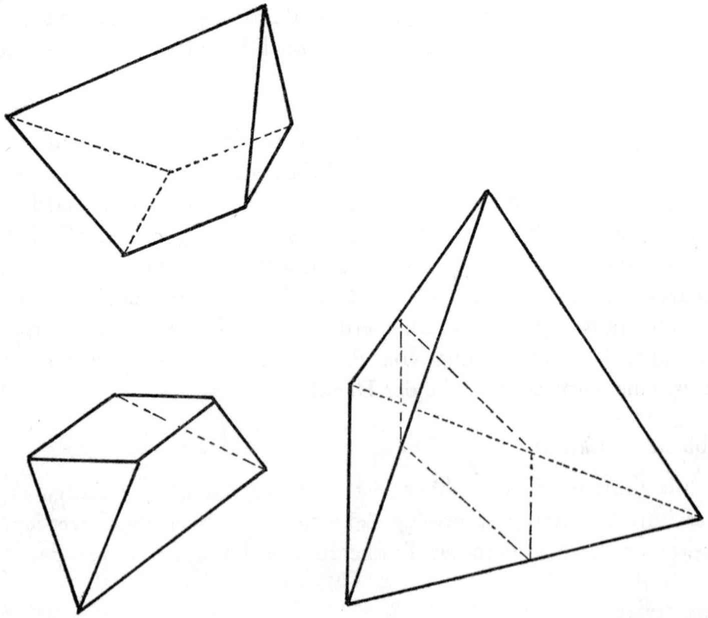

Abb. 2.8: Ein Beweis aus der Geometrie (*Duncker*, 1935)

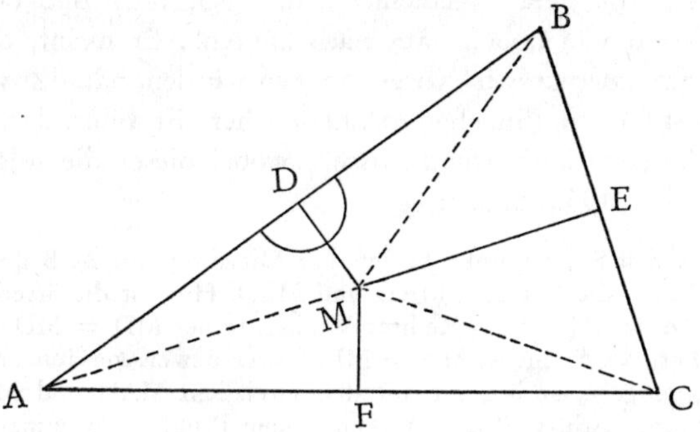

sehen kann, wenn sie weiterhilft, ohne die Lösung bzw. den Lösungsweg direkt zu verraten.

In der 13-Aufgabe kommen viele Probanden allein nicht weiter. Spezifiziert man das Problem zu der Frage „Gibt es für alle Zahlen ein gemeinsames durch 13 teilbares Vielfaches?", so wird das Problem von „oben" her weitergeführt und läßt dem Denkenden doch noch Spielraum zu eigenständiger Lösungsfindung. In der Katona-Aufgabe[1], bei der zwei Teile zu einem Tetraeder zusammengefügt werden sollen (Abb. 2.7), verhilft die Aufforderung, das Augenmerk auf die Bildung von Dreiecken zu richten, den meisten zur Lösung.

Das Problem wird weitergeführt zu der Feststellung: Wenn aus den beiden Teilen ein Tetraeder werden soll, dann müssen die Vierecke verschwinden und lauter Dreiecke gebildet werden. Eine solche Feststellung kann der Denkende selbst entwickeln, er kann sie aber auch von außen her als Hilfe erfahren.
Zum Schluß sei eine längere Problementwicklung an einer Beweisaufgabe dargestellt (*Duncker*, 1935, S. 55). Die folgende Behauptung soll bewiesen werden: Der Schnittpunkt der drei Mittelsenkrechten ist der Mittelpunkt des umschriebenen Kreises (Abb. 2.8).
Beweis: Was ist denn mit Mittelpunkt des Umkreises gemeint? Doch sicher der Punkt, der von den drei Ecken den gleichen Abstand hat. Es muß also bewiesen werden, daß MA = MB = MC[2]. MA und MB sind Seiten der Dreiecke MAD und MBD. Wenn diese beiden Dreiecke kongruent wären, wäre der Beweis geführt. Also muß man den Nachweis führen, daß sie kongruent sind[3].
AD = BD; $\sphericalangle$ MDA = $\sphericalangle$ MDB = Rechter Winkel; die dritte Seite haben beide Dreiecke gemeinsam (MD=MD). Somit sind die Dreiecke kongruent und MA=MB.

[1] Zitiert nach *Duncker*, 1935.

[2] Hier haben wir ein schönes Beispiel der Problemspezifizierung.

[3] Dieser Nachweis stellt eine weitere Einengung der Problemstellung dar.

Duncker bezeichnet diese Art der Beweisführung als „organisch". Sie entwickelt sich aus dem allgemeinen Anfangsproblem und führt von da aus weiter, also von „oben" aus nach „unten". Er meint, daß vielfach solche Beweise „mechanisch" vorgenommen würden, nämlich von „unten" aus, von bestimmten Einzelgegebenheiten her. Er führt den Beweis für die obige Aufgabe auch „mechanisch", wobei dieser die folgende Form erhält (*Duncker*, 1935, S. 55):

„Ich verbinde den Schnittpunkt M der drei Mittellote mit A, B und C und betrachte (zunächst) die Dreiecke MAD und MBD. Hier ist die Strecke AD=BD, ferner ∢MDA = ∢MDB = Rechter Winkel, ferner MD = MD, also sind die Dreiecke kongruent. Somit ist MA = MB. Dieser Beweis verläuft umgekehrt wie der vorausgegangene, er beginnt mit den Dreiecken MAD und MDB." Dieser Ansatz ist unorganisch, weil der Denkende vom Problem aus zunächst nicht auf diese Einzelheit stößt, sondern auf die Notwendigkeit, die Gleichheit der Strekken AM und BM zu beweisen. Der Verf. nimmt allerdings an, daß man heute, 35 Jahre später, Beweise wie den letztgenannten zugunsten von organischeren Beweisen, wie den oben angeführten, meidet und daß sich viele Lehrer in ihrem Vorgehen durch diese Ausführungen bestätigt fühlen.

Hilfe bei der Ziel- und Konfliktanalyse

Es ist eine schulische Alltagserfahrung, daß der Schüler bei Rechenaufgaben Schwierigkeiten hat, herauszufinden, was eigentlich gesucht ist. Der Lehrer verlangt deshalb oft strikt, daß das Gesuchte zunächst schriftlich festgehalten werden muß. Diese Maßnahme ist natürlich zur Vermeidung von Nachlässigkeit und Oberflächlichkeit recht sinnvoll, sie nützt aber nichts, wenn der Schüler sich trotzdem nicht klar ist, wie er das Problem verstehen soll. Vielfach muß also intensiv und klärend auf das Ziel hingewiesen werden. Bei längeren Denkprozessen mit vielen Zwischenschritten darf das Ziel nicht aus den Augen verloren werden. Als entscheidend hat sich aber in den oben mitgeteilten Befunden die negative Zielanalyse erwiesen, also die Frage nach dem, was *nicht* gefordert ist.

Diesen Aspekt sollte man bei vielen Denkaufgaben in der Schule stärker berücksichtigen. Bei der Flächenberechnung von Figuren ist nicht gefordert, daß die Figuren ganz und unverändert bleiben müssen (s. Parallelogrammaufgabe). Bei der Ermittlung der Summe von Zahlenreihen ist nicht verlangt, daß die Zahlen in der angegebenen Reihenfolge bleiben müssen. Die 13-Aufgabe sagt noch nichts darüber aus, daß die 13 eine Zahl ist, die in bezug auf die Zahlen von der Form abcabc besondere Eigenschaften besitzt (obwohl die Aufgabenstellung natürlich gerade eine solche Annahme nahelegt). Das Bergtourproblem beinhaltet schließlich und endlich nicht, daß Auf- und Abstieg vom gleichen Wanderer durchgeführt werden müssen. Vielfach kommt der Schüler aufgrund vorausgegangener Erfahrungen und früher erworbener Denkregeln von bestimmten Sichtweisen nicht los. Hier muß die negative Zielanalyse mit Hilfe des Lehrers weiterführen. Dieser Aspekt des Haftenbleibens an bestimmten Vorstellungen oder Denkwegen wird uns noch bei der Beschreibung des Denkens als Umstrukturierungsprozeß zu beschäftigen haben (Abschn. 2.14).

Für die Konfliktanalyse gilt ähnliches. Der Lehrer muß oft erst zusammen mit dem Schüler herausfinden, woran es liegt, daß die Lösung nicht gelingt. Die Konfliktmomente sind nicht für jeden gleich gewichtig. Auch hier ist deshalb eine individuelle Betreuung nötig.

Am Ende dieser didaktischen Betrachtung muß allerdings mit Nachdruck auf ein entwicklungspsychologisches Faktum hingewiesen werden, das der Förderung des Denkens im Wege steht. *Piaget* beschreibt in seinen Untersuchungen über die Entwicklung des Denkens, daß erst der Zwölfjährige in der Lage ist, über sein Denken und die von ihm vollzogenen Operationen zu reflektieren. Problementwicklung, mehr aber noch Ziel- und Konfliktanalyse verlangen bis zu einem gewissen Grad immer die Registrierung der eigenen Operationen. Nun ist nicht gesagt, daß jüngere Kinder überhaupt nicht in der Lage seien, über ihre Operationen zu reflektieren bzw. mit den Denkoperationen bewußt zu operieren, doch verlangt Denkförderung bei jüngeren Kindern zusätzlichen Aufwand in der Bewußtmachung von Denkoperationen, wenn es um Problementwicklung geht. Gleiches gilt für die im nächsten Abschnitt zu behandelnden Aspekte des Denkens als Entwicklung der Lösung.

Bei jüngeren Kindern ist es möglicherweise vorteilhaft, weniger Konflikt- und Zielanalysen zu forcieren und die Aufmerksamkeit mehr auf die Formulierung und Entwicklung des Problems selbst zu richten, ohne die einzelnen Schritte bewußt nachvollziehen zu lassen.

Zusammenfassung

Das Fortschreiten der Lösung kann als sukzessives Umformen des Problems aufgefaßt werden. Die präziseste Fassung des Problems ist zugleich seine Lösung.

Bei der Entwicklung des Problems ist die Zielanalyse (was ist gefordert, was kann ich entbehren?) und die Konfliktanalyse (worin liegt eigentlich das Problem, warum komme ich nicht weiter?) förderlich. Didaktisch wichtig ist der Umstand, daß es im Problemverständnis und in der Problementwicklung große individuelle Unterschiede gibt.

2.13 Der Denkvorgang als Entwicklung der Lösung

Bis jetzt haben wir Problemlösen vorwiegend unter dem ungewöhnlichen Aspekt der fortschreitenden Problempräzisierung betrachtet und festgestellt, daß die Lösung mit der am schärfsten umrissenen Fassung des Problems zusammenfällt. Im folgenden interessiert uns der vertrautere Aspekt des Findens von Lösungen. Dabei haben wir allerdings den Vorteil gewonnen, daß die Lösung nicht mehr unabhängig von der jeweiligen Fassung des Problems gesehen wird. Vielmehr wird durch das bisher Gesagte klar, daß Problemformulierung und Lösung oder Teillösung ineinandergreifen. Im Idealfall gibt es eine Hierarchie der Lösungen bzw. Probleme, von denen der jeweils folgende Schritt dem vorausgegangenen Niveau untergeordnet ist. Verfolgt man ein Problem in dieser Weise, etwa durch lückenlose logische Schlußprozesse, so liegt diskursives Denken in reiner Form vor. Obwohl ein solches Denken „richtig‘ ist, mag es manchmal zu umständlich sein und durchaus nicht zur besten Lösung führen. Oft empfängt das Denken auch von „unten“ her Anregungen, also von Stellen, zu denen es auf seinem Weg noch gar nicht vorgestoßen ist.

So müssen also recht verschiedene Möglichkeiten beachtet werden, wenn man der Natur von Lösungsprozessen gerecht werden will. Wir werden solche Möglichkeiten in diesem Abschnitt näher kennenlernen.

2.131 Was ist eine Lösung?

Was sind eigentlich Denklösungen? Wann schreiben wir einer Denkleistung den Charakter einer Lösung zu? Diese Frage läßt sich nicht ganz eindeutig beantworten, weil nicht alle Lösungen von der Umgebung als solche erkannt werden müssen und weil der Denkende selbst das eigene Denkergebnis nicht immer als Lösung interpretiert. Umgekehrt haben wir Evidenzerlebnisse, wenn die Lösung effektiv falsch ist. Manche falschen Lösungen werden von der Kultur übernommen und über Jahrhunderte hinweg beibehalten (Ptolemäisches System: Erde als Scheibe). Sehen wir aber von der Problematik wahr-falsch (erkenntnistheoretische Aussage) und von dem Aspekt richtig-falsch (logischer Aspekt) ab, so läßt sich sagen: Von Denklösungen können wir dann sprechen, wenn

a) der Grund für eine Folge
b) die Folge für einen Grund und
c) die Relationen, die den Zusammenhang zwischen Grund und Folge herstellen,

gefunden werden. Grund und Folge können kausal, logisch und phänomenal sein. Bei der 13-Aufgabe muß ein (logischer) Grund für eine Folge (daß alle Zahlen der Form abcabc durch 13 teilbar sind) gefunden werden. Die Bestrahlungsaufgabe untersucht verschiedene Bedingungen auf die Möglichkeit (Folge) der Zerstörung von krankem Gewebe ohne gleichzeitige Schädigung des gesunden Gewebes. Die der Bestrahlungsaufgabe vorausgegangene Idee, mit Hilfe von Strahlen zu heilen, bedeutet das Auffinden einer Folge aus einem (kausalen) Grund. Die „Erklärungsbegriffe", von denen in Abschnitt 1.3 die Rede war, stellen Denklösungen in Gestalt von Relationen dar, die den Zusammenhang zwischen (kausalem) Grund und Folgeerscheinungen herstellen.

Beim Beweisgang, daß der Schnittpunkt der Mittelsenkrechten eines Dreiecks der Mittelpunkt des Umkreises ist, sind Grund und Folge sowie die Relationen zwischen beiden auch phänomenal gegeben. Der Wahrnehmungseindruck hilft hier entscheidend bei der Lösung mit.

Im nachhinein kann man nun von brauchbaren Lösungen verlangen, daß sie logisch stimmig sind. Nicht selten vollzieht sich diese logische Überprüfung nach der eigentlichen Lösungsfindung. Hier wird dann mit strengen logischen Schlüssen gearbeitet. Das ist wahrscheinlich der wichtigste Grund dafür, weshalb man lange Zeit geglaubt hat, das Denken vollziehe sich nach den Regeln der Logik. Diese Meinung mußte *Wertheimer* schon 1925 als unhaltbar verwerfen, da der Syllogismus[1] als wichtigste Form des Schließens weder notwendig noch hinreichend für produktive Denkleistungen ist.

2.132 Denken in „geschlossenen Systemen"

Ein geschlossenes System besteht nach *Bartlett* (1958) aus einer begrenzten wohldefinierten Zahl von Elementen oder Einheiten. Die Denkleistung bei solchen geschlossenen Systemen besteht im Ordnen, Beziehungserfassen und Ergänzen von Lücken. Alle Denkprobleme und Experimente, die in den ersten beiden Kapiteln (Begriffsbildung und Problemlösung) beschrieben sind, verlangen Denken in geschlossenen Systemen.

Bartlett unterscheidet drei Möglichkeiten dieser Art des Denkens: interpolierendes und extrapolierendes Denken sowie Einsicht in verkleidete Information (evidence in disguise).

[1] Nähere Ausführungen zum Syllogismus s. Abschnitt 2.16.

Interpolierendes Denken: Zwischen zwei Informationsmengen ist eine Lücke zu füllen. Zahlenreihen, in denen fehlende Zahlen zu ergänzen sind, lückenhafte Reihen von Material mit visuellen Kennzeichen, in denen die fehlenden Glieder gefunden werden müssen, wären Beispiele für interpolierendes Denken. Immer wenn das Denkziel klar gegeben ist und die Hauptaufgabe im Auffinden von Mitteln und Methoden, die von einer Anfangsinformation aus zu diesem Ziel führen, besteht, handelt es sich vorwiegend um interpolierendes Denken.

Extrapolierendes Denken: Hier ist das Ziel unbekannt, es muß aus der vorgegebenen Information und den in ihr steckenden Regeln erschlossen werden. In der Regel kann der Denkende zu verschiedenen Lösungen kommen, die meist nicht das gleiche Niveau haben. *Bartlett* nennt als Beispiel für extrapolierendes Denken das Ordnen von Wörtern, bei denen zwei als Beispiel vorgeordnet sind (s. auch Abschn. 2.16), die Vervollständigung einer begonnenen Reihe, das Auffinden der Regel für eine Folge von Einheiten.

Evidence in disguise: Hier sind alle nötigen Informationseinheiten gegeben, aber sie müssen meist unter einem neuen oder ungewöhnlichen Aspekt umgeordnet werden. Beispiele für diese Art des Denkens sind: Ordnen von Wortfolgen zu einem sinnvollen Satz, Ordnen von Bildern zu einer Geschichte und Auffinden von versteckten Begriffen (Visitenkartenrätsel: Welchen Beruf hat der Herr?).

Die dritte Form der Lösungsfindung kann *Bartlett* wohl nicht deutlich vom interpolierenden und extrapolierenden Denken abgrenzen, weil er Beispiele nennt, die vielfach auch diese Formen des Denkens in Anspruch nehmen. Das wichtigste Trennkriterium scheint er in dem Lückenbegriff zu erblicken: Bei interpolierendem und extrapolierendem Denken müssen fehlende Informationen ergänzt, Lücken gefüllt werden. Bei der Einsicht und Erhellung verkleideter Informationen sind keine Lücken in dem Sinne vorhanden, daß Elemente fehlen würden. Vielmehr handelt es sich vorwiegend um eine Umstrukturierung des Materials. Da aber Umstrukturierungsprozesse auch bei extra- und interpolierendem Denken notwendig sind und andererseits die Lösungsfindung bei verkleideter Information nicht ohne Interpolation bzw. Extrapolation möglich ist, läßt sich eine Trennung nur schwer durchführen. Zudem darf man die Bezeichnung „Lücke" nicht zu eng verstehen, da sie sonst auch nicht alle Fälle des extra- und interpolierenden Denkens umfassen würde. Dann aber kann das Problem bei Umstrukturierungsaufgaben mit komplettem Informationsmaterial ebenfalls als Lücke aufgefaßt werden.

2.133 Hierarchie der Lösungsprozesse

Die erste Möglichkeit bei Lösungsprozessen besteht im „organischen" Fortschreiten von „oben" nach „unten". Zunächst erfolgt eine ungefähre „Bereichsbestimmung" (*Duncker*, 1935), bei der Möglichkeiten ausgeschieden werden, die nicht in Frage kommen. Die Lösung einer Rechenaufgabe gelingt nicht durch beschwörende Zauberformeln, die Bestrahlungsaufgabe hat nichts mit Kraftfahrzeugtechnik zu tun, das Tetraederproblem (Abb. 2.7) kann nicht durch Zahlenrechnen gelöst werden. Der Suchbereich wird also von vornherein eingeschränkt. Je mehr der Denkende frühere Erfahrungen mitverwertet, desto gezielter kann diese Bereichsbestimmung vorgenommen werden.

Sofern es sich nicht um ganz engumgrenzte Probleme handelt, gehen der eigentlichen Lösung meist allgemeine Eigenschaften einer Lösung voraus. Erst wird der „Funktionalwert" *(Duncker)* der Lösung gefunden, dann die spezifische Lösung. Vermittelnde Lösungsphasen, die allgemeine Funktionalwerte der Endlösung anpeilen, sind in der Bestrahlungsaufgabe ‚freier Zugang zum Magen' (Lösung: Strahlen durch die Speiseröhre schicken), ‚Immunisierung des gesunden Gewebes unterwegs' (Lösung: abhärtende Vorbestrahlung).

Man sieht, daß solche allgemeinen Lösungseigenschaften nichts anderes sind als die Präzisierung des Problems (Abschnitt 2.12). Faßt man Lösungseigenschaften ins Auge, die für das Problem unangemessen sind, wie in dem eben gebrachten Beispiel, so fällt auch die eigentliche Lösung unbefriedigend aus. Vorausgegangene Erfahrung besitzt große Bedeutung für die Ermittlung von Funktionalwerten. Man klassifiziert etwa ein Problem wie die Zahlenreihenaufgabe als Umwandlung in eine Multiplikations- oder Potenzierungsaufgabe („wenn nicht einfach zusammengezählt werden soll, dann muß ich irgendetwas unternehmen, daß eine Malaufgabe daraus wird").

Bei langen Denkwegen bilden die einzelnen Lösungsprozesse eine Hierarchie, die von oben nach unten aufgebaut wird. *Wertheimer* hat uns ein unschätzbares Dokument in Gestalt der Beschreibung der *Einstein*schen Denkvorgänge bei Aufstellung der speziellen Relativitätstheorie hinterlassen (*Wertheimer*, 1957). Er erforschte in langen Gesprächen mit *Einstein*, wie er zu seinem die traditionelle Physik revolutionierenden System gekommen war. Die einzelnen Phasen des Problemlösens dieses gewaltigen Ausmaßes folgten nach *Wertheimers* Darstellung immer *notwendig* aufeinander. Der Denkvorgang über sieben Jahre vollzog sich in einer Hierarchie von Lösungen. Eine allgemeine Lösungseigenschaft, welche die Richtung für bestimmte Lösungen abgab, erbrachte beispielsweise die Beschäftigung mit der Lichtgeschwindigkeit. Auf *Wertheimers* Frage an *Einstein*, ob er damals (bei seinen ersten Auseinandersetzungen mit dem Licht) schon eine Ahnung von der Konstanz der Lichtgeschwindigkeit gehabt habe, antwortete er: „Nein, es war nur Neugier. Daß die Lichtgeschwindigkeit, je nach der Bewegung des Beobachters, verschieden sein könnte, kam mir irgendwie zweifelhaft vor. Spätere Entwicklungen verstärkten diesen Zweifel" (*Wertheimer*, 1957, S. 197).

Die Lösung ‚Konstanz der Lichtgeschwindigkeit unabhängig von den Bewegungen des Bezugssystems' entwickelte sich aus der allgemeinen Lösungsrichtung. Eine andere wichtige allgemeine Lösungseigenschaft war im *Einstein*schen Denken die Beschäftigung mit der Zeit, speziell das Faktum, daß Zeitmessung Gleichzeitigkeit voraussetzt. *Wertheimer* meint, es habe bei *Einstein* kein blindes Herumprobieren gegeben, ein Schritt sei immer vollzogen worden, weil er wirklich gefordert war. Nicht einmal die Einführung der Lichtgeschwindigkeit in seine allgemeinen Transformationsformeln wurde probeweise als Verallgemeinerung der *Lorentz*-Formel vorgenommen.

2.134 Anregung von „außen" oder „unten"

Bei alltäglichen Formen des Problemlösens vollzieht sich das Denken nicht immer als strenge Folge von Schritten. Oft empfängt der Denkende von außen, außerhalb des Problems, Anregungen, die überraschend zur Lösung verhelfen. Er kann beispielsweise sein Repertoire an erlernten Lösungswegen durchgehen und einige davon ausprobieren. Führt ein Weg zum Ziel, so kann der Denkende hinterher vielleicht einsehen, warum die gefundene Lösung richtig sein muß. Dieser Fall liegt oft im Rechen- und Mathematikunterricht vor. Die Vermittlung von Techniken und Normalverfahren verleitet den Schüler dazu, ohne sorgfältige Problemanalyse und ohne ein Durchdenken von ‚oben' nach ‚unten' zu einem bewährten Verfahren zu greifen, in der Hoffnung, dieses werde schon zum Ziele führen. Man stößt auch beim Durchdenken von Möglichkeiten und bei der Gegenüberstellung von Gegebenem und Gesuchtem (Gefordertem) auf Material, das unversehens bei Benutzung Funktionalwert erhält.

Hierzu ein Beispiel aus der Pendelaufgabe. Wenn man auf dem Lösungsweg die übliche Verbindung zwischen Drehpunkt und Schwerpunkt aufgegeben hat und nach anderen Verbindungsmöglichkeiten sucht, so mag man beim Durchprobieren auch an einen ovalen oder kreisförmigen Drahtring denken. Das Hochbiegen des Ringes auf der unteren Seite würde bereits die richtige Lösung beinhalten. Die Einführung des Drahtringes geschah ohne Notwendigkeit und ohne Einsicht in seinen funktionalen Wert. Er bildet gleichsam ein glückliches Zufallsmoment.

2.135 Gute und schlechte Lösungen

Hier stoßen wir auf Vorgänge im Denken, die uns im 3. Kapitel noch näher beschäftigen werden. Der Denkende tastet die verschiedensten Möglichkeiten ab und beschäftigt sich mit ihnen längere oder kürzere Zeit. Hier wirken assoziative Verbindungen in das Denken hinein. Wer rein mechanische Konnektionen aufruft und sie ausprobiert, kann unter Umständen zur Lösung finden. Freilich sind solche Lösungen nicht so wertvoll wie durch produktives Denken gefundene. Es verlohnt sich deshalb schon nachzufragen, wie der Denkende zur Lösung gekommen ist. Sofern solche mechanischen Wege überwiegen, muß man Abhilfe schaffen, indem man das Problem variiert. Leichte Veränderungen genügen dann schon, daß der Proband keine Lösung mehr findet. In der Mathematik ist es besonders leicht, einer Mechanisierung entgegenzuwirken.

Das durch die Testverfahren nahegelegte Vorgehen, nur den Effekt der Anstrengungen zu beachten, nicht aber den Weg zum Ziel, ist bei der Analyse und Förderung des Denkens besonders gefährlich. Der Lehrer sollte zwischen „guten" und „schlechten" Lösungen unterscheiden und seine didaktischen Maßnahmen darauf einstellen, gute Lösungen zu trainieren. Von guten Lösungen kann man immer dann sprechen, wenn Verständnis für ihren Funktionalwert vorhanden ist. Verständige Lösungen sind bei der Parallelogrammaufgabe Umformungslösungen vom Parallelogramm zum Rechteck. Uneinsichtige Lösungen sind „mechanische" Flächenberechnungen nach der Formel.

In Abschnitt 2.231 wird von den Denkleistungen die Rede sein, die bei der Konstruktion der Grammatik einer künstlichen Sprache zum Einsatz gelangen. *Shipstone* (1960) legte erwachsenen Pbn (Studenten) sinnlose Silben vor, die in „Sätzen" angeordnet waren. Die Pbn mußten diese Sätze möglichst sinnvoll ordnen. Es zeigte sich, daß ein Teil der Vpn zu einfachen Lösungen griff, wie dem Ordnen der Sätze nach dem Alphabet oder nach der Zahl der „Wörter". Bezeichnenderweise kamen manche über dieses Stadium nicht hinaus. Andere wiederum fanden Lösungen, die sich der dem Material zugrundeliegenden Grammatik stark annäherten. Hier handelt es sich, im Gegensatz zu den bisherigen Beispielen, um die Qualität der Lösung selbst. Obwohl alle Pbn zu einer Lösung kamen — sie strukturierten sogar Material mit Zufallsfolge — gab es verschiedene Niveaus der Lösung.

Ähnliches wird man immer dann beobachten, wenn das Problem das Endziel offenhält und ein Denken verlangt, das von gegebenen Bedingungen zu einer neuen Struktur führt (extrapolierendes Denken, nach *Bartlett,* 1958). So fand *Dienes* bei seinen Untersuchungen über die Bildung der mathematischen Struktur von Gruppen, daß nicht alle der untersuchten Probanden während des „Denkspiels" (siehe Abschn. 2.232) die Struktur der Gruppe fanden. Manche prägten sich das dargebotene Material nur gedächtnismäßig ein, ohne eine Gesetzmäßigkeit zu erkennen. Andere wieder blieben auf halbem Wege stehen. Aber einige entwickelten Modelle, die sehr genau der mathematischen Gruppe entsprachen, wie sie dem Versuchsmaterial zugrundelag. Bezeichnenderweise gingen die Unterschiede im Lösungsniveau quer durch alle Altersstufen, es gab Kinder und Jugendliche mit guten Lösungen und Erwachsene mit schlechten Lösungen und umgekehrt (*Dienes & Jeeves,* 1968).

2.136 Die Rolle der Erfahrung beim Lösungsprozeß

Bis jetzt haben wir den Denkprozeß, speziell den Lösungsvorgang, unabhängig von der vorausgegangenen Erfahrung betrachtet. Faktisch

spielt natürlich die Lernvergangenheit des Individuums auch bei produktiven Denkleistungen eine beträchtliche Rolle.
Die bekannte einsichtige Leistung von Schimpansen, mit Hilfe eines Stockes ein begehrtes Objekt zu sich heranzuholen, dürfte beispielsweise ohne die Speicherung bestimmter Informationen über die nutzbringenden Eigenschaften eines Stockes nur schwer möglich sein. *Birch* (1945) beobachtete, daß nur der Schimpanse den Stock als Werkzeug benutzte, der ihn schon zuvor in dieser Funktion kennengelernt hatte, die übrigen (fünf) Schimpansen wußten nichts mit ihm anzufangen. Um zu prüfen, ob die vorausgegangene Erfahrung tatsächlich eine Rolle spielte, gab *Birch* den Tieren Stöcke zum Hantieren. Nach drei Tagen lösten alle restlichen Versuchstiere das „Denk"-Problem in wenigen Sekunden.
Frühere Lernvorgänge wirken nun aber keineswegs als einfache Gewohnheiten (habits), die nur reaktiviert werden müßten. Vielmehr kommt es auf die Art und Weise an, *wie* über vorhandenes Wissen verfügt wird. Die Beobachtung, daß der Wasserdampf den Deckel eines Kochtopfes hochhebt, bringt keineswegs jeden Menschen auf den Einfall, daß Dampf eine Kraft ausüben könnte. In der 13-Aufgabe finden viele trotz hinreichender arithmetischer Kenntnisse nicht die Lösung, obwohl diese nichts anderes verlangt als den richtigen Einsatz dieser Kenntnisse. Das Wissen darüber, daß ein Tetraeder vier Flächen mit der Form eines gleichseitigen Dreiecks besitzt, führt ebenfalls nicht ohne weiteres zur Lösung der *Katona*-Aufgabe, bei der zwei Teile zu diesem regelmäßigen Körper zusammengesetzt werden müssen (s. Abb. 2.7).

Resonanz

Für den erfolgreichen Einsatz früherer Kenntnisse beim Problemlösen kommt unter anderem eine Erklärungsmöglichkeit in Frage, die *Duncker* (1935) im Anschluß an *Selz* (1922) als Resonanzwirkung beschreibt. Bei Aufgaben, in denen ein bestimmtes Ziel festgelegt ist, fragt man sich nach dem, was gefordert ist (Eigenschaften, Merkmale). Diesen Vorgang haben wir im Anschluß an *Duncker* mit Zielanalyse bezeichnet (s. Abschnitt 2.122). Die vorweggenommenen Eigenschaften werden nun oft mit bekannten Merkmalen in Beziehung gesetzt. In dem Augenblick, da eine Übereinstimmung zwischen den gesuchten und den vorhandenen Aspekten besteht, kommt es zu einer Art „Resonanz" oder „Miterregung" *(Selz)*, das vertraute Element wird für die Lösungsfindung benutzt. Wer einen Nagel in die Wand schlagen will, sucht nach einem Gegenstand, mit dem er klopfen kann. Findet er keinen Hammer, so kann ein anderes Objekt (Stein, Holzscheit) Resonanzwirkung erzeugen, weil die Schlagwirkung als gesuchte Eigenschaft an diesen Gegenständen entdeckt wird.

Suchbereich und Suchmodell

Allgemein, so meint *Duncker,* kann man Resonanzwirkung beobachten, wenn in einem bestimmten Suchbereich Aspekte vorgefunden werden, die das Suchmodell kennzeichnen. Bei der Bestrahlungsaufgabe (Abschn. 2.111) mag das Suchmodell als wichtigen Aspekt „freier Zugang zum Krankheitsherd" besitzen. Der Suchbereich kann sich dementsprechend auf den Körper richten. Stößt man beim „Absuchen" auf die Speiseröhre, so entdeckt man Übereinstimmung zwischen Gesuchtem und Gefordertem. Hängt das Suchmodell hingegen mit dem Bestrahlungsapparat selbst zusammen, so erstreckt sich der Suchbereich nicht mehr auf den Körper, sondern auf Möglichkeiten des verschiedenartigen Einsatzes der Strahlen. Hier kann es zu Resonanz zwischen gesuchten Eigenschaften und bekannten Sachverhalten kommen, wenn im Suchbereich die Kreuzung von Strahlen oder auch die an Kreuzungen auftretende Verkehrsdichte auftaucht.

Materialanalyse *(Duncker)*

Suchmodell und Suchbereich werden sehr stark durch die Frage bestimmt: Was kann ich brauchen? Man analysiert das verfügbare Material nach seiner Bedeutung für die Lösung. Der Gefangene überprüft alle zur Verfügung stehenden Materialien auf ihre Brauchbarkeit als Befreiungswerkzeug. Der Lebensmüde, dem man alle gefährlichen Gegenstände entzogen hat, benutzt anderes „Material" für seine Absichten. Eine erfolgreiche Materialanalyse unternimmt jener auf einem hohen Gerüst vergessene Arbeiter, der seine Strümpfe auftrennt und einen bis zur Erde reichenden Faden herstellt. Materialanalyse betreibt aber beispielsweise auch der Mathematiker, der die vorhandenen mathematischen Möglichkeiten danach absucht, ob sie sich für die Beschreibung von Denkvorgängen eignen (s. hierzu etwa Abschn. 2.21).
Allgemein scheint die Rolle vorausgegangener Erfahrung in der Benutzung bereits zuvor gespeicherter Wissensbestände („Wissensaktualisierung" nach *Selz,* 1922) und Lösungsprogramme („Mittelabstraktion" nach *Selz*) zu bestehen. Je mehr Strategien und „Normalverfahren" beherrscht werden, desto größer wird die Gefahr, sich ganz auf sie zu verlassen und mit ihnen allein auskommen zu wollen. Entwicklungspsychologisch gesehen nimmt die Bedeutung der Erfahrung für das

Problemlöseverhalten ständig zu, was sich sowohl fördernd als auch hemmend auf die Lösungsfindung auswirken kann.
Das schwierige Problem, wie vorhandenes Wissen auf neue Aufgaben übertragen wird, muß uns noch öfter beschäftigen. Die oben gegebene Erklärung durch Resonanzwirkung hat nur vorläufigen Charakter.

Zusammenfassung

Bei der Entwicklung der Lösung kann man je nach Problem zwischen interpolierendem Denken (Ziel ist bekannt), extrapolierendem Denken (Ziel ist unbekannt) und dem Aufdecken versteckter Zusammenhänge (evidence in disguise) unterscheiden.
Bei langen Denkwegen bildet sich eine Hierarchie von Lösungsprozessen aus, die sich im günstigen Falle von „oben" nach „unten" entwickelt. Oft empfängt das Denken allerdings auch Anregung von „außen" und „unten". Je nach Art der Lösungsentwicklung kann man von guten und schlechten Lösungen sprechen.
Die Erfahrung ist beim produktiven Denken weniger in Form von habits beteiligt. Sie beeinflußt vielmehr den „Suchbereich" und das „Suchmodell" und sorgt manchmal durch „Resonanzwirkung" für eine rasche Lösungsfindung. Die Materialanalyse prüft, welche Eigenschaften des zur Verfügung stehenden „Materials" für die Lösungsfindung brauchbar sind.

2.14 Denken als Umstrukturieren

Ein sehr wichtiger Aspekt bei der Analyse des Denkprozesses wurde von der Gestaltpsychologie eingeführt. Sie übertrug die in der Wahrnehmungsforschung gewonnenen Sachverhalte auf das Denken und gelangte aufgrund der andersartigen Betrachtungsweise zu Beschreibungs- und Erklärungsprinzipien, die sich als recht fruchtbar erwiesen. Wohl das bedeutungsvollste Konzept der gestaltpsychologisch orientierten Denkforschung ist der Begriff des Umstrukturierens.

2.141 Beschreibung des Phänomens

Der Würfel in Abb. 2.9 kann auf zweierlei Weise wahrgenommen werden: in der Draufsicht von oben und im Blickwinkel von unten. Man beobachte, wie die Figur je nach Strukturierung „umkippt".
Dieses einfache Beispiel aus der Wahrnehmung mag veranschaulichen,

Abb. 2.9: „Kippfigur", demonstriert am Neckerschen Würfel

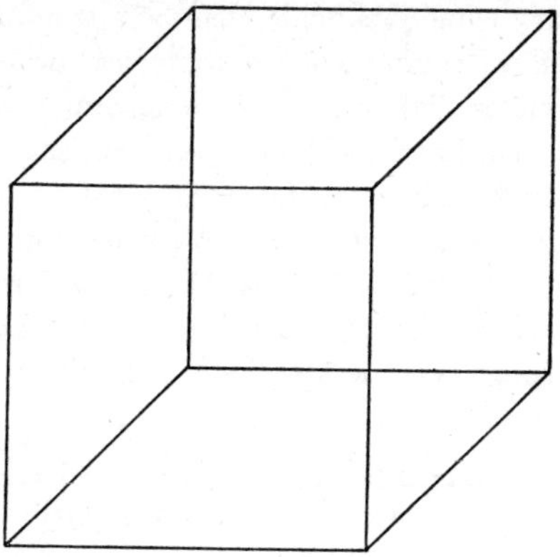

wie beim Denken die Lösung erreicht wird. Eine anfängliche Struktur wird in eine neue umgewandelt. Am einfachsten läßt sich dieser Vorgang bei Denkprozessen beschreiben, die von *Bartlett* als „evidence in disguise" (Auffinden versteckter Information, s. Abschn. 2.132) bezeichnet werden. Unsere Zahlenreihenaufgabe (2.112) mag als Beispiel dienen. Gegeben seien die Zahlen von 1 bis 8. Gesucht ist ein Weg, mit dessen Hilfe man möglichst rasch die Summe der Zahlen ermitteln kann. Der wichtigste Schritt zur Lösung ist, wie bereits beschrieben, die Umgruppierung der Zahlen. Die Zuordnung 1 + 8, 2 + 7, 3 + 6 usw. oder 1 + 7, 2 + 6, 3 + 5 ... führt zur Erkenntnis, daß man nur eine Zahl (9 bzw. 8) aufzuaddieren braucht, was gleichbedeutend mit einer Multiplikation ist. Hier wird der Umstrukturierungsprozeß anschaulich sichtbar, er besteht in der Umformung der anfänglichen Struktur (Zahlenreihe) in eine neue Struktur (von den Endgliedern zur Mitte laufen und Paare bilden). Wie der Denkende zu dieser Umformung kommt, wird mit Hilfe des Umstrukturierungsbegriffes nicht erklärt, wohl aber doch einige wichtige Eigentümlichkeiten des Denkens.

Zunächst einmal wird deutlich, daß sich das Denken nicht schrittweise vollziehen muß, sondern oft dann erst Erfolg hat, wenn es an vielen (in unserem Beispiel der Zahlenreihe an zwei) Stellen zugleich etwas ändert. Nicht die einzelnen Elemente (etwa die Zahlen der Reihe von 1 bis 8) sind für die Lösung entscheidend, sondern die Struktur aus sämtlichen Elementen (in unserem Beispiel die Reihe selbst). Weiterhin erklären sich bei dieser Betrachtungsweise die „Sprünge" im Denken.

Genau wie man nicht kontinuierlich von der einen Wahrnehmungsform des *Necker*schen Würfels in die andere gleiten kann, so fehlt auch im Denkvorgang gerade beim entscheidenden Schritt oft die Kontinuität. Nicht immer, aber doch relativ häufig, stellt sich deswegen die Lösung schlagartig ein. In vielen Fällen gibt es keine Stufen des Denkens, wie sie in der Literatur manchmal aufgestellt werden, sondern ein Anfangsproblem und die umstrukturierte Lösung. Versucht jemand beispielsweise die in Abb. 2.10 wiedergegebene Aufgabe von *Katona* systematisch zu lösen, so führt ihn das unter Umständen recht nahe an die Lösung. Doch bedarf es für die Einsicht in die Lösungsmöglichkeit einer Umstrukturierung, wie sie in dieser Aufgabe wieder anschaulich gegeben ist.

Abb. 2.10: Aufgabe von *Katona* (1940): Aus fünf Quadraten sollen durch Umlegen von drei Hölzchen vier Quadrate entstehen.

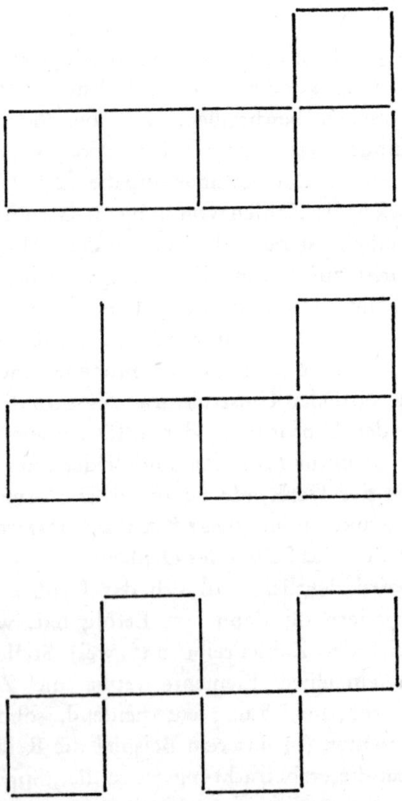

Aus fünf mit Streichhölzern gelegten Quadraten sollen durch Veränderung von nur drei Hölzchen vier Quadrate entstehen. Entfernt man systematisch je ein Streichholz von links nach rechts gehend und legt es wieder an seinen Platz zurück, so mag sich die Position b ergeben. Hier wird eine neue Struktur sichtbar: Das freiliegende Hölzchen kann zu einem Quadrat ergänzt werden, während das ehemalige Quadrat verschwunden ist. Ergänzt man mit Hilfe zweier Hölzchen des Eckquadrats, so hat man bereits die Lösung. Es sind viele Wege denkbar, die zur Lösung führen. Aber alle verlangen sie, daß die geschlossene Struktur der fünf Quadrate aufgegeben wird und die neue Struktur gesehen wird. Viele Denkprobleme (wohl die meisten) haben kein so anschauliches Pendant in der Außenwelt, doch läßt sich auch dann der Strukturbegriff trefflich verwenden.

Das Bergtourproblem (2.123) beispielsweise ist durch Umstrukturieren des gegebenen Materials leicht lösbar, mit Hilfe einer systematischen Analyse hingegen nur schwer. Der Umstrukturierungsprozeß besteht hierbei in der Übertragung des Abstiegs auf eine zweite Person, die am gleichen Tag um die gleiche Stunde ihre Wanderung beginnt. Systematische Lösungsversuche beziehen in der Regel die verschiedenartigen Geschwindigkeiten beim Auf- und Abstieg mit ein und vermissen dabei genauere Informationen über das Tempo des Wanderers. Die Parallelogrammaufgaben von *Wertheimer* sind typische Beispiele für Umstrukturierungsprozesse beim Denken. Der entscheidende Lösungsschritt impliziert immer eine vollständige Umwandlung der ursprünglichen Figur. Die Einsicht erfolgt plötzlich.

Damit sind wir bei einem Aspekt des Umstrukturierungsvorganges, der auch erlebnismäßig gegeben ist. Schon *K. Bühler* (1922) beschreibt die plötzliche Einsicht als „Aha-Erlebnis". Die „Erhellung" des Sachverhaltes vollzieht sich gewissermaßen nicht als allmähliches Hellwerden, sondern als plötzliches Einschalten des Lichtes. In den Fällen, in denen die Lösungsfindung in dieser Weise erlebt wird, spricht man von Einfall, Eingebung, Inspiration, Intuition, Erleuchtung. Es entsteht beim Denkenden der Eindruck, als sei ihm der Einfall zugeflogen und nicht das Ergebnis der Aktivität des Ich. Daher rührt das Überraschtsein und das Erlebnis der Ichferne. Da Umstrukturierungsprozesse auch bei kleineren Denkschritten auftreten, gibt es immer wieder Abschnitte im Denken, die nicht bewußt verlaufen. Phänomenologisch gegeben ist häufig erst wieder das Eintreten der Lösung.

Neben der Ichferne sollte man als phänomenologisches Kriterium noch das Moment der Passivität hervorheben. Die neue Struktur drängt sich einem förmlich auf, man gleitet zwangsläufig in sie hinein. Vermutlich hängt damit das Evidenzerlebnis bei manchen Lösungen zusammen. Man hat den Eindruck, gerade infolge des „Gezogenwerdens" in die neue Struktur, daß diese richtig sein muß. Zudem wird das Auffinden der Lösung von einem Gefühl der Entspannung, Erleichterung, Befriedigung begleitet. Evidenzerlebnisse sind trotzdem kein Indikator für die Richtigkeit einer Lösung. Das ist auch der Grund, weshalb wir den Bewußtseinsaspekt der Lösungsfindung beachten müssen. Obwohl in vielen Fällen, vielleicht in der Regel, das Evidenzerlebnis (Einsicht, Verstehen) tatsächlich eine richtige Lösung anzeigt, kann es in die Irre führen. Der Denkende muß also andere Kriterien finden, um die Brauchbarkeit oder Stimmigkeit seiner Lösung zu prüfen. In der Geschichte der Wissenschaft läßt sich die Diskrepanz zwischen unmittelbarer Evidenz und anderen Kriterien für die Richtigkeit eines Ergebnisses bis in die Gegenwart hinein verfolgen. Die Naturwissenschaft verläßt sich heute in keinem einzigen Falle mehr auf Erlebnisse der Einsicht und Evidenz, die Philosophie hingegen gebraucht diese Kriterien nach wie vor, da sie in vielen Fällen keine anderen zur Verfügung hat.
Erlebnis- und bewußtseinsmäßig weniger prägnant als die Lösung ist beim Umstrukturierungsvorgang die Anfangsphase, nämlich das „Zerbrechen" oder „Abbauen" der alten Struktur (Problemstruktur). Bei vielen Problemen gelingt die Umstrukturierung nämlich erst, wenn man die Struktur, in der sich das Problem präsentiert, verläßt. Bei der Zahlenreihenaufgabe besteht die Zerstörung der ursprünglichen Struktur im Aufgeben der Reihenfolge 1, 2 . . .8. Die Parallelogrammaufgabe führt zur Lösung, wenn man an die Beseitigung der „störenden" Ecken herangeht. Beim Bergtourproblem wird das Abbauen der alten Struktur besonders deutlich: Man verzichtet auf die Bedingung, daß der Abstieg am darauffolgenden Tag geschieht und daß es sich um einen einzigen Wanderer handelt. Freilich liegen Abbau, Umformung und Neukonstruktion der Struktur oft so nahe beieinander, daß man diese Phasen nicht trennen kann.

2.142 Umstrukturieren als Erklärungsmöglichkeit für die Lösungsfindung

Man darf nach dem bisher Gesagten nun nicht annehmen, daß Umstrukturierungsvorgänge auf solche Denkleistungen beschränkt seien, in denen ein Problem durch einen sprungartigen Übergang zur Lösung geführt würde. Es ist vielmehr vorteilhaft, den Begriff der Struktur auf eine Reihe von Phänomenen anzuwenden, die mit Denkprozessen zu tun haben. Wir befassen uns im folgenden mit drei Aspekten: Umstrukturieren als Ordnen, Umstrukturierungsvorgänge beim Problemerfassen und Umstrukturieren als Wechsel der Hypothese.

Umstrukturieren als Ordnen

Bei Denkleistungen, in denen Elemente oder Einheiten geordnet werden müssen, läßt sich der Umstrukturierungsprozeß oft in Zeitlupe beobachten. Das Ordnen von Mengen, wie es heute in der Grundschule betrieben wird, ist ein typisches Beispiel hierfür. Abb. 2.11 zeigt verschiedene Möglichkeiten, die Menge 20 zu ordnen. Das Endergebnis ist jedesmal eine deutlich andere Struktur und führt demgemäß zu verschiedenen Eigenschaften oder „Lösungen" der Menge (etwa $20 = 2 \cdot 10$; $20 = 2 \cdot 5 + 2 \cdot 5$; $20 = 4 \cdot 5$ usw.). Interessant ist demgegenüber die Struktur der Primzahl 19, sie ist (in diesem Falle) gekennzeichnet durch das Fehlen eines Elements. Der äußere Vorgang des Ordnens bedeutet bereits ein Umstrukturieren. Das Endergebnis selbst kann zu einem weiteren (wichtigeren) Umformungsprozeß führen, nämlich der Einsicht, daß sich eine Menge durch Multiplikation einer Teilmenge ($4 \cdot 5$) gewinnen läßt oder daß die Menge in Teilmengen aufgegliedert werden kann. Die sichtbare Struktur muß aber nicht immer solche Eigenschaften signalisieren, sie

Abb. 2.11: Mengenordnen als Umstrukturieren

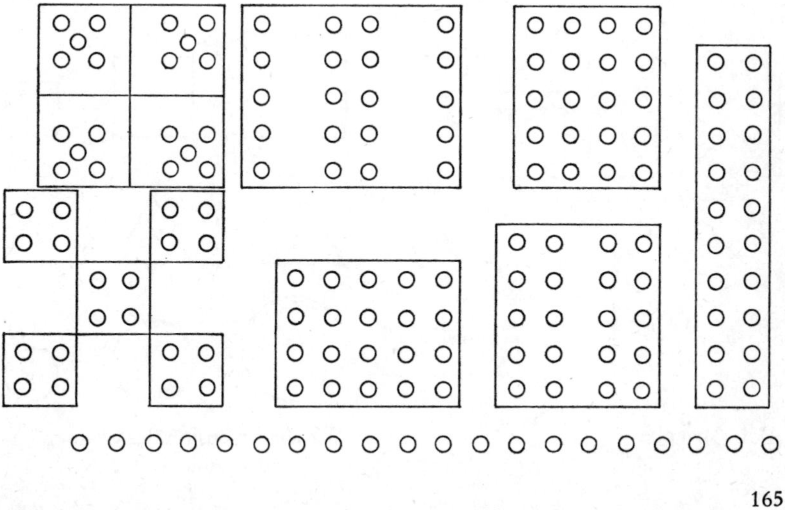

sind meist erst das Ergebnis weiterer („innerer“) Umstrukturierungsvorgänge. Wie noch zu zeigen sein wird, ist für das mathematische Denken die Verfügbarkeit von vielen Strukturen für ein und dieselbe Sache besonders vorteilhaft.

Abb. 2.12 zeigt andere Ordnungsvorgänge. Die bekannte Aufgabe, aus Einzelteilen eine Figur von der Form des Buchstaben T zu legen, demonstriert den Umstrukturierungsprozeß für den Ordnungsversuch als Ganzes und für die kritische Position des entscheidenden Teils. In unserem Beispiel besteht dieser zentrale Umstrukturierungsprozeß in der Einordnung des für die gesuchte T-Figur „ungünstigsten“ Steines als Verbindungsstück zwischen Quer- und Längsachse. Man beachte, wie das sperrige Stück durch Nutzung der kantigen Seiten als rechter Winkel des T-Stücks wahrnehmungs- und erlebnismäßig eine neue Struktur erhält (Abb. 2.12 a).
In Abb. 2.12 b besteht der Ordnungs- und Strukturierungsvorgang in der gleichzeitigen Berücksichtigung zweier Dimensionen (Form und Größe). Es muß hervorgehoben werden, daß das gedankliche Umstrukturieren hier an ganz verschiedenen Stellen einsetzen kann. Man mag die beiden Ordnungsdimensionen schon vorneweg erkannt haben und sie planvoll beim Ordnen benützen. Man kann auch während des Ordnens auf sie stoßen und schließlich die Lösung finden, ohne die beiden Dimensionen

Abb. 2.12: Beispiele für Umstrukturierungsprozesse, die im Handeln sichtbar werden.

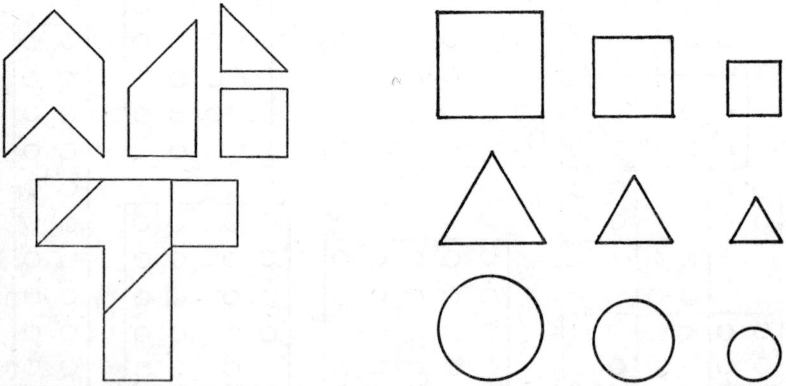

a) T-Aufgabe b) Zweidimensionales Ordnen

klar zu unterscheiden. Im letzteren Falle ist es möglich, daß erst hinterher eine Umstrukturierung erfolgt, die aufgrund der Wahrnehmungshilfen der sichtbaren Struktur möglich wird.

Problemerfassen als Umstrukturierungsvorgang

Das Verständnis eines gestellten Problems erfordert vom Denkenden bereits ein Umstrukturieren. Denn bei einem Problem werden bekannte Einheiten oder Sachverhalte so gruppiert, daß eine „defekte" Struktur entsteht oder daß eine bestehende Struktur umzuwandeln ist. Im ersten Falle muß die defekte Struktur erkannt werden, im letzteren Falle die Notwendigkeit, daß die vorhandene Struktur aufzugeben ist. Stellt man Kindern unter 10 Jahren die 13-Aufgabe (2.113), so geben sie meist zur Antwort: „Das ist eben so" oder: „Weil die Zahlen vorne und hinten gleich sind" (abcabc). Sie sehen also das eigentliche Problem gar nicht. Ähnlich verhält es sich mit der Zahlenreihenaufgabe. Viele Kinder wissen gar nicht, was mit der Frage gemeint ist, oder sehen nicht ein, daß es reizvoll ist zu fragen, ob es einen Weg gibt, der eine raschere Ermittlung der Summe ermöglicht.
Natürlich kann ein Problem so gestellt werden, daß seine Struktur nur schwer durchschaubar ist, und umgekehrt kann es in eine einfache Struktur eingebettet sein. Davon war bereits in einem anderen Zusammenhang die Rede (2.12). Die Problemstruktur kann weiterhin mit der Lösungsstruktur verwandt oder aber von ihr vollkommen verschieden sein. Bietet man bei der Bestrahlungsaufgabe zur Illustration nicht nur einen Bestrahlungsapparat, sondern mehrere, die auf der Zeichnung wahllos verteilt sind, so wird die Lösung ‚Kreuzung mehrerer Strahlen im Krankheitsherd' rasch gefunden.
Oft gewinnt das Problem keine klare Struktur, weil zu viele Einzelheiten und Nebensächlichkeiten mit hineingepackt sind. Wenn man in der Zahlenreihenaufgabe die Zahl der Elemente vermehrt (z. B. 100 statt nur 8), so wird das Problem unüberschaubar für Kinder, weil sie die Struktur der Aufgabe nicht mehr erfassen können. Stellt man das Bergtourproblem unter Beifügung vieler Einzelheiten, wie Nennung des Namens des Berges und der Gipfelhütte und Aufzählung einiger Einzelheiten auf dem Wanderweg (Wald – starke Steigung – Fels – Zwergkieferregion), so wird die Struktur des Problems unklar, weil der Denkende durch die Einzelheiten abgelenkt wird. Besonders häufig sind unklare Problemstrukturen bei Textaufgaben. Die Einzelheiten mit sozialem Charakter (Namen der Waren, der agierenden Personen, relativ

fremde Sachverhalte, die nichts mit der Aufgabe selbst zu tun haben) stören das Verständnis der Aufgabe und verhindern eine Strukturierung durch den Schüler.

Ein treffendes Beispiel ist dem Verfasser aus dem Physikunterricht in Erinnerung. Die Berechnung des Volumens unregelmäßiger Körper mit Hilfe eines Überlaufgefäßes wurde unter Verwendung von Kupfervitriollösung demonstriert, um den Vorgang des Überlaufens gut sichtbar zu machen. Das komplizierte und unbekannte Wort „Kupfervitriollösung" erschwerte die Problemerfassung außerordentlich, weil in die Struktur die fremdartige Flüssigkeit miteinbezogen wurde, der man eine wichtige Funktion zuschrieb.

Umstrukturieren als Wechsel der Hypothese

Unter dem Gesichtspunkt der Strukturierung präsentiert sich der Denkvorgang sowohl im Sinne der Problementwicklung als auch im Lichte der Lösungsentwicklung als fortlaufendes Umstrukturieren und Umgruppieren. Erweitert man den Strukturbegriff auf diese Weise, so verliert er wohl die Kennzeichen des Einmaligen und der Erlebniskomponente einer plötzlichen Entspannung oder unmittelbaren Evidenz, kann aber dann auch für den später zu beschreibenden Ansatz, der die Strategien beim Denken analysiert, Verwendung finden (2.2).

Duncker (1935) ließ Versuchspersonen Gegenstände raten, indem er einige Merkmale aufzählte. Nach Hinzufügen von „rot" und „rund" nannte jemand beispielsweise „Gummiball", nach „saftig" wurde „Apfel" geraten, nach zusätzlicher Nennung von „weich" fiel der Vp erst „Eierpflaume", dann „Tomate" ein. Auf die Frage „Was ist das: lang, spitz, kalt?" bringt die Vp Objekte wie „Degen" oder „Stricknadel". Wird als weiteres Merkmal „spröde" und schließlich „herabhängend" hinzugefügt, so raten fast alle das richtige Wort „Eiszapfen". Hier läßt sich gut beobachten, wie der Proband seine Hypothese über den mutmaßlichen Gegenstand ändert. Damit wird natürlich der ganze Zielbereich umstrukturiert, das „Suchfeld" oder der „Suchbereich" wechselt. Ähnliche Hypothesenänderungen treten bei Ratespielen auf, wie dem Teekesselraten oder dem Raten von Gegenständen mit Hilfe von Ja-Nein-Antworten.

Im ersten Teil, der über Begriffsbildung handelt, sahen wir bereits, daß der Wechsel bzw. das Aufgeben einer Hypothese schwerfällt. Man trennt sich ungern von seinen Vermutungen. Deshalb waren auch solche Vpn

am erfolgreichsten, die globale Hypothesen im Sinne der Focus-Strategie bildeten. Sie konnten ihre Hypothese laufend einengen, ohne sie gänzlich aufgeben zu müssen (s. Abschn. 1.231). Wer eine engumgrenzte Hypothese aufstellte und bei Nichtzutreffen eine neue bilden mußte, war im Nachteil (Scanning Strategie). In einem Experiment von *Wason* (1960) wird untersucht, wie die Vp sich verhält, wenn ihre Hypothesen zunächst eine Unterstützung erfahren. Der Vl legte den Pbn die Serie 2, 4, 6 vor und erklärte, daß sie nach einer einfachen Regel aufgebaut sei, die gefunden werden müsse. Die Regel lautete: eine beliebig aufsteigende Reihe von verschiedenen Zahlen. Die Vp durfte nun selbst Reihen bilden und erhielt nach jedem Versuch die Information, ob die Reihe der Regel entsprach oder nicht. Weiterhin konnte die Vp die Regel nennen, wenn sie glaubte, diese gefunden zu haben. War die genannte Regel falsch, wurde der Vp das mitgeteilt und das Experiment weitergeführt.
Viele Pbn hatten Schwierigkeiten, ihre Hypothese aufzugeben. Sie versuchten sie lediglich zu modifizieren, gingen aber ungern ganz von ihr ab. Nur sechs von 29 Pbn nannten die korrekte Regel bei ihrer ersten Äußerung über die Struktur der Reihe. Es zeigte sich, daß diese Pbn viel häufiger als die übrigen ihre Hypothesen variierten. Ein Protokoll über die Reihen, die eine Vp für die Auffindung der richtigen Regel benutzte, sei hier aufgeführt:

a) 8, 10, 12; b) 14, 16, 18; c) 20, 22, 24; d) 3, 5, 7; e) 1, 2, 3; f) 2, 4, 8; g) 2, 2, 4; h) 6, 4, 2; i) 1, 9, 112; daraufhin wurde die richtige Regel genannt.

Der Wechsel in der Hypothese, wie er sich hier zeigt, ist ein Beispiel für rasches und leichtes Umstrukturieren. Das Klebenbleiben an einer Hypothese indiziert das Unvermögen, eine vorhandene Struktur zu zerstören und nach einer neuen zu suchen.

2.143 Erschwerende Bedingungen beim Umstrukturieren

Man hat *Wason* vorgeworfen, er habe seine Vpn in die Irre geführt, da man im allgemeinen hinter einer Zahlenreihe von der vorgelegten Form eine arithmetische Gesetzmäßigkeit vermutet und nach ihr sucht (*Wetherick*, 1962). Sicherlich wurde die Umstrukturierung erschwert, weil die zu suchende Regel zunächst nicht innerhalb der Erwartungen der Vpn lag. Einer Umstrukturierung entgegen wirken alle Bedingungen, die das Problem zu einer relativ festen und ganz andersartigen Struktur machen als es die Lösungsstruktur ist. Beispiele für Erschwerung, die wir in anderem Zusammenhang bereits kennengelernt haben, sind die Zahlen 276276 und 591591 als Ausgangsbeispiele in der 13-Aufgabe und die Skizze bei der Bestrahlungsaufgabe (Abb. 2.5).

Sets

Eine besondere Bedingung, die das Umstrukturieren hemmt, ist die Bildung von Einstellungen oder sets, die durch vorausgegangene Denk- bzw. Lernaktivität entstanden sind. Als Beispiel für die Bildung von sets seien die bekannten Umschütt-Aufgaben von *Luchins* (1946) angeführt.

Seine Versuchspersonen hatten mit Hilfe von drei (gedachten) Behältern eine bestimmte Flüssigkeitsmenge durch Umschütten herzustellen. Eine erste Aufgabe diente zu Illustrationszwecken (Tab. 2.1), die nächsten fünf Aufgaben können nach dem Schema b — a — 2c gelöst werden. Ab Aufgabe 7 gibt es einfachere Möglichkeien, die gewünschte Menge herzustellen. Der Autor, der dieses Experiment an über 9000 Vpn verschiedenen Alters durchführte, fand immer wieder das gleiche Hauptergebnis. Die Pbn verwendeten bei den Aufgaben Nr. 7 bis 11 ebenfalls die umständliche Methode, die anfangs zum Ziel geführt hatte. Sie hatten eine ‚Einstellung' (set) gebildet, die das Einschlagen des einfacheren Lösungsweges verhinderte. In späteren Untersuchungen prüften *Luchins* und *Luchins* (1950), unter welchen Bedingungen die set-Bildung verhindert werden kann. Sie stellten Schülern der sechsten Klassen (Elementary School) die Umschüttaufgaben mit etwas veränderten Instruktionen. Mit Hilfe der drei Behälter (wiederum nur gedanklich gegeben) sollte Milch abgemessen werden. Der Milchtank enthält insgesamt 539 Viertel (die Maßeinheit war in allen Experimenten ein Viertel). Aus Gründen der Sauberkeit darf keine Milch, die einmal aus dem Tank entnommen ist, zurückgeschüttet werden. Die einzelnen Abfüllaufgaben waren die gleichen wie in Tab. 2.1. Die Vpn wurden aufgefordert, möglichst viele Aufgaben zu lösen und dabei immer auch mit aufzuschreiben, wieviel Milch noch im Tank sei. Durch diese Instruktion sollte der set-Effekt verringert werden.

Es zeigte sich, daß auf diese Weise der Einstellungseffekt nicht sichtlich gehemmt werden konnte. Von 139 Vpn rechneten nur 33 tatsächlich nach, wieviel Milch noch vorhanden war. Diese Gruppe allerdings zeigte nur zu einem geringen Maß set-Lösungen. In einem weiteren Versuch wurden die Vpn nach jeder Aufgabe erneut aufgefordert, die Restmenge nachzuprüfen. Auch dadurch ließ sich die set-Wirkung kaum verringern. Erst als der Vl nach der 9. Aufgabe das Rechnen unterbrach und den Vpn Gelegenheit gab, einige Probleme noch einmal neu zu rechnen, sanken Einstellungsfehler rapid ab (von ca. 80% auf ca. 15%). Am ungünstigsten wirkte sich der Zeitdruck aus, wie eine weitere Untersuchung zeigte. Von 62 Schülern, die aufgefordert worden waren, möglichst schnell zu arbeiten, aber dabei die Überprüfung der Restmenge im Tank nicht zu vergessen, unterlagen nur 4 nicht dem Einstellungseffekt, die restlichen 58 produzierten in 100% der Fälle set-Lösungen!

Tab. 2.1: Aufgaben zur set-Bildung nach *Luchins* & *Luchins* (1950)

	Behälter			
Problem	a	b	c	Gesucht
1	29	3		20
2	21	127	3	100
3	14	163	25	99
4	18	43	10	5
5	9	42	6	21
6	20	59	4	31
7	23	49	3	20
8	15	39	3	18
9	28	59	3	25
10	18	48	4	22
11	14	36	8	6

Die Einstellung erwies sich in dieser Aufgabenreihe als so ausgeprägt, daß auch eine Veränderung der Behälteranzahl (Einführen überflüssiger Behälter bei allen Aufgaben) und die Konkretisierung der Aufgabe (tatsächliches Umschütten) keine Abhilfe schaffte.

Die Befunde *Luchins'* und ähnliche Ergebnisse weisen auf ein Problem hin, das in allen Schulgattungen tagtäglich dem Lehrer zu schaffen macht. In allen Fächern werden durch die Vermittlung von Normalverfahren Hilfen zur Lösung von Denkproblemen und durch die übende Wiederholung massive Einstellungen aufgebaut. Besonders gravierend dürfte der set-Effekt in der Mathematik und in Latein (bzw. Griechisch) sein. Während er im ersten Falle leicht zu beobachten ist, hat man sich mit seiner beeinträchtigenden Wirkung in den Alten Sprachen noch nicht befaßt. Man denke an die verschiedenen Formen des Ablativs, die erfahrungsgemäß schwer auseinandergehalten und noch weniger befriedigend in einen adäquaten deutschen Ausdruck übertragen werden. Der Schüler scheint sich gewisse Schemata zu bilden, mit denen er auskommen möchte. Tatsächlich aber verlangt das Verständnis und richtige Übertragen des Ablativs (wie natürlich auch anderer grammatikalischer Regeln) Flexibilität, also leichtes Umstrukturieren.

Am besten kann man der set-Bildung entgehen, wenn man Aufgabenfolgen bildet, bei denen die (Denk-)Methode gewechselt werden muß. Sobald also eine gewisse Sicherheit in der Benutzung einer Regel oder in der Anwendung eines Gesetzes besteht, sollte man wohlüberlegte Aufgabenserien bilden, in denen die neue Regel vermischt mit alten eingesetzt werden muß und der Schüler gezwungen wird, laufend umzustrukturieren. Umgekehrt sind set-Effekte besonders stark zu erwarten, wenn Aufgabenserien vorliegen, die sowohl mit einem Normalverfahren als auch mit einem spezifischen (beispielsweise ökonomischen) Verfahren zu lösen sind. Dann nämlich behält der Lernende schon der Einfachheit und Bequemlichkeit halber seine Allround-Methode bei. Da nun aber Normalverfahren die Eigenschaft haben, auf möglichst viele (oft auf alle) Fälle anwendbar zu sein, und spezifische Verfahren nur hin und wieder einen Vorteil einbringen, läßt sich diese Forderung nicht leicht erfüllen. Eine Möglichkeit bestünde darin, Aufgaben zu wählen, die mit dem Normalverfahren außerordentlich mühsam, mit einem anderen Verfahren hingegen leicht und rasch zu lösen sind. Ein Problem außerhalb der Mathematik wäre beispielsweise die Bergtour-Aufgabe, die mit den üblichen Mitteln des Vergleichs von Geschwindigkeit, Wegstrecke und Zeit umständlich, auf die angegebene Weise aber mühelos gelöst werden kann.

Da das Umstrukturieren ein Wesensmerkmal des Denkens und des Intelligenzniveaus überhaupt ist, gehört zur Förderung des Denkens unabdingbar die Übung im Umstrukturieren. Denkprobleme, die häufiges Umstrukturieren verlangen, besitzen andererseits leicht den Charakter des Spielerischen oder Verspielten, weil sie in keinem Bezug zu den Aufgaben der sozialen Realität stehen. Damit wirft man das Problem der Übertragbarkeit und der Mitübung auf, von dem später noch die Rede sein wird. Prinzipiell trifft der obige Einwand natürlich auch vieles, was im herkömmlichen Unterricht geübt und gelernt wird (vgl. hierzu die bereits vor einem halben Jahrhundert erfolgte Kritik von *Thorndike,* 1903).

Funktionale Gebundenheit (functional fixedness)

Sets wirken in vielerlei Formen beeinträchtigend auf den Umstrukturierungsvorgang ein. Im Alltagsleben haben wir uns beispielsweise so an bestimmte Funktionen der Gegenstände gewöhnt, daß wir ihre Verwendung in einem anderen Sinn nicht in Erwägung ziehen. Einen Bohrer benutzen wir beispielsweise nur zum Bohren eines Loches, kommen aber nur schwer auf den Einfall, den Bohrer als Aufhängevorrichtung zu verwenden. *Duncker* (1935) stellte solche Aufgaben, von denen drei kurz beschrieben werden sollen.

Schachtelproblem. — Die Aufgabe der Vp besteht darin, drei Kerzen vertikal an einem aufrecht stehenden Schirm zu befestigen. Zur Verfügung stehen einige Ge-

genstände, die auf dem Tisch liegen: drei Pappkarton-Schachteln von verschiedener Größe, fünf gefüllte Streichholzschachteln und fünf Reißnägel.
Bohrerproblem. — Drei Schnüre sollen an einem Brett, das über der Vp befestigt ist, getrennt aufgehängt werden. An Objekten stehen unter anderem zur Verfügung: zwei Haken mit Schraubgewinde und ein Bohrer.
Büroklammer-Problem. — Vier schwarze quadratische Kärtchen sind auf einem großen weißen Quadrat zu befestigen, welches seinerseits an einem Brett, das im Bohrerproblem bereits gebraucht wurde, aufgehängt werden soll. Vorhanden an Gegenständen sind neben anderen irrelevanten Objekten eine Anzahl Büroklammern.

Bei der ersten Aufgabe müssen die Kerzen mit flüssigem Wachs auf den Schachteln festgeklebt und diese mit Reißnägeln an dem Schirm befestigt werden. Die zweite Aufgabe läßt sich leicht lösen, wenn man als dritten Aufhänger den Bohrer selbst benutzt. Die Lösung der letzten Aufgabe besteht darin, den fehlenden Haken durch eine aufgebogene Büroklammer zu ersetzen, die in eines der beim vorausgehenden Bohrerversuch entstandenen Löcher gesteckt wird.

Duncker prüfte nun, ob die vorausgehende Benutzung der lösungsrelevanten Objekte in ihrer üblichen und eigentlichen Funktion die gestellten Aufgaben erschwerte. Die Schachteln im ersten Versuch beispielsweise dienten als Behälter für Feuerzeug und Reißnägel und wurden erst im Laufe der Bearbeitung des Problems geleert. In der zweiten Aufgabe mußten die Vpn der Versuchsgruppe die Löcher für die Haken mit dem Bohrer erst vorbohren. In der dritten Aufgabe mußten die vier schwarzen Quadrate mit Büroklammern an dem großen weißen Quadrat befestigt werden.

Die Vpn der Kontrollgruppe benutzten das Lösungsmaterial nicht in den beschriebenen Funktionen. Im ersten Versuch lagen die Schachteln neben den übrigen Objekten auf dem Tisch, im zweiten Versuch waren die Löcher bereits vorgebohrt und im dritten Versuch waren die schwarzen Quadrate bereits auf dem großen weißen Quadrat befestigt.

Duncker fand bemerkenswerte Unterschiede zwischen Vpn mit vorherigem Gebrauch der drei Objekte und Vpn der Kontrollgruppe. Da er aber nur wenigen Probanden seine Aufgaben stellte, sind seine Befunde nicht eindeutig zu interpretieren. *Adamson* (1952) wiederholte *Dunckers* Experimente mit genauer Kontrolle der Versuchsbedingungen und mit einer größeren Anzahl von Probanden.

Bei allen drei Aufgaben brauchten die Pbn mit funktionaler Gebundenheit länger als die Kontrollgruppe, die Schachtel, Bohrer und Büroklammer nicht zuvor benutzt hatte. Aber nur bei der Schachtelaufgabe zeigte sich die funktionale Gebundenheit auch im Nichterreichen der Lösung selbst: etwa die Hälfte der Pbn in der Versuchsgruppe fand die Lösung nicht. Die übrigen beiden Aufgaben konnten also mit größerem Zeitaufwand auch bei funktionaler Gebundenheit gelöst werden. Immerhin ist es frappierend, wie eine augenblickliche und sicher vorübergehende Einstellung das Umstrukturieren beeinträchtigt.

Die *Maier*sche Seilaufgabe (s. Abb. 2.6 c) wurde von *Birch* und *Rabinowitz* (1951) ebenfalls für die Überprüfung von Einstellungseffekten bei vorheriger Verwendung von Gegenständen in einem mit der Lösung nicht verwandten Sinne benutzt. Ihr Experiment zeigt besonders augenfällig die momentane set-Bildung.

Die Vpn sollten zwei herabhängende Stricke zusammenbinden, die so weit auseinanderhingen, daß sie nicht zugleich erfaßt werden konnten. Als Lösung des Problems ergab sich in der Versuchssituation die Möglichkeit, an einem Seil ein Gewicht zu befestigen und so das Seil zum anderen hinüberzuschwingen. Als „Gewicht" standen zwei Gegenstände zur Verfügung: ein Relais und ein elektrischer Schalter. Eine Versuchsgruppe hatte im Versuch (funktionale Fixierung) einen elektrischen Stromkreis zu basteln, bei dem ein Schalter montiert werden mußte (S-Gruppe). Die zweite Versuchsgruppe (R-Gruppe) baute den gleichen Stromkreis, nur daß an Stelle des einfachen Schalters ein Relais einzufügen war. Die Kontrollgruppe trat gleich in den Hauptversuch ein, ohne vorher eine Aufgabe zu bearbeiten.

Wie Tab. 2.2 zeigt, benutzte die Hälfte (3 Personen) dieser letzten Gruppe das Relais und die andere Hälfte den Schalter als Pendel. In der R-Gruppe verwendete dagegen niemand das Relais als Gewicht und in der S-Gruppe nur 2 Vpn den Schalter. Der Gegenstand, der zuvor in seiner eigentlichen Funktion eingesetzt worden war, kam also für die Lösung des Seilproblems meist nicht in Betracht. Die Autoren fragten die Pbn der beiden Versuchsgruppen (Studenten) auch, warum sie nicht das

Tab. 2.2: Funktionale Gebundenheit beim *Maier*schen Seilproblem. Häufigkeit der Wahl von zwei Objekten bei der Lösung der Aufgabe (nach *Birch* & *Rabinowitz*, 1951)

Gruppe	N	Benutzung des Relais (Anzahl der Fälle)	Benutzung des Schalters (Anzahl der Fälle)
Kontrollgruppe (K)	6	3	3
R-Gruppe	10	0	10
S-Gruppe	9	7	2

Relais (bzw. den Schalter) als Pendel benutzt hätten. Interessanterweise sagten die Pbn nicht, daß sie an das betreffende Objekt im Moment gar nicht gedacht hätten, sondern gaben sachliche Gründe für ihre Wahl an. Vpn der R-Gruppe beispielsweise behaupteten, der Schalter sei einfacher am Seil zu befestigen gewesen und dann sei er auch kompakter. In der S-Gruppe wurde argumentiert, das Relais sei leichter zu befestigen und außerdem schwerer, weshalb es sich besser als der Schalter eigne. Es gab sogar Probanden, die äußerten: „Jeder Narr kann sehen, daß das (Relais bzw. Schalter) besser ist."
Diese verbalen Äußerungen sind mindestens ebenso bedeutsam für das Phänomen der set-Bildung wie die Leistung bei der Denkaufgabe selbst. Die Pbn sind regelrecht blind für andere Möglichkeiten. Der funktional vordeterminierte Gegenstand widersteht augenscheinlich stark einer Umgruppierung in ein neues „Feld". In vielen Fällen wissen wir nicht, warum jemand den Lösungsweg nicht sieht. Wir sind geneigt, ihn für beschränkt oder unintelligent zu halten. Man muß aber damit rechnen, daß bestimmte sets, die längerdauernde Wirkung haben, einsichtige Lösungen und leichtes Umstrukturieren verhindern. Da die gesamte schulische Ausbildung, der es ja um Leistungsförderung geht, nicht ohne Drill und Einüben von Normalverfahren auskommt, ist nicht ausgeschlossen, daß Einstellungen als hemmende Faktoren in weite Bereiche des Denkens hineinwirken.

2.144 Fördernde Bedingungen beim Umstrukturieren

Hier sollte man sich noch einmal die Bedingungen ins Gedächtnis zurückrufen, die bei erfolgreichen Denkprozessen anzutreffen sind, und sich die Frage vorlegen, ob man durch Training dieser Bedingungen oder durch planmäßiges Hinlenken des Denkenden auf solche „Denktechniken" den Umstrukturierungsprozeß erleichtern kann. Zunächst seien noch einmal die wichtigsten Aspekte aufgezählt.

Scharfes *„Anvisieren" des Zieles.* – Je genauer man das Ziel ins Auge faßt, desto mehr löst man sich von der ursprünglichen Struktur. Bei der Tetraeder-Aufgabe von *Katona* (Abb. 2.7) gelingt die Lösung besser, wenn man sich auf die herzustellende „Struktur" des Tetreaders konzentriert und im Auge behält, daß vier Dreiecksflächen hergestellt werden müssen. In der Mathematik ist das intensive „Anpeilen" besonders augenscheinlich. Je leichter man sich vom geforderten Endresultat ablenken läßt, desto größer wird die Gefahr, daß die entscheidenden Umstrukturierungsvorgänge nicht stattfinden. Als Beispiel eine einfache Aufgabe aus der Mengenlehre: Es soll die Beziehung $F \cap G = F$ durch ein Mengenbild (*Euler*-Diagramm) veranschaulicht werden (die Menge F geschnitten mit der Menge G ist gleich F). Diese Aufgabe ist für den Schüler, der Mengendurchschnitte schon veranschaulicht hat, etwas Neues, er kann das Gelernte nicht mechanisch oder uneinsichtig übertragen. Die Lösung $F \cap G$ bedeutet eine Umstrukturierung der bereits bekannten Lösungsform. Sie gelingt leicht, wenn der Schüler das Ziel scharf anvisiert. Die Menge F, die sich sonst nur zum Teil mit der zweiten Menge überlagert, schiebt sich förmlich in die Menge G hinein.

Zielanalyse. – Das Anvisieren des Ziels ist allerdings nur möglich, wenn ein klares Ziel vorgegeben ist, also im allgemeinen bei interpolierendem Denken. Unter dieser Bedingung fördert natürlich die Zielanalyse (s. Abschn. 2.122), die fragt, was eigentlich gesucht ist und was man entbehren kann, den Umstrukturierungsprozeß. Wer z. B. herausfindet, daß man im Bergtourproblem auf die Sukzession von Aufstieg–Abstieg verzichten kann und beide gedanklich zugleich ablaufen läßt, hat bereits die entscheidende Umstrukturierung vorgenommen. Bei der Zahlenreihenaufgabe führt der Verzicht auf die vorgegebene feste Reihenfolge (was brauche ich nicht?) ebenfalls schon zu einer wichtigen Umstrukturierung.

Materialanalyse. – Wie bereits in anderem Zusammenhang erwähnt, wird oft während des Denkvorgangs eine Analyse des zur Verfügung stehenden Materials vorgenommen. Die Materialanalyse ist bei konkretem Denkmaterial am deutlichsten zu beobachten. Die oben beschriebenen Schachtel-, Bohrer- und Büroklammern-Aufgaben mögen als Beispiel dienen. Man betrachtet das auf dem Tisch liegende Material und sucht, was davon für die Aufgabe geeignet ist. In den oben angeführten Experimenten wurde die Lösung erschwert, weil manche (entscheidenden) Möglichkeiten, die das Material bot, nicht gesehen wurden (z. B. die Funktion des Bohrers als Haken). Ein bezeichnendes Beispiel, wie die Materialanalyse zur Umstrukturierung führen kann, teilt *Duncker* (1935) mit. Die Frage lautet: Wie kann man ein Signal einen Fluß hinunterschicken, damit es mit größter Sicherheit ankommt? Analysiert man das „Material", und das heißt hier vor allem, die Eigenschaften des Wassers, so stößt man auf die für die Lösung entscheidende Eigenschaft, daß Wasser überall durchsickert und durchdringt, wenn es talwärts fließt. Aufgehalten werden können nur Objekte, die auf dem Wasser schwimmen, nicht aber das Wasser selbst. Das führt zum Lösungsvorschlag, das Wasser einzufärben und auf diese Weise das Signal „Farbe" zu befördern.

Typische Beispiele für den erfolgreichen Einsatz der Materialanalyse sind auch Lösungen bei Lernexperimenten an Tieren. Die Materialanalyse besteht unter anderem darin, daß man fragt: Was eignet sich beim Tier (z. B. bei der Ratte) für das erfolgreiche Angehen meiner Fragestellung (etwa Analyse des Lernvorgangs)? Die relativ einfache Lösung liegt auf der Hand: Man benutzt die dem Tier vertrauten Verhaltensweisen und die für das Tier adäquate Reizsituation (bei Ratten also Formen des Labyrinths und Orientierungsverhalten).

Disponibilität (Duncker), Verfügbarkeit. – Freilich kommt es bei Material- und Zielanalyse nur dann zur Umstrukturierung, wenn die latent vorhandenen Lösungshilfen verfügbar und auffindbar sind. Vorverwendung des Materials kann zur funktionalen Gebundenheit führen, sets können die Verfügbarkeit beeinträchtigen. Es erscheint deshalb durchaus angebracht, an dieser Stelle mit Trainingsmethoden einzusetzen und nach Aspekten des Objekts bzw. des Ziels zu suchen, die nicht geläufig sind. Das Durchgehen aller Möglichkeiten und der Hinweis des Lehrers auf Aspekte, die der Schüler nicht beachtet hat, gehören zu diesem Training.

In den Alten Sprachen läßt sich Verfügbarkeit unter Umständen systematisch üben. Die Übersetzung des lateinischen Ablativs ins Deutsche bereitet oft deshalb Schwierigkeiten, weil der Schüler nicht alle Möglichkeiten, die im Ablativ grammatikalisch enthalten sind, bedenkt bzw. „durchgeht“. Er klebt oft an einem syntaktischen Schema, das für den betreffenden Sprachfall nicht zutrifft. Die „Materialanalyse“ bei der Bemühung um eine adäquate Übersetzung des Ablativs besteht unter anderem also im (raschen) Durchgehen aller Möglichkeiten (abl. absolutus, abl. loci, abl. instrumentalis etc.) und, falls der Ablativ ein Verb enthält, auch im „Aufrufen“ der möglichen Bedeutungen einer bestimmten Verbform (Passiv, Gerundium, Partizip).

Freilich erschöpft sich damit nicht der Begriff der Disponibilität (*Duncker,* 1935, *Köhler,* 1940). Viele Denkleistungen, übrigens auch Übersetzungsleistungen der ebengenannten Art, verlangen zusätzlich Flexibilität. Schulungsmöglichkeiten liegen z. B. in Spielformen wie Rateversuchen mit Hilfe der Ja-Nein-Strategie, wobei ein gedachter Gegenstand mit Hilfe von Fragen gefunden werden muß, die nur die Antwort „Ja“ oder „Nein“ zulassen. Alle spielartigen Denkaufgaben, bei denen das Suchmodell laufend variiert werden muß, eignen sich zur Förderung der Flexibilität und Disponibilität des Denkens. Solche „Spiele“ wurden bereits mehrfach beschrieben, z. B. bei Untersuchungen über Begriffsbildung an Kindern von *Olver* und *Hornsby* (Abschn. 1.22) und bei Rate-Versuchen von *Duncker,* in denen der Proband zunächst aus zwei oder drei, dann aus zusätzlich angebotenen Eigenschaften den fraglichen Gegenstand zu raten hatte (Abschn. 2.143).

Die trotz aller Untersuchungen bis heute noch nicht befriedigend geklärte Frage ist aber, ob sich solche Trainingsverfahren auf andere Bereiche des Denkens übertragen lassen. Haben die Ratespiele tatsächlich einen fördernden Effekt auf das Denken, wenn dieses Probleme angeht, die im Berufsleben eine Rolle spielen? Hier können nur ausgedehnte und vor allem langfristige Untersuchungen verbindliche Informationen liefern. Immerhin ist der Aspekt interessant, daß man formale Bildung vielleicht mit Trainingsformen betreiben kann, die dem unterhaltsamen Spiel näher stehen als der schulischen Arbeit.

Sets. – Es wäre irrig anzunehmen, daß Einstellungen oder sets den Umstrukturierungsprozeß immer nur hemmen. Wenn es gelingt, kurzlebige oder längerwirkende sets aufzubauen, die auf die Lockerheit der Situation oder auf die Variation des Suchmodells gerichtet sind, so erfüllen sie eine wichtige Funktion.

Eigentlich sind Material-, Konflikt- und Zielanalyse bereits solche sets. *Asher* (1963) weist auf zusätzliche allgemeine Einstellungen mit fördernder Wirkung hin, nämlich die Bemühung,

a) Mehrdeutigkeit zu sehen und zu finden,
b) Begriffe als Konstruktionen zu sehen und nicht als fixe Äquivalente der Wirklichkeit und
c) bestehende oder gebildete Begriffe durch neue zu ersetzen.

Abb. 2.13: Fördernde Einstellungen, demonstriert an Aufgaben aus der Mengenlehre

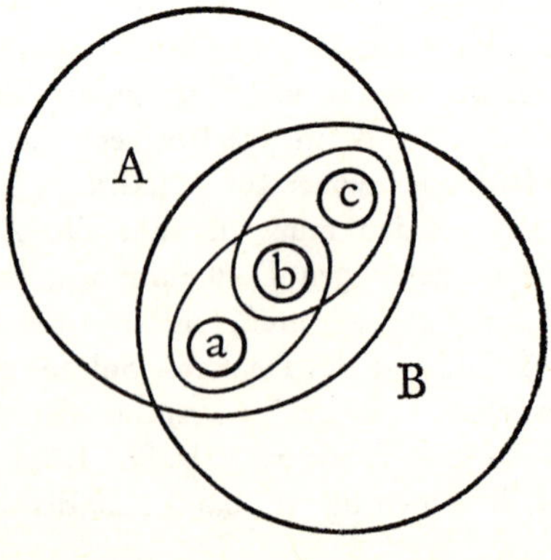

Alle drei Bedingungen gehören zusammen. Wer begriffliche Mehrdeutigkeit sieht, faßt eben Begriffe als bloße Konstruktionen und muß sich zugleich bemühen, verschiedene Begriffe für das gleiche zu finden. Diese drei genannten Einstellungstendenzen seien durch ein didaktisches Beispiel aus der Mengenlehre abschließend verdeutlicht.
Die Menge a, b, c kann gesehen werden als: Teilmenge von A (1. Begriff), als Teilmenge von B (2. Begriff), als der Durchschnitt von A und B (3. Begriff) und als Menge, die eine Anzahl von Teilmengen, wie a, b; a, c; b; usw. enthält (4. Begriff). Bei jeder Betrachtungsweise wechselt der Begriff, er erscheint als Konstruktion, nicht als starres Äquivalent der Wirklichkeit und muß jedesmal neu formuliert werden. Damit ist auch die Bedingung der Mehrdeutigkeit erfüllt: Die betrachtete Menge ist mehrfach interpretierbar.
Die Mengenlehre erweist sich überhaupt auf allen Altersstufen des Schulalters als ausgezeichnete Möglichkeit der Denkschulung, insbesondere beim Training von Umstrukturierungsvorgängen. Sie ist anschaulich und kann, sofern man auf die obige Symbolisierung verzichtet, bereits in der Grundschule eingeführt werden, was ja in jüngster Zeit bereits geschieht. Sie kann durch Hinzufügen von weiteren Beziehungen und durch Abstraktion als reine „Zeichensprache" auf höherem Denkniveau in den Oberklassen des Gymnasiums zu eben der gleichen Förderung des Denkens beitragen, wie sie hier angesprochen ist.

Intelligenzfaktoren. – Sets, die nicht nur vorübergehend, sondern als Dispositionen bei vielen Aufgaben und über lange Zeitstrecken hinweg wirksam sind, können als Intelligenzfaktoren aufgefaßt werden, wie sie *Meili* (1961) oder auch *Guilford* (1967 a) verstehen. *Meili* nennt als Faktoren, die das Umstrukturieren fördern, Plastizität, Flüssigkeit und Ganzheit. Plastizität bezieht sich auf die Leichtigkeit, mit der eine vorhandene Struktur „aufgebrochen" oder abgebaut werden kann, Flüssigkeit hat mit der Verfügbarkeit der einzelnen Aspekte und mit dem raschen Absuchen und Aufrufen der zur Verfügung stehenden Möglichkeiten zu tun. Mit Ganzheit meint *Meili* die Fähigkeit, neue Strukturen zu bilden bzw. Elemente zu Strukturen zusammenzufügen. Man erkennt, daß diese Faktoren den oben erläuterten Einstellungstendenzen etwa entsprechen, nur daß jene kurzzeitig wirken.
Ertel (1966) setzt die von ihm durch Analyse von Urteilen über Denkvorgänge gewonnenen Faktoren zu *Meilis* Faktoren in Beziehung. Der kognitive Stil „Variabilität versus Stetigkeit" hat mit Plastizität und Flüssigkeit zu tun, die Dimension „Unifizierung versus Diversifizierung"

kann zum Faktor der Ganzheit in Beziehung gesetzt werden (nähere Ausführungen zu *Ertels* Dimensionen s. Abschn. 4.352).
Auch andere kognitive Stile, wie Feldabhängigkeit oder kognitive Komplexität (s. Abschn. 3.322), können als langzeitig wirkende sets aufgefaßt werden.
Guilfords System der Intelligenz operiert mit fünf Fähigkeiten, von denen die „divergent production" besonders eng mit der Leichtigkeit des Umstrukturierens verbunden ist. Vom divergenten Denken wird aber im dritten Kapitel noch ausführlich die Rede sein, so daß wir hier auf weitere Ausführungen verzichten können.

Zusammenfassung

Die Lösungsfindung vollzieht sich oft sprunghaft und schlagartig. Auch Teilschritte und Teillösungen werden meist nicht in kleinen exakt kontrollierbaren Schritten erreicht. Der entscheidende Vorgang beim Problemlösen scheint die Umwandlung der Problemstruktur in die Lösungsstruktur zu sein. Diesen Vorgang bezeichnet man mit den Gestaltpsychologen als Umstrukturierungsprozeß. Er tritt aber nicht nur bei der Lösung selbst auf, sondern bei der Problemformulierung und -umformulierung, beim Wechsel der Hypothese, beim Erreichen von Teillösungen und – gewissermaßen in Zeitlupe – beim Ordnen.
Erschwerende Bedingungen beim Umstrukturieren sind sets (Einstellungen, die den Probanden auf ein bestimmtes Vorgehen fixieren) und funktionale Gebundenheit (Festgelegtheit auf eine bestimmte Funktion des Objektes). Fördernde Bedingungen des Umstrukturierens können unter anderm ein scharfes Anvisieren des Zieles, eine Materialanalyse, Disponibilität (Verfügbarkeit) von Lösungshilfen sowie Intelligenzfaktoren der Flüssigkeit und Flexibilität sein.

2.15 Denken als Ordnen

In allgemeinster Weise läßt sich Denken wohl als Organisieren und Ordnen beschreiben. Diese Funktion hat es mit allen kognitiven Leistungen gemeinsam. Schon die Wahrnehmung besteht nicht einfach in der Aufnahme und Registrierung von Reizen, sondern muß zugleich als Organisations- und Ordnungsprozeß aufgefaßt werden. Diese Betrachtungsweise hat sich spätestens seit den Befunden der Gestaltpsychologie durchgesetzt und ist zum Tenor der modernen Wahrnehmungsforschung geworden. Informationstheoretisch präsentieren sich Ordnungsvorgänge als Anwachsen der Redundanz (Verringerung der „Unsicherheit") und als Kodierung,

Superzeichenbildung bzw. Programmierung (s. *Herrmann*, 1964). Die auftreffende Information (Unsicherheit) kann vor allen Dingen dadurch verringert werden, daß die Alternativen nicht *gleichwahrscheinlich* und nicht voneinander *unabhängig* sind. So können wir sprachliche Information rasch ordnen, weil die Zeichen (bzw. Laute) nicht gleichhäufig auftreten und nicht in beliebiger Reihenfolge, sondern als Wörter und Sätze[1].
Allgemein läßt sich sagen, daß wir die Fülle von Ereignissen, mit denen wir konfrontiert werden, in Dimensionen, Raster oder Strukturen einordnen, die es gestatten, planvoll und erfolgreich zu handeln.

2.151 Zuordnen

Im folgenden interessieren aber besondere Ordnungsformen, der Ordnungsbegriff wird also in einem eingeengten Sinn verwendet. Eine schon für das Kleinkind bedeutsame Form des Ordnens besteht in der Herstellung von Beziehungen zwischen zwei Reihen von Ereignissen. So lernt das Kind, daß bestimmte Dinge bestimmte Namen haben, daß man zu bestimmten Zeiten etwas Bestimmtes tut (essen, schlafen) und jede Situation ein ihr zukommendes (Rollen-)Verhalten verlangt. Neben vielen anderen Lern- und Denkprozessen spielen hierbei Formen des Zuordnens eine Rolle: Namen werden Dingen zugeordnet, Zeiten den Verrichtungen des Alltags, Situationen den „Regie-"Anweisungen für die Ausführung einer Rolle (Kindesrolle, Geschlechtsrolle, Schülerrolle usw.).
Solche Zuordnungsvorgänge verlangen zum einen eine Strategie des Findens, also die Entwicklung einer Methode, mit deren Hilfe man herausbekommt, welche Paare der beiden Ereignisserien zueinander gehören, zum anderen in vielen Fällen das Auffinden einer Regel, nach welcher die Zuordnung zu erfolgen hat. Die Findeleistung im ersteren Falle kann nach dem Prinzip von Erfolg und Mißerfolg, Versuch und Irrtum vor sich gehen (erziehliche Maßnahmen der Eltern), im letzteren Falle sind unbedingt Denkleistungen erforderlich.
Beim ersten nun zu beschreibenden Experiment steht im Mittelpunkt der Weg, auf dem das Individuum die Zuordnung findet. *Whitfield* (1951) stellte seine Vpn (Studenten und Mitarbeiter verschiedener psychologischer Institute in England) vor die Aufgabe, Gegenstände in Felder einzuordnen, die auf einem Pappkarton aufgetragen waren. In jedem Versuch handelte es sich um acht Objekte (Holzstück, Streichholzschachtel,

[1] Nähere Ausführungen s. Abschnitt 2.22.

Schraube u. ä.). Aber diese Objekte mußten das eine Mal in acht Felder, das andere Mal in vier Felder (je zwei Objekte pro Feld) und schließlich in zwei Felder (vier Objekte pro Feld) gelegt werden. Der Proband begann mit einer Anordnung, die ihm richtig erschien. Der Vl markierte daraufhin jedes richtig belegte Feld (also nicht jedes richtig liegende einzelne Objekt) mit einem Kärtchen, ließ der Vp etwas Zeit und entfernte sowohl Kärtchen als auch Objekte aus dem entsprechenden Feld, so daß die Vp eine neue Ordnung versuchen mußte.

Theoretisch kann man Erwartungen ableiten über den Schwierigkeitsgrad in der Plazierung der Objekte bei fortschreitender Lösung. Da es sich um keine sachimmanente Ordnung handelt, hat der Proband am Anfang nur die Möglichkeit, eine reine Zufallsanordnung herzustellen und abzuwarten, welche Objekte „zufällig" richtig liegen. Merkt er sich nach Vermischen der Objekte durch den Vl genau die richtigen Zuordnungspaare, so erleichtert sich die Aufgabe bei jedem neuen Versuch in einer statistisch genau zu berechnenden Folge. Das Achtfelderproblem beispielsweise muß theoretisch spätestens nach sieben Versuchen gelöst sein. Das Vierfelderproblem ist bei vollkommen zuverlässigem Gedächtnis bereits nach fünf Versuchen eindeutig lösbar, weil es ja nicht auf die Reihenfolge der beiden Objekte, die auf ein Feld entfallen, ankommt. Die Zweifelderaufgabe dagegen kann bei optimaler Gedächtnisnutzung erst nach sieben Versuchen gelöst werden.

Wie waren die Denkleistungen der Studenten nun tatsächlich? Bei der Achtfelderaufgabe entsprach das tatsächliche Lösungsverhalten recht eindrucksvoll dem theoretisch zu erwartenden. Der Schwierigkeitsgrad verringerte sich fortwährend, und nach sieben Versuchen hatten alle die Aufgabe gelöst. Anders dagegen verhielt es sich mit den Leistungen bei der Vierfelder- und Zweifelderaufgabe. Die Studenten brauchten doppelt so lange, bis sie die richtige Zuordnung gefunden hatten. Bei der Vierfelderaufgabe wurden bis zu elf Versuche unternommen, bei der Zweifelderaufgabe sogar bis zu sechzehn! Der Hauptgrund für diese Unterschiede liegt in den verschiedenen Strategien, die der Pb bei den drei Aufgabentypen zu verwenden hatte. Erhielt er z. B. in der Achtfelderaufgabe die Information, daß das dritte Feld „richtig" war, so kannte er auch das „richtige" Objekt. In der Vierfelderaufgabe hingegen konnten bei der Information „richtiges Feld" zwei der dort befindlichen Objekte richtig sein. Der Pb mußte also mehr speichern (im Gedächtnis behalten) und im jeweils darauffolgenden Versuch mehr umplazieren. War in der Vierfelderaufgabe etwa das erste Feld „richtig", so mußte der Pb bei optimalem Vorgehen im darauffolgenden Versuch die restlichen drei Felder vollkommen umbesetzen und dazu ein Element aus dem ersten Feld wegnehmen, um zu überprüfen, welches Objekt das richtige sei. Noch schwieriger gestaltet sich die Aufgabe, wenn nur zwei Felder zur Verfügung stehen, da man bei der Information „richtig" vier Wahlmöglichkeiten hat. Man muß also drei Elemente aus dem mit ‚korrekt' bezeichneten Feld nehmen, läuft aber dabei Gefahr, das richtige Objekt zu versetzen und dafür ein richtiges Objekt, das zuvor im falschen Feld war, hereinzuholen. Dann aber hält man irrtümlicherweise das unverändert gebliebene Element für richtig plaziert. Zudem sind in dieser Aufgabe immer beide Felder „richtig" besetzt. Tritt wirklich einmal der Fall auf, daß beide falsch belegt sind, so erbringt der nächste Versuch schon die Lösung: die Objekte müssen nur vollständig vertauscht werden. Die Art Informationsnutzung ist also in der Zweifelderaufgabe wesentlich schwieriger als in der Achtfelderaufgabe. Ein Computer dagegen hat es bei der Zweifelderaufgabe am leichtesten, weil er hier nur zwischen insgesamt 70 Möglichkeiten zu wählen hat, die sich durch nachfolgende Versuche, wie schon beschrieben, sukzessive reduzieren. Hingegen muß er in der Achtfelderaufgabe aus 8! also 40 320 Möglichkeiten der Anordnung die richtige finden.

Das Experiment von *Whitfield* zeigt deutliche Unterschiede zwischen Denkleistungen bei Computern und Menschen. Der Mensch muß infolge geringerer oder unzuverlässiger Speicherkapazität möglichst ökonomisch arbeiten. Je mehr Elemente er bei seiner Strategie zugleich zu berücksichtigen hat, desto schwieriger wird die Aufgabe. Für den entsprechend programmierten Computer spielt das dagegen keine Rolle, da er erst nach Aufruf sämtlicher für den nächsten Schritt notwendigen Bedingungen weiterschreitet.

In einem Experiment von *Donaldson* (1959) erhielten 14jährige Jugendliche ähnliche Zuordnungsaufgaben wie die eben beschriebenen. Sie mußten vier Schüler (A, B, C, D) vier Schulen (1, 2, 3, 4) zuordnen, wobei es wiederum auf die optimale Methode beim Auffinden der zusammengehörigen Paare ankam. In einer anderen Aufgabe waren acht Zahlen in zwei Felder einzufügen, wobei es – analog zur Zweifelderaufgabe von *Whitfield* – nicht auf die Reihenfolge der vier in einem Feld befindlichen Zahlen ankam, sondern lediglich herauszufinden war, welche vier Zahlen in das linke und welche in das rechte Feld gehörten. Die Vpn konnten positiv fragen („Arthur geht zur Schule 4") oder negative Formulierungen wählen („Arthur geht nicht zur Schule 2"). Für positive Fragen mußte der Pb fünf Punkte hergeben, negative Fragen kosteten

nur einen Punkt. Durch diese Bedingung sollte der Pb dazu angehalten werden, negativ zu fragen.
Wie zu erwarten, erwies sich positive und negative Information nicht als äquivalent im Denken der Vpn. Obwohl sie wußten, daß sie bei Benutzung von negativen Fragen „billiger" wegkommen würden, trauten sie der negativen Information nicht und neigten häufig dazu, sicherheitshalber auch noch die positive Information heranzuziehen. So argumentierte eine Versuchsperson zum Beispiel:
„E geht nicht zur Schule 4 und A geht, also kann E nicht zu 4 gehen."
In der zweiten Aufgabe (acht Zahlen in zwei Felder einordnen) bestand für die Jugendlichen die größte Schwierigkeit in dem Schritt, alle Fragen auf ein einziges Feld zu konzentrieren. Die Vp konnte eine negative Information über eines der beiden Felder verlangen (Vl: „In diesem Feld ist keine 2") oder nach positiver Information fragen („In diesem Feld ist eine 3"). Da die negative Information wieder billiger war, lag es für die Vp nahe, nur diese zu benutzen. Bei optimalem Vorgehen, nämlich dem Verlangen von negativer Information nur bei einem der beiden Felder, genügten vier Fragen. Es wird deutlich, daß eine solche Strategie ungewohnt ist und erst durch aktuelle Denkprozesse gefunden werden muß.
Bevor wir einige didaktische Konsequenzen zu ziehen versuchen, sei noch ein drittes Experiment kurz beschrieben.
In einer Denkaufgabe von *Bartlett* (1958) müssen Zuordnungen getroffen werden, die bestimmten Regeln zu gehorchen haben. Die Zuordnung geschieht von den Zahlen 0–9 zu Buchstaben, die wie folgt als Additionsaufgabe angeordnet sind:

$$\begin{array}{r} \text{DONALD} \\ +\ \text{GERALD} \\ \hline \text{ROBERT} \end{array}$$

Vier Regeln gelten: a) D = 5; b) jede Zahl von 0–9 hat ihren korrespondierenden Buchstaben; c) jedem Buchstaben darf nur eine bestimmte Ziffer zugeordnet werden und umgekehrt (eindeutige Zuordnung); d) die eingesetzten Ziffern müssen so plaziert sein, daß die Addition richtig ist.

Folgende Schritte führen beispielsweise ohne Umwege und Versuch-Irrtum-Verhalten zum Ziel:

1. 5 + 5 = T; also T = 0
2. E kann entweder 0 oder 9 sein. Da 0 vergeben ist, muß gelten E = 9

3. $L + L + 1$ (übertragen) $= R$; R ist eine ungerade Zahl. Da $D + G$ ebenfalls R ist, kann R nur 7 oder 9 sein. $E = 9$; also $R = 7$
4. $D + G + 1$ (übertragen) $= R$
   $5 + G + 1 = 7$; also $G = 1$
5. $A + A = 9$; da 9 ungerade ist, muß $L > 10$ sein; ergo: $A = 4$
6. $L + L + 1 = R$; da $R = 7$ und $L + L > 10$, ist $L = 8$
7. $N + 7 > 10$; da nur noch die Ziffern 2, 3, 6 verfügbar sind, ist $N = 6$
8. $B = 3$
9. $O = 2$

Diese Zuordnungsaufgabe ist auf den ersten Blick bedeutend schwerer als die beiden zuvor beschriebenen Probleme. Trotzdem lösten eine Reihe der Probanden das Problem ohne Umwege und ohne blindes Probieren. Fragt man sich, was für ein optimales Fortschreiten zur Lösung notwendig ist, so läßt sich mit *Bartlett* sagen: Jeder darauffolgende Schritt leitet sich aus den vorhergehenden ab und ist in ihnen bereits enthalten. Nicht immer vollzog sich der Denkprozeß in dieser strengen Abfolge. Viele Vpn versuchten zwischendurch zu raten oder versuchsweise Zahlen einzusetzen. Aber keiner der Probanden verzichtete ganz auf eine systematische Nutzung der vorausgegangenen Information. Ein typisches Beispiel für diese Art des Denkprozesses sei noch angefügt *(Bartlett,* 1958, S. 57):

1. Wenn $D = 5$, dann $T = 0$
2. Probiert die Zahlen durch, indem er von rechts nach links schreitet. Macht keine Fortschritte.
3. Unternimmt das gleiche von links nach rechts fortschreitend. Entscheidet, daß $G = 1, 2, 3$ oder 4 sein muß
4. Entdeckt plötzlich, daß $E = 9$ sein muß (s. o.)
5. Versucht es nun mit $G = 1$ und $R = 7$. Er hat Erfolg und der Rest von Zuordnungen wird rasch gefunden.

Didaktische Konsequenzen

Lassen sich Denkprozesse wie die hier auftretenden gezielt fördern? Diese Frage kann nur empirisch beantwortet werden. Trotzdem erscheinen einige Überlegungen fruchtbar. Zunächst fällt die merkwürdige Dichothomie zwischen Freiheit und Zucht des Denkens auf. Einerseits erweist es sich als vorteilhaft, wenn die Denkenden viele Möglichkeiten im Auge behalten oder in Erwägung ziehen, weil sie sich sonst zu sehr festlegen. So wurde in der Vierfelderaufgabe von *Whitfield* gerne übersehen, daß die Etikettierung „richtig" für ein Feld bedeutete, daß sowohl das eine Objekt wie auch das andere richtig plaziert sein konnte. In *Bartletts* Aufgabe mußten ebenfalls mehrere Beziehungen zugleich ins Auge gefaßt werden, meist zumindest zwei. Für die Zuordnung $E = 9$ braucht

man beispielsweise die Information T = 0 und O + E = O, sowie die spezifische Einzelheit des Übertragens von der vorigen Stelle.
Andererseits gelingen optimale Lösungen nur bei straffer Führung der Denkprozesse. Das oben beschriebene Problem von *Donaldson,* acht Ziffern in zwei Felder einzufügen, führt dann zur optimalen Strategie, wenn bei jedem Versuch genau die Konsequenzen überprüft werden. Wechselt der Proband beispielsweise nach der ersten Anforderung negativer Information auf das andere Feld über, so erfährt er bei genauer Überprüfung, daß er beim zweiten Versuch wenig dazugewonnen hat: die drei Zahlen des ersten Feldes sind weiterhin unbekannt. Die Vierfelder- und Zweifelderaufgabe von *Whitfield* verlangen die präzise Kontrolle aller Objekte, einschließlich derjenigen, die sich in den „richtigen" Feldern befinden. In der Aufgabe *Bartletts* führt überhaupt nur eine strenge Strategie zum Ziel, da reines Herumprobieren, wie man aus dem zuletzt angeführten Beispiel sieht, die Lösung nicht garantiert. Es hat nach den experimentellen Befunden aber doch den Anschein, als hätte es der Denkende leichter, wenn er von vornherein irgendein Prinzip der Zuordnung erwarten kann und nicht eine Zufallsverteilung entdecken muß. So suchten die Vpn in den Experimenten von *Whitfield* und *Donaldson* zum großen Teil auch nach Ordnungsprinzipien, obwohl diese nicht existierten.

2.152 Mehrdimensionales Ordnen

Eine der Hauptschwierigkeiten für das Kind bei seinen Bemühungen, Ordnung und Überschaubarkeit in die Welt zu bringen, besteht in der simultanen Beachtung mehrerer Merkmale. Pflanzen und Tiere gruppieren sich zu einer Klasse von Objekten aufgrund vieler Kennzeichen, die gemeinsam sind. In der Regel sind also solche Kategorien konjunktive Begriffe. Während wir im ersten Teil (Begriffsbildung) vom Begriff ausgingen und die Vpn alle in Frage kommenden Merkmale kannten, soll uns hier der Prozeß des Findens von Merkmalsdimensionen und ihr Einsatz beim Ordnen von Gegenständen beschäftigen. Dort waren aus einer Stichprobe von Objekten eine Gruppe zusammengehöriger Objekte auszulesen und gewissermaßen in ein einziges Fach, gekennzeichnet durch bestimmte Merkmalskombinationen, einzuordnen. Hier dagegen müssen alle zur Verfügung stehenden Objekte so geordnet werden, daß jedes ein eigenes Fach erhält, welches in einer bestimmten Position zu den übrigen steht. Ein einfacher zweidimensionaler Ordnungsvorgang besteht in der Gruppierung von Gegenständen nach Farbe und Form zugleich, z. B.

	Form	
Farbe	weißer Kreis	weißes Dreieck
	schwarzer Kreis	schwarzes Dreieck

Ein entwicklungspsychologisches Experiment

Angeregt durch *Piagets* Untersuchungen über die geistige Entwicklung des Kindes untersuchten *Bruner* und *Kenney* (in *Bruner* et al., 1966) Leistungen des multiplikativen Ordnens auf verschiedenen Altersstufen. Sie verwendeten ein zweidimensionales Ordnungssystem, in welchem zylinderförmige Körper nach den Dimensionen Höhe und Durchmesser einzuordnen waren (Abb. 2.14).
Fünfzig Kinder im Alter von drei bis sieben Jahren dienten als Versuchspersonen. Drei Aufgaben mit verschiedenem Schwierigkeitsgrad waren zu lösen. Die einfachste Aufgabe bestand darin, einen oder mehrere der Zylinder, die zuvor entfernt worden waren, wieder richtig in die vorgegebene Ordnung einzufügen (Ergänzungsaufgabe). Danach wurden die Objekte gemischt und das Kind hatte die Aufgabe, die ursprüngliche Ordnung wiederherzustellen (Reproduktionsaufgabe). Schließlich mußte das Kind eine neue Ordnung aufbauen, bei der ein Glas, nämlich das niedrigste und schmalste, vorgegeben wurde und zwar in einer anderen Ecke (statt links unten nun rechts unten). Das Kind konnte somit nicht einfach die alte Ordnung reproduzieren, sondern mußte sie transponieren (Transpositionsaufgabe).

Wie zu erwarten, wird die Ergänzungsaufgabe am frühesten gelöst. Dabei erweist sich das Ergänzen von vertikalen oder horizontalen Lücken als einfacher im Vergleich zu diagonalen Lücken. Bei drei- und vierjährigen Kindern waren nur 35% der in diagonalen Lücken eingesetzten Gläser richtig. Wie man aus Abb. 2.15 ersehen kann, steigt aber die Lei-

Abb. 2.14: Die im Experiment von *Bruner* und *Kenney* verwendete Aufgabe des zweidimensionalen Ordnens (*Bruner* et al., 1966)

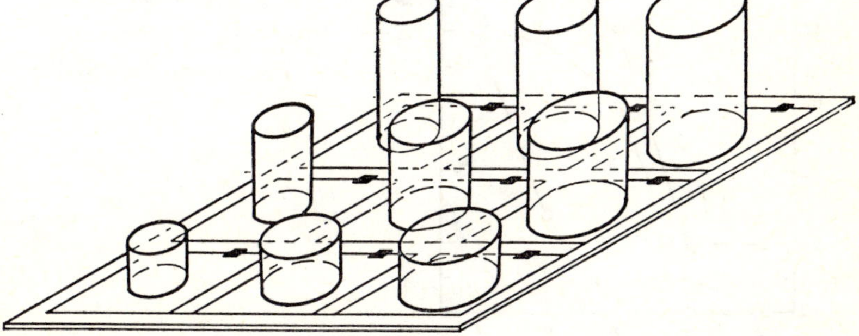

stung bei der Ergänzungsaufgabe mit fünf Jahren stark an. Die Reproduktionsaufgabe wird später und auch da weniger häufig gelöst. Am augenfälligsten sind die Altersunterschiede bei der Transpositionsaufgabe. Hier versagen auch die Fünfjährigen noch vollständig. Erst bei den Siebenjährigen ist ein deutlicher Anstieg der Leistung zu spüren. Dieser Befund deckt sich ziemlich genau mit dem Konzept *Piagets* vom Auftreten konkret logischer Operationen im Alter von etwa sechs bis sieben Jahren. Prüft man nämlich genauer, wie die Beherrschung dieser Ordnungsaufgabe erworben wird, so zeigt sich, daß Ergänzungs- und Reproduktionsaufgaben noch nicht den Einsatz einer logischen Struktur oder, bezogen auf *Bruners* Einteilung der Arten von Repräsentation, den Gebrauch von symbolischer Repräsentation verlangen. *Bruner* und *Kenney* beobachten, daß jüngere Kinder sehr stark visuell orientiert waren. In der Ergänzungsaufgabe ordneten sie die Becher (Gläser) häufig unter Beachtung nur einer Dimension zu, wobei die Höhe weitaus mehr beachtet wurde als der Durchmesser der Gefäße, wohl weil die Höhe wahrnehmungsmäßig viel auffälliger ist. Die Reproduktionsaufgabe schien für die meisten eine Angelegenheit des Kopierens der früheren Ordnung zu sein. Die Kinder versuchten sich vorwiegend an die ursprünglichen Positionen der Körper zu erinnern und weniger nach zwei Dimensionen zu ordnen. Verständlicherweise konnten deshalb die jüngeren Kinder wenig mit der Transpositionsaufgabe anfangen. Ihre erste Reaktion war meist,

Abb. 2.15: Altersunterschiede bei verschiedenen Schwierigkeitsgraden der von *Bruner* und *Kenney* gestellten Aufgaben (in: *Bruner* et al., 1966)

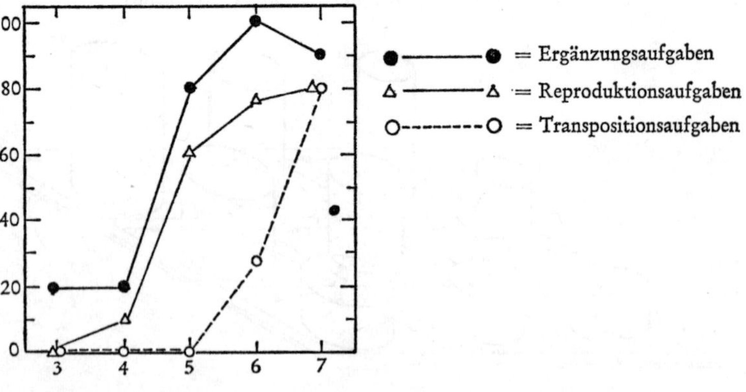

das vom Vl plazierte Gefäß wieder an seinen ursprünglichen Platz zurückzulegen mit der Bemerkung: „Das gehört dahin."

Piaget betrachtet multiples Ordnen als Leistung, die bei Erreichung der Stufe des konkret logischen Denkens möglich wird. Seine eigenen Versuche gehen aber nie über zwei Dimensionen hinaus. Es ist klar, daß bei Vermehrung der Dimensionen und der Elemente die Aufgabe schwerer wird und erst später gelöst werden kann. Auch die Beschaffenheit der Merkmalsdimension selbst spielt eine Rolle. Je leichter sie wahrnehmungsmäßig faßbar ist, desto einfacher ist die Einordnung der Objekte. Im obigen Versuch wurde deshalb auch die Höhe der Gefäße als Dimension bevorzugt.

Der Verf. führte Versuche mit drei Dimensionen durch, die der Wahrnehmung verschieden leicht zugänglich waren: Es mußten Sterne verschiedener Größe, verschiedener Eckenzahl und unterschiedlichen Rauhheitsgrades in ein dreistöckiges Gestell mit 9 Feldern je Etage eingeordnet werden (Abb. 2.16). Die erstmals von *Hesse* (1966) benutzte Versuchsanordnung eignet sich vorzüglich für die Ermittlung der Leistung auf dem Gebiet des multiplen Ordnens. Eine Reihe von standardisierten Hilfen wurden entwickelt, die auch schon Sechsjährigen die Lösung ermöglichten. Andererseits beobachtete *Hesse,* daß auch Erwachsene Schwierigkeiten beim Ordnen hatten und zum Teil außerlogische (vor allem ästhetische) Systeme benutzten.

Abb. 2.16: Aufgabe im dreidimensionalen Ordnen von Flächen

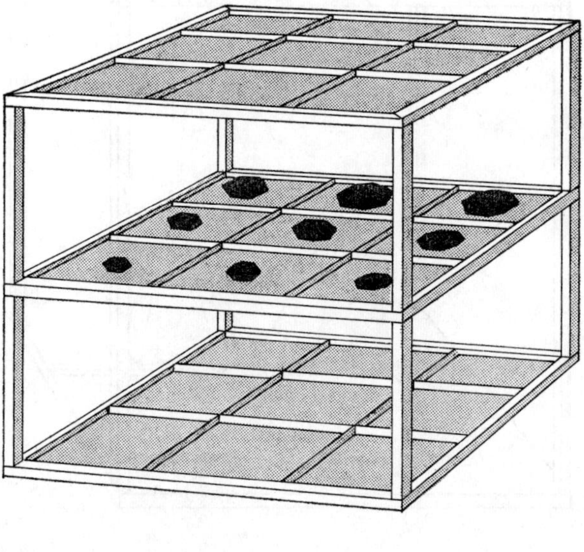

Training im mehrdimensionalen Ordnen

Da Ordnungsversuche unter Berücksichtigung mehrerer Dimensionen große Bedeutung für die Verbesserung des logischen Denkens haben, erhebt sich die Frage, ob und wie solche Denkleistungen gefördert werden können.

Eine vom Verf. angeregte Untersuchung soll zeigen, daß es sich hier um ein komplexeres Phänomen handelt und einfache lineare Beziehungen zwischen Schulung und Erfolg nicht zu erwarten sind.

Hübner (1968) legte Kindern der Grundschule zwei Ordnungsaufgaben in verschiedener Reihenfolge vor. Die eine Gruppe löste ein Problem, bei dem acht Gegenstände nach drei Dimensionen zu ordnen waren, zuerst (Abb. 2.17) und eine schwerere Aufgabe mit drei Ordnungsdimensionen,

Abb. 2.17: Dreidimensionales Ordnen von Körpern

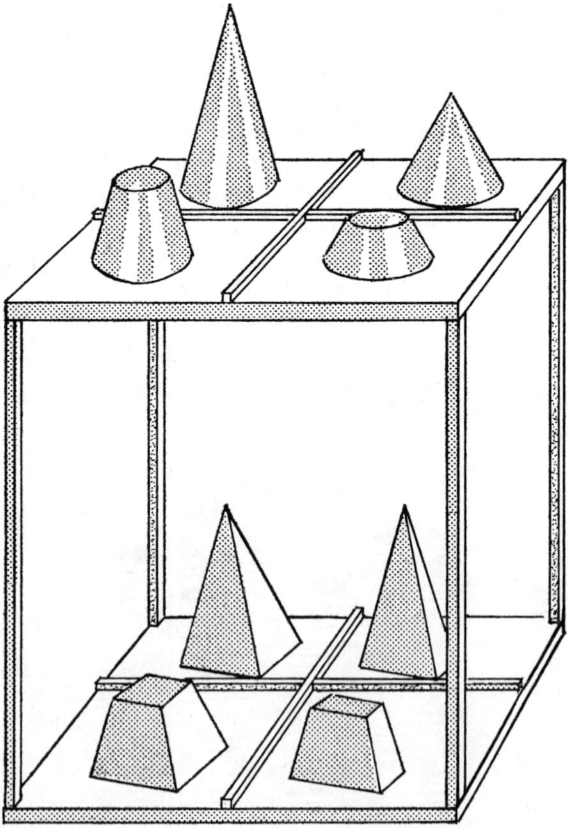

aber insgesamt 27 Objekten, hinterher (Abb. 2.16). Die andere Gruppe erhielt die Aufgaben in umgekehrter Reihenfolge. Man müßte nun erwarten, daß die Reihenfolge leicht – schwer zu besseren Leistungen führt und die Sequenz schwer – leicht weniger Erfolg hat. Dies war aber nicht durchwegs der Fall. Die – bei Bildung von zwei Intelligenzgruppen – Intelligenteren bewältigten die schwerere Aufgabe mit 27 Elementen besser, wenn sie zuerst geboten wurde. Die weniger Intelligenten (unterdurchschnittlich Intelligenten) brachten es zu besseren Leistungen, wenn sie die leichtere Aufgabe zuerst bearbeiten durften.

Es liegt nahe, diesen Befund als Wechselwirkung zwischen Anspruchsniveau und Denkleistung zu interpretieren. Die Intelligenteren sahen sich vor ein schweres Problem gestellt und fühlten sich stark motiviert, es zu lösen. Deshalb brachten sie es bei der sofortigen Konfrontation mit der schweren Aufgabe zu guten Leistungen. Hatten sie die leichtere Aufgabe zuerst, so lag die Erfahrung der raschen und relativ mühelosen Lösung ganz in der Linie der üblichen Lernerfahrung, daß nichts eigentlich schwer falle. Sie strengten sich deshalb bei der schwereren Aufgabe nicht genügend an. Die weniger Intelligenten dagegen hatten bei Bearbeitung der leichteren Aufgabe einen für sie selbst überraschenden Erfolg. Sie konnten deshalb ihr Anspruchsniveau steigern, das infolge der sonstigen kontinuierlichen Mißerfolge recht niedrig lag. Die Leistungsmotivation (Anstrengungsbereitschaft) lag demzufolge außergewöhnlich hoch. Natürlich schnitten die Intelligenteren absolut gesehen immer noch besser ab als die weniger Intelligenten. Doch ist dies in dem hier aufgezeigten Zusammenhang belanglos. Auf den merkwürdigen leistungssteigernden Effekt bei der Sukzession schwer – leicht weisen auch *Dienes* und *Jeeves* (1968) hin (s. Abschn. 2.232).

2.153 Extrapolierendes Denken beim Ordnen

Nicht selten müssen Ordnungen (Systeme, Strukturen) hergestellt werden, die unbekannt sind und auch nicht eindeutig festliegen. Viele Denkprobleme im täglichen Leben, in Wissenschaft und Kunst verlangen extrapolierendes Denken beim Ordnen. Angefangen von dem Erfinden von Prinzipien für das Ordnen seines Besitzes (Bücher, Wäsche, Geschirr) bis zum Gruppieren und Ordnen von wissenschaftlichen Daten und zur Herstellung einer ästhetischen Ordnung wird extrapolierendes Denken in Anspruch genommen. An zwei Experimenten soll gezeigt werden, welche Denkprozesse hier eine Rolle spielen.

Bartlett (1958) legte erwachsenen Vpn folgende Liste von Wörtern vor:

A, GATE, NO, I DUTY, IN, CAT, BO, EAR, O, TRAVEL, ERASE, BOTH, GET, HO, FATE.

Sie wurden aufgefordert, mit Hilfe dieser Liste eine vertikale Reihe von Wörtern herzustellen, wobei zwei Wörter vorgegeben wurden:

ERASE
FATE

Weiterhin erhielten die Vpn die Information, daß ERASE die Mitte der Serie bildete und daß nicht alle Wörter der Liste benutzt zu werden brauchten. Von hundert Vpn fanden nur zwei ohne zusätzliche Hilfe die nachfolgende Lösung:

A
BO
CAT
DUTY
ERASE
FATE
GET
HO
I

Alle übrigen kamen zu anderen Ordnungen, sei es, daß sie nur die Zu- und Abnahme der Buchstaben berücksichtigten oder nur die alphabetische Reihenfolge von A bis I oder keines von beiden. Das Hinzufügen eines dritten Wortes (also: DUTY — ERASE — FATE) erleichterte die Aufgabe noch verhältnismäßig wenig. Wurde aber noch ein weiters Paar von Wörtern dazu geboten (CAT ... GET), so stellten nahezu alle Probanden die obige Ordnung her. *Bartlett* konnte zeigen, daß die Lösung auf andere Probleme übertragen wurde, wenn es sich um ähnliches Material handelte, also um Ordnen von Wörtern. Die Anfangsinformation wiederum waren drei Wörter, von denen „I" die Mitte der Serie bildete:

GAP
I
KIT

Hingegen verschwand der Transfer-Effekt gänzlich, wenn es sich um unähnliches Material handelte, z. B. figurale Symbole. Hier muß allerdings bemerkt werden, daß die Ordnungsaufgaben wesentlich schwieriger waren als das erste Mal.

Didaktisch interessant an *Bartletts* Beobachtungen ist der plötzliche Leistungsanstieg bei Vermehrung der Information. Das Hinzufügen von einem Wort zu den anfänglichen zweien hatte wenig Effekt, zwei weitere Wörter hingegen erleichterten das Ordnungsproblem offensichtlich gewaltig. Es hat den Anschein, als würden beim Ordnen nicht alle zur Verfügung stehenden Informationen genutzt, vermutlich deswegen, weil sie gar nicht aufgefaßt werden. Der Schüler muß oft Ordnungen mit Hilfe des extrapolierenden Denkens herstellen. Hilfen kann er entweder in Form von zusätzlicher (redundanter) Information oder durch Hinweise auf die im vorliegenden Material verborgene Information erhalten.

Komplexe Ordnungsleistungen, bei denen extrapolierendes Denken eingesetzt wird, sind Übersetzungen von einer Sprache in eine andere. Ein wichtiger Vorgang besteht beim Übersetzen darin, daß die zur Kodierung nötigen Wörter der Fremdsprache in eine bestimmte Folge gebracht werden, wobei für jedes der Wörter aus einem Repertoire von Formen die richtige Form gefunden werden muß. Dieser Ordnungsprozeß hält sich an die entsprechenden Regeln der Grammatik, die die endgültige Struktur bestimmt (generiert). Es braucht nicht eigens hervorgehoben zu werden, daß der Vorgang des Übersetzens meist rasch und ohne genaue Bewußtseinskontrolle in den einzelnen Phasen abläuft. Wichtig ist jedoch die Situation des Lernenden, der am Anfang tatsächlich Schritt für Schritt vorgeht und häufige Kontrollen einschalten muß (besonders beim Übersetzen in Alte Sprachen). Didaktische Hilfen liegen in der oben angegebenen Richtung: Hinweis auf Information, die für die spezifische Übersetzungsaufgabe gebraucht wird, also auf die grammatikalischen Regeln, die mit dem betreffenden Problem im Zusammenhang stehen. Eine Schwierigkeit spezifischer Art scheint, wie bei obigem Versuch, häufig aufzutreten. Der Übersetzende hält sich zwar an eine oder mehrere Regeln, nicht jedoch an alle, die für den Übersetzungsfall gebraucht werden. Der Lehrer kann erst dann gezielte Maßnahmen treffen, wenn er weiß, warum der Lernende nicht alle Regeln benutzt. Das kann an der mangelnden Verfügbarkeit (u. U. Unkenntnis) der Regeln, aber auch an der Unfähigkeit, alle nötigen Regeln zugleich zu beachten, liegen.
Aufgaben, die mit dem Erkennen bzw. Konstruieren der Syntax zu tun haben, stammen von *Shipstone* (1960). Da wir uns noch in anderem Zusammenhang mit seinen Untersuchungen befassen müssen, sollen sie etwas ausführlicher beschrieben werden.

Shipstone legte seinen Versuchspersonen (Studenten) eine Reihe von Karten vor, die alle in Form eines Rechtecks vor dem Pbn auf dem Tisch lagen. Jede Karte enthielt sinnlose Silben, die in bestimmten Sequenzen aufeinanderfolgten. Die sinnlosen Silben entsprachen Wörtern, die Aufeinanderfolge den Regeln einer artifiziellen Grammatik. *Shipstone* benutzte drei Grammatiken, eine einfachere und zwei komplexere, die auf der ersten basierten. Eine solche Grammatik ist in Abb. 2.18 wiedergegeben. Jede Folge von „Wörtern" ist in dieser Grammatik erlaubt, die auf einem Pfad von „Beginn" bis „Ende" anzutreffen sind. Beispiele für solche Sätze sind die Folgen:

ZIR PAG ZIR ZIR ZIR PAG NEN (mittlerer Pfad)
ZIR PAG PAG PAG NEN ZIR NEN NEN PAG (unterer Pfad).

Eine besondere Schwierigkeit sind die Schleifen; sie gestatten bestimmte Wörter beliebig oft zu reproduzieren (im ersten Beispiel ZIR, im zweiten PAG und NEN).

Abb. 2.18: Veranschaulichung der Struktur einer artifiziellen Grammatik (*Shipstone*, 1960)

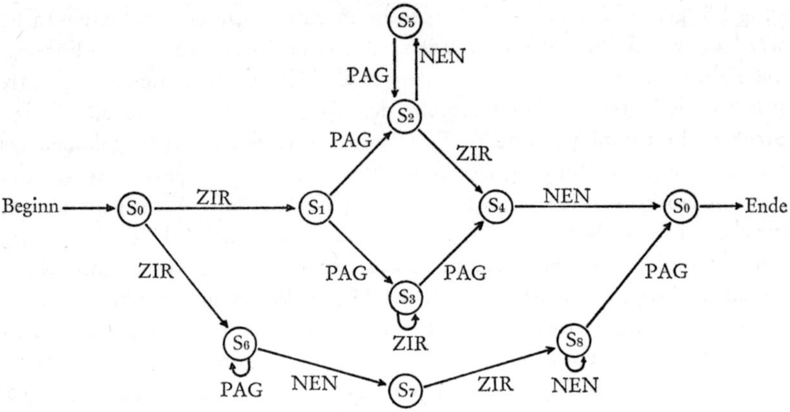

Sechzig Vpn wurden einzeln getestet und in zehn Gruppen mit verschiedenen Versuchsbedingungen eingeteilt. Eine Gruppe erhielt Karten mit zufällig aufeinanderfolgenden Silben (Kontrollgruppe). Die übrigen neun Gruppen hatten Silben zu ordnen, die – je nach Bedingung – einer von drei Grammatiken gehorchten. Ein Teil der Pbn erhielt „Sätze" mit kleinem Vokabular (3 „Wörter"), andere Vpn arbeiteten mit 6 und 9 Wörtern. In späteren Versuchen variierte *Shipstone* außerdem systematisch die Instruktion und die Zahl der Beispiele (also der dargebotenen Karten).

Die meisten Ordnungsversuche der Pbn ließen sich auf sechs Formen reduzieren: Ordnen nach der Länge der Sätze, nach dem Alphabet, nach den Satzanfängen (Orientierung an den ersten Silben), nach den Anfängen und Schlüssen der Sätze (Orientierung an der Silbenfolge am Anfang und am Ende der Serien), nach den impliziten grammatikalischen Regeln (beste Lösung) und Ordnen unter Benutzung mehrerer der genannten Formen. Interessanterweise wurden auch bei Zufallsfolgen von Wörtern Ordnungen hergestellt. Keine der Vpn gab die Karten mit der Bemerkung zurück, sie könne damit nichts anfangen.

Bei Vermehrung der „Wörter" und der Beispiele (Karten) zeigten die Pbn deutlich bessere Ordnungsleistungen in Richtung auf syntaktische Sequenzregeln. Merkwürdigerweise waren einfachere Grammatiken nicht leichter zu finden. Die „Sprache" wurde nicht einfacher, wenn sie nur aus wenigen Regeln bestand. Das schwierigste Problem war für alle Pbn die Doppelschleife (in Abb. 2.18 z. B. im unteren Pfad). Meistens bildeten die Pbn mehrere Gruppen aus Pfaden mit zwei Schleifen. Sie ordneten etwa alle Karten, in denen nur die erste Schleife (in der Abb.: PAG) durchlaufen wurde, zusammen und bildeten aus den Karten, die Durchläufe bei der zweiten Schleife aufwiesen, eine eigene Gruppe. Die Basis-Sequenz (ohne Schleifen) wurde oft gar nicht in Beziehung zu den beiden anderen Möglichkeiten gesehen.

Die hier beschriebenen Ordnungsaufgaben unterscheiden sich von anderen Arten der Strukturierung durch ihren Sequenzcharakter. Ähnliche Folgen von Wahrnehmungsereignissen (hier von sinnlosen Silben) werden als zusammengehörig erfaßt. Sofern man zu vertrauten Regeln, wie dem Auszählen der Silben oder der alphabetischen Anordnung, greift, kann nicht von produktiven Denkleistungen gesprochen werden. Die entscheidende Information, die in den Karten enthalten ist, wird nicht berücksichtigt, offenbar weil man nichts mit ihr anzufangen weiß. Noch in einer anderen Hinsicht verlangt diese Art des Ordnens das produktive Denken im besonderen Maße. Die Ordnungen und Gruppierungen sind keine logischen Begriffe, sie sind oft unvereinbar mit den vertrauten logischen Ordnungsgesichtspunkten. Von daher ist also eine beträchtliche Umstrukturierung nötig, bis sinnvolle Ordnungen erreicht werden.

Sequentiale Ordnung gibt es nicht nur im Bereich der Sprache. Viele Ereignisfolgen werden in ähnlicher Weise gruppiert und so Ähnlichkeiten hergestellt, wo faktisch keine Beziehungen vorliegen. Geschichtliche Abfolgen zu verschiedenen Zeitaltern (Aufstieg – Höhepunkt – Abstieg) werden unter einem gemeinsamen Prinzip gesehen, individuelle Lebensläufe gewissen typischen Lebensläufen zugeordnet (vielen Jugendlichen wird Versagen im Beruf oder Kriminalität, Managertypen gesundheitliche Gefährdung vorausgesagt usw.). Je weniger an Informationen bei solchen Gruppierungen vorliegt, desto fragwürdiger erscheinen sie. Gerade der Jugendliche, der noch nicht von bestimmten Vorurteilen besetzt ist, sollte auf solche Fehler in seinem Denken aufmerksam gemacht werden. Von diesem Aspekt der Denkförderung wird im vierten Kapitel noch die Rede sein.

Zusammenfassung

Denken kann auf weiten Strecken als Ordnen beschrieben werden. Leistungen des Zuordnens vollbringt der Mensch beim Benennen und beim Klassifizieren von Objekten. Zuordnen wird leicht gemacht, wenn wenige Einheiten zu speichern sind; es bereitet Schwierigkeiten, wenn zugleich eine Vielzahl von Einheiten verfügbar sein muß. In anderen Zuordnungsaufgaben entscheidet eine konsequente Strategie, bei der jeder Schritt aus dem vorhergehenden folgt.

Beim mehrdimensionalen Ordnen handelt es sich um eine typische Leistung des operativen Denkens, da mehrere Merkmale zugleich zu berücksichtigen sind. Diese Leistung stellt sich in der Tat auch erst bei Sechsbis Siebenjährigen, für schwerere Aufgaben noch später ein. Logisches Training im multiplen Ordnen ist möglich, doch gibt es hier – wie allge-

mein beim Denktraining – komplexe Wechselwirkungen mit anderen Variablen, z. B. mit der Leistungsmotivation.
Ordnen stellt oft eine typische Form extrapolierenden Denkens dar, da das Ergebnis nicht festliegt und verschiedenartige Lösungen möglich sind. Menge und Art des zur Verfügung stehenden Materials sind entscheidend für das Resultat. Beim Auffinden einer künstlichen Grammatik, die einer Anzahl von Serien („Sätzen") mit sinnlosen Silben („Wörtern") zugrundelag, bewirkte z. B. die Vermehrung der „Wörter" und „Sätze" eine Verbesserung der Ordnungsleistung, die Vereinfachung der „Grammatik" hingegen nicht.

2.16 Denkt der Mensch logisch?

Dem aufmerksamen Leser wird nicht entgangen sein, daß bei der eingangs vorgenommenen Umschreibung des Begriffs „produktives Denken" die Kennzeichnung „richtig" im logischen Sinne fehlte. Die bisherige Analyse der Denkprozesse hat gezeigt, wie wenig oft das Denken in Form von logischen Schlüssen arbeitet. Trotzdem stellt sich nun die Frage nach dem Verhältnis von Logik und Denkvorgang, da Lösungen, die logisch falsch sind, nicht weiterführen.

2.161 Zum Verhältnis von Logik und Denken

In der älteren Philosophie ist Logik einfach die Wissenschaft von den Gesetzen des Denkens. Als eigentliches Denken galten nur solche Prozesse, die streng den Regeln der Logik gehorchten (etwa bei *Aristoteles* und bei *Kant*). Heute belastet kein Logiker mehr seine Ausführungen mit der Diskussion über den psychischen Vollzug des Denkens. *Husserl* (1913) brandmarkte die Vermengung von Denkvorgang und Logik als „Psychologismus in der Logik". *Bertrand Russell* (1904) trennt ebenso scharf und betont, daß die Geltung logischer Gesetze nicht Denkvorgänge als Voraussetzung haben muß, die Gesetze seien ebenso wahr, wenn es keine geistigen Akte oder Denkprozesse gäbe. „Gegenstand der Logik", so formuliert es *v. Freytag-Löringhoff* (1955), „sind also gewisse Eigenschaften und Beziehungen in Sachverhalten, die gedacht werden, nicht aber ist es das Denken selbst als psychisches Ereignis" (S. 13).
Viele Denkpsychologen betrachten das Verhältnis von Denken und Logik als ein normatives: Logische Formen oder Strukturen beschreiben nicht das aktuelle Denken, sondern stellen Ideale dar, wie man denken sollte. *Bruner*, *Goodnow* und *Austin* (1956) vermuten, daß menschliches Schluß-

folgern und Denken oft thematisch und weniger logisch gesteuert wird. Dabei spielt die eigene oder die übernommene Erfahrung eine wesentliche Rolle. Ob eine Lösung (Schlußfolgerung, Behauptung) richtig ist, entscheidet man meist nach ihrer Übereinstimmung bzw. Unvereinbarkeit mit der eigenen Erfahrung („Wissen"). *Von Domarus* (1944) untersuchte Fehler im Denken von Schizophrenen und fand, daß dieses Denken nicht eigentlich alogisch oder unlogisch war, sondern Gesetzen gehorchte, die als Paralogik gefaßt werden könnten. In ihr war der Satz des Widerspruchs nicht enthalten, wohl aber z. B. das Prinzip von der Identität, das auf identischen Prädikaten beruht.

Es gibt zahllose Experimente, die beweisen, daß der Mensch nicht in Syllogismen denkt und daß sein Denken voller logischer Fehler ist. Einige solcher Experimente werden wir im folgenden noch kennenlernen. Trotzdem ist damit das zentrale Problem nicht aus der Welt geschafft, wieso es Denkleistungen gibt, die den logischen Gesetzen gehorchen oder warum wir überhaupt entscheiden können, inwieweit eine Schlußfolgerung logisch richtig ist. Die hier auftauchende erkenntnistheoretische Frage muß ausgeklammert bleiben. Wohl aber müssen wir uns mit der Frage beschäftigen, wie der Mensch zu richtigen Schlüssen kommt und aus welchem Grund er logische Fehler macht.

Piaget (1964) glaubt, daß sich die logischen Operationen aus der Wechselwirkung zwischen Individuum und Umwelt (Assimilations- und Akkommodationsvorgänge) zwangsläufig herausbilden müssen. Das Geschehen in der Welt gehorcht logischen Gesetzen, und das Kind kann nur dann zu brauchbaren Aussagen oder Lösungen kommen, wenn es über Operationen und „Gruppierungen" von Operationen logischen Charakters verfügt. Zur Illustration ein kleines Beispiel aus den Aufgaben *Piagets.*

Vor dem Kind stehen zwei Gefäße, ein niedriges breites und ein schmales hohes Gefäß. Das Kind füllt beide gleichzeitig mit Perlen, indem es mit der linken Hand je eine Perle ins linke Gefäß und zugleich mit der rechten Hand je eine Perle ins rechte Gefäß wirft. Solange Aufgaben gestellt werden, die den isolierten Einsatz von Operationen verlangen, können auch jüngere Kinder (unter 6 bis 7 Jahren) die Lösung finden; sie erkennen beispielsweise, daß in beiden Gefäßen gleichviele Perlen eingefüllt sind. Sie wissen, daß ein höherer Perlenspiegel eine größere Menge anzeigt als ein niedrigeres Niveau. Aber sie können die Operationen nicht zugleich durchführen bzw. so miteinander koordinieren, daß eine logisch stimmige Struktur daraus wird. So behaupten sie, daß in dem schmalen Gefäß mehr Perlen sind (weil der Perlenspiegel höher ist), obwohl sie zuvor richtig erkannt hatten, daß man durch gleichzeitiges Füllen zweier Gefäße zwei gleichgroße Mengen erhält. Sie koordinieren nicht die zuvor ausgeführte Handlung mit dem wahrnehmungsmäßig vorliegenden Ergebnis (verschiedenhohe Niveaus).

Sobald, so meint *Piaget,* die Koordination einzelner Operationen erfolgt und ihre Gruppierung nach bestimmten Gleichgewichtsregeln möglich wird, folgt das Denken den logischen Gesetzen. Die Logik ist dabei etwas, was in den Dingen und den Beziehungen der Dinge zueinander und zum umgebenden Raum steckt.

Dollard & *Miller* (1950) kommen von einer ganz anderen Seite her zu einem ähnlichen Schluß. Logisch zu sein ist in ihren Augen ein erlernter Trieb. Das Kind wird für logische Widersprüche bestraft und erlebt Mißerfolg bei unlogischen Plänen. Ohne ein spezifisches Training, wie es in unserer Kultur von klein auf durch die Erziehung vorgenommen wird, wäre nach Ansicht der Autoren das Denken des einzelnen nicht logisch. Dieser Aspekt ist nicht völlig abwegig, wenn man sich vor Augen hält, daß in Primitivkulturen nur selten logisch gedacht wird. Im fünften Kapitel soll dieser motivationale Anteil bei Denkvorgängen noch etwas genauer zur Sprache kommen.

2.162 Richtige Schlüsse — falsches Ergebnis

Henle (1962) geht der Frage nach, ob es im Alltag tatsächlich so wenig richtige logische Schlüsse gibt, wie viele Autoren behaupten. Er präsentiert seinen Versuchspersonen (Studenten ohne besondere Schulung in formaler Logik) Syllogismen, die in Alltagsgespräche eingekleidet waren, z. B.:

„Eine Gruppe von Frauen spricht über ihre Sorgen im Haushalt. Mrs Shivers bricht das Eis, indem sie sagt: Ich bin so froh, daß wir über diese Probleme sprechen. Es ist so wichtig, über Dinge zu sprechen, mit denen wir uns in Gedanken beschäftigen. Wir verbringen so viel von unserer Zeit in der Küche, daß wir uns natürlich mit Haushaltsproblemen beschäftigen. Deshalb ist es wichtig, über sie zu sprechen" (*Henle,* 1962, S. 369). Dies ist ein klassischer, logisch stimmiger Syllogismus. Die Studenten hatten aber große Schwierigkeiten, die Logik der Aussage zu überprüfen. *Henle* fand einige typische Ursachen für diese Schwierigkeit. So nahm ein Großteil der Pbn seine eigentliche Aufgabe nicht wahr, die Aussage von Mrs Shivers einfach hinzunehmen und nur deren Logik zu prüfen. Sie argumentierten etwa: „Dieser Schluß folgt nicht zwingend. Die Frauen müssen über Haushaltprobleme sprechen, weil es wichtig ist, über ihre Probleme zu sprechen, nicht weil sie sich gedanklich mit dem Problem beschäftigen." Oder: „Nein, nur weil jemand so viel Zeit in der Küche verbringt, folgt daraus nicht notwendigerweise, daß er sich gedanklich mit Haushaltsproblemen beschäftigt." Auch bei Zustimmung umging man oft die logische Aufgabe: „Ja, dadurch daß man über Haushaltsprobleme spricht, kann ein Problem gelöst oder durchgearbeitet werden . . ." Die Studenten versuchten also ihre Aufgabe zu lösen, indem sie sich mit der Sache selbst beschäftigten. Sie lehnten vielfach bereits die Prämissen ab und mußten natürlich dann auch die Schlußfolgerung als unrichtig deklarieren.

Die Unzufriedenheit mit den Prämissen zeigte sich noch öfter. Vielfach wurden sie umformuliert oder durch weitere Voraussetzungen erweitert. Nicht selten verzichtete man auch auf eine oder beide Prämissen. Hier noch ein Beispiel für eine Begründung, bei der beide Prämissen unberücksichtigt bleiben: „Nein, das folgt nicht. Die Tatsache, daß sie viel Zeit in der Küche verwendet, hat nichts damit zu tun, ob es wichtig ist oder nicht, über die Probleme zu sprechen" (*Henle*, 1962, S. 372).

Die Analyse der begangenen Fehler im schlußfolgernden Denken erbrachte interessanterweise, daß nicht so sehr der Prozeß des Schließens selbst fehlerhaft war, als vielmehr die Auffassung der Aufgabe, das vorgelegte Material und die eigenmächtige Veränderung des Syllogismus. Auch im Alltag beobachtet man fortlaufend richtige Schlüsse. Wenn Fehler zustandekommen, so oft deswegen, weil von falschen Voraussetzungen (Prämissen) ausgegangen wird.

Wer vom Münchener Hauptbahnhof zum Oktoberfest fahren will, mag sich überlegen: Zu Fuß ist es zu weit, ich muß die Straßenbahn nehmen – Die Linie 9 fährt zur Theresienwiese – Ich muß mit der Linie 9 fahren. Die erste Prämisse, nämlich daß man Straßenbahn fahren müsse, ist unrichtig, die Schlußfolgerung dagegen wurde richtig gezogen. *Werner* (1959) zitiert ein von *Sully* berichtetes Beispiel kindlichen Schließens, bei dem ganz ähnliche Sachverhalte beobachtet werden können wie bei den Beispielen *Henles*.

Ein Kind hat einen großen gütigen und einen kleinen mürrischen Lehrer. Als ein neuer Lehrer hinzukommt, der klein ist, folgert das Kind, daß der neue Lehrer wohl auch mürrisch sein müsse. Umgeformt als Syllogismus würde der Schluß lauten:

Obersatz	Untersatz	Conclusio
Ein großer Lehrer ist gütig, ein kleiner mürrisch	Der neue Lehrer ist klein	Also ist der neue Lehrer mürrisch

Der Schluß ist also richtig gezogen, man lächelt eigentlich zu Unrecht über das kindliche Denken. Falsch ist die Prämisse, die zur Schlußfolgerung benutzt wird (unzulässige Verallgemeinerung).
Viele kindliche Schlüsse haben diesen Charakter. Aus Mangel an Erfahrung gehen die Kinder von falschen Voraussetzungen (Prämissen) aus oder sie verallgemeinern die Aussage einer Prämisse zu weit, wie im obigen Falle.

2.163 Falsche Schlüsse

Nun sind aber keineswegs alle Schlüsse im Alltag formal richtig. Es treten beim deduktiven Denken typische Fehler auf, von denen im folgenden die Rede sein soll.

Chapman und Chapman (1959) legten ihren Vpn (Studenten der Anfangssemester) 52 Syllogismen zur Beurteilung vor, bei denen der Schluß zu prüfen war. Für den Schluß lagen fünf verschiedene Formulierungen vor, und der Pb mußte sich für eine von ihnen entscheiden. 42 der Syllogismen waren so gebildet, daß kein Schluß möglich war.

Beispiel:

Einige L sind K
Einige K sind M

Deshalb:
1. Alle M sind nicht L
2. Einige M sind L
3. Einige M sind nicht L
4. keines davon
5. Alle M sind L

Im Mittel wurden nur 20% richtige Antworten gewählt (für die 42 nicht validen Schlüsse besteht die richtige Antwort in der Aussage, daß keine der vier möglichen Urteilsformen zwingend schlüssig ist). Die *Chapmans* analysierten, welche Ursachen das Versagen im logischen Schließen hatte.

Zum Verständnis der Interpretation dieser Befunde ist aber ein kleiner Exkurs in die Logik nötig.
Die vier möglichen Urteilsformen beim Schluß wie bei den Prämissen sind in der klassischen Logik (S = Subjekt, P = Prädikat):
a-Urteil: alle S sind P (universell positiv, im obigen Beispiel Nr. 5)
e-Urteil: alle S sind nicht P (universell negativ, im Beispiel Nr. 1)
i-Urteil: einige S sind P (partikulär positiv, im Beispiel Nr. 2)
o-Urteil: einige S sind nicht P (partikulär negativ, im Beispiel Nr. 3)

Die Autoren fanden in der Hauptsache zwei Ursachen für das Versagen der Pbn, eine spezifische und eine allgemeinere. Die spezifische Irrtumsquelle bestand in der Annahme, daß die Umkehrung einer Aussage möglich sei, d. h. daß die Prämissen symmetrisch sind. Für e- und i-Urteile trifft dies zu, nicht jedoch für a- und o-Urteile. Die Aussage ‚Alle A sind B' ist nicht gleichbedeutend mit ‚Alle B sind A'. Ebenso kann der Satz ‚Einige A sind nicht B' nicht umgekehrt werden in ‚Einige B sind nicht A'. Möglicherweise rührt die Symmetrieannahme von der Schulung in Mathematik her, mit der sich alle Studenten ja viele Jahre befaßt hatten. Dort bedeutet ‚ist' und ‚sind' soviel wie ‚gleich', während es hier implikatorisch (‚enthalten in') verwendet wird.

Es war aber noch eine Tendenz zu beobachten, die nicht auf solche Gleichsetzungen zurückgeführt werden konnte, wohl aber sie miterklärt. Diese Tendenz bestand in Wahrscheinlichkeitsschlüssen. Die Pbn wußten nicht, daß in den Aufgaben nur strenge Deduktion erlaubt war, da sie sich noch nicht mit Logik beschäftigt hatten. Sie verhielten sich gleichsam so wie im Alltag auch. Dort kommt man im allgemeinen recht weit, wenn man annimmt, daß Dinge, die gemeinsame Qualitäten haben, wahrscheinlich die gleiche Art von Dingen sind, daß aber Dinge, bei denen gemeinsame Eigenschaften nicht vorhanden sind, wahrscheinlich nicht die gleiche Kategorie von Dingen sind. Solche Formen der Begriffsbildung wurden bereits in Teil I besprochen (s. Abschn. 1.222 und 1.231). So gebildete Begriffe haben nur Wahrscheinlichkeitscharakter, sie sind logisch nicht notwendig. Beim Syllogismus besteht das Gemeinsame im mittleren Terminus (Mittelbegriff). Im obigen Syllogismus beispielsweise neigt man deshalb dazu, eine Gemeinsamkeit von L und M zu folgern, da sowohl L als auch M in Beziehung zu K gesetzt sind. In der Tat wählten etwa zwei Drittel der Pbn bei diesem Syllogismus die Schlußform ‚Einige M sind L'. Der Schluß ‚Wenn einige Lügner Diebe und einige Diebe Münchener sind, dann sind einige Münchener Lügner' ist zwar nicht logisch richtig, doch besitzt die Aussage ‚Einige Münchener sind Lügner' große Wahrscheinlichkeit.

Man kann ohne Übertreibung sagen, daß sich unser folgerndes Denken im Alltag sehr oft auf Wahrscheinlichkeitsannahmen und auf die Umkehrung von Aussagen stützt. Dies ist vor allem der Fall im sozialen Interaktionsgeschehen, angefangen bei der Menschenbeurteilung bis zur politischen Argumentation. Daß die Schule im schlußfolgernden Denken viel leisten könnte, steht außer Frage. Daß sie im Augenblick nicht allzuviel leistet, wird man wohl ebenfalls nicht bestreiten können. Weder der Umgang mit formalen Syllogismen noch das Schließen im Alltag eignen sich besonders für ein Training im deduktiven Folgern. In Abschnitt 2.17 sollen einige Möglichkeiten gezeigt werden, die Erfolg versprechen.

Von *De Soto, London* und *Handel* (1965) stammt ein interessantes Experiment über eine andere Art von Syllogismus, der von den Autoren im Anschluß an *Woodworth* und *Schlosberg* ‚linearer Syllogismus' genannt wird. Die Beziehungen zwischen den Einheiten der Prämissen sind nicht implikatorische Relationen, sondern Ordnungsbeziehungen. Ein Beispiel:

Hans ist besser als Fritz
Fritz ist besser als Hugo
―――――――――――――――
Hans ist besser als Hugo

De Soto und Mitarbeiter variierten die Prämissen systematisch, um zu kontrollieren, welche Formulierungen am meisten und welche am wenigsten Schwierigkeiten bereiteten. Die Vpn waren 117 Undergraduates, die für einen Syllogismus 10 Sekunden Zeit hatten. In Tab. 2.3 sind die im Versuch benutzten Kombinationen und Variationen der Prämissen zusammengestellt. Anstelle der in der Tabelle eingesetzten Buchstaben wurden im Versuch natürlich Namen verwendet, die von Aufgabe zu Aufgabe wechselten. Es zeigen sich deutliche Unterschiede im Schwierigkeitsgrad der acht Syllogismen. Die Autoren fanden bei genauerer Analyse der besonders gut und besonders schlecht gelösten Aufgaben zwei „paralogische" Erklärungsprinzipien.

Tab. 2.3: Prozentsatz richtiger Antworten für verschiedene Kombinationen von Prämissen, die mit den Beziehungen besser — schlechter gebildet wurden (*De Soto* et al., 1965)

Prämissen	Prozentsatz richtiger Lösungen	Analyse der Beziehungen
1. A ist besser als B B ist besser als C	60,5	Innerhalb: besser — schlechter Zwischen: besser — schlechter
2. B ist besser als C A ist besser als B	52,8	Innerhalb: besser — schlechter Zwischen: schlechter — besser
3. B ist schlechter als A C ist schlechter als B	50,0	Innerhalb: schlechter — besser Zwischen: besser — schlechter
4. C ist schlechter als B B ist schlechter als A	42,5	Innerhalb: schlechter — besser Zwischen: schlechter — besser
5. A ist besser als B C ist schlechter als B	61,8	Innerhalb: Ende — Mitte Zwischen: besser — schlechter
6. C ist schlechter als B A ist besser als B	57,0	Innerhalb: Ende — Mitte Zwischen: schlechter — besser
7. B ist schlechter als A B ist besser als C	41,5	Innerhalb: Mitte — Ende Zwischen: besser — schlechter
8. B ist besser als C B ist besser als A	38,3	Innerhalb: Mitte — Ende Zwischen: schlechter — besser

Nähere Erklärung siehe Text.

„Innerhalb" der Prämissen kann die Beziehung einen Verlauf von besser nach schlechter (z. B. A ist besser als B) und von schlechter nach besser (A ist schlechter als B) ausdrücken. „Zwischen" den Prämissen kann die Reihenfolge der drei Vergleichspersonen ebenfalls von ‚besser' nach ‚schlechter' verlaufen (siehe etwa Syllogismus Nr. 1 und 5) oder von ‚schlechter' nach ‚besser' steigen (Syllogismus 6, 7 und 8). Eine weitere Relation ergibt sich aus dem Verhältnis der (im Alphabet) mittleren Vergleichsperson B zu den Eckpersonen A und C. Wird der Vergleich zwischen A und B und C und B so vorgenommen, daß man von den Enden (Personen mit Extremwerten) zur Mitte fortschreitet (zur Person, die zwischen den Extrempersonen steht), so ergibt sich eine Verankerung von den Enden der Vergleichsserie her. Geht man von der Mittelperson B aus und bewegt sich zu den Enden (Eckpersonen), so liegt der „Anker" in der Mitte.

Aufgrund einer so gearteten Analyse der Beziehungen konnten die Autoren zwei „paralogische" Prinzipien aufstellen, die das schlußfolgernde Denken regulieren. Das erste Prinzip lautet: Eine wertende Ordnung läßt sich leichter von ‚besser' nach ‚schlechter' als von ‚schlechter' nach ‚besser' herstellen. In der Tat kann man aus Tab. 2.3 leicht ersehen, daß im ersten Syllogismus, der nur die Beziehung ‚besser' in den Prämissen enthält und zudem die richtige Reihenfolge A — B — C einhält, ein großer Anteil der Antworten (60,5%) richtig ist. Hingegen hatten die Vpn im umgekehrten Falle (Beziehung ‚schlechter' in beiden Prämissen bei richtiger Reihenfolge) beträchtliche Schwierigkeiten (Syllogismus 4), obwohl er genauso leicht sein müßte wie Syllogismus 1. Dieses paralogische Prinzip hängt sowohl mit sozialen und motivationalen Faktoren als auch mit der Sprache zusammen (lexikalische Markierung, s. Abschn. 1.432).

Das zweite paralogische Prinzip sehen die Autoren in der Tendenz, Ordnungen bzw. Urteile an den Endpunkten (Extremen) zu verankern. Man kann leichter richtig folgern, wenn das erste Element in einer Prämisse ein Endelement ist, und hat es schwerer, wenn das erste Element das Mittelelement darstellt, von dem aus zu den Endelementen fortgeschritten werden muß. Dies ist wiederum deutlich aus den Befunden der Tab. 2.3 zu ersehen: Die Mitte-Ende-Relation in den Syllogismen 7 und 8 ist deutlich schwerer als die Ende-Mitte-Relation in den Syllogismen 5 und 6.

Man muß immer dann mit Schwierigkeiten beim schlußfolgernden Denken rechnen, wenn die Prämissen so formuliert und angeordnet sind, daß bestimmte Erfahrungskriterien nicht auf sie angewandt werden können. Im Experiment von *De Soto* und Mitarbeitern waren solche Erfahrungshilfen der vertraute Umgang mit der Relation ‚besser' und das beim Ordnen geläufige Vorgehen, mit dem ersten oder letzten Element zu beginnen, nicht aber irgendwo in der Mitte.

Didaktisch ergibt sich hier die Aufgabe, nach den Ursachen für falsches Folgern zu suchen. In allen bisher zu diesem Fragenkreis beschriebenen Untersuchungen erwies sich die Strukturierung der vorausgegangenen Erfahrung als entscheidend wichtig. Immer dann, wenn deduktives Denken den Bahnen dieser Erfahrungsstruktur folgen kann, ohne gegen die logischen Gesetze zu verstoßen, gelingen richtige Lösungen. Wenn aber Erfahrung und Logik verschiedenartig strukturiert sind, fällt deduktives Denken schwer.

2.164 Selbstwiderspruch und logisches Denken

Eine wichtige Möglichkeit, wie man trotz der störenden Wirkung der Erfahrung zu logisch richtigem Denken kommen kann, liegt im logischen Prinzip des Widerspruchs. *Wason* (1964) konnte in einem ausgeklügelten Experiment zeigen, daß jemand sich eher an logischen Prinzipien orientiert, wenn er sich selbst widerspricht.

Er verwendet die in der Logik als „hypothetisches Urteil" bezeichnete Wenn-dann-Beziehung, um fehlerhaftes Denken zu induzieren. In der Feststellung ‚Wenn p, dann q' ist p die Hypothese, q die Konsequenz. Ist die Gesamtaussage richtig, so folgt, wenn p wahr ist, muß auch q wahr sein, und wenn q falsch ist, muß auch p falsch sein. Hingegen handelt es sich um einen Denkfehler, wenn man urteilt: ‚Wenn q wahr ist, muß p wahr sein' und: ‚Wenn p falsch ist, muß q falsch sein'.

Wason präsentierte seinen Vpn (Erstsemester der Psychologie) zwei Aufgaben in Form von unvollständigen Regeln, bei denen einmal die Konsequenz, das andere Mal die Hypothese gefunden werden mußte. Die erste Aufgabe lautete: ‚Jeder Angestellte, der 34 Jahre alt oder älter ist, erhält jährlich mindestens — Pfund' (fehlende ‚Konsequenz'). Die zweite Regel hieß: ‚Jeder Angestellte, der — Jahre oder älter ist, erhält jährlich mindestens 1900 Pfund' (fehlende ‚Hypothese'). Bei der fehlenden ‚Konsequenz' ist es richtig zu folgern, daß das kritische Einkommen (das in obiger Regel fehlt) nicht höher sein kann als das, welches ein Angestellter mit mindestens 34 Jahren erhält. Aber irrig ist der Schluß, daß es höher sein *muß* als das, welches ein Angestellter *unter* 34 Jahren erhält. Tüchtige Angestellte können besser bezahlt werden. Bei der fehlenden ‚Hypothese' (zweite Aufgabe) ist die Annahme richtig, daß das kritische Alter (in obiger Regel weggelassen) höher sein muß als das eines jeden Angestellten, der weniger als 1900 Pfund verdient. Jedoch ist es nicht zulässig zu folgern, daß das kritische Alter nicht höher sein *kann* als das eines Angestellten, der 1900 Pfund verdient.

Die Korrelation zwischen Alter und Einkommen ist eine geläufige Erfahrungstatsache. Die eben beschriebenen falschen Schlüsse liegen infolge dieser Erfahrungsstruktur nahe.

Nach Konfrontation mit der Regel, z. B. derjenigen mit fehlender Konsequenz, folgten zehn konstruierte Beispiele von Angestellten verschiedenen Alters und Einkommens. Zu jedem Beispiel konnte die Vp das kritische Einkommen (in der anderen Aufgabe das kritische Alter) schätzen und mußte zwei Fragen beantworten, wobei sich zeigte, ob die Vp einen richtigen oder unzulässigen Schluß gezogen hatte. Beispiel 2, 4, 6 usw. erlaubten einen fehlerhaften Schluß, Beispiele mit ungerader Nummer gestatteten einen korrekten Schluß. Bei der ersten Regel lag demgemäß das Alter der Angestellten in den Beispielen mit ungerader Nummer über 34 Jahren, in den Beispielen mit gerader Nummer unter 34 Jahren. *Wason* bildete vier Gruppen, für jede der beiden Aufgaben eine Kontroll- und eine Versuchsgruppe. Bei den Kontrollgruppen ergab sich kein Widerspruch zwischen falschen und richtigen Schlüssen. So lag z. B. das Einkommen aller Angestellten über 34 Jahren in der ersten Aufgabe über dem Einkommen aller Angestellten unter 34 Jahren. Folgerte also die Vp bei der Angabe ‚Ein Angestellter von 24 Jahren erhält 1800 Pfund', daß das kritische Einkommen höher liegen müsse, so gerät er nicht in Widerspruch zu dieser falschen Folgerung, da alle Einkommen von Angestellten über 34 Jahren höher waren. Die Vpn der Versuchsgruppe hingegen verwickelten sich in Widersprüche, wenn sie am Anfang falsch gefolgert hatten. Von dem fünften Versuch ab wurden nämlich auch Beispiele geboten, bei denen das Einkommen von Älteren niedriger lag als das von Jüngeren. So erhält beispielsweise ein 37jähriger Angestellter 1600 Pfund, während im vorausgehenden Beispiel ein 24jähriger Angestellter 1800 Pfund verdient. Um zu kontrollieren, ob sich die Vp bei jedem auftretenden Widerspruch korrigierte oder nur dann, wenn sie erkannte, daß sie zuvor falsch gefolgert hatte, waren die zehn Beispiele einer Serie zudem so konstruiert, daß richtige Schlüsse bei Versuch 5, 7 und 9 inkonsistent mit falschen Schlüssen bei den jeweils vorausgehenden Versuchen (4, 6 und 8) waren, aber konsistent mit falschen Schlüssen, die im nachfolgenden Versuch gemacht wurden (6, 8, 10).

Die Ergebnisse dieses sorgfältig konzipierten Experiments lohnen die Mühe, die sich der Autor gemacht hat. Die Vpn waren bei der ersten Aufgabe (fehlende Konsequenz) deutlich weniger für fehlerhafte Schlüsse anfällig (ein Drittel der Probanden) als bei der zweiten Aufgabe, in der die ‚Hypothese' fehlte (zwei Drittel der Vpn). Das Rückschreiten von einem Ergebnis auf eine Bedingung oder, um mit *Bochenski* (1954) zu sprechen, die regressive Reduktion, macht größere Schwierigkeiten als die Deduktion bzw. progressive Reduktion (Ableiten eines Ergebnisses aus einer Bedingung)[1]. Weiterhin zeigte sich, daß die Vpn sich korrigier-

[1] Da unser Beispiel von ‚Hypothese' und ‚Konsequenz' handelt, ist die Bezeichnung ‚progressive Reduktion' zutreffender.

ten, wenn sie in Widerspruch zu ihrem vorherigen Urteil gerieten. Die Pbn der Kontrollgruppe machten häufiger falsche Schlüsse und korrigierten sich weniger. Bemerkenswerterweise beschränkten die Pbn der Versuchsgruppe sich aber auf die Vermeidung falscher Folgerungen bei auftretendem Widerspruch. Hingegen hielten sie mit richtigen Folgerungen nicht zurück, auch wenn sie den vorausgegangenen falschen Schlüssen widersprachen. Die Vpn tendierten also dazu, auch dann falsche Schlüsse zu unterlassen, wenn diese konsistent mit den vorausgegangenen richtigen Folgerungen waren (wie erinnerlich, waren die 10 Versuche so angeordnet, daß der einem richtigen Schluß folgende falsche Schluß konsistent war!). Das bedeutet, daß sich der Denkende im Sinne der logischen Gesetze korrigiert, wenn er zwingend – und das heißt, durch Widerspruch in den *eigenen* Aussagen – auf Fehler im Denken aufmerksam wird.

Wason beurteilt seine Befunde sehr vorsichtig und meint, es sei nicht zu entscheiden, ob die hier präsentierte Methode der Korrektur von Irrtümern Vorteile gegenüber den üblichen didaktischen Hilfen besitze, da man Regeln des Denkens nicht im Rahmen der allgemeinen Erziehung lehre. Man kann aber wohl feststellen, daß bei Bemühungen um Verbesserung eben solche Regeln des Denkens zur didaktischen Aufgabe werden. Warum soll das Kind und der Jugendliche eigentlich nicht solche Aufgaben, wie die in diesem Abschnitt über logisches Denken referierten, erhalten? Warum soll man die ausgezeichnete Wirkung der Aufdeckung des Widerspruchs in den eigenen Aussagen nicht benutzen? Freilich sind noch viele Untersuchungen, vor allem an jüngeren Kindern, nötig, um zu allgemeineren Aussagen über den Erfolg und Vorteil einzelner Maßnahmen zu gelangen.

2.165 Nutzung indirekter Information

Im ersten Teil dieses Buches, der über Begriffsbildung handelt, kam das Problem zur Sprache, daß bei der deduktiven Gewinnung eines Begriffs die Nutzung von Information über das, was der Begriff nicht ist, gebraucht wird. Solange man nur nach Kriterien sucht, die alle positiven Beispiele gemeinsam haben, gewinnt man nur Wahrscheinlichkeitsaussagen über den Begriff, welche Kriterien ihm aber notwendig zukommen, erfährt man nicht.

In Experimenten von *Bruner* et al. (1956, s. Abschn. 1.32) und *Nadiraschwili* (1965, s. Abschn. 1.331) zeigte sich, daß die entscheidende Information in der Darbietung negativer Beispiele bestand, welche die eigene Hypothese über den Begriff bestätigte. Wenn also jemand von einem Beispiel annahm, daß es nicht zum Begriff gehörte und diese Annahme bestätigt erhielt, so brachte ihn das am raschesten voran. Gleichzeitig aber traten Schwierigkeiten bei der Nutzung dieser negativen Information auf. Kleinere Kinder (unter 10 Jahren) konnten mit ihr noch wenig anfangen (*Nadiraschwili*, 1965). Erwachsene hatten bei disjunktiven Begriffen Schwierigkeiten, weil sie nicht auf den Einfall kamen, nach dem zu suchen, was der Begriff nicht ist (*Bruner* et al., 1956).

Das in Abschnitt 2.151 beschriebene Experiment von *Donaldson* (1959) zeigte eine Unsicherheit der jugendlichen Denker bei negativer Information. Sie tendierten dazu, zusätzlich zu dieser Information auch eine positive Bestätigung zu suchen. Die Auskunft bei der Zuordnungsaufgabe, daß der Junge A nicht in die Schule 2 geht, erscheint unbefriedigend. Ganz sicher sind sich viele Probanden erst, wenn sie erfahren, wer nun wirklich in die Schule 2 geht.

Campbell (1965) konzipierte ein Experiment, das die Nutzung negativer oder indirekter Information in systematischer Weise erfordert und sukzessiv zur Lösung führt. Im Gegensatz zu *Donaldsons* Aufgaben gab es auch Probleme, die *nur* durch Nutzung indirekter Information gelöst werden konnten.

Die Pbn (Psychologiestudenten der Erstsemester) mußten Zuordnungsaufgaben lösen, bei denen zu fünf Wörtern ein unvollständiger Kode gegeben war, der aber eine eindeutige Entsprechung von einzelnen Kode-Buchstaben zu Buchstaben der Wörter ermöglichte. Die leichtere Serie A bestand aus 10 Aufgaben (Abb. 2.19, Problem A).

C tritt in der ersten und vierten Position auf und kann für F (*Drift, Folks*) stehen. L (*Table, Libel*) kommt nicht in Frage, da in Zeile 4 ein U für L stehen würde. Also ist in Zeile 3 *Libel* einzusetzen, da Q das Kode-Zeichen für L sein muß. Die restlichen Wörter sind nun leicht einzufügen.

Abb. 2.19: Entkodierungsprobleme mit indirekter Information (nach *Campbell*, 1965)

(1) Folks *(2) Table* *(3) Drift* *(4) Libel* *(5) Steak*

Problem A

–	–	–	C	–
–	–	–	–	–
Q	–	–	–	–
C	–	Q	–	U
U	–	–	–	–

(1) Folks *(2) Table* *(3) Drift* *(4) Libel* *(5) Steak*

Problem B1

–	–	–	C	–
–	–	X	–	–
Q	–	–	J	–
C	–	Q	–	–
–	–	–	–	–

Problem B2

–	–	–	C	J
–	–	X	–	–
Q	–	–	–	–
C	–	–	Z	–
U	–	M	–	–

Die schwerere Serie B bestand aus fünf Aufgaben des Typs B1 und fünf Aufgaben des Typs B2 der Abb. 2.19. Besonders Aufgaben der Art B2 lassen sich weniger direkt lösen als Aufgaben der Serie A. Der Kode-Buchstabe C kann z. B. sowohl L als auch F bedeuten. Um eine der beiden Möglichkeiten zu eliminieren, muß man den Kode-Buchstaben J mitheranziehen. Setzt man L für C, stünde der Kode-Buchstabe J für E. Da aber *Libel* in die vierte Zeile zu setzen wäre, fiele auf das E zugleich der Kode-Buchstabe Z. Also muß *Drift* in die erste und *Folks* in die vierte Zeile kommen. Für *Table* bleibt dann nur noch die zweite Zeile, weil für T bereits J vergeben ist und die übrigen Zeilen mit einem anderen Buchstaben beginnen. Man sieht, daß ohne indirektes Vorgehen die Lösung überhaupt nicht gefunden werden kann.

Campbell bildete vier Versuchsgruppen. Zwei bearbeiteten die A-Serie und zwei die B-Serie. Eine Gruppe der B-Serie wurde zuvor mit einer Aufgabe ähnlicher Art vertraut gemacht. Die Lösung wurde detailliert durchgesprochen und einige Gewißheit erreicht, daß die notwendigen Transformationen und indirekten Prozeduren verstanden worden waren.

Die Ergebnisse demonstrieren in augenfälliger Weise, daß Aufgaben vom Typus B wesentlich größere Schwierigkeiten machen. Je mehr an indirekter Information ausgewertet werden muß, desto länger braucht der Denkende offenbar und desto weniger kommt er in der zur Verfügung stehenden Zeit (20 Minuten) zur Lösung. Bemerkenswerterweise half die vorausgegangene Instruktion und die Einführung in das indirekte Vorgehen so gut wie nicht beim Problemlösen. Die eingewiesene Gruppe war nicht besser als die unvorbereitete Gruppe. *Campbell* analysiert, woher die Schwierigkeiten bei der B-Serie kommen könnten. Die schlechteren

Denkleistungen liegen offenbar nicht nur darin begründet, daß der Proband direkte Verfahren bevorzugt, wie man dies nach den Befunden von *Donaldson* vermuten könnte, sonst hätte die vorausgegangene Einführung bei der letzten Gruppe bessere Erfolge zeitigen müssen. Auch die Kenntnis der Strategie hilft aus dem gleichen Grund nicht unbedingt weiter. *Campbell* sieht eine Ursache für das Ergebnis in der Schwierigkeit, ein Element gleichzeitig als zu mehreren Klassen gehörig zu sehen. So kann jeder Buchstabe der fünf zuzuordnenden Wörter zu Beginn des Lösungsvorgangs zu einem Kodebuchstaben a, b, c ... z gehören. Die größere Schwierigkeit jedoch dürfte, wie der Autor im Anschluß an *Donaldsons* Hypothese meint, in der Notwendigkeit liegen, das logische Subjekt zu wechseln. Steht in Aufgabe B_2 (Abb. 2.19) J für T *(Drift)*, so muß man zugleich das Subjekt J wechseln in: $Q \neq T$, $C \neq T$, $U \neq T$.

Leider hat *Campbell* durch die Einführung einer Zeitgrenze sich selbst um weitere Informationen gebracht. Die schwereren Aufgaben vom Typus B_2 wurden meist erst gerade begonnen. Zudem ist nicht einzusehen, warum schwerere Aufgaben, die eine viel größere Zahl von Denkoperationen benötigen, in der gleichen Zeit bewältigt werden sollen wie leichtere Aufgaben. Immerhin fand *Campbell* bei der Serie B_1, daß die Fehlerzahl anstieg, und zwar handelte es sich hier nicht um „Leichtsinnsfehler", sondern um Fehler, die bei der Benutzung indirekter Verfahren gemacht wurden. Die Fehler gruppierten sich nämlich um Zeilen, bei denen die Nutzung indirekter Information unbedingt erforderlich ist.

Didaktisch bedeutsam ist zunächst der interessante Befund *Campbells,* daß eine ausführliche Einweisung in die Nutzung indirekter Verfahren so gut wie nichts half. Zeitaufwand und Fehlerquote blieben gleichhoch. Da nun aber ein indirektes Vorgehen sehr oft bei Denkvorgängen gebraucht wird, stellt sich die Frage, wie man Techniken der Nutzung „negativer" Information schulen kann und auf diese Weise Sicherheit und Schnelligkeit bestimmter Denkformen fördert. Es hat nach diesen und bereits früher mitgeteilten Befunden den Anschein, als könne man nur durch Bearbeiten und Lösen von Aufgaben der obigen Art seine Leistung verbessern. Hier zeigt sich wie so oft in psychologischen Untersuchungen die Begrenztheit der Übertragung von Gelerntem. Auch nicht das Prinzip oder eine Regel allein hilft schon weiter. Die Probanden im Experiment von *Campbell* waren sehr wohl imstande, indirekte Verfahrensweisen anzuwenden. Aber sie brauchten entsprechend länger und hatten offenbar Schwierigkeiten beim Denken. Deshalb kann nur das Üben der Denkvorgänge in entsprechenden Aufgaben weiterführen. Wahrscheinlich lassen sich aus dem normalen Unterrichtsstoff nur sehr selten die geeigneten Probleme konstruieren. Man muß dann wohl zu Aufgaben greifen, die uns heute noch relativ unterrichtsfremd und als „Spielerei" anmuten.

Zusammenfassung

Denkprozeß und Logik müssen scharf voneinander geschieden werden. Weder denkt der Mensch zwangsläufig logisch, noch sind logische Gesetze von der Existenz von Denkprozessen abhängig. Die Richtigkeit seiner Schlußfolgerungen beurteilt der Denkende nicht in erster Linie nach den (ihm meist unbekannten) logischen Gesetzen, sondern nach ihrer Übereinstimmung mit der Erfahrung.
Vielfach prüft man statt der Logik von Aussagen die Richtigkeit der Prämissen. Andererseits geht man oft von falschen Prämissen aus, während die Schlußfolgerung selbst logisch stimmig ist. Falsche Schlüsse werden vor allem dann gezogen, wenn Erfahrungskriterien fehlen. So können ‚besser'-Relationen leichter überprüft werden als ‚schlechter'-Relationen und logische Urteile eher an den Endpunkten als in der Mitte von Vergleichsserien verankert werden. Die Nutzung indirekt vorliegender Information scheint vor allem deswegen Schwierigkeiten zu bereiten, weil das logische Subjekt gewechselt werden muß.

2.17 Die Benutzung anschaulicher Modelle beim Denken

Man mag dazu neigen, das eigentliche, „reine" Denken als abstrakt und unanschaulich zu verstehen. Das „anschauliche" Denken, etwa das gedankliche Umgehen mit konkreten Gegenständen, erbringt, so könnte man meinen, nur vorläufige Leistungen, die mit Hilfe abstrakterer Denkformen erst zu endgültigen Lösungen führen. In der älteren psychologischen und auch noch in der neueren didaktischen Literatur sieht man die Entwicklung und Förderung des sog. abstrakten Denkens als einen entscheidenden Fortschritt an. *Piaget* formuliert diesen Entwicklungsprozeß exakter als Übergang von den konkreten logischen Operationen zum formal logischen Denken (*Piaget*, 1946). Er sieht das entscheidende Moment in der Verfügbarkeit der Operationen und ihrer Gruppierungen. Mit den Operationen selbst kann auf der Stufe der formalen Denkoperationen umgegangen werden: Operieren mit Operationen. Damit werden die ursprünglich im Umgang mit konkretem Material praktizierten Denkvorgänge zum Material, mit dem nun weiter gedanklich hantiert wird. In der Tat sind „Gegenstände" dieser Art weiter von einer wahrnehmungsartigen Repräsentation entfernt als

Wahrnehmungsgegenstände selbst. Es zeigt sich aber, daß der Denkende nicht ganz auf wahrnehmungsorientierte Repräsentation verzichten kann, sondern zu Hilfsmodellen anschaulicher Art greift, um den unanschaulichen Gegenstand (Operation, Begriff) leichter handhaben zu können.

2.171 Anschauliche Modelle beim schlußfolgernden Denken

Erinnern wir uns an die Aufgaben von *Chapman* und *Chapman*. Die Pbn hatten große Schwierigkeiten, aus vorgegebenen unanschaulichen Prämissen (Einige A sind B, einige B sind C) die richtige Schlußfolgerung zu ziehen. Wie erinnerlich vermuteten die Autoren eine mögliche Fehlerquelle in der mathematischen Schulung der Pbn, die der Copula ‚ist' oder ‚sind' die Bedeutung eines Gleichheitszeichens gibt und die Pbn zu einer unzulässigen Symmetrieannahme bei Prämissen führt. So nahmen viele an, wenn gilt ‚Alle A sind B', dann gilt umgekehrt ‚Alle B sind A'. Füllt man die Symbole A und B mit konkreten Elementen, so wird das Unsinnige dieser Umkehrung sofort einsichtig: Die Prämisse ‚Alle Affen sind Säugetiere' ist nicht umkehrbar in: ‚Alle Säugetiere sind Affen'.
Die Beschäftigung mit der Mathematik bedeutet wohl für Aufgaben vom obigen Typus in mancher Hinsicht eine Beeinträchtigung, andererseits kann sie natürlich auch Fehlschlüsse verhindern helfen. Verwendet man beispielsweise die in der Mengenlehre gebräuchlichen *Euler*schen Diagramme als Modelle für Prämissen der obigen Art, so werden falsche Schlüsse schlagartig ausgeschlossen.

Man versuche zunächst, die folgenden Aufgaben ohne die in Abb. 2.20 angegebenen Hilfsmodelle zu prüfen.

Syllogismus I	Syllogismus II	Syllogismus III
Einige A sind B	Einige A sind nicht B	Alle A sind B
Einige B sind C	Einige B sind nicht C	Alle B sind C
Ergo: Einige C sind A	Ergo: Einige C sind nicht A	Ergo: Alle C sind A

Es läßt sich nicht leugnen, daß Syllogismen in der obigen Form auch relativ geübten Denkern Schwierigkeiten bereiten. Hingegen durchschaut man bei Zuhilfenahme der Veranschaulichungen in Abb. 2.20 ihre Struktur sehr rasch. Bei Syllogismus I zeigt die Darstellung der Mengen

Abb. 2.20: Mengendiagramme als Hilfsmodelle für Syllogismen

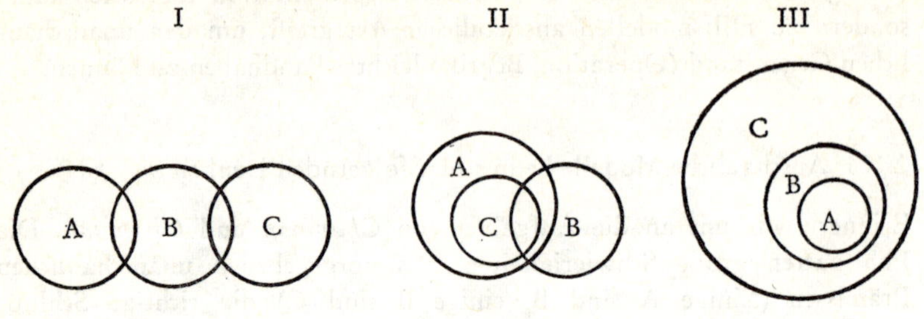

A, B, C und ihre Beziehung zueinander, daß es Fälle gibt, in denen der angegebene Schluß falsch ist. Für Syllogismus II wurde eine Darstellung gewählt, die zwar ein Sonderfall ist, aber zeigt, daß auch hier der angegebene Schluß nicht zwingend ist. Analog erkennt man unmittelbar aus der Veranschaulichung zu Syllogismus III, daß der gefolgerte Schluß unrichtig sein muß. Der Logiker mag einwenden, bei einem solchen Vorgehen verifiziere man lediglich einen Syllogismus, ziehe aber keinen Schluß gemäß den Regeln der Logik. Diesem Einwand kann ernsthaft damit begegnet werden, daß offenbar überhaupt niemand zunächst Denkregeln besitzt und nach ihnen vorgeht, sondern daß vielmehr diese Denkregeln erst konstituiert werden, weil sie sich aus den notwendig „tatsächlichen" Beziehungen ergeben. Psychologisch (nicht erkenntnistheoretisch) denken wir logisch, weil uns die Struktur der Welt dazu zwingt, nicht weil wir apriorische Kategorien auf sie anwenden müssen. *Piaget* konnte in zahlreichen Versuchen mit Kindern unter sechs Jahren nachweisen, daß der Mensch erst im Laufe seiner Entwicklung zu logischen Operationen kommt, weil nur so kognitives Gleichgewicht hergestellt werden kann.

Das einfachste und stabilste Denkmodell scheint die Gerade zu sein. *De Soto* und Mitarbeiter (1965) untersuchten die Beziehungen ‚besser' – ‚schlechter' und ‚heller' – ‚dunkler' auf ihre lineare Repräsentation hin. Die Vpn erhielten eine Reihe von Feststellungen wie ‚Tom ist besser als Bill', jede auf einem eigenen Blatt, das außerdem noch vier Kästchen enthielt, zwei in vertikaler Gegenüberstellung (oben – unten), zwei in horizontaler Gegenposition (links – rechts). Der Proband sollte nun die Namen, die durch Wertung oder Helligkeit miteinander in Beziehung gesetzt waren, in die zur Verfügung stehenden Kästchen eintragen. Es zeigte sich eine deutliche Entsprechung zwischen ‚besser' und ‚oben' sowie ‚schlechter' und ‚unten'. Hingegen wurde die Beziehung hell – dunkel etwa gleich häufig auf der vertikalen und horizontalen Achse abgebildet. Interessanterweise ergab sich bei den links-rechts-Beziehungen auch keine eindeutige Zuordnung zwischen einer Seite und einer Qualität, etwa links – hell, rechts – dunkel. Vielmehr tendierten die Pbn dazu, den ersten Namen der Beziehung nach links zu setzen und den zweiten nach rechts. Die zeitliche Sukzession ‚Tom ist dunkler als Bill' wird der durch die Schreib- und Lesebewegung gewohnten räumlichen links-rechts-Sukzession zugeordnet.

In einem weiteren Experiment formulierten *De Soto* und Mitarbeiter Syllogismen mit den Beziehungen besser – schlechter, über – unter, links – rechts und heller – dunkler. Es zeigte sich eine bemerkenswerte Entsprechung zwischen dem Schwierigkeitsgrad bei Syllogismen mit räumlichen Beziehungen und dem Schwierigkeitsgrad von Syllogismen mit nicht-räumlichen Relationen. Genau wie die Reihenfolge A besser B, B besser C am leichtesten zur Schlußfolgerung führte, so hatten die Pbn auch bei der Folge A über B, B über C und: A links von B, B links von C die geringsten Schwierigkeiten. Umgekehrt wurden Syllogismen viel seltener richtig gelöst, wenn die Reihenfolge der Beziehungen nicht gleichsinnig (in der gleichen räumlichen Richtung, z. B. sukzessiv von oben nach unten oder von links nach rechts) verlief. Von den verwendeten Syllogismen über räumliche Beziehungen waren am schwersten:

B ist unter A	B ist links von C
B ist über C	B ist rechts von A
Ist C über A?	Ist A rechts von C?
(46,6% richtige Lösungen)	(26,7% richtige Lösungen)

De Soto und Mitarbeiter folgern aus ihren Ergebnissen und früheren Befunden, daß die vertikale Linie eine wichtige Repräsentationsform für Denkvorgänge darstellt. Sie gehen noch weiter und behaupten das Vorhandensein einer starken Tendenz, Ereignisse eindimensional zu ordnen. Weiterhin weisen sie auf den Bedeutungsgehalt von ‚gerade' im Sinne von positiven Qualitäten und auf die Negativwertigkeit von ‚krumm' hin. Obwohl die Gerade als eindimensionales Raumschema sicherlich große Bedeutung besitzt, so wird sie doch nicht, wie die Ergebnisse zeigen, von allen Pbn benutzt. Andererseits gibt es wohl zumindest auch zweidimensionale Raumschemata als Modelle für das Denken, wie im nächsten Abschnitt zu zeigen sein wird.

2.172 Anschauliche Modelle beim mathematischen Denken

Mathematisches Denken als Hochform des „abstrakten" Denkens scheint mit einer Orientierung oder Zuhilfenahme anschaulicher Modelle wenig zu tun zu haben. Ist es doch mehr als andere Denkleistungen durch einen ausgeprägten Formalismus gekennzeichnet. Es besteht gleichwohl Veranlassung zu der Annahme, daß auch hier oder gerade hier Denkmodelle, die die formalen Aussagen anschaulich repräsentieren oder abbilden, benutzt werden.
Bruner und *Kenney* (1965) berichten über die Funktion solcher Modelle im Mathematikunterricht bei Kindern der 3. Grundschulklasse.

Abb. 2.21: Anschauungsmaterial zur Schulung des mathematischen Denkens (*Bruner* & *Kenney*, 1965)

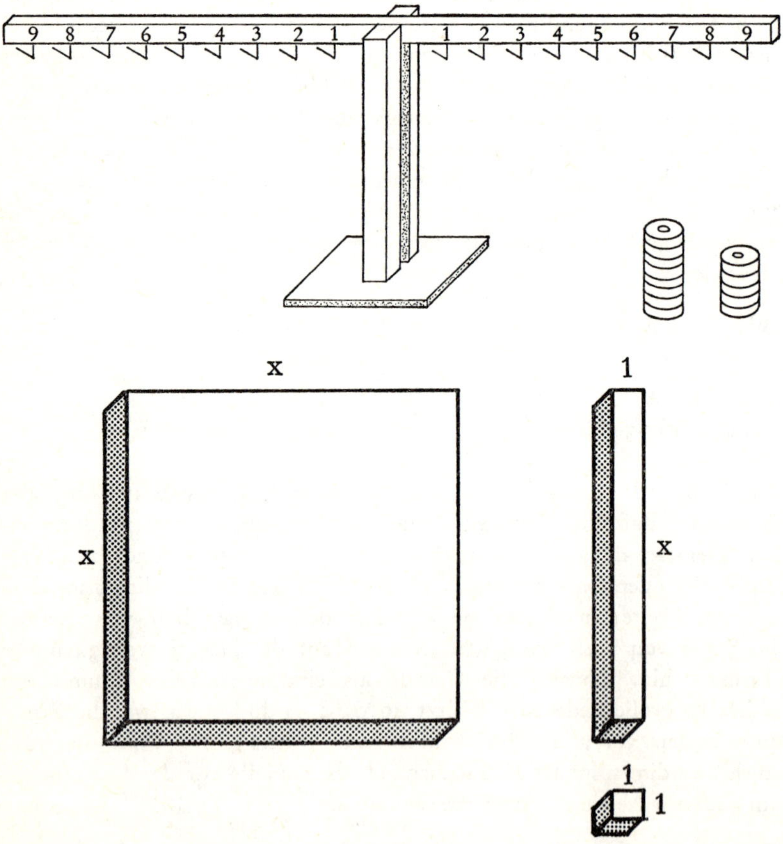

Vier Kinder, zwei Jungen und zwei Mädchen (IQ von 120 bis 140), erhielten sechs Wochen lang viermal wöchentlich eine Stunde zusätzlichen Mathematikunterricht, wobei als „Lehrer" Professor *Dienes* unter Assistenz von fünf anderen Mitarbeitern fungierte. Die Kinder erhielten Karten mit Aufgaben und Übungen verschiedenen Schwierigkeitsgrades. In der Mitte des Raumes befand sich das „Anschauungsmaterial", nämlich Waagbalken mit Haken und Scheiben, Holzbrettchen und -stäbchen sowie Gefäße und Bohnen (s. Abb. 2.21).
Lehrstoff war Faktorenbildung, distributive und commutative Eigenschaften der Addition und Multiplikation und quadratische Funktionen.

Es leuchtet ein, daß für die Kinder die Benutzung anschaulicher Modelle von großem Vorteil war. So begriffen sie Faktorisierung, Multiplikation und Primzahl durch das Ordnen von Bohnen in Reihen und Spalten. Die Faktoren ergeben sich aus der Anzahl der Gruppierungsmöglichkeiten in eines oder mehrere Felder von Reihen und Spalten. Eine Multiplikationstabelle ist hier visualisiert in vollständigen multiplen Reihen und Spalten. Primzahlen hingegen präsentieren sich optisch als unvollständige Felder oder als zweidimensionale Anordnungen mit einem überzähligen Element. So wird die Primzahl durch dieses Modell für das Kind eine Menge von Elementen, die sich nicht ordnen lassen. In diesem Stadium scheint es von besonderer Wichtigkeit, daß der Lernende sich das Modell selber konstruiert bzw. sich innerhalb eines angebotenen Modells Entwürfe macht.
Der Waagbalken überzeugt anschaulich von der Gleichheit der Produkte aus zwei oder mehr Faktoren. 4 Ringe auf Balken 6 halten sich die Waage mit 6 Ringen auf Balken 4 oder mit 12 Ringen auf Balken 2 oder mit 5 Ringen auf Balken 2 plus 2 Ringen auf Balken 7 usw. Das Waagbalkenmodell eignet sich somit gut zur Demonstration commutativer Eigenschaften (Vertauschbarkeit der Faktoren). Wichtig ist dabei, daß beim Vertauschen der Faktoren nicht bloß eine mechanische uneinsichtige Umstellung erfolgt, sondern die Faktoren eine neue Funktion erhalten: Der Faktor ‚Waagbalken' wird zum Faktor ‚Anzahl der Ringe'.

Für die Einführung in quadratische Funktionen dienten zunächst die quadratischen Holzbrettchen und die dazugehörigen Streifen der Länge x und der Breite 1. Der Weg zu quadratischen Funktionen führte nicht über Zahlen oder Meßwerte, sondern über den Umgang mit dem Material (Herstellung von verschieden großen Quadraten) zu der Darstellung der hergestellten Beziehungen in Symbolen. Die Gleichung $x^2 + 4x + 4 = (x + 2)^2$ konnte beispielsweise durch die in Abb. 2.22 a dargestellten Mittel veranschaulicht werden: Um das Quadrat mit der Seitenlänge

Abb. 2.22: Zwei Modelle für eine Gleichung (*Bruner* & *Kenney*, 1965)

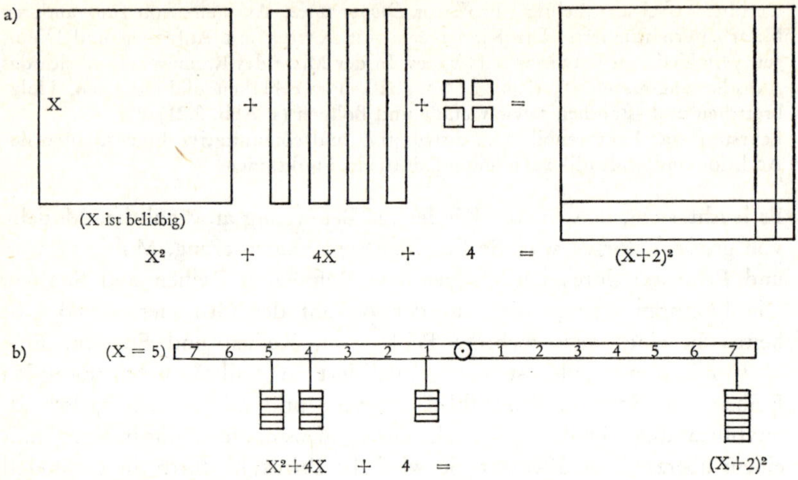

x + 2 zu bilden, braucht man ein Quadrat mit der Seitenlänge x (in der anfänglichen Symbolisierung x□), vier Balken (4x) und vier kleine „Einheitswürfel" (4).

Die Autoren beobachteten anfänglich eine völlige Unfähigkeit der Kinder, sich vom konkreten Modell zu lösen. Die Kinder konnten zwar mathematische Beziehungen konstruieren und symbolisch darstellen, aber sie konnten die augenblicklich gegebene Modellsituation, etwa eine bestimmte Position der einzelnen Bauteile, nicht transzendieren und gedankliche Konsequenzen ziehen. Es hatte den Anschein, als stünde die imaginative (ikonische) Repräsentation im Vordergrund (s. Abschn. 1.1). Der entscheidende Schritt bestand nach den Beschreibungen der Autoren nun darin, das Modell von seinen spezifischen Wahrnehmungsmerkmalen zu befreien und seine abstrakten Eigenschaften zu erfassen. Diese Abstraktion zu den wesentlichen Zügen hin war aber nicht die einzige Veränderung, durch die der Fortschritt zu kennzeichnen ist. Die Kinder waren nämlich auch imstande, die korrespondierenden wesentlichen Züge eines Modells zu finden und zu speichern. Sie verglichen konkrete Merkmale des einen Modells mit konkreten Zügen des anderen Modells. Im Beispiel der Abb. 2.22 erkannten sie etwa, daß die eine Seite des Waagbalkens für die Menge des benötigten Holzes stand, die andere Seite für das aus den Holzteilen gebildete Quadrat. Beim Denken verzichteten die Kinder nie ganz auf die wesentlichen konkreten Merkmale von Modellen, und man kann sich fragen, ob räumliche oder mechanische Modelle nicht prinzipiell beim mathematischen Denken eine Rolle spielen. Unter diesem Aspekt ist der enge Zusammenhang zwischen Algebra und Funktionentheorie auf der einen Seite, sowie der Geometrie auf der anderen als „Veranschaulichung" mathematischer Beziehungen durch räumliche Darstellungsmodi aufzufassen. Viele Mathematiker berichten von sich, daß sie bestimmte Arten von Repräsentation (Veranschaulichung) bevorzugen, um sich Probleme klar zu machen. Die heute in der Psychologie oft zu beobachtende Bevorzugung kybernetischer Modelle geht nicht zuletzt darauf zurück, daß sie griffiger sind als andere Modelle. Vielfach scheint man aber zu vergessen, daß kybernetische Modelle in vielen Fragestellungen nur Veranschaulichungsmodelle darstellen, nicht mehr. Ein Methodenstreit kann sich an dieser Frage also gar nicht entzünden.

Die eigentliche Frage beim mathematischen Denken ist vermutlich also gar nicht, wie man von konkreten Repräsentationsformen („Vorstellungen") wegkommt und es fertigbringt, mit abstrakten Beziehungen zu operieren, sondern wie man konkrete Züge am Modell benutzen kann, um sich beim mathematischen Denken nicht in dem Geflecht abstrakter Beziehungen zu verlieren. Ein Weg, den die Autoren andeuten, besteht darin, den gleichen Sachverhalt in verschiedenen Modellen abzubilden und durch das Herausfinden der korrespondierenden Eigenschaften dieser Modelle die dargestellten mathematischen Beziehungen besser zu begreifen. Das Wort „Begreifen" eignet sich besonders gut für den hier stattfindenden Prozeß: Mit Hilfe der Modelle tastet man die relevanten mathematischen Sachverhalte ab.

Es kommt auch vor, daß sich der Denkende selbst Modelle bildet, ohne zuvor von den Sachverhalten oder ihren Darstellungsmöglichkeiten etwas gewußt zu haben. *Dienes* und *Jeeves* (1968) boten den Vpn (Kindern und Erwachsenen) Probleme, die nach den Gesetzen der mathematischen Zweier- und Vierergruppe aufgebaut waren (genauere Beschreibung s. Abschn. 2.232). Unter anderem beschäftigten sich die Pbn mit Problemen, deren Struktur eine zyklische Vierer-Gruppe war, die bekanntlich folgende Form besitzt:

aa = a,	ab = b,	ac = c,	ad = d;
ba = b,	bb = a,	bc = d,	bd = c;
ca = c,	cb = d,	cc = b,	cd = a;
ca = d,	db = c,	dc = a,	dd = b;

(Man lese: a mit a gibt a usw.)

Dienes bot seinen Vpn eine Karte mit einer bestimmten Farbe. Der Proband spielte eine andere Karte dagegen, wobei er wußte, daß seine Karte das Ergebnis beeinflussen würde. Dargebotene und gespielte Karte entsprechen den obigen Kombinationen aa, ab, ac usw. Danach bot der Vl eine neue Farbe, von welcher der Pb wußte, daß sie das Ergebnis der vorausgegangenen beiden Kartenfarben war. Eine Versuchsperson ordnete die 4 Farben in einem Kreis an:

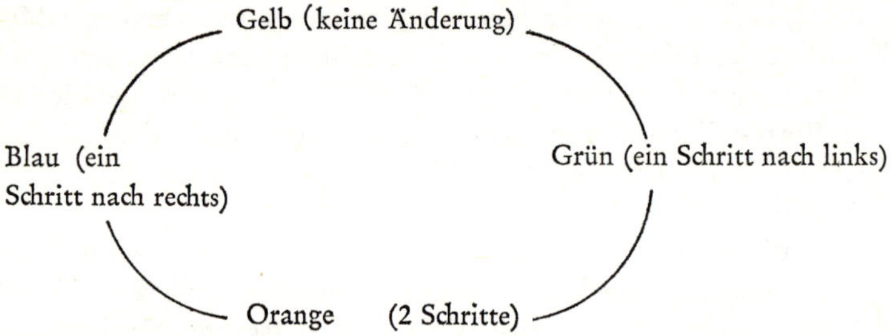

Gelb = a, Orange = b, Blau = c, Grün = d
Blau (ein Schritt nach rechts) kombiniert mit Orange (2 Schritte in beliebiger Richtung) ergibt Grün, also die gleiche Position, wie wenn man sofort einen Schritt nach links geht.
Bruner und *Kenney* (1965) berichten von der Einführung der Vierergruppe bei Neunjährigen mit Hilfe des obigen Modells. Mit einem aufrechtstehenden Buch waren vier Bewegungen möglich:

Das Buch unverändert lassen = a
Eine halbe Drehung in beliebiger Richtung = b
Eine Vierteldrehung nach rechts = c
Eine Vierteldrehung nach links = d

Die Kinder konnten leicht einsehen, daß zwei beliebige Bewegungen, die aufeinanderfolgten, zu einem Ergebnis führten, das durch eine einzige der vier Bewegungen ebenfalls erreicht werden konnte. Die Kinder entwarfen nun selbst Spiele mit vier oder sechs Manövern, welche die gleichen Bedingungen wie das obige „Spiel" erfüllten. Dabei fanden sie auch Bewegungen, die keine Gruppe bildeten, etwa eine Drittelbewegung nach rechts oder links. Weiterhin waren sie gezwungen, bei der Suche nach Manövern eine Darstellungsform zu wählen, die zu einem Überblick verhalf. Dabei bot sich die Matrixform gleichsam von selbst an:

	a	b	c	d
a	a	b	c	d
b	b	a	d	c
c	c	d	b	a
d	d	c	a	b

Abschließend kann die Funktion anschaulicher Modelle beim mathematischen Denken in vier Möglichkeiten zusammengefaßt werden:

1. Konstruktion von Modellbeziehungen nach mathematischen Beziehungen (z. B. Übertragung der Gleichung in Abb. 2.22 auf das Waagbalkenmodell).
2. Konstruktion von mathematischen Beziehungen nach Modellbeziehungen (z. B. Entwickeln der Gleichung in Abb. 2.22 nach dem Flächenmodell).
3. Selbständige Konstruktion von Modellen nach mathematischen Beziehungen (z. B. Bewegungen im Kreis für zyklische Vierergruppe).
4. Überprüfung von mathematischen Schlußfolgerungen mit Hilfe eines Modells (z. B. Darstellung der Kombinationen einer Vierergruppe in einer Matrix, ähnlich der oben abgebildeten).

Zusammenfassung

Die Meinung, daß Denken in seiner Hochform abstrakt und „unanschaulich“ sei, ist nicht haltbar. Der Denkende benutzt Modelle aus dem Wahrnehmungsbereich. Ein solches Modell ist beispielsweise die Gerade, die bei ‚größer‘- oder ‚besser‘-Relationen herangezogen werden kann. Auch Mengendarstellungen eignen sich zur Überprüfung vieler logischer Relationen.

In der Mathematik bedient man sich fortlaufend anschaulicher Hilfsmodelle. Das Verständnis der dabei abgebildeten mathematischen Strukturen wird vor allem durch die Vertauschbarkeit der Modelle erreicht, wobei das Auffinden von korrespondierenden Zügen in verschiedenen Modellen wesentlich zu sein scheint.

2.2 Denkstrategien

Die Analyse und Beschreibung von Denkprozessen, wie wir sie bisher betrieben haben, ist unbefriedigend. Viel zu oft waren wir gezwungen, gerade die entscheidenden Vorgänge bei der Lösungsfindung global durch einen einzigen Begriff zu decken, wie etwa durch den Begriff „Umstrukturieren". Das Ideal bleibt nach wie vor eine vollständige Erklärung des Denkvorganges und aller beteiligten Bedingungen.

Bei den Bemühungen, diesem Ideal näher zu kommen, leistet der Strategie-Begriff wertvolle Dienste. In der Spieltheorie ist er vollkommen formalisierbar und wird verstanden als der vollständige Verhaltensplan, „der für jede mögliche Situation, in die der Spieler im Verlauf einer Partie des Spieles gelangen kann, das Verhalten des Spielers, d. h. die in dieser Situation zu treffenden Entscheidungen festlegt" (*Burger*, 1959, S. 8).

Übertragen auf Denkvorgänge ließe sich dieser Strategiebegriff immer dann anwenden, wenn das Problem so beschaffen ist, daß jeder einzelne Schritt in einer äußerlich sichtbaren Entscheidung oder Aktion verfolgt werden kann. Solche Probleme wurden bereits im Kapitel über Begriffsbildung beschrieben. Zu ihnen gehören die Aufgaben von *Bruner* und Mitarbeitern (Abschn. 1.22) und die Reaktionsaufgabe von *Linhart* (Abschn. 1.23). Die mathematische Handhabung solcher Strategien geschieht zum Teil auf dem Weg über die Berechnung der sukzessiven Informationsverringerung (*Shannon*, 1948, *Weltner*, 1970, *Hunt*, 1962), zum anderen Teil über die direkte Analyse der eingeschlagenen Lösungswege.

2.21 *Versuche zur Formalisierung des Denkvorganges mit Hilfe des Strategiebegriffes*

Im folgenden soll die letztere Methode an einem in der Literatur viel behandelten Denkproblem, dem „Turm von Hanoi", genauer erläutert werden. Hernach werden Denkprobleme, bei denen sich der Lösungsvorgang als fortschreitende Informationsverringerung verstehen läßt, zur Sprache kommen.

2.211 Der „Turm von Hanoi"[1]

Eine Anzahl aufeinanderliegender Scheiben, deren Durchmesser nach obenhin abnimmt, sollen von einem Feld A in der Mindestanzahl von

[1] Der Leser, der sich nicht weiter in die folgende Darstellung vertiefen will, kann diesen und die nächsten beiden Abschnitte überschlagen und bei Abschnitt 2.22 weiterlesen.

Abb. 2.23: Der „Turm von Hanoi“

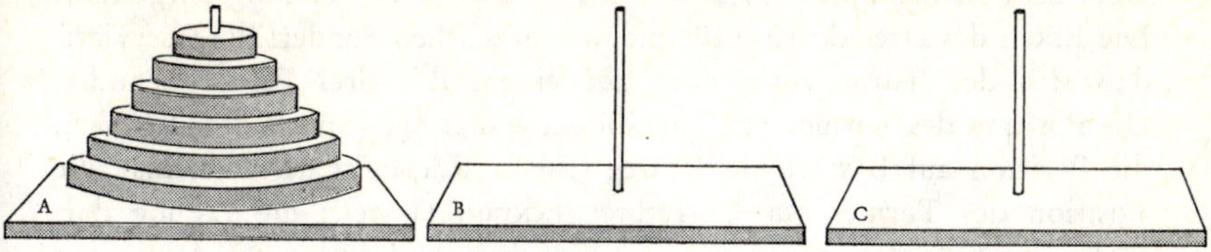

Zügen auf das Zielfeld C übertragen werden. Ein weiteres Feld B dient als Hilfsfeld beim Umlegen der Scheiben (Abb. 2.23).

Drei Spielregeln müssen dabei eingehalten werden:
1. Es darf nur eine Scheibe auf einmal bewegt werden,
2. Eine Scheibe darf nicht zweimal hintereinander bewegt werden, und
3. Eine größere Scheibe darf nie auf eine kleinere zu liegen kommen.

Abb. 2.24: Graph für das Spiel mit drei Scheiben

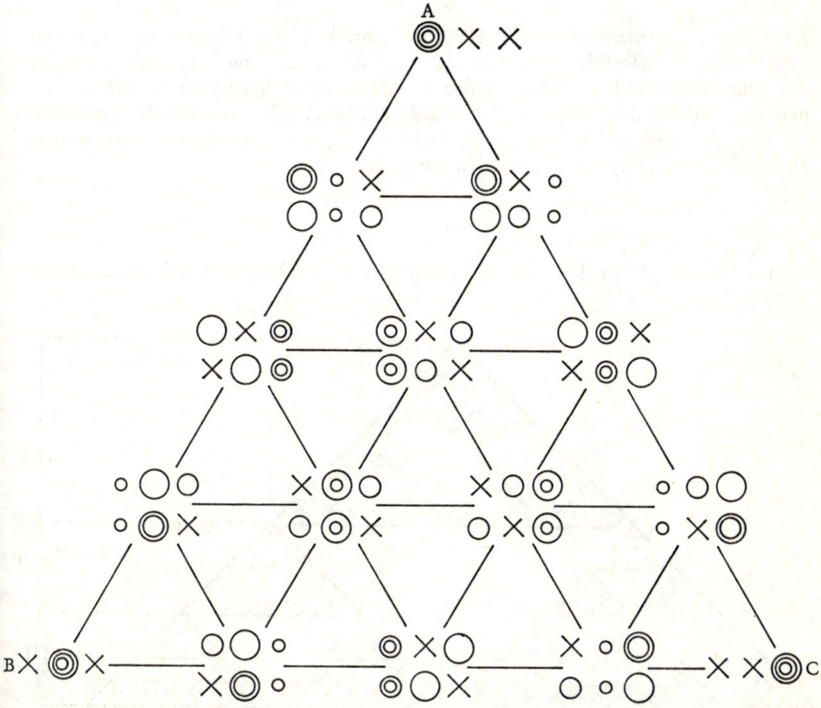

Alle Züge, die möglich sind, lassen sich in Dreieckform darstellen. In Abb. 2.24 ist das Spiel mit 2 und mit 3 Scheiben vollständig dargestellt. Die Ecken des Dreiecks sind für die drei möglichen Sonderfälle reserviert, daß sich der Turm vollständig auf einem der drei Felder befindet. Die Position des Turmes auf A ist die Ausgangslage (Spitze des Dreiecks), die Position auf B wäre ein Irrweg (linker Eckpunkt des Dreiecks), die Position des Turmes auf C (rechter Eckpunkt) stellt die Lösung dar. Der kürzeste Weg zur Lösung ist im Graphen die Strecke AC. Außer den Punkten A, B, C sind alle Positionen im Graphen doppelt belegt, weil nur jeder zweite Zug des Spielers frei gewählt werden kann, der jeweils folgende ist durch die Spielregeln festgelegt.

Wichtig bei dieser Darstellungsform ist, daß die Reihenfolge der beiden Züge eines Zugpaares nicht aus dem Graphen zu ersehen ist. Weiterhin können die einzelnen Punkte („Zustände") des Graphen nicht von beliebigen Richtungen her erreicht werden, vielmehr führen zwei Zustände zu einem Punkt hin, zwei weitere Zustände können von ihm aus erreicht werden. Allgemein gilt, daß nur Dreiecke der Form ▽ periodisch durchlaufen werden können.

Klix und *Rautenstrauch-Goede* (1967) beschreiben das Lösungsverhalten von zwei Gruppen, nämlich 50 Schülern der 11. Klasse des mathematischen Zweigs der Oberschule und 20 Schülern der 7. Klasse einer Spezialschule für mathematisch Hochbegabte. Als Aufgabe wurde ein Spiel mit sechs Scheiben gewählt, bei dem die optimale Lösung in 32 Zugpaaren (wobei der letzte Zustand auch als Zugpaar rechnet) erreicht werden kann (Abb. 2.25).

Abb. 2.25: Graph für das Sechsscheibenspiel (*Klix* & *Rautenstrauch-Goede*, 1967)

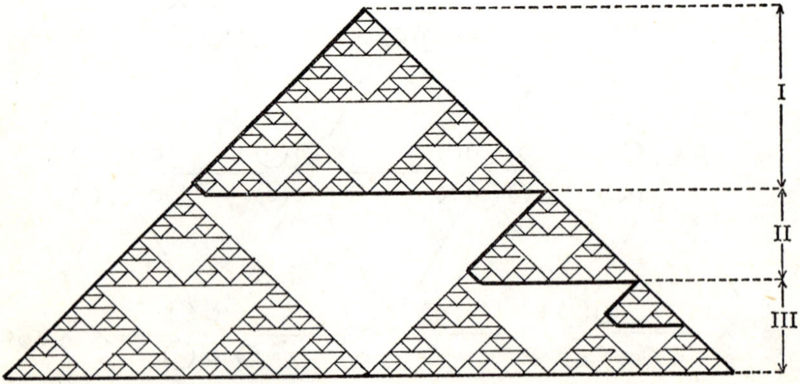

Die Probanden mußten immer erst ein Spiel zu Ende, also bis zur Lösung: Turm auf Feld C durchspielen. Dann begannen sie von neuem. Für die Oberschüler waren acht bis neun, für die Spezialschüler nur fünf Durchgänge nötig, bis das Lösungsprinzip verstanden worden war. Wie nicht anders zu erwarten, verringerte sich die durchschnittliche Weglänge mit jedem Durchgang. Wie Abb. 2.26 zeigt, gehorcht diese Abnahme der Gaußschen Kurve[1]

$$y = A \cdot e^{-\frac{x^2}{\sigma^2}}$$

Dabei ist A die Differenz zwischen der tatsächlichen durchschnittlichen Wegstrecke beim ersten Durchgang und der kürzesten Wegstrecke (= Zahl der überschüssigen Zugpaare). Für die Oberschüler betrug $A = 54{,}52$ und $\sigma = 3{,}39$, für die Spezialschüler war $A = 24{,}25$ und $\sigma = 1{,}63$. Die Spezialschüler benötigten also schon am Anfang weniger Züge zum Ziel als die Oberschüler und fanden das Lösungsprinzip mit weniger Durchgängen.

Interessant ist der Verlauf des Lernzuwachses während der einzelnen Durchgänge. Der größte Lerngewinn war nicht im ersten Durchgang, sondern in den darauffolgenden Teilversuchen zu verzeichnen. Er nahm dann rasch wieder ab, da die Pbn nach dem optimalen Lerngewinn sich rasch der Lösung näherten. Dieser Befund ist außerordentlich wichtig, da die übliche Darstellung und Beschreibungsweise von Lernfortschritten ein Maximum an Gewinn beim allerersten Versuch annimmt. Viele Denkprobleme verlangen offenbar erst das Vertrautwerden mit der Struktur des Problems, ehe man wirklich deutliche Fortschritte machen kann. Der größte Lerngewinn steht nicht ganz am Anfang. Andererseits ist auch die rasche Abnahme des Lernfortschrittes bemerkenswert. Sie hängt mit der Struktur des Problems zusammen. Oft zeigt sich der optimale Lernfortschritt auch erst am Ende des Denkprozesses, etwa bei Aufgaben, in denen sich die Lösung durch einen plötzlichen und einmaligen Umstrukturierungsvorgang einstellt.
Die Autoren fanden drei Phasen im Lösungsverhalten: Eine unspezifische Anfangsorientierung (der Haufen auf A muß in Richtung C weitergespielt werden), eine lokale Strategie und eine globale (vom Ziel ausgehend nach rückwärts gerichtete) Strategie. Die lokale Strategie erzeugt immer wieder kleinere Teiltürme (Zweier-, Dreier- und Vierertürme),

[1] Natürlich könnte der Lernverlauf auch durch andere Funktionen approximiert werden.

Abb. 2.26: Lernverlauf nach der Funktion $y = A \cdot e^{-\frac{x^2}{\sigma^2}}$ für Oberschüler und Spezialschüler (*Klix* & *Rautenstrauch-Goede*, 1967)

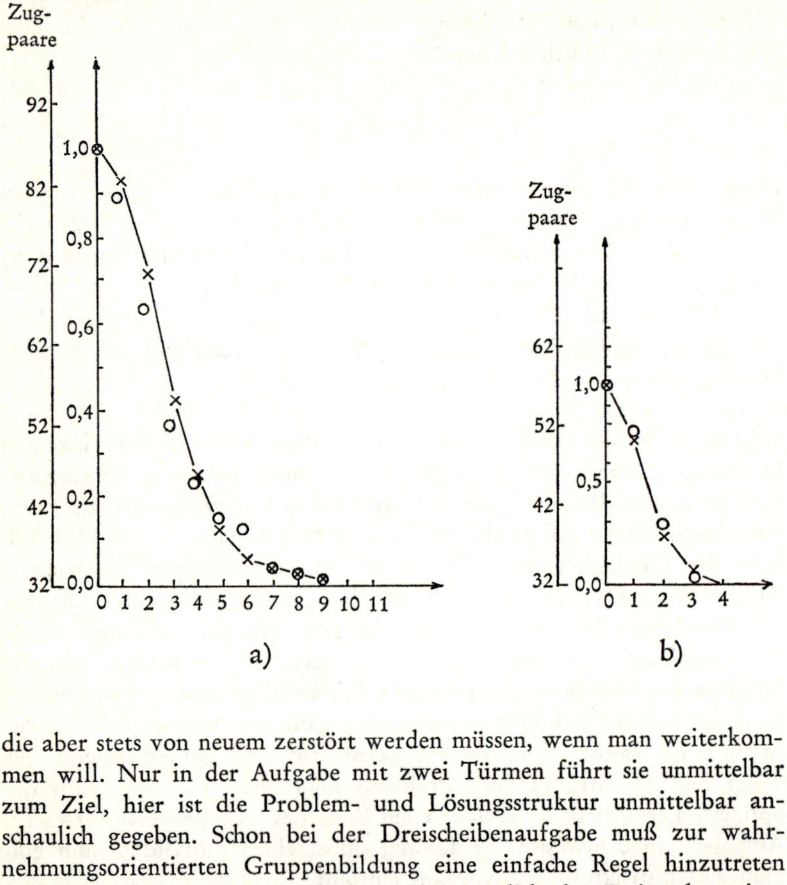

die aber stets von neuem zerstört werden müssen, wenn man weiterkommen will. Nur in der Aufgabe mit zwei Türmen führt sie unmittelbar zum Ziel, hier ist die Problem- und Lösungsstruktur unmittelbar anschaulich gegeben. Schon bei der Dreischeibenaufgabe muß zur wahrnehmungsorientierten Gruppenbildung eine einfache Regel hinzutreten (Freispielen der untersten Scheibe und zusätzlich das Freimachen eines Feldes zum Überspielen der Scheibe).

Damit kann aber auch bereits eine ganz andere Strategie einsetzen, nämlich das Zurückdenken vom Ziel aus. Der erste Schritt dieser „globalen" Strategie, wie sie die Autoren nennen, ist beim Sechsscheibenspiel das Freispielen der untersten Scheibe auf Feld A und das Freimachen des Feldes C. Ein weiterer Schritt dieser Strategie wäre das Freispielen der vorletzten (fünften) Scheibe. Diese Scheibe liegt auf B, da das vorherige Freispielen der untersten Scheibe den Aufbau eines Fünferturmes auf B nötig machte. Das nächste Teilziel heißt also: Viererturm auf A, fünfte Scheibe auf B kann dann auf C übertragen werden. Geht man mit der gleichen Strategie weiter zurück, so besteht der nächste Schritt im Freispielen der vierten Scheibe auf A, der Errichtung des Dreierturms in B und der Übertragung der freigewordenen Scheibe auf C. Von hier an deckt sich die globale Strategie mit der lokalen, da mit letzterer, wie bereits oben erläutert, der Dreierturm auf beliebigen Feldern errichtet werden kann.

Über kurz oder lang fanden alle Vpn zu der globalen Strategie, aber sie berücksichtigten zunächst nur die unterste Scheibe eines Haufens. Immerhin wird bereits ein Drittel des gesamten Suchfeldes ausgeschaltet (das untere linke Dreieck in Abb. 2.25), wenn man nur die unterste Scheibe des Sechserturms im Auge hat. Diese Strategie a (Teilziel für die größte Scheibe eines Haufens vorhanden) wurde bald ergänzt durch Strategie b (Teilziel für die größte und zweitgrößte Scheibe vorhanden), und schließlich durch Strategie c (Wahrscheinlichkeit für optimales Spiel gegeben, da nach Berücksichtigung der drittgrößten Scheibe im Sechserspiel bereits der Dreierturm kommt, der mit Hilfe der lokalen Strategie längst gemeistert wird). Durch Strategie a wird der Bereich der Möglichkeiten bereits stark eingeengt (siehe Abb. 2.27a). Da sie auch beim Fünferhaufen und Viererhaufen wirksam ist (Freispielen der untersten Scheibe), scheidet im Fünfergraphen (siehe Abb. 2.25) das untere linke Dreieck und im Vierergraphen noch einmal der linke untere Teil aus. Strategie b, die die beiden untersten Scheiben bei jedem Haufen freilegt, schränkt den Suchbereich noch einmal ein, da schon beim Sechserturm die zweitgrößte Scheibe mit anvisiert wird (Abb. 2.27b). Strategie c schließlich optimiert das Vorgehen soweit, daß nur noch beim Dreierturm Umwege eingeschlagen werden (Abb. 2.27c). Da aber die Strategie zur Errichtung eines Dreierturmes mit Hilfe der lokalen Strategie längst erworben wurde, dürfte empirisch ein Abweichen von der Randlinie in diesem Stadium nur noch selten vorkommen.

Abb. 2.27: Einschränkung des Suchbereichs durch drei Strategien (*Klix* et al., 1967)

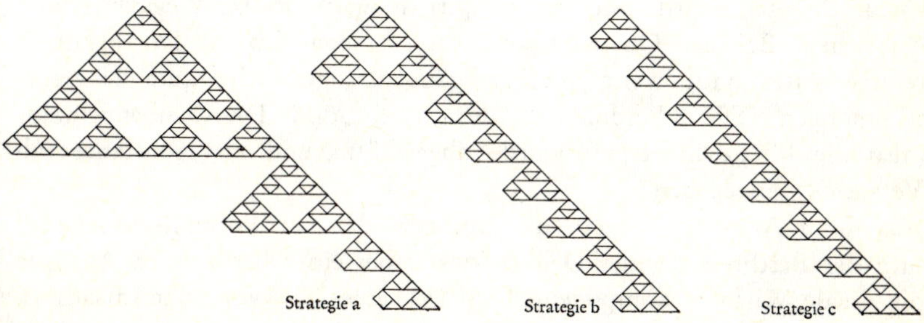

Die Autoren untersuchten die Wahrscheinlichkeitsverteilung der drei Strategien für die in Abb. 2.25 angegebenen drei Abschnitte I, II, III und fanden erwartungsgemäß eine Zunahme der Wahrscheinlichkeit für das Auftreten der Strategie c mit wachsender Zahl der Durchgänge. Die Optimalisierung der Strategie zeigte in allen drei Abschnitten des Graphen den gleichen Verlauf. Das bedeutet wohl, daß sich die Strategie c auf alle Phasen der Aufgabe erstreckt, was per definitionem ja auch sein muß. Den Autoren gelingt der Nachweis, daß die (hypothetische) Strategie c tatsächlich im Lösungsverhalten der Pbn auftritt.

Klix und *Rautenstrauch-Goede* (1967) schätzen die Übergangswahrscheinlichkeiten von einer Strategie auf die andere und kommen aufgrund der Wegeverkürzung in Durchgang 4–8 zu dem Schluß, daß von Durchgang 5 an im Teil I des Graphen (Abb. 2.25) die Strategie b übersprungen werden muß. Psychologisch wäre dies verständlich, da die ausschließliche Berücksichtigung der beiden untersten Scheiben nicht sehr wahrscheinlich ist, wenn man das Problem schon 5mal gelöst hat und sich zudem im Suchbereich I bewegt. Innerhalb der Durchgänge errechnen die Autoren eine Wahrscheinlichkeit von 0,72 dafür, daß bei Auftreten der Strategie a (alleinige Berücksichtigung der untersten Scheibe) in Teil I und auch in Teil II und III mit dieser Strategie zu rechnen ist.

Der Zweck der bisherigen Berechnungen liegt in der Kennzeichnung der Strategien mit Hilfe bestimmter Kriterien, der Abschätzung der Wahrscheinlichkeit, mit der sie auftreten, und damit in der Ermittlung ihrer Wirkung für die Aufgabenstruktur. Die Autoren versuchen also die Denkstrategie, den „Mechanismus der Denkabläufe" (op. cit., S. 187), mit Hilfe von Wahrscheinlichkeitsparametern, die eine gegebene Population kennzeichnen, zu erfassen.

Durch das umgekehrte Vorgehen, nämlich ausgehend von dem Auftreten verschiedener Strategien, bestimmen sie die Wahrscheinlichkeiten der theoretisch zu erwartenden Wegeverteilungen. Der Verlauf dieser Wahrscheinlichkeiten wird mit der empirisch gefundenen Wegeverteilung verglichen. Bei der Oberschulpopulation zeigen sich ab Durchgang 5 relativ gute, nach weiteren Durchgängen sogar sehr gute Übereinstimmungen. Die Handhabung des Zwei- und Dreischeibenprinzips (also die lokale Strategie) wurde abgeschätzt und als Konstante (ab Versuch 4) eingegeben.

Aus ihren Analysen folgern die Autoren, daß ihr Formalisierungsversuch der Beschreibung des Denkprozesses bei einer bestimmten Aufgabe die „reale Wirkungskomponente" (S. 191) der Denkvorgänge tatsächlich erfaßt. Dieser Schluß erscheint allerdings voreilig. Die Bedenken können an drei Stellen vorgebracht werden: An der vermuteten Entsprechung von äußerer Handlung (Zug) und Denkvorgang, an der (mathematisch und psychologisch gegebenen) Mehrdeutigkeit der Befunde und an dem Versuch, Denkprozesse aus Gruppendurchschnitten zu analysieren.

Obwohl der „Turm von Hanoi" eine treffliche Möglichkeit darstellt, Denkvorgänge in äußere Handlung umzusetzen, wird der Denkende keineswegs gezwungen, jede Denkleistung nach außen hin sichtbar zu machen. Im Gegenteil, je mehr er zur globalen Rückwärtsstrategie greift, desto mehr an innerer Aktivität, an „Probehandeln", wird nötig, bis er zum nächsten Zug schreitet. Die Autoren sind sich wohl auch dieses Faktums bewußt, denn sie bemühen sich, die hypothetisch angenommenen Strategien mit Hilfe der empirischen Daten zu prüfen, geben sich also keineswegs mit einem „Ablesen" der Strategie aus dem zurückgelegten Weg bzw. aus der Wegverkürzung mit steigender Durchgangszahl zufrieden. Trotzdem ist fraglich, ob die drei von den Autoren genannten globalen Strategien (hier als a, b, c bezeichnet) die tatsächlichen Strategien der Pbn waren. Vor allem zeigen die Befunde, daß die Strategie b (Berücksichtigung der untersten und zweituntersten Scheibe bei den Türmen) nicht so recht unterzubringen ist. Die Pbn blieben entweder bei Strategie a (Berücksichtigung der untersten Scheibe allein) oder sprangen auf die Strategie c über (optimale Strategie).
Wie an einem Beispiel gezeigt werden soll, kann man nach erstem Vertrautwerden mit der Aufgabe ohne weiteres Herumprobieren gedanklich den ganzen Lösungsweg aufbauen:

Unterste Scheibe auf A freispielen, C freimachen.

Ergo:	Bau eines Fünferturmes auf B.
Teilziel:	Unterste Scheibe des Fünferturmes auf A freilegen, B freimachen.
Ergo:	Bau eines Viererturmes auf C.
Teilziel:	Unterste Scheibe des Viererturmes auf A freilegen, C freimachen.
Ergo:	Bau eines Dreierturmes auf B.
Teilziel:	Unterste Scheibe des Dreierturmes auf A freilegen, B freilassen.

Es wäre möglich, erst diese Überlegungen durchzuführen und danach mit dem ersten Zug zu beginnen. Die Folge wäre eine optimale Zugsequenz bis zur Freilegung und Übertragung der untersten Scheibe. Der nun auf B befindliche Fünferturm kann mit der gleichen Überlegung weiterbehandelt werden. Eine so entwickelte Strategie deckt sich nicht ganz mit den von *Klix* und Mitarbeitern beschriebenen drei Globalstrategien, sie läßt sich aber von der Strategie c nicht unterscheiden. Im übrigen geben die Spielregeln Einschränkungen, die einer freien Entwicklung von Strategien im Wege sind. Die Regel 2 (eine Scheibe darf nicht zweimal hintereinander bewegt werden) hindert den Spieler daran, einen sofort bemerkten Fehler wieder rückgängig zu machen. Auch das Abbrechen des Spiels ist nicht gestattet, obwohl dadurch natürlich viel rascher die optimale Zugfolge gefunden werden könnte. Mit anderen Worten, die experimentelle Einengung bedeutet auch eine Verzerrung des Bildes der Entwicklung von Strategien. Der Verf.

konnte beobachten, daß sich bei veränderter Spielregel (Verzicht auf Regel 2, Abbrechen des Spiels gestattet, Benutzung von Bleistift und Papier) teilweise andere Verhaltensweisen als die von *Klix* u. a. beschriebenen zeigten.
Auf die mathematische Mehrdeutigkeit der Befunde braucht nicht eigens eingegangen zu werden, da sie allseits bekannt ist und von den Autoren auch nicht verschwiegen wurde. Empirische Befunde können durch verschiedene mathematische Modelle gleich gut abgedeckt werden. Die von den Autoren vorgeschlagenen Modelle stellen nur eine Möglichkeit unter vielen dar, allerdings eine relativ ökonomische Möglichkeit, was für den eingeschlagenen Weg spricht.
Problematisch hingegen ist der durch das mathematische Modell aufgezwungene Versuch, Denkprozesse aus Gruppendurchschnitten zu folgern. Allein schon die Scheidung in zwei Populationen mit eigenen Parametern (Oberschüler, Spezialschüler) ist fragwürdig, da es Überlappungen gibt. Gute Oberschüler und schlechte Spezialschüler gehören vermutlich der gleichen Population an. Würde man sie zusammenfassen, so ließen sich auf die oben angegebene Weise ebenfalls neue Parameter A und σ finden. Die Annahmen über Strategieeinsatz und -wechsel können aufgrund der Gruppenbasis nur in Wahrscheinlichkeitswerten formuliert werden. Das kann für diagnostische Zwecke oder für didaktische Fragestellungen nicht uninteressant sein, weil man auf diese Weise über bestimmte Populationen (Hochbegabte, Oberschüler, Volksschüler) Hinweise für das Leistungsniveau und das didaktische Vorgehen oder die didaktischen Ziele erhält. Wichtiger freilich und denkpsychologisch eigentlich einzig interessant ist die Ermittlung der Denkstrategie beim Individuum. Hier geht es nicht mehr um Wahrscheinlichkeitsangaben über die Strategie, die der einzelne verwendet haben könnte, sondern um die Frage, welche Strategie wirklich verwendet wurde. Die Bezeichnung „wirklich" bezieht sich nicht auf eine realistische Abbildung des Denkvorgangs in der Strategie, sondern auf eine eindeutige Zuordnung von Denkweg und Strategie.

Sydow (1968) sucht die objektive Problemstruktur der Turm-Aufgabe der subjektiven Problemstruktur während verschiedener Phasen des Lösungsvorganges gegenüberzustellen. Eine vollständige Erfassung der objektiven Problemstruktur kommt der Lösung der Aufgabe gleich. Insofern ist der Turm von Hanoi ein besonders treffliches Beispiel für die bereits früher getroffene Feststellung, daß die Lösung eines Problems mit der exakten Formulierung des Problems identisch ist.
Um für alle Probanden (38 Oberschüler einer 11. Klasse) vergleichbare Bedingungen zu schaffen, ließ *Sydow* das Problem nicht aktiv durch eigenes Probieren lösen, sondern führte in „passiven" Versuchen den Probanden eine Folge von Zuständen (Zugpaaren) vor. Insgesamt sah die Vp sechs solcher Serien, die in einer bestimmten Ordnung aufeinanderfolgten. Auf diese Weise wurde sie mit verschiedenen Spielpositionen vertraut, die einmal entfernter und einmal näher an der Lösung lagen. Die Zugfolgen, die der Vl ausführte, befanden sich ziemlich nahe an der optimalen Zustandsfolge, also in der Nähe der rechten äußeren Linie in Abb. 2.25.

Nun kannte ja die Vp nicht die wirklich nötige Zahl von Zügen vom Anfangs- bis zum Endzustand und konnte deshalb auch nicht die Entfernung eines bestimmten dargebotenen Zustandes zur Lösung angeben. Diese Schwierigkeit meisterte *Sydow* mit Hilfe des Paarvergleichs. Er bot der Vp 9 Scheibenstellungen in allen möglichen Zweierkombinationen (36) und ließ beurteilen, welche von den beiden Stellungen näher am Ziel lag. Aus den abgegebenen Urteilen lassen sich Skalenwerte errechnen, die den subjektiv eingeschätzten Abstand jeder der 9 Scheibenstellungen zahlenmäßig angeben. Diese Zahlenwerte haben natürlich nichts mit der Zahl der Züge zu tun, die bis zur Erreichung der Lösung nötig sind. Aber sie lassen sich zu den Skalenwerten in Beziehung setzen, die man erhält, wenn man die objektiv richtigen Urteile beim Paarvergleich zugrunde legt. Je genauer die Vpn zwischen zielnäheren und zielferneren Scheibenstellungen unterscheiden, desto mehr nähern sich ihre Urteile den objektiv richtigen Urteilen beim Paarvergleich an, desto mehr ähneln ihre Skalenwerte den objektiv richtigen Skalenwerten.

Innerhalb der sechs passiven Zustandsfolgen führten die Pbn drei Paarvergleiche mit je 36 Urteilen durch, den ersten Paarvergleich nach zwei Darbietungsserien, den zweiten nach vier und den dritten nach sechs Serien, also am Ende des Versuchs. Es zeigte sich, daß die Übereinstimmung zwischen subjektiver Einschätzung der Entfernung und wirklicher Entfernung der Scheibenstellung vom Zielzustand mit fortschreitender Darbietung von Zugfolgen anwuchs. Die Pbn lernten also die Problemstruktur der Aufgabe durch die Beobachtung von Zugfolgen bis zu einem gewissen Grad kennen, sie näherten sich der Lösung des Problems, ohne sich selbst aktiv an der Aufgabe versucht zu haben.

Um noch weitere Aufschlüsse über das Vorgehen der Vpn bei der Erhellung der Problemstruktur zu erhalten, stellte *Sydow* den subjektiven Zielabstand y als Funktion des objektiven Zielabstandes x_e und des objektiven Abstandes vom Anfang x_a dar: $y = ax_a + bx_e + c$.

Die Werte von a, b und c wurden mit Hilfe der Methode der kleinsten Quadrate ermittelt. Es zeigte sich, daß vom ersten zum dritten Paarvergleich die Werte von a (absolut) ständig abnahmen, die Werte von b dagegen zunahmen. Das bedeutet, daß sich die Pbn zunächst mit ihrem Urteil eher an der Anfangsposition der Scheiben orientierten, später aber, nachdem sie die Problemstruktur genauer kennengelernt hatten, ihr Augenmerk aufs Ziel richteten.

2.212 Anwendung der Informationstheorie auf Denkprozesse

Mit Hilfe des Denkens verringern wir die Unsicherheit oder Ungewißheit. Problemlösen heißt in vielen Fällen, eine Vielzahl von Möglichkeiten sukzessive zu reduzieren, bis die richtige Möglichkeit als Lösung übrigbleibt. Dieser Aspekt des Denkens kann mit Hilfe der Informationstheorie in optimaler Weise angegangen werden. Unter Information versteht man hierbei im Gegensatz zum alltäglichen Sprachgebrauch den Betrag an Unsicherheit, der um so größer wird, je mehr gleichwahrscheinliche Möglichkeiten gegeben sind. Signalfolgen oder -muster haben großen Informationswert für uns, wenn sie unerwartet und nicht voraussagbar sind. Je mehr wir andererseits das Auftreten eines bestimmten Signales erwarten, desto geringer ist sein Informationswert. Von einem begonnenen Satz können wir verhältnismäßig leicht dessen Ende erraten. Wörter und Sätze besitzen gegenüber unbekannten oder beliebigen Lautfolgen also geringeren Informationswert. Das „Verstehen" einer Nachricht besteht informationstheoretisch darin, daß ihr Informationsgehalt, d. h. ihre Unsicherheit abgebaut wird.

Man kann Information auch als Kosten auffassen, die mit der Reduzierung der Ungewißheit verbunden sind (*Langer*, 1962). Solche Kosten können beispielsweise in der Zahl der Fragen bestehen, die nötig sind,

Abb. 2.28: Erraten eines Schachbrettfeldes durch fortlaufende Reduktion der Möglichkeiten auf die Hälfte

um ein Ereignis zu spezifizieren. Läßt man nur solche Fragen zu, die mit ja oder nein beantwortet werden können, so wird das Gesamtrepertoire von Möglichkeiten immer weiter unterteilt, bis die richtige Möglichkeit übrigbleibt. Um beispielsweise auf dem Schachbrett ein bestimmtes Feld zu finden, teilt man am besten das jeweils übrigbleibende Feld von Möglichkeiten in zwei Hälften, was im Beispiel der Abb. 2.28 zu folgender Fragenkette führen kann: untere Hälfte des Feldes? (nein) – rechte Seite der oberen Hälfte? (ja) – davon die obere Hälfte? (nein) – rechter Teil der übrigbleibenden Region? (ja) – davon die obere Hälfte? (nein) – das linke der beiden restlichen Felder? (nein). Somit bleibt das markierte Feld übrig.

Durch die sukzessive Unterteilung der vorhandenen bzw. verbleibenden Möglichkeiten in zwei Hälften kommt man mit sechs Fragen aus. Das ist mathematisch leicht einzusehen; bei rückläufiger Verfolgung der Fragen erhöht sich nämlich die Zahl der Möglichkeiten in der folgenden Weise: 2 – 4 – 8 – 16 – 32 – 64. Die Zahl 64 setzt sich als 2^6 zusammen. Sechs Entscheidungen zwischen zwei gleichwertigen Alternativen waren nötig, um das Feld zu erraten. Damit zeigt sich, daß die Aufteilung in jeweils zwei Alternativen die einfachste Möglichkeit darstellt, die Unsicherheit zu verringern. Daher fußt das Informationsmaß auf dem Zweiersystem und berechnet sich in Bit (binary digits), das ist die Anzahl der binären Ziffern, die zur Darstellung der Gesamtmenge der Möglichkeiten im Binärsystem gebraucht werden oder der Logarithmus der Möglichkeiten zur Basis 2. In unserem Beispiel ist

$$\log_2 64 = 6$$

Die Schachbrettaufgabe enthält also einen Informationsbetrag von 6 Bit.

Auf ähnliche Weise läßt sich eine gedachte Zahl zwischen 1 und 100 finden. Man halbiert die in Frage kommende Menge von Zahlen (Möglichkeiten) fortlaufend und erreicht auf diese Weise nach spätestens 7 Entscheidungen die Lösung. Da 7 aber $2^7 = 128$, hätte man eigentlich mit sieben Fragen alle Zahlen zwischen 1 und 128 finden können, so daß man einen Verlust von $\log_2 128 - \log_2 100 = 0{,}356$ Bit in Kauf nehmen muß.

Wie der Verfasser beobachten konnte, fragen die Ratenden oft nicht nach der optimalen Strategie. Sie orientieren sich beispielsweise am Zehnersystem und bringen den Gesichtspunkt: gerade – ungerade mit ins Spiel.

Beispiel einer Fragestrategie beim Erraten einer Zahl zwischen 1 und 100 (Lösung: 63): größer als 10? – eine reine Zehnerzahl? – 100?

– gerade Zahl? – ist der Einer eine 1? – ist der Einer eine 3? – ist der Zehner eine gerade Zahl? – größer als 6? – ist der Zehner eine 6? – die Zahl heißt 63. Obwohl die Vp „Glück“ beim Raten hatte, brauchte sie doch 9 Fragen zur Lösung. Im ungünstigsten Falle hätte sie 13 Fragen benötigt. Man beachte aber, daß es sich hierbei immer noch um ein relativ ökonomisches Vorgehen handelt. Die umständlichste Fragestrategie bestünde im sukzessiven Abfragen von 1 bis 100. Damit zeigt sich, daß sich der Abbau von Ungewißheit resp. Information nach den Fragen richtet. Jede Frage bringt nur soviel ein, wie in sie an potentieller Information hineingelegt wurde.

Allgemein läßt sich der Informationsbetrag demnach ausdrücken als:

$$H = \log_2 k;$$

wobei k die Zahl der Möglichkeiten ist.

Die Schachbrettaufgabe und das Zahlenraten setzen gleichgroße Wahrscheinlichkeit der Möglichkeiten voraus. Die Wahrscheinlichkeit dafür, daß ein beliebiges von 64 Feldern das richtige ist, beträgt für alle Felder $p = 1/64$. In der Zahlenaufgabe ist die Wahrscheinlichkeit für jede Zahl $p = 1/100$. Man sieht, daß die Größe der Ungewißheit (Information) oder, bezogen auf unsere Fragestellung, die Schwierigkeit des Problems von der Zahl der Alternativen und von deren Wahrscheinlichkeit abhängt. Haben alle Alternativen gleichgroße Wahrscheinlichkeit, so sind die Kosten für jede Alternative gleichhoch. Je größer die Wahrscheinlichkeit für eine der Möglichkeiten, desto geringer dürften die Kosten (der Aufwand) sein, diese Alternative zu finden. Bei der obigen Zahlenaufgabe fand der Verfasser, daß manche Vpn die Alternativen nicht für gleichwahrscheinlich hielten, sondern erst in den Außenregionen (49, 50, 51), dann in der Mittelregion suchten. Zur Berechnung des Informationsgehaltes muß man die Wahrscheinlichkeiten der Alternativen berücksichtigen. Deshalb errechnet sich der gesamte Informationsbetrag aus dem Produkt je Alternative $p \cdot \log_2 1/p$. In der Schachbrettaufgabe betragen die Kosten für jede der 64 Möglichkeiten demnach:

$$1/64 \cdot \log_2 1/64 \text{ Bit}$$

Das ist gleichbedeutend mit

$$-1/64 \log_2 64 \text{ Bit}$$

Für alle 64 Möglichkeiten betragen die Kosten bzw. der Informationsgehalt

$$-64 \cdot 1/64 \log_2 64 = 6 \text{ Bit}$$

Wenn die Alternativen nicht gleichwahrscheinlich sind, berechnet sich die Gesamtinformation H(i) aus der Summe $p \cdot \log_2 p$ aller k Möglichkeiten:

$$H(i) = -\sum_{i=1}^{k} p(i)\log_2 p(i)$$

Das Minuszeichen rührt, wie oben schon gezeigt wurde, von der Umwandlung des Wertes $\log_2 1/p$ in $-\log_2 p$ her.
Dieser (statistische) Informationsgehalt wird als *mittlere* Entropie oder als mittlerer Informationsgehalt bezeichnet, weil er angesichts verschiedenhoher Wahrscheinlichkeiten der Alternativen einen mittleren Wert angibt. Sehr wahrscheinliche Alternativen können rasch gefunden werden, sehr unwahrscheinliche Alternativen verringern auch den Informationsgehalt, weil man sie nicht erwartet. Der Wert $\log_2 k$ (s. o.) hingegen bezeichnet den *maximalen* Informationsgehalt, weil er die Zahl von Entscheidungen angibt, die für k gleichwahrscheinliche Alternativen nötig sind.
Die Verringerung von Unsicherheit steht in engem Zusammenhang mit dem Begriff der Redundanz. Sobald Symbole nicht rein zufällig aufeinanderfolgen, sobald die Alternativen nicht gleichwahrscheinlich sind, liegt Redundanz vor. Die Laute unserer Sprache sind redundant, weil sie mit bestimmten Wahrscheinlichkeiten aufeinanderfolgen. Die Darstellung eines Kopfes auf einer Fotografie ist stark redundant, weil dunkle und helle Stellen nicht zufallsverteilt sind. Redundanz in diesem Sinne ist die Differenz zwischen maximaler Information (Entropie) $\log_2 k$ und mittlerer Information H(i), bei der, wie oben erläutert, die ungleichhohen Wahrscheinlichkeiten der Elemente berücksichtigt werden. Neben dieser absoluten Redundanz verwendet man auch eine relative Redundanz, die aber lediglich eine andersartige Beziehungssetzung zwischen maximaler und mittlerer Information darstellt, nämlich

$$R = 1 - \frac{H(i)}{\log_2 k}$$

Wenn man Information abbaut, beispielsweise in der Schachbrettaufgabe oder beim Zahlenraten, dann verändert man die Wahrscheinlichkeiten der einzelnen Alternativen. Nach der ersten Frage beispielsweise erhalten in der Schachbrettaufgabe bereits zweiunddreißig Felder (Möglichkeiten) die Wahrscheinlichkeit p = O. Denken bedeutet also

einerseits Abbau der Unsicherheit, andererseits Vergrößerung der Redundanz. Eine einfache Wiederholung eines Denkprozesses am gleichen Material mit der gleichen Lösung besitzt maximale Redundanz. Mit Hilfe des Redundanzbegriffes läßt sich die Unterscheidung zwischen produktivem und reproduktivem Denken präzisieren: Je weniger redundante Züge das Denken zu Beginn der Problemlösungsphase besitzt, desto produktiver kann es eingestuft werden; je redundanter ein Denkprozeß, desto unproduktiver und „mechanischer" läuft er ab.
Der Begriff der Redundanz erklärt auch früher bereits beschriebene Schwierigkeiten bei der Verarbeitung indirekter Information. Immer wenn auf eine Entscheidung eine negative Antwort kommt, tendiert man dazu, auf „Nummer sicher" zu gehen und vorsichtshalber so zu fragen, daß der gleiche Informationsbetrag noch einmal mit positiver Rückmeldung reduziert wird. Redundante Fragen verringern nicht die objektive Größe der Unsicherheit, aber sie sichern den bereits abgebauten Informationsbetrag ab.
In der Denkpsychologie könnte man nun den Informationsgehalt eines Problems ermitteln, was einem mathematischen Maß für dessen Neuartigkeit und Unbestimmtheit gleichkommt. Die Denkleistung eines Probanden ließe sich dann in Beziehung setzen zu der optimalen Anzahl von Entscheidungen, nämlich H Bit, die für die Lösung nötig sind. Je mehr sich der individuelle Skore dem Wert von H annähert, desto optimaler ist die Lösungsstrategie.
In der Praxis ergeben sich allerdings große Schwierigkeiten, sobald man einfach strukturierte Probleme mit gleichwahrscheinlichen Alternativen (z. B. Schachbrettaufgabe und Zahlenraten) aufgibt und Problemstrukturen mit verschieden wahrscheinlichen Möglichkeiten in Betracht zieht. Bekanntlich kann man mit etwa 20 Fragen „alle nur denkbaren" Objekte erraten, da die Zahl $2^{20} = 1048576$ eine gewaltige Zahl von möglichen Objekten darstellt. Formuliert man seine Fragen so, daß jedesmal ungefähr mit gleicher Wahrscheinlichkeit Ja oder Nein zu erwarten ist, so verfährt man nach einer optimalen Strategie. Daß dies ziemlich schwierig ist, leuchtet jedem ein, der schon einmal an dem Spiel „Zwanzig Fragen" teilgenommen hat.

Die Fragestrategie ist nicht nur aus subjektiven Gründen schwierig, sondern auch deshalb, weil man die Wahrscheinlichkeit von Alternativen nicht kennt. Es ist beispielsweise leicht, das Wort ‚Nagel' zu finden, jedoch sehr schwer, den Nagel zu erraten, an den man (wie Karl Valentin) seinen Beruf gehängt hat.

Immerhin gibt es Probleme, an denen sich Denken als Informationsreduktion sehr gut demonstrieren läßt. Das berühmte „Problem der falschen Münzen“ gehört hierher. Mit Hilfe einer Waage soll durch möglichst wenige Wägungen aus zwölf Münzen eine falsche Münze ausfindig gemacht werden, die ein anderes Gewicht als die übrigen Münzen hat.

„Man teile die zwölf Münzen in drei Gruppen zu je vier und vergleiche zwei dieser Gruppen auf der Waage. Schlägt die Waage aus, so sind die acht gewogenen Münzen in eine Vierergruppe eingeteilt, die möglicherweise eine zu leichte Münze enthält, und in eine Vierergruppe mit einer möglicherweise zu schweren Münze. Bei der zweiten Wägung legen wir nun auf jede Waagschale zwei der möglicherweise zu leichten Münzen und eine der möglicherweise zu schweren Münzen. Bleibt die Waage im Gleichgewicht, so wissen wir, daß eine der beiden übriggebliebenen Münzen falsch und zu schwer ist. Eine weitere Wägung zeigt dann, welche Münze die falsche ist. Schlägt die Waage aus, so vergleicht man die beiden potentiell zu leichten Münzen, die sich auf der hochgehenden Waagschale befinden, miteinander. Wenn bei dieser dritten Wägung kein Gleichgewicht besteht, ist die Münze, die hochgeht, falsch und zu leicht. Besteht jedoch Gleichgewicht, so ist die möglicherweise zu schwere Münze auf der anderen Waagschale tatsächlich die schuldige. Bleibt noch die Möglichkeit, daß bereits bei der ersten Wägung Gleichgewicht bestand. Wir nehmen dann drei der vier noch nicht gewogenen Münzen und eine der acht sicher echten und teilen diese vier in zwei Hälften. Sind diese beiden gleich schwer, so ist die übriggebliebene Münze falsch, und eine weitere Wägung zeigt, ob sie zu leicht oder zu schwer ist. Schlägt die Waage aus, so vergleicht man die beiden Münzen, die nicht bei der echten Münze lagen, miteinander, und das Ergebnis dieser dritten Wägung liefert eindeutig das Ergebnis.“ (*Fast & Stumpers*, 1956/57, zitiert nach *Langer*, 1962).
Bei dieser Aufgabe besteht also die Denkleistung darin, mit möglichst wenigen Entscheidungen (hier: Wägungen) auszukommen.

Damit sind wir bei einem Aspekt angelangt, der zum gegenwärtigen Zeitpunkt fruchtbarer erscheint als die Verwendung des mathematischen Ansatzes selbst. Fragestrategien und Denkstrategien, die einer optimalen Verringerung von Information dienen, stehen meist nicht zur Verfügung, sondern müssen vom Individuum erst entwickelt werden. Die Bemühung um solche Strategien dient dem Verständnis des Sachverhaltes selbst. Wer beispielsweise einen bestimmten Begriff mit Hilfe der Ja-Nein-Strategie erfragen soll, kommt am raschesten weiter, wenn er in der logischen Begriffshierarchie abwärts steigt. Je mehr sich der Denkende also bemüht, die im Problem steckenden Möglichkeiten zu ordnen und logisch zu strukturieren, desto größer dürfte sein Erfolg sein.

Suchman (1961) konnte zeigen, daß Kinder, die veranlaßt werden, sich einen Stoff nach der Ja-Nein-Strategie zu erfragen, einsichtiger lernen als bei bloßer

Stoffvermittlung, und daß sie ihre Einsichten auch bei irritierender Information nicht preisgeben. In einer vom Verfasser mit Mitteln der Stiftung Volkswagenwerk durchgeführten Untersuchung wurde unter anderem ein Programm mit der Fragestrategie verglichen. Stoff war eine Einführung in die Wärmeausdehnung fester Körper, Adressatenkreis fünfte Knabenklassen der Hauptschule. Beim Unterrichtsprogramm wurden den Adressaten zu Beginn zwei Experimente über Wärmeausdehnung vorgeführt. Im Programmtext selbst waren weitere Experimente beschrieben. Die Gruppe mit der Fragestrategie wurde in analoger Weise mit physikalischen Versuchen konfrontiert: Sie sah die beiden Eingangsexperimente, mußte aber dazu Fragen stellen, auf die der Vl nur mit ja oder nein antworten durfte. Wenn die Kinder zu bald ihre Fragen einstellten, so bemerkte der Vl: „Du hast noch nicht alles Wichtige gefragt."

Die Leistungen beider Gruppen wurden mit Hilfe eines Tests vor und nach dem Lernvorgang erfaßt. Dabei zeigte sich, daß die Strategiegruppe einen größeren Lernzuwachs aufwies als die Programm-Gruppe. Dieser Unterschied ist umso bemerkenswerter, als die Strategiegruppe nur die Hälfte der Lernzeit benötigte. Der Test bestand neben Wissensitems auch aus Transfer- und irritierenden Items. Der bedeutsamste Vorsprung der Strategiegruppe trat bei den Transfer-Aufgaben auf. Hingegen waren die Leistungen bei den irritierenden Items gleich. Die Fragestrategie förderte somit offensichtlich das Verständnis und die Einsicht.

Der Hauptgrund für diesen Sachverhalt liegt vermutlich in der Ordnung und Strukturierung der in Frage kommenden Möglichkeiten. Jede Gruppierung oder Klassifizierung verändert die Wahrscheinlichkeiten der Elemente und erhöht die Redundanz. Damit kann der in Abschnitt 2.15 behandelte Gesichtspunkt des Denkens als Ordnen durch den informationstheoretischen Aspekt der Redundanz ergänzt werden. Redundanzbildung ist immer zugleich Ordnen bzw. Benützen bereits vorhandener Ordnungen.

In diesem Lichte können Befunde des Verfassers[1] gesehen werden, die Denkleistung und Lernerfolg bei Schülern der 4. Klasse der Grundschule widerspiegeln (*Oerter*, 1967). Der Lehrstoff „Kreislauf des Wassers" wurde zehnjährigen Kindern auf zwei Arten vermittelt: Als Unterrichtsprogramm und als Arbeitsmaterial, das der Schüler selbständig zu strukturieren hatte. Bei der Methode der selbständigen Strukturierung konnte der Proband das Lernmaterial in beliebiger Reihenfolge bearbeiten. Es bestand aus Zeichnungen und Texten, die in eine Reihenfolge zu bringen waren oder einander zugeordnet werden mußten. Der Lernende mußte also neben der Erarbeitung des Stoffes auch das Ordnen und Gliedern mit übernehmen. Man könnte nun meinen, daß dieses Sich-Zurechtfinden zusätzliche Schwierigkeiten bereitet und deshalb den Lernerfolg beeinträchtigte. Dies war aber nicht der Fall, wie man aus Tab. 2.4 ersehen kann.

[1] Die Untersuchungen wurden ebenfalls im Rahmen des bereits erwähnten Forschungsprojekts durchgeführt (finanziert von der Stiftung Volkswagenwerk).

Tab. 2.4: Lernerfolg bei Anwendung zweier Methoden des Lernens

Skore	Methode des selbständigen Strukturierens	Unterrichts-programm	Signifikanz der Unterschiede
Gesamttest	14,9	13,2	–
Transfer-Items	3,7	1,8	.01
Lernzeit (1 U.-St. = 45 Min.)	2 Std.	6 Std.	.001

Wiederum erweist sich die unkonventionelle Methode überlegen, besonders, wenn man den Zeitfaktor und die Überlegenheit dieser Methode bei Transfer-Aufgaben berücksichtigt. Man vergegenwärtige sich, daß es sich bei dem Lehrstoff um Sachverhalte handelt, die Verstehen und Einsicht, also Denken, erfordern. Offenbar aktiviert die Suche nach Ordnungsgesichtspunkten das Denken stärker als die behutsame Führung durchs Programm. Während der Gesamtbetrag an Information im Programm Schritt für Schritt präsentiert wird, ohne daß der Gesamtumfang zunächst bekannt ist, muß sich der Lernende beim selbständigen Strukturieren selbst für eine Möglichkeit entscheiden. Er konnte beispielsweise zwischen fünf Schachteln wählen. Jede der Schachteln hatte eine Aufschrift (z. B.: Die Quelle – Von der Quelle zum Meer – Das Wasser verdunstet usw.). Soweit die Exploration ergab, griffen viele Probanden zu dem Titel, von dem sie am wenigsten wußten! Sie wählten also den für sie größten Informationsbetrag aus. In jeder Schachtel fand sich Karten- und Bildmaterial. Wiederum mußte der Proband erst sichten, bevor er weiterarbeiten konnte. Er suchte sich demnach Wege, wie der Betrag an Neuem, an Unsicherheit am besten zu verringern war.

Die didaktischen Konsequenzen der hier mitgeteilten Befunde liegen auf der Hand. Sofern es um Denkprobleme geht, muß der Proband selbst Strategien entwickeln, mit denen er die Ungewißheit reduziert. Damit bestätigt sich wieder einmal von neuem die in diesem Buch schon mehrfach vertretene Auffassung, daß Denken nicht durch gutgemeinte und ausgeklügelte didaktische Führung bei kleinen und kleinsten Schritten gefördert wird, sondern dadurch, daß man den Denkenden die Schritte und den Weg selbst finden läßt.

2.213 Denken und Entscheidungstheorie

Entscheidungstheorie umfaßt einen umfangreichen Komplex an mathematisch formulierten Beziehungen, die vielfach außerhalb der Psychologie entwickelt wurden. Es handelt sich dabei in erster Linie um formalisierte Vorschriften, wie Entscheidungen gefällt werden sollten. Dabei gibt es enge Zusammenhänge zwischen faktisch auftretenden Entscheidungen und idealen Entscheidungen. Das Entscheidungsverhalten eines Individuums kann zu dem eines (konstruierten) Ideal-Individuums auf diese Weise in Beziehung gesetzt werden. Wir können einzelne Theoreme der Entscheidungstheorie nicht näher kennenlernen, sondern müssen uns auf zwei Begriffe, die für die nachfolgenden Ausführungen bedeutsam sind, beschränken, nämlich auf den Begriff des Nutzens und den der subjektiven Wahrscheinlichkeit.

Der Begriff des Nutzens stammt ursprünglich aus dem Gebiet der Wirtschaftswissenschaften. Jedes Objekt kann unter dem Gesichtspunkt gewertet werden, ob es Lust (Vergnügen) oder Schmerz (Unbehagen, Unannehmlichkeiten) bringt. Diese Eigenschaften des Objektes werden als Nutzen bezeichnet. Ziel der Handlungen des ökonomischen Menschen ist deshalb, ein Maximum an Nutzen zu suchen. Der Nutzen ist nicht gleichzusetzen mit dem objektiven Wert einer Ware, also mit ihrem Preis, sondern meint ihren subjektiven Wert für das Individuum. *Edwards* (1954) spricht deshalb auch vom subjektiv erwarteten Nutzen (subjective expected utility = SEU) und stellt in seinen vier Modellen diesen subjektiven Wert dem objektiven Wert, etwa dem Preis in DM, gegenüber.

Den Nutzen (SEU) kann man direkt schätzen, indem man beispielsweise fragt, wieviel Geld doppelt (bzw. halb) so begehrenswert ist wie 10 (1000, 100 000) DM. Dabei zeigt sich, daß der (subjektive) Nutzen nicht linear mit dem objektiven Geldwert ansteigt (*Stevens*, 1959).

Neben dem SEU eines Objektes existiert als Maß die Wahrscheinlichkeit, mit welcher man das Objekt erhält. Bei Spielen mit Einsatz etwa existiert eine objektive und eine subjektive Chance, zu gewinnen. Objektiv kann die Wahrscheinlichkeit aus den tatsächlich vorhandenen Chancen berechnet werden. Subjektive Wahrscheinlichkeit ist die Schätzung des Individuums für seine Gewinnchancen bzw. für die Wahrscheinlichkeit der Erlangung des Objekts oder des Auftretens eines Ereignisses.

Den Nutzen auf indirekte Weise zu bestimmen, bringt Schwierigkeiten mit sich, da bei der Wahl zwischen verschiedenen Möglichkeiten (Wetten) stets Nutzen und Wahrscheinlichkeitserwartung für das Eintreten des Ereignisses gekoppelt sind. Man kann nun dieses Problem umgehen, indem man eine größere Zahl identischer Wetten (Spiele) aufeinanderfolgen läßt, wobei man annimmt, daß Nutzen und subjektive Wahrscheinlichkeit jedesmal gleich bleiben. Dann nämlich läßt sich die Größe der subjektiven Wahrscheinlichkeit eliminieren. Ein anderer Weg besteht darin, die subjektive Wahrscheinlichkeit für das Auftreten eines Ereignisses genauso groß zu halten wie für dessen Nichtauftreten (*Davidson, Suppes & Siegel,* 1957). Das ist beim Münzenwurf möglich oder bei Benutzung eines Würfels, bei dem je drei Seiten mit der gleichen sinnlosen Silbe bedruckt sind.

Die subjektive Wahrscheinlichkeit läßt sich am leichtesten am Beispiel des Münzenwurfs verdeutlichen. Anfangs werden die Schätzungen der Wahrscheinlichkeit, mit welcher „Kopf" bzw. „Adler" oben liegt, weit streuen. Nach einer Anzahl von Würfen hingegen werden sie dicht beieinanderliegen und sich der objektiven Wahrscheinlichkeit annähern. Die Entwicklung der subjektiven Wahrscheinlichkeit für ein Ereignis oder eine Hypothese müßte, sofern das Individuum rein rational dem Gang der Ereignisse folgt und alle vorhandenen Informationen nützt, einen bestimmten Verlauf nehmen, den man mit Hilfe des Bayes-Theorems berechnen kann. Dazu benötigt man die Anfangswahrscheinlichkeit und die bedingte Wahrscheinlichkeit für das Eintreten eines Ereignisses unter Voraussetzung einer bestimmten Hypothese. Das Bayes-Theorem soll an einer von *Phillips* und *Edwards* (1966) in ihren Untersuchungen verwendeten Aufgabe erläutert werden.

Die Vpn sollten sich 10 Säcke vorstellen, von denen jeder 100 rote und blaue Spielmarken enthalte. In r Säcken (die Zahl wurde je nach Versuchsbedingung variiert) dominieren die roten Spielmarken, in den restlichen (10-r) Säcken die blauen Marken. Um für alle die gleiche Ausgangsbedingung hinsichtlich der Anfangswahrscheinlichkeit zu schaffen, wurden die Pbn (Undergraduates) vorsichtshalber gefragt, mit welcher Wahrscheinlichkeit ein gezogener Sack vorwiegend blaue Spielmarken enthalte. Wich ihr Urteil von der gegebenen Information ab, so wurde es berichtigt. Die zweite Art der Wahrscheinlichkeit für das Eintreten eines Ereignisses, eine bestimmte Hypothese vorausgesetzt, vermittelte der Vl durch die Information, daß die Säcke mit vorwiegend roten Marken 70% rote und 30% blaue Spielmarken enthielten (bzw. 60% und 40%) und die Säcke mit überwiegend blauen Marken die umgekehrte Verteilung aufwiesen. So wußte die Vp, daß bei einem rotdominanten Sack die Wahrscheinlichkeit 70% für das Ziehen einer roten Spielmarke betrug und umgekehrt.

Die Aufgabe der Vp bestand nun darin, die Wahrscheinlichkeit zu raten (schätzen), daß ein rotdominanter und ein blaudominanter Sack gewählt worden war. Diese Schätzung entspricht der subjektiven Wahrscheinlichkeit für eine der beiden

Hypothesen (rot-blau). Nach jedem Zug revidierte die Vp ihre Schätzung, indem sie 100 Metallscheiben auf zwei Pflöcken aufreihte. War sie beispielsweise der Meinung, die eben gezeigte Spielmarke stamme zu 80% Wahrscheinlichkeit aus einem rotdominanten Sack, so mußte sie auf dem einen Pflock 80, auf dem anderen 20 Metallscheiben (= Wahrscheinlichkeit für Blaudominanz) aufreihen. Der erste von *Phillips* und *Edwards* mitgeteilte Versuch lief ohne Geldeinsatz (Risiko) ab. Zunächst wurde einer der 10 Säcke per Zufall ausgewählt, sodann 20 Spielmarken gezogen, die jeweils nach der Ziehung aber wieder in den Sack zurückwanderten. Diese Prozedur wiederholte sich vierundzwanzigmal, die eine Hälfte der Sequenzen mit einer bedingten Wahrscheinlichkeit von 70 : 30, die andere Hälfte mit 60 : 40 (Verhältnis von roten zu blauen Marken). Die 12 Serien, die für jede der beiden Bedingungen zur Verfügung standen, setzten sich aus je zwei mit der Ausgangswahrscheinlichkeit 0,3 und 0,7, zwei mit 0,4 und 0,6, vier mit 0,5 und 0,5, zwei mit 0,6 und 0,4 und zwei Serien mit 0,7 und 0,3 zusammen.

Wir bezeichnen nun die Ausgangswahrscheinlichkeit (ausgedrückt durch die Relation zwischen rot- und blaudominanten Behältern) mit $P(H_R)$ und $P(H_B)$, die „bedingte" Wahrscheinlichkeit mit $P(D/H_R)$ und $P(D/H_B)$ (= Wahrscheinlichkeit für die Daten oder Ereignisse D unter der Hypothese H_R bzw. H_B) und die subjektive Wahrscheinlichkeit mit $P(H_R/D)$ und $P(H_B/D)$ (= Wahrscheinlichkeit für die Hypothese H_R bzw. H_B auf das Auftreten der Daten oder Ereignisse D hin). Die subjektive Wahrscheinlichkeit ist die (sinnvolle) Schätzung der Chance für das Eintreten (Ziehen) von ‚rot' oder ‚blau' aufgrund der bis zum Zeitpunkt der Schätzung gezogenen Marken.

Die bei völlig rationalem Vorgehen zu erwartende subjektive Wahrscheinlichkeit läßt sich nach dem Bayes-Theorem definieren als Produkt aus der bedingten Wahrscheinlichkeit und der Ausgangswahrscheinlichkeit, korrigiert durch eine Konstante k:

$$\begin{aligned} P(H_R/D) &= k \cdot P(D/H_R) \cdot P(H) \\ P(H_B/D) &= k \cdot P(D/H_B) \cdot P(H) \end{aligned} \qquad (1)$$

Durch Division beider Gleichungen erhält man:

$$\Omega_1 = L \cdot \Omega_o \qquad (2)$$

wobei Ω_0 die Ausgangschance für die richtige Hypothese und Ω_1 die Chance nach der jeweils ausgeführten Ziehung ist. L wird als ‚likelihood ratio' bezeichnet. Er läßt sich aus dem Verhältnis zwischen erfolgreichen Ziehungen (s) und erfolglosen Ziehungen (f) und der Wahrscheinlichkeit des Erfolgs (p) und Mißerfolg ($1 - p = q$) berechnen:

$$L = \left(\frac{p}{q}\right)^{s-f} \qquad (3)$$

s ist dabei die Anzahl der Erfolge und f die Zahl der Fehler; s-f entspricht in unserem Beispiel der numerischen Differenz zwischen den roten und blauen Marken in der (gezogenen) Stichprobe. Der Wert von L kann für die Pbn aus Formel (2) errechnet werden, da Ausgangschance und nach Ziehung erwartete Chance bekannt sind. Das gefolgerte L kann zu dem tatsächlichen L (Formel 3) in Bezie-

hung gesetzt werden, indem man den Logarithmus des gefolgerten L-Wertes durch den Logarithmus des tatsächlichen L-Wertes dividiert. Dieser Quotient wird in der Literatur als „accuracy ratio" bezeichnet (*Phillips & Edwards*, 1966). Verhält sich der Pb gemäß dem Bayes-Theorem, so wird der Accuracy Ratio gleich eins. Werte unter 1 zeigen an, daß der Pb zögert, die frühere subjektive Wahrscheinlichkeit zu ändern.
Die Ergebnisse sind in Abb. 2.29 zusammengestellt. Auf der Abszisse ist schlichtweg der Wert von s-f abgetragen, da log L linear mit s-f variiert. Eine ideale Vp im Sinne des Bayes-Theorems würde eine horizontale Linie mit dem Wert y = 1 erbringen. Wie man sieht, sind die gefundenen empirischen Verläufe weder horizontale Gerade, noch erreicht der accuracy ratio auch nur annähernd den Wert von eins. Interessanterweise ist die Annäherung bei Behältern mit einer 60-zu-40-Mischung besser als mit einer 70-zu-30-Mischung.

Aus diesem Befund kann ein Verhalten im Denken gefolgert werden, das man mit Konservativismus bezeichnet. Damit meint man, daß die Revisionen der subjektiven Wahrscheinlichkeit beim Menschen zögernder erfolgen und weniger ausgeprägt sind als nach dem Bayes-Theorem. Der Konservativismus war weniger stark, wenn die Vpn bei ihren Schätzungen einen Einsatz riskieren mußten, also gewinnen oder verlieren konnten, aber er verschwand keineswegs völlig. Auch Veränderungen der Versuchsbedingungen bei der Kennzeichnung der subjektiven Wahrscheinlichkeit (z. B. statt Metallscheiben kontinuierliche Skalen, statt Wahrscheinlichkeitswerten Angaben von Zahlenverhältnissen als Ausdruck der Chance für ein bestimmtes Ereignis) beseitigen den Konservativismus nicht.

Abb. 2.29: Konservativismus bei Schätzung der Wahrscheinlichkeit der Verteilung von roten und blauen Spielmarken in Behältern (nach *Phillips & Edwards*, 1966)

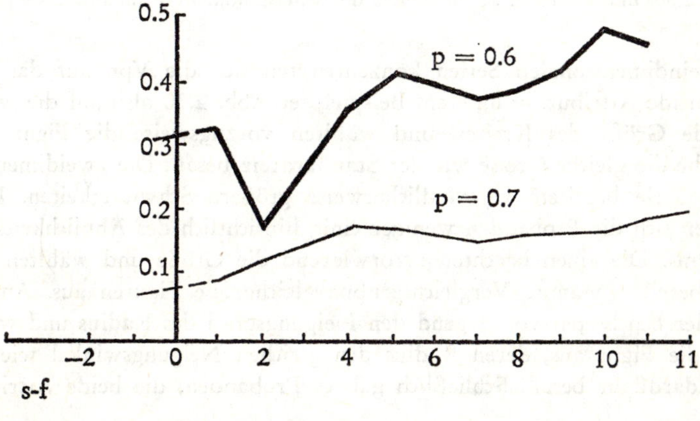

Eine der möglichen Ursachen für die „Trägheit“ des Denkenden mag in der Komplexität der Aufgabe liegen. Obwohl die Autoren der hier beschriebenen Untersuchung eine relativ einfache Aufgabe gewählt haben, weil frühere Untersuchungen mit schwierigeren Aufgaben bereits ausgeprägt das Konservativismus-Phänomen gezeitigt hatten, muß man annehmen, daß der Proband die Beziehungen nicht alle gleichzeitig überblickt. Bei stärkerer Motivation scheint er sich auf die einzelnen Bedingungen stärker zu konzentrieren, was die besseren Ergebnisse beim Spiel mit Einsatz zeigen.
Bevor wir aus sogearteten Befunden Konsequenzen ziehen, wollen wir noch kurz das Augenmerk auf einen ganz anderen Aufgabentypus in der Entscheidungstheorie werfen. Wie berücksichtigt das Individuum bei seinem Urteil mehrere Alternativen zugleich? Außerhalb der Entscheidungstheorie ist dies das Problem der multidimensionalen Skalierung. Das Urteil des Probanden wird nach Dimensionen abgesucht, die bei der Bewertung eines Objekts beteiligt waren. Entscheidungstheoretisch geht es um die optimale Wahl (Entscheidung) angesichts einer Vielzahl von Attributen, die es zu berücksichtigen gilt.

Shepard (1964) präsentierte seinen Vpn unter anderem zwei Arten von Serien zur Beurteilung, nämlich „eindimensionale“ und „zweidimensionale“ Serien. Es handelte sich um verschieden große Kreise, in die ein Radius mit verschiedenem Neigungsgrad eingezeichnet war.
In der eindimensionalen Serie wurde entweder nur die Größe oder nur der Neigungsgrad des Radius variiert, in der zweidimenisonalen Serie wechselten beide Merkmale zugleich und zwar in Abhängigkeit voneinander (Abb. 2.30). Die Aufgabe der Vp bestand darin, die variierende Figur mit dem Standardreiz (einer immer konstant bleibenden Figur) zu vergleichen (siehe jeweils linke Spalte in Abb. 2.30) und die Figur auszuwählen, die dem Standardreiz am ähnlichsten war.

Bei eindimensionalen Serien konzentrierten sich die Vpn auf das sich ändernde Attribut, in unserem Beispiel der Abb. 2.30 also auf die wechselnde Größe des Kreises, und wählten vorzugsweise die Figur aus, welche die gleiche Größe wie der Standardreiz besaß. Die zweidimensionale Serie bereitete verständlicherweise größere Schwierigkeiten. Hier waren sich die Probanden weniger einig hinsichtlich des Ähnlichkeitskriteriums. Die einen beachteten vorwiegend die Größe und wählten wie die bereits genannte Vergleichsgruppe gleichgroße Figuren aus. Andere wieder beachteten vorwiegend den Neigungsgrad des Radius und wählten die Figur aus, deren Radius den gleichen Neigungswinkel wie die Standardfigur besaß. Schließlich gab es Probanden, die beide Attribute

Abb. 2.30: Ein- und zweidimensionale Serien und die Verteilungen bei ihrer Beurteilung (*Shepard*, 1964)

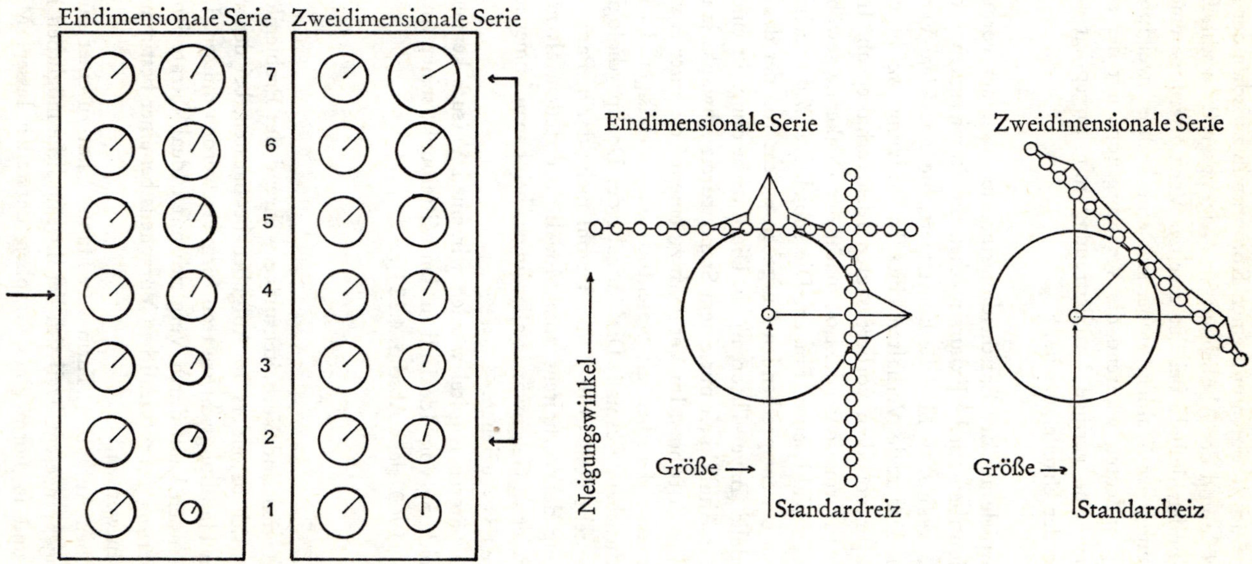

zugleich berücksichtigten und einen Kompromiß zwischen der Ähnlichkeit in der Größe und der Ähnlichkeit im Neigungsgrad zu schließen trachteten. Wir finden deshalb bei der zweiten Versuchsgruppe eine weit größere Streuung der Wahlen, wobei sich eine leichte Zweigipfeligkeit der Verteilung andeutet, während die Versuchsgruppe mit der eindimensionalen Serie eine geringe Urteilsstreuung mit ausgeprägt eingipfeliger Verteilung der Urteile aufwies.

Beide Beispiele aus der Entscheidungstheorie sowie der vorausgegangene informationstheoretische Exkurs machen die Schwierigkeiten deutlich, die auftreten, wenn man Modelle konstruiert, die eine Ideal-Versuchsperson darstellen. Das reale Verhalten eines Individuums weicht immer mehr oder weniger von dem vorhergesagten Idealverhalten ab. Im Falle der optimalen Informationsreduktion macht der Denkende gewöhnlich „Fehler" bei der Wahl seiner Fragen. Die subjektive Wahrscheinlichkeit der Denkenden bei entsprechenden Aufgaben weicht von der des mathematischen Modells (Bayes-Theorem) ab. Die Entscheidung für eine Figur aufgrund ihrer Ähnlichkeit mit einem Standardreiz schwankt je nach Bevorzugung eines Attributs. Im Vergleich zu einem Computer erweist sich das Verhalten des Menschen als wesentlich unzuverlässiger. Es oszilliert in oft beträchtlichem Ausmaß. Die Aufgabe der Denkpsychologie in diesem Bereich besteht deshalb in Zukunft wohl mehr darin, Parameter für die Abweichung des Verhaltens vom Modell zu erstellen, als neue Modelle zu konstruieren. Gegenwärtig allerdings scheint man immer noch letztere Möglichkeit vorzuziehen.
In einem späteren Kapitel werden wir einen Versuch kennenlernen, der die Abweichung vom Idealfall in den Mittelpunkt seiner Analysen stellt (*McGuire*, 1960, siehe Abschn. 4.224).

Zusammenfassung

Denkstrategien sind Verhaltenspläne während des Problemlösevorgangs. Sie lassen sich besonders an Aufgaben beobachten, bei denen die Denkschritte in Handlungsschritte transformiert werden müssen. Die Strategie des Denkenden kann durch Vergleich mit „Ideal"-Strategien oder durch Klassifizierung des tatsächlichen Vorgehens bei einer bestimmten Aufgabe beschrieben werden.
Die Scheiben-Aufgabe („Turm von Hanoi") hat zu einer Fülle von Untersuchungen angeregt, weil sich bei ihr sämtliche möglichen Denkschritte erfassen und in Form eines Graphen darstellen lassen. Man fand im

Verhalten der Pbn eine lokale und eine globale Strategie. Bei Beurteilung von Spielpositionen mit verschiedener Distanz zum Ziel orientierte sich der Denkende zunächst am Anfangszustand, bei genauerer Kenntnis der Problemstruktur am Endzustand.

Unter informationstheoretischem Aspekt bedeutet Problemlösen Verringerung von Unsicherheit. Das Auffinden der Lösung entspricht der Gewinnung maximaler Redundanz. Beim Problemlösen treten oft redundante (überflüssige) Schritte auf, die der Absicherung des Erreichten dienen oder auf Schwierigkeiten bei einer raschen, ökonomischen Informationsverringerung hinweisen. Versuche mit Fragestrategien zeigen, daß die aktive Suche nach informationsverringernden Ordnungsprinzipien zu besseren Lernerfolgen führen kann als eine didaktisch gut aufbereitete Stoffvermittlung (Programm).

Die subjektive Wahrscheinlichkeit eines Ereignisses ist ein quantitativer Wert für eine aktuelle Entscheidung des Denkenden. Auch sie liefert Hinweise für die verwendeten Denkstrategien. Der Mensch verhält sich bei der Einschätzung von Ereignissen (ausgedrückt durch den Verlauf der subjektiven Wahrscheinlichkeit) nicht in idealer Weise rational, sondern zeigt sich „konservativ" in dem Sinne, daß er an seinem zuvor abgegebenen Urteil stärker als nötig festhält. Das hängt nicht zuletzt mit der Komplexität von Problemstrukturen zusammen. Wenn der Proband beispielsweise Objekte, die nach zwei Dimensionen zugleich variieren, auf ihre Ähnlichkeit mit einem Standardobjekt beurteilt, so berücksichtigt er bei seiner Entscheidung oft nur eine einzige Dimension.

2.22 Zum Erwerb von Strategien

Es konnte mehrfach gezeigt werden, welche Strategien der Mensch beim Problemlösen benützt. Für die Bildung von Begriffen verwendet er offenbar durchaus verschiedenartige Methoden, um zum Ziel zu gelangen. Bei spezifischen Problemen, wie dem Turm von Hanoi, läßt sich zeigen, wie verschiedene Strategien bei der Lösungsfindung zusammenwirken.

Wie kommen wir nun zu diesen Strategien? Entstehen sie ohne unser Zutun von selbst und sind dann eines Tages verfügbar? Wie sind wir in der Lage, ad hoc neue Denkwege zu gehen, neue Strategien zu konstruieren, die für das spezielle Problem geeignet sind? Diese Fragen können von zwei Seiten angegangen werden, einmal unter entwicklungspsychologischem Aspekt, das andere Mal unter dem Gesichtspunkt kurzzeitiger Lernprozesse. Beide Möglichkeiten sollen im folgenden Berücksichtigung finden.

2.221 Von äußerer zu innerer Kontrolle

Das Verhalten des Menschen wird im Laufe seiner Entwicklung zunächst von außen her kontrolliert. Seine Bedürfnisse können nur durch äußere Verstärkung befriedigt werden: der unmittelbare positive Effekt einer Aktion ist maßgebend für ihre Brauchbarkeit. Auch beim Denken im Sinne des Problemlösens beobachten wir zunächst Strategien, die nichts anderes sind als verstärkungsorientiertes Verhalten.

Kendler und Mitarbeiter beschreiben bei Umlernaufgaben, daß Kinder unter sechs Jahren leichter auf eine neue Dimension umlernten als innerhalb der gleichen Dimension. Zunächst lernten sie beispielsweise von vier Behältern die zwei großen beachten, weil diese verstärkt wurden. Von den kleinen wie den großen Behältern war je einer dunkel, der andere hell. Bei der Beachtung der großen Behälter mußte demnach das Merkmal „klein" aktiv gehemmt werden. Hingegen fand beispielsweise das Merkmal „dunkel" zumindest zeitweise eine Verstärkung. Wenn das Individuum auf äußere Verstärkung reagiert, so muß es leichter zur Beachtung von „klein" kommen. In der Tat lernten Kinder im Vorschulalter leichter von der Beachtung des Merkmals „Größe" auf die Beachtung des Merkmals „dunkel" um, während sich ältere Kinder und Jugendliche leichter auf die Beachtung des Merkmals „klein" umstellten, also innerhalb der gleichen Dimension blieben[1].

Weir (1964) untersuchte, welche Strategie auf verschiedenen Altersstufen eingesetzt wurde, um von drei Tasten jeweils die zu drücken, die einen Gewinn (Herausrollen einer Kugel) einbrachte. Bei allen Vpn brachte nur eine der drei Tasten einen Erfolg ein und dies auch nur in einer bestimmten Anzahl der Fälle (33% bzw. 66%). Interessanterweise schnitten die Drei- bis Vierjährigen am besten ab, besser noch als die Erwachsenen, während die Neun- bis Elfjährigen geringeren Erfolg hatten. Die Jüngsten wendeten aber eine völlig andere Strategie als ältere Probanden an. Sie richteten sich nämlich einfach nach der zuletzt erfolgten Verstärkung. Die Taste also, die eine Kugel einbrachte, wurde weiterhin gedrückt. Da nur eine der drei Tasten zum Erfolg führte, brauchte das Kind nur weiterhin geduldig die Taste zu drücken und erreichte auf diese Weise die höchste Zahl der Kugeln. Woran aber liegt die relativ schlechte Leistung der Neun- bis Elfjährigen? *Weir* fand hier ein bemerkenswertes Übergangsstadium vor. Die Kinder dieser Altersstufe orientierten sich nicht mehr allein an der unmittelbaren Verstärkung, weil sie annahmen, daß den Aufgaben ein System der Tastenfolge zu-

[1] Ausführliche Beschreibung s. *Oerter* (1970 a, Abschnitt 4.421) und Abschnitt 1.421 in diesem Buch.

grundeliegen müsse. Sie versuchten also, allerdings mit geringem Erfolg, dieses System ausfindig zu machen. Die Strategie, die sie dabei benutzten, war noch nicht adäquat, sondern bestand in stereotypen Sequenzen. So wurden beispielsweise die Tasten von rechts nach links oder von links nach rechts gedrückt. Die Kinder zögerten aber, diese Hypothese aufzugeben und andere Hypothesen zu entwerfen und zu überprüfen. Offenbar konnten sie noch nicht so verfahren wie ältere Jugendliche und Erwachsene, die zwar auch annahmen, daß die Tasten in einer bestimmten Folge zu drücken seien, aber ihre Hypothesen laufend modifizierten und dadurch ihre Erwartung auf einen Knopf konzentrierten (eine ausführlichere Beschreibung findet sich in *Oerter* 1970a, Abschn. 4.422).

Ein dritter Hinweis für die vorwiegend äußere Kontrolle strategischen Vorgehens besteht in den von *Kagan* (1965a und b) gefundenen kognitiven Stilen der Impulsivität und Reflexivität. Angesichts einer Vielfalt von Möglichkeiten (Hypothesen) neigen manche Kinder dazu, ohne Reflexion eine beliebige Alternative herauszugreifen und zu handeln. *Kagan* nennt dieses Verhalten den impulsiven Stil. Er zeigt an, daß sich das Individuum noch nicht in ausreichendem Maße des „inneren" Handelns bedient, sondern unmittelbar auf äußere Reize anspricht. Impulsivität liegt beispielsweise beim Erlesen neuer Texte, bei kurzzeitiger Darbietung von Figuren oder bei der Deutung von Situationen vor, wenn das Kind ohne langes Überlegen eine Reaktion produziert, die mehr oder weniger unangemessen ist. Der reflexive Stil ist demgegenüber durch Berücksichtigung der Brauchbarkeit von Hypothesen gekennzeichnet. Man greift nicht einfach zur nächstliegenden Alternative, sondern prüft die Möglichkeiten, die man überschauen kann, daraufhin, ob sie größere oder geringere Wahrscheinlichkeit haben. Im allgemeinen findet man den reflexiven Stil häufiger bei älteren Kindern, den impulsiven Stil häufiger bei jüngeren Kindern.

Die drei genannten Beispiele zeigen von verschiedenen Seiten aus vermutlich ein und dasselbe Phänomen, nämlich das anfängliche Unvermögen der Kinder, eine Reaktion zurückzuhalten, wenn von außen her ein Anreiz oder eine Verstärkung geboten wird. Offenbar bedarf es neben der Leistung des Denkens als Folge von symbolischen und repräsentierenden Akten auch einer Steuerungsfunktion, die äußere Handlungen hemmt und die Reaktionsbereitschaft auf Reize und Verstärker hin unterdrückt. Dies wird aus den im nächsten Abschnitt zu beschreibenden Untersuchungen noch deutlicher.

2.222 Von äußerer zu innerer Aktivität

Wenn die Kontrolle des Denkweges oder der Strategie tatsächlich zunächst von außen her geschieht, so folgt daraus, daß zunächst auch das äußere, offen zutage tretende Verhalten dominiert, denn nur dieses kann sofort verstärkt werden, nicht dagegen das eigentliche Denken, das einer äußeren Kontrollinstanz verborgen bleibt.

Zwei Experimente sollen zur Erläuterung dieses Sachverhalts herangezogen werden. Das erste ist bereits an anderer Stelle ausführlicher behandelt (Abschn. 1.332). *Linhart* (1965) bot Schülern verschiedener Altersklassen Karten, auf denen je zwei Merkmale (Buchstabenpaare) kombiniert waren. Durch Tastendruck konnten die Schüler angeben, ob das dargebotene Paar zum Begriff gehörte oder nicht. Abb. 1.9 aus dem ersten Kapitel veranschaulicht die Lösungswege von vier Schülern verschiedenen Alters.

Wie bereits beschrieben, neigen jüngere Kinder dazu, möglichst oft die Taste zu drücken. Sie bevorzugen offenkundig eine äußere Aktivität, auch wenn sie nicht sinnvoll ist. Möglicherweise wäre *Linhart* zu anderen Ergebnissen des Strategieverhaltens gekommen, wenn er für die positiven Beispiele des Begriffs (alle Paare mit Z) eine Taste, für alle negativen Beispiele eine zweite Taste zu drücken verlangt hätte. Auf diese Weise wäre die reaktionsorientierte Verhaltensweise der Jüngeren optimaler für die Denkaufgabe genutzt worden. Die Strategie des Reaktionsorientierten ist zugleich stereotyp, weil sie auch dann beibehalten wird, wenn sie nicht zum Ziel führt. Wie erinnerlich, kehrten im *Linhart*schen Experiment sogar manche Kinder, die bereits die Lösung gefunden hatten, wieder dazu zurück, die Taste ununterbrochen zu drücken. Auch ein rhythmischer Wechsel zwischen dreimal Drücken und einmal nicht Drücken konnte beobachtet werden. Offenbar stehen bei manchen Denkproblemen nur inadäquate Strategien zur Verfügung. Man schlägt einen Weg ein, der nicht zum Ziel führen kann, weil er sich gar nicht am Ziel und am Charakter des Problems orientiert.

Gelingt es andererseits, für jüngere Kinder Probleme so zu formulieren, daß sie durch Handlung und äußere Aktivität angegangen werden können, so wird auch das Strategieverhalten der Kinder verbessert.

Das zweite Experiment, von dem hier die Rede sein soll, stammt von *Olson* (in: *Bruner* et al., 1966), der drei- bis neunjährige Kinder untersuchte. Die Kinder hatten vor sich einen Apparat mit einer Batterie von Knöpfen und zwei bzw. drei aufrechtstehenden Feldern mit verschiedenen Mustern (Abb. 2.31). Ihre Aufgabe bestand darin, herauszufinden,

Abb. 2.31: Olsons Apparatur zur Untersuchung der Lösungsstrategien von Kindern (*Bruner* et al., 1966)

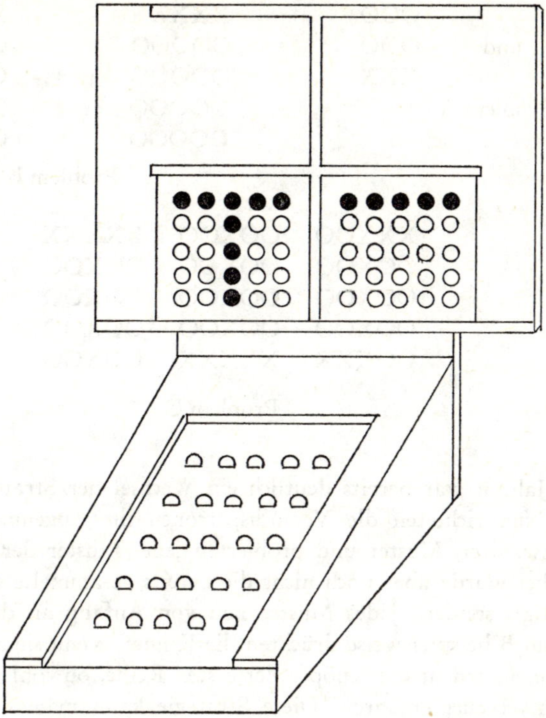

welches von zwei bzw. drei Mustern das richtige war. Beim Niederdrücken des richtigen Knopfes leuchtete dieser auf. Drei Probleme wurden dargeboten: Problem A bestand aus zwei einfachen Mustern mit je 9 Elementen, Problem B aus zwei Mustern mit 25 Elementen und Problem C aus drei Mustern mit je 25 Elementen (Abb. 2.32).

Olson fand drei altersabhängige Strategien. Mit drei Jahren verfolgten die Kinder ein Vorgehen, das man als Suchstrategie bezeichnen kann. Sie drückten die Knöpfe, um herauszubekommen, welche von ihnen aufleuchteten. Dabei drückten sie aber keineswegs beliebige Knöpfe, sondern hatten bereits ein gewisses „System". So bevorzugten sie Eckknöpfe und benachbarte Knöpfe. Sie drückten beispielsweise ganze Serien von Knöpfen herunter, die nebeneinander lagen, um dann wieder zu pausieren und woanders anzufangen.

Abb. 2.32: Muster mit verschiedenem Schwierigkeitsgrad (*Olson*, in *Bruner* et al., 1966, S. 139)

OXO		OOO
OXO	und	OOO
XXX		XXX

Problem A

XXXXX		XXXXX
OOOOO		OOXOO
OOOOO	und	OOXOO
OOOOO		OOXOO
OOOOO		OOXOO

Problem B

XXXOO	OOXOO	XXXXX
OOXOO	OOXOO	OOXOO
OOXOO	OOXOO	OOXOO
OOXOO	OOXOO	OOXOO
OOXXX	XXXXX	OOXOO

Problem C

Mit fünf Jahren war bereits deutlich ein Wechsel der Strategie zu verzeichnen. Nun richteten die Versuchspersonen ihr Augenmerk auf die beiden (bzw. drei) Muster und probierten jedes Muster der Reihe nach durch. Dabei wurde aber noch nicht die bereits gesammelte Information berücksichtigt, sondern jedes Muster neu von Anfang an durchgetestet. Bei Problem B beispielsweise drückten die Kinder, wenn sie zum zweiten Muster kamen, erneut die Knöpfe der ersten Reihe, obwohl sie auf diese Weise nichts Neues erfuhren. Diese Strategie kann man als sukzessive Musterprüfung bezeichnen.

Mit sieben wird auch diese Strategie wieder modifiziert. Allmählich gehen die Kinder dazu über, nur solche Knöpfe auszuwählen, die neue Information einbringen. In Beispiel B wird also darauf verzichtet, die erste Knopfreihe zu drücken, da sie bei beiden Mustern aufleuchtet. Es genügt, einen einzigen Knopf der senkrechten mittleren Spalte zu drücken, um die entscheidende Information zu erhalten:

Leuchtet der Knopf auf, so handelt es sich um das T-Muster, leuchtet er nicht auf, so ist das andere Muster richtig. Diese Strategie kann als Suche nach optimaler Information gekennzeichnet werden.

Die bisher mitgeteilten Ergebnisse zeigen recht eindrucksvoll, wie die Zahl der äußeren Reaktionen mit dem Alter abnimmt. Die Neunjährigen kommen in der Tat nicht selten im Falle des Problems B mit einem einzigen Knopfdruck aus. Die Abnahme der Probierreaktionen wird mög-

lich, weil die innere Aktivität zunimmt und in der Qualität besser wird. *Olson* führte mit einer Vergleichsgruppe den Versuch unter einer veränderten Bedingung durch, die zu sehr aufschlußreichen Ergebnissen führte. Nach jedem Knopfdruck wurden die Vpn gefragt: „Weißt du jetzt, welches das richtige Bild ist?" Auf diese Weise wurden die Kinder dazu veranlaßt, mit möglichst wenig Reaktionen auszukommen, oder anders ausgedrückt: sie wurden stärker zum „Nachdenken" angeregt. Es zeigte sich, daß die optimale Strategie unter dieser einengenden Bedingung früher in der Entwicklung und insgesamt häufiger auftrat. Wie man aus Abb. 2.33 ersehen kann, benutzen nun bereits 20% der Fünfjährigen, 80% der Siebenjährigen und alle Neunjährigen die Strategie der Suche nach optimaler Information. Dagegen tritt in der freien Versuchsbedingung diese Strategie bei den Fünf- und Siebenjährigen überhaupt nicht und bei den Neunjährigen nur in 20% der Fälle auf! Interessant ist auch die Abhängigkeit zwischen durchschnittlichem Zeitaufwand für die Wahl eines Knopfes, der Versuchsbedingung und dem Alter. Unter der einengenden Bedingung wächst die Reaktionszeit stark an und zwar bei den Fünf- und Siebenjährigen. Für sie bedeutet die Internalisierung der Aktivität eine große Umstellung, innere Denkprozesse sind noch zeitlich aufwendig und anstrengend. Die Neunjährigen brauchen wesentlich weniger Zeit, liegen aber mit ihrer durchschnittlichen Reaktionszeit immer noch höher als in der freien Versuchssituation. Die Dreijährigen hingegen zeigen keine Unterschiede in der Reaktionszeit.
Ganz offenkundig sind die Kinder also zu besseren Leistungen imstande, wenn man sie zu innerer Aktivität zwingt und die äußere Aktivität einengt. Natürlich gilt das nur für Probleme, die vom Kind überschaut werden können. Für die Dreijährigen blieb z. B. die einengende Bedingung völlig wirkungslos. Auch der zeitliche Aufwand wuchs nicht an, was darauf hindeutet, daß sie das Problem noch nicht adäquat strukturieren konnten.

Die Befunde *Olsons* bestätigen die Annahme einer Entwicklung, die von vorwiegend äußerer zu dominant innerer Aktivität im Strategieverhalten verläuft. Die Strategie der Jüngeren muß sich von der äußeren Reaktion und ihrem Effekt leiten lassen. Man kann aber offenkundig die innere Aktivität steigern, woraus zu folgern ist, daß auch in diesem Bereich die Umweltanregung von entscheidender Bedeutung ist. Fünfjährige in der Zwangssituation fanden die Lösung rascher als Siebenjährige in der freien Situation. Das Ausbleiben der entscheidenden Anregung mag den Aufbau und Einsatz von optimalen Strategien hemmen oder völlig verhindern.

Abb. 2.33: Lösungsverhalten der Kinder in *Olsons* Aufgabe bei verschiedenen Versuchsbedingungen (*Bruner* et al., 1966)

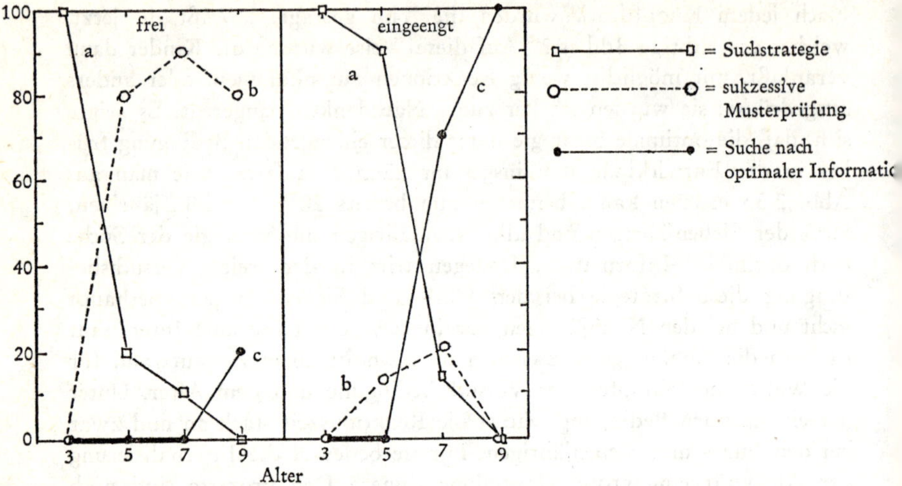

2.223 Erlernen von Strategien

Strategien werden im Laufe der Entwicklung erworben. Die kognitive Auseinandersetzung mit der Umwelt führt das Kind dazu, Strategien aufzubauen, mit denen es rascher und erfolgreicher Probleme bewältigen kann. Wir wissen noch nicht allzuviel, wie unter „natürlichen" Bedingungen Strategien erlernt werden. Hingegen liefern Experimente, die kurzzeitige Lernprozesse ankurbeln, detailliertere Hinweise über fördernde Faktoren und funktionale Zusammenhänge beim Erwerb spezifischer Strategien. Wiederum sollen zwei Experimente herausgegriffen werden, die infolge ihres gut durchdachten Aufbaus interessante Aufschlüsse in dieser Frage geben.

Der einfachste Weg, eine Strategie aufzubauen, besteht darin, sie zu lehren und zu trainieren. *Carolyn Stern* (1967) machte zwei Strategieformen zum Gegenstand ihrer Untersuchungen: einzelne Hypothesenprüfung (bei einem Vergleich wird jeweils nur eine Hypothese herangezogen und ausprobiert) und multiple Hypothesenprüfung (mehrere Hypothesen werden berücksichtigt und aus ihnen die richtige aufgrund des vorgenommenen Vergleichs ausgewählt).

Die Aufgabe bestand in einem Begriffsbildungsproblem, bei dem ein dargebotenes Modellbild mit anderen Bildern verglichen werden mußte. Dabei sollte das Kind herausfinden, welches der vier Merkmale: Form, Größe, Gestalt und Farbe als gemeinsames Merkmal von Modellbild und Vergleichsbildern verwendet wurde. Die Versuchsgruppe der singulären Hypothesenprüfung übte sich darin, ein Merkmal auszuwählen und dann an den Bildbeispielen zu überprüfen, ob es das richtige war. Traf das Merkmal nicht zu, versuchte es der Pb mit dem nächsten Merkmal. Die Gruppe mit multipler Hypothesenprüfung erhielt zunächst zwei Vergleichsbilder, von denen das eine sämtliche Merkmale aufwies und das zweite nur ein einziges Merkmal mit dem Modellbild gemeinsam hatte. Das Kind schrieb zunächst die Kennbuchstaben für sämtliche Merkmale in ein für das erste Vergleichsbild vorgesehenes Feld und in ein zweites Feld dann das spezifische Merkmal, das Modell und zweitem Bild gemeinsam war.

Das Training erstreckte sich über sechs Tage mit einem zeitlichen Aufwand von täglich 15 Minuten. Anfangs wurde nur mit zwei Merkmalen (Farbe und Form), hernach mit dreien und schließlich mit vieren gearbeitet. Die Vpn waren Kinder im Alter von etwa 9 Jahren. Der Erfolg wurde unmittelbar nach dem Training und 8 Wochen später an ganz ähnlichen Aufgaben wie den hier beschriebenen überprüft.

Dabei erwies sich das Training in der einzelnen Hypothesenprüfung der multiplen Prüfung überlegen. Die Kinder dieser Altersstufe kamen mit einer sukzessiven Hypothesenprüfung zu besseren Ergebnissen als mit der simultanen Berücksichtigung sämtlicher vier Möglichkeiten. Das leuchtet ein, wenn man sich vor Augen hält, daß man im letzten Falle viel mehr auf einmal zu beachten hat als bei der Strategie der singulären Hypothesenprüfung. An Kapazität und Verarbeitungsgeschwindigkeit werden höhere Anforderungen gestellt. Damit erklärt sich auch der scheinbare Widerspruch zu den Befunden von *Bruner* und Mitarbeitern (1956), die bei ihren Begriffsbildungsexperimenten die Strategie der sukzessiven Hypothesenprüfung als weniger wirksam fanden. Dort nämlich werden an die Speicherkapazität und Zugriffszeit höhere Anforderungen gestellt als bei der Focus-Strategie, die sich an die stets wahrnehmungsmäßig gegebenen Merkmale halten kann. In *Sterns* Experiment wurde das Speicherproblem sehr sorgfältig berücksichtigt. Die Kinder konnten bei jeder Entscheidung überprüfen, welche Hypothese noch nicht benutzt und welche bereits getestet worden war.
Wie zu erwarten, leisteten Kinder mit höherem Intelligenzalter in beiden Arten des Strategietrainings mehr, doch blieb die multiple Hypothesenprüfung der singulären Hypothesenprüfung auch bei intelligenteren Kindern unterlegen. Auffälligerweise verschwand der Intelligenzunterschied beim Behaltenstest nach 8 Wochen.
Genau besehen hat *Stern* eigentlich nur bestimmte Regeln für eine spezi-

fische Aufgabe trainiert. Die Probleme der Nachtests waren genauso strukturiert wie diejenigen der Trainingsphase, so daß der hier auftretende Erfolg auch auf das Üben einer speziellen Aufgabe und nicht auf das Üben einer Strategie mit breiterer Wirkung zurückgehen kann. Eine Untersuchung, die dieses Problem mehr berücksichtigt, stammt von *Roughead* und *Scandura* (1968).

Die Autoren lassen mit Hilfe von verschiedenen Programmformen einen mathematischen Stoff erlernen. Es handelt sich um arithmetische Reihen der Form:

$$1 + 3 + 5 + \ldots + (2n-1) \rightarrow n^2$$
$$2 + 6 + 10 + \ldots + (4n-2) \rightarrow 2n^2$$
$$1 + 5 + 9 + \ldots + (4n-3) \rightarrow (2n-1)n$$

Jede Reihe wurde auf die folgende Weise präsentiert:

Nummer	n	1	2	3	4	5	...
Wert	T_n	2	6	10	14	...	
Summe	Σ^n	2	8	18	32	...	

Die Probanden (Erwachsene) wurden in sieben Gruppen eingeteilt, die vier Programme in unterschiedlicher Kombination bearbeiteten.
Das „Formelprogramm" bot lediglich die drei arithmetischen Reihen in obiger Form und die dazugehörigen Formeln. Die Pbn mußten die Formeln zwar in Worten und Symbolen niederschreiben, doch erhielten sie keinerlei Erklärung oder Ableitung. Jede der Summenformeln mußte an drei Beispielen (etwa: Ermittle die Summe von 2 + 6 + 10 mit Hilfe der Formel) angewandt werden.
Ein zweites Programm, das wir im weiteren als „spezifisches Findeprogramm" bezeichnen wollen, bot dem Pb Gelegenheit, die jeweilige Summenformel selbst zu finden. Es gab Hilfen und Hinweise, die aber keine allgemeine Strategie oder Ableitungsregeln darstellten, sondern nur spezifische Anregungen boten.
Zwei andere Programme lehrten die Ableitung der Summenformeln nach einer allgemeinen für alle drei Fälle gültigen Regel bzw. Strategie. Die obige dreizeilige Form der arithmetischen Reihe wurde in eine Tabelle mit drei Spalten umgewandelt:

f(n)	n	Σ^n
2	1	2
4	2	8
6	3	18
8	4	32
.	.	.
2n	n	$2n^2$

Dabei ist $f(n) = \frac{\Sigma^n}{n}$

Durch diese Gegenüberstellung kann gezeigt werden, daß das Produkt der ersten beiden Spalten die letzte Spalte ergibt. Die gesuchte Summenformel ist also einfach $n \cdot f(n)$.

Das Ableitungsprogramm in der Darbietungsform teilte diese Ableitung mit und kontrollierte durch Rückfragen und Lücken im Test, ob der Sachverhalt erfaßt worden war. Ein anderes Ableitungsprogramm erfragte die entscheidenden Beziehungen vom Probanden.
In Tab. 2.5 sind einige Ergebnisse der Untersuchung zusammengestellt, die sich auf die Leistung in Transfer-Tests beziehen. Die erste Messung („innerhalb") bezieht sich auf Aufgaben, die nach dem mitgeteilten Schema gelöst werden können. Die zweite Messung („außerhalb") verlangte die Ableitung von Summenformeln, die nicht auf dem Produkt f(n) · n basierten, sondern auf dem letzten Glied T_n der Reihe. Von zwei solchen Reihen waren die Summenformeln zu finden:

$$2 + 4 + 8 + \ldots + 2^n \rightarrow (2\,T_n - 2) = (T_{n+1} - 2)$$
$$1/2 + 1/6 + 1/12 + \ldots + (1/n\,(n + 1)) \rightarrow n/(n + 1) = n^2 T_n$$

Tab. 2.5: Effekt verschiedener Programme und Programmkombinationen auf die Findeleistung bei der Summenformel arithmetischer und geometrischer Reihen

Programm	F	F/SF	SF/F	F/AE	AE/F	F/AD	AD/F
Transfertest „innerhalb"	12,87	11,65	6,97	5,73	6,27	6,20	5,37
Transfertest „außerhalb"	12,22	11,01	9,60	9,63	9,71	10,14	10,03

Die Skores sind gewichtete Werte aus Zeit und Anzahl der Hilfen, die nötig waren, um die Lösung zu finden.

F = Formelprogramm
SF = spezifisches Findeprogramm
AE = Ableitungsprogramm in Erarbeitungsform
AD = Ableitungsprogramm in Darbietungsform

Die beiden ersten Lernbedingungen sind eindeutig viel ungünstiger als alle übrigen Formen. Bemerkenswerterweise gibt es unter diesen keine signifikanten Unterschiede im Lernerfolg mehr. Es erwies sich als gleichgültig, ob die umfassendere Strategie durch einfaches Darbieten oder durch fragendes Erarbeiten gewonnen wurde, ob sie vor oder nach dem Formelprogramm auftauchte oder ob überhaupt keine allgemeine Strategie gelehrt wurde (Bedingung SF/F). Andererseits verhalf ein zusätzlich zum Formelprogramm offeriertes Programm mit einer Ausnahme zu besseren Findeleistungen, das Formelprogramm allein reichte nicht aus, die Findestrategie entscheidend zu verbessern.

Die kritische Bedingung, die wohl einiges Licht in diesen merkwürdigen Befund bringt, ist die Kombination F/SF. Diese Lernbedingung erwies sich als ebenso ungünstig wie das Lernen mit dem Formelprogramm allein. Hingegen war der Erfolg bei umgekehrter Reihenfolge genausogut wie bei der Auseinandersetzung mit der allgemeinen Regel beim Ableiten der Formel. Man kann deshalb wohl zu Recht vermuten, daß die entscheidende Förderung der Findestrategie dann möglich wird, wenn der Proband zum Denken gezwungen wird. Das sofortige Informieren über die drei Formeln enthebt den Probanden der eigentlichen Denkarbeit. Steht hingegen an erster Stelle ein Programm, das ihm die Arbeit erschwert, wie das spezifische Findeprogramm, so muß er sich um Strategien bemühen, die weiterhelfen.

Dieser Sachverhalt deckt sich mit den im vorigen Abschnitt mitgeteilten Befunden von *Olson,* wonach die optimale Strategie erst dann benutzt wurde, wenn der Proband förmlich zum Nachdenken gezwungen war. Denken präsentiert sich hier als Anstrengung, der man gerne aus dem Wege zu gehen scheint. Vielleicht hängt dies mit dem Trend zur Ökonomie zusammen, den man auch in anderen Bereichen des Organismus beobachten kann. Automatismen erfordern weniger Energie als aktives Denken. Die mechanische Verwendung von Regeln geht leichter von der Hand als ihr aktives Kontrollieren durch übergeordnete Regeln.

Bis jetzt haben wir uns noch nicht mit den restlichen vier Bedingungen befaßt, die neben den Formeln selbst eine allgemeine Findestrategie vermitteln. Hier wird die Reihenfolge der Programme bedeutungslos; auch wenn das Formelprogramm am Anfang steht, erbringt der Proband das gleiche Leistungsniveau wie die übrigen Gruppen. Das liegt wohl an der Vermittlung der übergeordneten Findestrategie bzw. Regel selbst. Dem Denkenden wird durch die Ableitungsprogramme das Finden der Lösung sehr erleichtert, und da in diesen Programmen, wie in allen Programmen, kontrolliert wird, ob der Adressat die vermittelte Regel auch verstanden hat, besitzt sie der Lernende mit Sicherheit nach Durchlaufen des Programms. Deshalb treten auch keine Unterschiede mehr zwischen Darbietungs- und Erarbeitungsform der Ableitungsprogramme auf.

Man darf wohl annehmen, daß im Sinne der Anregung zum Aufbau einer optimalen Strategie die Lernbedingung SF/F am günstigsten ist, wenngleich sich das nicht in den Erfolgswerten zeigt und zeigen kann.

In diesem Zusammenhang sei nochmals auf zwei Experimente verwiesen, die in Abschnitt 2.212 beschrieben wurden.
In dem einen Experiment war eine Fragestrategie dem Programm überlegen, im anderen führte das selbständige Strukturieren zu guten Erfolgen. Beidemal wurden die Schüler in einem Ausmaß zum Denken aktiviert, wie es bei Programmen der üblichen Form nicht gegeben ist. Sie mußten vor allem selbst die Strategie entwickeln, mit der sie an den Stoff herangehen wollten. Dieser zusätzliche Aufwand schaffte aber offenbar zugleich Strukturen oder kognitive Ordnungen, die für die Eingliederung und Verarbeitung des Stoffes von Vorteil waren.

2.224 Logische Strukturen als Funktionsgrundlagen der Strategiebildung

Strategien müssen logischen Gesetzen gehorchen, wenn sie zum Ziel führen sollen. Man kann sich nun fragen, welche logische Struktur einer bestimmten Denkleistung zugrunde liegt. Das heißt, man kann nach einer logischen Struktur suchen, welche für das Funktionieren einer Strategie vom Ausgangsproblem bis hin zur Findeleistung notwendig ist. Natürlich gibt es auf diese Frage mehrere Antworten, und keiner der Vorschläge darf als reale Struktur des Denkenden interpretiert werden.
Trotzdem erscheinen solche Bemühungen wichtig, da sie an den Tag legen, wie relativ kompliziert eine logische Struktur schon bei einfachen Denkaufgaben sein kann. *Piaget* hat sich erstmals mit diesem Problem ausgiebig befaßt. Für logische Denkleistungen, wie sie beim Aufbau des Zeit- und Zahlbegriffs notwendig sind, legt er die „Gruppierung" zugrunde. Der Zahlbegriff wird beispielsweise unter anderem durch das Zusammenwirken der Operationen der Klasseninklusion und der Reihung gebildet. Nicht eine Operation allein garantiert den adäquaten Zahlbegriff, auch nicht das isolierte Anwenden verschiedener Operationen. Die Operationen müssen sich vielmehr ergänzen und koordiniert werden. Die Zahl ist *gleichzeitig* Ordinalzahl *und* Kardinalzahl. In ähnlicher Weise wird das Zeitverständnis aus dem Zusammenspiel zwischen Sukzession und Dauer gewonnen. Die Zuordnung von gleichzeitigen und die Reihung von aufeinanderfolgenden Ereignissen muß ergänzt werden durch Einfügen der Zeitstrecken zwischen die Ereignisse. Die Gruppierung der Operationen läßt sich beim Zeitbegriff als graphische Struktur veranschaulichen (Abb. 2.34). Dauer: Die Zeitstrecken (Kleinbuchstaben) zwischen Ereignissen (Großbuchstaben), die zum gleichen Zeitpunkt stattgefunden haben, und solchen, die zu genau einem späteren Zeitpunkt eintreten, sind gleichgroß. Die einzelnen Zeitstrecken

Abb. 2.34: Der Zeitbegriff als Gruppierung der Sekzession und Dauer. Gleiche Großbuchstaben bedeuten gleichzeitige Ereignisse (nach *Piaget,* 1955, S. 374)

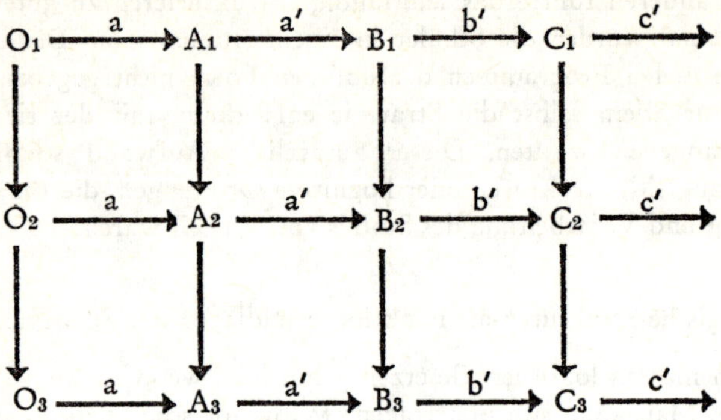

zwischen den Ereignissen einer Zeitreihe addieren sich auf, eine Vertauschung der Zeitstrecken führt zum gleichen Ergebnis. Sukzession: Ereignisketten, die im gleichen Zeitraum stattgefunden haben, lassen sich zuordnen. Bei Gleichzeitigkeit ist eine Zuordnung von Ereignissen aus verschiedenen Geschehnisreihen möglich.

Für das Zusammenfügen mehrerer Operationen zu einer Gruppierung gibt es im System von *Piaget* Gleichgewichtsbedingungen, die dafür sorgen, daß die Gruppierung ein logisches Gleichgewichtssystem ist. Diese Bedingungen sind Komposition (im Beispiel der Abb. 2.34 etwa das Zusammenfügen der Zeitstrecken zur Gesamtzeit), Assoziativität (die Zeitstrecken erbringen auch in anderer Folge die gleiche Gesamtzeit), Reversibilität (man kann den zeitlichen Ablauf in Gedanken umkehren und zurückverfolgen), Identität (man kann bei einer Zeitsequenz zum Ausgangspunkt zurückkehren, die „vorwärts" durchlaufene Zeitstrecke und die „rückwärts" begangene Zeitstrecke sind identisch) und Tautologie (Zuordnung von Ereignissen und Verschachtelung von Zeitstrecken ergibt nur immer wieder Zeit: $x + x = x$).

Piaget konnte recht eindrucksvoll aus einzelnen Leistungen der Kinder, vor allem auch aus der sprachlichen Begründung der angegebenen Lösungen zeigen, daß solche Gleichgewichtsbedingungen am Werk sind. Ebenso wies er die Wirkungsweise von koordinierten Operationen nach. Man kann zwar einwenden, daß für die jeweils gestellten Probleme nicht alle Bedingungen beteiligt sind und daß die auftretenden Leistungen auch anders zustandegekommen sein können (s. etwa *Oerter,* 1970a).

Trotzdem macht der Ansatz von *Piaget* deutlich, wie kompliziert eine logische Struktur angesetzt werden muß, wenn sie auftretende Leistungen im Bereich des logischen Denkens erklären soll.
Nadiraschwili (1965) hat einen ähnlichen Versuch im Bereich der Bildung konjunktiver Begriffe unternommen. In Abschnitt 1.231 sind seine Untersuchungen an Kindern verschiedener Altersstufen beschrieben. Die Kinder sollten aufgrund der Information positiv – negativ die allgemeinen und notwendigen Merkmale eines Begriffs finden. Wie erinnerlich, verwendeten jüngere Kinder nur positive Information, d. h. alle Beispiele, die zum Begriff gehörten, wurden auf gemeinsame Merkmale hin abgesucht. Hingegen benutzten die Kinder dieser Altersstufen nicht die negativen Beispiele, um herauszufinden, was nicht zum Begriff gehört. Die logische Struktur läßt sich also einfach als der Durchschnitt der Merkmalsmengen, die die einzelnen Beispiele repräsentieren, kennzeichnen:

$$a_1 \cap a_2 \cap a_3 \ldots . a$$

Mit dem Euler-Diagramm läßt sich die logische Struktur dieser Art der Begriffsbildung also, wie folgt, veranschaulichen:

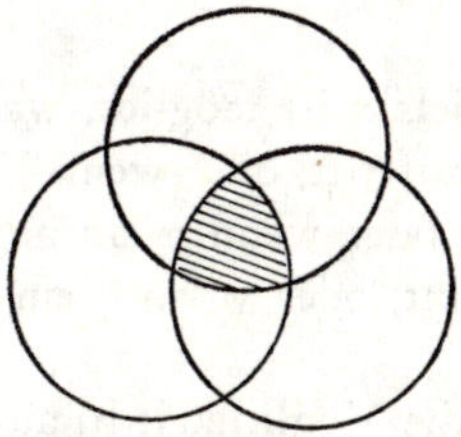

Die Merkmale, die alle drei Klassen gemeinsam haben (Durchschnitt), bilden den gesuchten Begriff. Diese logische Struktur ist einfach, reicht aber nicht hin, die gemeinsamen Merkmale auch als notwendig abzuleiten. Dazu bedarf es, wie schon mehrfach ausgeführt, der Einbeziehung negativer Beispiele.

Da sich eine solche Verallgemeinerungsstruktur nicht aus der eben beschriebenen Bildung einer „Klasse der Klassen" gewinnen läßt, weil dort die negativen Beispiele einfach immer aus dem System herausfallen, muß nach einer anderen Struktur gesucht werden. Diese muß Operationen zu einem System vereinigen, die man zur Nutzung positiver und negativer

Merkmale braucht. Der Einfachheit halber nehmen wir nun an, daß der Proband zunächst nur ein einziges Merkmal prüft. Für ein Beispiel (etwa eine Bildkarte, die vorgezeigt und als zum Begriff gehörig oder nicht gehörig gekennzeichnet wird) sind dann folgende Möglichkeiten gegeben:

a) Die Bildkarte α ist positiv und besitzt das Merkmal Y_1,
gehört also zum Begriff: $X\alpha \wedge Y_1\alpha$
$X\alpha$ ist der Ausdruck für die Positivität der Karte

b) Die Bildkarte α ist positiv und das Merkmal Y_1 fehlt:

$$X\alpha \wedge \overline{Y}_1\alpha$$

wobei $\overline{Y}_1\alpha$ die Abwesenheit des Merkmals Y_1 ausdrückt.

c) Die Bildkarte α ist ein negatives Beispiel und enthält Y_1:

$$\overline{X}\alpha \wedge Y_1\alpha$$

d) Die Bildkarte ist ein negatives Beispiel und Y_1 fehlt:

$$\overline{X}\alpha \wedge \overline{Y}_1\alpha$$

Entdeckt die Vp, daß alle vier Möglichkeiten auftreten, daß also gilt:
$(\exists\alpha)\ (X\alpha \wedge Y_1\alpha) \vee (X\alpha \wedge \overline{Y}_1\alpha) \vee (\overline{X}\alpha \wedge Y_1\alpha) \vee (\overline{X}\alpha \wedge \overline{Y}_1\alpha)$
dann muß sie folgern, daß Y_1 *kein* notwendiges allgemeines Merkmal ist. Obiger Ausdruck läßt sich lesen als:

„Die Existenz eines Beispiels α ist möglich, wenn Y_1 vorhanden ist und mit der Positivität von α auftritt, oder wenn Y_1 nicht zusammen mit der Positivität von α auftritt, oder wenn α ein negatives Beispiel ist und in Verbindung mit Y_1 erscheint, oder wenn α ein negatives Beispiel ist und Y_1 nicht enthält.

Kann die Versuchsperson die Möglichkeit b) ausschließen, also annehmen, daß Y_1 nie bei einem positiven Beispiel α fehlt, so gilt:

$(\exists\alpha)\ ((X\alpha \wedge Y_1\alpha) \vee (\overline{X}\alpha \wedge Y_1\alpha) \vee (\overline{X}\alpha \wedge \overline{Y}_1\alpha)) \vee (\overline{\exists}\alpha)\ ((X\alpha \wedge Y_1\alpha) \vee (\overline{X}\alpha \wedge Y_1\alpha))$

Der letzte Ausdruck besagt, daß es kein Beispiel α gibt, bei dem α positiv und Y_1 nicht vorhanden ist.

Die Vp kann folgern, daß Y_1 ein notwendiges aber nicht hinreichendes Merkmal ist, da negative Beispiele vorkommen, die auch Y_1 als Merkmal besitzen (zweiter Ausdruck oben).

Kann auch die Möglichkeit c) ausgeschlossen werden, so bleiben nur zwei Kombinationsmöglichkeiten übrig, für die restlichen beiden gibt es keine Beispiele (= Nicht-Existenz von α):

$$(\exists\alpha)((X\alpha \wedge Y_1\alpha) \vee (\overline{X}\alpha \wedge \overline{Y}_1\alpha)) \vee (\overline{\exists}\alpha)((X\alpha \wedge \overline{Y}_1\alpha) \vee (\overline{X}\alpha \wedge Y_1\alpha))$$

Da α nicht existiert für positive Beispiele, in denen das Merkmal Y_1 fehlt, und nicht existiert für negative Beispiele, die Y_1 enthalten, muß Y_1 das notwendige und hinreichende Merkmal des gesuchten Begriffes sein.
Ist der Begriff durch zwei Merkmale definiert, so wird diese logische Struktur noch komplizierter. Um eindeutig folgern zu können, daß die Merkmale Y_1 und Y_2 notwendige *und* hinreichende allgemeine Merkmale des gesuchten Begriffs sind, müssen folgende Beziehungen gelten:

$$(\exists\alpha)((X\alpha \wedge Y_1\alpha \wedge Y_2\alpha) \vee (\overline{X}\alpha \wedge \overline{Y}_1\alpha \wedge Y_2\alpha) \vee (\overline{X}\alpha \wedge Y_1\alpha \wedge \overline{Y}_2\alpha) \vee$$
$$(\overline{X}\alpha \wedge \overline{Y}_1\alpha \wedge \overline{Y}_2\alpha)) \vee (\overline{\exists}\alpha)((X\alpha \wedge Y_1\alpha \wedge \overline{Y}_2\alpha) \vee (X\alpha \wedge \overline{Y}_1\alpha \wedge Y_2\alpha) \vee$$
$$(X\alpha \wedge \overline{Y}_1\alpha \wedge \overline{Y}_2\alpha) \vee (\overline{X}\alpha \wedge Y_1\alpha \wedge Y_2\alpha))$$

Für die Positivität von α gibt es also nur eine einzige Möglichkeit, nämlich daß jedes positive Beispiel sowohl Y_1 als auch Y_2 aufweist. Die restlichen sieben Möglichkeiten bestätigen nur indirekt die Hypothese, sind aber erforderlich, um die beiden Merkmale als notwendig und hinreichend abzuleiten.
Man darf mit Recht annehmen, daß die jugendlichen und erwachsenen Probanden, denen man solche Aufgaben zur Begriffsbildung gibt, nicht alle Bedingungen überblicken. So mag der Denkende bei der zuletzt angegebenen Struktur zunächst die Beziehung $(X\alpha \wedge Y_1\alpha \wedge Y_2\alpha)$ herausfiltern und zur Hypothese gelangen, daß beide Merkmale Y_1 und Y_2 notwendige und hinreichende Merkmale des Begriffs sind. Nun kann er diese Hypothese überprüfen, indem er die gegenteilige Beziehung ins Auge faßt: $(\overline{X}\alpha \wedge Y_1\alpha \wedge Y_2\alpha)$

Das Auftreten der Beziehung $(\overline{X}\alpha \wedge \overline{Y}_1\alpha \wedge Y_2\alpha)$ oder das Vorkommen von $(\overline{X}\alpha \wedge Y_1\alpha \wedge \overline{Y}_2\alpha)$ mag zunächst sogar irritieren und die Hypothese als fragwürdig erscheinen lassen. Erst ein „Weiterdenken" führt zur Beibehaltung der Hypothese. Die in der zweiten Reihe der Struktur aufgezählten Beziehungen werden möglicherweise überhaupt nicht berücksichtigt, das heißt, der Denkende folgert unter Umständen gar nicht, welche Beispiele *nicht* auftreten dürfen, damit die Hypothese stimmt. Ist seine Annahme nämlich richtig, dann wird er nie mit diesen Beziehungen konfrontiert (Nichtexistenz der Beispiele). Gibt es tatsächlich aber Beispiele mit solchen Konjunktionen, so wird der Proband erst jetzt darauf aufmerksam gemacht, daß seine Hypothese falsch ist.
Auch die Experimente von *Bruner* und Mitarbeitern belegen diese Vermutungen. Die holistische Focus-Strategie, die von den bei positiven

Beispielen auftretenden Merkmalen ausgeht und erst allmählich negative, nicht zum Begriff gehörige Merkmale ausscheidet, erweist sich als der sukzessiven Hypothesenprüfung überlegen (s. Abschn. 1.221).
Die von *Nadiraschwili* aufgestellten logischen Strukturen können für weitere Untersuchungen über Denkprozesse von Vorteil sein. Man kann nämlich prüfen, welche Beziehungen vom Probanden zuerst gesehen und getestet werden, welche später an die Reihe kommen und welche überhaupt nicht berücksichtigt werden. Es erscheint vorteilhaft, auch für andere Aufgaben ähnliche Strukturen zu bilden und das Verhalten des Individuums mit diesen Strukturen zu vergleichen.

Zusammenfassung

Strategien werden erst allmählich erworben und aufgebaut. Die Entwicklung verläuft von äußerer Kontrolle (Orientierung an Fremdverstärkung) zur inneren Kontrolle (Dazwischenschaltung vermittelnder Prozesse) und von vorwiegend äußerer (handelnder) zu vorwiegend innerer (kognitiver) Aktivität.
Für den Erwerb von Strategien scheint wichtig, daß der Denkende oft erst dann die optimale Strategie entwickelt, wenn man ein bequemeres, aber unökonomisches Vorgehen verhindert. Auch von dieser Seite ergibt sich wieder die Folgerung, daß man es dem Lernenden nicht zu leicht machen darf, wenn man das Denken fördern will.
Optimale Strategien fußen auf logischen Strukturen. Sie sind bereits für einen konjunktiven Begriff mit zwei bestimmenden Merkmalen relativ kompliziert, weshalb zu vermuten ist, daß der Denkende oft vereinfachende Prinzipien benutzt. Die Erfassung der logischen Struktur ist aber für den Erwerb effizienter Strategien unentbehrlich.

2.23 Konstruktion neuer Strategien

Wir haben uns bei der Beschäftigung mit Denkprozessen auf Leistungen konzentriert, in denen Neuland betreten werden muß, in denen der Proband etwas Neues findet, das er bislang noch nicht in seinem Repertoire besaß. Wir nannten dieses Denken im Anschluß an *Wertheimer* und *Duncker* produktiv. Für dieses, das eigentliche Denken ist nicht die Benutzung einer fertig ausgebildeten und durch Training automatisierten Strategie kennzeichnend, sondern der Aufbau und die Konstruktion neuer Strategien.
Die Leistungen der Begriffsbildung, von denen im ersten Kapitel die Rede war, bestanden hauptsächlich in der Verwendung einer brauchbaren

Strategie. Diese Strategie besaßen die Probanden nicht, sie mußten sie erst im Laufe des Experiments erwerben. Ähnlich verhält es sich mit den *Duncker*- und *Wertheimer*-Problemen, der Weg ist noch unbekannt und es kommt darauf an, eine Methode zu finden, die weiterführt. Der „Turm von Hanoi“ stellt ebenfalls ein typisches Problem dar, das erst gelöst werden kann, wenn das Individuum einen Plan für seine Züge entwirft.

Besonders augenfällig sind die Bemühungen um eine Strategie bei Problemen, die den Aufbau von Ordnungssystemen oder Strukturen verlangen. Solche Strukturen dienen nämlich dann als Wege, denen die Strategie bei neuen Problemen folgen kann. Das Auffinden einer optimalen Strategie fällt hier mit der Lösung der gestellten Aufgabe zusammen: optimal vorgehen heißt, sich nach der gefundenen Struktur richten. Optimale Strategien sind also Lösungen allgemeiner Art, die eine große Transfer-Wirkung haben.

An zwei Beispielen soll dieser Vorgang demonstriert werden. Das eine Beispiel handelt vom Aufbau syntaktischer Strukturen, nämlich von der Konstruktion einer künstlichen Grammatik, welche die Erzeugung neuer Sätze steuert. Die zweite Untersuchung bezieht sich auf die Bildung mathematischer Strukturen.

2.231 Auffinden syntaktischer Strukturen in einer künstlichen Sprache

Shipstone (1960) bot seinen Vpn Serien von Karten, auf die verschiedengroße Anzahlen von sinnlosen Silben gedruckt waren. Die Aufgabe der Vp bestand darin, diese Karten zu ordnen. Im Gegensatz zu Ordnungsmöglichkeiten, die wir bisher besprochen haben, handelt es sich um Strukturen mit Sequenzcharakter. Die Karten mit Serien sinnloser Silben können nur hinsichtlich der Aufeinanderfolge dieser künstlichen „Wörter“ gruppiert werden. Jeder Ordnungsversuch stellt somit die Bemühung um eine Grammatik dar, die den dargebotenen Sequenzen zugrundeliegt. Gelingt es, eine vollständige Grammatik dieser Sequenzen zu finden, so lassen sich sämtliche Sätze aus den gegebenen Wörtern (sinnlosen Silben), die in dieser „Sprache“ möglich sind, bilden.

Auf Abb. 2.35 ist eine solche grammatische Struktur wiedergegeben. Kennzeichnet man die Silben nur durch ihre Anfangsbuchstaben, so können in dieser „Sprache“ alle möglichen Sätze durch drei Sequenz-Formeln dargestellt werden:

ZP (Z) PN
ZP (NP) ZN
Z (P) NZ (N) P

Jeder Buchstabe entspricht einem „Wort“ (Z = ZIR; P = PAG usw.).
Die zulässigen Wortfolgen richten sich nach den Wegen längs der Pfeile. Durchläuft man beispielsweise den mittleren Weg (mit unterem Knick) von Anfang bis

Abb. 2.35: Künstliche Grammatiken mit unterschiedlichem Komplexitätsgrad (*Shipstone*, 1969)

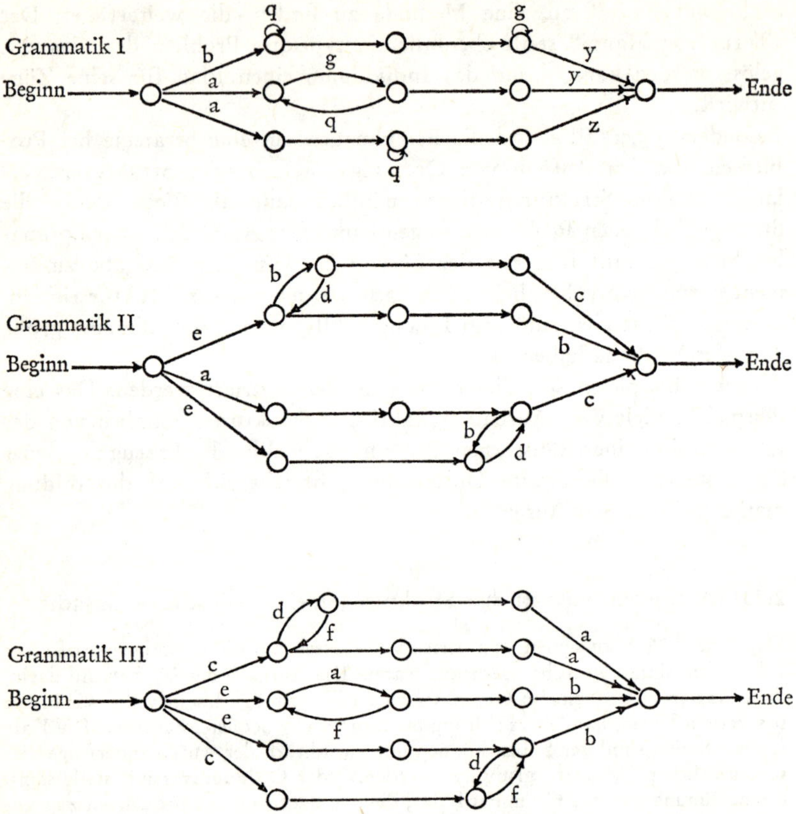

Ende, so erhält man die Wortfolge ZPPN. In Zustand 3 (S_3) ist eine Schleife eingebaut, die beliebig oft durchlaufen werden kann, d. h. zwischen ZP und PN können sich verschieden viele Z's befinden. Diese Schleife wird in der Formel durch Klammern gekennzeichnet, so daß die Gesamtfolge des mittleren Pfades ZP (Z) PN lautet.
Der Pfad mit Knick nach oben enthält eine Schleife, die zwei Wörter wiederholbar macht. Er kann durch die Formel ZP (NP) ZN definiert werden. Der untere Pfad mit zwei eingebauten Schleifen wird durch die Folge Z (P) NZ (N) P charakterisiert.

Shipstone variierte die Versuchsbedingungen, indem er vier verschiedene Instruktionen verwendete, die Zahl der Beispiele (Karten) für jeden Pfad der Grammatik von zwei auf drei und vier vergrößerte, das Vokabular von drei auf neun „Wörter" erhöhte und die Grammatik verschieden komplex gestaltete (drei, vier und fünf Regeln mit verschiedengroßer Ähnlichkeit).

Das wichtigste Ergebnis besteht wohl darin, daß Aufgaben-Instruktion sowie Länge und Struktur der „Sätze" weniger Einfluß auf die Strategie des Individuums ausübten als die Anzahl der Alternativen (Größe des Wortschatzes). Sprachen mit mehr und komplexeren Regeln waren nicht schwerer als einfacher strukturierte Sprachen! Die Zahl der Beispiele übte verständlicherweise einen fördernden Einfluß auf die Ordnungsleistungen aus. Mit steigender Zahl verbesserte sich die Strategie des Individuums.
Welche Strategien wurden nun bei dieser Aufgabe verwendet? ***Shipstone*** fand sechs Formen: Ordnen nach der Länge, nach dem Alphabet (alle Karten werden alphabetisch angeordnet), nach den Anfängen der Beispiele (Karten mit gleichen Wörtern zu Beginn werden zusammengeordnet), nach den Anfängen und Enden (Karten mit gleichen Satzanfängen und Satzenden werden einer Klasse zugeordnet), nach einer Formel (optimale Lösung, welche auch die Schleifen oder das Fehlen der Schleifenwörter berücksichtigt) und Mischformen. Diese Strategien bilden im großen und ganzen zwei Gruppen. Der eine Typus benutzt fertige Lösungsprogramme, wie etwa Zählen der Wörter, Ordnen nach dem Alphabet. Der andere Typus erfindet eine Strategie, die sich nach dem vorgegebenen Material richtet. So ist etwa das Ordnen nach Satzanfängen und Enden eine solche Strategie, da sie durch das Material initiiert wurde. Die Entwicklung einer „Formel" wurde durch die Vergrößerung des Wortschatzes begünstigt. Enthielten die Sätze statt drei Wörtern sechs oder neun verschiedene Einheiten, so wurden die Vpn ganz offensichtlich davon abgehalten, primitivere Strategien, wie das Ordnen nach dem Alphabet, einzusetzen, sie bevorzugten eine formelentwickelnde Strategie.

Abschließend seien noch zwei typische Schwierigkeiten erwähnt, die beim Auffinden der Grammatik zu beobachten waren. Die Probanden hatten Schwierigkeiten, Sequenzen ohne das Schleifenelement mit Sequenzen in Zusammenhang zu bringen, die dieses Element ein- oder mehrmals enthielten. Die Folge ZPPN (s. o.) wurde gerne in eine andere Kategorie als die Folge ZPZZZZZZPN oder eine ähnliche Folge eingeordnet. Solange das Element Z noch vorhanden war, gab es beim Ordnen wenig Schwierigkeiten. Der gedankliche Sprung von einem zu gar keinem Element aber konnte nur von wenigen vollzogen werden. Die zweite Schwierigkeit folgt aus der ersten. Sie tritt im Satztypus mit zwei Schleifen auf, wie in der Folge Z(P)NZ(N)P. Verschwindet hier eines der beiden Elemente ganz, so wirkt das Beispiel stark verändert, wie man aus den folgenden Reihen sehen kann:

Ohne zweite Schleife:	ZPPPPPPNZP ZPPNZP ZPNZP
Ohne erste Schleife:	ZNZNNNNNNNN ZNZNNNNNP ZNZNP
Mit erster und zweiter Schleife:	ZPPNZNNP ZPPPPNZNNNNP
ohne beide Schleifen:	ZNZP

Die Hauptursache für die hier auftretenden Schwierigkeiten liegt wohl in einem charakteristischen Strategieverhalten, das auch von anderen Autoren beobachtet wurde (z. B. von *Reiss*[1], 1958). Die Vpn hatten die starke Tendenz, eine einmal gewählte Strategie beizubehalten. Wer mit einem Zählverfahren begann, blieb auch dabei, und wer sich an der Rechts-Links-Folge der Wörter orientierte, gab dieses Prinzip ebenfalls nicht auf. Innerhalb der materialorientierten Strategien dürfte diese Beharrungstendenz ebenfalls groß sein: Wer sich beim Ordnen an vorhandene Elemente anklammert, kann sich schwer von dem anschaulich gegebenen Bild lösen und „fehlende" Elemente gedanklich ergänzen. Damit stoßen wir wieder auf den Vorgang des Umstrukturierens, der bei adäquater Lösung dieser Art von Aufgaben von großer Bedeutung ist und bei der Konstruktion neuer Strategien das entscheidende Moment darstellt.

Der Typus der materialorientierten Strategie verlangt den Aufbau von etwas Neuem. Die verlangte Art des Ordnens ist dem Denkenden unvertraut. Um zu einer Lösung zu kommen, muß er die im Material eingebettete Struktur auffinden. Eine Reihe der Vpn versagten bereits hier, sie griffen zu vertrauten Lösungsschemata. Der Doppelcharakter von Sequenzen beim Auftreten und Fehlen von Schleifen erfordert erneut eine Umbildung der Strategie. Sie ist wiederum neuartig, weshalb gerade hier besondere Schwierigkeiten auftraten.

Es sind eine Reihe von Aufgabentypen denkbar, die in ähnlicher Weise den Aufbau neuer Strategien verlangen. Man darf vermuten, daß solche Aufgaben für die Förderung flexibler Denkprozesse große Bedeutung haben.

[1] Zitiert nach *Shipstone.*

2.232 Bildung mathematischer Strukturen

Dienes und *Jeeves* (1968) untersuchten in einem groß angelegten Experiment die Strategien, mit welchen die Probanden mathematische Strukturen erarbeiten oder analysieren. Unter Struktur verstehen die Autoren „die Beziehungen und/oder gegenseitigen Abhängigkeiten zwischen Ereignissen“ (op. cit., S. 21). Die Anzahl der unabhängigen Variablen, die auftreten, ergibt die Anzahl der Dimensionen der Struktur. Mathematische Gruppen erfüllen die genannten Bedingungen und haben den Vorzug, daß diese in exakter Weise handhabbar sind. *Dienes* und *Jeeves* arbeiteten vorwiegend mit Zweier- und Vierergruppen.

Die *Zweiergruppe* hat folgende Struktur:
a mit a gibt a
a mit b gibt b
b mit a gibt b
b mit b gibt a
oder in einer Tabelle dargestellt und genauso zu lesen:

	a	b
a	a	b
b	b	a

Die „Multiplikation“ mit a ändert den „Multiplikanden“ nicht, die „Multiplikation“ mit b aber verursacht eine Verwandlung des „Multiplikanden“. In obigem Beispiel ist a das konstante oder neutrale Element, b der „Alternator“.
Als *Vierergruppen* verwendeten die Autoren die Zyklische oder M-4-Gruppe und die Kleinsche Gruppe, die in Tab. 2.6 auf zweierlei Weise abgebildet sind.

Tab. 2.6: Die Struktur von Vierergruppen

aa = a, ab = b, ac = c, ad = d;	aa = a, ab = b, ac = c, ad = d;
ba = b, bb = a, bc = d, bd = c;	ba = b, bb = a, bc = d, bd = c;
ca = c, cb = d, cc = b, cd = a;	ca = c, cb = d, cc = a, cd = b;
da = d, db = c, dc = a, dd = b;	da = d, db = c, dc = b, dd = a;

	a	b	c	d
a	a	b	c	d
b	b	a	d	c
c	c	d	b	a
d	d	c	a	b

Zyklische oder M-4-Gruppe

	a	b	c	d
a	a	b	c	d
b	b	a	d	c
c	c	d	a	b
d	d	c	b	a

Kleinsche Gruppe

Die zweite Darstellungsweise erscheint bereits wesentlich einfacher als die erste, da sämtliche Kombinationsmöglichkeiten der 4 Elemente übersichtlich zusammengestellt sind. Dennoch hat man Schwierigkeiten, die Struktur zu durchschauen, wenn man sich nur an obigem Schema orientiert und nicht operativ denkt. Die Übertragung der obigen Gruppen in Operationen führt sofort zum Verständnis beider Strukturen, vor allem, wenn man alltägliche Beispiele für die Operationen auswählt.

Die zyklische Gruppe haben wir bereits in Abschnitt 2.172 veranschaulicht. Der Übersicht halber sei der Vorschlag von *Bruner* und *Kenney* nochmals wiedergegeben. Mit einem aufrechtstehenden Buch sind vier Bewegungen auszuführen:

Das Buch unverändert lassen = a
Eine halbe Drehung in beliebiger Richtung = b
Eine Vierteldrehung nach rechts = c
Eine Vierteldrehung nach links = d

Kombiniert man nun je zwei der Operationen, so gelangt man zu den in Tab. 2.6 für die zyklische Gruppe geltenden Werten.
Die Kleinsche Gruppe läßt sich durch die Betätigung zweier Schalter darstellen, die sich im gleichen Zimmer befinden. Betätigt man einen von beiden, so leuchtet die Lampe auf, betätigt man beide, so heben sie sich in ihrer Wirkung auf. Folgende Operationen müssen den vier Elementen zugeordnet werden:

Laß beide Schalter unbetätigt = a
Drehe beide Schalter = b
Drehe den ersten Schalter = c
Drehe den zweiten Schalter = d

Zum Verständnis der Kleinschen Gruppe ist es nötig, nicht die Wirkung auf die Beleuchtung in den Mittelpunkt zu stellen, sondern das, was mit den Schaltern geschehen ist, als abhängige Variable zu betrachten. Beide Schalter unbetätigt lassen und hinterher beide Schalter betätigen heißt soviel, wie nur die beiden Schalter betätigen: ab = b. Analog sind alle übrigen Kombinationen zu deuten.

Die Versuchsanordnung für alle Bedingungen bestand aus einem Brett mit einem Fenster, das sich öffnete und schloß. In dem Fenster erschienen Karten mit verschiedenen Symbolen oder Farben. Der Pb hatte auf eine im Fenster erscheinende Karte selbst eine Karte auszuspielen und das Ergebnis abzuwarten. Der Auftrag lautete, das Prinzip oder die Regel herauszufinden, nach welcher die Karte im Fenster erscheint. Der Vp wurde ausdrücklich gesagt, daß sie mit ihrer Karte, die sie auf eine im Fenster erscheinende Karte ausspielt, die nächstfolgende Karte im Fenster bestimmen kann. Außerdem wurde ihr gesagt, daß sie mit einem Mechanismus spielt, der das, was er einmal tut, unter denselben Umständen immer wieder ausführt. Die erste Karte im Fenster entspricht der ersten unabhängigen Variablen a, b, c, d, die zweite vom Pb ausgespielte Karte der zweiten unabhängigen Variablen, die daraufhin im Fenster erscheinende Karte ist die abhängige Variable.
Durch diese Versuchsanordnung wird es möglich, die Strategie des Pb wie beim „Turm von Hanoi" zu registrieren, da die Denkschritte sofort in äußere Handlungen umgesetzt werden.
Von den Ergebnissen, die *Dienes* und *Jeeves* mitteilen, interessieren uns vordringlich die Strategien, die verwendet wurden. Über die Strategien

der Pbn liegen zweierlei Informationen vor, einmal die Interpretation des Spiels durch den Pb selbst und zum andern sein wirkliches Verhalten während der Problemlösungssituation.

Spielinterpretationen

Drei Deutungsarten des Spiels tauchten auf: Operator-, Schema- und Gedächtnisinterpretation. Daneben gab es auch Vpn, die keine Erklärung über das Spiel abgeben konnten. Im folgenden halten wir uns bei den Erläuterungen an die zyklische Vierergruppe (s. Abb. 2.6), bei welcher die vier Elemente durch die Farben Gelb (a), Orange (b), Grün (c) und Blau (d) symbolisiert seien.
Eine ideale Operator-Interpretation lieferte eine Vp, welche die Farben der Karten in Kreisform anordnete, wobei Gelb ‚keine Änderung' bedeutete, Orange ‚Verschiebung um zwei Schritte', Grün ‚Verschiebung um einen Schritt nach rechts' und Blau, Verschiebung um einen Schritt nach links'.

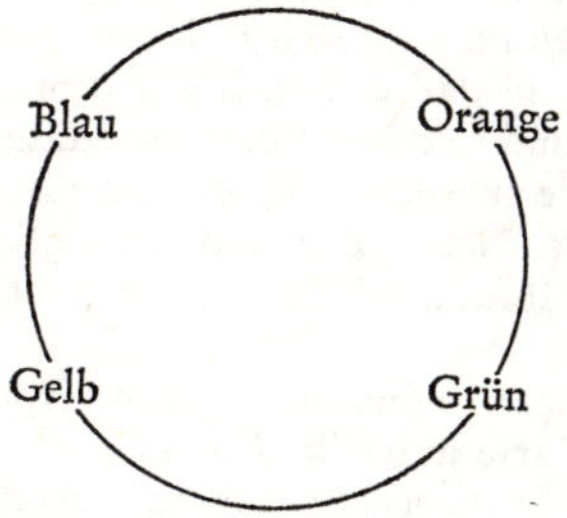

Bei der Schema-Interpretation setzten die Vpn das Spiel aus zwei oder mehreren verschiedenen Situationen zusammen. In der einen Situation sind beispielsweise die im Fenster erscheinende und danach ausgespielte Karte gleich, in der anderen Situation verschieden. Die Wirkung dieser Bedingungen wird festgehalten: aa = a; bb = a; cc = b; dd = b; analog die ungleichen Paare.
Der Versuch, die 16 Kombinationen zu unterteilen, führt zu einem Schema von Möglichkeiten, die zwar eine Ordnung darstellen, aber den eigentlichen Sinn der Gruppe nicht erfassen.

Auf einem noch niedrigeren Niveau befinden sich die Gedächtnis-Interpretationen. Hier handelt es sich lediglich um das Einprägen der 16 Möglichkeiten, ohne dabei ein zugrundeliegendes Prinzip zu bemühen.

Für die tatsächlichen Strategien der Vpn entwickelten die Autoren Maße. Für die Operator-Strategie erschien es am sinnvollsten, als entscheidende Größe die Häufigkeit der Wiederholung einer ausgespielten Karte heranzuziehen, da der Pb auf diese Weise herausfindet, welche Wirkung die betreffende Karte auf die Karte im Fenster ausübt.

Die Schema-Strategie ist viel schwerer zu erfassen, weil der Pb hier danach trachten muß, zu bereits bekannten Feldern der Tabelle zurückzukehren, um sie erneut zu testen. Gelingt ihm diese Rückkehr aber nicht, weil er durch sein Ausspielen in eine andere Region rückt, so ist schwer auszumachen, was er eigentlich vorhatte.

Trotzdem schien den Autoren eine Schätzung der Schemafälle möglich. Sie setzten sie in Beziehung zur Gesamtzahl der Reaktionen und erhielten so ein Maß für die Schema-Strategie des Individuums. Die Gedächtnis-Strategie zeigte sich in einem mehr oder minder zufälligen und unsystematischen Vorgehen.

Um die einzelnen Strategien noch besser kontrollieren zu können, verwendeten die Autoren neben der „Selektions"-Methode, die dem Pb das Ausspielen der Karte selbst überließ, die „Rezeptions"-Methode, bei welcher der Vl die auszuspielende Karte wählte. Auf diese Weise konnten die 16 Kombinationen der Gruppe in systematischer Weise variiert werden. Spielte der Vl beispielsweise auf eine beliebige Karte im Fenster mehrfach hintereinander die gleiche Karte aus, so nötigte er die Vp bis zu einem gewissen Grad zur Operator-Strategie. Die Schema-Strategie wurde den Pbn nahegelegt, indem man drei Gebiete der Tabelle der Reihe nach durchging, so daß es Serien mit dem Konstanten-Gebiet, Serien mit dem Quadrat-Gebiet und solche mit dem Dreiecksgebiet gab (Abb. 2.36). Die Gedächtnis-Strategie wurde suggeriert, wenn man die möglichen Kombinationen in zufälliger Folge darbot. Neben diesen drei Möglichkeiten wurden auch gemischte Sequenzen ausgewählt, um deren Wirkung auf das Verhalten zu prüfen.

Die Strategien stehen in enger Verbindung zu den Hypothesen, die der Pb für das Erscheinen der nächsten Karte aufstellt. Hat man die Funktion von a als Konstante (gelb) und von b als Alternator (orange) erfaßt, neigt man dazu, bei c

Abb. 2.36: Suchbereiche bei der Schemastrategie (*Dienes* & *Jeeves*, 1968)

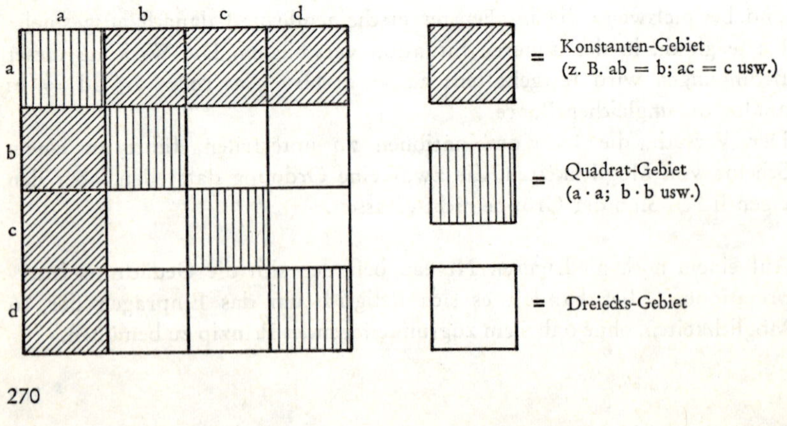

(grün) und d (blau) eine ähnliche Funktion zu vermuten. Diese Hypothese ist falsch und hat keinerlei Nutzwert. Wird sie häufiger angewandt, so erhöht sich die Zahl der Fehler über die Zufallserwartung hinaus.
Eine andere häufig auftretende Hypothese nimmt an, daß die gleiche Karte im Fenster erscheinen wird, die man auf den Tisch legt. Diese Hypothese gibt in vier von 16 Fällen eine richtige Voraussage und besitzt demzufolge höheren Nutzwert, obwohl sie für 12 Kombinationen falsch ist.
Eine weitere falsche Hypothese hängt mit der Funktion der Konstanten (a) zusammen. Viele Vpn folgern das Erscheinen der Konstanten im Fenster, wenn die Konstante ausgespielt wird oder zuvor erschienen ist.
Als gravierend erwies sich die Hypothese, daß Symmetrie vorliege. Die Kleinsche Gruppe ist beispielsweise symmetrischer als die zyklische Gruppe. Sie kann in vier Quadranten mit je zwei gleichen einander diagonal gegenüberliegenden Feldern aufgeteilt werden:

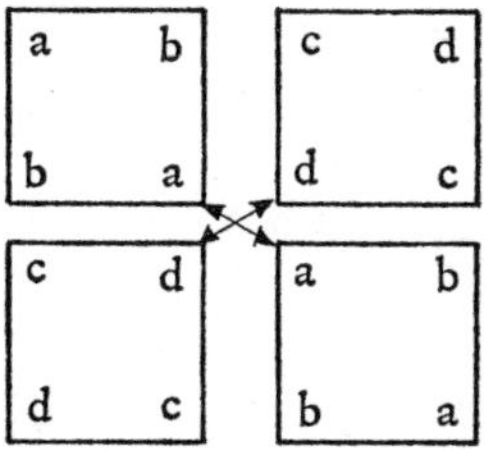

Die Vpn bevorzugten der Tendenz nach Symmetrie. Ganz im Sinne der Gestaltpsychologie erwarteten sie auch dann Symmetrie, wenn (oder: dortwo ...) keine vorlag, wie bei der Zyklischen Gruppe.
Im folgenden seien nun einige wichtige Ergebnisse dieser Untersuchungen zusammengefaßt. Zunächst interessieren die auffälligen individuellen Unterschiede. Die Bearbeitungszeit schwankte von eindreiviertel Stunden bis 20 Minuten. Als Versuchspersonen dienten Psychologiestudenten im ersten Studienjahr und Kinder mit einem Durchschnittsalter von etwa $11^1/_2$ Jahren. Die längste Bearbeitungszeit wies bemerkenswerterweise ein Erwachsener auf, während einige Kinder in 20 Minuten fertig waren. Eine Vp (Schüler) sei noch eigens erwähnt. Sie gab eine Operator-Interpretation, indem sie den Farben die Zahlen 0 bis 3 zuwies:

Gelb = 0
Blau = 1
Orange = 2
Grün = 3

Bei Kombination addiert man einfach die zugeordneten Zahlen. Am Ende beginnt man wieder mit Null (z. B. ergibt Blau und Grün Null, da bei 4 die Reihe wieder von vorne beginnt). Dieser Vp war in der Schule nahegelegt worden, Mathematik aufzugeben, da sie für dieses Fach nicht geeignet sei! Man mag von Zufall sprechen, aber da diese Vp die beste Lösung unter allen Pbn einschließlich der Erwachsenen zustandebrachte, fällt es schwer, eine solche Möglichkeit ernsthaft zu erwägen. Vielmehr darf man vermuten, daß bei dem betreffenden Schüler mathematisches Denken nicht verlangt wurde, sondern allenfalls Gedächtnis- und Konzentrationsleistungen, in denen er offenkundig die Anforderungen nicht erfüllte.

Wenngleich Kinder nicht selten gute Erfolge hatten, so unterschieden sie sich doch deutlich von den Erwachsenen. Mehr Erwachsene als Kinder geben Operator-Interpretationen und verhalten sich bei ihrem strategischen Vorgehen gemäß der Operator-Idee. Sie neigen also häufiger als Kinder dazu, eine bestimmte Karte beim Ausspielen beizubehalten und ihre Wirkungen zu testen. Außerdem geben Kinder überhaupt weniger explizite Interpretationen, d. h., sie können nicht klar angeben, was ihrer Meinung nach das Spiel bedeutet.

Interessant sind die Geschlechtsunterschiede bei verschiedenen Versuchsbedingungen. Frauen geben in der Rezeptions-Situation, also bei Ausspielen der Karte durch den Vl, Interpretationen höherer Ordnung als Männer. Diese wiederum kommen zu besseren Interpretationen bei der Selektions-Situation, also unter der Versuchsbedingung, bei welcher sie selbst die Karte wählen und ausspielen konnten. Da in der Rezeptions-Situation die Suchrichtung stärker vorgegeben wird und in der Selektions-Situation die Eigenaktivität beim Aufbau der Strategie größer sein muß, dürften die Geschlechtsunterschiede gravierende Unterschiede bei den Denkprozessen andeuten, die vermutlich auf das Hineinwachsen in die Geschlechtsrolle zurückgehen dürften. Vom Mann erwartet man mehr selbständiges Denken als von der Frau. Sie hat es im allgemeinen leichter, wenn sie sich in vorgegebenen Denkbahnen bewegt.

Ein pädagogisch außerordentlich bedeutsames Ergebnis liefert der Vergleich zwischen dem Fortschreiten von leicht zu schwer und der Folge schwer – leicht. Eine Versuchsgruppe hatte erst Aufgaben mit Zweier-Gruppen oder symmetrischen Zweier-Strukturen zu lösen und beschäftigte sich dann mit Vierer-Gruppen. Eine zweite Versuchsgruppe durchlief die Aufgaben in umgekehrter Reihenfolge. Offenbar erweist sich die als selbstverständlich angesehene Reihenfolge „vom Leichten zum Schweren“ durchaus nicht immer vorteilhaft. Sowohl hinsichtlich der Fehlerzahl als auch in bezug auf die gegebenen expliziten Interpretationen des Spiels erwies sich die Folge Viererspiel – Zweierspiel überlegen. Die Pbn hatten vor allem beim Zweierspiel Vorteile, wenn sie zuvor mit dem Viererspiel vertraut waren. Umgekehrt bedeutete aber die Kenntnis des Zweierspiels keinen nennenswerten Gewinn für das Viererspiel. Es verlohnt, diesem Aspekt noch etwas nachzugehen. In einer Untersuchung, die auf Anregung des Verfassers von *Hübner* (1968) im Rahmen einer Zulassungsarbeit durchgeführt wurde, traten bei der Folge leicht–schwer bzw. schwer–leicht ähnliche Ergebnisse auf. Die Aufgaben bestanden im multiplikativen Ordnen. Bei der leichteren Aufgabe waren acht Elemente, bei der schwereren 27 Elemente nach drei Dimensionen zu ordnen. Wie bereits in Abschnitt 2.152 beschrieben, brachten die Intelligenteren bessere Leistungen zustande, wenn sie die schwerere Aufgabe zuerst bearbeiteten.

Dabei erwarben sie nämlich die für diese Art der Aufgaben adäquate Strategie und begnügten sich nicht mit einer vorwiegend wahrnehmungsorientierten Lösung, die bei der Aufgabe mit acht Elementen wohl noch möglich war.

Analog mag die schwerere Vierergruppe von vornherein zu größeren Anstrengungen angeregt haben. Jedenfalls zeigte sich sowohl bei Kindern als auch bei Erwachsenen ein positiver Transfer von der schwereren auf die leichtere Aufgabe, während die Übertragung von der einfacheren auf die komplexere Aufgabe dort, wo sie möglich war, nur bei Erwachsenen nachweisbar ist. In unserem Experiment zum multiplikativen Ordnen war die weniger intelligente Gruppe im Vorteil, wenn sie zuerst die leichtere Aufgabe löste. Vermutlich sind hier nicht in erster Linie kognitive Faktoren der Strategiebildung wirksam, sondern Motivationsbedingungen. Das bei weniger Intelligenten relativ zu niedrige Anspruchsniveau wird bei Konfrontation mit einer leichten Aufgabe, die sich bewältigen läßt, angehoben, weshalb man sich bei der schwereren mehr zutraut, als wenn man sie sofort und ohne vorherige Orientierung an einem Gütemaßstab lösen soll.

Abschließend sei noch kurz von der Anregung die Rede, die von der Aufgabe selbst ausgeht. Die Struktur des Problems legt nämlich offenbar manche Strategien näher als andere. So finden sich bei den Zyklischen (M4-)Gruppe mehr Operator-Strategien als bei der Kleinschen Gruppe. Die unsymmetrische zyklische Struktur legt offenbar das Operator-Denken nahe. Auch die in der Rezeptions-Bedingung suggerierte Strategie wird augenscheinlich angenommen, da bei wiederholtem Ausspielen der gleichen Karte durch den Vl sich häufiger die Operator-Strategie durchsetzt, bei Verweilen auf bestimmten Feldern (s. Abb. 2.35) sich häufiger die Schema-Strategie vorfindet. Insgesamt hat gerade bei den Aufgaben von *Dienes* derjenige den größten Erfolg, der sich am stärksten an der Eigenart dieser Aufgaben orientiert. Diese wird schon aus der Instruktion deutlich, in der es heißt, daß die auf das Ausspielen einer Karte im Fenster erscheinende Karte ganz von der zuvor erschienenen und der ausgespielten Karte abhängt, so daß der Proband durch seine Wahl das folgende Ereignis ganz allein bestimmen kann. Ein wichtiger Aspekt im Training von Strategien besteht somit im Eingehen auf die Sachstruktur oder Problemstruktur. Je mehr sich der Denkende an der vorgegebenen Sachlage orientiert, desto leichter wird ihm die Lösung wirklich neuer

Probleme fallen. Je mehr er bei unvertrauten Problemen auf sein vorhandenes Repertoire an Strategien oder Lösungsprogrammen zurückgreift, desto rigider und weniger erfolgreich dürfte sein Vorgehen sein.

Die von *Dienes* gestellten Aufgaben erscheinen dem Verf. aus zweierlei Gründen zu schwer. Einmal war es den Pbn nicht erlaubt, Bleistift und Papier zur Hand zu nehmen, obwohl sie nach kurzer Zeit darum baten, da sie nicht mehr alle Beziehungen im Kopf behielten. Damit aber wird die Gedächtniskomponente sehr stark mitbeansprucht. Wer eine größere Speicherkapazität besitzt, ist gegenüber dem Pb mit geringerer Speicherkapazität überlegen, auch wenn dieser eine Operator-Strategie verfolgt. Zum andern wurden die vier Kombinationen der Zweiergruppe und die 16 Kombinationen der Vierergruppe nicht so geboten, wie sie in der Struktur der Gruppe tatsächlich gegeben sind, sondern als fortlaufende Kette. Das Ergebnis einer Kombination („Multiplikation") ist bereits der „Multiplikand" der nächsten Kombination. Eine leichte Änderung der Versuchsanordnung könnte dieser verwirrenden Situation abhelfen. Man braucht nur nach Abschluß der ersten Kombination eine neue Karte im Fenster zu zeigen. Unter diesen veränderten Bedingungen dürfte die mathematische Gruppe eine ideale Möglichkeit zur Untersuchung von Denkstrategien darstellen.

Zusammenfassung

Eine der wichtigsten Leistungen des Denkens besteht darin, optimale Strategien zu bilden. Sie stellen Lösungen auf höherer und allgemeinerer Ebene dar.

Die Entwicklung von Strategien kann durch zu wenige und zu sehr vereinfachte Beispiele gehemmt werden, da der Denkende dann einfache Strategien, z. B. vorhandene Lösungsprogramme, benutzt und an ihnen festhält.

Bei Ereignisfolgen, die den Regeln der mathematischen Zweier- und Vierergruppe gehorchten, konnten drei Strategien beobachtet werden: Das gedächtnismäßige (mechanische) Einprägen der Regeln, die Benutzung eines Schemas mit Ordnungsfunktion und eine Operator-Strategie, die für das gestellte Problem die optimale Form des Vorgehens darstellte. Auch hier erwies sich das Fortschreiten von ‚leicht' zu ‚schwer' eher als hinderlich, da bei dem schweren Problem eine neue Strategie erforderlich wurde und die zuvor gesammelte Erfahrung nichts half.

2.24 Mensch und Computer

Niemand wird bezweifeln, daß Denken ein sehr komplexer Vorgang ist, der nur schwerlich mit einfachen Reiz-Reaktions-Vorgängen beschrieben werden kann. Unsere bisherigen Ausführungen zeigen zudem, wie vielfältig Denkleistungen sein können und wie wenig exakt faßbar die entscheidenden Vorgänge, wie das Umstrukturieren oder die Konstruktion einer Strategie, sind.

Bis vor kurzem schien es auch aussichtslos, Theorien auf so komplexem Niveau zu entwerfen, da sie nicht überprüfbar waren. Seit dem Siegeszug des Computers hat sich aber die Situation geändert. Man hat mit Erfolg versucht, Denkvorgänge und Intelligenzleistungen zu simulieren, und dabei viele Informationen gesammelt, wie das Denken beim Menschen ablaufen könnte. Andererseits mehren sich die Hinweise, daß menschliches Denken und Computer-Denken nicht dasselbe sind. Es gibt Bemühungen, die aufgrund der Erfahrungen an Computern präzisierten Modellvorstellungen über menschliche Intelligenzleistungen wieder auf den Computer zu übertragen. Auf diese Weise erweist sich die Kybernetik als außerordentlich fruchtbar für die Analyse des Denkens. Komplexe Vorgänge können nun als detaillierte Programme oder „Pläne“ beschrieben werden, die sich aus einfachen Elementen (Schaltelementen) aufbauen. Damit ereignet sich eine Revolution auf dem Gebiet der Denkforschung, da das Denken seines mystischen und metaphysischen Charakters entkleidet und exakt als Zusammenwirken von genau zu definierenden Elementarprozessen beschrieben wird, kurzum mit Mitteln der Schaltelektronik in seiner Wirkungsweise erfaßbar zu sein scheint.

2.241 Simulation von Denkprozessen auf elektronischen Rechenanlagen

Pionierarbeit bei der Simulation von Denkprozessen auf Computern haben vor allem *Newell, Shaw* und *Simon* (1958) geleistet. Sie haben beim Schachspiel sechs unabhängige Ziele analysiert und sie in folgender Sequenz programmiert: (1) Ist der König sicher? (2) Figuren im Gleichgewicht? (3) Kontrolle der Mitte. (4) Entwicklung des Spiels. (5) Läßt sich der König des Gegners angreifen? (6) Bauern vorrücken. Jeder Zug wird in dieser Reihenfolge „durchdacht“. Ist der König gesichert, so wird kontrolliert, ob andere Figuren gefährdet sind und bei Verlust einer Figur eine gleichwertige des Gegners eingetauscht werden kann. Erfordert auch der zweite Test noch keinen Zug, so versucht das Programm, die Mitte zu kontrollieren und so fort, bis schließlich die Stellung der Bauern überprüft wird und als letzte übrig bleibende Möglichkeit ein Bauer gezogen wird. Ähnlich wie dieses spezifische Programm arbeitet auch das große G.P.S.-Programm (General Problem Solver), das in linearer Folge der Reihe nach Schritte ausführt, wobei jede nachfolgende Entscheidung von der vorherigen abhängt. Die einzelnen „Denk“- oder Entscheidungsakte sind also als sequentielle Prozesse organisiert. Eine einmalige falsche Entscheidung wirkt sich deshalb verhängnisvoll aus. Der Computer ist nicht mehr imstande, sie nachträglich zu korrigieren (*Newell, Shaw & Simon*, 1960). Die Autoren verwenden zur Lösungsfindung bei ihren Problemen (Schach und Trigonometrie) zwei heuristische Methoden: Eine Mittel-Ziel-Analyse und eine Planungsmethode. Die Mittel-Ziel-Analyse versucht, ein Problem in eine Folge von Unterproblemen oder Teilproblemen zu zerlegen (man vergleiche obige Sequenz beim Schachspiel) und schließt damit an *Dunckers* Theorie des produktiven Denkens an, nur daß die Autoren Schritt für Schritt der Analyse im Programm fixiert haben und der gesamte Denkweg auf diese Weise festgehalten ist. Die zweite Methode versucht, einen Plan aufzustellen, eine Strategie zu finden, indem von erschwerenden und komplizierenden Faktoren der Situation abgesehen wird. Das Problem wird simplifiziert und mag dann durch eine vertraute Strategie lösbar sein. Diese Strategie wird dann auf das ursprüngliche kompliziertere Problem übertragen und auf ihre Brauchbarkeit hin getestet.

Obwohl das G.P.S.-Programm schon erstaunliche Erfolge erzielte, gab man sich mit diesem Ansatz nicht zufrieden. Vor allem erkannte man bald, daß menschliches Denken sich nicht oder eher ausnahmsweise in sequentiellen Prozessen linearer Anordnung vollzieht. Am Beispiel der Schrifterkennung soll dies verdeutlicht werden.

Die Programmierung des Lesens von geschriebener Schrift bereitete lange Zeit größere Schwierigkeiten, weil man sich mit sequentieller Programmierung begnügte. Dabei kann man etwa wie folgt vorgehen: Ist eine vertikale gerade Linie da? Wenn ja, handelt es sich um Buchstabe B oder D oder E oder ... wenn nein, ist es der Buchstabe A oder C oder V oder ... Die nächste Frage hängt von der Antwort auf die erste ab. Jedesmal werden die vorhandenen Möglichkeiten in zwei Kategorien unterteilt (ganz nach dem Prinzip der Informationsreduktion, s. Abschn. 2.212). War aber die getroffene Entscheidung falsch, so kann der betreffende Buchstabe nicht erkannt werden. Bei geschriebener Schrift ist nun aber eine falsche Entscheidung leicht möglich, da etwa ein B oder D auch leicht gekrümmt sein kann. *Doyle* (1960) löste dieses Problem, indem er 28 Operationen verwendete, von denen die meisten irgendwelche Kennzeichen auszählten, wie Krümmungen, Lücken oder Striche. Die Buchstaben wurden hinterher aus dem gewichteten Durchschnitt der Ergebnisse dieser Operationen identifiziert. Die Entscheidung wird also hier erst aufgrund einer Reihe von „simultan" abgelaufenen Prozessen getroffen. Tatsächlich liefen die Operationen zwar hintereinander ab, weil dies wesentlich weniger aufwendig war, doch wurden sie so behandelt, als seien sie zugleich abgelaufen, d. h. in der Entscheidung wurden alle durch sie erzielten Informationen berücksichtigt.

Reitman und Mitarbeiter (1964) benutzten dieses Prinzip, um ihre Strategien flexibler zu programmieren. Sie konstruierten ein Simulationsprogramm, das in der Hauptsache aus einem zentralen Operator (central executive) und einem System von semantischen Elementen bestand.

Der Operator oder die Exekutive ist in vier Niveaus organisiert, die benannt werden als: Subjekt (Individuum), Problem, Strategie und Strategie-Schritt. Das „Individuum" wird definiert als ein Satz von Strategien und Regeln für ihre Anwendung. Das „Individuum" stellt die oberste Instanz der Exekutive dar. Auf dem „Problem"-Niveau werden das Problem, seine Lösungsbedingungen und Materialbedingungen (gesucht – gegeben) analysiert und zu den im „Individuum" gespeicherten Regeln für die Anwendung von Strategien in Beziehung gesetzt. Das „Individuum" liefert nun eine Strategie, diese wiederum erzeugt einen Schritt nach dem andern (drittes Niveau). Die unterste Ebene der Exekutive ist immer noch relativ komplex, da der Einzelschritt nicht blindlings

Abb. 2.37: Algorithmus der Exekutive (*Reitman* et al., 1964). Nähere Erläuterungen siehe Text.

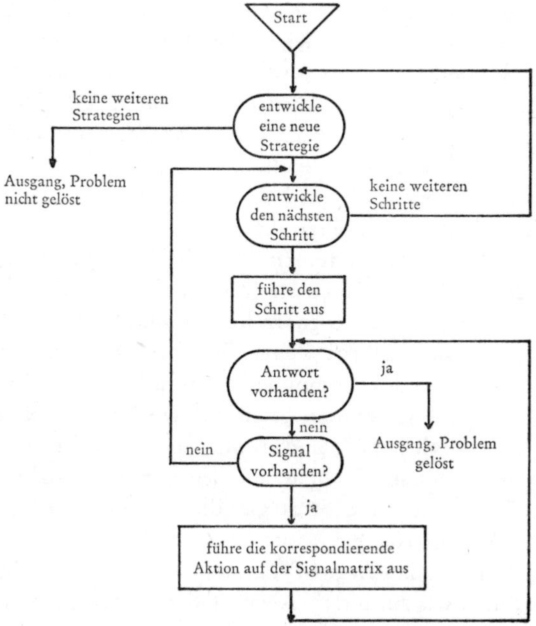

durchgeführt wird, sondern die Informationen in Form von Signalen berücksichtigt, die nach der Einleitung des Schrittes übermittelt werden. Das Programm läuft erst zum nächsten Schritt, wenn kein Signalsatz mehr übertragen wird. Die in Abb. 2.37 vereinfacht dargestellte Form des Flußdiagramms verdeutlicht die beiden unteren Niveaus der Exekutive.

Einzelheiten werden klarer, wenn man das System semantischer Elemente heranzieht, das als zweite wichtige Instanz des Argus-Programms zu gelten hat. Jedes Element besteht aus drei Beschreibungs- oder Kennzeichenlisten. Die erste Liste enthält Paare, welche die Beziehung zu anderen Elementen ausdrücken. Das Element „Hitze" hat in der ersten Liste z. B. „Gegenteil", „Kälte". Die zweite Liste enthält Paare, welche die Assoziationsstärke des betreffenden Elements zu anderen Elementen beschreiben. Die dritte Liste liefert Parameter, welche den laufenden Zustand des betreffenden Elements kennzeichnen. Die ersten vier Parameter zeigen Aktivation, Hemmung, Schwelle und Größe an. Der fünfte liefert das Datum, wann diese Werte aufgerufen werden. Bevor also ein semantisches Element von einem Strategieschritt abgefragt werden kann, müssen die aktuellen Werte der obigen vier Parameter berechnet und zum Gesamtwert des fünften Parameters zusammengefaßt werden. Die Veränderung eines Elements hat einen mehr oder minder großen Einfluß auf die übrigen Elemente. Wenn die Aktivität eines Elements die Schwelle überschreitet, so „feuert" es. Die Aktivität der semantischen Elemente erfolgt innerhalb eines Schrittes (s. Abb. 2.36). Der Strategieschritt wird erst abgeschlossen, wenn keines der Elemente mehr oberhalb der Schwelle aktiv ist und feuern kann.

Die Wechselwirkung zwischen dem semantischen System und der Exekutive erfolgt hauptsächlich über das Signalsystem. Wenn eines oder mehrere semantische Elemente feuern, wird in der Signalzelle ein Signal gegeben und der Name der Elemente in einer weiteren Zelle gespeichert. Der Strategieschritt prüft die Signalzelle. Ist sie „leer", so schreitet das Programm zum nächsten Schritt weiter. Sind aber Signale vorhanden, so ist die nächste Aktion des Computers nicht allein von der laufenden Strategie mehr abhängig, sondern greift auf ein höheres Niveau zurück („Programm", „Individuum") und wählt einen Schritt der laufenden Strategie aus, der nicht unmittelbar auf den gerade aktualisierten folgt, oder sucht nach einer anderen Strategie, die angesichts der vorliegenden Bedingungen besser geeignet erscheint.

Mit anderen Worten, das Argus-Programm ist imstande, eine laufende Sequenz von Prozessen zu unterbrechen, und zwar dann, wenn Störreize auftreten, die einen bestimmten Schwellenwert erreicht haben. Genau dies zeigt sich oft bei menschlichen Denkprozessen, die durch Störreize oder durch Konfrontation mit veränderten Bedingungen gestoppt werden, eine andere Richtung einschlagen oder nach Beseitigung der Störung wieder aufgenommen werden. Die Flexibilität des Computers ist ein bedeutender Schritt auf dem Weg zur Simulation menschlicher Denkvorgänge, und es zeigt sich, daß so beschaffene Programme viel leistungsfähiger sind als rein sequentiell strukturierte Problemlösungsprogramme.

2.242 Unterschiede zwischen Mensch und Computer

Die erstaunlichen Leistungen der Computer im Bereich der Intelligenzleistungen haben zunächst großen Enthusiasmus hervorgerufen, nicht nur hinsichtlich der möglichen Leistungen eines Computers, sondern auch in bezug auf die Ähnlichkeit zwischen Mensch und Computer. Während man zunächst glaubte, mit den Leistungen des Computers den menschlichen Denkvorgang zu kopieren, wendete man bald auch das Augenmerk auf die Unterschiede. Hier soll aber nicht von geisteswissenschaftlichen und metaphysisch orientierten Einwänden die Rede sein, sondern nur von funktionellen Unterschieden.

Allgemeine Potenz

Natürlich ist das menschliche Denken, sofern es sich um produktives Denken handelt, heute noch den Computerleistungen überlegen. Prinzipiell stellen die meisten Problemlösungsprogramme, die ja zunächst vom Menschen erdacht wurden, Anweisungen dar, wie der Computer vorzugehen hat. Die Denkleistung des Menschen wurde gleichsam konserviert und in den Computer gefüttert. Daß dann die Maschine rascher arbeitet und zudem sehr komplexes Material analysieren kann, bedeutet der Funktion nach nichts anderes als das, was andere Maschinen dem Menschen an Arbeit abnehmen.
Nun richtet man aber das Augenmerk mehr und mehr auf die Möglichkeit des lernenden Computers, der sich Zusammenhänge und Regeln selbst erwirbt und auch imstande ist, selbständig Strategien zu konstruieren. Soweit man die Entwicklung überblicken kann, ist ein Computer, der produktiv und „schöpferisch" denkt, möglicherweise einmal realisierbar. Eine solche Maschine würde dann die Intelligenzleistungen des Menschen wahrscheinlich übertreffen, weil sie zuverlässiger und rascher als der Mensch ist.

Menschliche Denkvorgänge sind nämlich weit weniger zuverlässig als einprogrammierte Denkprozesse. Man erinnere sich an die Schwierigkeiten, welche die Vpn bei der Bearbeitung von Syllogismen hatten. Ein Programm mit logischen Denkschritten kann sich niemals irren. Menschliches Denken ist störbar, es kann durch äußere oder innere Reize unterbrochen werden, den Faden verlieren und in die falsche Richtung gehen.
Die geringere Zuverlässigkeit erstreckt sich vor allem auf den Speicher. Die im Computer gespeicherten Elemente sind mit absoluter Sicherheit verfügbar, der Rechner verliert und vergißt nichts, sofern man nicht Elemente löschen läßt. Der menschliche Speicher ist zwar ungleich größer, jedoch weit weniger zuverlässig. Die Elemente verändern sich zudem fortlaufend oder werden durch irgendwelche unkontrollierbaren Prozesse gehemmt, so daß sie nicht verfügbar sind. Der Mensch ist gezwungen, bei Denkvorgängen möglichst ökonomisch mit seiner Speicherkapazität umzugehen, und muß Strategien erfinden, um seine Schwächen zu überwinden. In den Experimenten zur Begriffsbildung von *Bruner* und Mitarbeitern (s. Abschn. 1.22) erwies sich eine Strategie, die den Speicher stärker beanspruchte, im Nachteil gegenüber der Strategie, die möglichst wenig Anforderungen an das Gedächtnis stellte. Die Focus-Strategie war deshalb günstiger als die sukzessive Hypothesenprüfung, da man bei letzterer sämtliche Hypothesen verfügbar haben mußte. In den Ordnungsexperimenten von *Whitfield* (s. Abschn. 2.151) war die Strategie der Vpn um so weniger optimal und wies um so mehr überflüssige Schritte auf, je größere Ansprüche an den Speicher gestellt wurden.
Der Faktor „Zuverlässigkeit“ zeigt sich bei einem Phänomen, das wir relativ ausführlich beschrieben haben, nämlich bei den Schwierigkeiten in der Nutzung indirekter Information. Die Auskunft, was eine Sache *nicht* ist, befriedigt den Denkenden nicht, auch wenn sie für seinen nächsten Denkschritt hinreichend ist. Er tendiert dazu, einen redundanten Schritt einzuführen, um die gleiche Auskunft in positiver Form zu erhalten. Auch wenn negative Information für die Lösung wichtig ist, wie bei der Gewinnung notwendiger Merkmale (s. Abschn. 1.22 und 1.231), und der Denkende sie gezwungenermaßen nutzt, hat er dabei Schwierigkeiten und macht hier die meisten Fehler. Für einen Computer dagegen ist es völlig gleichgültig, mit welchem Vorzeichen ein Signal ausgestattet ist. Negative Information ist der positiven gleichwertig. Auch die logischen Entscheidungen des Computers werden nicht beeinflußt oder beeinträchtigt.

Flexibilität

Das, was bisher als Mangel in der Zuverlässigkeit des Denkens beschrieben wurde, hat auch positive Aspekte. Die fehlerhafte und ungenügende Speicherung von Ereignissen zwingt den Menschen zu originellen Strategien, zur ständigen Suche nach neuen Möglichkeiten. Das menschliche Individuum ist deshalb sicher nicht als Satz von Strategien und Regeln zu ihrer Anwendung beschreibbar wie das „Individuum" im Argus-Programm von *Reitman* und Mitarbeitern. Beim Schachspiel überblickt der menschliche Spieler sicher nicht so viele Möglichkeiten wie der Computer, doch ist er bis heute dem Computer in der Anpassung seiner Strategie an die augenblicklichen Gegebenheiten noch überlegen.
Die Störbarkeit des Denkens bedeutet natürlich auch einen Vorzug, da nicht jeder Weg zu Ende gegangen werden muß und eine erfolglose Strategie abgebrochen werden kann. Störbarkeit ist für das Erzeugen neuer Programme sicherlich nötig. Sie bedeutet in diesem Falle Sensibilität gegenüber neuen Möglichkeiten.
Die Fehlerhaftigkeit unseres Denkens zwingt uns dazu, die Lösungen und den Lösungsweg zu kontrollieren. Mit die wichtigste Form der Strategie ist dabei das umgekehrte Durchlaufen der einzelnen Schritte. Die Reversibilität haben wir bereits als wichtiges Kriterium menschlichen Denkens kennengelernt. Der Computer hat solche Maßnahmen nicht nötig, ebenso wenig wie auf ihn die übrigen von *Piaget* aufgestellten Gleichgewichtsbedingungen zutreffen. Allerdings versucht man, solche Bedingungen ebenfalls einzuführen, einerseits um die Simulation von Denkprozessen zu verbessern, andererseits auch, um die Flexibilität des Computers zu erhöhen. Ein Beispiel haben wir in Gestalt des Argus-Programms kennengelernt. Die Gleichgewichtsbedingungen des logischen Denkens im Sinne von *Piaget* allerdings dürften noch weit von der Realisation im Computer entfernt sein. Sie erscheinen dem Verfasser typisch dafür, wie menschliches Denken vor sich geht: Viele Prozesse wirken zusammen und führen auf diese Weise zur Lösung.

Multiples Denken

Damit sind wir bei einem Kennzeichen des menschlichen Denkens angelangt, das in jüngerer Zeit immer wieder diskutiert wurde. *Neisser* (1963) argumentiert, daß unsere Fähigkeit, eine Gesamtstruktur, eine Ganzheit zu erfassen, mit der Simultaneität von Denkvorgängen zusammenhängen muß. Wir erkennen geschriebene Wörter oder Buchstaben als Ganzes, nicht indem wir sie aus Details aufbauen. Was aber ist dieses Erfassen des

Ganzen eigentlich? Bewegen wir uns in der früher erläuterten Beschreibungsart, so kommen wir nicht über globale Begriffe, die sehr viel Einzelprozesse umgreifen, hinaus. Der Begriff „Umstrukturieren“ ist z. B. ein solcher globaler Begriff. Man war lange Zeit davon überzeugt, daß ein Auflösen solcher Ganzheitsbegriffe sinnlos sei, da damit das Wesentliche ihrer Aussagekraft verloren gehe. Vor allem die Gestaltpsychologen wenden sich scharf gegen jede Form des Elementarismus. Kybernetik und Computer-Technik haben aber gezeigt, daß es durchaus sinnvoll ist, auch Leistungen der Wahrnehmung und des Denkens als Komplex von Elementarprozessen zu beschreiben. Sie können für ihre Betrachtungsweise den offenkundigen Erfolg buchen: Denkleistungen können tatsächlich als Schaltprozesse dargestellt werden und führen bei so gearteter Realisation zu Erfolgen, die sich nicht mehr wegdisputieren lassen.

Die Frage, was die Erfassung eines Ganzen sei, läßt sich also durchaus im Sinne von *Neisser* (1963), *Minsky* (1961) und *Selfridge & Neisser* (1960) beantworten. Diese Autoren meinen, daß bei vielen kognitiven Leistungen eine Reihe von Prozessen simultan ablaufen, deren Ergebnis verrechnet wird und erst danach zu einer Entscheidung führt. Wie kurz erwähnt, kann Buchstabenerkennen beim Computer auf diese Weise realisiert werden. Die Einzelprozesse müssen nicht elementaristisch gesehen werden, sie sind eher als Operationen zu verstehen, die bestimmte Aufgaben erfüllen, z. B. wiederkehrende Muster identifizieren, Symmetrie feststellen u.a.m. Multiples Denken, wie *Neisser* das simultane Ablaufen mehrerer Prozesse nennt, kann notwendigerweise nicht vollbewußt sein, da wir unsere Aufmerksamkeit immer nur auf *einen* Sachverhalt richten können. Damit erklärt sich auch, warum der Umstrukturierungsvorgang selbst nur selten bewußt abläuft, sondern erst im Ergebnis als Fortschritt bzw. Lösung erfaßt wird. Die Verrechnung der zugleich abgelaufenen Prozesse erbringt ein Ergebnis, das wieder bewußt zur Weiterverarbeitung benutzt werden kann.

Das Konzept des multiplen Denkens wird uns im folgenden Kapitel über Kreativität noch ausführlicher zu beschäftigen haben.

Zusammenfassung

Die Simulation von Denkleistungen auf Computern hat sich nicht nur hinsichtlich ihres praktischen Zwecks der Arbeitserleichterung als fruchtbar erwiesen, sondern besitzt große Bedeutung für die Psychologie des Denkens. Ein Bereich, in dem bislang noch viele mystische Vorstellungen und metaphysische Relikte beheimatet waren, wird nun offenbar der rationalen Durchdringung zugänglich. Die Versuche, Problemlösungsprogramme zu konzipieren, lehren uns deutlich, daß wir zwei verschiedene Arten der Programmierung auch im menschlichen Denken zu berücksichtigen haben: Sequentielle Prozesse und multiple Prozesse. Erstere erleben wir bewußt beim Denkvollzug, letztere sind für produktive Leistungen, für die Erzeugung von Strategien, für Umstrukturierungsprozesse und für die Lösungsfindung unumgänglich notwendig.
Nach der heutigen Sicht erscheint es prinzipiell möglich, Computer so denken zu lassen, wie der Mensch denkt. Gegenwärtig bestehen aber in mehrerlei Hinsicht beträchtliche Unterschiede zwischen den Denkprozessen beim Menschen und den Programmen der Computer. Computer sind vorzugsweise sequentiell programmiert, eingeschlagene Wege können nicht mehr rückgängig gemacht werden. Der Computer braucht eine größere Zahl an Einzelinformationen; fehlt ihm eine, so kommt er nicht weiter. Menschliches Denken ist demgegenüber flexibler, aber auch unzuverlässiger. Multiples Denken scheint eine wichtige Leistung menschlicher Intelligenz zu sein.

Drittes Kapitel

Kreativität

Vorbemerkung

Seit jeher waren die schöpferischen Leistungen des Menschen von einem geheimnisvollen Nimbus umgeben. Da ihr Zustandekommen nicht nur für die Umgebung, sondern auch für den Erzeuger unerklärlich schien, griff man zu mystischen und metaphysischen Deutungen und glaubte, daß die höchste geistige Leistung des Menschen, seine schöpferische Produktivität, ein Beweis für die Einwirkung von höherstehenden Kräften und Mächten sei. Begriffe wie Intuition, Eingebung, Erleuchtung, Inspiration verdeutlichen die Beziehung zu außermenschlichen Instanzen.
Die nachfolgenden Ausführungen verzichten ausdrücklich auf solche Erklärungsversuche und betrachten Kreativität als Prozeß, der biologisch erklärbar ist. Damit wird auch impliziert, daß Kreativität nicht etwas Seltenes und Außerordentliches darstellt, sondern bei jedem Menschen in verschiedenen Ausprägungsformen anzutreffen ist.

3.1 Begriffe und Theorien

3.11 Was ist Kreativität?

Den Zugang zu kreativen Denkprozessen kann man von zwei Seiten her gewinnen, von der phänomenologischen Betrachtungsweise und von den kreativen Leistungen selbst. Der phänomenologische Ansatz untersucht die Bewußtseins- oder Erlebnisvorgänge, die mit dem Hervorbringen von schöpferischen Leistungen einhergehen. Sie liefern uns verständlicherweise gewisse Einsichten in das Phänomen der Kreativität. Die Analyse der schöpferischen Leistungen selbst läßt sich an den fertigen Produkten und am kreativen Prozeß vornehmen. Beide Aspekte zusammen haben Anregungen zur Theorienbildung über kreative Prozesse gegeben.

3.111 Allgemeine Beschreibung

Schöpferisches oder kreatives Denken ist ein Prozeß, der nicht unbedingt selten ist, weder beim Vergleich verschiedener Individuen noch bei Betrachtung der Denkleistungen ein und desselben Individuums. Er wird immer gebraucht, wenn vorhandene Lösungswege nicht mehr ausreichen, sondern neue Wege gesucht werden müssen. Produktives Denken ist also ohne Kreativität nicht möglich. Noch allgemeiner läßt sich von Kreativität sprechen, wenn Einfälle produziert werden, die ungewöhnlich und zugleich qualitativ hochwertig sind. Natürlich präsentiert sich Kreativität am Außerordentlichen besser als am Alltäglichen. Deshalb wollen wir uns zunächst einigen wichtigen Beschreibungskriterien zuwenden, wie sie von besonders schöpferischen Menschen gegeben werden.

Ichferne

Kreative Personen berichten oft, daß ihnen die Einfälle kommen „ohne eigenes Zutun". *Helmholtz*[1] schreibt, daß sich die Ideen oft in seine Gedanken einschleichen. Manchmal seien sie einfach da, dann wieder stellten sie sich plötzlich ein „wie eine Inspiration". *Poincaré*[1] beschreibt unter anderem, wie ihm einmal ein Einfall kam, als er die Straße kreuzte. Das Problem hatte ihn lange beschäftigt und aufgehalten. Ein andermal kam ihm die entscheidende Idee, als er einen Omnibus besteigen wollte. Wie er berichtet, hatte er sich zu diesem Zeitpunkt überhaupt nicht mit dem Problem befaßt.

Das Fehlen der bei gezieltem, diskursivem Denken erlebbaren Steuerung wird auch in der modernen Malerei deutlich. In einem Interview mit dem Nachrichtenmagazin „Der Spiegel" (1970, Nr. 9) entgegnet *Max Ernst* auf die Frage nach der

[1] Zitiert nach *McKellar* (1957).

Entstehung seiner Frottagen[1]: „Ja, es war doch tatsächlich so, daß ich nicht wußte, was ich machen wollte, sondern einfach durchrieb, und die Sachen kamen da von selbst raus. Es war ein automatisches Verfahren und ich selbst war dabei Zuschauer“ (S. 156).

Der Mensch fühlt sich also bei kreativen Einfällen oft passiv, er tut nichts von sich aus dazu, sondern „es“ arbeitet in ihm, wie schon die Sprache zum Ausdruck bringt. In manchen Fällen werden kreative Leistungen durch eine noch weitere Herabsetzung des Wachbewußtseins gefördert. Bekannt sind die Umstände, unter denen *Kékulé* die Benzolringformel fand, sie fiel ihm beim morgendlichen Erwachen, während einer Periode des Halbschlafs, ein. Der Nobelpreisträger *Otto Loewi* beschäftigte sich lange mit unerklärlichen experimentellen Befunden. Das Problem verfolgte ihn bis in den Schlaf hinein, und einmal kam ihm während des unruhigen Schlafs blitzartig ein Gedanke, den er sofort festhalten wollte. Er krizelte den Einfall auf ein Papier und schlief dann erlöst ein. Am nächsten Morgen aber konnte er seine Notizen nicht lesen und sich auch nicht erinnern, worin der Einfall bestanden hatte. Daraufhin verbrachte er eine sehr schlechte Nacht, bis um drei Uhr morgens ein zweites Mal die entscheidende Idee kam. Er stand sofort auf und eilte zum Laboratorium, um mit dem Experimentieren zu beginnen (Bericht nach *Gerald*, 1962).

Bewußtseinsverändernde Pharmaka, wie Psylocybin, Mescalin und LSD, wirken ebenfalls dezentralisierend und verringern die Macht des steuernden Ich auf die psychischen Prozesse. *Leary* (1964) spricht von „Ego-Transzendenz“, *Barron* (1964) von „Aufgeben des Ich“.

Kreative Prozesse scheinen also großenteils unabhängig vom steuernden Ich abzulaufen. Die zentrale Steuerungsinstanz dürfte sogar kreatives Denken beeinträchtigen. Wir werden später nach einer Erklärungsmöglichkeit für diesen Sachverhalt suchen. Die „Ichferne“ von kreativen Prozessen ist wohl der Hauptgrund für die irrationalen und mystischen Deutungen schöpferischer Leistungen. Die Tatsache aber, daß Leistungen ohne die Aktivität einer hellbewußten Steuerungsinstanz zustandekommen, braucht uns nicht zu veranlassen, auf rationale, wissenschaftliche Erklärungsversuche zu verzichten.

Ideenfluß

Im Gegensatz zu den soeben besprochenen Leistungen, bei denen es um einen einzigen entscheidenden Einfall geht, sind viele kreative Prozesse durch einen Reichtum an Ideen und Einfällen gekennzeichnet. Der Kreative wird oft von Einfällen geradezu bedrängt, Bilder, Assoziationen oder Gedanken reihen sich aneinander, wirbeln durcheinander, führen in neue Regionen. Die fehlende Steuerung durch das Ich wirkt sich hier gleichsam so aus, als könnten nun die Gedanken spazierengehen.

[1] Frottagen entstehen beispielsweise beim Durchschreiben von Materialstrukturen (Holz, Pappe) mit Bleistift auf Papier.

Bei großen Komponisten fragt man sich oft, wie sie überhaupt zeitlich in der Lage waren, ihre Schöpfungen zu Papier zu bringen. Dies gilt vor allem für *Mozart* und *Schubert*. Letzterer starb im Alter von 31 Jahren und hat ein Werk von gewaltigem Umfang hinterlassen, aus dem zu ersehen ist, daß der Komponist keinen Augenblick um musikalische Einfälle verlegen war: Allein um seine Kompositionen abzuschreiben, würde man nahezu die gleiche Zeit benötigen, die der Komponist auf ihre Anfertigung verwenden konnte.

Viele schöpferische Menschen fühlen sich geradezu bedrängt von Ideen und Einfällen. Sie sehen sich förmlich gezwungen, sie zum Ausdruck zu bringen. Der Dichter „muß" schreiben, der Maler verwendet sein letztes Geld für Leinwand und Farben, der Musiker fertigt Kompositionen, auch wenn er keinerlei Aussichten sieht, sie jemals zum Erklingen zu bringen.

Ein wichtiger Aspekt der Kreativität ist also die „Flüssigkeit" (fluency) der Ideen. Je leichter gespeicherte Elemente aufgerufen und kombiniert werden können, desto mehr treten kreative Prozesse auf. Die Inhalte sind nicht immer angenehm für ihren Träger, sie können auch bedrohenden und beängstigenden Charakter haben.

Goya beispielsweise wurde offensichtlich in seiner späteren Schaffensperiode von recht unangenehmen Bildern bedrängt. *Van Goghs* Vorstellungen und Imaginationen trieben ihn buchstäblich zur Verzweiflung.

Im Alltag beobachtet man das Fließen von Einfällen in gelockerten Situationen, etwa beim sog. „Blödeln", bei dem sich zwanglos Assoziationen aneinanderreihen. Je origineller die assoziierten Einfälle, desto stärker sind kreative Leistungen beteiligt.

Die Produktion von neuen oder „originellen" Elementen verläuft infolge der verminderten Steuerung oft ohne Ordnung, in chaotischem Durcheinander. Gerade der anfängliche Verzicht auf Ordnung scheint aber für kreative Leistungen unentbehrlich zu sein.

Imagination

Viele kreative Prozesse, besonders von der Art des Fließens der Einfälle, werden erlebt als Folge von anschaulichen Bildern. Solche wahrnehmungsnahen Repräsentationsformen („Vorstellungen") können dem visuellen, dem akustischen oder dem taktilen Bereich entstammen. Kreative Menschen vermögen offenbar intensivere Bilder zu produzieren als weniger kreative. In der Alltagssprache bezeichnet man diesen Tatbestand mit Einbildungskraft. Wiederum sei an berühmte Maler, Musiker und Dichter erinnert, die gelegentlich über ihre Imaginationen berichten.

Es ist vielleicht vorteilhaft, schon hier darauf aufmerksam zu machen, daß bei vielen kreativen Leistungen auch weniger anschauliche Repräsentationsformen beteiligt sind. Der Naturwissenschaftler und der Mathematiker brauchen abstrakte Repräsentationsformen. Dennoch sollte man diese auch zur Imagination zählen, da sie hinsichtlich Agilität und Intensität den anschaulichen Vorstellungen gleichen und überdies die gleiche Funktion im kreativen Prozeß ausüben.
Die imaginative Seite der Kreativität weist enge Berührungspunkte mit dem Traum und mit Wahnvorstellungen auf. In Träumen reihen sich die Bilder und sensorischen Eindrücke in bunter Folge aneinander. Das Fehlen der zentralen Steuerung und einer straffen Führung ist hier ganz offenkundig, es fördert auch im Wachzustand die Produktion von Vorstellungen. Im schizophrenen Wahn sind die Imaginationen offenbar so intensiv, daß sie mit wirklichen Wahrnehmungserlebnissen verwechselt werden. Während im Traum vor allem visuelle Eindrücke im Vordergrund stehen, hat der Schizophrene bevorzugt akustische Halluzinationen.
Die Wirkung von Rauschgift und Psychedelika läuft bekanntlich ebenfalls auf die Entstehung sensorischer Eindrücke hinaus. Die hier erlebten Eindrücke sind außerordentlich intensiv und übertreffen wirkliche Wahrnehmungserlebnisse auch durch ihre Neuartigkeit und Fremdheit.

Emotionale Erregung

Kreative Prozesse laufen nicht in einem affektiv neutralen Klima ab. Die Produktion von Bildern erfolgt oft in einem als angenehm empfundenen Zustand der Leichtigkeit und Lockerheit. Andererseits gibt es, wie wir schon sagten, auch beängstigende und bedrückende Bilder. Die kreativen Prozesse beim Problemlösen sind dann von einem Gefühl der Unruhe und Gespanntheit begleitet (man erinnere sich an die unruhigen Nächte des Nobelpreisträgers *Loewi* vor seiner großen Entdeckung). Ist aber das Ergebnis gefunden, so stellt sich ein außerordentliches Gefühl der Erleichterung, des Glücks ein. Künstler, die ihr Werk vollendet haben, berichten nicht selten von tiefen emotionalen Erlebnissen des Glücks und fühlen sich offenbar dadurch für viele Mühsal und Entbehrung entschädigt.
Kreative Leistungen können also, und darauf soll hier der Akzent gelegt werden, mindestens so wie materielle und soziale Verstärker wirken. Während aber das Individuum bei letzteren von der Umwelt abhängig wird, ist es bei „Verstärkung“ durch Kreativität frei und nicht auf die Umwelt angewiesen.

Bei außerordentlichen Leistungen wird die „Erleuchtung“ ganz im eigentlichen Sinne des Wortes als Blitz, als Helligkeit erlebt, worauf nicht zuletzt die Intensität der emotionalen Erregung zurückgeht.

Neuheitseindruck

Erlebnismäßig präsentieren sich kreative Leistungen als Neuheiten, als etwas, das vorher nicht dagewesen ist. Daher stammt wohl auch die Bezeichnung „schöpferisch“. Das Ergebnis kreativen Denkens besitzt deshalb in den Augen seines Trägers einen Anteil, der dem Eindruck nach nicht von ihm selbst stammt. Zusammen mit dem Erleben der Ichferne führt das zu der Meinung, daß man aktiv nichts zur kreativen Leistung beitragen könne, sondern lediglich auf die „Eingebung“ oder „Inspiration“ warten müsse. Diese — der Kreativität übrigens tatsächlich sehr förderliche — Haltung veranlaßt kreative Persönlichkeiten häufig zum Verzicht auf gezieltes, diskursives Denken.
Der Neuheitseindruck muß übrigens nicht den tatsächlichen Gegebenheiten entsprechen. So mancher Forscher hat ein Experiment ausgeklügelt, das in ähnlicher Form vor ihm ein anderer bereits durchgeführt hat. Wichtig für die phänomenologische Kennzeichnung bleibt jedoch, daß das Individuum aufgrund seiner erkenntnismäßigen Erfassung des zustandegebrachten Produkts und aufgrund der emotionalen Entspannung, die besonders bei plötzlicher Problemumstrukturierung auftritt, von der Neuartigkeit seiner Entdeckung überzeugt ist.

Versuch einer Definition

Bis jetzt haben wir einige erlebnismäßige Befunde, die für die Kreativität kennzeichnend sind, zusammengestellt. Die Frage, wann man von kreativen Leistungen sprechen kann und was Kreativität selbst ist, haben wir ausgespart. Bei näherem Zusehen zeigt sich schon jetzt, wie schwierig es ist, kreative Leistungen gegenüber anderen Denkleistungen, vor allem aber gegenüber pathologischen Prozessen abzugrenzen.
Wir unterscheiden kreative Leistungen von anderen Produkten menschlichen Denkens durch den Wert, den sie für die Gesellschaft haben. Sie bereichern in irgendeiner Form die Kultur, sei es durch Neuentdeckungen wissenschaftlich-technischer Art, sei es durch Werke der Kunst und Literatur oder durch religiöse und philosophische Konzeptionen.

Freilich läßt sich im Einzelfall sehr schwer objektivieren, was die Kultur bereichert und was wertlos ist. Auch künstlerische Werke können oft nur schwer in ihrer tatsächlichen Bedeutung eingeschätzt werden. Dennoch darf man das hier herausgestellte Kennzeichen im allgemeinen als brauchbar ansehen. Die meisten

Traumproduktionen und die meisten Produktionen eines Schizophrenen können nicht als Bereicherung angesehen werden und sind demzufolge auch keine kreativen Leistungen, obwohl sie sich ihrem Ursprung und der Funktion nach gar nicht so sehr von diesen unterscheiden.

Neben dem Neuheitscharakter und dem (hier pragmatistisch zu verstehenden) Kriterium des Gewinns für die Gesellschaft darf das Kennzeichen der Seltenheit als bestimmend gelten. Produkte mit Neuheits- und Originalitätswert sind zugleich auch selten, und oft genügt es, den Grad der Kreativität mit der abnehmenden Häufigkeit des Auftretens einer Leistung in Beziehung zu setzen (z. B. *Mednick*, 1962).
Bevor wir das bisher Gesagte in einer Definition zusammenzufassen versuchen, muß klargestellt werden, daß es weder hier noch bei den folgenden Ausführungen dieses Kapitels darum geht, das „Wesen" der Kreativität zu erfassen, sondern um eine Bestimmung, die brauchbar und objektivierbar ist. Brauchbar soll sie insofern sein, als die zu beschreibenden Befunde unter sie subsumiert werden können, objektivierbar ist sie dann, wenn Leistungen und die aus diesen Leistungen gefolgerten Prozesse von unabhängigen Bewertern als kreativ eingestuft werden. Diese Überlegungen führen zu folgender Definition:
Unter Kreativität kann man den Bedingungskomplex für Leistungen verstehen, die neu (originell) und demzufolge selten sind und die eine Bereicherung für Gesellschaft und Kultur darstellen.

3.112 Verschiedene Arten von Kreativität

Schöpferische Leistungen werden nicht nur in Ausnahmesituationen gebraucht, sie sind auch im Alltag nötig. Die folgende Aufstellung soll zeigen, wo Kreativität zum Einsatz gelangt. Faktoren der Kreativität, wie sie empirisch ermittelt wurden, sollen dagegen erst später dargestellt werden.
Es erscheint vorteilhaft, zwischen drei Bereichen unserer Kultur zu trennen, dem künstlerischen, dem sachlich-wissenschaftlichen und dem sozialen. Bei der künstlerischen Produktion geht es zunächst darum, daß Einfälle kommen. Die erste Leistung besteht somit wohl im „Fließen" der Ideen, in der gelockerten Folge von Einfällen. Nicht alle Einfälle sind brauchbar oder originell. Die nächsthöhere Leistung besteht in der Auswahl von Einfällen, die neuartig oder „einmalig" sind. Dabei geht es auch bereits um Kombination von Elementen. Auf dem obersten Niveau der schöpferischen Produktion werden die Elemente oder Ideen kombiniert, so daß ein originelles Ganzes entsteht. Natürlich ist mit einer sol-

chen Hierarchie nichts über die Reihenfolge der Prozesse gesagt. Sehr oft steht am Anfang die Idee für das Ganze, dann erst werden Einzeleinfälle produziert. Dennoch läßt sich fast immer zwischen dem Moment des Ideenreichtums und andererseits der Komposition von Einfällen trennen. Von *Beethoven* weiß man, wie er um Einfälle gerungen und an Einzeleinfällen (Melodien) gearbeitet hat, bis sie ihm brauchbar erschienen. Die Komposition als Ausarbeiten der Ideen und als Zusammenfügen verschiedener Einfälle dürfte ihm dagegen als Meister der großen Form leicht gefallen sein. Die Bildkomposition alter und neuer Meister läßt sich ebenfalls vom Einfall selbst trennen. Das bekannte Gemälde ‚Guernica' von *Picasso* zeigt sehr deutlich, wie Idee und Komposition zusammenwirken müssen, damit ein Kunstwerk entsteht.

Die Hierarchie von kreativen Prozessen ist deshalb auch nicht qualitativ zu verstehen, da der Einfall sehr oft den eigentlichen Wert eines Kunstwerkes ausmacht und nicht dessen Komposition. Die Gestaltung zu einem Ganzen stellt aber in bezug auf die Leistung der Organisation und der Strukturierung ein höheres Niveau dar. Man halte sich etwa die Leistung des Schriftstellers vor Augen, der einen bereits vorhandenen Stoff zu einem Ganzen zu formen hat.

Leistungen der hier gekennzeichneten Art bleiben nicht dem Künstler vorbehalten. Sie werden in einer Vielzahl von Berufen gebraucht. Der Schaufensterdekorateur, der Werbefachmann, der Autokonstrukteur (Blechschneider), der Modeschöpfer, aber auch jeder Geschäftsmann braucht die beiden Komponenten: Einfall und Komposition. Jeder Lehrer und Erzieher muß tagtäglich Ideen produzieren, um den ständig wechselnden Erziehungssituationen gewachsen zu sein.

Schüler erwarten oft kreative Einfälle beim Lehrer, wenn sie einen Streich ausgeheckt haben oder eine Äußerung gefallen ist, die den Lehrer in Verlegenheit setzt. Sicherlich setzen sich auch die Studenten lieber mit einem kreativen Dozenten auseinander als mit einem ihrer Meinung nach „festgefahrenen" Partner, der nicht mehr umdenken will. Die gesamte soziale Kreativität, von der hier aber nicht weiter die Rede sein soll, basiert auf den gleichen Prozessen wie die künstlerische Kreativität.

Wenden wir uns nun kreativen Leistungen beim wissenschaftlichen oder sachlichen Denken zu. Hier können wir an drei Stellen des Denkprozesses einsetzen. In vielen Fällen bedeutet schon das Sehen eines Problems eine kreative Leistung. Sehr viele Menschen haben vor *James Watt* die Wirkung der Dampfkraft beobachten können, dennoch kamen vor ihm nur wenige darauf, hier ein Problem zu sehen. Ein treffendes Beispiel für Kreativität beim Problemerfassen im Bereich der Wahrnehmungspsychologie lieferte mir vor längerer Zeit ein Fachkollege: Stellt man sich ganz nahe an den Spiegel und blickt abwechselnd vom einen auf das andere Auge, so bleiben die Augen im Spiegel scheinbar unbewegt, tatsächlich wandern die Augen aber hin und her. Die kreative Leistung besteht hier zum einen darin, daß man den Einfall hat (ähnliche Situationen vor dem Spiegel erlebt jeder, nur daß er sich dessen nicht bewußt ist), zum andern darin, hier ein Problem zu sehen.

Eine weitere Art der schöpferischen Leistung wird immer dann gebraucht, wenn keine fertige Methode, kein Lösungsprogramm zur Verfügung steht. Der Denkende muß sich in solchen Fällen selbst eine Strategie zurechtlegen. Das Erzeugen von Strategien ist als wichtiger kreativer Prozeß anzusehen, der in zukünftigen Lehrplänen als eigenes Lehrziel auftreten sollte. Beispiele für das Generieren von Strategien finden sich u. a. in Abschnitt 1.23 (Bildung logischer Begriffe), 2.165 (Wörter finden, bei lückenhaftem Kode) und 2.231 (Auffinden einer Grammatik) sowie beim Ratespiel mit Ja-Nein-Strategie (2.212).

Bei manchen Problemen oder Teilproblemen kommt es auf den entscheidenden Einfall an, der zugleich die Umstrukturierung des Problems zur Lösung darstellt. Die bereits erwähnten Forscher *Kékulé* und *Loewi* suchten lange vergeblich nach diesem Einfall, systematische Strategien halfen ihnen nicht weiter. Der umstrukturierende Einfall war durch gezieltes und kontrolliertes Denken nicht herbeizuführen, er hatte sicherlich wieder viel mit dem Fließen der Ideen zu tun. Trotzdem ist die einfache Feststellung, daß der plötzliche Einfall beim Problemlösen eine große Rolle spielt, natürlich unbefriedigend, denn damit ist wenig gesagt und noch weniger erklärt. Wir werden deshalb bei den unten folgenden Erklärungsversuchen unser besonderes Augenmerk auf diesen zunächst recht dunkel erscheinenden Vorgang richten.

Zuvor wollen wir noch eine von *Bartlett* getroffene Unterscheidung anführen, die bei der Betrachtung kreativer Leistungen nicht uninteressant ist. *Bartlett* (1958) trennt zwischen Denken in geschlossenen Systemen und einem Denken, das solche Systeme durchbricht (systemtranszendierendes Denken). Vom Denken in geschlossenen Systemen war im ersten und zweiten Kapitel die Rede. Das Denken im „offenen Raum“ hat noch kein festes Ziel, es stehen ihm viele Möglichkeiten offen, oder es hat ein bestimmtes Ziel, weiß aber noch nicht, welcher Weg weiterführt und welcher eine Sackgasse ist. Hier geht das Denken gewissermaßen auf Abenteuer aus, weshalb *Bartlett* die Bezeichnung ‚adventurous thinking‘ gebraucht. Dieses Denken ist nach seiner Meinung das Denken des Forschers und Experimentators. Er versucht einen Weg und geht ihn eine Weile. Dann mag sich herausstellen, daß dieser Weg falsch war und ein neuer Weg gesucht werden muß. Zur Kennzeichnung dieser Form des Denkens schlägt *Bartlett* Experimente mit Teilkarten vor, die sich gegenseitig ergänzen (Abb. 3.1). Die Anfangskarte enthält den Startpunkt, von wo aus ein bestimmtes Ziel, das sich etwa im Nordwesten befindet, erreicht werden soll. Die Einzelwege führen bis an den Kartenrand, es ist nicht bekannt, welchen Verlauf sie weiterhin nehmen werden. Nachdem der Proband seine Entscheidung getroffen hat, erhält er den nächsten Kartenabschnitt, der sich um das erste Kartenstück legt. Die Wege verlaufen oft anders, als man aufgrund des ersten Kartenstückes vermuten konnte. Erneut ist eine Entscheidung zu treffen, auf welchem Weg man weiter will. Wiederum erhält der Proband neue Information usw., bis er schließlich bei der letzten Karte anlangt, die ihm das Ziel und den richtigen (auch den kürzesten) Weg verrät.

Abb. 3.1: Systemtranszendierendes Denken (adventurous thinking), demonstriert anhand von sich ergänzenden Kartenabschnitten (nach *Barlett*, 1958).

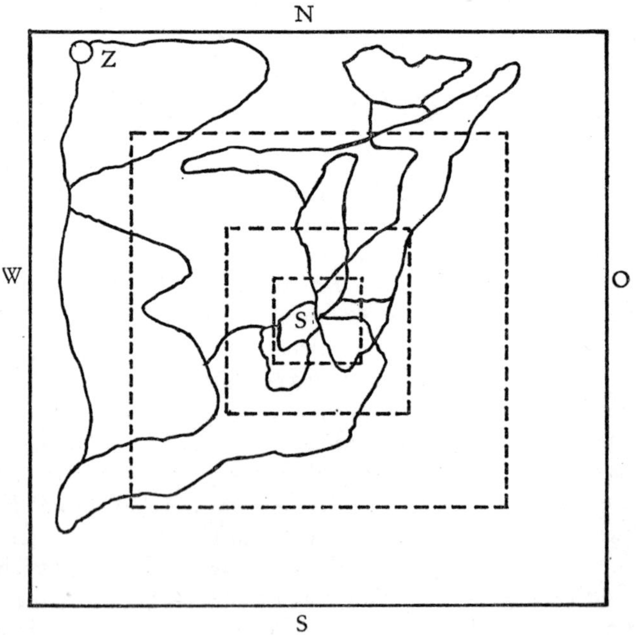

S = Start
Z = Ziel

Die auf dem letzten Kartenstück abgebildeten Wegeverläufe zeigen, daß man vom Ausgangspunkt S nach fast allen Richtungen gehen kann, um das Ziel Z zu erreichen, daß aber die zunächst wahrscheinlichste Richtung nach Norden und Nordwesten ein Irrweg ist. Diese Art des Denkens hat viel mit kreativen Prozessen zu tun, weil hier nicht Schritt für Schritt auf ein bestimmtes Ziel losgegangen werden kann, sondern immer wieder neue Entscheidungen zu treffen sind, ob der eingeschlagene Weg beibehalten werden soll oder nicht.

3.12 Wie kann man Kreativität erklären?

3.121 Selbstverdoppelung

Was die früheren Diskussionen um schöpferische Leistungen so sehr erschwert hat, war die Gegenüberstellung von Materie und Geist oder aber von biologischem Leben und geistigem Leben. Wir wollen uns demgegenüber fragen, ob sich Kreativität nicht biologisch herleiten läßt, so wie Denken überhaupt. Für das Denken haben wir diesen Versuch bereits andeutungsweise unternommen (erstes und zweites Kapitel), zur Erklärung der Kreativität müssen wir aber etwas weiter ausholen. Gibt es ein allgemeines biologisches Prinzip, das auch für die Kreativität bestimmend ist? Wir können diese Frage bejahen und dieses Prinzip in der Selbstverdoppelung sehen (*Gutman*, in: *Mooney & Razik*, 1967).

Bei der Zellteilung wird das DNS-Molekül, das die genetische Information gespeichert enthält, ebenfalls geteilt, was offenbar deshalb leicht möglich ist, weil es ein zweisträngiges Doppelmolekül ist (Reißverschlußmechanismus). Nach der Teilung baut sich der DNS-Strang wieder zu einem Doppelmolekül auf, wobei er aus seiner Umgebung das Baumaterial nimmt. Das, was aus dem Fremdstoff aufgebaut wird, ist die Struktur, die als „Kode“ im DNS-Molekül vorhanden ist. Dieser für alle biologischen Formen der Vermehrung („Selbstverdoppelung“) kennzeichnende Vorgang der Assimilation von Baumaterial aus der Umgebung bietet nach Ansicht *Gutmans* auch die Grundlage zur Erklärung der menschlichen Kreativität. Sie stellt gewissermaßen die höchste Form der Duplizierung dar. Die geistige Aktivität des Menschen assimiliert Personen und Dinge der Umgebung. Dabei schafft sich das Individuum ein „phänomenales Selbst“. Neben dem biologischen Individuum existiert so ein zweites Wesen, das als Repräsentant des Individuums gelten kann. Sehr schön läßt sich dieser Prozeß in der kindlichen Entwicklung beobachten. Kleine Kinder neigen bekanntlich dazu, sich selbst in ihre Umgebung zu projizieren. Die Objekte der Umgebung erhalten auf diese Weise ein „Gesicht“ („physiognomische Weltschau“), sie fühlen und handeln genau wie das beobachtende Individuum. Dieser Egozentrismus darf nicht nur als Zustand der Unreife ausgelegt werden. Vielmehr sollte man ihn primär als schöpferische Leistung des Kindes ansehen. Die Selbstdarstellung des Kindes zeigt sich weiterhin besonders deutlich im Spiel. Im großen und ganzen zielt die gesamte spontane Aktivität des Kindes dahin, sich selbst zu repräsentieren, sich auszudrücken. Das, was es produziert, sei es im Malen, Kneten, Bauen, im Rollenspiel oder im Wechselgespräch mit sozialen Partnern, läuft immer auf eine Erweiterung des phänomenalen Selbst hinaus, also auf die Intention, ein „Bild" von sich zu machen und dieses Bild immer farbiger und größer zu gestalten. In der Auseinandersetzung mit der sozialen Umgebung sorgt der Sozialisierungsprozeß dafür, daß das Individuum sein Maß findet und sein phänomenales Selbst nicht zu einer absurden Größe ausdehnt.

Genau wie die kindlichen Produkte, so sind auch die Werke in Kunst und Wissenschaft Spiegelungen ihres Schöpfers. Leicht einsichtig ist dies in der Literatur und in der bildenden Kunst, schwer nachzuvollziehen dagegen in der Wissenschaft. Zum besseren Verständnis wollen wir uns noch einen Augenblick bei der psychischen Entwicklung aufhalten. Die Persönlichkeitswerdung des jungen Menschen kann nicht nur als Sozialisierungsprozeß, sondern auch als Selbstaktualisierung und Selbstverwirklichung beschrieben werden (*Maslow*, 1963; *Rogers*, 1959; *Allport*, 1958). Besonders im zweiten Lebensjahrzehnt rückt das Motiv der Selbstverwirklichung für viele Jugendliche in den Vordergrund. Dabei geht es nicht nur darum, die eigene Persönlichkeit zu formen, an sich zu arbeiten, sondern vielleicht noch mehr darum, sich selbst durch eigene Leistungen bestätigt zu finden. Solche „Leistungen" können recht verschiedenartig sein. Sie können in sozialen und sexuellen Erfolgen, in schulischen oder sportlichen Anstrengungen, in künstlerischen oder politischen Aktivitäten bestehen. Sicherlich ist die schon im vorschulischen Alter entstehende Leistungsmotivation ebenfalls ein Instrument der Selbstverwirklichung, da hier der Ort der Kontrolle ebenfalls im Individuum liegt. Selbstdarstellung bedeutet somit jegliche Form der Leistung, die nicht um personfremder Verstärkung willen, wie etwa Geld, ausgeführt wird, sondern ihren Antrieb aus dem Bedürfnis nach Selbstverwirklichung erhält.

Man wird sich nun fragen, was diese eher spekulativen Ausführungen mit dem biologischen Prinzip der Duplikation zu tun haben. Es kann sich dabei doch nur, so mag man argumentieren, um eine Metapher handeln, nicht aber um die Wirkung eines biologischen Prinzips auf höherer Ebene. Der Einwand ist natürlich insofern berechtigt, als die Vorgänge bei der Zellteilung bzw. bei der Verdoppelung der Gene oder DNS-Moleküle nicht einfach dieselben sind wie bei der kreativen Selbstdarstellung. Doch läßt sich die „Selbstverdoppelung" auch im biologischen Bereich der Vermehrung auf verschiedenen Ebenen beobachten: Viren – Bakterien – ungeschlechtliche Fortpflanzung – geschlechtliche Vermehrung bis zum Austragen lebendiger Jungen im Mutterleib. Die geistigen Leistungen weisen beim Übergang zum Menschen bemerkenswerterweise einen großen Sprung auf. Während die biologische Fortpflanzung die gleiche wie beim Tier ist, muß der Mensch, um überleben zu können, seine Errungenschaften durch Spuren und Erzeugnisse, die in der Umwelt verbleiben, an die Nachkommenschaft weitergeben. Ganz analog zur Umwandlung der Materie in die gespeicherte Struktur beim DNS-Molekül bedient sich der Mensch der Objekte in der Umwelt, um aus ihnen Erzeugnisse zu formen, die seinen Ideen Dauer verleihen. Sucht man nach einem Wesensunterschied zwischen Tier und Mensch, so liegt er sicherlich in dieser Fähigkeit der Selbstdarstellung durch Assimilation der Umwelt. Alle Autoren sind sich daher einig, daß die Bezeichnung Kreativität nicht auf das Tier anwendbar ist, wohl aber das Merkmal Denken und das Phänomen des Bewußtseins auch dem Tier zugeschrieben werden können.

Die für den Menschen offenbar notwendige Fähigkeit der geistigen Selbstverdoppelung oder -vermehrung ist nicht als etwas Mystisches zu verstehen, sie hat nichts mit einer geheimnisvollen geistigen Kraft zu tun und will auch nicht naturphilosophisch verstanden sein. Vielmehr müssen wir diese Leistung als gewissermaßen höchste biologische Entwicklungsform ansehen. Daß sie biologisch fundiert ist, zeigt ihr frühes Auftreten in der menschlichen Entwicklung. Die Selbstdarstellung und die Schaffung eines phänomenalen Selbst laufen parallel zur übrigen geistigen Entwicklung. Noch Jahre bevor der Mensch logische Denkleistungen vollbringt, vermag er sich in erstaunlichem Maße zur Darstellung zu bringen, agiert er in die Umwelt hinein und formt sich die Umwelt nach seinen Bedürfnissen. Wir können geradezu sagen, daß der Mensch seine Intelligenz auf dem Weg über die Selbstverdoppelung aufbaut, denn alle spontane Aktivität hat als Intention eine Selbstprojektion. Erst die Erfahrung, daß die Umwelt nicht so ist wie man selbst, führt zur Erkenntnis der ich-unabhängigen Gesetzlichkeit der Welt, führt zum Aufbau logischer Strukturen und zu umfassenden Erklärungsbegriffen. Angesichts dieses Sachverhaltes darf es nicht wundernehmen, wenn jedes gesunde Kind in seinen Produkten (des Spieles und Gestaltens) Kreativität zeigt. Es hat den Anschein, als wären beim Menschen nicht nur bestimmte Wahrnehmungsparameter anlagemäßig vorprogrammiert, sondern auch bestimmte Methoden zur Eroberung der Welt. Eine umfassende „Strategie“ bilden bei dieser Aufgabe die Selbstdarstellung, Selbstprojektion und Selbstverwirklichung. Sobald aber eine endogene Steuerung solcher Methoden wahrscheinlich wird, ist das biologische Fundament der Kreativität gesichert, denn es gibt außerhalb der Biologie keine sinnvolle Erklärung angeborener Informationsbestände, die auf das Verhalten einwirken.

3.122 Multiples Denken

Nach dem Versuch, Kreativität als „natürliche“ Erscheinung biologisch zu verankern, interessieren die mysteriösen Begleitumstände, unter denen kreative Leistungen zustandekommen. Wir haben die Ichferne als Kriterium kennengelernt und festgestellt, daß kreative Einfälle sich unvermittelt und ungewollt einstellen können. Das helle Bewußtsein scheint bei den eigentlichen Prozessen zu fehlen. Hier hilft eine Unterscheidung weiter, die von einer Reihe von Autoren beim Denken getroffen wird.
Man kann nämlich trennen zwischen R-Denken und A-Denken (*McKellar,* 1957). R-Denken ist realitätsorientiert und mit klaren Bewußtseinserlebnissen verknüpft. A-Denken wurde bereits von *Bleuler* (1912) beschrieben, der ihm die Bezeichnung „autistisches Denken“ gab. Es ist eher für Dämmerzustände, Träume oder für Zustände, wie sie durch Psychedelika bewirkt werden, charakteristisch. Während R-Denken logischen Gesetzen gehorcht (wobei natürlich Denkfehler auftreten können), hängt A-Denken mehr von den Assoziationen zwischen den Ideen ab. Eine Einheit aktiviert die nächste aufgrund assoziativer Verbindungen.
R-Denken läuft nicht nur bewußt ab, sondern wird durch das Verhalten kontrolliert. Läuft das Denken den Verhaltenssequenzen zuwider, so wird es als bizarr oder pathologisch empfunden, eben weil es der Realität nicht entspricht. A-Denken ist im Gegensatz dazu nicht kontrolliert, weder vom Bewußtsein noch von äußeren Gegebenheiten, es tritt erst dann auf, wenn die „Hemmung“ oder „Unterdrückung“ durch steuernde Instanzen wegfällt. Das läßt sich auch erlebnismäßig nachvollziehen, weil solche Gedankenfolgen oft „unerlaubt“, „unsinnig“ und unbrauchbar erscheinen.
Das realistische Denken ist offenbar notwendig, wenn sich das Individuum in der Auseinandersetzung mit der Umwelt befindet. Es ist ein Instrument zur Selbsterhaltung. Wenn sich der Realitätszwang lockert, wie in Zuständen des Tagträumens oder des Schlafs, so kann sich das autistische Denken entfalten. Bei Geisteskranken, besonders bei Schizophrenen tritt das autistische Denken auch dann auf, wenn eine Realitätskontrolle wirksam sein sollte. Deshalb erscheint das Denken des Schizophrenen pathologisch.
Auch *Freud* unterscheidet zwei Denkformen, die in gewisser Analogie

zum A- und R-Denken stehen, nämlich primäre und sekundäre Prozesse (*Freud,* 1900). Primäre Prozesse kommen durch die Absurditäten des Traums zum Vorschein. Bekanntlich kennzeichnet *Freud* die primären Prozesse in der Traumarbeit unter anderem durch ‚Verdichtung' (verschiedene Ideen oder Bilder werden in eine einzige Einheit komprimiert, z. B. das Bild des Riesen, des Dorfgendarmen während der Kindheit und des Feldwebels während der Kriegszeit, vereinigt als Kennzeichnung des Vaters)[1], ‚Verschiebung' (Verzeichnung der affektiven Perspektiven, wodurch das im Wachzustand Wesentliche bedeutungslos wird und Nebensächlichkeiten affektive Bedeutsamkeiten erlangen) und ‚Umsetzung' ins Bildhafte, Symbolische und Zuständliche. Die sekundären Prozesse entwickeln sich erst allmählich und hemmen die primären Prozesse. Sie sorgen für realitätsorientiertes Denken und sind vorbewußt oder bewußt.

Kubie (1958) bevorzugt demgegenüber eine Dreiteilung: das Unbewußte, das Vorbewußte und das Bewußtsein selbst. Die Kreativität verlegt er in die Region des Vorbewußten, die aus Gedanken oder Ideen besteht, welche ohne Zensur (im Gegensatz zum Unbewußten) bewußt werden, aber auch vorbewußt bleiben können.

Es ist nun an der Zeit, diese am Bewußtseinsphänomen und an tiefenpsychologischen Erwägungen orientierte Betrachtungsweise zu verlassen und den hier angesprochenen Sachverhalt exakter anzugehen. Einen interessanten Versuch in dieser Richtung unternimmt *Neisser* (1963). Der Autor fragt sich, welche Ähnlichkeiten zwischen menschlichem Denken und den Intelligenzleistungen eines Computers bestehen. Er stößt dabei auf die Unterscheidung zwischen sequentiellen und multiplen Prozessen. „Denkende" Computer sind meist sequentiell programmiert. Wie bereits früher angedeutet (Abschn. 2.242), führt der Computer eine Operation aus und macht die nächste von der aufgrund der ersten Operation getroffenen Entscheidung abhängig. Beim Buchstabenerkennen würde ein sequentiell programmierter Computer z. B. fragen: Ist eine vertikale Gerade vorhanden? Wenn ja, handelt es sich um B, D, E . . ., wenn nein, um A, C, G . . . Nun kann die Suche mit Hilfe der nächsten Operation weitergehen. Im Falle ‚plus' bei obiger Operation kann als nächstes nach horizontalen Geraden gesucht werden. Im positiven Falle kommen Buchstaben E, F, H usw. in Frage, im negativen Falle B, D, K usw. Jede folgende Operation hängt von der vorausgegangenen (isolierten) Entscheidung ab. Deshalb führt eine falsche Entscheidung zu einer gan-

[1] Das Beispiel wurde von *Kemper* (1955) entlehnt.

zen Kette von unbrauchbaren Operationen. Handgeschriebene Schriften sind daher für Computer dieser Programmierungsart ein schier unlösbares Problem.

Gerade am Beispiel des Buchstabenerkennens läßt sich die zweite Art der Denkvorgänge gut demonstrieren, nämlich die multiplen Prozesse. *Doyle* (1960) benutzte ein Programm, das handgeschriebene Schriftzeichen „lesen" konnte und dabei eine Genauigkeit von 90% erreichte (s. Abschn. 2.242). Die im Programm verwendeten Operationen waren zwar nicht buchstäblich simultan, weil dies technisch nicht möglich war, aber sie arbeiteten funktionell gleichzeitig, weil erst alle Operationen zuende geführt wurden, bevor eine Entscheidung fiel. Deshalb war die Fehlerquote auch so niedrig. Eine oder zwei falsche Informationen beeinträchtigten die endgültige Entscheidung nicht. Damit wird der Vorteil des multiplen Operierens offenkundig. Mehrdeutige Signale werden besser erfaßt und innere Irrtümer, also Fehler im System selbst, können ausgeglichen werden. Letzteres ist für das System „Mensch" von großer Bedeutung, da die menschlichen Denkprozesse oft fehlerhaft sind.

Die einzelnen Prozesse müssen nicht völlig unabhängig voneinander sein. Sie können sich beispielsweise überlagern, d. h., daß der eine zum Teil dasselbe erfaßt wie der andere (Redundanz). Andererseits brauchen die Operationen nicht vom gleichen Typus zu sein, sie können ganz verschiedenartigen Charakter haben. Die Operationen im System von *Piaget* (1966) etwa testen ganz unterschiedliche Bedingungen (Klasseninklusion, Sereation). Multiple Prozesse müssen außerdem Hierarchien von Operationen bilden, denn irgendwann muß durch eine höhere Instanz eine Entscheidung aufgrund der bisherigen Information getroffen werden. In unserem Beispiel des Buchstabenerkennens können die einen einzigen Buchstaben betreffenden Operationen zusammengefaßt werden. Die Entscheidung kann aber auch erst nach einem Wort, einem Satz oder einer Seite fallen. Der menschliche Leser geht bekanntlich vom Buchstaben aufs Wort und rät den Buchstaben vom Sinn des Wortes aus, oder er versucht den Sinn des Satzes zu erfassen, errät dadurch das strittige Wort und damit den schwierigen Buchstaben.

Für die Kreativität ist *Neissers* Betrachtungsweise außerordentlich fruchtbar. Wenden wir uns noch einmal dem A-Denken zu. Hier scheinen in der Tat recht verschiedenartige Denkprozesse abzulaufen. Setzt man voraus, daß immer nur ein Prozeß gleichzeitig bewußt sein kann, so erklärt sich mit einem Male die Sprunghaftigkeit des Denkens dieser Art. Es laufen gleichzeitig vermutlich recht viele Prozesse nebeneinander her. Diese Prozesse können verschiedene Objekte zum Gegenstand haben.

Jeder Mensch trägt beispielsweise eine Fülle von Problemen mit sich herum, die alle das Denken oder bestimmte Operationen aktivieren. In einem Falle geht es um Geldbeschaffung, im anderen um eheliche Probleme und im dritten um berufliche Interessen. Solange mehrere solcher Prozesse gleichzeitig ablaufen, sind sie nicht bewußt. Gewinnt ein Prozeß die Oberhand über die anderen, so wird er bewußt. R-Denken und A-Denken unterscheiden sich nun in dieser Betrachtungsweise lediglich durch das Steuerungssystem, das zum Einsatz kommt. Beim A-Denken stehen offenbar die zentralen Motive oder die im Augenblick dominanten Motive im Vordergrund. Beim R-Denken steuert hingegen die zentrale Instanz (das Ich, oder wie man es sonst nennen mag), d. h. die Instanz, die sich im Laufe der Entwicklung herausgebildet hat, um die Auseinandersetzung zwischen Individuum und Umwelt zu meistern. Immer wenn das Ich in den Hintergrund tritt, nicht mehr gebraucht wird oder von überstarken Motiven zurückgedrängt wird, setzt sich das A-Denken durch. Es werden nun nicht mehr die Prozesse dominant, die sich in Entsprechung mit der Realität und mit dem eigenen Verhalten befinden, sondern solche, die emotional bedeutsam sind. Dadurch kommt es im Denken zu Sequenzen, die scheinbar verworren oder zufällig sind.

Wenn sich jemand aber mit einem Denkproblem herumschlägt, so kann es sein, daß der damit verbundene Motivationszustand auch dann noch wirkt, wenn die zentrale Steuerung wegfällt, also während des Schlafs oder in Wachträumen. Da die multiplen Prozesse in diesem Bewußtseinszustand ungehindert ablaufen können, erhält das Individuum manchmal auf diese Weise Informationen, die ihm beim zielgerichteten Denken verwehrt bleiben. Einfall, Intuition und Inspiration finden eine natürliche und einleuchtende Erklärung, wenn man die Hypothese von nicht bewußten multiplen Prozessen berücksichtigt. Das, was zur Lösung führte, bleibt dem Denkenden verborgen, weil nur ein Prozeß auf einmal bewußt werden kann. Obwohl der Lösungsprozeß nicht bewußt abläuft, bleibt der Bezug der einzelnen Operationen zum Denkproblem erhalten. Tritt eine Konstellation von Operationen auf, die eine neue Information darstellt, kann diese aufgrund ihrer latenten Beziehung zum Denkproblem dominant werden und ins Bewußtsein rücken. Die Konstellation der Operationen ist nach *Neisser* das Trennkriterium zwischen A-Denken und dem schöpferischen Einfall beim problemlösenden Denken. Hier geht es nicht um eine beliebige Kombination der Operationen, sondern um den Aufbau einer neuen Hierarchie von bereits bestehenden Prozessen. *Neisser* meint, daß diese Prozesse gleichzeitig arbeiten müssen, wenn eine neue Kombination gefunden werden soll.

Andererseits gibt es auch im schöpferischen Denken Arten der Auswertung von multiplen Prozessen, die unmittelbar mit dem A-Denken verwandt sind. Die *Freud*schen Kennzeichen der Verarbeitung des „Traumgedankens“, wie Verdichtung und Verschiebung, tauchen in Literatur und bildender Kunst ebenfalls auf. In der Musik sind ähnliche Prinzipien zu Formgesetzen geworden[1].
Deshalb kann man A-Denken und Kreativität nur schwer trennen, deshalb zeigen sich verwandte Züge zwischen pathologischem Denken oder Erleben und künstlerischem Ausdruck.
Das gleichzeitige Ablaufen von repräsentierenden Prozessen erfordert eine große Kapazität. Ihre Simulation in Computern erweist sich als sehr aufwendig, weshalb man solche Prozesse hintereinander ablaufen läßt, die Auswertung aber erst nach der letzten Operation vornimmt (*Doyle,* 1960). *Neisser* vermutet deshalb, daß multiple Prozesse eine spezifisch menschliche Eigenart darstellen, und erhebt sie zum Trennkriterium zwischen Mensch und Tier. Nicht das Bewußtsein, sondern die Kapazität zu außerhalb des Bewußtseins liegenden kognitiven Prozessen unterscheide vorrangig den Menschen vom Tier.

Wie dem auch sei, die außerordentlich große Kapazität, die multiple Prozesse beanspruchen, hat sicherlich auch beim Menschen ihre Grenzen. So ist er beispielsweise gezwungen, möglichst ökonomisch zu speichern. Derselbe Betrag an Information scheint weniger Kapazität zu beanspruchen, wenn er als System räumlicher Beziehungen kodiert ist, und mehr Aufwand zu erfordern, wenn er in zeitlichen Sequenzen gespeichert wird. Damit jedenfalls ließe sich erklären, warum die Imagination beim Denken so stark (oft hinderlich) beteiligt ist. Optische und akustische „Bilder“ stehen sowohl beim kreativen Denken und Gestalten als auch beim Denken überhaupt oft so sehr im Vordergrund, daß man lange Zeit glaubte, das Denken spiele sich in Vorstellungen ab.
Multiple Prozesse klären aber nicht die Endleistung selbst. Warum greift das Individuum zu, wenn die Operationen in einer günstigen Kombination stehen, und wertet die Informationen als „Einfall“ aus? Wie führen die Einzelprozesse zur schöpferischen Leistung des Künstlers? Es geht also um ein übergeordnetes Prinzip. Dieses ist bereits im A-Denken wirksam, denn das, was ins Bewußtsein rückt, so ferne es der Realität stehen mag, muß aus den simultanen multiplen Prozessen ausgewählt worden sein, um dominant zu werden. Wir können uns den Sachverhalt am Modell der TOTE-Einheit verdeutlichen. Im Falle des kreativen Den-

[1] Die Engführung der Themen einer Fuge entspricht einer Art Verdichtung.

Abb. 3.2: Kreatives und diskursives Denken als TOTE-Einheit

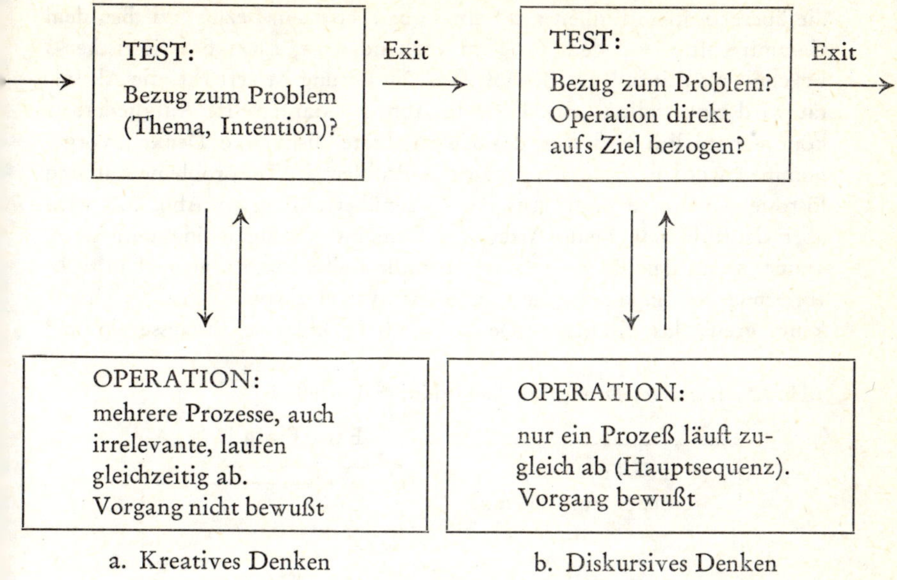

kens (Abb. 3.2a)[1] besteht die steuernde Instanz oder der „Test" genau wie beim bewußten zielgerichteten Denken in der Überprüfung des Bezugs zum Thema, aber es wird nicht kontrolliert, ob es auch Prozesse gibt, die nichts mit dem Thema zu tun haben. Alles ist zugelassen, auch unwichtige und für die Frage scheinbar bedeutungslose und störende Operationen.

Was unterscheidet nun das System b von kreativen Prozessen? Hier sorgt der Test dafür, daß nur eine Hauptsequenz aktiviert bleibt, die demzufolge auch bewußt abläuft. Der Test kontrolliert zudem, ob sich diese Hauptsequenz eng an die Fragestellung, an das Thema hält.

Innerhalb der multiplen Prozesse bzw. der Einheit ‚Operation' könnte man sich eine untergeordnete TOTE-Einheit denken, die verschiedene Auswertungsmöglichkeiten der Operationen testet. Je nach Verwertung der Operationsergebnisse kommt ein unterschiedliches Gesamtresultat zu-

[1] Die TOTE-Einheit ist ein von *Miller, Galanter* und *Pribram* (1960) eingeführtes kybernetisches Modell, das sowohl auf einfaches als auch auf komplexes Geschehen anwendbar ist.

stande. Solange das Gesamtresultat das Problem, mit dem sich der Denkende bewußt oder nebenbei beschäftigt, nicht weiterführt, greift die übergeordnete Einheit nicht ein. Sobald aber ein Bezug zwischen dem Gesamtresultat und dem Problem vorhanden ist, rückt das (Zwischen-) Ergebnis als ‚Einfall' ins Bewußtsein. Die Lösung ist erreicht, die Aktivität wird eingestellt (Exit). Diese in Abb. 3.3 dargestellte Aufgliederung könnte natürlich auch für das zielgerichtete diskursive Denken vorgenommen werden. So spaltet man das Problem in Teilprobleme auf und löst sie der Reihe nach. Aus der Gegenüberstellung in Abb. 3.2 wird aber deutlich, daß beide Arten des Denkens ständig ineinandergreifen. Immer wenn das diskursive Denken nicht weiterkommt, wenn Umstrukturierungsvorgänge nötig sind, muß das System aktiviert werden. Umgekehrt greift das diskursive Denken auch in kreative Prozesse ein und

Abb. 3.3: Kreatives Denken als hierarchischer Prozeß

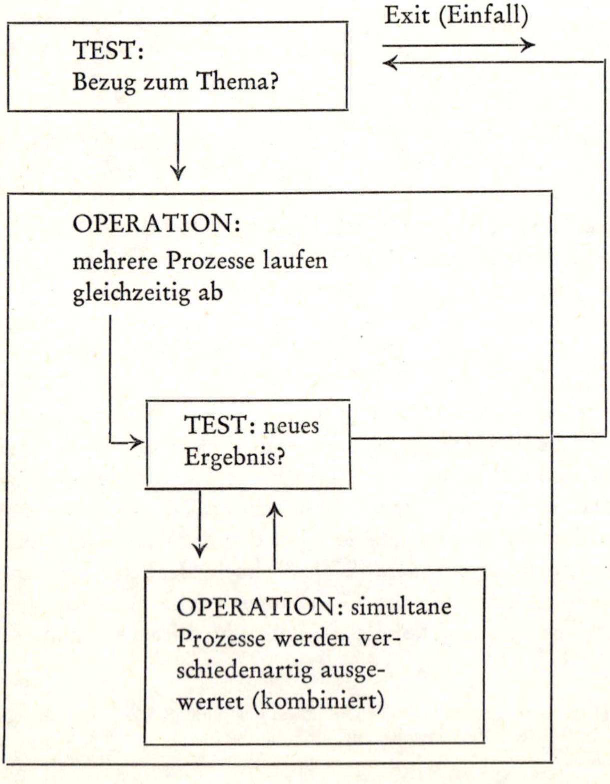

sorgt dafür, daß eine Idee auch wirklich ausgeführt oder zu Ende gedacht wird. Der Dichter, der einen Roman fertigstellt, braucht wie der Musiker, der eine Symphonie schreibt, das diskursive Denken als Führung. Erst die Synthese zwischen beiden Denkformen führt zu produktiven Leistungen.

3.123 Repertoire, Kodierung und Selektion

Wir haben eingangs kreative Prozesse durch das Fließen von Ideen oder Bildern gekennzeichnet. Das Erlebnismoment, daß solche Einfälle ohne eigenes Zutun auftauchen, braucht uns hier nicht zu beschäftigen. Wir gehen aber nicht fehl, wenn wir annehmen, daß es ein Reservoir für die Elemente geben muß, die im Bewußtsein auftauchen. Bevor also Einfälle fließen können, müssen sie in irgendeiner Form zuvor gespeichert worden sein. Sie treten nicht „von außen" her plötzlich in die Seele ein. Offenbar spielt beim Speicherungsvorgang aber die Kodierungsweise der Elemente eine große Rolle, denn sie lassen sich beim Kreativen leicht aufrufen und haben zudem meist eine sinnennahe, bildhafte Repräsentationsform. Als drittes Moment wirkt eine bestimmte Art der Selektion. Die Elemente werden nicht systematisch oder nach ihrem Sinnzusammenhang abgetastet, sondern treten scheinbar beliebig ins Bewußtsein.
Befassen wir uns zunächst mit den Einheiten des Repertoires selbst. Es wäre falsch, sich diese Einheiten als fertige Elemente vorzustellen, die lediglich ins Bewußtsein rücken. Bezeichnenderweise erhalten die Einfälle ihren Neuheitscharakter dadurch, daß bekannte Elemente neuartig verknüpft oder in unvertraute Beziehung zu Objekten gebracht werden (Kentaur, Glasberg).
Was uns aber zuerst beschäftigen soll, ist der Repräsentationscharakter dieser Einheiten. Im ersten Kapitel war die Rede von verschiedenen Möglichkeiten der Repräsentation, vor allem der aktionalen, imaginativen und symbolischen Repräsentation. Es fällt auf, daß kreative Leistungen viel mit Imagination, mit wahrnehmungsnaher Repräsentation zu tun haben: Bildhauer, Dichter und Musiker denken in visuellen oder in akustischen Gebilden. Sie greifen vorwiegend zu Repräsentationsformen, die auch für Wahrnehmungsereignisse gebraucht werden. Offenbar lassen sich solche Repräsentationsarten besser speichern und leichter handhaben. Es wäre nun verfehlt zu behaupten, daß es sich hierbei um „Abbildungen" von Wahrnehmungsereignissen handelt, gleichsam um Negative oder um Abdrücke. Die Vorstellung, daß ein Kreuz oder ein Kreis auch neurologisch ein analoges Residuum oder Engramm haben

könnte, ist nach unserem heutigen Wissen unannehmbar. Mit *Newell* und Mitarbeitern (1962) wollen wir eine Repräsentation visuell nennen, wenn sie als Eingabe für den gleichen Informationsprozeß dient, wie er bei der inneren Repräsentation der unmittelbaren visuellen Wahrnehmung abläuft. Analoges gilt für die auditive Repräsentationsform. Visuelle und auditive Vorstellungen sind demnach auf Bedingungen zurückzuführen, die die gleiche Wirkung haben wie Wahrnehmungseindrücke. Solche Bedingungen haben physiologische Ursachen, die aber nicht dieselben sind wie beim Auftreffen äußerer physikalischer Reize. Bekanntlich haben auch Drogen, besonders Rauschgifte und Psychedelika, eine ähnliche Wirkung: Ohne das Vorhandensein externer Reizbedingungen, wohl aber als Wirkung interner Reize, treten Wahrnehmungserlebnisse oder wahrnehmungsnahe Repräsentationsformen auf. Solche Erlebnisse sind oft farbiger und intensiver als die Wahrnehmungseindrücke selbst (Farbenrausch, Duft- und Klangorgien).

Es gibt also Bedingungen, die ähnlich wie äußere Wahrnehmungsreize lebhafte innere Bilder wecken können. Solche Bedingungen müssen aber nicht erst künstlich in Form von Drogen auf den Körper einwirken, sie existieren auch in der normalen Persönlichkeit. Ein eindrucksvoller Beweis dafür sind Traumerlebnisse. Hier verursachen innere und äußere Reize (Druckempfindungen, Kälte- und Wärmeempfindungen u. ä.) eine lebhafte Vorstellungstätigkeit. Der Kreative vermag ebenfalls solche lebhaften Vorstellungen zu entwickeln. Offenbar existieren bei ihm physiologische Wirkungen, die die Erzeugung von Imaginationen begünstigen. Darüber wissen wir aber noch nichts Genaues. Immerhin sollte man sich an die in der Gegenwart immer häufiger werdenden Versuche erinnern, auf dem Weg über Psychopharmaka zur Imagination und zu schöpferischen Leistungen zu gelangen. Bekanntlich griffen die Menschen schon zu allen Zeiten zu solchen Mitteln, wenn sie kreativer Leistungen, die sie als göttliche oder dämonische Eingebung ansahen, bedurften (Orakel von Delphi, Benutzung von berauschenden Drogen durch Zauberer, Medizinmänner und Priester).

Imagination ist bei Kindern und Primitiven stärker ausgeprägt. Der Erwachsene unseres Kulturkreises hat diese Repräsentationsform zugunsten der symbolischen zurückgedrängt. Möglicherweise ging bei diesem Entwicklungsprozeß eine Hemmung des Fließens von Bildern einher, da dieses Wechseln von Eindrücken nicht realitätsorientiert und realitätsgesteuert ist.

Damit sind wir bei der Frage, nach welchen Gesichtspunkten die Elemente oder Einheiten ausgewählt und verknüpft werden. *Rogers* (1959) nennt als eine von drei wesentlichen inneren Bedingungen der Kreativität die Fähigkeit, mit Elementen und Begriffen zu spielen. Der Ausdruck Spiel ist kennzeichnend für das, was mit den zur Verfügung stehenden Bildern oder Eindrücken geschieht. Damit schlagen wir auch eine Brücke zur typischen kindlichen Aktivität. Wir nennen die wichtigsten Aktivitäten des kleinen Kindes Spiel, nicht zuletzt wegen ihres schwankenden, wenig zielgerichteten Charakters. Das Kind kann von einer Spielform rasch in die andere überwechseln und einen Gegenstand mühelos nacheinander in die Personen oder Dinge umdeuten, die für sein jetziges Spiel benötigt werden. Man kann mit Recht behaupten, daß Spielaktivität früher und ursprünglicher ist als zielgerichtete Arbeit. Das, was wir außen an motorischem und verbalem Verhalten beobachten, scheint eine Parallele im „inneren Handeln", im Denken, zu haben. Die primäre Form des Denkens ist nicht zentral von einer Instanz gesteuert, sondern gehorcht den augenblicklichen Bedürfnissen. Daher können auch durchaus mehrere Prozesse zugleich ablaufen. Sie werden, wie wir sahen, zugunsten eines einzigen Prozesses in den Hintergrund gedrängt, wenn ein Bedürfnis die Oberhand gewinnt. Bei kreativen Prozessen hat deshalb der Zufall im eigentlichen Sinn des Wortes wesentlich größeren Spielraum als im zielgerichteten diskursiven Denken. Spielen heißt auch, dem Zufall Raum geben, die Folge von Ereignissen nicht Schritt für Schritt festlegen, sondern sie so hinnehmen, wie sie auftreten.

In dieser Sicht ist kreatives Denken eine niedrigere Form geistiger Prozesse, da eine sukzessive zentrale und realitätsorientierte Steuerung fehlt. Da kreative Denkvorgänge aber in den Dienst des zielgerichteten, problemorientierten Denkens gestellt werden können, führen sie zu den Hochleistungen, die den Menschen auf die Höhe seiner Kultur gebracht haben. Ontogenetisch und möglicherweise auch phylogenetisch könnte man also zwei Entwicklungsreihen unterscheiden: a) vom äußeren Spiel, das ja auch bei Tieren zu beobachten ist, zum inneren Spielhandeln; b) parallel dazu verlaufend mit einer zeitlichen Verschiebung die Entwicklung vom zielgerichteten lebenserhaltenden Handeln zum inneren Probehandeln, das wir gewöhnlich als Denken klassifizieren.

Das „Spielen" mit Elementen wurde von *Mednick* (1962) auf der Basis einer Assoziationstheorie präzisiert. *Mednick* nahm an, daß sich Kreativität in der Produktion von Assoziationen zu dargebotenen Reizwörtern zeigen müsse. Bekanntlich werden auf ein Reizwort hin zunächst viele Assoziationen geboten, dann aber sinkt die Zahl der produzierten Elemente rasch ab. Der Assoziationsgradient ist also normalerweise steil abfallend (Abb. 3.4). Der Kreative unterscheidet sich nach den An-

nahmen *Mednicks* in zweierlei Hinsicht von dieser Kennzeichnung des Assoziationsverlaufes. Zum einen verläuft der Gradient flacher, d. h., der Kreative findet seltener Assoziationen, zum anderen erfolgt die Produktion der Elemente gleichmäßiger, also am Anfang langsamer als beim normalen Assoziieren (Abb. 3.4). Präziser kann man von Assoziationshierarchien sprechen. Die gewöhnliche Produktion läßt auf eine Hierarchie schließen, in der die vulgären Assoziationen dominieren, weil es sich um sehr feste Assoziationen handelt.
Die „normale" Hierarchie ist also von der Assoziationsstärke der gebräuchlichsten und häufigsten Assoziationen bestimmt. Beim Kreativen scheint diese Hierarchie anders strukturiert zu sein; nicht die Assoziationsstärke bestimmt in erster Linie die Produktion, sondern der Zugriff zum Gesamtrepertoire. Die zweite Annahme *Mednicks* lautet deshalb, daß Kreative eine größere Zahl von Assoziationen produzieren, weil sie einen leichteren Zugang zu weniger gebräuchlichen Elementen in ihrem Repertoire haben. In den von ihm zitierten Untersuchungen finden sich seine Annahmen bestätigt. Eine unveröffentlichte Untersuchung stammt von *Craig* und *Manis* (zitiert nach *Mednick*, 1962).

Abb. 3.4: Assoziationsgradienten bei verschiedenartiger Entleerung des Repertoires (*Mednick*, 1962).

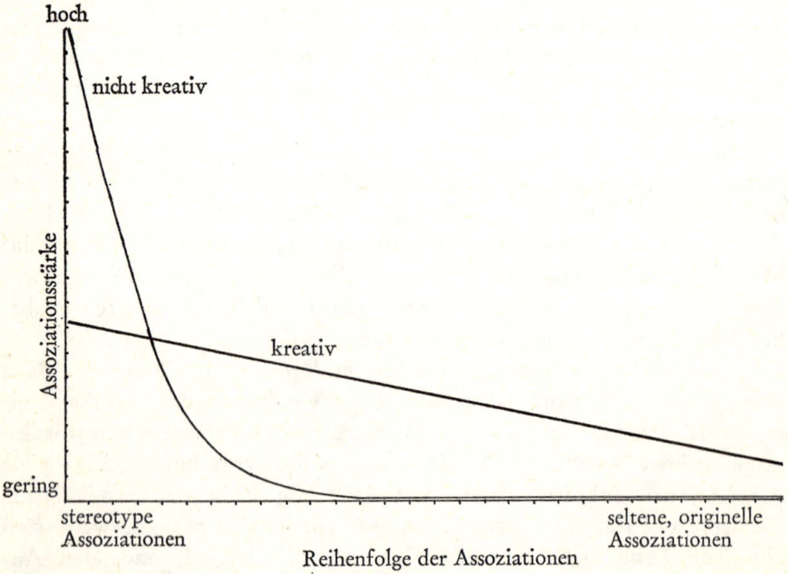

Mit dem von *Mednick* entwickelten ‚Remote Associations Test' (RAT) wurde bei 38 Studenten ein Index der Kreativität gewonnen. Sodann mußten die Probanden zu jedem von 20 Wörtern so viele Assoziationen aufschreiben, wie ihnen einfielen. Es zeigte sich ein signifikanter Zusammenhang zwischen Zahl der Assoziationen und Kreativitätsskore im RAT. *Karp* und *Kowalski* (zitiert nach *Mednick*, 1962) ließen ihre Vpn Anagramme zum Wort ‚Generation' suchen, also aus dem Testwort neue Wörter (z. B. mit vier Buchstaben) bilden. Wiederum zeigte sich ein Zusammenhang zwischen dem RAT und dem Originalitätsgrad der Antworten, gemessen am Grad der Seltenheit eines produzierten Wortes innerhalb der Stichprobe.

Es ist also möglich, die ‚Art des Zugriffs' zum Repertoire oder die Selektion und Kombination der Elemente zu messen. Bei *Mednick* wird die Originalität einfach durch den Seltenheitscharakter, also durch die Häufigkeit einer Assoziation, verglichen mit der Gesamtproduktion der untersuchten Gruppe, erfaßt. Die hierarchische Struktur der Assoziationen nach dem Häufigkeits- und Stärkegrad, wie wir sie bei der normalen Leistung vorfinden, ist sicherlich vorwiegend ein Ergebnis von Lernprozessen im Sinne der Habit-Bildung. Durch das häufige gemeinsame Auftreten zweier Elemente (z. B. zweier Begriffe) werden diese miteinander verknüpft, die Aktivierung eines Elements zieht die Aktivierung des anderen nach sich. Der Kreative hat demnach offenbar bestimmten nivellierenden Lernprozessen widerstanden bzw. war ihnen nicht so stark ausgesetzt. Er konnte andersartige Verknüpfungen ebenso oft vornehmen wie die gebräuchlichen Koppelungen.

Die Theorie *Mednicks* hat bestimmte nicht-triviale Konsequenzen, d. h. aus ihr lassen sich Folgesätze ableiten, die in gewissem Widerspruch zu unseren Erwartungen stehen. So nimmt *Mednick* beispielsweise an, daß massierte Denktätigkeit mehr oder bessere Lösungen hervorbringt als verteiltes Denken. Erstens nämlich kann man Einfälle, die nur 15 Minuten auseinanderliegen, eher zusammenbringen als solche, bei denen Tage dazwischen sind. Zweitens beginnt das Individuum – gemäß der Assoziationshierarchie – mit den naheliegenden und gebräuchlichen Möglichkeiten, um erst allmählich zu selteneren Ideen vorzustoßen. Liegt aber eine Ruhepause zwischen den Produktionen, so beginnt der Denkende jedesmal wieder mit den gebräuchlichen Ideen und stößt gar nicht zu neuen Einfällen vor. Eine zweite Konsequenz, die aus den hypostasierten Assoziationshierarchien folgt, ist die Unterlegenheit von älteren gegenüber jüngeren Fachleuten oder überhaupt von älteren gegenüber jüngeren Menschen. Je größer nämlich die Zahl der Beispiele ist, bei denen das Individuum Probleme auf eine bestimmte Art gelöst hat, desto weniger wahrscheinlich wird eine kreative Lösung, die das gleiche Material auf

neue Weise verarbeitet. Ein Neuling, der die nötige Information besitzt, mag deshalb leichter eine kreative Lösung zustandebringen als sein erfahrener Kollege, der schon lange Jahre auf dem betreffenden Gebiet arbeitet. Auf der Basis der Habit-Bildung und des Aufbaus von Hemmungen ließe sich also folgern, daß sich im Laufe der Jahre eine immer festere Hierarchie von Lösungsprozessen, Techniken, Strategien bildet, die zugleich neue und kreative Lösungen hemmt.
Diese Vermutung *Mednicks* mag wohl zu sehr vereinfachen, doch besteht die Tatsache, daß ältere Menschen rigider sind und jüngere flexibler. Die Erwachsenenbildung hat hier Aufgaben zu bewältigen, die bislang noch kaum gesehen werden.

3.124 Sensibilität und Störbarkeit

Reitman, Grove und *Shoup* (1964) befassen sich wie *Newell, Shaw* und *Simon* mit der Simulation von Denkprozessen in Computern. Genau wie letzteren Autoren kommt es ihnen nicht allein auf die Endleistung an, sondern auf die Prozesse selbst, die denen des menschlichen Denkens möglichst ähnlich gemacht werden sollen. Sie meinen, daß das Denkprogramm ‚General Problem Solver‘ zwar verblüffende Leistungen erziele, aber gleichwohl für menschliches Denken durchaus atypisch sei. *Reitman* und Mitarbeiter führen als Beispiel den Briefschreiber an, der durch einen Telefonanruf in seiner Tätigkeit unterbrochen wird. Das Briefschreiben wird vorübergehend durch einen anderen Prozeß gestört. Ist das Gespräch zu Ende, kann der Brief fortgesetzt werden. Zwei Merkmale sehen die Autoren bei menschlichen Denkvorgängen als wesentlich an: Ein bestimmter Denkprozeß oder auch ein durch ihn gesteuertes Verhalten kann durch Störreize unterbrochen werden, die Unterbrechung führt aber nur selten zum Aufgeben der ursprünglichen Zielsetzung, in der Regel wird der zuvor begonnene Prozeß wieder aufgenommen und zu Ende gebracht.
Unter negativem Aspekt erweist sich das menschliche Denken also als in höchstem Grade störbar, denn es bedarf nicht einmal eines äußeren Reizes; oft sorgen innere Bedingungen (Motivationskomponenten) für die Hemmung des aktuellen Geschehens. Die Störbarkeit hat aber einen positiven Aspekt, der viel wichtiger ist. Jede Anregung, jeder ‚Einfall‘ kann sofort aufgegriffen und auf seine Brauchbarkeit hin überprüft werden. Der Mensch, vor allem der im Denken flexible Mensch, kann den Hauptgedankengang vorübergehend zurückstellen und solche Nebenprozesse ablaufen lassen. Ist das Hauptproblem noch sehr weit von der

Lösung entfernt, so können solche Nebenprozesse ganz in den Vordergrund rücken, es kommt zu einem „Spiel" der Gedanken, ein Vorgang, den wir von anderer Seite her bereits beleuchtet haben (Abschn. 3.123). Das menschliche Denken erweist sich also in viel größerem Maße als die Prozesse im Computer als sensibel gegenüber interferierenden äußeren und inneren Reizquellen. Störbarkeit bedeutet unter positivem Aspekt deshalb zugleich Sensibilität. Kreative scheinen sich von Nicht-Kreativen deutlich durch die Störbarkeit und Sensibilität in bezug auf das Denken zu unterscheiden. Sie legen möglicherweise weniger Wert darauf, erst eine Angelegenheit säuberlich zu Ende zu führen, um die nächste in Angriff zu nehmen.

Nicht nur ein einziger Vorgang kann unterbrochen werden, sondern auch der neuangelaufene Prozeß durch einen zweiten Störreiz usw. Wiederum gelangen wir von diesem Aspekt aus zu der Mehrdimensionalität des Denkens, zu multiplen Prozessen. *Rogers* (1959) hat die Sensibilität gegenüber Störreizen positiv als Offenheit für neue Erfahrungen gekennzeichnet. Das Selbst, so lautet seine tiefenpsychologische Argumentation, schützt sich gewöhnlich vor unliebsamen Erfahrungen (Erlebnissen, Triebwünschen u. dergl.), indem es sie nicht ins Bewußtsein läßt. Diese Verteidigungs- oder Schutzmaßnahme verhindert die Offenheit gegenüber neuen und fremden Eindrücken, ganz gleich ob sie durch äußere Reize bedingt sind oder innere Ursachen (Vorstellungen, Erinnerungen usw.) haben. Auch innerhalb des sachlichen Denkens gibt es solche Hemmungsvorgänge, denn viele Probleme bereiten nur deshalb Schwierigkeiten, weil sie mit bestimmten vertrauten Lösungsmethoden angegangen werden, andere Eindrücke oder Einfälle jedoch nicht zum Einsatz gelangen.

Kreativität auf der anderen Seite bedeutet Offenheit gegenüber Eindrücken. Die Sensibilität und Störbarkeit des Denkens zeigt sich hier im bereitwilligen Aufgreifen von „Störreizen". Sie werden auf ihre Brauchbarkeit für das anstehende Problem hin geprüft; eignen sie sich nicht, so wird vielleicht eine Beziehung zu einem anderen, früher bearbeiteten Problem sichtbar. Auf diese Weise kann die „Offenheit für Erfahrung" große Dienste bei schöpferischer Produktion verschiedenster Art leisten.

Störbarkeit und Sensibilität im Sinne der Aufnahmebereitschaft für fremde interferierende Reize sind Faktoren der Kreativität, die sich, wie *Reitman, Grove* und *Shoup* (1964) gezeigt haben, als Computerprogramm darstellen lassen. Damit wird der hier angeführte Gesichtspunkt präzisiert und rückt einer operationalen Beschreibung näher. Wie bereits in Abschnitt 2.241 beschrieben, greift das Programm ‚Argus'

Störreize auf und verarbeitet sie. Bislang wurde das Programm nur bei Analogieaufgaben erprobt. Für unseren augenblicklichen Gegenstand ist vor allem der unterste Teil der Programmhierarchie wichtig, den die Autoren Strategieschritt nennen. Die Schritte folgen nämlich nicht in starrer Sequenz aufeinander. Der nächste Strategie-Schritt wird vielmehr erst dann ausgeführt, wenn kein zusätzlicher Reiz, kein anderes „Element“ vorhanden ist. Solange Elemente „feuern“, wird der Schritt nicht beendet. Es kann sogar sein, daß eine andere Strategie oder zumindest ein Schritt benötigt wird, der nicht unmittelbar als nächster in der programmierten Sequenz folgt.

Das Programm ‚Argus‘ ist trotz dieser Flexibilität sicherlich noch eng im Vergleich zu den Möglichkeiten, die der menschliche Denker besitzt, aber es zeigt doch recht eindrucksvoll, wie sich Störbarkeit und Sensibilität als fördernde Denkfaktoren darstellen lassen. Die Programmierung dieser menschlichen Eigenheit demonstriert auch, daß kreative Leistungen bzw. das Auffinden von Lösungen überhaupt doch nicht völlig ohne übergeordnete Steuerungsinstanzen realisiert werden können. Dominiert etwa der durch einen neuen Reiz aktivierte Prozeß völlig, so kann er nicht für vorausgegangene Zielsetzungen genutzt werden, das Denken verliert sich in ungeordneten und nicht verfügbaren Prozessen. Dies ist tatsächlich der Fall bei der sogenannten Ideenflucht des Manikers oder des Gehirngeschädigten. Der Patient kommt vom Hundertsten ins Tausendste, er erliegt völlig den augenblicklichen Störreizen. Der Kreative andererseits kann die aktuellen Zwischenprozesse nutzen, er kann sich momentan ihnen hingeben, sie aber auch wieder zurückdrängen, wenn es ihm notwendig erscheint. Die Hierarchie von über- und untergeordneten Programmen wurde beim Argusprogramm bereits an anderer Stelle beschrieben (Abschnitt 2.241), sie stellt eine interessante Beschreibungsmöglichkeit für menschliches Denken dar.

Zusammenfassung

Unter Kreativität kann man Bedingungen für Leistungen verstehen, die neu (originell) sind und die Kultur und Gesellschaft bereichern. Schöpferische Prozesse werden oft als ichfern erlebt, und die als fließend oder durcheinanderwirbelnd erfahrenen Eindrücke haben häufig ähnliche Repräsentationsformen wie Wahrnehmungseindrücke (Imagination). Das Ergebnis von kreativen Prozessen wird als neu (fremd) erfahren und ist von emotionaler Erregung begleitet.

Kreative Leistungen werden in allen Bereichen unserer Kultur gebraucht. Dabei gibt es Leistungen verschiedenhoher Organisationsform. Die Produktion von Elementen erfordert noch wenig an Steuerung. Die Auswahl und neuartige Kombination von Einheiten stellt bereits eine höhere Struktur dar. Die Komposition der originellen Einheiten oder Kombinationen zu einem Ganzen ist das höchste Organisationsniveau im künstlerischen Bereich, die Erzeugung neuer Lösungsstrategien oder die „Komposition" eines Einfalls aus vormals unabhängigen Einzelheiten sind vergleichbare Leistungen im Bereich des sachlichen bzw. wissenschaftlichen Problemlösens.

Kreativität ist biologisch verstehbar und notwendig als höchste Form der Selbstverdoppelung und Selbsterhaltung. Sie ist sowohl eine Technik der Auseinandersetzung mit Information aus der Umwelt als auch die vom Menschen geschaffene Methode, Information außerhalb des Erbgangs an die Nachkommenschaft weiterzugeben.

Die geheimnisvollen und scheinbar unerklärlichen Umstände, unter denen kreative Leistungen zustande kommen, lassen sich verstehen, wenn man die Existenz von mehreren oder vielen simultan ablaufenden Denkprozessen annimmt, die infolge ihrer Gleichzeitigkeit im Gegensatz zu einer „Hauptsequenz" des Denkens nicht bewußt sind. Die Auswertung dieser Prozesse kann zu einem positiven Ergebnis führen, das dann als plötzlicher ‚Einfall' ins Bewußtsein rückt. Kreative Leistungen werden offenbar begünstigt, wenn die Hauptsequenz des Denkens störbar bleibt und eine Sensibilität für innere und äußere Reize vorhanden ist. Kreativität verlangt ein großes Repertoire an Elementen (Einheiten), die sich in flexibler Weise auswählen und kombinieren lassen müssen. Assoziationshierarchien, die nach dem Festigkeitsgrad der Koppelung zwischen den Elementen aufgebaut sind, stehen schöpferischer Produktion im Wege.

3.2 Messung der Kreativität

Der Laie wird sich fragen, wie es möglich sein soll, schöpferische Kräfte im Menschen zu messen. Gerade ihre Unvorhersagbarkeit und ihr plötzliches unkontrollierbares Auftreten verhindern, so möchte man meinen, eine exakte Messung. In der Tat lassen sich kreative Leistungen und Prozesse schwerer einfangen als Intelligenzleistungen im üblichen Sinn. Andererseits ist es von der Sicht der Psychologie aus sinnlos, von Kreativität als psychologischem Begriff zu sprechen, wenn man sie nicht als Meßgegenstand behandeln kann. Der Weg, wie man zu Tests für Kreativität kommt, ist ähnlich wie bei anderen Tests auch. Man hat zunächst eine bestimmte Vorstellung vom Meßgegenstand und konzipiert daraufhin das Meßinstrument. Die Meßergebnisse zeigen dann gewöhnlich, daß man seine ursprüngliche Vorstellung vom Gegenstand revidieren muß. Diese Revision wirkt sich dann wieder auf das Meßverfahren aus und so fort. Auch für die Messung der Kreativität trifft diese Wechselwirkung zu. Im Vordergrund bei der jetzigen Messung stehen der Einfall und die Originalität. Es werden also Aufgaben gestellt, bei denen es darauf ankommt, Einfälle zu produzieren, und Aufgaben gewählt, die originelle Lösungen verlangen.

3.21 Meßmethoden

3.211 Einige Testbeispiele

Bis zu den fünfziger Jahren befaßte man sich wenig mit Kreativität und ihrer Messung. Das eigentliche Verdienst, kreative Leistungen systematisch in die Intelligenzmessung mit einbezogen zu haben, gebührt *Guilford,* der neben Leistungen des konvergenten Denkens, d. h. des Denkens, wie wir es im ersten und zweiten Kapitel behandelt haben, auch divergentes Denken und Prozesse der Bewertung (evaluation) unterscheidet. Die meisten Tests, die er und seine Mitarbeiter zur Messung der Kreativität entworfen haben, wollen das sogenannte divergente Denken erfassen. Welche Art von Denken das ist, bestimmen die Aufgaben der Tests selbst. Diese wurden, ganz wie die Kreativitätstests anderer Autoren, in einer gewissen Gegenreaktion auf bereits bestehende Intelligenztests entworfen. Herkömmliche Tests stellen Aufgaben, bei denen eine einzige Lösung richtig ist. Zudem ist diese Lösung dem Testkonstrukteur längst bekannt, es ist eine „Vulgär"-Lösung, die so und nicht anders sein kann.

Für Aufgaben von Kreativitätstests dagegen gibt es meist viele Lösungen, und die beste Lösung ist die seltenste, d. h. eine Lösung, die dem Testkonstrukteur zuvor meist nicht bekannt ist.

Die Anzahl der zu produzierenden Lösungen hängt mit Leistungsbedingungen zusammen, die als Flüssigkeit (fluency) und Flexibilität bezeichnet werden. Die Seltenheit und Neuheit einer Lösung hat mit der Originalität des Probanden zu tun. Flüssigkeit, Flexibilität und Originalität sind die Haupteinteilungsgesichtspunkte bei der Wahl und Zusammenstellung von Kreativitätsaufgaben.

Die Flüssigkeit oder Geläufigkeit erfaßt *Guilford* (1967a) beispielsweise bei Wörtern, Ideen, Assoziationen und Sätzen oder sinnvollen Phrasen. Wortflüssigkeit kann man messen, indem man aus einer Anzahl von Buchstaben möglichst viele Wörter bildet. Auch die schon erwähnte Aufgabe, aus dem Wort „Generation" Vier-Buchstaben-Wörter zu bilden, gehört hierher. Heute gibt es auf dem Markt bereits ein großes Angebot an solchen Aufgaben (Spiel und Spaß, Ravensburg). Unter Ideengeläufigkeit werden Leistungen verstanden, bei denen Gegenstände aufgezählt werden müssen, die bestimmte Bedingungen erfüllen, etwa: Zähle alle Dinge auf, die rund und blau sind! Suche zur folgenden Kurzgeschichte Überschriften!

Die Bezeichnung „Assoziationsgeläufigkeit" ist irreführend, da es um Aufgaben geht, bei denen Wörter gesucht werden, die dem Sinn nach passen. Zum einen muß der Pb beispielsweise für dargebotene Wörter Begriffe suchen, die zu ihnen passen (zu ‚schwarz' etwa ‚dunkel', ‚finster'), zum anderen sollen aber auch fehlende Wörter in einem Satz sinnvoll ergänzt werden.

Die Ausdrucksgeläufigkeit bezieht sich ebenfalls auf sprachliche Leistungen. Hier sollen sinnvolle Satz- oder Sprachganze gebildet werden, z. B. müssen vier Wörter in Sätze eingebaut werden oder möglichst viele Sätze gebildet werden, die aus vier Wörtern bestehen.

Die Flexibilität verlangt Leistungen, bei denen zusätzlich zur Flüssigkeit noch mehr an Umstellung verlangt wird. Die bekannteste Aufgabe ist der ‚Brick Uses Test', bei welchem der Pb innerhalb von 10 Minuten möglichst viele Verwendungsarten eines Ziegelsteins angeben soll. Dabei kommt es aber nicht auf die absolute Anzahl der genannten Möglichkeiten an, sondern darauf, wie oft die Klasse der Verwendungszwecke gewechselt wird. Wenn beispielsweise jemand sich nur innerhalb der Klasse ‚Baumaterial' bewegt, so wird dies als geringe Flexibilität angesehen. Andere Verwendungsklassen wären: Wurfgeschoß, Klopfwerkzeug Schreibgerät.

Eine andere Art der Flexibilität fand *Guilford* bei Streichholzaufgaben. Mit Streichhölzern werden Quadrate und Dreiecke aneinandergelegt. Durch Entfernen von Streichhölzern soll eine bestimmte Anzahl von Quadraten bzw. Dreiecken erreicht werden, ohne daß es überzählige Streichhölzer gibt.

Die Originalität war für *Guilford* von Anfang an ein zentrales Meßproblem. In der Kunst wird Originalität zwar sehr hoch bewertet, doch gibt es dort kaum objektive Maßstäbe. Bei Tests besteht nun die Hauptaufgabe darin, den vorwissenschaftlichen Begriff der Originalität so zu definieren, daß er eindeutig wird und bei Bewertung einer Leistung durch verschiedene Individuen Übereinstimmung besteht. *Wilson, Guilford* und *Christensen* (1953) nennen drei Möglichkeiten zur Objektivierung des Originalitätsbegriffs, nämlich Seltenheit, Entferntheit (Ausgefallenheit) und Qualität (cleverness) der Lösungen.

Die Seltenheit einer Antwort läßt sich am leichtesten fassen: Man stellt beispielsweise fest, wie oft in einer Stichprobe von 1000 Individuen eine bestimmte Antwort gegeben wurde. Als kreativ und originell in diesem Sinne werden Lösungen eingestuft, die nur einmal oder (bei strengerem Maßstab) überhaupt nicht von den tausend Vergleichsprobanden gegeben wurden.

Die Entferntheit von Antworten bezieht sich auf Aufgaben, in denen zu zwei voneinander entfernt liegenden Begriffen ein drittes Wort gefunden werden muß, das in Beziehung zu beiden steht. Beispiel: Indianer – Geld. Eine verbindende Assoziation ist ‚Kupfer'. Bei ‚Baum' und ‚Brot' wäre z. B. ‚Rinde' eine verbindende Assoziation. Der Originalitätsskore ist in solchen Aufgaben die Anzahl der gegebenen (brauchbaren) Antworten. Eine andere Messung der Entferntheit ist beim ‚Unusual Uses Test' möglich. Veranlaßt man den Pb, neben der gebräuchlichen Verwendungsart sechs ungebräuchliche Möglichkeiten zu nennen, so muß er auf entferntere Lösungen ausweichen. Es zeigte sich aber ein sehr enger Zusammenhang zwischen der Zahl der gegebenen Antworten und ihrer Entferntheit[1] ($r = .96$), so daß *Guilford* und Mitarbeiter das einfachere Maß bevorzugten.

Die Güte einer Antwort (cleverness) erscheint dem Verfasser als ein besonders wichtiges Maß bei der Erfassung der Originalität, da Seltenheit und Entferntheit bei pathologisch bedingten Leistungen sehr oft vorliegen (Schizophrene, Maniker). Trotzdem kann man hier nicht in

[1] Entferntheit wurde hier durch die Seltenheit der Antwort gemessen. Sie deckt sich in diesem Falle sicherlich mit Entferntheit, weil selten genannte Verwendungsarten auf alle Fälle „entfernt" sind.

dem Sinne, wie wir den Begriff verwenden, von Originalität sprechen. *Guilford* und Mitarbeiter (op. cit.) verwendeten unter anderem die bereits kurz beschriebene Aufgabe, zu einer Geschichte möglichst viele Titel zu erfinden. Sie benutzten zwei Geschichten und wählten aus einer Stichprobe von 400 Probanden 50 aus, die im Durchschnitt sechs Titel für jede Geschichte aufgeschrieben hatten. Drei Bewerter („Richter") stuften diese annähernd 300 Titel nach einer sechsstufigen Skala ein. Es wurden verschiedene Zuverlässigkeitskoeffizienten berechnet, wobei die Übereinstimmung der Richter zwischen .53 und .76 schwankte. Die Split-Half-Zuverlässigkeit (Korrelation der Skores bei beiden Geschichten) war bei den aus den drei Beurteilern gewonnenen Gesamtwerten nicht höher als beim zuverlässigsten der drei Richter, weshalb sich die Autoren auch mit seinem Urteil begnügten.

Eine der Geschichten (Adressaten: Erwachsene) handelt von einem Missionar, der von Kannibalen in Afrika gefangen worden ist. Er befindet sich bereits im Kessel und soll gerade gekocht werden, als die Tochter des Stammeshäuptlings seine Freilassung für den Fall erwirkt, daß er sie heiratet. Er weigert sich und wird zu Tode gekocht. Beispiele für triviale Überschriften sind: „Afrikanischer Tod", „Niederlage einer Prinzessin", „Von den Wilden gefressen". Originelle Überschriften im Sinne von höherer Qualität oder höherem Niveau sind: „Das kleinere Übel", „Manche mögen's heiß", „Lieber tot als Sklave", „Gefreit oder gefressen".

Die Entferntheit der Assoziationen als Kriterium für Kreativität wurde von *Mednick* (1962) zur Konstruktion seines ‚Remote Associations Test' (RAT) genutzt. Er verwendet aber nicht nur zwei entfernte Wörter, die durch eine Assoziation verbunden werden sollen, sondern drei solche Wörter. Dadurch wird die Lösung eindeutiger. Meist gibt es nur wenige Lösungen zu einer Aufgabe. Die gesuchten Wörter dürfen nicht als logischer Oberbegriff oder dergl. dienen, sondern sollen reine assoziative Verbindungsglieder darstellen. Nur solche Lösungen gelten als ‚richtig'. Nachfolgend einige Beispiele, die wir unübersetzt lassen:

Nr.		Aufgabe		Lösung
1	rat	blue	cottage	cheese
2	railroad	girl	class	working
3	surprise	line	birthday	party
4	wheel	electric	high	chair oder wire
5	out	dog	cat	house

Es gibt zwei Testformen für verschiedene College-Niveaus. Jede Form hat 30 Items in der obigen Art. Die Zahl der richtigen Lösungen ergibt den Skore des Individuums. Zeitgrenze: 40 Minuten.

Bevor wir andere Bereiche der Kreativitätsmessung kennenlernen, sollen noch einige weitere Aufgaben, die ebenfalls Flüssigkeit, Flexibilität und Originalität messen, beschrieben werden. *Getzels* und *Jackson* (1962) legen ihren Probanden Figuren vor, die gedeutet werden sollen. Eine normale Antwort bei der Zeichnung in Abb. 3.5 a wäre „Strich“ oder „Stock“, eine originelle Antwort dagegen „ein Regenwurm“. In Abb. 3.5 b ist die Äußerung „Drei Mäuse, die an einem Käse knabbern“ originell und somit ein Indiz für Kreativität. *Getzels* und *Jackson* haben die von *Guilford* und Mitarbeitern entwickelten Kreativitätstests übernommen und für Schüler umgewandelt. *Wallach* und *Kogan* (1965 b), die mit ähnlichen Tests arbeiteten, verzichteten auf eine Zeitgrenze und kamen demgemäß zu etwas anderen Ergebnissen. Daß die Zeitgrenze bei kreativen Tests eine wichtige Variable ist, zeigt sich auch in den Untersuchungen von *Mednick*. Wie man aus Abb. 3.4 ersehen kann, ist der flachere Gradient bei Kreativen unter anderem ein Ergebnis des Zeitfaktors: Die ersten Assoziationen sind nicht so stark ausgeprägt, d. h. auch, sie kommen nicht so rasch. Wenn man also für Kreative einen flacheren Assoziationsgradienten erlangen will, darf man keine Zeitgrenze setzen. In diesem Punkt sind sich aber die Kreativitätsforscher nicht einig. Flüssigkeit wird ja gerade durch die Schnelligkeit definiert, mit der die Einfälle produziert werden. Auch Flexibilität wird natürlich fragwürdig, wenn die Umstellung von einer Verwendungsklasse auf die andere (Unusual Uses Test) sehr zäh vor sich geht. Immerhin kann man mit einiger Sicherheit sagen, daß gerade im letzteren Falle das Setzen einer Zeitgrenze irreführend beim Ergebnis ist, ohne Zeitgrenze jedoch trotzdem die Leistung des Individuums bzw. individuelle Unterschiede beobachtet werden können.

Torrance und Mitarbeiter (1963) entwickelten in den sechziger Jahren eine Testbatterie zur Erfassung kreativer Leistungen bei Kindern. In der Hauptsache wurden wiederum Aufgaben der *Guilford*schen Tests ge-

Abb. 3.5: Aufgaben zur Messung kreativer Leistungen: Interpretation von Zeichnungen (*Getztels* & *Jackson*, 1962).

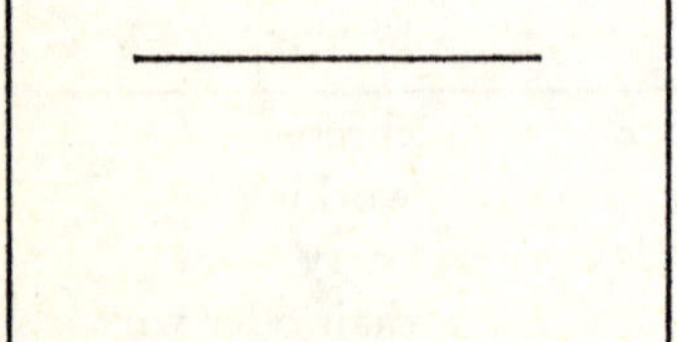

a)

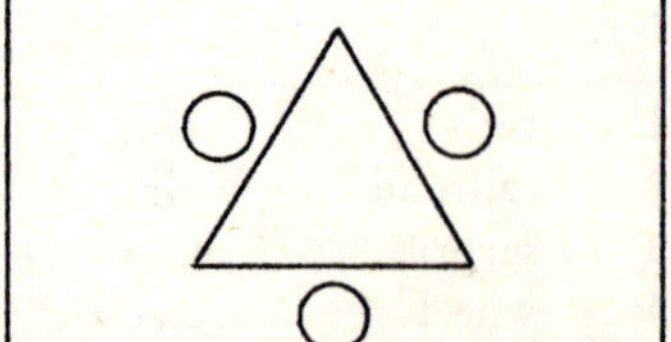

b)

wählt. Die Auswertung aber unterscheidet sich deutlich. *Torrance* wertet jeden Test nach mehreren Gesichtspunkten, in der Regel nach Flüssigkeit, Flexibilität und Originalität aus. Die Minnesota Tests, wie sie sich nennen, bestehen aus drei Gruppen: nichtverbale Tests, verbale Tests mit nichtverbalen Stimuli und verbale Tests mit verbalen Reizen. Von jeder Gruppe seien zwei Tests herausgegriffen.

Nichtverbale Tests:

a) Unvollständige Zeichnungen von der Art der Abb. 3.5 vollenden. Flüssigkeit (Geläufigkeit) wird nach der Zahl der vollendeten Zeichnungen (insgesamt sechs) eingestuft (Zeitgrenze 10 Min.). Der Wechsel der Idee oder des Einfalls wird als Flexibilität gewertet (jeder Wechsel ein Punkt), und die Einstufung nach Originalität orientiert sich an 1056 Probanden der ersten Klasse High School, wobei 1 Punkt bei Äußerungen mit weniger als 5% Häufigkeit und 2 Punkte bei Äußerungen mit weniger als 2% Häufigkeit gegeben wurden (in Abb. 3.5 sind triviale und originelle Lösungen zu sehen).

b) Kreis-Aufgabe. Dreißig auf einem Blatt abgedruckte kleine Kreise sollen zu Objekten vervollständigt werden, die einen Kreis als wichtiges Element enthalten. Flüssigkeit, Flexibilität und Originalität werden auf analoge Weise bewertet wie bei der vorigen Aufgabe.

Verbale Tests mit nichtverbalen Stimuli:

a) Frage- und Ratespiel. Ein Bild, das eine bekannte Reimgeschichte illustriert, wird gezeigt. Die Kinder müssen zu dem Inhalt des Bildes soviel Fragen stellen, wie ihnen nur einfallen. Danach sollen sie soviel Gründe, wie nur möglich, für die Geschehnisse auf dem Bild anführen und schließlich Folgen oder Ergebnisse nennen, die sich aus den abgebildeten Ereignissen ergeben. Unter neun Jahren kann der Test nur im Einzelversuch durchgeführt werden. Skores gibt es für Flüssigkeit (Zahl der bedeutsamen Antworten) und Angemessenheit (Zeitgrenze: 30 Min.).

b) Klänge und Bilder. Den Pbn werden akustische Reize geboten, beginnend mit leicht erkennbaren Klängen oder Geräuschen (Donner) bis zu unvertrauten, fremdartigen Reizen. Die Probanden sollen ihre Einfälle, Vorstellungen und Ideen niederschreiben, die sie beim Hören haben. Um Hemmungen zu beseitigen, werden die Klang- bzw. Geräuschfolgen mehrmals geboten, vor jeder Runde regt ein Vl zu freier Assoziation an. Originalitätswerte basieren auf 544 Personen (Häufigkeit des Auftretens einer Antwort).

Verbale Tests mit verbalen Reizen:

Während bisher die zur Kreativität anregenden Reize nicht verbal waren, wie etwa die Linien in Abb. 3.5 oder die Klänge des soeben beschriebenen Tests, handelt es sich im folgenden um Tests, die von verbalen Reizen, also von Wörtern, Sätzen oder verbal gestellten Aufgaben (ohne begleitende nichtverbale Reize) ausgehen.

a) Unmöglichkeiten. Der Proband soll Sachverhalte aufzählen, die nicht möglich sind (Zeitgrenze: 5 Minuten). Die Äußerungen werden hinsichtlich Flüssigkeit, Flexibilität und Originalität ausgewertet (Anwendung des Tests nur bei Studenten).

b) Konsequenzen. Drei Fragen sollen möglichst reichhaltig innerhalb von fünf Minuten beantwortet werden. In Form A des Tests lauten die Fragen: Was würde geschehen, wenn sich der Mensch unsichtbar machen könnte? Was würde geschehen, wenn der Mensch die Sprache der Tiere verstehen könnte? Die Auswertung erfolgt wieder nach Flüssigkeit, Flexibilität und Originalität.

Wie man aus dieser Aufstellung ersieht, ist bei den meisten Tests eine Zeitgrenze eingeführt, die natürlich dem Faktor Flüssigkeit (Geläufigkeit) den Vorzug gibt. Probanden mit ausgeprägter Geläufigkeit werden nach diesen Tests größere Chancen haben, originelle Leistungen (vor allem im Sinne der Seltenheit) zu erzielen. Sollte es Probanden geben, die auch nach längerer Zeit zu originellen Produkten kommen, so wären diese benachteiligt bzw. ihre Leistung würde nicht adäquat erfaßt. Befunde von *Wallach* und *Kogan* zeigen, daß es offenbar solche Probanden gibt.
Neben Flüssigkeit, Flexibilität und Originalität versuchte *Guilford* auch noch andere Bedingungen für kreative Leistungen in den Griff zu bekommen. Er unterscheidet hierbei „Elaboration“, „Sensitivität für Probleme“ und „Neudefinieren“[1].
Sensitivität für Probleme besitzen Menschen, die Probleme sehen, wo andere keine sehen. Ihnen fällt leichter eine Unstimmigkeit, ein Widerspruch oder etwas Neues, Ungelöstes auf als dem „normalen“ Individuum. Am Anfang großer Erfindungen und Entdeckungen steht meist die Sensitivität für Probleme. Wir haben von ihr schon in anderem Zusammenhang gesprochen (Abschn. 2.142), als von der Umstrukturierung beim Problemauffassen die Rede war. *Torrance* drückt es direkt aus: „Dickfellige Leute denken nicht kreativ“, *Guilford* mißt die Sensitivität durch Aufgaben, in denen möglichst rasch (Zeitfaktor!) Fehler an Gebrauchsgegenständen entdeckt, mögliche Störungen vorausgesagt und Fehler an einem Handlungsplan gefunden werden müssen. In dem oben schon teilweise beschriebenen Minnesota Test für kreatives Denken gibt es auch Aufgaben, die Sensitivität für Probleme erfassen wollen. Die Probanden sollen z. B. Schwierigkeiten oder Probleme aufzählen, die in zwei Situationen entstehen: Ein Bad nehmen und Hausaufgaben machen. Die Auswertung erfolgt allerdings bei *Torrance* wieder nach Flüssigkeit, Flexibilität und Originalität.

[1] Übersetzt nach *Landau*, 1969.

„Neudefinieren“ wird von *Guilford* aufgrund seiner Befunde als eigene Gruppe von Leistungsbedingungen („Faktoren“) angesehen, obwohl es sicherlich in enger Beziehung zur Flexibilität steht, so wie sie durch die bisher beschriebenen Aufgaben definiert ist. Um Neudefinieren handelt es sich beispielsweise, wenn der Proband einen Gegenstand in ungewohnter Weise gebrauchen muß. So soll der Proband etwa unter mehreren Gegenständen (Kohlkopf, Gewürz, Steak, Pappschachtel, Fisch) denjenigen auswählen, aus dem man eine Nadel machen kann (aus der Fischgräte läßt sie sich am leichtesten herstellen). Auch die richtige Kombination von zwei Gegenständen, die dann einem neuen Zweck dienen, erfordert die Leistung des Neudefinierens (Faden und Nagel: Herstellung eines Lots oder Senkbleis). Man erkennt, daß die einst von *Duncker* (1935) durchgeführten Untersuchungen über Materialgebundenheit (s. Abschn. 2.143) ebenfalls diese Leistungen im Auge hatten.

Am wenigsten deutlich ist wohl bei *Guilford* der Begriff der Elaboration. Er meint damit das Ausarbeiten von Einzelheiten nach vorgegebenen allgemeinen Gesichtspunkten. Hierher gehören etwa das Entwerfen eines detaillierten Plans nach einer globalen Anweisung und das Aufbauen eines komplexen Objekts aus vorgegebenen einfachen Elementen. Die von

Abb. 3.6: Kreative und nichtkreative Lösungen beim Vervollständigen von Zeichnungen (nach *Torrance*, 1962 b).

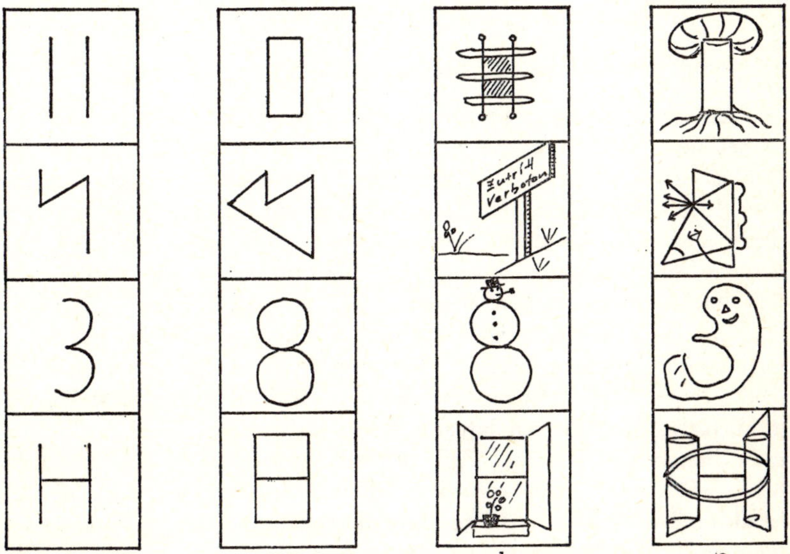

a b c

Franck und später von *Torrance* verwendeten Aufgaben, bei denen vorgegebene begonnene Zeichnungen fertiggestellt werden müssen (Abb. 3.6), verlangen Elaboration. Einige allgemeine Züge sind vorgegeben, die Ausarbeitung und Weiterführung bleibt dem Probanden überlassen. *Guilford* gibt bei dieser Aufgabe eine oder zwei Linien, die zu einem vollständigen Objekt irgendwelcher Art ergänzt werden müssen. Eine andere Aufgabenart besteht in der Ausarbeitung eines Plans, von dem nur einige Richtlinien vorhanden sind.
Sicherlich steckt hinter diesem Komplex von Leistungsbedingungen aber noch mehr. Ein Bereich, der bislang noch nicht näher untersucht wurde, ist die Ausarbeitung neuer Strategien bei Problemen, die mit verfügbaren Strategien nicht gelöst werden können. Die Simulation von Denkprozessen durch Computer erweist sich in diesem Punkt als besonders problematisch. Es ist leicht möglich, ein Reservoir an brauchbaren Programmen oder Strategien zu speichern. Wie *Reitman* und Mitarbeiter (1964) gezeigt haben, läßt sich aber auch so programmieren, daß eine angelaufene Strategie abgebrochen wird, wenn sie nicht zum Ziel führt oder wenn andere Schritte nötig sind. Aber nach wie vor bereitet es noch Schwierigkeiten, Programme zu erstellen, die den Computer veranlassen, selbst seine Strategien zu bilden. Allerdings gibt es heute schon einige interessante Ansätze für lernende Rechner, die sich selbst Lösungswege suchen.

3.212 Sind Kreativitätstests gute Meßinstrumente?

Die Aufgaben bei Kreativitätstests sind anders strukturiert als Aufgaben in herkömmlichen Intelligenztests. Wie wir schon sagten, verläuft das Denken nach verschiedenen Richtungen („divergent"), sollen mehrere oder viele Lösungen gefunden werden und sind Lösungen möglich oder sogar erwünscht, die dem Testkonstrukteur vorher noch nicht bekannt waren. Diese Eigenarten erschweren, so fruchtbar sie sein dürften, die Erstellung brauchbarer Testkriterien.
Die Zuverlässigkeit liefert bekanntlich Information darüber, wie genau man mißt. Im allgemeinen ist die Zuverlässigkeit bei Kreativitätstests niedriger als bei herkömmlichen Leistungs- und Intelligenztests. Das ist nicht verwunderlich, weil Kreativität ein Leistungsgefüge darstellt, das nicht immer und zu jeder Zeit aktiviert werden kann und das nicht bei jeder Inanspruchnahme zu den gleichen Leistungen führt. Kreativität ist also selbst wenig zuverlässig. Der Musiker und Dichter kann nicht auf Kommando Höchstleistungen produzieren und der Wissenschaftler nicht

beliebig häufig neue Errungenschaften präsentieren. Aber man kann von einem Künstler erwarten, daß er über längere Zeitstrecken hinweg neue Werke zustandebringt, und man engagiert den Wissenschaftler in der Erwartung, daß er über kurz oder lang kreative Leistungen hervorbringt. Auch Kreativitätstests müssen diese Erwartungen erfüllen. Bei Meßwiederholungen ist wohl mit Schwankungen zu rechnen, aber nicht mit völlig veränderten Meßwerten. Noch mehr kann man erwarten, daß gute Kreativitätstests bei ihrem aktuellen Einsatz etwas Bestimmtes messen, etwas, das wir sinnvollerweise Kreativität nennen können.

Im folgenden wollen wir uns mit einigen spezifischen Schwierigkeiten befassen, die beeinträchtigend auf die Zuverlässigkeit wirken, und hernach einige Zahlen zum Vergleich heranziehen. Die Hauptschwierigkeit besteht wohl in der Aktivierung kreativer Leistungen selbst. Leistungen anzustreben, wie man sie üblicherweise erwarten kann, wie „es sich gehört", ist eine Selbstverständlichkeit. Ausgefallene Produkte zum besten zu geben, bedarf für die meisten einer Überwindung. Viele Pbn trauen sich nicht, ihre Einfälle mitzuteilen, weil sie sie für zu abwegig halten. Deshalb müssen Kreativitätstests eine Phase des Einstimmens, „Einspielens" und der Lockerung haben. Der Vl regt die Pbn gewöhnlich zu kreativen Leistungen an, indem er selbst Beispiele gibt oder zu Äußerungen auffordert. Bei Kindern unter neun, zehn Jahren hat sich der Einzeltest als günstiger erwiesen (*Torrance* et al., 1963). In vielerlei Hinsicht befindet sich der Tester in der gleichen Lage wie der Kunsterzieher, der sich bemüht, die Schüler zu kreativen Leistungen zu bringen. In beiden Fällen müssen gewisse Hemmungen oder erlernte Sets abgebaut werden, beidemal muß eine bestimmte Motivation vorhanden sein und ein emotionaler Zustand herbeigeführt werden, der für „Entkrampfung" und „Lockerung" sorgt.

Ein weiteres Problem besteht in der Zusammenstellung der Stichprobe, für die der Test konstruiert wurde. Kreativitätstests erweisen sich als sehr empfindlich gegenüber verschiedenen Adressatengruppen. So fand man bei Neun- bis Zehnjährigen ein Absinken der Kreativität (*Torrance*, 1962), was auf die Orientierung am Gleichaltrigen zurückgehen dürfte. Die Kinder scheuen sich nun davor, anders zu denken oder zu sein als die Freunde. Später steigt die Kreativität wieder an. Wir müssen mit großen Unterschieden bei verschiedenen sozioökonomischen Gruppen rechnen. Wohngegend und Stadt-Land-Unterschiede dürften ebenfalls gravierend sein. Da z. B. Originalitätsskores durch die Bezugsgruppe definiert werden, muß der Einzeladressat zu der betreffenden Bezugsgruppe gehören. Prinzipiell gilt das natürlich für alle Tests, doch scheint es nach den bisherigen Befunden bei Kreativitätstests schwieriger zu sein, brauchbare Eichstichproben zusammenzustellen.

Das Problem der Eichstichprobe führt uns zu der allgemeinen Frage nach dem kulturellen Einfluß auf kreative Leistungen. Ein Teil der nichtverbalen Tests der Minnesota-Batterie wurde in Australien, auf den Philippinen, in Malaya, in Griechenland und in Deutschland durchgeführt. Es zeigten sich bemerkenswerte Unterschiede, und zwar im Hinblick auf das, was die Kultur an Gedanken und Einfällen zuläßt. Die Bandbreite explorativer Aktivität, der Umfang von Fantasien und das Ausmaß der „Regression im Dienste des Ich“ (Zurückweichen auf frühere Entwicklungsstadien, aber mit dem Zweck, das Ich zu stärken)[1] sind je nach Kultur verschieden.

Es ist aufgrund dieses Sachverhalts sehr schwer, Normen für kreative Leistungen aufzustellen. Man vergegenwärtige sich, wie sehr sich kreative Menschen exponieren, wie weit sie sich von den Normen und der Gedankenwelt ihrer Kultur entfernen. Sie übertreten also oft die Gebote ihrer Kultur. Die Gesellschaft belohnt auf der anderen Seite den Konformisten, denjenigen, der sich möglichst wenig von den erlaubten Assoziationen und Denkwegen entfernt. Besonders ausgeprägt dürfte dieses Phänomen in den USA sein, dem Land, in dem Kreativitätstests erstmalig in größerem Ausmaß erprobt wurden. Wir können also mit Sicherheit sagen, daß die dort gefundenen Normen wie wohl auch die dort erprobten Aufgaben (also alle, die oben aufgeführt wurden!) für unsere Verhältnisse nicht ohne weiteres brauchbar sind.

Die einmal gefundenen Testnormen sind, obwohl sie nur unter großem Aufwand gewonnen werden können, empfindlich. Wenn sich Kreativitätstests einbürgern, wenn es gewissermaßen zum guten Ton gehört, ausgefallene Ideen zu produzieren, dann wird man sich nach anderen Standardwerten umsehen müssen. Der Wert von 5% der Häufigkeit des Auftretens in der Eichstichprobe reicht dann eventuell nicht mehr für die Signierung „originell“ aus. Die Bewertung nach der Qualität (cleverness) dürfte sich ebenfalls ändern. Flüssigkeits- und Flexibilitätsindizes werden sich unter Umständen nach oben bewegen. Wenn es zur kulturellen Norm gehört, kreativ zu sein, so verhalten sich wirklich kreative Persönlichkeiten unter Umständen bei Kreativitätstests inadäquat, weil sie der Tendenz nach zum Nonkonformismus neigen. Da der Test von ihnen Originalität verlangt, zeigen sie sich möglicherweise unoriginell, nämlich nonkonformistisch.

Als drittes Problem sei das ‚Rater‘-Urteil angeführt. Im Gegensatz zu

[1] *Kris* (1952), siehe auch Abschnitt 3.311.

herkömmlichen Tests müssen für kreative Leistungen bestimmter Art ‚Rater' (Richter, Bewerter) herangezogen werden, z. B. bei der Beurteilung der Qualität (cleverness) einer originellen Antwort. Nichtkreative Rater kommen aber wohl zu einer anderen Bewertung als kreative. *Wilson, Guilford* und *Christensen* (1953) fanden „gute" und „schlechte" Rater. Die Zuverlässigkeit bei drei Richtern (s. Abschn. 3.211) war nicht höher als bei einem einzigen, nämlich dem „guten" Bewerter. Offenbar haben manche Rater Schwierigkeiten in der Bewertung dessen, was originell ist oder was man als originell auffassen soll. Deshalb ist es vorteilhafter, auf das Rater-Urteil völlig zu verzichten, auch wenn bestimmte Informationen dadurch verlorengehen.

Nun zu einigen Zahlenwerten. Während herkömmliche Intelligenz- und Leistungstests durchwegs Zuverlässigkeitswerte über 0,90 haben, sind so hohe Werte bei Kreativitätstests eine Ausnahme. *Torrance* und Mitarbeiter ermittelten für ihre Tests eine Reihe von Koeffizienten, die wesentlich niedriger liegen.

Die höchste mitgeteilte Split-Half-Zuverlässigkeit[1] beim Figuren-Vervollständigen betrug r = 0,97. Sie erreichte bei der Kreis-Aufgabe 0,96 für ‚Flüssigkeit'. Insgesamt beträgt die Split-Half-Zuverlässigkeit für die nichtverbale Testbatterie 0,97 für das Merkmal Flüssigkeit.

Bei den verbalen Tests liegen die höchsten Split-Half-Koeffizienten niedriger. *Wilson, Guilford* und *Christensen* (1953) teilten bei der Originalitätsmessung unter anderem für einen Test mit Aufgaben zur Erfassung seltener Assoziationen einen Zuverlässigkeitswert von 0,81 mit, für Aufgaben zur Messung der ‚Entferntheit' von Einfällen (Indianer – Geld) einen Wert von 0,87 und für Aufgaben zur Erfassung der ‚cleverness' (z. B. Überschriften zur Missionarsgeschichte) Koeffizienten von 0,69 bis 0,76.

Bei allen gegenwärtigen Testentwicklungen im Bereich der Kreativität bemüht man sich laufend um eine Erhöhung der Zuverlässigkeitswerte, doch ist man sich über die bereits genannten prinzipiellen Schranken im klaren. Dies gilt vor allem für die Wiederholungszuverlässigkeit[2].

[1] Hierbei wird der Test in zwei gleichwertige Hälften gespalten. Der Vergleich der Skores in beiden Hälften zeigt, ob das Individuum sich konsistent verhält. Sind beide Werte gleich oder ähnlich, so ist die Zuverlässigkeit hoch, fallen sie verschieden aus, so liegt die Split-Half-Zuverlässigkeit niedrig.

[2] Wiederholt man den Test ein oder mehrere Male (evtl. unter Verwendung einer Parallelform), so erhält man für ein Individuum mehrere Werte bei einer bestimmten Leistung. Korrelieren diese Werte hoch, d. h. bringt das Individuum bei Wiederholung ähnliche Leistungen, so ist die Wiederholungszuverlässigkeit hoch, und umgekehrt.

Torrance und Mitarbeiter (1963) fanden bei nichtverbalen Tests Koeffizienten von 0,76 für Flüssigkeit, 0,72 für Flexibilität, 0,81 für Originalität und 0,89 für Elaboration. Der ‚Unusual Uses Test' (Verwendung eines Ziegelsteins) hat eine Wiederholungszuverlässigkeit von 0,75 für Flüssigkeit, 0,74 für Flexibilität, 0,71 für Originalität und 0,47 für Elaboration. Bei Zusammenfassung mehrerer verbaler Tests stiegen die Koeffizienten verständlicherweise an (0,85 für Flüssigkeit, 0,78 für Flexibilität, 0,83 für Originalität und 0,85 für Elaboration). Die Zusammenfassung mehrerer Tests, die recht verschiedenartige Leistungen erfassen, bei der Ermittlung der Zuverlässigkeit wurde mehrfach kritisiert (*Thorndike,* 1962; *Wallach & Kogan,* 1965).

3.213 Was messen Kreativitätstests?

Diese Frage scheint eine Tautologie zu formulieren. Selbstverständlich messen sie Kreativität. Erinnern wir uns aber an die eingangs angestellte Überlegung, wie man zu Aufgaben für Kreativitätstests gelangt. Man geht von einer Vorstellung von dem aus, was Kreativität sein könnte, welche Leistungen zu ihr gehören, und konzipiert danach seine Aufgaben. Die Vorstellungen über Kreativität sind natürlich nicht nur vorwissenschaftlicher Art. In den Testbatterien von *Guilford* und *Torrance* stecken theoretische Überlegungen und frühere empirische Befunde. Die Flüssigkeit (fluency) ist als Faktor schon vor über 30 Jahren identifiziert worden (*Thurstone,* 1938). *Guilford* kann in seinem dreidimensionalen Wirkungsgefüge von Intelligenzfaktoren ein umfassendes System der Intelligenzleistungen vorweisen, in das sich kreative Leistungen einfügen lassen. Es ist denkbar, daß man Kreativität theoretisch recht präzis fassen kann und danach die Tests konzipiert.
Trotzdem besteht das Problem weiterhin, ob die Tests auch tatsächlich das messen, was sie messen sollen. Es gibt keine direkte Möglichkeit, diese Frage zu überprüfen, denn wollte man Tests daraufhin überprüfen, ob sie wirklich Kreativität, so wie sie (im Idealfall) theoretisch definiert ist, erfassen, so müßte man ein Kontrollmeßgerät haben, das seinerseits ganz sicher Kreativität mißt.
Man müßte also das Meßinstrument, das man erst baut, schon besitzen.
Ein bekannter Ausweg besteht darin, den Meßgegenstand durch das Meßgerät zu definieren. Bezogen auf unsere Frage, könnte man also seine Zuflucht in der Formulierung suchen: Kreativität ist das, was Kreativitätstests messen. Da wir nicht genau wissen, was Kreativität

ist, definieren wir sie durch unser Vorgehen (operationale Definition). Dieser Schritt ist als Anfangsschritt wohl sicher notwendig, aber man geht heute weiter und sucht einen Meßgegenstand, der, außer daß er durch bestimmte Operationen (z. B. Kreativitätstests) erfaßt wird, auch ein „Eigenleben" führt und bestimmte nachweisbare Wirkungen außerhalb der Testuntersuchung ausübt. Kreativitätstests beziehen sich letztlich auf Bedingungen im Menschen, die gewaltige Auswirkungen, nämlich die Weiterentwicklung der Kultur, haben können.

Der erste Weg, den man bei Validitätsuntersuchungen, also Untersuchungen über den Meßgegenstand, beschreitet, besteht darin, zu prüfen, ob die Tests Leistungsbedingungen erfassen, die auch in Gesellschaft und Kultur zu sogenannten kreativen Leistungen führen. Man kann sich dabei Leistungen aussuchen, um deretwillen der Begriff Kreativität überhaupt erst geschaffen wurde, also wissenschaftliche Neuentdeckungen und Kunstwerke. Personen, die solche Leistungen zuwegebringen, müssen in Kreativitätstests hohe Werte erreichen.

Informativ ist auch der Vergleich zwischen Leistung in Kreativitätstests und dem Urteil von Beobachtern, von „Fachleuten", die es eigentlich „wissen müßten". Lehrer, Freunde, Personalchefs können etwa den Grad der Originalität oder den Einfallsreichtum eines Individuums beurteilen. Dieses Urteil stimmt mit dem Testbefund dann überein, wenn beide Seiten das Gleiche erfassen, also etwas, das sowohl für das Urteil des Beobachters als auch für die Testleistung verantwortlich ist.

Schließlich kann auch das eigene Urteil des Probanden über seine kreativen Fähigkeiten als Kriterium benutzt werden.

Der zweite Weg zu erfahren, was Kreativitätstests messen, geht von theoretischen Annahmen über Kreativität aus. Hiervon wird später noch die Rede sein. Zunächst seien einige Befunde zum ersten Weg mitgeteilt.

Auf der Suche nach Leistungen, die in der Kultur als eindeutig kreativ gelten, sind wir bei näherem Zusehen immer auf das Urteil von Fachleuten angewiesen. Auch reine Zahlenwerte, wie die Anzahl der angemeldeten Patente, beruhen auf dem Urteil von Sachverständigen. Die meisten Untersuchungen belegen einen signifikanten Zusammenhang zwischen kreativer Leistung im Beruf (Kunst, Wissenschaft und Technik) und Testleistung, doch ist dieser Zusammenhang oft erstaunlich gering. Die Korrelationen bewegen sich meist in der Höhe von .30 bis .40. Oft trennen Kreativitätstests überhaupt nicht hinsichtlich der beruflichen Leistung zwischen Hochkreativen und wenig Originellen.

Harris (1960) konstruierte einen Test mit zwei Parallelformen (je 20 Items) zur Erfassung der drei Komponenten Flüssigkeit, Flexibilität und Originalität und der Kreativität im Bereich der Technik (engineering). Adressaten waren Ingenieure einer Fabrik für Autozubehör. Sie wurden von Vorgesetzten hinsichtlich ihrer schöpferischen Leistung (neue Ideen, Einfälle, Erfindungen) beurteilt. Die Übereinstimmung zwischen den Beurteilern war hoch (.80 bis .93), zwischen Fachmann und Test jedoch wesentlich geringer (.10 bis .57).
Lowenfeld und *Beittel* (1959) führten mit Studenten, deren künstlerische Leistung zuvor beurteilt worden war, eine Batterie von 36 Tests durch. Die nach dem Urteil hochkreative Gruppe zeigte signifikant höhere Werte in 8 Bereichen: Sensitivität für Probleme, Flüssigkeit, Flexibilität, Neudefinieren, Fähigkeit zu abstrahieren, Fähigkeit, eine Synthese herzustellen, Konsistenz der Organisation und Originalität.
Chorness und *Nottelmann* (1956) fanden hingegen bei Anwendung von Kreativitätstets aus der *Guilford*-Serie keine Unterschiede zwischen Zivilangestellten der Luftwaffe, die bereits finanzielle Prämien für neue Ideen erhalten hatten, und solchen, die noch nie in dieser Hinsicht hervorgetreten waren. Auch *Bloom*[1] fand wenig Unterschiede hinsichtlich Flüssigkeit, Originalität und Perseveration zwischen hochkreativen und wenig kreativen, aber sonst vergleichbaren Personen, die von Chemikern und Mathematikern eingestuft worden waren.
Barron (in: *Mooney* und *Razik*, 1967) befaßte sich speziell mit kreativen Schriftstellern und führte mit ihnen einen eigens konstruierten Test durch. Die Probanden erhielten als Reiz ein verbal dargebotenes „Bild" und sollten dazu ein symbolisch äquivalentes Bild entwerfen. „Blätter, die in den Wind geblasen werden" regte zu dem Bild an: „Eine Zivilbevölkerung, die sich in chaotischer Flucht vor einer bewaffneten Macht befindet."
Das Lehrerurteil scheint wenig als Validitätskriterium brauchbar zu sein. *Jex* (1963) errechnete sogar negative Korrelationen zwischen dem Urteil der Lehrer (grade point) und einem Kreativitätstest (*Flanagans* ‚Ingenuity Test'). *Getzels* und *Jackson* (1962), wie auch *Torrance* (1959) prüften ebenfalls den Zusammenhang zwischen Lehrerurteil und Leistung in Kreativitätstests. Es zeigte sich, daß der klarste Unterschied zwischen Kreativen und Nicht-Kreativen in der Beliebtheit der Schüler lag. Nichtkreative Schüler waren dem Lehrer im allgemeinen lieber als (laut Testergebnis) kreative Schüler. Hinsichtlich der Leistung selbst wich das Lehrerurteil vom Testergebnis ab. Zu einem ähnlichen Ergebnis kommt *Holland* (1959). In seinen Untersuchungen erwies sich das Lehrerurteil als recht brauchbar in bezug auf spätere akademische Leistung und auf Führungsqualitäten, hingegen als ungeeignet bei der Diagnose kreativer Fähigkeiten, so wie sie durch Tests erfaßt werden. *Yamamato* (1964) argwöhnt wohl zu Recht, daß das Versagen der Lehrer bei der Beurteilung kreativer Leistungen einfach an Verständigungsschwierigkeiten liegt. Er wählte Lehrer aus, die ihre Schüler lange und gut kannten, und stellte ihnen präzisere Beurteilungskriterien zur Verfügung, wie etwa: „bringt die meisten Einfälle" (Flüssigkeit), „findet neue Wege, wie man Probleme angeht" (Flexibilität) und „ist am besten beim Ausdenken von Einzelheiten" (Elaboration). Er fand einen signifikanten Zusammenhang zwischen Lehrerurteil und Leistung im Kreativitätstest, wenngleich dieser Zusammenhang offenbar nur gering war. In einer weiteren Untersuchung (*Yamamato*,

[1] Zitiert nach *Mooney* und *Razik* (1967).

in: *Mooney* und *Razik,* 1967) an 825 Kindern der fünften Klasse hatten die Lehrer ihre Schüler hinsichtlich Flüssigkeit, Flexibilität, Adäquatheit, Originalität und Elaboration nach dem Maßstab hoch — niedrig zu beurteilen. Die unabhängige Einstufung in drei Niveaus gemäß der Leistung in einer Kreativitätsbatterie erbrachte ohne Ausnahme für alle Beurteilungskriterien analoge signifikante Niveauunterschiede zwischen den drei Testgruppen. Lehrerurteil und Test entsprachen sich bis zu einem gewissen Grad.

Tab. 3.1: Korrelationen zwischen Schulleistung und Testleistung (*Getzels & Jackson,* 1962)

	Schulische Leistungen			
	verbal		„numerisch"	
Test	Jungen	Mädchen	Jungen	Mädchen
Wortassoziationen	.55	.54	.41	.34
Verwendungszwecke	.19	.23	.22	.24
Verborgene Figuren	.47	.42	.36	.31
Fabeln	.21	.33	.09	.18
Aufgaben stellen	.52	.60	.30	.41
Intelligenzquotient	.38	.41	.40	.26
Anzahl der Probanden	292	241	292	241

Auch *Guilford* (1956) fand höhere Koeffizienten. Sie bewegten sich im Mittel zwischen .20 und .30. Noch eindrucksvoller sind allerdings die Befunde von *Getzels* und *Jackson* (1962). Aus Tab. 3.1 kann man ersehen, daß die Korrelation zwischen Kreativitätstests und Schulleistung im Mittel höher ist als zwischen IQ und Schulleistung. Die Untertests differenzieren überdies deutlich. Der Untertest „Aufgaben bilden" korrelierte am höchsten mit der Schulleistung. Obwohl es sich um Rechenprobleme handelt, liegen die Korrelationen mit den sprachlichen Leistungen höher. Das mag daran liegen, daß die „numerische" Leistung sich aus Aufgaben der Arithmetik und Geometrie zusammensetzt.

Auch das Urteil der Klassenkameraden wurde als Validitätskriterium benutzt. *Yamamato* (1964) führte die Minnesota Testbatterie an 428 Schülern der High School von der 7. bis 12. Klasse durch und stellte in einem soziometrischen Test unter anderem folgende Fragen[1]: (a) Wer hat in eurer Klasse die meisten Ideen? (b) Wer findet am ersten einen neuen Weg, wenn bekannte Lösungswege nicht weiterführen? (c) Wer entwickelt am meisten neue Erfindungen oder Einfälle? (d) Wer ist dein bester Freund in der Klasse? Der Vergleich der Skores für Flüssigkeit, Flexibilität und Erfindungsniveau (intentive level) mit den korre-

[1] Dem Sinn nach übersetzt.

spondierenden Fragen (a, b und c) erbrachte Korrelationen, die für verschiedene Klassen und je nach Geschlecht verschieden hoch ausfielen. Sie reichten von .18 bis .65. Insgesamt waren sie sehr niedrig, was man angesichts der wenig präzise umrissenen Fragen auch nicht anders erwarten kann (welcher normale Schüler kann zwischen Frage a und c unterscheiden?).

Heute strebt man Validitätskriterien an, die eine Reihe von Variablen berücksichtigen. Die Orientierung an einem einzigen Kriterium, und sei es auch noch so eindeutig (Kunstwerk, wissenschaftliche Neuentdeckung), ist irreführend. Um kreative Leistungen zu erreichen, bedarf es neben den eigentlichen kreativen Bedingungen (Fähigkeiten) noch anderer fördernder Einflüsse, etwa für den Durchschnittsmenschen eines bestimmten sozialen Geschicks, sich durchzusetzen und anerkannt zu werden. Gerade aber das Sozialverhalten und die Persönlichkeitszüge kreativer Menschen sind dazu angetan, daß sie leicht zu Außenseitern werden. Dem Genie und dem anerkannten Wissenschaftler nimmt man nonkonformistische Eigenheiten nicht übel, wohl aber dem Durchschnittsbürger, der jedoch nach unserer Definition sehr wohl kreativ sein kann. Die Kultur und jeweilige Subkultur mag im Einzelfall Schranken auferlegen, die im Test wegfallen. Oder der (im Test) Kreative hat bestimmte Ziele (Geldverdienen), die ihn dazu veranlassen, seine besonderen Leistungen nicht einzusetzen.
Sicherlich aber liefern die bereits vorliegenden Validitätsbefunde Hinweise dafür, daß man bis jetzt nur einen Teil der relevanten kreativen Leistungen erfaßt hat. Die Erzeugung neuer Strategien etwa und die gesamte Inkubationsphase selbst sind noch wenig analysiert worden.
Es gibt, wie wir eingangs feststellten, noch einen zweiten Weg, wie man erfahren kann, was Kreativitätstests messen. Er führt über die Theorie der Kreativität. Solange man nur verworrene vorwissenschaftliche Vorstellungen vom Meßgegenstand hat oder Kriterien verwendet, die notgedrungen von Personen stammen, die selbst eine andere Meinung von Kreativität haben als der Testkonstrukteur, können Validitätskoeffizienten nicht höher sein als die mitgeteilten. Umgekehrt kann man Kreativitätskriterien für den Beurteiler so genau definieren, daß er bei sorgfältiger Beobachtung und bei gleichen Bedingungen, wie sie beim Test vorliegen, zur gleichen oder einer ähnlichen Wertung kommen muß wie der Test. Auf diesem Weg lassen sich Validitätskoeffizienten künstlich hochtreiben. Einige Versuche in dieser Richtung haben wir kennengelernt (*Yamamato,* 1964).
Der zweite Weg besteht nun darin, bestimmte Annahmen, die aus der Theorie oder dem Modell über Kreativität folgen, mit Hilfe der Krea-

tivitätstests zu überprüfen. Ein Beispiel: *Mednick* (1962) folgerte aufgrund seiner Annahmen über die assoziative Basis der Kreativität, daß (laut Test) kreative Personen eine flachere Assoziationshierarchie aufweisen als wenig kreative Personen. Er maß Kreativität mit Hilfe des RAT (Erfassung der Entferntheit der Assoziationen) und fand Zusammenhänge in bezug auf die Zahl von produzierten Assoziationen und die Originalität der Assoziationen. Der Test bestätigt hier die Theorie[1], die Theorie ihrerseits den Test und macht ihn valide.
Wir wollen im folgenden noch zwei Beispiele dieser „Konstruktvalidität" kennenlernen.
Houston und *Mednick* (1963) nehmen an, daß Kreative ein Bedürfnis nach Neuem haben. Dieses Motiv müßte, so meinen sie, bei Kreativen stark, bei Nichtkreativen schwach ausgeprägt sein. Die Autoren legen ihrer Annahme die Triebreduktionstheorie zugrunde, neue Reize reduzieren das Bedürfnis nach Neuem (ähnlich wie Nahrung den Hunger stillt) und wirken deshalb als Verstärker.

Zur Überprüfung dieser Annahme wurden Studenten 180 Karten mit je 2 Wörtern vorgelegt, von denen das eine meist ein Hauptwort war, das andere einer anderen Wortklasse angehörte. Die Wörter waren sorgfältig zusammengestellt, eine Reihe von Vorsichtsmaßnahmen zur Vermeidung von Fehlern getroffen. Mit Hilfe des RAT-Tests, der in Abschnitt 3.211 näher beschrieben ist, teilten die Autoren in eine hochkreative und wenig kreative Gruppe ein. Beide Gruppen wurden nochmals unterteilt in je eine Kontroll- und Versuchsgruppe. Der Proband las nach eigenem Belieben eines der beiden Wörter, die auf einer Karte standen. Daraufhin nannte der Vl eine Assoziation, also ein anderes Wort, wonach der Pb zur nächsten Karte griff und wieder ein Wort auswählen durfte. Die entscheidende Bedingung des Experiments bestand in dem Wort, das der Vl nannte. Bei der Kontrollgruppe bestand dieses Wort in einer geläufigen Assoziation, auf das Wort ‚weiß' beispielsweise nannte der Vl ‚schwarz'. Die Experimentalgruppe erhielt auf alle *Hauptwörter* eine ausgefallene seltene Assoziation und auf alle Wörter, die *nicht* Hauptwörter waren, eine geläufige Assoziation geboten. Auf ‚Vater' folgte etwa ‚Pantoffelheld', auf ‚lang' das Wort ‚kurz'.

Die Autoren erwarteten, daß kreative Pbn im Laufe des Experiments Hauptwörter bevorzugt wählen würden, weil sie eine Verstärkung in Form einer seltenen Assoziation zu erwarten hatten. Wenig kreative Pbn hingegen sollten diese Reaktion nicht zeigen, weil aus Mangel an dem Bedürfnis nach Neuem die ‚neuen' Wörter nicht als Verstärker wirkten. In der Kontrollgruppe wurde den Pbn auf alle Wörter, ob Hauptwort oder nicht, eine geläufige Assoziation geboten. Die Ergebnisse zeigen etwas

[1] Auf die wissenschaftstheoretische Frage, die sich hier stellt, kann nicht näher eingegangen werden.

Merkwürdiges (Abb. 3.7). Die (laut RAT) Kreativen bevorzugten anfangs Wörter, die einer anderen Wortklasse als den Hauptwörtern angehörten, Nichtkreative dagegen wählten zunächst vorwiegend Hauptwörter. Im Laufe des Experiments änderte sich jedoch das Wahlverhalten. Wie vorhergesagt, nannten die Kreativen immer häufiger Hauptwörter, die ja durch ausgefallene Assoziationen verstärkt wurden. Die Pbn mit geringer Kreativität bevorzugten dagegen mehr und mehr solche Wörter, denen geläufige Assoziationen folgten, mieden also Hauptwörter.
Nach Vollendung der ‚Durchgänge' sollten die Pbn alle Wörter auf den Karten reproduzieren, die sie sich gemerkt hatten. Aus Tab. 3.2 ersieht man, daß in der Versuchsgruppe die Hochkreativen mehr Hauptwörter gemerkt hatten als die wenig Kreativen. Bei der Kontrollgruppe trat dieser Unterschied nicht auf. Sie merkten sich etwa genausoviel Wörter wie die Hochkreativen der Versuchsgruppe.

Abb. 3.7: Mittlere Zahl der gewählten Hauptwörter bei Kreativen und Nichtkreativen, auf die seltene Assoziationen folgten *(Houston & Mednick,* 1963).

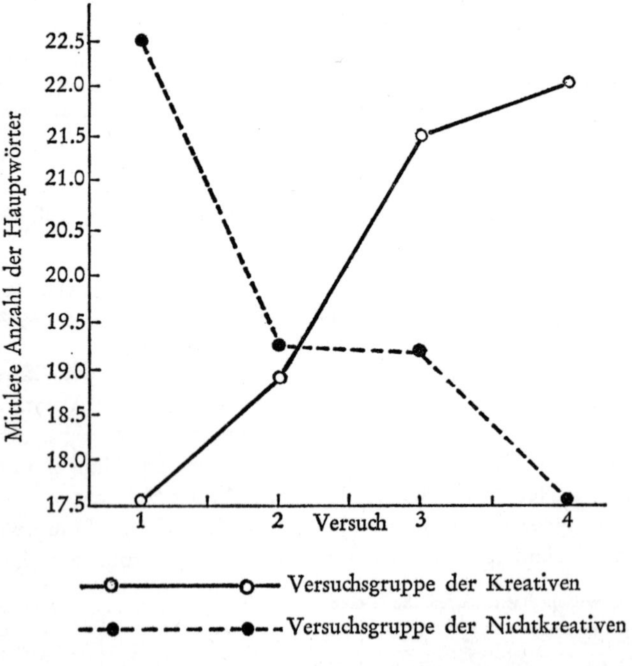

Tab. 3.2: Prozentsatz der von den vier Experimentalgruppen reproduzierten Hauptwörter (nach *Houston* & *Mednick*, 1963)

Gruppe:	Versuchsgruppe		Kontrollgruppe	
Kreativität:	hoch	gering	hoch	gering
% Hauptwörter:	56,1	42,5	55,5	56,4

Die Untersuchung wurde nicht geplant und durchgeführt, um den RAT zu validieren, sondern um die getroffene Annahme des bei Kreativität ausgeprägten Bedürfnisses nach Neuem zu prüfen. Man erkennt jedoch, daß der RAT die Gesamtgruppe recht eindrucksvoll trennt. Kreative (im Sinne des Tests) wählen „unvoreingenommen" zunächst Wörter aus anderen Wortklassen, Nichtkreative dagegen Hauptwörter. Dieser Befund wurde von den Autoren aufgrund von Voruntersuchungen erwartet[1]. Er legt die Interpretation nahe, daß sich Nichtkreative im Vertrauten, Gewohnten lieber bewegen, da Hauptwörter zunächst die für die Versuchssituation naheliegenderen Wörter sein dürften, die Kreativen dagegen im Unkonventionellen. Das Wahlverhalten am Ende des Experiments läßt vermuten, daß die Kreativen durch seltene, entfernte Assoziationen, die wenig Kreativen dagegen durch geläufige Assoziationen verstärkt werden. Ein solches Ergebnis kann als Validitätsbefund für den RAT gelten. Man gewinnt Information darüber, wie sich Leute verhalten, die im RAT gut sind oder umgekehrt wenig leisten. Wichtig dabei ist, daß die Feststellung, wie Hochkreative und wenig Kreative sind, aufgrund theoretischer Überlegungen *vorher* erfolgte. Die meisten gegenwärtigen Untersuchungen über Kreativität gehen umgekehrt vor. Sie bilden aufgrund von Tests Gruppen, etwa mit hoher und mit geringer kreativer Leistung, und prüfen nun, worin sich die so gebildeten Gruppen unterscheiden. So aufschlußreich solche Untersuchungen sind – sie decken beispielsweise wichtige Persönlichkeitsunterschiede auf –, sie können nur als Vorstadium angesehen werden, das zur Bildung einer umfassenderen Theorie über Kreativität bzw. über das Denken schlechthin führt.

Die zweite Untersuchung, mit der wir uns kurz befassen wollen, stammt von *Hitt* und *Stock* (in: *Mooney & Razik*, 1967). Sie haben aufgrund von Untersuchungen an Wissenschaftlern und Ingenieuren (*Hitt*, 1965) zwei

[1] Andererseits verhindert er eine schlüssige Interpretation im Sinne der Motivationshypothese. Beide Gruppen unterscheiden sich am Anfang des Experiments und am Ende, die Unterschiede liegen nur in umgekehrter Richtung.

verschiedene Dimensionen des kreativen Verhaltens gefunden: Originalität und logisches Denken (logical reasoning). Von unserem Standpunkt aus ist es vielleicht besser, die eine Dimension mit Kreativität und die andere mit Denkschärfe zu bezeichnen. Die Kombination beider Dimensionen ergibt vier mögliche Typen (Abb. 3.8): Typ I ist ausgeprägt originell und zugleich im logischen Denken bei der Spitzengruppe. Typ II besitzt Originalität, ist aber im logischen Denken weniger leistungsfähig usw. Bezüglich der Intelligenzleistungen kann man für die vier Typen folgende Erwartungen hegen (die übrigen Hypothesen betreffen Persönlichkeitsmerkmale, von denen hier nicht die Rede sein soll).

Typ I: Über dem Durchschnitt der Stichprobe in der allgemeinen Intelligenz sowie
über dem Durchschnitt der Stichprobe hinsichtlich des divergenten *und* des konvergenten Denkens (im Sinne von *Guilford*, s. Abschn. 3.22).

Typ II: Über dem Durchschnitt der Stichprobe in bezug auf divergentes Denken, aber unter dem Durchschnitt beim konvergenten Denken.

Abb. 3.8: Kombination von Originalität und logischem Denken (*Hitt* & *Stock*, in: *Mooney* & *Razik*, 1967).

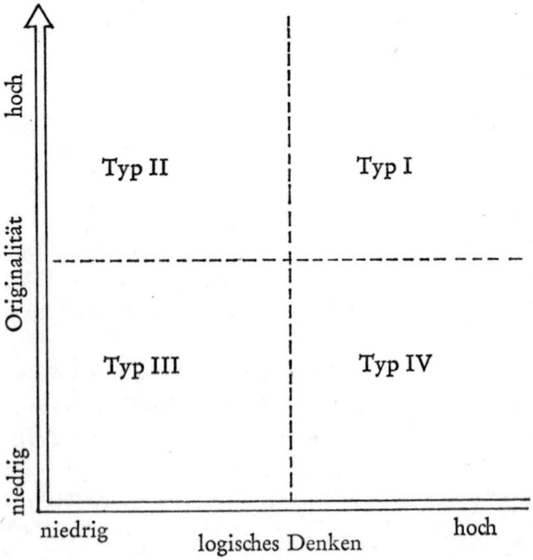

Typ III: Unter dem Durchschnitt in der allgemeinen Intelligenz und hinsichtlich des konvergenten und divergenten Denkens (letztere Annahme ist bei den Autoren merkwürdigerweise nicht aufgeführt).

Typ IV: Über dem Durchschnitt in bezug auf konvergentes Denken und unterdurchschnittlich hinsichtlich des divergenten Denkens.

Die Überprüfung dieser Annahmen erfolgte an 96 Wissenschaftlern und Ingenieuren, die aus 200 zuvor bereits getesteten Forschern ausgewählt wurden. Beurteiler („supervisory raters'), über die keine weiteren Angaben gemacht werden, stuften die 96 Probanden nach den obigen vier Typen ein, so daß jeder Quadrant der Abb. 3.8 24 Fälle enthält. Als Intelligenz- und Kreativitätstests wurden 10 Tests der *Guilford*-Serie verwendet, von denen aber nur einer konvergentes Denken erfaßte und alle anderen Kreativitätstests waren. Außerdem wurde der ‚Wonderlic Personnel Test' durchgeführt, der die allgemeine Intelligenz erfaßt.

Tab. 3.3: Mittlere Testskores für vier Typen von Forschern (nach *Hitt* & *Stock*, in: *Mooney* & *Razik*, 1967)

Nr.	Test[1]	Typ I	Typ II	Typ III	Typ IV
1	Alternierender Verwendungszweck	66	64	41	39
2	Assoziationsgeläufigkeit	64	48	39	41
3	Konsequenzen ausdenken	69	59	39	52
4	Ausdrucksgeläufigkeit	66	53	47	50
5	Gestalttransformation	56	39	62	46
6	Ideengeläufigkeit	78	62	42	42
7	Streichholzaufgaben	63	59	52	66
8	Titel zu Geschichten finden	55	41	39	40
9	Probleme sehen (Sensitivität)	69	48	41	50
10	Soziale Einrichtungen	53	60	55	52
11	‚Wonderlic personnel test'	56	49	41	50

[1] Die meisten Tests sind in Abschnitt 3.211 näher beschrieben.

In Tabelle 3.3 sind die Befunde, die sich bei diesen Tests ergaben, zusammengestellt. Man erkennt, daß sich in einigen Fällen die Originalität, wie sie von den Beurteilten eingestuft war, im Testergebnis eindeutig widerspiegelt (alternierende Verwendungszwecke, Assoziationsgeläufigkeit, Konsequenzen, Ausdrucksgeläufigkeit). Hinsichtlich der allgemeinen intellektuellen Leistungsfähigkeit (Wonderlic Personnel Test) sind die Erwartungen bereits nicht mehr eindeutig bestätigt und in bezug auf konvergentes Denken (Nr. 5) widersprechen die Ergebnisse sogar den Hypothesen.

Obwohl also die Hypothesen der Autoren nicht klar bestätigt wurden, stützt diese Untersuchung die Validität der *Guilford*schen Kreativitätstests in ziemlich eindeutiger Weise für die Nummern 1, 2, 3, 4 und 6. Ein Teil der Tests (Streichholzaufgaben, Probleme sehen) wurde auch von Typ IV (hohe Leistung im logischen Denken, geringe in bezug auf Originalität) gut absolviert. Möglicherweise können die hier gestellten Aufgaben mit zwei verschiedenen Leistungsbedingungen (Kreativität und logisches Denken) gleichgut bewältigt werden. Korrelative Zusammenhänge werden nicht mitgeteilt, so daß wir keinen Vergleich zu den oben beschriebenen Validitätsuntersuchungen ziehen können.

Die theoretischen Überlegungen der Autoren haben offenbar zu besseren Ergebnissen geführt als der unmittelbare Versuch, Kreativitätstests mit Außenkriterien, wie objektive Leistung, Expertenurteil oder Urteil des gleichberechtigten Partners, zu vergleichen.

Genau besehen gewinnen wir über das, was Kreativitätstests messen, nur dadurch Aufschluß, daß wir sie anderen Meßergebnissen gegenüberstellen. Bis jetzt waren solche Meßergebnisse Schulnoten, Urteile von Sachverständigen, Berufserfolg, Prämien u. a. m. Je genauer ein Meßergebnis ist, desto geringer wird die Fehlervarianz oder der Einfluß von Fehlerquellen. Wenn also die Urteile von Dritten ohnedies nicht sehr zuverlässig sind (und das ist häufig der Fall), so können wir keine hohe Übereinstimmung zwischen Test und Kriterium erwarten. Die zuverlässigsten und präzisesten Maße erhält man in den meisten Fällen wiederum durch Tests. Deshalb ist eine weiterführende Methode bei Validitätsuntersuchungen über schöpferisches Denken der Vergleich von Kreativitätstests mit anderen Tests (Leistungs-, Intelligenz- und Persönlichkeitstests). Die Ähnlichkeit bzw. Verschiedenheit von kreativen Leistungen und anderen geistigen Leistungen kann so erfaßt und analysiert werden. Dieses Vorgehen soll uns aber im nächsten Abschnitt beschäftigen, weil es zugleich theoretische Grundlagen über die Kreativität selbst liefert.

3.22 Kreativität und Intelligenz

Wir haben uns nun mit der Frage zu beschäftigen, in welchem Verhältnis Kreativität zum Denken bzw. zur Intelligenz steht. Ist Kreativität ein eigener unabhängiger Bereich? Ist sie eine Grundausstattung des Menschen oder eine Sonderbegabung? Sind beim Denken immer mehr oder minder kreative Leistungen beteiligt? Diese Fragen lassen sich auf mehrfache Weise angehen. Eine Möglichkeit besteht darin, alle nur möglichen oder meßbaren Leistungen auf ihren Verwandtschaftsgrad hin zu überprüfen. Leistungen, die hoch oder doch signifikant miteinander korrelieren, haben bis zu einem gewissen Ausmaß gleiche Leistungsbedingungen. Leistungen, die nicht korrelieren, sind weitgehend unabhängig voneinander, sie gehen auf verschiedene Leistungsbedingungen zurück. Die heute am meisten verbreitete Methode, Ähnlichkeitsbeziehungen zwischen Leistungen zu analysieren, ist die Faktorenanalyse. Von einigen wichtigen Befunden, die durch sie gewonnen wurden, soll als erstes die Rede sein.

3.221 Dimensionen (Faktoren) der Kreativität

Guilford hat im Laufe von vielen Jahren mit seinen Mitarbeitern ein System entwickelt, das den gesamten Bereich der Intelligenz umfassen soll *(Guilford,* 1956, 1967a). Wir können hier nicht näher auf Einzelheiten eingehen, wollen aber den Grundgedanken seines Systems kennenlernen. Der Gesamtbereich intelligenter Leistungen wird von ihm beschrieben als ein dreidimensionales System. Insgesamt kennt *Guilford* 120 Faktoren, wobei jeder Faktor ein Ergebnis des Zusammenwirkens der Operationen des Intellekts, der Denkinhalte und der Produkte des Denkens ist. Das inzwischen sehr bekannt gewordene Quaderbild der intellektuellen Faktoren ist in Abb. 3.9 umgruppiert dargestellt, so daß man alle Faktoren sieht, die *Guilford* bislang im Bereich der Kreativität näher untersucht hat[1]. Die Aufstellung in Tab. 3.4 bringt eine Gegenüberstellung der Faktoren zu den gefolgerten ‚Fähigkeiten'.
Es fällt auf, daß sich die bis jetzt identifizierten Faktoren der Kreativität vorwiegend um semantische Inhalte gruppieren (rechte Kante des Quaders, Abb. 3.9). Sicherlich hängt das mit den Möglichkeiten zusammen, die uns bei der Konstruktion von Gruppentests zur Verfügung stehen. Es ist verhältnismäßig leicht, Aufgaben zu stellen, die sprachlich

[1] Allerdings sind Untersuchungen nach 1968 hier noch nicht miteinbezogen.

Tab. 3.4: Faktoren der Kreativität nach *Guilford* (übernommen aus *Landau*, 1969, S. 39)

Fähigkeiten	Operationen	Inhalte	Produkte
I. Geläufigkeit:			
Wort	divergent	symbolisch	Einheiten
Ideen	divergent	semantisch	Einheiten
Assoziationen	divergent	semantisch	Beziehungen
Ausdrücke	divergent	semantisch	Systeme
II. Flexibilität:			
spontane	divergent	semantisch figural	Klassen
sich anpassende	divergent	figural	Transformationen
Transformations-	divergent	semantisch	Transformationen
III. Neudefinieren	konvergent	semantisch figural symbolisch	Transformationen
IV. Elaboration	divergent	semantisch	Implikationen
V. Originalität	divergent	semantisch	Transformationen
VI. Sensitivität	Evaluation	semantisch	Implikationen

Beim konvergenten Denken richtet sich die Aktivität auf ein bestimmtes Ziel, nur eine Lösung ist richtig (konvergierende Denkaktivität). Das divergente Denken verläuft in verschiedene Richtungen, meist gibt es mehrere richtige Lösungen. Bewertung oder ‚evaluation' hat zu tun mit Entscheidung über Güte, Genauigkeit oder Angemessenheit einer Information. Von den vier möglichen Inhalten interessieren nur: ‚figural', ‚symbolisch' und ‚semantisch'. Figurale Inhalte haben mit visueller Wahrnehmung zu tun (Figuren, Gestalten, Objekte, Merkmale), symbolische Inhalte sind Zeichen für Objekte (Wörter, Zahlen) und semantische Inhalte sind Bedeutungen und Bedeutungszusammenhänge (sprachliche Einheiten und sprachlich formulierte Beziehungen). Das Operieren mit solchen Inhalten kann zu sechs Arten von Ergebnissen (Produkten) führen. Im einfachsten Falle sind es Einheiten (z. B. Begriffe, Objekte), bei Gruppierung und Zusammenfassung mehrerer Einheiten handelt es sich um Klassen (im Falle von Ordnungsprinzipien) oder Beziehungen (wenn die Einheiten in bestimmte Relation zueinander gebracht werden). Komplexere Gebilde von Einheiten sind Systeme (z. B. eine mathematische Gleichung). Bei Transformationen müssen die Informationen in einen anderen Zustand überführt, zu einer neuen Konfiguration geformt werden (Originalität ist als Produkt eine Transformation, weil die Dinge neu gesehen werden, etwa durch eine seltene Assoziation miteinander in Verbindung treten). Implikationen ergeben sich als Konsequenz aus der Information (Sensitivität für Probleme ist als Vorhersage oder Folgerung aus einer vorhandenen Information zu verstehen; Elaboration als die Ausarbeitung von Details ist nichts anderes als das Aufspüren von Einzelheiten, die „implizit" in der gelieferten Information, etwa dem Plan, stecken).

Abb. 3.9: System der Intelligenzfaktoren nach Guilford (1967). Die Kreativitätsfaktoren sind auf die Frontal- und Oberseite verlegt.

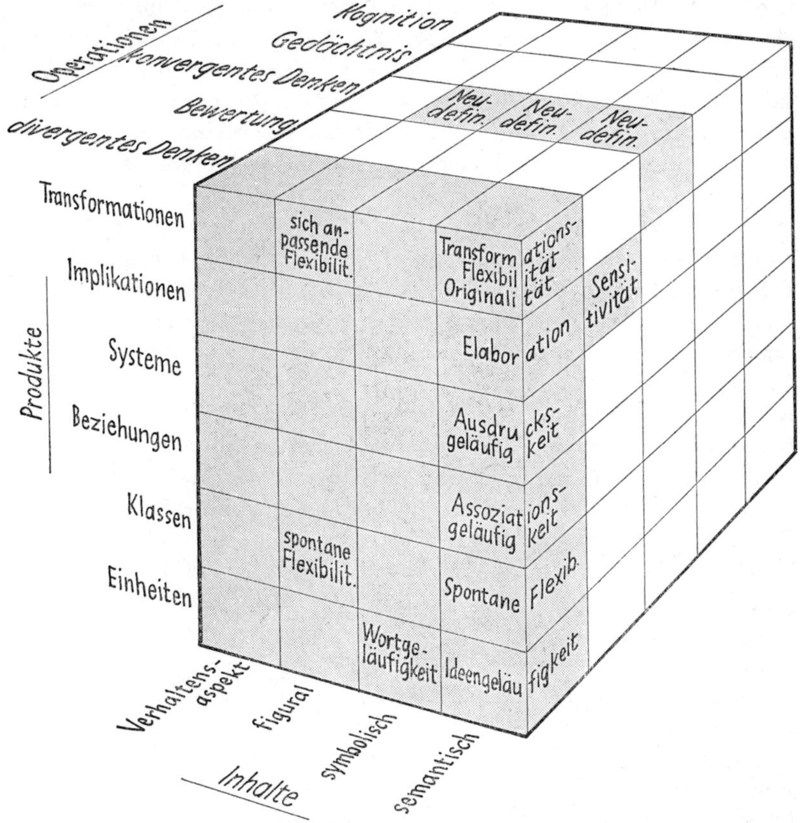

formulierte Aufträge geben und sprachlich formulierte Antworten fordern (paper pencil tests). Da der Hauptanteil der Kreativität mit dem divergenten Denken zu tun hat, bleibt noch ein großes Feld an Leistungen zu erforschen. Vermutlich hat *Guilford* mit seiner Testbatterie der Kreativität (DPT) weder zentrale Leistungen für künstlerische Begabungen noch die entscheidenden Leistungsbedingungen für wissenschaftlichen und technischen Fortschritt erfaßt. Rein vom System *Guilfords* her müßte man mit Faktoren der Geläufigkeit (fluency), Flexibilität und Originalität auch bei Verhaltensinhalten sowie bei figuralen und symbolischen Inhalten rechnen, und zwar für Produkte, die bislang noch Leerstellen bilden (Beziehungen, Systeme, Implikationen, s. Abb. 3.9). Weder der Künstler (Maler, Bildhauer, Musiker) noch der Forscher bewegt sich in seinem Denken nur im sprachlichen Bereich. Gleichwohl konnten, wie wir im vorigen Abschnitt festgestellt haben, Zusammenhänge zwischen der durch die *Guilford*sche Testbatterie (DPT) erfaßten Leistung und der Tätigkeit des Forschers gefunden werden (vor allem *Hitt* & *Stock*, in: *Mooney* & *Razik*, 1967). Aber es ist nicht ausgeschlossen, daß die oft sehr unbefriedigenden Validitätsbefunde bei Kreativitätstests mit dem hier aufgedeckten Umstand einer zu eingeengten Messung zusammenhängen.

Diese Bedenken treffen nicht die von *Guilford* und anderen Autoren hypostasierten Leistungsbedingungen („Fähigkeiten") der Flüssigkeit, Flexibilität, Originalität usw. Es gilt nur, Aufgaben zu konstruieren, die solche Leistungsbedingungen in Bereichen erfassen, wie sie in unserer Kultur ebenfalls von Bedeutung sind. Einen Versuch in dieser Richtung hat *Lowenfeld* (in: *Parnes* & *Hardings*, 1962) unternommen. Er fand bei Kunststudenten ähnliche Faktoren wie *Guilford*, ohne von dessen Befunden etwas zu wissen. Seine Analyse erstreckte sich zunächst auf die Bewertung von Zeichnungen. Die Vielfältigkeit der Materialbenutzung (etwa eines Bleistiftes, mit dem man breite und schmale Striche je nach Stellung ziehen, den man mit großem oder geringem Druck verwenden kann) nennt *Lowenfeld* in Abweichung von unserer bisherigen Gepflogenheit ‚fluency'. Flexibilität zeigt sich beim Malen, wenn das Kind ein Mißgeschick (Verlaufen der Farbe) nutzt, indem es das Bild umdeutet und den „Fehler" einbezieht. Analoges gilt für ‚Sensitivität', ‚Originalität', die ‚Fähigkeit umzudefinieren und umzuordnen' u. a. m. Zusammen mit *Beittel* führte *Lowenfeld* dann Versuche in größerem Rahmen durch, wobei er auch viele Tests der *Guilford*-Serie verwendete. Interessanterweise korrelierten aber die Leistungen in Paper-Pencil-Tests wenig mit künstlerischen Leistungen. Dieser Befund deckt sich mit den Validitätsuntersuchungen anderer Autoren (s. Abschn. 3.213). Vereinfachend läßt sich sagen, daß es sowohl im wissenschaftlichen wie im künstlerischen Bereich kreative Faktoren gibt, die gemeinsame Leistungsbedingungen (z. B. Sensitivität, Flexibilität, Originalität) signalisieren. Aufgaben mit semantischen Inhalten erfassen aber möglicherweise weder bei den künstlerisch Kreativen, noch bei den wissenschaftlich Kreativen die spezifischen Fähigkeiten, die in diesen beiden Bereichen zu Hochleistungen führen.

Verläßt man aber die im Augenblick zur Verfügung stehenden Aufgabenserien, d. h. verzichtet man auf die operationalistische Definition der Kreativität, so wie sie heute möglich ist, und bestimmt Kreativität einfach durch Leistungsbedingungen („Fähigkeiten") wie Flüssigkeit, Flexibilität und Originalität, so gibt man wohl zu viel preis von dem, was man bereits an Erkenntnis gewonnen hat. Vor allem gibt es hierbei noch eine logische Schwierigkeit, die anhand der drei Begriffe ‚Flüssigkeit', ‚Geläufigkeit' und ‚Originalität' erläutert werden soll. Man kann sich einigen auf einen bestimmten Begriff, wie ‚Flüssigkeit', und unter ihm beispielsweise das verstehen, was wir zugrundegelegt haben. Nun gibt es aber recht verschiedenartige Aufgaben, die alle mit Flüssigkeit zu tun haben. *Guilford* unterscheidet, wie wir sahen, zwischen Wort-, Ideen-, Assoziations- und Ausdrucksgeläufigkeit. Jedesmal wird eine unserm vorwissenschaftlichen Verständnis nach gleiche Leistung verlangt, nämlich die Produktion von Elementen (Einheiten, Systemen, Transformationen usw.). Es zeigt sich aber, daß diese Leistungen nicht sehr hoch miteinander korrelieren, sie repräsentieren verschiedene Faktoren oder Dimensionen. Wenn dem aber so ist, dann sind die Ausdrücke ‚Flüssigkeit', ‚Flexibilität' und ‚Originalität' nur Sammelnamen, denen psychologisch keine einheitliche Fähigkeit, Funktion oder Leistungsbedingung entspricht. Im Falle des Begriffs ‚Originalität' läßt sich auch leicht zeigen, daß es sich hier gar nicht in erster Linie um einen psychologischen Leistungs- oder Persönlichkeitsbegriff handeln kann. Originalität ist in erster Linie kulturell bedingt. Eine Kultur, die Neues verabscheut, zwingt den Kreativen auf andere Wege. Bekannt ist das bis in die Renaissance reichende Kommentieren bereits vorhandener Werke. In der Musik erfand man nicht neue Melodien, sondern verwendete vorhandene Melodien (z. B. bei den Messen und Motetten). In der Wissenschaft kommentierte man vorhandene Werke (vor allem *Aristoteles).* In der Malerei hielt man sich an religiöse Themen und befolgte bestimmte Regeln. Die Originalität der Künstler jener Zeit lag auf anderem Gebiet als heute. In der heutigen Musik etwa gilt die ‚Entferntheit' von der herkömmlichen Harmonik und Melodik als Kriterium der Originalität, in der darstellenden Kunst war es bis in die letzten Jahre im allgemeinen die ‚Entferntheit' von der Naturnachahmung. Gegenwärtig scheint sich wiederum ein Wandel hinsichtlich der Originalitätsauffassung zu vollziehen. Kein Wunder, wenn solche Kriterien nicht hoch mit den Meßkriterien von Kreativitätstests korrelieren!

Obwohl also die bislang eingeführten Begriffe der Flüssigkeit, Flexibilität usw. anschaulich sind und für das Verständnis von kreativen Prozessen beitragen, sollte man doch vorsichtig bei ihrer Benutzung sein. Es ist sicher unrichtig, sie mit psychischen Fähigkeiten gleichzusetzen.

3.222 Verhältnis Kreativität – Intelligenz

Unsere bisherige Betrachtungsweise legt den Schluß nahe, daß Intelligenz und Kreativität zwei verschiedene Dinge seien. Der Hochkreative braucht nicht hochintelligent im Sinne herkömmlicher Tests zu sein und der Hochintelligente nicht ausgeprägt kreativ. Manche Autoren, wie *Getzels* & *Jackson* (1962), *Torrance* (1960) und *MacKinnon* (1960a), neigen denn auch dazu, die Kreativität als relativ unabhängigen Fähigkeitskomplex anzusehen.

Aber natürlich liegt die Unterscheidung von Kreativität und Intelligenz nicht in der Natur der Sache selbst. Vielmehr hat man bei der Konstruktion von Tests zunächst Leistungen gemessen, die vom Aufgabentyp einheitlich konstruiert waren (*eine* Lösung ist nur richtig) und die in Schule und Beruf eine wichtige Rolle spielen. Der IQ als Maß der „Intelligenz" ist insofern irreführend, als nur ein Teil des Gesamtbereichs von geistigen Leistungen erfaßt wird.

Aber schon *Thurstone* hat in seinen Primary Abilities einen Faktor der Wortflüssigkeit, und *Guilfords* System der Intelligenz (s. Abb. 3.9) berücksichtigt von vornherein Leistungen, die wir zur Kreativität rechnen. Es ist nicht uninteressant, sich exemplarisch einmal eine Korrelationsmatrix anzusehen, die den Zusammenhang zwischen Kreativität und herkömmlichen Intelligenzleistungen beschreibt. In Tab. 3.5 sind die von *Getzels* & *Jackson* (1962) ermittelten Korrelationen zwischen den von ihnen verwendeten fünf Kreativitätstests und dem IQ (Binet oder Hemnon-Nelson-IQ) zusammengestellt.

Betrachten wir zunächst die Korrelationen der fünf Kreativitätstests mit dem IQ (letzte Zeile unten und letzte Spalte rechts). Da es sich um eine ausgelesene Gruppe mit hohem IQ handelt, muß man bereits erwarten, daß die Werte niedrig ausfallen (in homogenen Gruppen sinken bekanntlich die Korrelationen). Insgesamt liegen sie aber nicht wesentlich niedriger als die Korrelationen zwischen den Kreativitätstests selbst. Wer also aufgrund dieser Matrix argumentieren wollte, daß kreative Leistungen wenig mit der Intelligenz im üblichen Sinne zu tun haben, muß gleichzeitig folgern, daß die erfaßten kreativen Leistungen selbst auch weitgehend unabhängig voneinander sind. Aufschlußreicher wäre die Matrix freilich, wenn statt der Korrelationen mit dem globalen IQ-Wert die Ähnlichkeitsbeziehungen zu den Untertests des Intelligenzmeßinstruments mitgeteilt worden wären. Im übrigen fanden *Hasan* und *Butcher* (1966) bei einer Wiederholung dieser Untersuchung an schottischen Schülern ausgeprägte Zusammenhänge zwischen Intelligenz und Kreativität sowie zwischen Kreativität und schulischer Leistung.

Tab. 3.5: Interkorrelationen zwischen Kreativitätstests und IQ für Jungen (über der Diagonale) und Mädchen (unterhalb der Diagonale) der High School (*Getzels* & *Jackson*, 1962, S. 20).

Nr.	Variable Test	1	2	3	4	5	6
1	Wortassoziation		369	344	303	420	378
2	Verwendungsmöglichkeit	371		266	222	175	186
3	Versteckte Figuren	351	197		159	414	366
4	Fabeln	320	276	153		220	131
5	Aufgaben stellen	488	279	525	269		246
6	Intelligenzquotient	371	147	303	115	393	

Torrance (1960) wiederholte ebenfalls die Messungen von *Getzels & Jackson* an acht verschiedenen Stichproben aus verschiedenen Schulen (einschließlich der Elementarschule) und fand ähnliche Koeffizienten wie *Getzels & Jackson*, woraus er schließt, daß Kreativität ein Leistungsbereich ist, der bislang wenig berücksichtigt wurde. *MacKinnon* (1960 b) teilt mit, daß in seinen (schon früher angestellten) Untersuchungen die Korrelationen zwischen Kreativität und Intelligenz (Terman Concept Mastery Test) nicht einmal signifikant von Null verschieden waren. Bei kreativen Architekten betrug der Zusammenhang z. B. r = .08.

Eine jüngere beachtenswerte Untersuchung zu diesem Problemkreis stammt von *Flescher* (in: *Mooney* und *Razik*, 1967). Er verglich die Intelligenz- und Kreativitätsleistungen von vier ausgewählten Gruppen (hochintelligent, aber wenig kreativ; hochkreativ und wenig intelligent; hochintelligent und hochkreativ; wenig intelligent und wenig kreativ). Er fand Nullkorrelationen zwischen Intelligenz und Kreativität. Ein Test, der die Leistungen bei entfernten Assoziationen erfaßte, korrelierte sogar konstant leicht negativ mit Intelligenzleistungen (gemessen durch den California Test of Mental Maturity). Die Interkorrelationen zwischen IQ und Schulleistung (erfaßt durch einen Schulleistungstest) waren beträchtlich (zwischen IQ und Gesamtskore des Leistungstests .79!), während Schulleistung und Kreativität keinen Zusammenhang aufwiesen (r = .09). Dieses verblüffende Ergebnis dürfte allerdings nicht unabhängig von der Selektion der Probanden aus der Gesamtpopulation sein, da die beiden Konträrgruppen (hochintelligent — wenig kreativ und umgekehrt) möglicherweise vorhandene Zusammenhänge zudecken. Einseitige Stichprobenzusammenstellungen, wie die hier vorgenommene, sind für die Berechnung von Korrelationen immer problematisch. Immerhin zeigen die Ergebnisse *Fleschers*, wie verschiedenartig die Zusammenhänge zwischen Intelligenz und Kreativität ausfallen können. Es liegen jedenfalls eine Reihe von Befunden vor, die kreative Leistungen als relativ unabhängig von der Intelligenz im herkömmlichen Sinne abbilden.

Andererseits stellen alle Autoren übereinstimmend die Abhängigkeit zwischen Kreativität und allgemeiner Intelligenz heraus. Immer nämlich, wenn kreative Leistungen nachweisbar sind (etwa im Sinne der Originalität), findet man auch eine bestimmte Höhe der Intelligenz vor. Ohne ein bestimmtes Maß an Intelligenz scheinen kreative Leistungen offenbar nicht möglich zu sein *(Yamamato*, 1964; *Meer* & *Stein*, 1955; siehe auch *Landau*, 1969). Anders jedoch verhält es sich im oberen Bereich der Leistungen. Viele Autoren meinen, daß von einem gewissen Intelligenzniveau an (gemessen mit landläufigen Tests) keine Information über Kreativität mehr geliefert wird. Hohe Leistungen im Bereich der Kreativität sind dann weitgehend unabhängig von der allgemeinen Intelligenz, wie sie mit herkömmlichen Tests gemessen wird.

Zu dieser Frage können wir den Standpunkt *Guilfords* teilen (*Guilford*, in: *Parnes* & *Hardings*, 1960), der meint, daß man in den üblichen Tests nur einen kleinen Ausschnitt aus dem Gesamtbereich intellektueller Fähigkeiten erfaßt. Auch schulische Leistungen reflektieren nur bis zu einem begrenzten Ausmaß die Bandbreite der Gesamtintelligenz. Schulnoten korrelieren hoch mit einem Faktor, den *Guilford* ‚verbal comprehension' nennt. Das verbale Verständnis (besonders wichtig als Instruktionsverständnis bei den Testaufgaben) trat auch in den Augsburger Längsschnittuntersuchungen[1] als mutmaßlicher Hauptfaktor für die gemessenen Leistungen auf.

Von den Testbefunden her allein läßt sich keine befriedigende Aussage über das Verhältnis von Kreativität und Intelligenz treffen. Auch *Guilford* geht bei seinem Konzept der dreidimensionalen Intelligenzstruktur zunächst von theoretischen Überlegungen aus und kommt so zur Postulierung von 120 Faktoren, von denen empirisch allenfalls die Hälfte nachgewiesen ist.

Die in Abschnitt 3.1 angestellten Überlegungen basieren von vornherein auf der Annahme, daß Kreativität ein integrierender Bestandteil der Intelligenz ist. Problemlösendes Denken bedarf, sofern produktive Leistungen verlangt werden, immer der Kreativität. Das, was wir im zweiten Kapitel als Umstrukturierungsprozeß bezeichnet haben, bedeutet eine kreative Leistung im Sinne der hier vorgenommenen Definition. Denken läuft in den seltensten Fällen in strenger, vollbewußter Sequenz ab. Immer wieder finden wir Prozesse vor, an denen kreative Leistungen beteiligt sind. ‚Probleme erfassen' und ‚Probleme sehen' wird als eigener Faktor der Kreativität angesehen, beim Auffinden von neuen Lösungswegen ist neben Flüssigkeit und Flexibilität auch Originalität beteiligt. Das Erkennen einer neuen Lösung als brauchbares Ergebnis erfordert ebenfalls Kreativität. *Guilford* hat aus seiner Sicht beschrieben, in welcher Weise Faktoren der Kreativität, vor allem des divergenten Denkens, beim produktiven Denken beteiligt sind (in: *Mooney* & *Razik*, 1967). *Horn* (1968), der ein Zweifaktorenmodell der Intelligenz vorträgt, stellt bei Analyse der vorliegenden Befunde ebenfalls fest, daß kreative Leistungen keine einheitliche Fähigkeit darstellen, sondern spezifische Faktoren bilden, die auf die beiden von ihm im Anschluß an *Cattell* postulierten breiten Grundfaktoren der ‚fluid intelligence' und ‚crystallized intelligence' gleichmäßig verteilt sind[2].

[1] Es handelt sich um laufende Untersuchungen an ca. 3000 Augsburger Kindern, die seit dem Schuleintritt in regelmäßigen Abständen getestet werden. (Betreuung: Institut für Unterrichtsforschung der Pädagogischen Hochschule Augsburg).

[2] Unter ‚fluid intelligence' versteht *Horn* einen breiten Grundfaktor der Intelligenz, der weitgehend von Bedingungen der Acculturation, also der erziehlichen und unterrichtlichen Förderung, unabhängig ist. Es handelt sich um Leistungsbedingungen, die anlagemäßig einen starken Anteil haben und durch das Hinzutreten von ‚Hilfen' (aids) und ‚Begriffen' (concepts), die relativ unabhängig von einer spezifischen Kultur erworben werden (z. B. Raum- und Zeitbegriff im Sinne von *Piaget*), ihre endgültige Ausprägung erhalten. Kulturfreie oder doch weitgehend kulturell unabhängige Tests

Man sollte also keineswegs von einem Extrem zu andern überwechseln und die Kreativität als geschlossenen Block der allgemeinen Intelligenz gegenüberstellen. Kreativität ist ein recht inhomogenes Feld von Leistungsbedingungen, die nur sinnvoll betrachtet werden können, wenn man sie in ein Gesamtkonzept der Intelligenz einordnet bzw. in einer übergeordneten Theorie des Denkens unterbringt.
Beide Versuche wurden ansatzweise beschrieben. Die Beziehung der Kreativität zum Denken ist in Abschnitt 3.1, ihre Position innerhalb der Intelligenz als System von Fähigkeiten oder Leistungsbedingungen in Abschnitt 3.2 dargestellt.

3.223 Eine pädagogische Folgerung

Eine erste Konsequenz, die wir bereits an dieser Stelle ziehen wollen, besteht in der besseren Diagnose von Kreativität. Solange Lehrer und Erzieher nicht wissen, was Kreativität ist, solange sie kreative Leistungen für Spielerei oder unklares Denken halten, steht es um die Förderung schöpferischer Leistungen schlecht. Jeder Lehrer kann, sofern er einzelne Kreativitätsfaktoren wie Flüssigkeit und Flexibilität kennt, Aufgaben stellen, die kreative Leistungen fordern. Jeder Lehrer kann Äußerungen, die im Unterrichtsalltag fallen, als kreativ oder wenig kreativ einstufen, wenn er einige klar definierte Kriterien an die Hand bekommt.
Woran liegt es, daß schöpferische Leistungen in der Schule wenig erkannt und gefördert werden? Wir können zunächst die „normalen" Unterrichtsprozesse auf diese Frage hin untersuchen. Dabei werden wir feststellen, daß ein Unterricht, so wie er üblicherweise gehalten wird, um so besser und störungsfreier abläuft, je stärker die Verzahnung zwischen Lehrer- und Schülerreaktion ist. Schüler, die auf den Impuls des Lehrers so eingehen, wie dieser es haben möchte, sorgen für eine zügige Entwicklung bei der Stoffbearbeitung und -verarbeitung. Der Lehrer hat meist einen mehr oder minder fest umrissenen Plan, wie er vorgeht, also eine Art Algorithmus. Je mehr sich der Schüler in diesen Algorithmus einpaßt, desto rascher begreift er den Stoff, den der Lehrer vermitteln will. Un-

(Tests zur Erfassung der Gedächtnisspanne, Raven, Wahrnehmungstests usw.) erfassen vorwiegend diesen Faktor.
‚Crystallized intelligence' ist demgegenüber viel stärker kulturabhängig. Hier sind Leistungen beheimatet, die durch häusliche Erziehungseinflüsse und durch die Schule gefördert werden. Allen Leistungen voran dürfte hierher verbales Verständnis gehören, das den Faktor ‚crystallized intelligence' hoch auflädt. Die von *Horn* und *Cattell* getroffene Unterscheidung ist insofern interessant, als sie kulturunabhängige Faktoren und Anlagebedingungen stärker als andere hierarchische Intelligenztheorien berücksichtigt. Doch kann hier nicht näher auf die Gedanken *Horns* eingegangen werden.

sere Schule funktioniert deshalb auf weiten Strecken auf der Basis von konformistischem Verhalten. Kreativität aber steht immer in gewissem Gegensatz zu Konformismus und zu Anpassung an die Intentionen des Lehrenden. Originelle Schülerantworten sind zwangsläufig entfernt von den Antworten, die der Lehrer erwartet. Originelle Lösungen und Lösungswege treten oft da auf, wo sie gar nicht passen, etwa zu Beginn einer Stunde und nicht am Ende, wo sie als das Ergebnis langer Bemühungen intendiert werden.

Insgesamt kann man also festhalten, daß kreative Leistungen des Schülers oft Störungen in den Unterricht bringen, so wie er gegenwärtig meist konzipiert ist. Deshalb hat es der Lehrer schwer, Kreativität als etwas Positives anzuerkennen. Ist er selbst kreativ, so kann es leicht passieren, daß bestimmte Lehrziele, vor allem die Kulturtechniken, bei denen overlearning erforderlich ist, zu kurz kommen. Auch die Arbeitshaltung der Kinder mag zu wünschen übrig lassen. Der durchschnittliche Lehrer legt allerdings das Schwergewicht auf Lehrziele, die eher hemmend als fördernd auf die Kreativität wirken.

Kreative Leistungen beim Schüler erkennen und fördern heißt zugleich, neue Lehrziele in den Stoffplan aufnehmen, und bedeutet für den Lehrer, selbst kreative Leistungen bei der Gestaltung des Unterrichts zu produzieren. Die Frage der Lehrziele und des Unterrichtsstils wird uns aber noch an anderer Stelle zu beschäftigen haben (s. Abschn. 3.4).

Zusammenfassung

Bei der Messung kreativer Leistungen berücksichtigt man Aufgaben, die mehrere und unbekannte Lösungen zulassen. Erfaßt werden hauptsächlich: Flüssigkeit (z. B. Produktion möglichst vieler Assoziationen), Flexibilität (z. B. Ausdenken verschiedenartiger Verwendungszwecke für einen wohlvertrauten Gebrauchsgegenstand), Originalität (z. B. Seltenheit einer Antwort), Sensitivität für Probleme (z. B. Auffinden von Fehlern), Neu- oder Umdefinieren (z. B. Kombination zweier Gegenstände zu einem Gerät, das einem neuen Zweck dient) und Elaboration (z. B. Ausarbeitung von Einzelheiten zu einem Plan). Noch wenig erfaßt worden sind Leistungen innerhalb des Lösungsvorganges von Denkproblemen, die bei der Erfindung neuer Strategien beteiligt sind.

Die Zuverlässigkeit von Kreativitätstests ist niedriger als bei Intelligenztests im herkömmlichen Sinne, manchmal noch völlig unbefriedigend. Das liegt wohl hauptsächlich an der größeren Empfindlichkeit kreativer Leistungen gegenüber situativen Bedingungen, was stärkere Leistungsschwankungen zur Folge hat und außerdem auf die Schwierigkeit zurückgeht, kreative Leistungen in einer Testsituation zu aktivieren.

Um die Validität ist es noch schlechter bestellt. Kreativitätstests messen zum großen Teil etwas anderes als man in Kunst und Wissenschaft unter schöpferischen Leistungen versteht, denn diese korrelieren niedrig oder nicht mit Leistungen in Kreativitätstests. Allerdings kann ein – wenn auch geringer – Zusammenhang zwischen Außenkriterium und Test als gesichert angesehen werden. Das Lehrerurteil eignet sich gegenwärtig kaum für die Vorhersage kreativer Fähigkeiten, was aber vermutlich an mangelnder Information über Kreativität und an der mangelnden Gelegenheit, kreative Leistungen zu beobachten, liegen dürfte. Theoretisch kann Kreativität, wie sie in Tests erfaßt wird, besser erklärt und eingeordnet werden, als unter dem Aspekt der praktischen Bedürfnisse unserer Gesellschaft.

Es erscheint nicht sinnvoll, Kreativität als unabhängigen Bereich der Intelligenz gegenüberzustellen, da kreative Einzelleistungen untereinander nicht viel höher korreliert sind als mit herkömmlichen Intelligenztests. Es ist theoretisch vorteilhafter, die Kreativität als (heterogenen) Teilbereich der Intelligenzstruktur anzusehen bzw. Kreativität dem Denken theoretisch einzuordnen.

Fragen nach der Meßbarkeit der Kreativität führen zu der pädagogischen Konsequenz, daß Lehrer und Erzieher in der Lage sein sollten, kreative Leistungen zu beobachten und zu diagnostizieren.

3.3 Die kreative Persönlichkeit

Wir verstehen Kreativität nicht als etwas Außerordentliches, sondern als Merkmalskomplex, der jedem Individuum in stärkerer oder schwächerer Ausprägung zukommt. Die Analyse der kreativen Persönlichkeit wird sich demgemäß nicht mit extrem seltenen Fällen befassen, sondern sich auf solche Persönlichkeitsmerkmale konzentrieren, die in mehr oder minder starker Ausprägung bei jedem anzutreffen sind. Dies zeigt sich schon bei der Beschreibung der Entwicklung kreativer Leistungen, mit der wir uns zuerst befassen, sodann auch in der Darstellung von Persönlichkeitszügen und charakteristischen Verhaltensweisen des Kreativen.

3.31 Entwicklung der Kreativität

Am Eingang des Kapitels über Kreativität wurde versucht, eine biologische Basis für Kreativität zu finden. Sie müßte besonders deutlich im Entwicklungsprozeß zu beobachten sein. Bei der allgemeinen Beschreibung der Entwicklung wird sie deshalb zur Sprache kommen müssen. Hinterher wollen wir uns noch mit einigen spezifischen Umweltbedingungen befassen, die auf die Fortentwicklung der Kreativität in unserer Kultur Einfluß zu nehmen scheinen.

3.311 Allgemeiner Verlauf

Wir stellten fest, daß ein allgemeines biologisches Prinzip die Selbstverdoppelung ist. Kreative Leistungen können, im ganzen gesehen, diesem Prinzip untergeordnet werden. Der Mensch hat es verstanden, im Laufe seiner Kulturentwicklung Mittel und Wege zu finden, wie er seine Ideen und Entdeckungen unabhängig vom biologischen Erbgang weitergeben kann. Zeigt sich das Prinzip der Selbstverdoppelung im Sinne der Objektivierung der eigenen Persönlichkeit in Leistungen und Produkten auch als kennzeichnender Entwicklungsvorgang?

Operant behavior

Eine entwicklungspsychologische Wurzel der Kreativität kann in den spontanen Aktivitäten des Kindes gesehen werden, die ohne erkennbare äußere Reize ablaufen. Dieses Phänomen hat man auch bei Tieren beobachtet und bezeichnet es im Anschluß an *Skinner* (1938) als operant behavior. Es ist genau das Verhalten, das man in der Pädagogik seit langem als Spontaneität des Kindes kennt. Operant behavior ist zunächst wirklich eine Art Zufallsaktivität rein äußerer Art. Der Säugling vollführt bekanntlich eine Vielfalt von Bewegungen, die noch relativ unkoordiniert sind. Erstaunlich ist dabei die aufgewendete Energie. *Goodenough* (1945) erzählt von einem Studenten, der als Babysitter versuchte, alle motorischen Reaktionen eines kleinen Kindes mitzumachen. Er war nach einiger Zeit außerordentlich ermüdet und nicht mehr imstande, sein Vorhaben weiterzuführen.

Allmählich freilich handelt es sich auch beim operant behavior um gelenktes Verhalten oder doch mindestens um gegliedertes Verhalten, das sich um bestimmte Ziele herum gruppiert. Die Beschäftigung mit einem Gegenstand aktiviert Hände, Augen, Ohren und Mund, nicht mehr aber den ganzen Körper, etwa die Beine, die ja beim Greifen und sonstigen Explorieren keine Funktion haben, sobald sich der Gegenstand in Reichweite befindet. Man kann beobachten, wie sich im spontanen Verhalten gewisse Hypothesen zeigen, die überprüft werden. Damit kommt natürlich die ‚innere' Aktivität in Form repräsentierender Prozesse ins Spiel. Auch diese inneren oder repräsentierenden Vorgänge ähneln oft in vieler Hinsicht dem äußeren spontanen Verhalten, können also ebenfalls als operant behavior klassifiziert werden. Die freie Produktion von Assoziationen, durch die man Aufschluß über die „Flüssigkeit" erhält, wäre z. B. als solches operant behavior zu verstehen.

Assimilation und Akkommodation

Durch die ständige Auseinandersetzung mit der Umwelt hat das spontane Verhalten bestimmte Aufgaben zu bewältigen, die insgesamt als Informationsverarbeitung umschrieben werden können. Mit *Piaget* (1947) können wir dabei zwei Richtungen der Aktivität unterscheiden: Assimilation und Akkommodation. Bei der Assimilation handelt es sich um Anpassung der Umwelt an das Individuum; die Akkommodation ist der gegenläufige Prozeß, nämlich die Anpassung des Individuums an die Umwelt. Bei ersterem Vorgang ordnet das Kind die Ereignisse und Erscheinungen, die es wahrnimmt, in seine Ordnungsbegriffe, in die Kategorien, die es bereits besitzt, ein. Bei letzterem Vorgang verändert es seine Begriffe oder seine „Schemata", um sie den Gegebenheiten der Umwelt anzupassen. Assimilation herrscht beispielsweise vor, wenn das kleine Kind beim Besuch des Tierparks das Nashorn als Kuh und den Affen als Eichhörnchen bezeichnet. In das Schema Kuh bzw. Eichhörnchen werden Tiere eingeordnet, die aufgrund ihrer Merkmale assimiliert werden können. Akkommodation liegt im gleichen Beispiel dann vor, wenn das Kind seine globalen Schemata differenziert und zwischen Eichhörnchen und Affen unterscheidet. Sowohl Assimilation als auch Akkommodation sind kreative Leistungen, da jedes Schema, das das Kind benutzt oder entwickelt, zu neuen Ordnungsergebnissen führt. Die Bezeichnung ‚kreativ' oder ‚schöpferisch' soll hier einfach im bisher verstandenen Sinne verwendet werden, nämlich vor allem die Originalität der Leistung kennzeichnen. Das für die Assimilation verwendete Schema ist immer so beschaffen, daß eine reibungslose Anpassung von Umwelterscheinungen nicht möglich ist. Die vollbrachte Leistung – etwa Nashorn als Kuh einzustufen – ist eine seltene Produktion und zugleich qualitativ weiterführend, da solche Zuordnungen Wahrnehmungs- und Intelligenzleistungen beanspruchen, z. B. beim Auffinden der korrespondierenden Merkmale (Größe, massiger Körper, Vierbeiner). Da bei jedem Kind andere Assimilationsvorgänge stattfinden, je nach vorausgegangener Erfahrung und Lernkapazität, fällt auch die Akkommodation originell aus. Wichtig ist jedoch bereits hier die Feststellung, daß die in der deutschen pädagogischen Tradition seit jeher besonders akzentuierten schöpferischen Kräfte des Kindes nicht etwas Geheimnisvolles, Mystisches sind, sondern eine biologische Notwendigkeit.

Schöpferische Leistungen im Sinne der Originalität fallen bei Assimilationsvorgängen stärker ins Auge, weshalb wir uns dabei noch etwas aufhalten wollen.

Ein Effekt der Assimilation ist das physiognomische Sehen des Kindes (*Werner*, 1959). Wahrgenommene Ereignisse und Objekte gewinnen Ausdruckscharakter, sie sind böse und gut, freundlich und bedrohlich, angenehm und unangenehm. Viele Erwachsene, vor allem Künstler, haben diese Art des Sehens und Deutens nicht verloren. Wenn wir eine Landschaft als trist oder heiter kennzeichnen, ein Gebäude als ehrwürdig empfinden oder zu Blumen ein individuelles Verhältnis haben, so assimilieren wir Erscheinungen der Umwelt so, daß sie für uns einen spezifischen Sinn erhalten, den sie natürlich „an sich" nicht besitzen. Die Assimilation ist auch für die Personifizierung der Objekte verantwortlich. Manchmal spricht das Kind mit Objekten wie mit seinesgleichen oder es deutet sie in Tiere bzw. Personen um.

Personifizierung und physiognomisches Sehen sind in früher Kindheit die wichtigste Technik der Orientierung in der Umwelt. Das Kind mißt alles nach den Maßstäben, die ihm zunächst zur Verfügung stehen, und diese Maßstäbe stammen von ihm selbst, sie werden von ihm in eigener Regie gesetzt. Für das Kleinkind gilt in besonderem Maße der Ausspruch „Der Mensch ist das Maß aller Dinge".

Operant behavior und die Prozesse der Assimilation und Akkommodation münden bald in eine sehr reichhaltige Aktivität ein, die wir gewöhnlich als Spiel bezeichnen. Unter den vielen Arten des Spiels wollen wir nur die Form herausgreifen, die besonders eng mit Kreativität verknüpft ist. Ein Überblick über Arten und Bedeutung des Spiels findet sich unter anderem bei *Scheuerl* (1965) und *Oerter* (1970a).

Die Spielform, mit der wir uns etwas ausführlicher befassen wollen, wird in der Literatur als Illusionsspiel (*Groos,* 1899) oder Fiktionsspiel (*Bühler,* 1928) bezeichnet. Das Kind nimmt in ihr der Welt gegenüber eine eigentümliche Haltung ein, die man als idealistisch-egozentrisch bezeichnen kann. Hierher gehört das Umdeuten von Gegenständen in Lebewesen oder in andere für das Spielvorhaben benötigte Objekte (Eisenbahn) sowie das fiktive Übernehmen von Rollen („Rollenspiel"). Idealistisch ist diese Spielform insofern, als die Welt ihre Deutung und Eigenart vom Individuum erhält und während des Spiels unabhängig von ihrer sonstigen realen Bedeutung ein Produkt des kindlichen Erzeugers ist. Egozentrisch ist diese Spielhaltung, weil die Deutung nicht von den realen Eigenschaften der Objekte ausgeht, sondern aufgrund der augenblicklichen Bedürfnisse des Kindes zustandekommt. In der von ihm neugeschaffenen Welt steht es als Schöpfer im Mittelpunkt, es kann beliebig mit dieser Welt verfahren, sie verändern oder auch vernichten. Auf diese Weise mag ein Holzklotz zunächst ein Haus, dann ein Fahrzeug, eine Puppe sein, um schließlich als wertloses Objekt liegengelassen zu werden. Die idealistisch-egozentrische Spielhaltung hat immer dann echten kreativen Charakter, wenn die Umdeutung von Objekten originell, d. h. für das Kind neu ist. Ein gewohnheitsmäßiges Fiktionsspiel dagegen, etwa das sich täglich wiederholende Aus- und Anziehen einer Puppe, kann nicht als kreativ bezeichnet werden. Aktive und gesunde Kinder variieren meist das Spiel, es treten etwa beim Puppenspiel Veränderungen des Grundthemas An- und Ausziehen auf.

Interessant ist auch der Anlaß für das Aufkommen der idealistischen Spielhaltung. Wie *Hutt* (1966) beobachtete, zeigten Kinder bei einem neuartigen Spielzeug (einem mit einem Hebel ausgestatteten Kasten) solange explorierende Aktivität, bis sie seine Funktionen erforscht hatten. Dann aber verfielen sie in eine idealistische Haltung und deuteten das Gerät um, etwa in eine Lokomotive oder ein signalgebendes Instrument, das das „Fahren“ des Kindes begleitete[1]. Auf die Frage „Was gibt es Neues an dem Ding?“ folgt die Frage „Was kann ich mit dem Ding anfangen?“ Die Objekte regen offenbar dann zum Fiktionsspiel an, wenn sie in den Augen des Kindes redundant geworden sind, d. h. wenn das Kind ihnen keine neue Information abgewinnen kann. Von da ab belegt das Kind den Gegenstand mit neuen Merkmalen, die es selbst erfindet. Je besser das Zusammenspiel zwischen realen und erdichteten Merkmalen ist, desto höher darf man die dabei zutage tretende kreative Leistung einstufen. Hintereinander aufgestellte Klötze können mit größerem Recht als Eisenbahnzug bezeichnet werden als ein längliches Holzstück.

Die für die Deutung entscheidenden Merkmale dürfen aber nicht bereits vorgegeben sein, etwa wie bei der Puppe, denn dann wird ja eine bestimmte Deutung aufgedrängt. Vielleicht kann man sich die kreative Leistung des Kindes bei vieldeutigem, unspezifischem Material an Beispielen aus der Kunst klarmachen. Von *Picasso* stammt die Figur „Lesende“, eine grazile, liegende Mädchengestalt, die aus Schraubengewinden und Metallstücken zusammengesetzt ist. Aus zwei Drähten und einem mit Gips bespritzten Stück Holz entsteht ein Vogel. Ein Sattel und eine umgedrehte Fahrradlenkstange bilden einen Stierkopf. Die geniale Umdeutung von Gebrauchsgegenständen zu Teilen einer neuen Form entspricht auf hoher Ebene vielen Deutungsversuchen der Kinder. Man kann etwa beobachten, wie Fünf- und Sechsjährige, angeregt durch die Einflüsse verschiedenster Medien, ein Stück Holz oder ein angebissenes Brot als Pistole umdeuten und auf einen Partner zielen, oder wie die Suppe in einen See verwandelt wird, auf dem ein Boot (der Löffel) schwimmt. Solche Umdeutungen sind kreativ, sofern sie vom Kind ohne fremde Anregung selbständig gefunden wurden. An den letztgenannten Beispielen kann man wiederum ersehen, wann das Kind besonders zu kreativen Leistungen im Sinne von Umdeutungen angespornt wird. Sie scheinen gehäuft aufzutreten, wenn es langweilig wird, wenn die Situation redundanten Charakter gewinnt. Das Bedürfnis nach Neuem, ein zentrales Motiv für die menschliche Entwicklung (*Hunt*, 1965), ist in der frühen Kindheit so stark, daß sich das Kind selbst neue Situationen schafft, wenn von außen her keine neuen Reize auftreten. Das Essen der Suppe ist unter Umständen eine langweilige und sogar unangenehme Angelegenheit, die man durch Umdeutung anziehender gestalten kann. Deshalb haben kleine Kinder, wenn sie die idealistische Spielhaltung einzunehmen gewohnt sind, nie Langeweile.

[1] Weitere Beschreibung siehe *Oerter*, 1970a.

Wir wissen, daß diese Technik auch gefährlich werden kann. Kinder und Jugendliche können sich regelrecht in eine Welt der Illusion und Fiktion flüchten. Tagträume, Phantasiegefährten, Luftschlösser und ähnliche Produktionen haben durchaus die gleiche Wurzel wie Kreativität, doch sind solche Reaktionen der Entwicklung nur begrenzt förderlich und bedeuten eine Gefahr, wenn sie zur manifesten Realitätsflucht werden.

Noch ein anderes Problem taucht auf. Was geschieht beim Kind, das sich nicht mehr im Illusionsspiel bewegt, weil es von außen her soviel an Abwechslung erfährt, daß dieses „redundante" Spiel nicht mehr benötigt wird? Abgesehen von der Möglichkeit, daß Kinder trotzdem Fiktionsspiele wählen, läßt sich hierzu noch keine klare Aussage machen. Man ist zunächst geneigt, bei der kindlichen Intelligenz, vor allem bei der Kreativität, eine beträchtliche Förderung durch die idealistische Spielhaltung zu erwarten. Wird doch die freie, „spontane" innere Aktivität im Sinne der fluency, Flexibilität und Originalität wie selten sonst angeregt. Weiterhin scheint das kindliche Fiktionsspiel nicht ein Ergebnis unserer Kultur zu sein, sondern eine kulturunabhängige Erscheinung, die artspezifisch ist. Verschwindet diese Aktivität durch kulturbedingte Hemmung, so müßte man zunächst eine Schädigung der psychischen Entwicklung des Menschen erwarten. Da aber meist durchaus auch Kompensationserscheinungen auftreten können, das Kind also den Ausfall der einen Aktivität durch andere Aktivitäten wettmachen kann, lassen sich solche Hemmungseffekte nur schwer abschätzen. Freilich erscheint es angesichts der Unsicherheit in dieser Fragestellung geboten, die „natürliche" spontane Aktivität des Kindes möglichst zu erhalten.

Das operant behavior im Sinne kreativer Aktivität zeigt sich natürlich auch in realitätsorientierten Spielformen, vor allem in Konstruktions- und Gestaltungsversuchen der Kinder. Das Nachschaffen der Welt mit Hilfe von Farbstift, Plastilin oder Bauteilen ist nie eine direkte Nachahmung, sondern eine komplizierte Umsetzung der Realität in eine zweite Daseinsform. Ähnlich wie die inneren Repräsentationsformen der Welt diese nicht einfach widerspiegeln, wirken beim Zustandekommen des kindlichen Werkes eine Vielfalt von Komponenten mit, allen voran die augenblickliche Erkenntnis der Welt, die deutlich eine andere ist als die des Erwachsenen[1], sodann die durch die unvollkommene Umsetzung einer Darstellungsabsicht bedingte Verzerrung beim manuellen oder sprachlichen Ausdruck.

[1] Siehe hierzu vor allem die Befunde und Ideen von *Piaget* (1947) sowie zusammenfassende Darstellungen darüber (*Petter*, 1966; *Oerter*, 1970a).

Nachfolgend seien einige Beispiele für kreative Leistungen im Sinne der Originalität angeführt, eines aus dem sprachlichen, das andere aus dem Konstruktionsbereich. Da der Wortschatz des Kindes oft für einen bestimmten Darstellungszweck nicht ausreicht, prägt es neue Wortschöpfungen, die typische Beispiele für kreative Leistungen darstellen, wie sie später sehr viel seltener auftreten. So nennt ein dreijähriges Kind den winterlichen Baum „Steckenbaum“ im Gegensatz zum belaubten Baum, der nur als „Baum“ bezeichnet wird. Das andersartige Aussehen wird durch die Stecken charakterisiert, aus denen der Baum besteht (übrigens zugleich ein Beispiel für Akkommodation). In Abb. 3.10 sind zwei Flugzeugmodelle eines Jungen im Alter von 6; 1 Jahren abgebildet. Das Material, einmal Holz, das andere Mal Legosteine, zwang ihn zu verschiedenartigen Lösungen der Aufgabe. An diesem Beispiel erkennt man auch, daß kreative Leistungen nicht vollständige Eigenschöpfungen sein können. Den beiden abgebildeten Konstruktionen gehen Serien von anderen Bauwerken voraus. Auch die Orientierung an vorgegebenen Modellen spielt eine Rolle. Entscheidend für die wiedergegebenen Leistungen ist aber, daß sie originell und einmalig sind. Sie wurden nicht vorgegebenen Modellen nachgebaut, und es mußten schwierige Konstruktionsprobleme — etwa die Bildung der voluminösen Flugkanzel aus flachen Latten in Beispiel a) — gelöst werden.

Es geht hier nicht um die Beschreibung von seltenen Hochleistungen, sondern von durchschnittlichen Leistungen im vorschulischen Alter. Freilich macht sich bereits hier eine Kanalisation bemerkbar. Nicht jedes Kind ist im Bereich des Bauens oder Konstruierens kreativ. Manche Kinder zeigen schöpferische Produktion besonders im sprachlichen Bereich, andere im Rollenspiel (soziale Kreativität) und wieder andere im konstruktiven Spiel, zu dem auch Malen und Modellieren gerechnet seien. Wie hierbei Anlage und frühzeitige Kanalisierung zusammenwirken, ist im Einzelfall recht verschieden, jedoch wäre es unrealistisch, wollte man bestimmte Anlagebedingungen gerade in diesem Bereich ausklammern.
Ein ganz andersartiges Beispiel sei aus dem Sektor des sprachlich-musikalischen Verhaltens angeführt. Ein Mädchen im Alter von 3;7 Jahren singt auf einem Schaukelpferd sitzend beim Betrachten eines Bildes, auf dem zwei Kinder mit brennenden Laternen zu sehen sind: Alle Kinder ha'm a Lichtl. Dieser Text bleibt unverändert über sämtliche Improvisationsversuche (Abb. 3.11). Die musikalische Gestaltung wird im folgenden „sachimmanent“, also als musikalische Form, und nicht psychologisch beschrieben.
Nach einer „Introduktion“, in der zwei rhythmische Möglichkeiten erprobt werden (Achtel und Sechzehntel, wobei die Schreibweise natürlich willkürlich ist), entscheidet sich das Kind für die raschere Bewegung. Es zeichnet sich andeutungsweise eine a-b-a-b-Form ab (in Abb. 3.11 durch Klammern gekennzeichnet), wobei die Melodiephrasen b aus der Tonfolge a hervorgehen. Danach beginnt ein neuer Versuch, der einem langsamen Satz vergleichbar ist. Die sprachliche Komponente wird ebenfalls variiert („alle, alle ...“). Schließlich erfolgt ein Taktwechsel. Das Kind singt nun wieder rascher im Dreiertakt und benutzt zusätzliches motivisches Material, das es schon ganz am Anfang einmal produziert hat (doppelt so langsam in der „Introduktion“). Man kann regelrecht von einem dritten Satz sprechen.
Damit zeigen sich im Ansatz einige wesentliche Formmerkmale der abendländischen Musik in der kindlichen Improvisation. Die Reichhaltigkeit kindlicher Im-

Abb. 3.10: Kreative Konstruktionsleistungen eines Sechsjährigen.

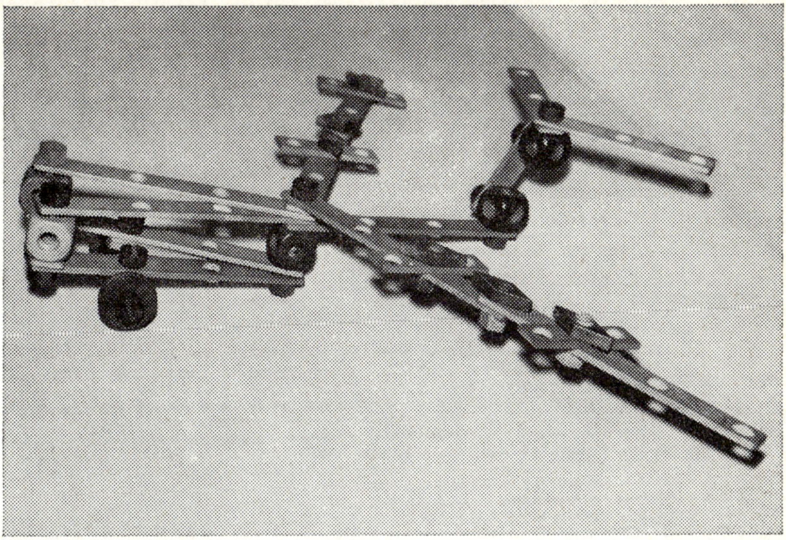

a

b

Abb. 3.11: Kreatives Verhalten bei sprachlich-musikalischem Ausdruck (mit freundlicher Überlassung des Arbeitskreises „Untersuchungen zur Frage der musikalischen Begabung“ an der Pädagogischen Hochschule Augsburg; Leitung: Stud.-Dir. *Graml*).

III

Zeichen: + Erhöhung bis zum einem Viertelton
— Vertiefung bis zu einem Viertelton

Tonansatz von unten
Tonansatz von oben

~ Gleiten oder Vibrato in der notierten Höhe

Anmerkung: Die Schreibweise in herkömmlicher Notenschrift ist ein Provisorium. Gegenwärtig wird nach besseren Möglichkeiten objektivierter Registrierung gesucht.

provisation wird durch Material belegt, das vom Arbeitskreis „Untersuchungen zur Frage der musikalischen Begabung" an der Pädagogischen Hochschule Augsburg (Leitung: Stud.-Dir. Graml) gesammelt wurde.

Dominanz der Reaktivität

Fast in allen Hochkulturen beobachtet man um das 6., 7. Lebensjahr herum eine merkwürdige Umstellung in der Aktivität des Kindes. Konnte es bisher sehr viel spontan handeln, sein ‚operant behavior' gewissermaßen frei ausbreiten, so erfährt es nun allmählich – bei uns sogar sehr abrupt – starke Einschränkungen. Es werden nämlich ganz bestimmte, dem Kind ungewohnte Tätigkeiten und Leistungen abverlangt. In unserer Kultur etwa die sogenannten Kulturtechniken des Lesens, Schreibens und Rechnens. Obwohl man die Eigeninitiative bei geschicktem didaktischen Vorgehen gut nutzen kann und beispielsweise der Leselernprozeß von der Spontaneität des Kindes seinen Ausgang nehmen mag, so müssen die nachfolgenden Prozesse doch stark gesteuert werden, weil man eben eine bestimmte Technik am besten in geordneter und didaktisch folgerichtig aufgebauter Sequenz erlernt. Ganz allgemein ergibt sich die Notwendigkeit, die gewaltige Informationsmenge, welche die Kultur für das heranwachsende Kind bereithält, möglichst gezielt und effektiv zu vermitteln. Deshalb besuchen die Kinder in allen höheren Kulturen Schulen, deshalb werden die Informationen didaktisch aufbereitet und deshalb stellt man an den Lernenden auch bestimmte Leistungsanforderungen, die sich sowohl auf Inhalte als auch auf Zeitgrenzen, innerhalb derer die Inhalte übernommen sein müssen, erstrecken. Diese Form eines gezielten intensiven Lernens ist offenbar notwendig, zugleich aber sicherlich eine sehr starke Beeinträchtigung der kreativen Entwicklung. In der Geschichte der Pädagogik hat man trotz fehlender klarer theoretischer Konzepte über Kreativität diese Gefahr immer wieder erkannt und ihr zu begegnen versucht. So ging es der Kunsterziehungsbewegung um die Weckung und Pflege schöpferischer Kräfte, *Fröbels* Kindergartenpädagogik stellte die schöpferische Aktivität des Kindes in den Mittelpunkt ihrer Überlegungen, die Spracherziehung erhielt immer wieder Impulse vom Aspekt der Kreativität *(Scharrelmann)*, und neuerdings – wohl hauptsächlich durch den Sputnik-Schock bedingt – hat in den USA eine pädagogische Reformbewegung eingesetzt, die sich unter anderem die Förderung kreativer Leistungen zum Ziel gesetzt hat. Trotzdem vollzieht sich im großen und ganzen gesehen mit dem Schuleintritt ein Wandel in der Aktivität. Das operant behavior wird mehr und mehr zum reaktiven Verhalten auf bestimmte Stimulussituationen, nämlich auf die Aufgaben und Anforderungen der Umwelt. Weiterhin kann sich das Kind nicht mehr selbst die Ziele aussuchen, mit denen es sich befaßt, sondern wird mit einem Katalog von mehr oder minder scharf umrissenen Zielen

konfrontiert, die es zu erreichen gilt. Schließlich ist auch der Weg zum Ziel vorgeschrieben: Das Ziel muß durch „Lernen“ (im engeren Sinn), und das heißt möglichst durch bewußte und planmäßige Einzelschritte, erreicht werden. Demgegenüber war die vorschulische Form des Lernens eher ein beiläufiges Lernen (incidental learning).
Trotzdem beobachtet man in der Grundschulzeit und später natürlich weiterhin kreative Leistungen; sie wurden inzwischen, wie wir sahen, auch mit Hilfe von Meßinstrumenten erfaßt. Der deutliche Einschnitt in der Entwicklung der Kreativität bleibt aber bestehen. *Torrance* beobachtete bei Kindern im Alter von etwa zehn Jahren ein allgemeines vorübergehendes Absinken der Kreativität, was er auf die Orientierung an den Normen der Gleichaltrigen und Gleichgesinnten (Peer Group) zurückführt, die in diesem Alter besonders wichtig werden. Nach einer Zeit des Einpendelns steigt die Kreativität wieder an (*Torrance*, 1962).

Selbstverwirklichung (self actualization)

In den Jahren zwischen zehn und zwanzig wird in der Entwicklung ein Motiv bedeutsam, das Autoren verschiedenster theoretischer Richtungen als wesentlich ansehen. Es ist das Bedürfnis nach Selbstverwirklichung, Selbstrealisation oder Selbstaktualisierung (*Maslow*, 1954; *Rogers*, 1959; *Spranger*, 1925). Der Jugendliche versucht zwar einerseits, sich in die umgebende Kultur einzupassen und ein vollwertiger Erwachsener dieser Kultur zu werden, andererseits geht es ihm bei der Übernahme der Erwachsenenrolle darum, sein Geschick selbst in die Hand zu nehmen und aus sich das Beste zu machen. Für die Kreativität ist das Bedürfnis nach Selbstverwirklichung sehr bedeutsam, weil der Jugendliche bei seinen Bemühungen um ein Persönlichkeitsbild nach Neuem, Unkonventionellem strebt. Wenngleich der Erwachsene oft lächelnd das Neue als etwas längst Vorhandenes entlarven mag, so bedeutet die hier freiwerdende Aktivität doch eine erneute Veränderung, die spontane Aktivität im Sinne des operant behavior gewinnt hier auf einer höheren Ebene wieder Terrain. Freilich ist dieser Trend nicht so stark und beherrschend wie in der frühen Kindheit. Längst sind die individuellen Unterschiede in der Entwicklung so groß geworden, daß man eine einheitliche Beschreibung nicht vornehmen kann. Schichtspezifische Abhängigkeiten und all die vielen anderen Bedingungen haben sich bis zu diesem Zeitpunkt so stark ausgewirkt, daß man bei vielen Jugendlichen überhaupt keine neuen kreativen Impulse mehr zu verspüren bekommt, bei anderen sie hingegen in ausgeprägtem Maße vorfindet. Immerhin ist die soziale Kreativität des Jugendlichen so stark, daß sie für unsere Gesellschaft

zum Problem geworden ist. Der Jugendliche will unter keinen Umständen so sein, wie es die Erwachsenen erwarten, er sucht nach neuen Wegen und neuen Möglichkeiten.
Selbstverwirklichung ist nach *Maslow* und *Rogers* auch für den Erwachsenen ein primäres Motiv der Kreativität.

Regression

Die für Kreativität kennzeichnende Ichferne und herabgesetzte Steuerung sowie die „Lockerheit" veranlassen einige Autoren, das Zurückfallen auf frühere Entwicklungsniveaus als wichtig für viele kreative Prozesse anzusehen (*Bellak*, 1958; *Kris*, 1952; *Barron*, 1964). Die Regression im Sinne des Infantilen allein zeitigt natürlich keine schöpferischen Leistungen von hohem Niveau. Vielmehr ist es der Wechsel zwischen Regression in kindliche Stadien und dem reifen Stadium des Erwachsenen. Die Fähigkeit, rasch zwischen diesen Stadien zu wechseln, sieht *Werner* (zitiert nach *Hersch*, 1962) als wesentliche Bedingung für Kreativität an. In der Tat fanden *Weisberg* und *Springer* (in: *Mooney* & *Razik*, 1967) bei Kreativen eine Mobilität im Wechsel von Regression und Progression. *Hersch* (1962) registrierte bei Künstlern in Rorschachprotokollen neben reifen Antworten auch Primitivdeutungen physiognomischer Art, wie sie bei Normalen nicht auftraten. Auch das spricht für die Wirkung beider Entwicklungsniveaus. Im vorwissenschaftlichen Verständnis des schöpferischen Menschen wird oft das Kind und seine unbekümmerte Art, sich mit der Umwelt auseinanderzusetzen, als Paradigma für das Schöpferische herangezogen. *Fromm* (1959) hebt dabei besonders die Fähigkeit hervor, sich von etwas fesseln und überraschen zu lassen und befindet sich in Übereinstimmung mit *Platon*, wenn er das Erstaunen an den Anfang neuer Erkenntnis setzt. *Maslow* (1963) sieht als weitere Komponente der kreativen Haltung die gegenwartsbezogene Aktivität an. „Dem Augenblicke leben" ist genau wie Verwunderung und Erstaunen eine typisch kindliche Verhaltensweise. Diese Regression steht also „im Dienste des Ich" (*Kris*, 1952).

Kreativität im Erwachsenenalter

Abschließend wollen wir uns die Frage stellen, ob es Höhepunkte und altersabhängige Schwankungen der schöpferischen Aktivität im Erwachsenenalter gibt. Der allgemeinen Tendenz nach scheinen die meisten schöpferischen Leistungen in den zwanziger und dreißiger Jahren aufzutreten.

Abb. 3.12: Schöpferische Hochleistungen in Abhängigkeit vom Lebensalter (*Lehman*, 1942; *Lehman*, 1953).

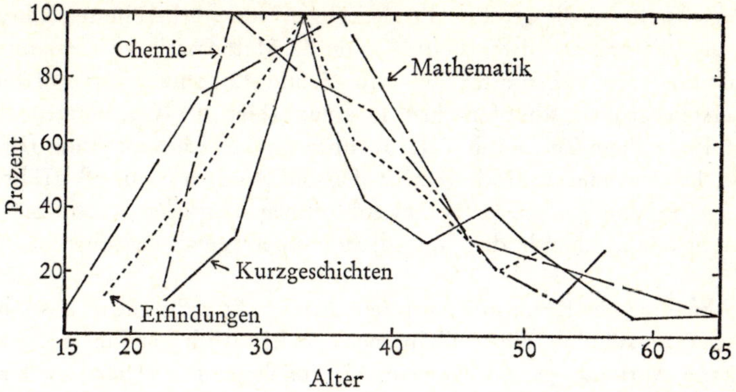

a) Zusammenhang zwischen Lebensalter und den besten Leistungen bei Künstlern und Wissenschaftlern

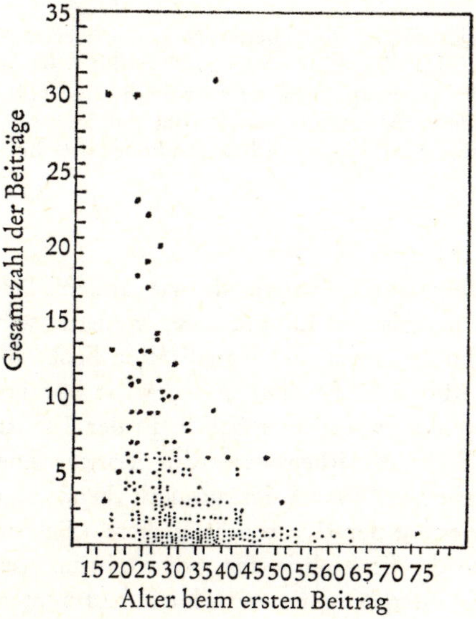

b) Alter von 306 Chemikern bei ihrem ersten bedeutenden Beitrag zur Forschung

In Abb. 3.12 a ist eine Zusammenstellung für das kreative Alter, in dem Hochleistungen auftreten, gegeben. Die wichtigsten Erfindungen von 35 Erfindern, die berühmtesten Kurzgeschichten (und Novellen) von 38 Schriftstellern, die größten Entdeckungen von 46 berühmten Chemikern und die bedeutendsten Beiträge von 27 Mathematikern entstammen offenkundig dem Lebensalter zwischen 25 und 40 Jahren. Das Auftreten der ersten großen schöpferischen Leistung (hier bei Chemikern) fällt ebenfalls in diese Zeit (Abb. 3.12 b), doch finden sich auch schon früher große Entdeckungen. Hochkreative Persönlichkeiten sind oft frühreif, wie *Pressey* und *Kuhlen* (1957) an zahlreichen Beispielen zeigen. Sie liefern sehr häufig schon in den Jugendjahren überragende Beiträge.

Die Abnahme der Kreativität mit dem Alter paßt recht gut in unser biologisches Verständnis dieses Phänomens. Bekanntlich verringert sich die spontane Aktivität ganz allgemein mit zunehmendem Alter. Da Kreativität eng mit dem ‚operant behavior' zusammenhängt, ist sie von dieser Entwicklung mitbetroffen. Auch die zunehmende Rigidität, die ein allgemeines Kennzeichen in der Entwicklung ist, zeigt sich wohl in den Faktoren der Flüssigkeit und Flexibilität, des Umdefinierens und der Elaboration.

Auf den Einzelfall sind solche Entwicklungstrends andererseits kaum übertragbar. *Kant* war 57 Jahre, als seine „Kritik der reinen Vernunft" erschien, *Bachs* Spätwerke sind unter dem Aspekt der Kontrapunktik auch zugleich seine vollendetsten (Kunst der Fuge) und *Tizians* Alterswerke sind wohl die schönsten des Meisters. Auch *Picassos* künstlerische Aktivität hat sich bis ins hohe Alter hinein kaum verringert.

Differenzierung

Kreativität entsteht und verändert sich selbstredend, wie andere Bereiche auch, nach den Gesetzen psychischer Entwicklung, weshalb wir frühzeitig Erscheinungen der Differenzierung und Kanalisation beobachten. Die Leistung des Jungen in Abb. 3.10 ist ohne eine gewisse Spezialisierung auf Bauen und Konstruieren wohl nicht möglich. In der Tat ist die Aktivität dieses Jungen in anderen Bereichen wesentlich geringer. Die Förderung von spezifischen „Begabungen", etwa der musikalischen, kann zugleich eine vordringliche Aktivierung der Kreativität in diesem Sektor bewirken. Dies gilt für jede Form der Spezialisierung, wie sie in unserer Kultur ja unausweichlich ist. Die Beschäftigung mit einem bestimmten Bereich hat zur Folge, daß seine Inhalte leichter verfügbar sind und die Flüssigkeit oder Flexibilität sich hier am ehesten auswirkt. Es sei aber

daran erinnert, daß zu große Vertrautheit auf der anderen Seite Kreativität wiederum hemmen kann, da dann Prozesse des Überlernens und der Stereotypisierung wirksam werden können.
Die Spezialisierung oder Differenzierung kreativer Aktivität in bestimmte Richtungen wirft die Frage nach der Übertragbarkeit kreativer Leistungsbedingungen auf. Ist der musikalisch Kreative auch zugleich sprachlich kreativ? Oder zeigt sich hier seine Kreativität nur nicht, weil ihm das „Material“ (beispielsweise der Wortschatz) fehlt? Theoretisch läßt sich zur Übertragbarkeit der Kreativität von zwei Seiten aus Stellung nehmen. Einmal kann man die Bedingungen für kreative Leistung als eine allgemeine Potenz auffassen, die sich je nach den Umständen in verschiedene Richtungen entwickelt. Vergleicht man die kreativen Leistungen des Kleinkindes mit denen des Erwachsenen, so legt sich einem diese Beschreibungsweise der Differenzierung und Kanalisation nahe. Andererseits kann man auch die verschiedenen Faktoren der Kreativität selbst mitheranziehen und die kreative Leistung daraufhin analysieren, welche Faktoren besonders beteiligt waren. Das *Guilford*sche Modell legt nahe, daß je nach Inhalten (figural, symbolisch u. a.) oder Produkten (Einheiten, Klassen u. a.) verschiedene Faktoren wirksam sind. Wenngleich man sich solche Faktoren als Ergebnis einer Entwicklung im obigen Sinne vorzustellen hat, so wird doch deutlich, daß Kreativität in verschiedenen Kulturbereichen unterschiedliche Faktoren beansprucht. Deshalb ist nicht zu erwarten, daß eine Übertragbarkeit kreativer Leistungen auf beliebige Gebiete möglich ist, sobald sich einmal solche Faktoren herauskristallisiert haben.

3.312 Umweltbedingungen und Entwicklung der Kreativität

Woher kommen die individuellen Unterschiede in der Kreativität? Handelt es sich um Anlagebedingungen oder sind Umwelteinflüsse schuld? Stellvertretend für andere seien nachfolgend zwei Arbeiten und ihre Befunde aufgeführt, die sich mit dem Zusammenhang zwischen kreativer Leistung und Erziehungsklima im Elternhaus befassen.
Weisberg und *Springer* (in: *Mooney & Razik*, 1967) wählten aus 7000 Kindern (etwa neunjährig) die fünfzig aus, die in einem Intelligenztest die höchsten Werte erreicht hatten. Als weitere Testwerte standen Skores von einem Kreativitätstest, vom Rorschach und einem Test, in dem die Familie zu zeichnen war (Draw-a-Family), zur Verfügung. Mit den Eltern dieser Kinder wurde ein sorgfältig vorbereitetes Interview durchgeführt, dessen Ergebnisse in Beziehung gesetzt wurden zu den kreativen Leistungen der Kinder.

Die Autoren fanden bemerkenswerte Unterschiede im Elternhaus zwischen kreativen und weniger kreativen Kindern. Bei Kreativen waren die Eltern der Tendenz nach scharf umrissene Persönlichkeiten, die nicht in der Ehe aufgingen, sondern voneinander und auch von der Eltern-Kind-Beziehung eine gewisse Unabhängigkeit zeigten. Sie schienen mehr als Eltern von weniger Kreativen mit ihrer eigenen Persönlichkeit beschäftigt zu sein und an ihr noch weiter zu formen. Dies zeigte sich auch in einer ausgeprägten Expressivität, sie sprachen von sich und ihren Problemen und Bedürfnissen, von dem, was sie waren oder sein wollten.
Gegenüber dem Kind war ihr Verhalten weniger dominant als bei Eltern der Kinder mit geringeren kreativen Leistungen. Sie ließen dem Kind größere Freiheiten. Sie boten Anregungen, aber sie gängelten nicht. Besonders interessant erscheint ihre Reaktion gegenüber Regressionsverhalten beim Kind. Es zeigte sich eine signifikante Abhängigkeit zwischen der Duldung solcher Regressionen und dem Grad der Kreativität beim Kind. Das weist auf den bereits angedeuteten Zusammenhang zwischen Regression und Kreativität hin.
Das Zurückfallen in ein niedrigeres Stadium der Zentralisation ist nicht nur eine negative Erscheinung, sondern offenbar ein notwendiger Vorgang bei der Lockerung zentraler Steuerungsvorgänge und der Aktivierung kreativer Prozesse. Die Autoren beobachteten bei dem Probanden mit dem höchsten Kreativitätsskore einen raschen Wechsel zwischen dem reiferen und einem regressiven Stadium.
Die Befunde von *Weisberg* und *Springer* wurden an einer kleinen Extremgruppe gewonnen, korrelative Zusammenhänge sind deshalb sicherlich besonders gravierend. Andererseits lassen sich die hier mitgeteilten Befunde kaum auf eine breitere Schicht von Kindern übertragen. Hier müssen weitere Untersuchungen angestellt werden.
Die bereits mehrfach zitierten Autoren *Getzels* und *Jackson* (1962) untersuchten ebenfalls die Abhängigkeit der Intelligenz und Kreativität von einigen Bedingungen des Elternhauses.
Zunächst seien einige Befunde über Beruf und Erziehungsstil der Eltern und die Relation dieser Kriterien zu den beiden Gruppen ‚intelligent' – ‚kreativ' mitgeteilt (Tab. 3.6).

In dieser Zusammenstellung fällt sofort die Wechselwirkung zwischen beruflicher Unternehmungslust und deren Auswirkung auf die Kreativität der Kinder auf. Unternehmer und Geschäftsleute haben häufiger kreative Kinder und seltener solche mit hoher Intelligenz im herkömmlichen Sinne. Bei Hochschuldozenten, Forschern usw. ist das Verhältnis

Tab. 3.6: Zusammenhang zwischen Beruf der Eltern und Kreativität der Kinder (aus mehreren Tabellen zusammengefaßt, nach *Getzels* & *Jackson*, 1962)

Ausbildung und Beruf	Anzahl der Väter hoch intell.	hoch kreativ	Signif.-Niveau	Anzahl der Mütter hoch intell.	hoch kreativ	Signif.-Niveau
Akademiker	21	15	.05	16	12	–
Hochschuldozent, Forschung usw.	15	7	.02			
Unternehmer	4	11				
ausschließl. Hausfrau				18	11	.05
Voll- oder teilbeschäftigt				6	13	

umgekehrt. Die beruflich tätigen Mütter haben weniger Kinder, die hochintelligent sind, und demgegenüber mehr, die hochkreativ sind.

Abgesehen von der geringen Zahl der Fälle überschneiden sich natürlich die Zusammenstellungen zwischen dem Beruf des Vaters und beruflicher Aktivität der Mutter, so daß man nicht weiß, ob mehr die Mutter oder der Vater für das Ergebnis verantwortlich ist. Interessanter ist das Resultat eines Interviews, das die Autoren mit den Müttern der ausgewählten Kinder durchführten. Die Frage lautete: Wie würden Sie das Elternhaus beschreiben, in dem Sie Ihre Kindheit zubrachten?

Dabei traten recht interessante Unterschiede auf. Die Mütter der hochintelligenten Schüler hatten während ihrer eigenen Kindheit mit finanziellen Schwierigkeiten zu kämpfen. Auch hinsichtlich ihrer Meinung über Erziehung und Erziehungsziele unterschieden sich die Mütter hochintelligenter und hochkreativer Schüler. Die Mütter hochintelligenter Kinder waren an deren schulischem Fortkommen interessiert und gegenüber der Schule kritisch eingestellt. Sie legten in ihrer Erziehung besonderes Gewicht auf sichtbare Effekte, wie Sauberkeit, gute Manieren und Fleiß. Die Mütter kreativer Kinder legten demgegenüber Wert auf Qualitäten, die weniger unmittelbar offenlagen, wie Aufgeschlossenheit gegenüber Eindrücken und den Interessen des Kindes. Der Tendenz nach, so meinen die Autoren, werden in der Familie des hochintelligenten Kindes die Divergenz, die Entfaltung nach verschiedenen Richtungen hin und damit auch das Risiko möglichst kleingehalten, in Familien mit hochkreativen Kindern die Divergenz geduldet und Risiken zugelassen.

Solche Aussagen sind freilich nur vorläufig, nicht nur weil sie an einer kleinen Gruppe gewonnen wurden, sondern weil noch eine Vielzahl anderer Umweltbedingungen eine Rolle spielen dürften. Doch zeigen sie immerhin, wie man sich den Einfluß von Erziehungsvariablen auf die Entwicklung der Kreativität vorzustellen hat. Im großen und ganzen scheint es darum zu gehen, bestimmte hemmende Faktoren auszuschalten und die für kreative Leistungen konstitutiven Bedingungen, wie die Offenheit und Ungewißheit einer Situation, zu erhalten.

Der Einfluß der Schule auf die Kreativität wird einstimmig als ungünstig bezeichnet (z. B. *Yamamato*, 1964; *Getzels & Jackson*, 1962; *Parnes & Hardings*, 1962; *Wallach & Kogan*, 1965).

Torrance (1962) meint, daß die Auswahl begabter Kinder, wenn man sie auf der Basis von herkömmlichen Intelligenztests durchführt, zur Ausscheidung von 70% der Kreativen führe. Die Ziele und Anforderungen der Schulen haben nach Ansicht der meisten Autoren divergentes Denken noch kaum oder gar nicht berücksichtigt. Zudem erblickt man sowohl in den Lehrzielen selbst als auch im Lehrstil eine Ursache für die systematische Hemmung der Kreativität. Es wird sogar behauptet, daß Kreative eher unerwünscht, Intelligente, aber nicht Kreative, dagegen beim Lehrer beliebt seien. *Getzels & Jackson* befragten die Lehrer unter anderem, wie sie mit den Schülern zufrieden waren (desirability). Dabei zeigte sich, daß die Hochintelligenten (X = 11, 20) deutlich über der Durchschnittswertung (X = 10,23) lagen, die Hochkreativen jedoch nicht (X = 10,54). Für besonders wünschenswert hielten die Lehrer also Leistung und Verhalten der Hochintelligenten, an ihnen hatten sie die größte Freude. Mit den Hochkreativen wußten sie offenbar nicht so viel anzufangen. Allerdings liegen diese im Urteil auch nicht unter dem Durchschnitt, sondern der Tendenz nach sogar etwas darüber.

In der bereits erwähnten Replikation der Untersuchung durch *Hasan* und *Butcher* (1966) ergab sich aber kein Unterschied in bezug auf die Einstellung der Lehrer gegenüber Hochkreativen und Hochintelligenten. Verhalten und Leistung der Gruppe der Hochkreativen wurden als ebenso wünschenswert eingestuft wie bei Hochintelligenten!

Die kritischen Urteile über das Versagen der Schule beruhen wohl nicht allein auf empirischen Befunden, sondern auf gewissen Ressentiments. Die in Tab. 3.1 zusammengestellten Korrelationen zeigen, daß kreative Leistungen durch Schulnoten zum Teil besser vorhergesagt werden als der IQ. Angesichts dieses Sachverhaltes sollte man etwas vorsichtig sein. Im

übrigen berücksichtigt man meist nicht die Bemühungen der musischen Erziehung, die zumindest bei uns in den letzten zwanzig Jahren die Förderung der Kreativität auf dem Programm stehen hat und rein von den Produkten des Unterrichts (Bilder, Plastiken, Keramik usw.) Erfolge aufweist, die man nicht einfach ignorieren kann.
Das eigentliche Problem liegt wohl beim „akademischen" Unterricht. Hier sollte tatsächlich ein Wandel in der Haltung des Lehrers eintreten. Wir werden uns mit dieser Frage in Abschnitt 3.4 auseinandersetzen.
Hemmend auf die Entfaltung und Fortentwicklung der Kreativität wirkt sich neben schulischen Einflüssen auch der Konformitätszwang der Kultur aus. Erwünscht ist vordringlich ein Verhalten, das möglichst wenig von dem der Norm abweicht. Der Jugendliche, der sich diesem Konformitätszwang gern entziehen möchte, findet Unterstützung in der Peer Group Culture. Seine Orientierung an den Zielen dieser Subkultur führt aber wiederum zu einer Konformitätshaltung, weshalb man als „Außenstehender" vorwiegend die gemeinsamen Züge wahrnimmt, welche den Jugendlichen vom Kind und Erwachsenen abheben (Kleidung, Musik, Ansichten, Sprache).
Zusammenfassend läßt sich sagen, daß die Kultur spätestens ab dem siebten Lebensjahr uniformierend auf das Kind einwirkt und damit hemmend auf die Entfaltung der Kreativität.

3.32 Persönlichkeitszüge des Kreativen

Leider ist der Begriff „Persönlichkeit" heute in der Psychologie immer noch eine Ansammlung von einander widerstreitenden Konzepten. Es bleibt uns deshalb nichts anderes übrig, als unter Persönlichkeit all die Befunde abzuhandeln, die im landläufigen Sinne mit der Persönlichkeit des Menschen zu tun haben. Theoretisch aber handelt es sich um recht verschiedenartige Zugänge, die hier zur Sprache kommen.

3.321 Kreativität und soziales Verhalten

Konformismus

In bezug auf das soziale Verhalten und die Orientierung an den Normen der Kultur faßt man unter Kreativität Verhaltensweisen zusammen, die nonkonformistisch sind. Der Kreative weicht immer zugleich von der Norm ab. Wir hätten also eine recht brauchbare Persönlichkeitsvariable, wenn Konformismus ein einheitliches Phänomen wäre und als psychologisches Konstrukt klar gefaßt werden könnte. Dies ist leider nicht der Fall, da je nach Bereich Konformismus anders zu definieren ist[1]. Wir haben also auf der einen Seite Kreativität als uneinheitlichen Sammelbegriff von Leistungsbedingungen und auf der anderen Seite Konformismus als Sammelbegriff von sozialen Verhaltensweisen und Werthaltungen. Eine eindeutige Beziehung zwischen beiden Variablengruppen ist demnach von vornherein nicht zu erwarten.

Hinsichtlich ihrer Ideen und Produkte sind Kreative per definitionem immer Außenseiter, in bezug auf ihr soziales Verhalten, auf Lebensführung und Werthaltungen (Gesinnungen) müssen sie aber keineswegs Nonkonformisten sein. Weder *Bach* noch *Leonardo da Vinci* noch *Goethe* lehnten die Normen, Gepflogenheiten und Sitten ihrer Umgebung ab, sie lebten angepaßt und verhielten sich zum Teil ausgesprochen konformistisch. Andererseits lassen sich aus der Kulturgeschichte natürlich genug Beispiele von kreativen Persönlichkeiten anführen, die auch im sozialen Verhalten Nonkonformisten waren und sind. Ein hervorstechendes Beispiel ist *Samuel Beckett,* dessen Außenseitertum bei der Verleihung des Nobelpreises einige Schwierigkeiten bereitet hat.

Wie steht es mit Kreativität im Spektrum der Normalbreite? Wiederum sei ein Befund von *Getzels & Jackson* (1962) herangezogen. Hochintelligente Schüler strebten Ziele an, die allgemein erwünscht waren und die vor allem der Lehrer für wichtig hielt. Hochkreative hingegen stellten andere Ziele in den Vordergrund, z. B. stuften sie „Sinn für Humor" viel höher ein als die Hochintelligenten. Obwohl sie andere Ziele anstrebten, als sie vom Lehrer und der Kultur nahegelegt werden, wußten sie sehr wohl, welche Anforderungen man erwartet. Sie beurteilen nämlich die Lehrer hinsichtlich dessen, was diese vom Schüler erwarten, genauso wie die Hochintelligenten. Sie waren sich also klar darüber, daß der Lehrer von ihnen etwas anderes wünschte, als sie selbst anstrebten.

McGuire (in: *Mooney & Razik,* 1967) führte mit seinen Mitarbeitern ausgedehnte Untersuchungen über Persönlichkeitszüge und ihr Verhältnis zu geistigen Leistungen durch. Eine Fragestellung bezog sich auf die Persönlichkeit des effektiven (effective-functioning) Individuums und ihre Gegenüberstellung zur Persönlichkeit des ineffektiven Menschen. Drei Persönlichkeitsdimensionen werden präsentiert, die eine Abschätzung der Effektivität und geistigen „Gesundheit" (mental health) gestatten. Eine dieser Dimensionen wird als ‚creatively intelligent autonomy' bezeichnet. Personen, bei denen diese Dimension ausgeprägt ist,

[1] Siehe auch *Hollander* (1961).

sind unabhängig, selbstbestimmend und fähig, anders zu sein als die anderen. Untersuchungen in Sekundarschulen (*McGuire*, 1961) und auf der Universität (*Peck*, 1962) in den USA zeigten, daß dort die durchschnittliche Persönlichkeit eher abhängig und konformistisch ist. Die „Majorität der Mitte" (*Peck*) zeigt ihren Konformismus auch in der geistigen Aktivität. Sie stellt einfache Fragen nach den Problemen des Lebens und erwartet einfache Antworten (ein Befund, der wohl besonders für die USA kennzeichnend ist). Sie bevorzugt das Memorieren und Reproduzieren von Wissen gegenüber einem kritischen Durchdenken. Die „effektive" Persönlichkeit, wie sie durch die drei oben erwähnten Faktoren charakterisiert werden kann, ist auch an den Universitäten nicht allzu häufig.

Soziale Abhängigkeit

„Seelenlogisch" müßte man erwarten, daß Kreative weniger abhängig sind als Unkreative, da sie sich (oft) nicht konformistisch verhalten. Tatsächlich fand die Forschungsgruppe um *McGuire* bei effektiven Persönlichkeiten, die Kreativität zeigten, auch größere Unabhängigkeit und Selbständigkeit bei Meinungsbildung und Entscheidungsverhalten.
Hilgard (1959) stimmt mit seiner Meinung über die Persönlichkeitsstruktur von Kreativen nicht ganz mit den meisten anderen Autoren überein. Er bescheinigt den Kreativen nämlich Abhängigkeit von anderen Personen mit der Weigerung, die Rechte und Pflichten des Erwachsenenlebens zu übernehmen. Er beobachtet Herausforderung und Trotz gegenüber Autorität und Konvention, insgesamt also eher einen negativ gefärbten Nonkonformismus. Die von ihm vermutete Abhängigkeit zeigt sich auch im unkritischen Übernehmen von Meinungen in manchen Bereichen und in einer gesteigerten Neigung zum Aberglauben, etwa im Glauben an Schicksal und Bestimmung. Von *Kafka* und *van Gogh* kann man gewiß nicht behaupten, daß sie selbstbewußt und dominant gewesen seien, für sie trifft eher die *Hilgard*sche Kennzeichnung zu.
Empirisch ließ sich aber auch – und offenbar häufiger – die gesteigerte Selbstbestimmung und Dominanz der Kreativen nachweisen (*Barron*, 1952; *MacKinnon*, 1962; *McGuire*[1]). Die oft widersprüchlichen Meinungen hängen nicht zuletzt mit dem Begriff von Kreativität zusammen. Für viele Autoren ist Kreativität nicht eine festliegende Persönlichkeitsvariable, sondern ein Erziehungsziel. Der Kreative als ideale Persönlichkeit sollte geistig und körperlich gesund, „stabil" sein, sich selbst steuern,

[1] In: *Mooney & Razik* (1967).

ohne zu sehr auf die Einflüsse seiner Umgebung zu achten. In der Tat gibt es solche Persönlichkeiten, wie sie *McGuire* und *Peck* bei Jugendlichen und jungen Erwachsenen vorfanden. Diese Persönlichkeiten waren auch hochintelligent und wegen ihrer Selbständigkeit und Initiative kreativ. Es fragt sich aber, ob man Kreativität auf den hier umschriebenen Bereich der effektiven Persönlichkeit einschränken soll, zumal zu einem Zeitpunkt, da wir noch zu wenig über dieses Phänomen wissen. Zudem gibt es Befunde, die uns Aufschluß darüber geben, unter welchen Bedingungen der Kreative dominant, unabhängig und selbstsicher werden kann.

Wallach und *Kogan* (1965) bildeten bei Kindern aufgrund von zahlreichen Tests vier Untergruppen: (a) hochintelligent und hochkreativ, (b) hochintelligent und wenig kreativ, (c) wenig intelligent und hochkreativ, (d) wenig intelligent und wenig kreativ. Während die Gruppen (a) und (b) gut in die Gruppe der Gleichaltrigen (der Klasse) eingepaßt waren, Anerkennung fanden und sich durchsetzten, hatte die Gruppe (c) Schwierigkeiten, sowohl im Verhalten gegenüber dem Lehrer als gegenüber den Klassenkameraden. Die Hochkreativen, aber wenig Intelligenten waren oft Außenseiter und zeigten wenig dominantes oder selbstsicheres Verhalten. Wenn also der soziale Druck stark ist, kann sich der Kreative nicht zu einer selbstsicheren dominanten Persönlichkeit entfalten. Offenbar handelte es sich bei den von *McGuire* und *Peck* beschriebenen Persönlichkeiten um solche, die auch in der allgemeinen Intelligenz über dem Durchschnitt der Vergleichsgruppe lagen.

Ein vorläufiges theoretisches Verständnis über das soziale Verhalten des Kreativen läßt sich aus der Position *Maslows* (1959) herleiten, für den Kreativität weniger aus Leistungen und Produkten ablesbar ist, sondern das Ergebnis des Prozesses der Selbstaktualisierung darstellt. Die Gesamtaktivität der sich selbst aktualisierenden Persönlichkeit ist auf Selbstwerdung, auf Formung der eigenen Persönlichkeit gerichtet. Auch alltägliche Verrichtungen werden in diese Aktivität mit einbezogen. Deshalb beobachtet *Maslow* Kreativität etwa auch bei der Hausfrau, die täglich neue Einfälle produziert. Selbstaktualisierung verhindert natürlich vollkommene Konformität und sorgt andererseits für Selbstbewußtsein, Unabhängigkeit und Dominanz.

3.322 Kognitive Variablen

Es gibt allgemeine kognitive Stile, die man nicht oder nicht ausschließlich unter dem Aspekt der Intelligenz abhandeln kann, da sie zugleich die Persönlichkeit beschreiben und in enger Wechselwirkung zu anderen Merkmalen stehen. Sie bilden somit einen wesentlichen Bestandteil der Persönlichkeitsstruktur.

Feldabhängigkeit

Witkin und Mitarbeiter haben das Konzept der Feldabhängigkeit-Feldunabhängigkeit entwickelt, das sie in letzter Zeit in den umfassenden Rahmen des Differenzierungsbegriffs einordnen. Feldabhängigkeit (fortan als Dimension der Abhängigkeit-Unabhängigkeit verstanden) ist operational hauptsächlich durch den RFT (rod-and-frame-test) und den EFT (embedded figures test) definiert. Beim RFT muß die Vp im abgedunkelten Raum einen leuchtenden Stab, der von einem ebenfalls leuchtenden Bezugsquadrat umgeben ist, in die Vertikale bringen, während der Stuhl, in dem sie sitzt, nach rechts und links in der vertikalen Ebene geschwenkt wird. Die Summe der Abweichungen der Stabeinstellungen von der wahren Vertikalen bildet ein Maß für die Feldabhängigkeit, das ziemlich konstante individuelle Werte erbringt (weibliche Probanden sind im Durchschnitt feldabhängiger als männliche). Der EFT besteht aus komplexen farbigen Figuren, in die einfache Figuren eingebettet sind. Als Maß für die Feldabhängigkeit dient die Zeit, die zum Erkennen der eingebetteten Figur benötigt wird. Feldabhängigkeit scheint unter anderem auch eine soziale Abhängigkeit zu begünstigen (*Konstadt & Forman*, 1965), so daß man von einer wichtigen Disposition oder Persönlichkeitsdimension sprechen kann.

Feldabhängigkeit kann als kognitiver Stil verstanden werden, der sich auf eine Vielfalt von Einzelleistungen auswirkt. Feldabhängige merken sich beispielsweise besser beiläufig gebotene soziale Reize, Feldunabhängige dagegen besser beiläufig präsentierte aufgabenrelevante Reize (*Fitzgibbons, Goldberger & Eagle,* 1965). Feldabhängigkeit schlägt sich auch in physiologischen Korrelationen nieder (z. B. elektrischer Hautwiderstand, Frequenz des Muskeltonus). Wie *Spotts* und *Mackler* (1967) zeigen konnten, sind feldunabhängige Probanden in Kreativitätstests den Feldabhängigen überlegen. Das gleiche gilt für den Erfolg an der Universität. Es hat also den Anschein, als wirke Feldabhängigkeit übergreifend in verschiedene Funktionsbereiche hinein, da der Zusammenhang zwischen akademischem Erfolg und Kreativität nicht allzu hoch ist.

Kognitive Komplexität

Angeregt durch die Theorie des persönlichen Konstrukts von *Kelly* (1955) wurden eine Reihe von Untersuchungen zu dem diesem Ansatz

verwandten Konzept der kognitiven Komplexität durchgeführt. *Harvey, Hunt* und *Schroder* (1961) bildeten ein Komplexitätskontinuum, das von ‚konkret' zu ‚abstrakt' verläuft und mit fünf Tests erfaßt wurde. In einer Reihe von Untersuchungen mit dem Satzvervollständigungstest, einem der Verfahren zur Einordnung des Individuums auf dem Komplexitätskontinuum, erwies sich der Proband mit abstrakter (kognitiv komplexer) Leistung als kreativ (*Tuckman,* 1966) und leistungsfähig in der Verarbeitung komplexer Information (*Suedfeld & Hagen,* 1966). Auch die Suche nach neuer Information scheint mit dem kognitiven Stil der Komplexität – Einfachheit zusammenzuhängen, denn ‚abstrakte' (komplexe) Probanden suchten und verlangten mehr Information über eine neue Umgebung als die Vergleichsgruppe (*Karlins & Lamm,* 1967).
Im Gegensatz zur Feldabhängigkeit scheint kognitive Komplexität keinen homogenen Sachverhalt zu umschreiben, da verschiedene Testverfahren nicht sehr hoch miteinander korrelieren (*Vannoy,* 1965).

Offenheit für neue Erfahrung

Rogers (1959) nennt als eine von drei „inneren Bedingungen" für Kreativität die Offenheit gegenüber der Erfahrung (openess to experience) und meint damit das Gegenteil der Verteidigungsposition, die das Ich zum eigenen Schutze aufbaut. Vom Kreativen können die auftreffenden Reize gewissermaßen ungehindert und durch Verteidigungsmechanismen ungefiltert aufgenommen werden. Er verschließt sich auch nicht gewissen Eindrücken, vor allem nicht neuen Erfahrungen. Das Fehlen dieser Offenheit bedeutet zugleich das Sich-Beschränken auf vorhandene Information und damit ein Denken in gewohnten ausgefahrenen Geleisen.
Das Konzept der Offenheit für Erfahrung spielt bei vielen Autoren eine Rolle (z. B. *Maslow,* 1954), aber es ist nicht operationalisiert wie die beiden anderen genannten Konzepte der Feldabhängigkeit und kognitiven Komplexität, d. h. es gibt keine klar definierten Verfahren, mit deren Hilfe man Offenheit erfaßt. Deshalb soll dieses Konzept mehr als Beitrag zum allgemeinen Verständnis und nicht als psychologisches Konstrukt verwendet werden.
Die Offenheit für neue Erfahrung ist beim Kleinkind in ausgeprägtem Maße vorhanden. Das Kind besitzt offenbar eine besondere Aufmerksamkeitsform, um sich für alle Ereignisse „offen zu halten", die sog. unwillkürliche Aufmerksamkeit. Heute erscheint es wohl vorteilhafter, die rasche Umstellungsfähigkeit des Kindes auf neue Ereignisse mit

dem orientierenden Reflex (OR) und dem allgemeinen Neugierverhalten des Kindes in Verbindung zu bringen. Wie *Berlyne* nachweisen konnte, verwenden Kinder auf Reize, die viel an Information enthalten, mehr Zeit als auf bekannte Reize (*Berlyne*, 1960).

Bereits in der Schule wird der Offenheit für Erfahrung entgegengearbeitet, wenn sich das Kind mit einer Sache genau und anhaltend beschäftigen muß. Je mehr an speziellen Leistungsgefügen aufgebaut wird, je mehr sich der Mensch spezialisiert, desto größer wird die Gefahr, daß er sich neuen Erfahrungen verschließt, daß er seine Offenheit verliert. Hier stoßen wir von anderer Seite auf das bereits früher diskutierte Phänomen, daß Fachleute nach jahrzehntelanger Beschäftigung mit ihrem Fachgebiet weniger kreativ sind als ihre jungen Mitarbeiter und daß im allgemeinen ältere Menschen weniger kreative Leistungen aufweisen als jüngere.

3.323 Emotionalität und Motivation

Die entscheidenden Komponenten für Kreativität sieht man in den emotionalen Zuständen und in Motivationsbedingungen. Die Frage nach der Motivation beim Kreativen ist zugleich: Was veranlaßt den Kreativen dazu, anders zu sein als der Durchschnitt, was treibt ihn dazu, neue Produkte oder Verhaltensweisen zu präsentieren? Die Antwort auf diese Fragen müssen wir mit Begriffen aus der allgemeinen Psychologie geben, denn es ist gewiß nicht sinnvoll, eigens für Kreative neue Motive zu suchen.

Ein Basisproblem ist die Energieseite. Woher stammt die Energie für kreative Produktion? Sofern man überhaupt den Prozeß von seinem Energiespender trennen kann, muß man die Energie für kreative Prozesse in der allgemeinen Aktivität und Vitalität des Menschen suchen. Daß kreative Persönlichkeiten meist über das Normalmaß hinaus Vitalität besitzen, läßt sich an vielen Beispielen aus der Kulturgeschichte belegen. Viele Künstler, Dichter und Wissenschaftler erreichten ein hohes Alter und waren bis zu ihrem Tode aktiv. Wenn geniale Persönlichkeiten von schwächlicher Gesundheit waren und früh starben, so zeigt ihre Biographie fast immer eine schier unglaubliche Aktivität und Leistungsfähigkeit in den wenigen Jahren, die ihnen beschieden waren. Nochmals seien als Beispiele *Mozart* und *Schubert* genannt, deren kompositorisches Werk allein von der Quantität her eine gewaltige physische Leistung bedeutet. Die allgemeine Aktivität ist beim kleinen Kind als äußeres Verhalten sichtbar, und der Beobachter ist über die Unermüdlichkeit des Kindes verwundert, das in der Tat nur pausiert, um zu schlafen. Später läßt sich die Aktivität weniger genau kontrollieren, da ein Großteil zum „inneren Handeln" geworden ist. Man muß auch befürchten, daß durch Erziehung und Schule unter gewissen Umständen Hemmungen im Kind aufgebaut werden. Je mehr sich das Kind anpaßt, je leichter es sozialisierbar wird, desto größer ist die Gefahr, daß auch seine allgemeine Vitalität und Aktivität unterdrückt wird und nur noch durch bestimmte Kanäle laufen darf. Beim Kleinkind kann man noch sehr schön beobachten, wie es sich – sofern es gesund und lebhaft ist – allen hemmenden Einflüssen zum Trotz betätigt. Alle Verbote der Mutter oder Großmutter nützen nichts. Immer wieder stellt es etwas an und findet es etwas Neues. Später dagegen ändert sich das Bild. Gut angepaßte Kinder sind oft Kinder, deren allgemeine Aktivität eingeschränkt ist.

Im Erwachsenenalter läßt bekanntlich die allgemeine Aktivität nach, wobei wir neben Umwelteinflüssen auch mit physiologischen Alterserscheinungen rechnen müssen.

Bei Kreativen liegt der Energiepegel auch im Erwachsenenalter höher. *MacKinnon* (1960a), der dies empirisch nachwies, meint, daß Arbeit von Kreativen als Spiel aufgefaßt werde und deshalb weniger anstrengend sei.

Nach zwei Richtungen hin läßt sich die Vitalität im Sinne des operant behavior spezifizieren, einmal in Richtung auf das Bedürfnis nach Neuem und dann in Richtung auf das Bedürfnis nach Ausdruck.

Das Bedürfnis nach Neuem scheint eine Basismotivation des Menschen zu sein, die man auch schon im Tierreich vorfindet (Ratten, Schimpansen, alle Jungtiere der Säuger). Das Bedürfnis, neue Reize zu erfahren, sorgt von allem Anfang an für die geistige Entwicklung des Kindes (s. *Hunt,* 1965; *Oerter,* 1970a). Wiederum ist es eine theoretische Frage, ob man überhaupt von einem Motiv oder lediglich vom Neugierverhalten sprechen soll, denn die frühesten Neugierreaktionen sind Reflexe (orientierender Reflex). Wir wollen dieses Problem aber nicht weiter verfolgen, sondern das Faktum der aktiven Suche nach Neuem auf seine Bedeutung für die Kreativität hin prüfen. Die Suche nach Neuem tritt zunächst als exploratives Verhalten auf, ein Verhalten, das das kleine Kind mit dem Forscher gemeinsam hat. Beide sind infolge des explorativen Verhaltens kreativ, denn nur auf diese Weise kommen neue, originelle Produkte oder Entdeckungen zustande. Damit sind wir bei dem für Kreativität konstitutiven Merkmal der Originalität. Die Suche nach Neuem führt zwangsläufig zu origineller Produktion, da sich das Individuum erst dann zufrieden gibt, wenn es auf etwas Neues gestoßen ist bzw. etwas

Neues hergestellt hat. Das kleine Kind exploriert seine Spielgegenstände, bis es neue Aspekte entdeckt hat. Wenn das Objekt völlig redundant geworden ist, ändert es seine Spielhaltung und deutet den Gegenstand um; auf diese Weise gewinnt er wieder neuen Reiz für das Kind.
Selbst das allgemeine Entwicklungsmotiv der Selbstaktualisierung (*Maslow*, 1954) läßt sich auf diesen Generalnenner bringen: Der Mensch will aus sich eine Persönlichkeit schaffen, die einmalig ist, die seiner „individuellen Eigenart" gerecht wird. Strebt er konsequent diesem Ziel nach, so befindet er sich auch immer auf der Suche nach neuen Möglichkeiten.
Die zweite Richtung, in der wir die allgemeine Aktivität verfolgen wollten, bezieht sich auf das Bedürfnis nach Ausdruck. Während der Begriff ‚Ausdruck' in der älteren deutschen Psychologie zentrale Bedeutung besitzt, wird er in der angelsächsischen Psychologie kaum verwendet. Heute nimmt man ihm gegenüber eine zwiespältige Haltung ein. Einerseits hält man ihn für unbrauchbar, weil er geisteswissenschaftliche Deutungen im Sinne des „Verstehens" (*Dilthey*, 1894) verlangt, andererseits kommt man um Ausdrucksphänomene nicht herum, da – besonders in der sozialen Interaktion – Ausdrucksintention und Ausdrucksverständnis das Verhalten regulieren. Wir können allerdings nur diejenigen Verhaltensklassen als ausdruckshaltig oder expressiv bezeichnen, von denen aus wir auf emotionale Zustände oder auf eine Ausdrucksabsicht ihres Trägers schließen. Diese Tautologie reicht aus, solange sich alle Beobachter einig sind, daß es sich um Ausdruck handelt. Im Folgenden wollen wir uns mit Ausdrucksverhalten in dem Sinne befassen, daß ein Verhalten oder ein Produkt des Verhaltens eine Repräsentation des Individuums darstellt, also „stellvertretend" für das Individuum oder einen Teil des Individuums steht. Damit befindet sich der Ausdruck in sinnvoller Beziehung zum Konzept der Selbstverdoppelung, das wir als ein grundlegendes Erklärungsprinzip der Kreativität herangezogen haben.
Es zeigt sich nun, daß Ausdrucksverhalten sehr früh auftritt und daß es außerordentlich stark sein kann. Die ersten repräsentativen Aktionen symbolisieren Gefühlszustände, emotionale Spannungs- und Entspannungsvorgänge. Lachen, Weinen und lautliche Äußerungen, teils Sprechen, teils Singen, beim Kind unter einem Jahr lassen den Beschauer wissen, wie sich das Kind fühlt. Von hier bis zur sprachlichen oder musikalischen Darstellung dessen, was ein Mensch erlebt, ist ein weiter, aber kontinuierlicher Weg. Später stehen dem Kind noch andere Ausdrucksmittel zur Verfügung; es kann bauen, konstruieren, formen und malen. Es fällt auf, daß nahezu jedes Kind zu solchen Ausdrucksmitteln

greift; das eine benutzt mehr Konstruktionsmöglichkeiten, das andere mehr die Mittel zur zeichnerischen Darstellung. Bemerkenswerterweise scheint dieses Ausdrucksbedürfnis bei den meisten Menschen zu verschwinden. Nur ganz wenige Erwachsene malen oder schreiben. Sicherlich liegt das hauptsächlich am hemmenden Einfluß der Zivilisation. Er macht sich übrigens auch beeinträchtigend beim Tagebuchschreiben des Jugendlichen bemerkbar. Was noch vor dreißig Jahren eine relativ häufige Gepflogenheit bei Jugendlichen war, ist heute nur noch selten anzutreffen. Solange sich das Ausdrucksbedürfnis (im Sinne der Selbstrepräsentation oder -verdoppelung) nur verlagert, etwa vom Tagebuchschreiben auf schöpferische Aktivität in der Gruppe Gleichgesinnter, handelt es sich gewiß nicht um Beeinträchtigung; wenn aber die Kultur den Ausdruck tatsächlich hemmt, so wird dadurch gleichzeitig die Kreativität gehemmt. Diese Überlegung wird uns noch an anderer Stelle zu beschäftigen haben.

Andererseits kann das Ausdrucksbedürfnis bekanntlich außerordentlich stark sein und über ursprüngliche biologische Bedürfnisse dominieren. Wieviele Maler, Dichter und Musiker haben nicht schon gehungert, um sich ihrer schöpferischen Aktivität widmen zu können! Viele, vor allem Schriftsteller, haben durch ihr Ausdrucksverhalten sogar ihr Leben aufs Spiel gesetzt. Sie konnten nicht schweigen.

Dieser Sachverhalt wirft die Frage auf, warum nicht bei jedem Menschen das Ausdrucksbedürfnis oder das Bedürfnis nach Selbstdarstellung in gleichem Maße vorhanden ist. Eine einfache Antwort wäre: Weil nicht alle gleichviel zu sagen haben. Wer von seinen Vorstellungen, Bildern und Ideen bedrängt wird, muß sich ausdrücken, um sie „loszuwerden". Kreativität ist, wie wir sahen, vordringlich durch die Geläufigkeit (Flüssigkeit, fluency) der Ideen, Bilder und Assoziationen gekennzeichnet. Kreative werden also häufiger mit ihren eigenen Repräsentationsformen konfrontiert als Nicht-Kreative.

Dazu kommt, daß die Inhalte oft sehr stark emotional aufgeladen sind, sie haben zumindest in den meisten Fällen keinen neutralen Charakter. Emotionale Spannungen, die dabei entstehen, lassen sich durch Ausdrucksverhalten der oben beschriebenen Art abbauen, da man ihrer durch die äußere Repräsentation zugleich Herr wird und sie „bannt". Wir wollen uns nicht mit seltenen inneren Erfahrungen befassen („peak experience" nach *Maslow*), wie sie wohl in jedem menschlichen Leben einmal vorkommen und wie sie durch Psychopharmaka induziert werden können, sondern einen emotionalen Zustand erwähnen, der recht häufig ist, nämlich den Konflikt. *Fromm* (1959) rechnet zu den kennzeichnenden

Merkmalen einer kreativen Haltung, daß man Konflikte wahrnimmt, sie nicht ignoriert oder gar verdrängt, sondern sie zur Lösung führt. Gegensätze, die sich nicht ausgleichen lassen, müssen erhalten bleiben, man muß mit ihnen leben. *Kubie* (in: *Mooney & Razik,* 1967) meint ebenfalls, daß Konflikte, sofern sie bewußt gemacht werden können, fruchtbar für den kreativen Prozeß werden können. Sofern Konflikte aber unbewußt bleiben, blockieren sie den kreativen Prozeß. In den bereits zitierten Untersuchungen von *Weisberg* und *Springer* (in: *Mooney & Razik,* 1967) zeigte sich, daß die Eltern kreativer Kinder ihre eigenen emotionalen Schwierigkeiten zum Ausdruck brachten und ihre Konflikte und Gefühle mitteilten. Diese Haltung wurde offenbar von den Kindern übernommen.

3.324 Weitere allgemeine Persönlichkeitsvariablen

MacKinnon (1960) berichtet von verschiedenen Forschungsprogrammen, die zur Untersuchung der effektiven Persönlichkeit (das wichtigste Anliegen einer Leistungsgesellschaft) durchgeführt wurden. Während *McGuire* (in: *Mooney & Razik,* 1967) drei Typen oder Dimensionen der effektiven Persönlichkeit nennt (s. 3.321), unterscheidet *MacKinnon* nur zwei Dimensionen: a) Emotionale Stabilität und personale Gesundheit (personal soundness), b) Originalität und Kreativität in Denken und Aktion. Wir interessieren uns nur für die zweite Dimension. Die kreative Persönlichkeit scheint nach den empirischen Befunden, die er zusammengetragen hat, in bezug auf zwei Persönlichkeitsdimensionen identifizierbar zu sein: Hinsichtlich Introversion und der Dimension maskulin-feminin. Introvertiert (die Hauptinteressen des Introvertierten liegen in der „inneren Welt" der Begriffe und Ideen) waren in den Untersuchungen *MacKinnons* 80% der untersuchten weiblichen Mathematiker, 68% der Architekten, 65% der Schriftsteller und 60% der in der Forschung Tätigen.
In einer Reihe von Tests zur Erfassung der Dimension maskulin-feminin trat bei Kreativen eine deutliche Tendenz zur femininen Seite der Skala auf. Daß vor allem Künstler feminine Interessen besitzen, ist bekannt, doch darf man nicht vergessen, daß maskulin-feminin durch die Interessen und Werthaltungen der Gesamtpopulation definiert ist, und das bedeutet, daß Kreative in vielen Interessen und Werthaltungen eher den Frauen in unserer Gesellschaft gleichen als dem durchschnittlichen Mann. Ansonsten zeigen Kreative, nach Befunden *MacKinnons,* gemeinsame Interessen mit Architekten, Autoren, Journalisten, Psychologen und unterscheiden sich hierin deutlich von Büroleuten, Agenten, Bankiers und erst recht von Polizisten und Leichenbestattern.

Im großen und ganzen werden mehr Vermutungen über die Persönlichkeit des Kreativen angestellt als empirische Befunde vorgelegt. Es ist nun auch grundsätzlich verfehlt, ein Bild von der kreativen Persönlichkeit zu entwerfen, das als Musterbild auf alle Einzelfälle angewendet werden kann. Man kann nicht genug betonen, daß Kreativität keine einheitliche Funktion ist, sondern sich aus Einzelleistungen zusammensetzt, die zum Gesamtpotential der Intelligenz gehören. Es ist unsinnig, einen solchen Komplex von Einzelleistungen mit einer bestimmten Persönlichkeitsstruktur zu koppeln. Man kann jedoch umgekehrt fragen, welche Persönlichkeitsstruktur Kreativität begünstigt. Auf diese Frage haben wir eine vorläufige Antwort versucht. Für den Erwachsenen lassen sich folgende fördernde Persönlichkeitsmerkmale nennen:

Autonomie im Denken und Verhalten (Nonkonformismus),
Offenheit gegenüber neuen Erfahrungen (Erhaltung der Neugiermotivation),
Introversion und innere Kontrolle der Denk- und Repräsentationsprozesse (intrinsische oder inhärente Motivation[1]),
Expression innerer Prozesse (Emotionen, Imaginationen, Denken),
Widerstand gegen Hemmungsvorgänge beim Lernen (Verhindern von Stereotypien und von überstarken Sets und Habits),
aktives Verarbeiten von Konflikten.

Als zentrales Moment und zugleich allgemeinste Bedingung ist das Vorhandensein einer spontanen Aktivität im Sinne des ‚operant behavior' oder der Fähigkeit, mit Elementen zu spielen (*Rogers*, 1959), zu nennen.

Zusammenfassung

Das beste Verständnis der kreativen Persönlichkeit gewinnt man durch die Beobachtung ihrer Entwicklung. Kreativität hat ihre Wurzeln im spontanen Verhalten des Individuums (operant behavior), das durch Assimilation und Akkommodation im Laufe der frühen Entwicklung fortlaufend neue Ergebnisse gewinnt. Informationsverarbeitung ist unter diesem Aspekt gerade in der frühen Kindheit ein kreativer Prozeß, da sich das Kind die Welt selbst aufbauen muß. Die meisten Aktivitäten, die dieser Aufgabe dienen, fassen wir unter dem Begriff Spiel zusammen. Die realistische Spielhaltung dient dabei dem Explorieren der Objekte

[1] Siehe viertes Kapitel.

und der Nachgestaltung der Welt (konstruktives Spiel). Die idealistische Spielhaltung führt zu einer Umdeutung der Umwelt, in der das kreative Element besonders deutlich wird. Beide Arten der Aktivität gewinnen der Welt neue Seiten ab und sind theoretisch am besten als Neugierverhalten zu verstehen.

Die Sozialisation führt besonders während der Schulzeit vielfach zur Dominanz von reaktiven Prozessen und zur Hemmung des spontanen Verhaltens. Im Jugendalter kann die Kreativität durch die umgreifende Zielsetzung der Selbstverwirklichung und Selbstdarstellung neue Impulse erhalten, die im frühen Erwachsenenalter bereits zu den Höchstleistungen schöpferischer Aktivität führen. Später werden kreative Leistungen seltener, treten jedoch auch noch im hohen Alter auf.

Kreative Persönlichkeiten wachsen oft in einem Elternhaus auf, das in der Erziehung das Hauptgewicht nicht auf Sozialisation und Konformismus legt. Es duldet beispielsweise Regressionen und fördert Expressionen.

Die kreative Persönlichkeit ist häufig autonom und nonkonformistisch. Im kognitiven Stil zeichnet sie sich überwiegend durch Feldunabhängigkeit *(Witkin)*, Komplexität *(Kelly)* und Offenheit für neue Erfahrung aus.

Motivationstheoretisch betrachtet kann man beim Kreativen die Neugiermotivation, das Bedürfnis nach Expression und das Bedürfnis nach Selbstverwirklichung (self actualization) als kennzeichnend ansehen. Konflikten scheint er nicht durch Verdrängung, sondern durch aktive Verarbeitung zu begegnen. Da sich bei ihm nicht selten Introversion mit Nonkonformismus und femininen Interessen vereinigt, entstehen Schwierigkeiten im sozialen Kontakt und bei der Erlangung sozialer Sicherheit. Diese Schwierigkeiten dürften im Jugendalter und im frühen Erwachsenenalter besondere Probleme aufwerfen.

3.4 Erziehung zur Kreativität

Die Frage nach der Förderung kreativer Leistungen muß wohl in drei Etappen angegangen werden. Zunächst ist zu fragen, welche Ziele man erreichen will, wobei also auch das Curriculum eine Rolle spielt. Sodann muß eine theoretische Orientierung erfolgen, wie man auf der Basis unseres heutigen Wissens eine Förderung der Kreativität im Sinne der genannten Ziele betreiben kann, ohne bei Erfolgen und Mißerfolgen völlig im Dunkeln zu tappen. Erst danach kann man die vorhandenen empirischen Befunde über Erfolge bei der Steigerung der Kreativität prüfen und bewerten, weil die theoretische Basis Erklärungsmöglichkeiten für sie liefert.

3.41 Ziele

Mit der Frage nach möglichen Zielen und Aufgaben bei der Erziehung zur Kreativität überschreitet der Psychologe seinen Kompetenzbereich. Trotzdem sollen zu dieser Frage einige Bemerkungen gemacht werden, weil hier ein Problem auftaucht, das für den Gesamtbereich der Didaktik relevant ist.

Gegenwärtig arbeiten Pädagogen, Psychologen und Didaktiker relativ unabhängig voneinander. Das bedeutet aber, daß in verschiedenen Sprachen (Metasprachen) gedacht und formuliert wird. Meist befragt man die Psychologie erst um Rat, wenn man seine Erziehungsziele oder Lernziele formuliert hat. Da diese Formulierungen nicht in der Sprache des Psychologen abgefaßt sind, muß er sie erst übersetzen, um sie für sich theoretisch verständlich zu machen. Dabei erfahren sie natürlich auch inhaltlich eine Veränderung. Dies sei am Beispiel der Kreativität erläutert.

Nehmen wir an, man halte größere Produktivität bei neuen Einfällen und Ideen für ein erstrebenswertes Ziel, weil die künftige Gesellschaft auf die schöpferische Leistungskraft des Individuums angewiesen ist. Der Pädagoge kann diese Ziele nun spezifizieren und angeben, auf welchen Gebieten der Kultur Kreativität sich als besonders wichtig erweist. Er mag zudem einen differenzierten Katalog von kreativen Einzelleistungen aufstellen, die gefördert werden sollen. Der Psychologe, sofern er sich mit Mitteln und Wegen der Leistungssteigerung auf dem Gebiet der Kreativität befaßt, muß sich im Rahmen psychologischer Theorien die Frage stellen, was diese Ziele eigentlich bedeuten. Er mag beispielsweise zunächst folgern, daß es sich bei Förderungsmaßnahmen um Lernprozesse handeln muß. Infolgedessen wird er versuchen, Ziele und Wege lerntheoretisch umzuformulieren (s. Abschn. 3.421). Weiterhin wird er sich fragen müssen, wie die im Curriculum aufgestellten Leistungen psychologisch als Konstrukte oder Leistungsdimensionen zu fassen sind. Dabei kommt es zur Aufspaltung von pädagogischen Zielen in psychologisch formulierte Leistungsbedingungen, die in den Augen des Psychologen eher unabhängig voneinander sind, in den Überlegungen des Pädagogen und Didaktikers jedoch einen einzigen Bereich ausmachen (etwa Flexibilität). Umgekehrt mag der Psychologe Leistungen zusammenfassen, die für den Didaktiker und Pädagogen verschiedenartige Ziele sind. So mag der Psychologe die Produktion neuer Einfälle gleich welcher Art als operant behavior klassifizieren.

Diese Schwierigkeiten lassen sich übrigens durch eine Kooperation von Anfang an nicht ganz beseitigen, da die Lehr- und Erziehungsziele auf bestimmte kulturelle und gesellschaftliche Zwecke gerichtet sind. Man fragt ja nicht nur, welche Leistungsbedingungen der Mensch besitzt, die man fördern könnte, sondern auch, welche Leistungen in der heutigen Kultur nötig sind, welche Leistungen das Individuum in der Gesellschaft braucht, um sich in ihr einen Platz zu erobern, welche Leistungen andererseits die Gesellschaft braucht, um sich fortentwickeln zu können. Letzterer Aspekt gab beispielsweise in den USA den eigentlichen Anstoß zur Kreativitätsforschung (Sputnik-Schock).

Wir wollen die Frage nach den Zielen nicht in extenso bearbeiten, sondern sie lediglich etwas aufgliedern und dadurch Anregungen für Fragen der Erziehung und des Curriculums bieten. Zunächst wäre es falsch, in den historisch sich oft wiederholenden Fehler zu verfallen, die Förderung der Kreativität als zentrales und einzig wichtiges Ziel zu betrachten. Das würde heißen, daß man jede Form des Konformismus, der Habit-Bildung, der Stereotypisierung und des Überlernens ablehnt. Eine Gesellschaft kann aber wohl ohne solche Verhaltensweisen kaum bestehen. Freilich läuft man heute kaum Gefahr, die Kreativität über Gebühr zu fördern. Insofern muß man die Folgen einer Überbewertung des Kreativen kaum befürchten.

Hinsichtlich der Ziele kann man zwischen den Produkten und dem Erzeuger der Produkte unterscheiden. Stellt man die Produkte in den Mittelpunkt der Betrachtung, so liegt der Akzent bei der Bewertung hinsichtlich ihres Nutzens für die Gesellschaft. Nur Produkte, die der Gesellschaft dienen, die eine Kultur weiterentwickeln, sind vordringlich. Deshalb werden hier als Fernziele die im Beruf erarbeiteten Produkte aufs Korn genommen. Kein Wunder, wenn sich heute die Wirtschaft für Kreativität und ihre Förderung zu interessieren beginnt.

Stellt man den Träger kreativer Produkte in den Mittelpunkt, so liegt der Akzent vordringlich beim Wohlergehen des Individuums[1]. Kreativität kann dabei für sich selbst als Wert aufgefaßt werden, der verwirklicht werden sollte. Sie kann aber auch als Mittel zum Zweck gemeint sein. So mag man der Meinung sein, daß Kreativität den Menschen glücklicher macht und die Erlebnisskala immens vergrößert. Oder man mag argumentieren, daß Kreativität beim Ringen der Persönlichkeit um Vervollkommnung unentbehrlich ist.

Unter dem Aspekt „Kreativität im Dienste der Persönlichkeitsentfaltung" gelangt man zu anderen Zielen als unter dem Aspekt „Kreativität im Dienste der Gesellschaft". Im ersteren Falle geht es um das Wohl des Individuums, die Produkte und deren Qualität sind sekundär. Der kreative Prozeß und die kreative Einstellung (*Maslow*, 1954; *Fromm*, 1959) stehen im Mittelpunkt. Im letzteren Falle ist das Ergebnis, die zustandegebrachte Leistung, ausschlaggebend. Man wird dann nur noch die Kreativität solcher Individuen fördern, die tatsächlich etwas zuwege bringen, und für die anderen Lernziele aufstellen, die von ihnen erreicht werden können.

Sinnvollerweise beschränkt man sich natürlich nicht auf einen der beiden Aspekte, sondern sucht beide zugleich zu berücksichtigen.

Die Aufstellung von Zielen im Bereich der Kreativitätsförderung kann aber nicht an den Voraussetzungen für kreative Prozesse vorübergehen. Es muß also schon hier gefragt werden, welche psychologischen Bedingungen vorhanden sind, die Kreativität oder das, was man darunter versteht, ermöglichen. Hier kommt das Problem der Intelligenzfaktoren, die Kreativität definieren, ins Spiel, sowie die allgemein übliche Unterscheidung der Leistungen Flexibilität, Geläufigkeit, Originalität, Elaboration usw. Außerdem geht es um die Bedingungen für spontanes Verhalten, Sensibilität für neue Reize und Ausdruck (Expression, Darstellung, konstruktives Verhalten).

Damit zeigt sich, daß eine Lehrzielformulierung und eine Aufstellung von Erziehungszielen ohne Mitarbeit der Psychologie einseitig wäre. Der Psychologe ist überfordert, wenn er erst im nachhinein bei der Verwirklichung der aufgestellten Ziele um Rat gefragt wird.

[1] Soziale Kreativität, die ja sicherlich gesellschaftlich erwünscht ist, zählen wir, genau wie Erfindungen und andere schöpferische Erzeugnisse, zu den Produkten.

3.42 Theoretische Ansätze für die Förderung der Kreativität und ihre empirische Überprüfung

Welche Erklärungsmöglichkeiten gibt es für die Wirkung von Förderungsmaßnahmen im Bereich des Kreativen? Welche Maßnahmen versprechen aufgrund solcher theoretischen Erklärungsversuche einen Erfolg? Erst wenn man sich diese Fragen gestellt hat, kann man wissenschaftlich fundierte Vorschläge machen und sie hernach empirisch überprüfen. Alle Versuche, die außerhalb dieses Vorgehens unternommen werden, führen wissenschaftlich nicht weiter. Sie sind überdies nicht ungefährlich, da man sich nicht Rechenschaft über ihre Wirkungsweise ablegt.
Wir werden im folgenden zwei grundsätzlich theoretische Richtungen einschlagen. Einmal erklären wir die Verbesserung kreativer Leistungen als Lernvorgang, sodann deuten wir sie als Leistungssteigerung und -differenzierung von spezifischen Kreativitätsdimensionen.

3.421 Förderung unter lerntheoretischem Aspekt

Nähert man sich diesem Problemkreis von der entwicklungspsychologischen Seite, so wird man feststellen, daß mit fortschreitender Sozialisation kreative Prozesse vielfach gehemmt anstatt gefördert werden. In früher Kindheit beobachtet man nahezu alle Bedingungen, die zu kreativen Leistungen führen, in ausgeprägter Form, vor allem spontane Aktivität, Ausdrucksverhalten und Sensibilität (Offenheit) für Reizeindrücke. Das Spielverhalten eignet sich in hervorragender Weise zur Aktivierung kreativer Prozesse. In bezug auf die Kreativität werden später offensichtlich Habits und Sets erlernt, die hemmend wirken. Zudem scheinen viele Verhaltensweisen selbst gehemmt worden zu sein (Extinktion, konditionierte Hemmung im Sinne von *Hull*, 1943). Für Kinder bedeutet Förderung also in erster Linie, daß man Hemmungs- und Extinktionsprozesse verhindert. Bei älteren Kindern und Erwachsenen müßten die zur Extinktion gelangten Verhaltensweisen wieder aufgebaut und die selegierenden Habits oder Sets abgebaut werden.

Verstärkung (reinforcement)

Lerntheoretisch betrachtet können am leichtesten die Verhaltensweisen erworben werden, die häufig verstärkt werden. Originelle Reaktionen sind jedoch per definitionem selten, sie erfahren demzufolge außerordentlich selten eine Verstärkung (in der Schule sogar eine aktive Hemmung:

‚das gehört jetzt nicht zur Sache'). *Maltzman* (1960) vermutet deshalb, daß man Kreativität schon dadurch fördern kann, daß man für ein häufigeres Auftreten originellen Verhaltens sorgt.

In seiner Standardversuchsbedingung bietet er der Vp eine Liste von 25 Wörtern (z. B. Tisch, Bleistift, Nadel, reich), von denen jedes mit dem Wort beantwortet werden soll, das der Vp am ersten einfällt. Danach wird die Liste ein zweites Mal dargeboten, wobei die Vp für jedes Wort eine neue Assoziation, die es vorher noch nicht verwendet hat, nennen soll. Dieser Vorgang wiederholt sich noch viermal, so daß die 25 Wörter insgesamt sechsmal der Reihe nach geboten werden. Auf diese Weise gewinnt man eine ‚habit-family hierarchy' im Sinne von *Hull* (1943), d. h. eine Hierarchie von Habits (Gewohnheiten), die der Stärke nach geordnet sind und als „Familie" zusammengehören, weil sie sich aufs gleiche Wort beziehen. Als Beispiel einer solchen Hierarchie zum Reizwort ‚Tisch' nennt *Maltzman* in der Reihenfolge der Assoziationsstärke: ‚Stuhl' – ‚Tischtuch' – ‚Holz' – ‚Bein' – ‚Essen' – ‚Mabel'[1]. Die Versuchsperson wird also veranlaßt, seltenere Assoziationen zu bringen. *Maltzman* nimmt an, daß die geläufigsten Reaktionen zumindest zeitweise gehemmt werden, da sie keine Verstärkung finden. Laut Instruktion muß bei jeder darauffolgenden Serie zu jedem der Wörter eine neue Assoziation, nämlich eine, die das Individuum zuvor nicht gebracht hatte, gefunden werden. Auf diese Weise entfernen sich die Individuen in ihren Reaktionen immer weiter voneinander. Während die erste Assoziation bei vielen die gleiche ist, gibt es in den darauffolgenden Wiederholungen immer weniger gemeinsame Assoziationen, bis das letzte Wort, das gefunden wird, schließlich „selten" in dem Sinne ist, daß es kaum mehr bei einem anderen Probanden angetroffen wird. Die Seltenheit ist für *Maltzman* zugleich das Maß der Originalität. Der Autor nimmt nun an, daß die Extinktion von geläufigen Assoziationen generalisiert wird und auch auf andere Aufgaben übergreift. Im Nachtest, der aus einer Liste von 25 neuen Wörtern besteht, müßten also häufiger originelle Antworten auftreten als bei einer Kontrollgruppe. Dieser Haupteffekt konnte auch immer wieder nachgewiesen werden. Die „trainierte" Gruppe produzierte im Nachtest seltenere Assoziationen als die untrainierte Kontrollgruppe.

Allerdings scheint die einfache Instruktion, originelle Antworten zu finden, einen noch größeren Effekt zu haben, wie man aus Tab. 3.8 ersehen kann. Die Originalität verbessert sich bei der trainierten Gruppe

[1] „Mabel" ist im Englischen eine Klangassoziation zu „table".

Tab. 3.8: Mittlere Originalitätsskores unter verschiedenen Trainings- und Instruktionsbedingungen (nach *Maltzman, Bogartz* und *Breger,* 1958)

	Originalität verlangt	Originalität nicht verlangt
Trainingsgruppe	4,93	20,94
Kontrollgruppe	7,61	23,98

Niedrige Skores bedeuten hohe Originalität und umgekehrt.

durch die Instruktion um das Vierfache, bei der Kontrollgruppe um das Dreifache (kleinere Skores bedeuten originellere Antworten).

Auch die Präsentation neuer Wörter hat einen ähnlichen Effekt wie die Standardbedingung: die Originalität im Nachtest steigt an. Das widerspricht eigentlich deutlich der Annahme einer ‚habit-familiy hierarchy', denn bei Darbietung der neuen Wörter hätte die Versuchsperson zunächst das in der Hierarchie an der Spitze befindliche Wort bringen müssen. Man kann allenfalls die reaktive Hemmung im Sinne von *Hull* heranziehen, wonach Reaktionen, die häufig auftreten, eine Hemmung erfahren, wenn keine Erholungsphasen eingeschoben sind. Wenn eine reaktive Hemmung der geläufigsten Assoziationen stattgefunden hatte, konnten die selteneren auftreten. Diese Erklärung liegt allerdings gerade nicht in der Intention von *Maltzman,* da auch die Produktion seltenerer Assoziationen von der gleichen Gefahr betroffen wird, wenn man sie häufiger verlangt. In der Tat liegt ein Befund von *Rosenbaum, Arenson* und *Panman* (1964) vor, der zeigt, daß originelle Antworten bald ihren obersten Pegel erreichen. Die Autoren verwendeten die *Maltzman*sche Versuchsanordnung und variierten die Versuchsbedingung bei einer Gruppe, indem sie die Instruktion, möglichst originelle Antworten zu bringen, zu Beginn der Trainingsphase gaben. Wie zu erwarten, brachte diese Gruppe im Vergleich zu den anderen Gruppen sofort originellere Assoziationen, ihr Vorsprung verringerte sich jedoch im Verlauf der weiteren Darbietungen, und im Nachtest erreichte sie keine besseren Skores als die Trainingsgruppe, die erst am Ende (vor dem Nachtest) die Instruktion erhalten hatte. Die Übertragung des Trainingseffektes scheint überdies eng begrenzt zu sein. Das Training verbesserte beispielsweise nicht das Problemlöseverhalten bei den *Maierschen* Seilaufgaben (s. Abschn. 2.123). Andererseits konnten Übertragungswirkungen bei anderen Aufgaben, die mehrere Lösungen zulassen (*Maltzman, Simon* und *Licht,* 1959) nachgewiesen werden. Die Trainingsgruppen leisteten beispielsweise beim ‚Brick Uses Test' (Verwendungszwecke eines Ziegelsteins) mehr im Sinne der Originalität als die Kontrollgruppe, sowohl eine Stunde nach dem Training (erste Gruppe) als auch 48 Stunden später (zweite Gruppe).

Theoretisch ergibt sich bei der Erklärung des Auftretens und Beibehaltens seltener Antworten durch Verstärkung die Schwierigkeit, daß die Vpn eigentlich nicht verstärkt wurden. Jedoch kann beim Erwachsenen eine interne Verstärkung erfolgt sein, da ja auch bei den übrigen Leistungen längst der Ort der Kontrolle im Individuum lokalisiert ist. Abgesehen von dieser Schwierigkeit bleibt die Annahme *Maltzmans* interessant, daß Originalität gewissermaßen von selbst kommt, wenn man dem Individuum Gelegenheit bietet, neben den geläufigen Einfällen, den in der habit-familiy hierarchy stärksten Reaktionen auch andere Reaktionen zu aktivieren. Ganz im Sinne der Erwartungen von *Maltzman* und von *Mednicks* Assoziationsgradienten müßten die besten Einfälle zuletzt kommen.

Parnes (1961) überprüfte diese Annahme durch zwei Experimente. Im ersten mußten die Probanden fünf Minuten lang Einfälle zu einer Aufgabe produzieren. Wie zu erwarten, lieferten sie in der zweiten Hälfte der Testzeit bessere Leistungen als in der ersten Hälfte. In einem zweiten Experiment wurden weitere Bedingungen eingeführt und die Testzeit auf 15 Minuten verlängert. Dabei zeigte sich eine Tendenz zu fortlaufender Verbesserung der Ideen mit dem Ansteigen der absoluten Anzahl von Einfällen. Im letzten Drittel traten signifikant mehr gute Einfälle auf als im ersten oder zweiten Drittel.

Die Befunde haben eminente Konsequenzen für unterrichtliche Maßnahmen. Zunächst aber wollen wir unsere theoretischen Überlegungen noch etwas fortsetzen. *Maltzmans* Grundannahme bestand in der Klassifizierung kreativer Leistungen als ‚operant behavior', das wie jedes andere Verhalten auch erlernt und geübt werden kann. Die vorliegenden Befunde lassen eine solche Betrachtungsweise zunächst als sinnvoll erscheinen. Nun stellt sich die Frage, wie man eine möglichst reichhaltige Skala von spontanen Verhaltensweisen erreichen kann.

Aktivierung des operant behavior

Einfache Lernvorgänge vollziehen sich oft in einem reichhaltigen Angebot von Aktivitäten. Man macht beispielsweise viele unnütze Bewegungen beim Erlernen des Skifahrens, Tennisspiels oder Schlittschuhlaufens. Bei kleinen Kindern ist der Anteil überflüssiger und „falscher" Reaktionen oft übermäßig groß. Der gesamte Körper tritt in Aktion, wenn ein Spielobjekt herangeholt werden soll, obwohl das Ausstrecken der Hand genügen würde. Im Laufe der Entwicklung werden die Reaktionen immer sparsamer; nur wenn das Problem recht fremdartig ist, aktivieren wir mehr an Verhalten, weil wir noch nicht absehen können, welches Verhalten zum Ziel führt. Es hat also den Anschein, als würden Kontrollinstanzen dafür sorgen, daß nur noch bestimmte Reaktionen unseres Verhaltensrepertoires zugelassen werden, die übrigen scheiden aus, weil sie „falsch" oder „unsinnig" sind. Dieses Filter verhindert aber in starkem Maße Kreativität, da der schöpferische Einfall neu ist, sich also aus Verhaltenselementen zusammensetzt, die in dieser Kombination zuvor noch nicht erprobt worden sind. Eine wichtige Aufgabe beim Kreativitätstraining besteht deshalb im Ausschalten der Kontrollinstanz. Im „brainstorming" von *Osborn* besteht das wichtigste Prinzip im Aufschieben des Urteils über den Einfall (deferred judgment). Man bewertet also nicht sogleich einen Einfall auf seine Brauchbarkeit hin, sondern wartet weitere Einfälle ab. *Osborn* (1962) teilt verblüffende Ergebnisse seiner Methode mit, wobei er ausdrücklich betont, daß es mehr auf das Prinzip des Urteilsaufschubs als auf das Training in der Gruppe ankommt. Die Zahlen der Tab. 3.7 sind wohl etwas mit Vorsicht zu beurteilen, doch steht auch für andere Autoren wie z. B. *Taylor* (zit. nach *Osborn*, 1962) außer Frage, daß Bewertungsaufschub sich günstig auf die Produktion origineller Einfälle auswirkt.

Eine fruchtbare Form der Aktivierung spontanen Verhaltens ist das Spiel. Vielleicht sollte man sogar das operant behavior als entscheidendes Definitionskriterium des Spiels ansetzen. *Rogers* (1959) nennt die ‚Fähig-

Tab. 3.9: Einfluß des Bewertungsaufschubs (deferred judgment) auf die Produktion origineller Einfälle (nach *Osborn*, 1962)

Vergleichs- (Kontroll-) Gruppe	geförderte Gruppe	Zuwachs an guten Einfällen
Individuelle Produktion (sofortige Bewertung erlaubt)	Brainstorming in der Gruppe (Bewertungsaufschub)	70%
Individuelle Produktion (ohne Bewertungsaufschub)	Individuelle Produktion (mit Bewertungsaufschub)	90%
Produktion ohne Training	Produktion mit Training (creative problem-solving course)	94%

keit, mit Elementen zu spielen', als wichtige Bedingung für Kreativität. Wir beschränken uns im folgenden auf das äußere Umgehen mit Objekten. Man kann aber das „Spielen" mit Ideen und Gedanken als analoges Geschehen betrachten. Die Bedeutung des äußeren Umgangs mit den Objekten, des Manipulierens am Gegenstand für die Kreativität, wies unter anderem *Torrance* (1962b) nach.

Kinder der ersten drei Klassen der Elementarschule sollten Vorschläge für die Verbesserung von Spielzeug (z. B. einem Spielzeughund) bringen, so daß die Spielsachen „mehr Spaß" machten. Bei dieser Aufgabe durften sie entweder viel (1. Gruppe), mittel (2. Gruppe) oder wenig (3. Gruppe) mit den Spieldingen umgehen. Variiert wurde also der Grad der Manipulation mit den Objekten und somit das Ausmaß des operant

Abb. 3.13: Einfluß der Manipulation auf kreative Leistungen beim Erfinden von Verbesserungen an Spielgegenständen (*Torrance*, 1962 b).

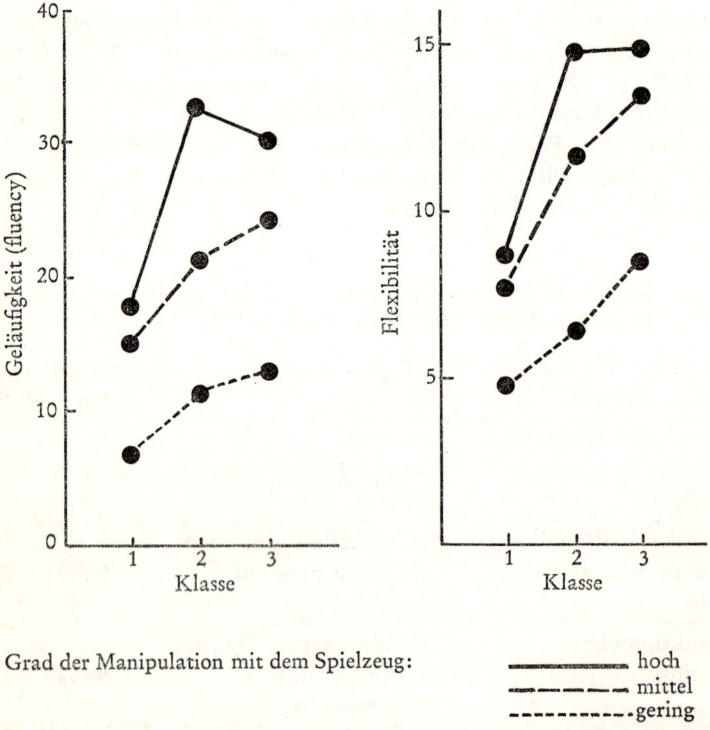

behavior. Wie Abb. 3.13 zeigt, korrespondieren der Grad an Geläufigkeit (gemessen durch die Anzahl der geäußerten Vorschläge) und Flexibilität (Häufigkeit des Überwechselns auf eine neue Klasse von Vorschlägen) mit dem Ausmaß der Manipulation, die man den Kindern gestattet hatte. Man beachte, daß keinerlei Vorschriften oder Ratschläge über die Art des Umgangs mit den Spieldingen gegeben wurden. Wesentlich dürfte vielmehr das freie und beliebige (auch erfolglose) Manipulieren sein, das dem operant behavior am nächsten kommt. Bemerkenswerterweise manipulierten Mädchen wesentlich weniger als Buben, deren äußere Aktivität mit dem Alter sogar noch anstieg.

3.422 Förderung unter dem Aspekt der Kreativitätsdimensionen

Man muß sich vor Augen halten, daß Förderungsmaßnahmen, die auf Verbesserung in bestimmten Leistungsdimensionen der Kreativität, wie Flüssigkeit, Flexibilität und Originalität, abzielen, im Prinzip die gleichen sind wie die unter lerntheoretischem Aspekt genannten. Wer spontanes Verhalten aktiviert, sorgt zugleich für größere Geläufigkeit (Flüssigkeit) der Einfälle. Da die Produktion von Einfällen auch zu seltenen Produkten führt, fördert man auf diese Weise auch die Originalität der Lösungen.

Osborn (1957) benutzt nicht nur das allgemeine Prinzip des Urteilsaufschubs, sondern gibt auch spezifische Regeln an, wie man die Geläufigkeit steigern kann. Dazu gehören: andere Verwendungszwecke setzen, Adaptieren, Modifizieren (Farbe, Form, Bewegung, Klang, Geruch usw. ändern), Vergrößerung (der Ausdehnung oder Bedeutung), Verkleinerung, Ersetzen (durch ein anderes Objekt), Neuordnen (einen anderen Platz geben), Kombinieren. *Torrance* (in: *Parnes & Hardings,* 1962) prüfte in einem Experiment, ob solche Regeln die Geläufigkeit (Flüssigkeit) von Einfällen erhöhen. Er untersuchte Kinder von der ersten bis zur sechsten Klasse (insgesamt 386) und bildete vier Gruppen. Zwei Gruppen wurden mit den oben erwähnten Regeln bekannt gemacht und „trainiert" (20 Minuten), zwei weitere Gruppen erhielten kein solches Training, aber die Information, daß es Preise für die besten Lösungen gebe.

Jeweils einer der trainierten und der untrainierten Gruppen wurde nahegelegt, möglichst viele Einfälle während einer achtminütigen Periode von sich zu geben. Die beiden restlichen Gruppen waren aufgrund der Instruktion mehr auf die Qualität ihrer Einfälle aus. Die Aufgabe bestand, ähnlich wie bei der bereits erwähnten Untersuchung von

Torrance (Abb. 3.13), in der Verbesserung eines Spielzeughundes, „so, daß es Jungen und Mädchen mehr Spaß macht, mit ihm zu spielen" (op. cit. S. 40). Die Ergebnisse sind für verschiedene Schulklassen unterschiedlich, doch zeigt sich eine durchgängige Überlegenheit der trainierten Gruppen über die untrainierten. Die Aufforderung, möglichst viele Einfälle zu bringen, führte nur in der vierten und sechsten Klasse zu besseren Erfolgen. Diese Befunde demonstrieren, daß eine kurze Übungsperiode bereits die kreative Produktion steigern kann. Offenbar genügt es, wenn Blockierungen beseitigt werden und wenn die Kinder mögliche Strategien (die oben genannten Prinzipien) kennenlernen.
Ein für die Frage nach der Existenz von Kreativitätsfaktoren recht interessantes, wenn auch sehr simples Experiment stammt von *True* (1957). Er teilte 200 Erstsemester der Universität Iowa in eine Versuchs- und eine Kontrollgruppe ein. Bei beiden Gruppen wurde zunächst ein Kreativitätstest durchgeführt. Die Versuchsgruppe erhielt eine fünfzigminütige Information über die Benutzung von Prinzipien zur Aktivierung kreativer Leistungen. Die Kontrollgruppe erhielt keine weiteren Instruktionen. Beim Nachtest zeigte sich eine deutliche Überlegenheit der trainierten (informierten) Gruppe, jedoch im direkten Verhältnis zu vorausgegangenen Leistungen. Studenten, die hinsichtlich Flüssigkeit im Vortest gut abgeschnitten hatten, lagen auch im Nachtest an der Spitze. Ein weiterer bemerkenswerter Befund bestand im Zusammenhang zwischen Quantität und Qualität. Die Korrelation zwischen beiden Skores betrug .87; ein weiterer Hinweis dafür, daß allein die Erhöhung der Quantität für eine Verbesserung der Qualität sorgt.
Eine wichtige Bedingung für kreative Produktion scheint die Sensitivität gegenüber Reizen der Umwelt zu sein. *Guilford* (1967b) kennt einen eigenen Faktor der Sensitivität für Probleme, *Rogers* spricht von „Offenheit gegenüber der Erfahrung", *Reitman, Grove* und *Shoup* (1964) sehen die Störbarkeit im Sinne der Sensibilität als wesentliches Merkmal menschlichen Denkens an. Sensitivität und Sensibilität scheinen gerade für das Problemlösen eine wichtige Funktion zu haben.
Littwin (in: *Russel,* 1956) interessierte sich für die Steigerung der Sensitivität im Zusammenhang mit der Verbesserung des Aufsatzstils. Er versuchte es mit drei verschiedenen Methoden der Förderung mit dem Ziel, lebendigere und bildreichere Darstellungen zu erlangen. Über den Zeitraum von zehn Wochen übte sich die erste Gruppe in der lebendigen Darstellung bei Bildbeschreibungen. Die zweite Gruppe befaßte sich in der gleichen Zeit mit literarischen Modellen zur Beschreibung im Bereich des Klangs, der Farbe und der Bewegung. Die dritte Gruppe schließlich

übte sich in der Beschreibung von Wahrnehmungserlebnissen, die durch die Beschäftigung mit einem Objekt oder einer Situation gewonnen wurden. Im nachfolgenden Test schnitt diese letzte Gruppe am besten ab, sie hatte den größten Lernzuwachs.

Auch noch bei Dreizehn- und Vierzehnjährigen (die Vpn waren Siebt- und Achtklässer) scheint also das unmittelbare Training der Sinne und die Umsetzung der Sinneserlebnisse in Sprache am erfolgreichsten zu sein. Die Übung der Sinnesfunktionen steigert aber wohl nicht allein die Sensitivität für neue Reize, sondern setzt möglicherweise auch die Schwelle für die Wahrnehmung von Problemen (Sensitivität für Probleme im Sinne *Guilfords*) herab. Gerade dadurch, daß alltägliche Reize bei kleinen Veränderungen schon die Neugier aktivieren oder als Störvariablen wirken, sieht der in diesem Sinne Sensible auch mehr Probleme als sein weniger störbarer Mitmensch.

Für das Umstrukturieren beim Problemlösen scheinen Faktoren der Flexibilität hauptsächlich verantwortlich zu sein. Was man hierbei besonders schwer angehen kann, ist die sogenannte ‚spontane' Flexibilität, die ohne äußeren Anlaß umstrukturiert, die beispielsweise beim ‚Brick Uses Test' zu einer neuen Klasse von Verwendungsmöglichkeiten übergeht. Diese Schwierigkeit sieht *Gordon* (1961), der ein geschlossenes System zur Förderung der Kreativität entworfen und erprobt hat. Die zwei Grundregeln seiner Methode, die er ‚synectics'[1] nennt, lauten: Das Fremde vertraut machen, das Vertraute wieder fremd machen. Der erstere Vorgang ist identisch mit dem Explorieren eines Gegenstandes, der zweite Prozeß hat viel Ähnlichkeit mit dem kindlichen Illusionsspiel. Er zielt auf den Faktorenkomplex Flexibilität ab, zu dem wir auch Neudefinieren rechnen. Im Unterschied zu *Osborns* Methode (‚brainstorming') will *Gordon* den Weg zur kreativen Leistung bewußt machen. Wer weiß, wie kreative Prozesse zustandekommen und was sie sind, der vermag auch kreativ zu denken, so lautet seine sokratische Annahme. Er gibt deshalb für seine Prinzipien auch einzelne Trainingsregeln an. Seine Vorschläge sind nicht streng wissenschaftlich, sondern zielen darauf ab, im Übenden, der ja schließlich psychologischer Laie ist, bestimmte psychische Zustände herbeizuführen. Er unterscheidet vier solcher psychischer Bedingungen.

Detachment-Involvement: Der Proband muß versuchen, die Probleme aus ihrem gewöhnlichen Kontext zu lösen. Auf diese Weise eröffnen

[1] Aus dem Griechischen: bedeutet soviel, wie Zusammenbringen verschiedener scheinbar irrelevanter Prozesse (*Landau*, 1969).

sich ihm neue Aspekte, er beginnt sich zu interessieren und zu engagieren.

Deferment: Der Proband soll sich nicht mit dem ersten Einfall zufriedengeben, sondern auf weitere Einfälle warten. Dieses Prinzip ähnelt dem aufgeschobenen Urteil (deferred judgment) bei *Osborn*.

Speculation: Man muß dem Geist erlauben, frei umherzuschweifen, und zentrale kritische Instanzen zurückdrängen.

Autonomy of object: Beim Gelingen kreativer Prozesse gewinnen die Einfälle und Lösungsvorschläge ein Eigenleben. Sie werden als etwas erlebt, das nicht von einem selbst zu stammen scheint.

Man erkennt, daß in den intendierten psychischen Zuständen oder Bedingungen typische Kreativitätsfaktoren involviert sind, wie Flüssigkeit, Flexibilität, Originalität, aber auch psychische Voraussetzungen, die zur Aktivierung dieser Faktoren führen, vor allem die „Ichferne".

Da vor allen Dingen Flüssigkeit und Flexibilität leicht blockiert werden können und bei Jugendlichen oder Erwachsenen auch sicherlich gehemmt sind, erwägt man gelegentlich drastische Methoden wie die Benutzung von Psychopharmaka oder den Einsatz der Hypnose. *Leary* (1964) schlägt vor, Wahrnehmung und Bewußtsein durch LSD, Mescalin und Psylocybin zu erweitern und auf diese Weise eine „Ego-Transzendenz" zu ermöglichen. Die bisherigen Erfahrungen mit Drogen lassen allerdings vermuten, daß sie kreative Leistungen nur dann erhöhen, wenn ein entsprechendes Potential bereits vorhanden ist. Künstler wurden durch die Einnahme von Psychopharmaka zu neuen Schöpfungen angeregt, aber aus Dilettanten wurden keine Künstler. In Untersuchungen von *Lienert* (1964) zeigten Probanden nach Einnahme von LSD einen allgemeinen Leistungsabfall, der von *Lienert* aufgrund faktorenanalytischer Befunde als Regression auf eine frühere Intelligenzstufe gedeutet wurde (größerer Anteil des g-Faktors, Verringerung der Faktorenzahl). Die Intelligenzveränderung kann aber auch als „simultane Überlagerung" (in diesem Falle: gemeinsame Beeinträchtigung) sämtlicher erfaßten Intelligenzfunktionen verstanden werden (*Kalveram*, 1965).

Kankeleit (1959) erreichte durch Entspannungshypnose bei seinen Patienten einen Zustand des verminderten Wachbewußtseins. Während des Zustands herabgesetzter Ichkontrolle zeichnen die Patienten. Hinterher werden sie mit ihren Produkten konfrontiert. *Kankeleit* erhofft sich durch seine Methode therapeutische Erfolge.

Je weiter sich Trainingsmethoden und Maßnahmen zur Kreativitätsförderung von klaren theoretischen Annahmen entfernen, desto schwieriger ist es, sie richtig zu bewerten. Wir haben in diesem und dem vorausgehenden Abschnitt versucht, wissenschaftliche empirische Befunde und relativ unwissenschaftliche „Lehren" bestimmten theoretischen Konzepten unterzuordnen, und müssen uns eingestehen, daß ein solcher Versuch unbefriedigend bleiben muß.

3.423 Förderung im Lichte sozialpsychologischer Erkenntnisse

Die Tatsache, daß der Mensch immer und von Natur aus mit anderen Menschen zusammenlebt, hat positive und negative Auswirkungen auf die Kreativität. Zunächst scheinen allerdings die nachteiligen Effekte zu überwiegen. Der gesamte Sozialisierungsprozeß kann als Lernen von Verhaltensweisen aufgefaßt werden, die von der Gesellschaft vorgeschrieben sind. Gesellschaftlich erwünscht und gefordert sind vor allem Verhaltensweisen, wie sie jedermann besitzt. Es besteht somit ein gewaltiger Konformitätsdruck. Auch in den Bezugsgruppen des Kindes und Jugendlichen ist derjenige angesehen, der so denkt, fühlt und handelt, wie die Gruppe es vorschreibt. Viele Kinder trauen sich in der Klasse aus Furcht vor Isolation oder Bloßstellung nicht, Verhaltensweisen zu zeigen, die ungewohnt und neu sind. Die Orientierung an der Peer Group ist bekanntlich außerordentlich massiv. Hier ist vielfach die Gefahr eines überstarken Konformismus gegeben.

Nachweislich wirkt auch die Anpassung an die Geschlechterrolle beeinträchtigend auf die Entwicklung der Kreativität. Wie bereits erwähnt, zeigen kreative männliche Personen feminine Züge in dem Sinne, daß sie viele Interessen besitzen, die in unserer Kultur den Frauen vorbehalten sind (*MacKinnon,* 1960). Umgekehrt scheuen Mädchen und Frauen nicht selten vor kreativen Aufgaben zurück, die als maskulin angesehen werden (Forschung, naturwissenschaftliche Entdeckungen). *Torrance* (1959) prüfte die Hypothese, ob Kreative häufiger Interessen des anderen Geschlechts besitzen als Nicht-Kreative. Er fand allerdings keine Unterschiede, die deutlich in die erwartete Richtung wiesen.

Die Gruppe kann auch zur Förderung der Kreativität des einzelnen beitragen, und zwar in doppelter Hinsicht. Man kann in einer Gruppe „Gleichgesinnter" leichter seine Hemmungen und „blocs" abbauen als bei alleiniger Bemühung, und vielfach findet die Gruppe mehr als der einzelne. Ersteren Aspekt hat zunächst *Osborn* (1957) im Auge, wenn er die Produktion von Einfällen in der Gruppe befürwortet. Die Gruppendynamik kann im brainstorming und in ähnlichen Methoden zur Förderung der Kreativität zur Bildung einer neuen Norm führen, nämlich der Norm, kreativ zu sein. Hier liegen die Chancen des Gruppenunterrichts in der Schule und die Möglichkeiten der Teamarbeit in Industrie und Wirtschaft.

Zugleich nimmt man allerdings auch an, daß die Gruppe Probleme leichter lösen könne als der einzelne und daß durch die Kooperation mehrerer Teilnehmer leichter kreative Leistungen erbracht werden können als durch die isolierte Bemühung des einzelnen. Die Überlegenheit der Gruppe bei kreativen Leistungen muß aber von uns recht sorgfältig und kritisch überprüft werden, bevor wir einem solchen Pauschalurteil zustimmen.

Osborn (1957) vermutet, daß in der Gruppe deshalb mehr Einfälle auftreten, weil (bei Urteilsaufschub) der Partner nicht nur zu dem eigenen vorausgegangenen Element assoziieren, sondern auch Assoziationen zu dem vom anderen geäußerten Einfall bilden kann. Sowohl Flüssigkeit (man gerät nicht so leicht ins Stocken) wie Flexibilität (wechselt der Partner, so wechselt auch leichter die Suchrichtung oder Klasse) müßten theoretisch durch Gruppenarbeit begünstigt werden. Empirische Befunde sind aber recht widerspruchsvoll. *Taylor, Berry* und *Block* (1957) bildeten aus 48 von 96 Individuen (Studenten in den Erstsemestern) Gruppen zu je vier Personen, die unter Benutzung des ‚brainstorming' drei Probleme zu bearbeiten hatten. Die restlichen 48 Probanden mußten die Probleme allein angehen. Dabei erwiesen sich die Gruppen den einzeln Arbeitenden hinsichtlich der Zahl der Einfälle weit überlegen. Andererseits fanden *Taylor* und *Block* (1957) eine Überlegenheit der individuellen Aktivität gegenüber der Gruppenarbeit, als sie untersuchten, ob die Reihenfolge von Einzelarbeit und Gruppenarbeit eine Rolle spielt. In einer Untersuchung von *Taylor* und *McNemar* (1955) produzierte die Gruppe mehr Ideen, aber die Qualität der Einfälle war nicht besser als bei Personen, die einzeln gesucht hatten. *Guilford* (1967 b) dagegen stellte mit Hilfe seiner Tests nach Gruppenkursen eine Verbesserung in Originalität und Flexibilität, nicht aber in Flüssigkeit fest. Die Untersuchungen beweisen nur eines mit aller Deutlichkeit: Es gibt noch andere Variablen, die offenbar den gleichen oder größeren Effekt haben als die untersuchten Variablen des Trainings in Gruppen. Eine wichtige Variable scheint die Gruppenzusammensetzung zu sein. *Gordon* (1961) verwendet bei seiner Methode heterogene Gruppen, die sich aus fünf bis sechs Teilnehmern verschiedener Erfahrungsbereiche zusammensetzen. Dadurch kommen nicht nur verschiedenartige Einfälle, sondern auch unterschiedliche Formen des Denkens miteinander in Berührung. *Bruner* (1962), der kreative Prozesse bei einer Gruppe von kooperierenden Wissenschaftlern und Erfindern untersuchte, legt das Hauptgewicht wieder eher auf die enthemmende und lockernde Funktion der Gruppenatmosphäre. Das Individuum, so meint *Bruner*, objektiviere sich in der Gruppe leichter, d. h. es bringe seine Ideen und Einfälle unabhängig von persönlichen Bedürfnissen und Befürchtungen vor. Dabei komme es zum „inneren Drama", einem Vorgang, in dem sich das Individuum mit seinen Ideen, Einfällen, Erlebnissen auseinanderzusetzen vermag.

Gegenwärtig kann man sich wohl zur Frage des Einflusses der Gruppe auf kreative Prozesse der bereits vor über einem Jahrzehnt geäußerten Meinung *Hilgards* (1959) über brainstorming anschließen. Er meint, daß die Hauptwirkung des brainstorming in der Schaffung einer Stimmung zur freien Produktion von Ideen besteht. Wenn diese Grundhaltung, Stimmung oder was immer, einmal vorhanden ist, tragen Gruppenprozesse nichts Wesentliches mehr bei. Trotzdem ist die Gruppe insofern überlegen, als mehrere Individuen gewöhnlich eine größere Anzahl verschiedener Einfälle haben als ein einziges Individuum (man denke nur an einfache Assoziationen!). Wenn man aber alle Ideen der Einzel-Denkenden vereinigt, hat man das gleiche Ergebnis wie bei Gruppenarbeit. Allerdings können in der Gruppe die entferntesten Ideen nebeneinander auftauchen, wodurch die kreative Findeleistung der Vereinigung entfernter Elemente erleichtert wird. Da die Überlegenheit der Gruppe bei vielen Findeleistungen erwiesen ist (s. z. B. *Hofstätter*, 1957), bleibt es der weiteren Forschung vorbehalten, herauszufinden, unter welchen Bedingungen die Gruppe auch der Qualität nach bessere kreative Leistungen erzielt als der einzelne und für welche Aufgabenstellungen sich Gruppenarbeit eignet.

3.43 Einige pädagogische Folgerungen

Bei der Frage nach pädagogischen Konsequenzen, die mit der Anwendung des bisher Gesagten auf Unterricht und Erziehung zu tun haben und in relativ konkrete Vorschläge einmünden, überschreitet der Psychologe sein Revier. Vor allem muß er sich klar darüber sein, daß am Anfang der Überlegungen die Wertfrage steht. Die folgenden drei Feststellungen, die als Rahmensätze an den Anfang gestellt werden sollen, sind deshalb Werturteile, nicht in erster Linie Feststellungen von Sachverhalten:

1. Die Förderung der Kreativität ist heute eine dringliche Notwendigkeit, da von ihr der Fortbestand von Kultur und Gesellschaft abhängt.

2. Kreativität ist für die Persönlichkeitsentwicklung im Sinne der Vervollkommnung und der Selbstverwirklichung notwendig.

3. Jeder Mensch ist kreativ, es gilt, ihn im Rahmen seiner Möglichkeiten in diesem Leistungs- und Persönlichkeitsbereich zu fördern.

Die nächste Feststellung hingegen ist die Darstellung eines Sachverhaltes:

4. Kreativität kann durch verschiedene Maßnahmen innerhalb gewisser Grenzen gefördert werden.

Im folgenden werden einige Regeln zur Förderung der Kreativität angegeben, die *Torrance* (1962b) aufgestellt hat. Man darf eine solche „Handanweisung" aber nicht mißverstehen. Sie muß im Rahmen der bisher vorgenommenen Erklärungs- und Beschreibungsversuche verstanden und im Kontext der gesamten Erziehung und schulischen Förderung gesehen werden. Als allgemeine Verständnisbasis mag die Vorstellung dienen, daß die frühkindlichen Verhaltensweisen nicht völlig verschwinden dürfen, sondern die Spielhaltung des Kleinkindes bei vielen (natürlich nicht bei allen) späteren Formen der Aktivität erhalten bleiben soll. Zu ihr gehören:

Operant behavior (spontanes Verhalten),
Flexibilität beim Wechsel des Spielgegenstandes bzw. in der Umdeutung des Gegenstandes,
Offenheit für neue Reize,
Emotionale Ansprechbarkeit und
Allgemeine Neugier.

Torrance (1962b) nennt folgende Prinzipien für den Lehrer:

1. Bewerte kreatives Denken positiv!
2. Erhöhe die Sensitivität der Kinder gegenüber Umweltreizen!
3. Rege zur Manipulation (zum spielerischen Umgang) mit Dingen und Ideen an!
4. Lehre, wie man jeden der Einfälle systematisch prüfen kann!
5. Entwickle Toleranz gegenüber neuen Ideen!
6. Vermeide den Aufbau von Sets!
7. Entwickle eine kreative Klassenatmosphäre!
8. Lehre das Kind seine kreativen Einfälle positiv bewerten!
9. Gib dem Kind Möglichkeiten an die Hand, wie es die Zustimmung des Gleichaltrigen vermeiden kann!

10. Informiere über den kreativen Prozeß!
11. Beseitige falsche Scheu vor Meisterwerken (‚so etwas bringe ich ja doch nicht fertig‘)!
12. Ermutige und belohne die Eigeninitiative beim Lernen!
13. Finde „Dornen im Fleisch“! (Erhöhung der Sensitivität gegenüber Problemen und Schwierigkeiten bei zunächst unproblematischen Sachverhalten)
14. Schaffe die Notwendigkeit für den Einsatz kreativen Denkens! (Schaffung von Situationen, in denen eingefahrenes Denken nicht weiterkommt: Not macht erfinderisch)
15. Sorge für aktive Perioden und Abschnitte der Ruhe!
16. Sorge für Hilfsquellen, die beim kreativen Denken nötig sind! (etwa Werkzeug, Materialien, Farben usw.)
17. Fördere die Gewohnheit, alle Implikationen, die in einer Idee stekken, auszuarbeiten! (betrifft vor allem den Faktor der Elaboration)
18. Entwickle die Haltung zur konstruktiven Kritik, nicht zur Kritik überhaupt! (wer kritisiert, muß neue Vorschläge bringen)
19. Rege zum Erwerb von Kenntnissen in einer Vielzahl von Bereichen an! (soll vorzeitiger Einengung der Interessen und der allgemeinen Neugier entgegenwirken)
20. Bilde Lehrer heran, die selbst kreativ sind und gerne neue Wege im Denken beschreiten!

Zusammenfassung

Unter psychologischem Aspekt lassen sich zwei Hauptziele bei der Förderung der Kreativität unterscheiden:

a) Förderung im Dienste der Gesellschaft (Akzent liegt auf den Produkten),

b) Förderung im Dienste der Persönlichkeitsentwicklung (Akzent liegt auf dem Prozeß).

Von den bestehenden Theorien her ist Steigerung der Kreativität ein Lernvorgang wie andere Lernprozesse auch, oder aber eine Leistungsverbesserung, die auf bestimmte Intelligenzfaktoren zurückgeht. Im ersteren Falle geht es darum, die Bandbreite des ‚operant behavior‘ zu erweitern und seltene Reaktionen zu verstärken. Unter letzterem Aspekt, also bei der Leistungsverbesserung spezifischer Faktoren, wie Flüssigkeit und Flexibilität, erweist sich das Aufschieben der Bewertung von Einfällen (deferred judgment) als besonders wichtig. Eine weitere wichtige Bedingung hierbei ist die Erhöhung der Sensitivität für äußere Reize und innere Vorgänge. Unter sozial-psychologischem Aspekt erleichert die Gruppensituation den Abbau von Hemmungen und erhöht möglicherweise Zahl und Qualität der Lösungen, da einerseits die Einfallskette bei verschiedenen Individuen in verschiedene Regionen führen kann, andererseits die Kombination von Einfällen aus diesen verschiedenen Bereichen fruchtbare Lösungen begünstigt. Empirisch ist diese Annahme aber noch nicht genügend abgesichert.

Die Feststellung, daß Kreativität für Streben nach Vervollkommnung und Selbstverwirklichung (self actualization) sowie für die Weiterentwicklung unserer Kultur notwendig sei, ist letztlich eine Wertentscheidung und nicht die Formulierung eines Sachverhalts. Die Vorschläge für Förderungsmaßnahmen lassen sich dahingehend zusammenfassen, daß die spontane Aktivität gegenüber der Reaktivität größeres Gewicht als bisher in der schulischen Erziehung erhalten muß. Lehrer können freilich erst dann die Kreativität der Schüler steigern, wenn sie etwas über kreative Prozesse wissen und diese bei sich selbst aktivieren.

Viertes Kapitel

Motivationale Bedingungen beim Denken

Das menschliche Denken kann nur in der Abstraktion losgelöst von anderen psychischen Prozessen betrachtet werden. Faktisch bleibt es fast immer eingebettet in den Kontext emotionaler und antriebsmäßiger Komponenten. Diesen Kontext wollen wir unter drei Aspekten betrachten. Zunächst steht der Gesichtspunkt der Subjektivität als übergeordneter Aspekt zur Debatte. Hier geht es um den Tatbestand, daß der Träger der Denkprozesse ein Subjekt ist, ein Organismus, der das Denken als Instrument zur Lebenserhaltung benötigt. Sodann wird uns die merkwürdige Symbiose zwischen „Gefühl" und Denken zu beschäftigen haben, die immer dann auftritt, wenn das Individuum Entscheidungen zu fällen hat, die für die eigenen Belange nicht gleichgültig sind. Schließlich interessiert uns noch die Antriebs- und Energieseite der Denkvorgänge.
Von vornherein muß darauf hingewiesen werden, daß die vorgenommene Einteilung relativ willkürlich ist, da alle drei Aspekte zusammengehören. Wiederum handelt es sich im vorliegenden Kapitel um Einteilungsversuche, die dem Leser die Orientierung erleichtern sollen. Die Beschränkung auf einige besonders wichtige Aspekte war nötig, damit der hier angeschnittene Fragenkomplex nicht das im vorliegenden Buch gestellte Thema des Denkens völlig überwuchert.

4.1 Subjektivität

4.11 Das Subjekt als Träger und Erzeuger von Denkprozessen

Bis jetzt haben wir das Subjekt vorwiegend als Fehlerquelle beim Ablauf von Denkprozessen angesehen. Denken hat seine Grenzen, weil das Individuum oft nicht die geforderten Leistungen zustandebringt. Uns hat natürlich auch die Frage interessiert, wie man „richtiges“ Denken fördern kann und ob es mehrere Denkwege oder -strategien bei einem Problem gibt.

Nun soll der Schwerpunkt verlagert werden. Denken wird im folgenden als einer unter vielen Vorgängen angesehen, die sich „im“ Subjekt abspielen. Ob die Denkvorgänge richtig sind im logisch-wissenschaftlichen Sinne, interessiert erst in zweiter Linie. Denken ist unter diesem Aspekt eine Leistung, die je nach Entwicklungsstand und kulturellen Erfordernissen ganz verschieden sein kann. Optimales Denken im Sinne des „richtigen“ Denkens ist dabei nur eine von vielen Möglichkeiten, oft eine Norm, die angestrebt, aber nur selten erreicht wird.

Die Philosophie des deutschen Idealismus kam bekanntlich aufgrund der Überlegung, daß das Subjekt Träger aller Denkvorgänge ist, zur Deutung der Welt als subjektives Erzeugnis. Die Welt um uns erfährt ihre Strukturierung nicht in erster Linie durch Gesetze, die in ihr selbst liegen und unabhängig vom Subjekt sind, sondern primär durch das Subjekt. Es besitzt „Kategorien“ und „Anschauungsformen“ (im Sinne *Kants*), mit deren Hilfe die Erscheinungen der Welt gedeutet werden.

Es läßt sich nicht leugnen, daß auch die Psychologie einen bestimmten erkenntnistheoretischen Standpunkt vertritt, auch wenn er selten explizit zum Ausdruck kommt. Dieser Standpunkt deckt sich allerdings nicht mit einem extremen Idealismus, sondern am ehesten mit einem kritischen Realismus. Das Individuum lebt in einer Welt, die unabhängig von ihm existiert (Realismus). Es schafft sich aber Ordnungsstrukturen von dieser Welt, die subjektive Schöpfungen sind. Die Ordnungsprinzipien sind unbrauchbar oder wenig effizient, wenn sie den realen Beziehungen und Gesetzmäßigkeiten nicht entsprechen (man vergleiche etwa das Weltbild der Primitiven). Sie leisten hingegen viel, wenn sie sich brauchbar anwenden lassen (z. B. naturwissenschaftliche Ordnungsprinzipien). *Piaget* beschreibt demgemäß die Entwicklung kognitiver Leistungen als fortlaufende Verbesserung solcher Ordnungsstrukturen (Schemata) durch Wechselwirkungsprozesse (Assimilation und Akkommodation) zwischen Individuum und Umwelt. Im zweiten Kapitel haben wir analog das Denken häufig beschrieben als Konstruktion von Hypothesen, deren Brauchbarkeit am Eintreffen vorhergesagter Ereignisse überprüft wird. Nicht selten gleitet diese erkenntnistheoretische Haltung des Psychologen über in einen positivistischen Pragmatismus, der in der wissenschaftlichen Psychologie große Sympathien genießt. Gesetzmäßigkeiten, Theorien sind solange „brauchbar“, als sie widerspruchsfrei verifiziert werden können. Psychologische Modelle haben nur so lange einen Nutzen, als sie den gemeinten Sachverhalt brauchbar abbilden. Sobald Theorien und Modelle nicht mehr die Funktion der Brauchbarkeit erfüllen, müssen sie aufgegeben oder modifiziert werden.

Man kann diesen pragmatischen Aspekt nicht ohne „Nutzen" auch auf das menschliche Denken unter psychologischem Gesichtspunkt übertragen. Das Individuum benutzt Denkprozesse, um daraus einen Nutzen für die eigene Existenz zu ziehen. Deshalb sucht das Denken von Anfang an nach Erklärungsprinzipien für Ereignisse, die wahrgenommen werden. Diese Erklärungsversuche bezieht es zunächst nicht aus der Umwelt, sondern aus sich selbst. Entweder stehen angeborene Ordnungsmuster zur Verfügung (etwa bei der Wahrnehmung) oder das Individuum schließt von sich auf die Umwelt. Auf doppelte Weise verfährt es bei der Erkenntnis der Welt subjektiv: a) es benutzt die ihm zur Verfügung stehenden (subjektiven) Maße und Kategorien, b) sofern eigene Belange angesprochen sind, werden zusätzliche Prozesse (emotionaler und motivationaler Art) aktiviert, die als weitere subjektive Faktoren die Entscheidung beeinflussen.
Die beiden Aspekte beschäftigen uns in den folgenden Abschnitten, der Aspekt a) als Egozentrismus, Aspekt b) als Ego-Involvement. Obwohl das Individuum seine Hypothesen überprüft und sein Verhalten normalerweise nach rationalen Kriterien ausrichtet, bleibt das Denken wohl immer der hier angedeuteten subjektiven Beeinträchtigung verhaftet. Oft besteht nämlich keine Gelegenheit, die getroffenen Entscheidungen oder die aufgestellten Vorhersagen (Erwartungen) zu überprüfen, weil die Ereignisse entweder zu selten sind oder auf mehrfache Weise gedeutet werden können. Kommt etwa ein Individuum oder eine Gruppe von Individuen zur „Erkenntnis", daß normwidriges Verhalten eine Strafe nach sich zieht, so können Ereignisse, die den Gesetzesbrecher treffen, als „Strafe" gedeutet werden, obwohl unter solchen Ereignissen auch andere Individuen zu leiden haben. Da sie aber weniger exponiert sind und zudem kein auffälliges Verhalten vorliegt, wird das betreffende Ereignis anders gedeutet (z. B. als Gunstbeweis einer höheren Macht: Wen Gott liebt, den züchtigt er). Wird die ganze Gruppe von einem Unglück betroffen, so sucht sie aufgrund subjektiver Denkaktivität nach dem Schuldigen. Da sich ein Schuldiger in jedem Falle finden läßt, kann die Hypothese („Erkenntnis"), daß ein Unglück die Strafe für vorausgegangene Vergehen ist (oder daß Vergehen Strafe nach sich zieht), nie falsifiziert werden. Jahrhundertealte Denktraditionen wurzeln in dieser subjektiven Denkhaltung.

Freilich gibt es auch Hypothesen oder „Erkenntnisse", die sich überhaupt nicht prüfen lassen, wie das Herstellen einer ursächlichen Verknüpfung eines Ereignisses mit einer höheren Macht. Die Annahme, daß ein bestimmtes Ereignis durch das Eingreifen einer höheren Macht verursacht wurde, läßt sich weder verifizieren noch falsifizieren. Eine solche Annahme ist in den Augen des religiösen Menschen (prinzipiell) immer richtig, in den Augen des Atheisten immer falsch.

4.12 Ego-Involvement

Wenn jemand liest, daß bis vor kurzem nur 20% der ins Gymnasium übergetretenen Schüler das Abitur ablegten, so mag ihn das als neutralen Leser relativ unberührt lassen. Er nimmt die Information zur Kenntnis. Ist er aber zugleich Vater eines Kindes, das ein Gymnasium besucht und voraussichtlich das Klassenziel nicht erreicht, so wird ihn die Information nicht gleichgültig lassen. Er mag sich vielleicht trösten, daß 80% aller Schüler des Gymnasiums offenbar ähnliche Schwierigkeiten haben, oder er mag argwöhnen, daß zu strenge Maßstäbe angelegt werden, daß der Unterricht nicht gut ist und dgl. Mit anderen Worten, er ist engagiert und emotional aktiviert. Immer, wenn Sachverhalte oder allgemein Denkobjektive affektiv bedeutsam sind, d. h., wenn sie für den Adressaten belangvoll erscheinen, ist das Ich in die Angelegenheit verwickelt. Man spricht hier von Ichbeteiligung oder Ego-Involvement (s. etwa *Sherif* & *Hovland,* 1961). Die Ichbeteiligung kann als Maß für die subjektive Einfärbung von Denkprozessen gelten. Je stärker die Ichbeteiligung, desto schwerer fällt es dem Denkenden, ein rein sachliches Urteil abzugeben, desto mehr werden eigene Bedürfnisse und Belange im Vordergrund stehen.

4.121 Ego-Involvement und Kategorisierung

Wir wollen die subjektive Einfärbung durch Ichbeteiligung am Beispiel der Bildung von Kategorien erläutern. *Sherif* und *Hovland* (1961) unterscheiden eine Region der Zustimmung, der Ablehnung und der Indifferenz gegenüber Haltungsobjekten. Bei politischen Tagesfragen etwa mag man bestimmten Zielen und Feststellungen zustimmen, gegenüber anderen Fragen gleichgültig sein (indifferente Region) und zu einem mehr oder minder großen Bereich von Zielen eine ablehnende Haltung einnehmen. Die drei Regionen werden stark von dem Ausmaß der Ichbeteiligung mitbestimmt. Bei starkem Ego-Involvement wird die Region der Zustimmung sehr eng, die der Ablehnung sehr groß und die Region der Indifferenz wiederum klein. Für den Ichbeteiligten heißt die Parole: Wer nicht für mich ist, ist wider mich. Bevor hierzu experimentelle Befunde angeführt werden, noch ein Beispiel aus dem Alltag.

Bei der Fußballweltmeisterschaft wird der interessierte Beobachter mit seiner eigenen Mannschaft sympathisieren und ihr den Sieg wünschen (Region der Zustimmung), sofern dieser im Bereich des Möglichen liegt. Alle übrigen Mannschaften fallen hinsichtlich der Wettkampfsituation in die Region der Ablehnung, man wünscht ihnen eine Niederlage. Angehörige verschiedener Nationen haben auf diese Weise sehr unterschiedliche Regionen der Zustimmung und Ablehnung, wobei aber der Umfang dieser Regionen relativ konstant bleibt, der Bereich der Zustimmung ist klein, der der Ablehnung groß. Betrachten wir demgegenüber den Angehörigen eines nicht beteiligten Staates (USA). Für ihn ist die indifferente Region verhältnismäßig groß, die Regionen der Zustimmung und Ablehnung

Abb. 4.1: Einfluß des Ego-Involvement auf die Kategorisierung von Behauptungen (nach *Hovland* & *Sherif*, 1952).

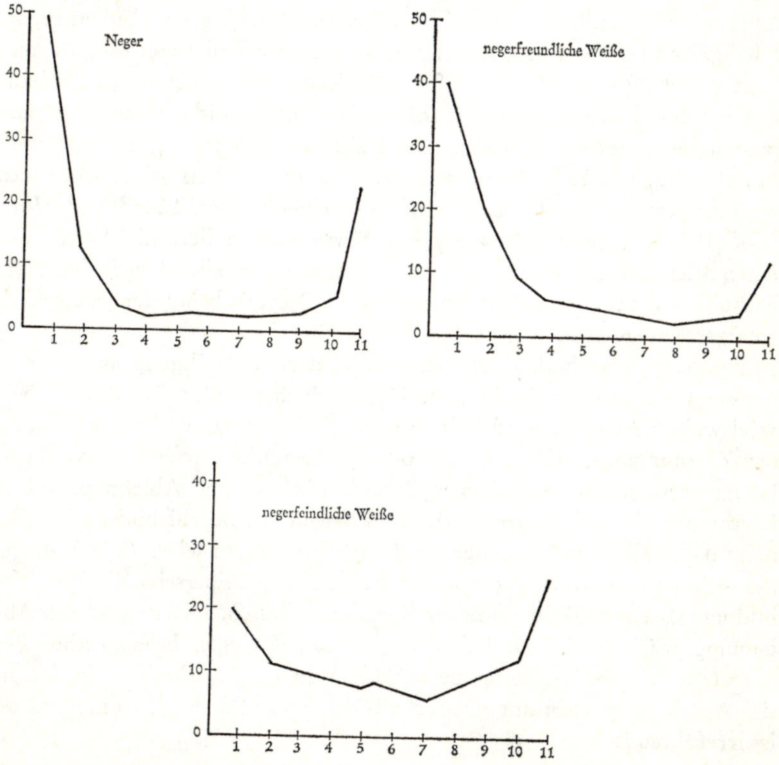

verkleinern sich demgegenüber: es gibt wenige Länder, denen man den Sieg ausgesprochen wünscht, aber auch wenige Länder, denen man den Sieg nicht gönnt.

Der Einfluß der Ichbeteiligung wurde auch experimentell geprüft. *Hovland* und *Sherif* (1952) legten 114 Feststellungen über Neger (eine bereits 1932 von *Hinckley* benutzte Serie) einer Reihe von Beurteilern vor. Neger und negerfreundliche Weiße verlegten nahezu 50% der Behauptungen in die Region der Ablehnung (die ersten beiden Kategorien in Abb. 4.1). Negerfeindliche Weiße verteilten dagegen die 114 Behauptungen über alle elf Kategorien hinweg.

Die Regionen der Zustimmung und Ablehnung waren etwa gleich groß. *Hovland* und *Sherif* folgern daraus, daß die von *Hinckley* verwendete Skala nur für eine bestimmte Gruppe adäquat zusammengestellt war, nämlich für die der (im allgemeinen) negerfeindlichen Weißen.

Auch bei experimentell induziertem Ego-Involvement ließ sich eine Ausweitung der Region der Ablehnung nachweisen. *Mausner* (1960) veranlaßte seine Versuchspersonen, sich in die Rolle gläubiger und überzeugter Kirchgänger zu versetzen. Sie hatten sodann eine Reihe von religiös relevanten Behauptungen einzustufen. Wiederum bevorzugten die Probanden extreme Kategorien und tendierten dazu, alle nicht ausgesprochenen proreligiösen Feststellungen in die Region der Ablehnung zu plazieren. Für den Engagierten gibt es, wie man aus diesem Beispiel ersieht, auch weniger Kategorien als für den neutralen Beobachter. *Sherif* und *Hovland* (1961) stellten in einem anderen Versuch Beurteilern die Anzahl der Kategorien bei der Einstufung der Behauptungen über Neger frei. Die Richter mit größerem Ego-Involvement (Neger) benutzten wesentlich weniger Kategorien als Weiße.

In analoger Form finden wir den Einfluß der Ichbeteiligung auf die Kategorienbildung beim Fachmann. Der Fachlehrer oder Fachdozent beispielsweise hält gewöhnlich sein eigenes Fach für das wichtigste (Region der Zustimmung), andere Fächer oder Teilbereiche dürfen eher vernachlässigt werden als sein eigener Bereich (Region der Ablehnung). Der Psychologe, der sich in der Forschung intensiv mit Begriffsbildung befaßt, neigt dazu, alle Denkvorgänge als Begriffsbildung zu sehen. Sein Kollege, der sich vorzugsweise mit Sprache befaßt, mag seinerseits die Begriffsbildung als einen Teilbereich der Sprache auffassen. Die Region der Ablehnung wäre in diesem Beispiel der vom Kollegen beanspruchte Bereich (der Ansatz, Denken ohne Begriffsbildung zu beschreiben, ist falsch; der Ansatz, Begriffsbildung außerhalb der Sprachdomäne zu untersuchen, ist irreführend).

Allgemein läßt sich sagen: Das Ego-Involvement bestimmt das Ordnungssystem für die Erscheinungen der Welt dergestalt mit, daß Regionen der Zustimmung, Ablehnung und Indifferenz gebildet werden[1].

4.122 Commitment

Die Ichbeteiligung drückt sich auch bei Entscheidungen aus. Hat man sich beispielsweise entschlossen, ein bestimmtes Auto zu kaufen, so ist diese Entscheidung unter relativ großer Ichbeteiligung erfolgt, da sie mit einem beträchtlichen finanziellen Aufwand verbunden war. Jede Information, die über das erworbene Fahrzeug nachteilige Aussagen liefert, steht im Widerspruch zu der getroffenen Entscheidung; Information mit positiven Aussagen über das Fahrzeug hingegen unterstützt das eigene Verhalten. Infolgedessen trachtet man danach, positive Information zu sammeln und negative zu meiden (für den Autokauf nachgewiesen durch *Ehrlich* u. a., 1957). Ähnlich verfährt der Forscher, der Stützung für seine Hypothese sucht und widersprechende Information zu vernachlässigen geneigt ist (Beibehaltung der Äthertheorie trotz experimenteller Falsifizierung).

Brehm und *Cohen* (1962) haben den Begriff des Commitment (Engagiertsein, Übernahme einer Verpflichtung) eingeführt und meinen, daß nur dann ein Widerspruch zwischen späteren und früheren Ereignissen auftritt, wenn ein Commitment vorhanden ist. Der Nichtraucher beispielsweise fühlt sich durch die Nachricht wenig angesprochen, daß Rauchen krebsfördernd wirkt. Hingegen entsteht beim Raucher „kognitive Dissonanz“[2] zwischen dem Wissen um das eigene Verhalten und der Gefahr, die dieses Verhalten heraufbeschwört. Je stärker jemand engagiert ist, desto stärker wirkt sich die kognitive Dissonanz zwischen den kognitiven Elementen, die im Widerspruch zur getroffenen Entscheidung stehen, und den kognitiven Elementen, die sich in Übereinstimmung mit der verworfenen Alternative befinden, aus.

Da aber solche durch das Ego-Involvement bedeutsam gewordenen Widersprüche als Spannungszustand wirken, trachtet das Individuum danach, sie zu beseitigen. Die Aktivität, die hier aufgewendet wird, ist in erster Linie kognitive Aktivität, besteht also auch aus Denkleistungen.

[1] Der Einfluß des Ego-Involvement in Form bestimmter Bedürfnisse erstreckt sich natürlich auch unmittelbar auf die Wahrnehmung. Doch überschreitet dieser Bereich den hier gesteckten Rahmen.

[2] Nähere Ausführung zum Begriff der kognitiven Dissonanz siehe Abschnitt 4.222.

Das Denken steht aber nicht im Dienst der objektiven Beziehungserfassung, sondern ist ein Instrument zur Beseitigung der kognitiven Dissonanz. Es handelt sich also um Denkleistungen, die eher gegen die Realität gerichtet sind, als sie zu erfassen. Der Betroffene ist erst dann zufrieden, wenn die durch kognitive Dissonanz entstandenen Spannungen beseitigt sind. Das ist gewöhnlich der Fall, wenn eine inadäquate Auswahl aus den zur Verfügung stehenden Informationen getroffen wurde. Geben wir *Brehm* und *Cohen* recht, die das Commitment als entscheidenden Faktor für das Aufkommen dieser „unrealistischen" kognitiven Aktivität ansehen, so bietet sich das Ego-Involvement ein zweites Mal als Maß der Subjektivität an: Je ausgeprägter das Ego-Involvement ist, desto weniger realitätsorientiert ist das Denken.

4.13 Egozentrismus

Seit der Antike akzeptiert man in der Philosophie mit wechselnder Akzentuierung, daß der Mensch „das Maß aller Dinge" sei. Nur dadurch, daß er sich selbst als Maßstab setzt, kann er zunächst Erkenntnisse sammeln. Alle Ereignisse müssen in Relation zum Subjekt gesetzt werden. Die Erkenntnis, daß der Denkende so verfährt, bedeutet bereits den wichtigsten Schritt zur Überwindung dieser Denkhaltung, die man mit *Piaget* als Egozentrismus bezeichnen kann. Im folgenden interessiert uns nur der Einfluß des Egozentrismus auf das Denken selbst, während wir andere Aspekte, wie Egozentrismus in der Wahrnehmung, im Handeln und im Ausdruck (die gesamte Kunst hat sehr viel mit Egozentrismus zu tun) vernachlässigen.

4.131 Egozentrische Denkweisen

Für das Verständnis des Egozentrismus leistet die Entwicklungspsychologie einen wesentlichen Beitrag. Beim kleinen Kind nämlich ist der Egozentrismus die typische Form der kognitiven Bewältigung von Ereignissen. Die ersten und bedeutsamsten Bewußtseinserlebnisse, die das Kind hat, sind emotionale Erfahrungen der Spannung und Entspannung, Unlust und Lust. Solche Erlebnisse werden aber nicht nur mit der eigenen Person verknüpft, da anfänglich keine scharfe Trennung zwischen Ich und Umwelt besteht. Die Ablehnung des Selbst von der Umwelt ist ja eine bedeutsame kognitive Leistung, die das Ergebnis langer Erfahrungen darstellt. Deshalb fühlen alle Objekte, die das Kind kennenlernt, wie es selbst, sie sind traurig und fröhlich, zornig und lieb, stark und schwach.

Für den Beobachter nimmt sich diese Leistung des Kindes als Verlebendigung der Welt aus. Man hat deshalb im Anschluß an die bei vielen Primitivkulturen anzutreffende Geisteshaltung von Animismus gesprochen (*Piaget*, 1926). Andere Autoren bevorzugen den Terminus „Anthropomorphisierung“, um damit zum Ausdruck zu bringen, daß die Objekte und Erscheinungen nach Erfahrungsweisen gedeutet werden, die man an sich selbst macht, und daß die Dinge so sind wie man selbst (*Werner*, 1959). Uns geht es nicht in erster Linie um eine geisteswissenschaftlich-anthropologische Deutung dieser Denkhaltung, sondern um ihre Beschreibung als Folgeerscheinung des Egozentrismus.

Schon in den zwanziger Jahren befaßte sich *Piaget* mit der Belebung der Umwelt durch das Kind (*Piaget*, 1926). Bis zu etwa sechs Jahren tendiert das Kind noch dazu, alle Erscheinungen und Objekte lebendig zu sehen. Danach akzentuiert es offenbar den Zusammenhang zwischen Leben und Bewegung. Alles, was sich bewegt, ist lebendig. So klassifiziert das Kind Maschinen, Verkehrsmittel, Motoren als belebt und scheidet sie nicht von organischen Lebewesen. Später wird das Leben auf Träger spontaner Bewegung eingegrenzt (nach wie vor Motoren, aber auch die Sonne), so daß Pflanzen eher zur unbelebten Natur gehören. Schließlich aber (in *Piagets* Untersuchungen etwa mit 10 Jahren) wird der Lebensbegriff auf Pflanze und Tier eingeschränkt.

Animistisches Denken findet sich nicht nur als Zwischenstadium in der menschlichen Entwicklung, es hat die Denkungsart ganzer Völker geprägt. Angefangen vom Dämonen- und Geisterglauben bis zum naturwissenschaftlichen Kraftbegriff der Renaissance (Fluidum) und zum Vitalismus der Biologie und Naturphilosophie finden wir die Deutung, daß den Objekten eine spontane, lebendige Kraft innewohne. Selbst der Energiebegriff der modernen Physik setzt diese Auffassung irgendwie fort: Die Energie „steckt“ im Atom und wird „frei gemacht“.

Der Kraftbegriff wird in unserer Kultur im Laufe der menschlichen Entwicklung seiner anfänglichen „psychistischen“ Eigenart entkleidet. Wenn das Kind zunächst deutet, das Boot schwimmt, damit die Menschen nicht ertrinken *(Muchow)*[1], oder meint, der Blitz „ziele“ auf Scheunen, aber nicht auf Menschen[2], so verleiht es den Erscheinungen und Objekten eine moralische, also psychische Kraft. Es ist noch eine Kraft, die etwas „will“.

[1] In: *Werner* (1959).

[2] *Zietz*, 1955.

Später sind es blinde Kräfte, die in den Objekten wohnen. Das Holz hat nach Ansicht eines Elfjährigen nicht genügend Kraft, um unterzusinken, der Stein dagegen schon[1]. Das Schiff ist unten breit und drängt das Wasser auseinander.

Auch in der Sprache kann man den Animismus beobachten. *Bühler* (1928) zählte aus dem Tagebuch Scupins die animistischen Bezeichnungen aus und fand bis zum Alter von sechs Jahren eine sukzessive Verringerung der Zahl der Anthropomorphisierung bei Dingen, hingegen eine Zunahme bei Tieren und Pflanzen. Anthropomorphisierungen von Naturerscheinungen hatten bei drei bis vier Jahren ihren Höhepunkt.

Finalismus

Dem Egozentrismus liegt es näher, eine Geschehnisreihe als auf einen Zweck hingerichtet zu sehen, als sie auf ihre Ursache zurückzuführen. Wiederum steht im Denken die Selbsterfahrung am Anfang. Ein Handlungsvollzug wird erlebt als eine Folge, die auf ein bestimmtes Ziel gerichtet ist. Wird dieses Ziel nicht erreicht, so ist die Handlungssequenz gleichwohl nur des Zieles wegen abgelaufen. Die Ursache (Triebspannung) dagegen kann erst durch eine Reflexion über das ganze Erlebnisgeschehen erschlossen werden. Man muß erst „Abstand" gewonnen haben, um sein eigenes Verhalten kausal zu deuten.

Die folgenden Beispiele sind aus *Werner* (1959) und *Zietz* (1955) entnommen: Die Sonne scheint, weil die Damen und Herren spazierengehen wollen und schönes Wetter brauchen. Die Wolken bewegen sich, weil sie uns Regen bringen wollen; oder: sie bewegen sich, weil sie wollen; das Papier bleibt am Magnet nicht hängen, weil es nicht will; der Ball springt von der Wand zurück, damit man ihn auffangen kann, die Holzkugel ist dazu zu dumm; das Wasser will das Schiff herunterziehen, aber das Schiff will nicht.

Eine andere egozentrische Wurzel des Finalismus ist die buchstäblich ich- oder menschzentrierte Erlebniswelt. Für das Kleinkind existiert die Umwelt nur fürs eigene Dasein. Wenn das Kind gelernt hat, daß andere ganz ähnliche Ansprüche haben, verallgemeinert es seinen Standpunkt auf den Menschen überhaupt: Die Welt und die Erscheinungen in ihr sind für den Menschen da. Da sich der Mensch tatsächlich die meisten Erscheinungen der Welt zunutze macht, wird das Kind (wie früher der Erwachsene) kaum in seiner Deutung falsifiziert. Die Blumen blühen, um schön auszusehen und uns zu erfreuen; die Tiere dienen uns zur Nahrung, die Bienen sammeln Honig für uns usw. Auch heute noch dürfte beim durchschnittlichen Erwachsenen ein teleologisches Naturverständnis dominieren: Alles hat seinen Sinn, ein Lebewesen dient dem anderen;

die Natur ist zweckvoll ausgestattet. Die in der modernen Biologie vorherrschende kausale Betrachtungsweise, die Gleichgewicht und sinnvolle Ordnung der Natur als Folgeerscheinungen von Ursachen ansieht, hat sich noch nicht beim Laien durchgesetzt.

Magisches Denken

Dem Menschen stehen zwei Möglichkeiten offen, mit der Realität fertig zu werden. Er kann die Probleme extern, also durch äußeres Handeln, oder intern, nämlich durch repräsentierende Prozesse und Denkoperationen, handhaben. Die interne Manipulation von Problemen führt dann zu einer Lösung, wenn das Ergebnis des Denkens erfolgreich in Handeln umgesetzt werden kann. Alle Denkprobleme, die wir bisher kennengelernt haben, können als gelöst angesehen werden, wenn sich die Lösung „realisieren" läßt.

Nun gibt es aber auch die Möglichkeit, sich Mittel auszudenken, die nur in der internen Handhabung erfolgreich sind, nicht aber im äußeren Handlungsvollzug. Ein defektes Kraftfahrzeug, das uns auf offener Strecke im Stich läßt, ist nicht in Gang zu bringen, wenn der Defekt an der falschen Stelle gesucht wird. Noch weniger setzt es sich in Bewegung, wenn man eine beschwörende Formel spricht. Die Neigung, Probleme intern inadäquat zu bearbeiten, wächst mit dem Unvermögen, sie erfolgreich zu bewältigen. Viele Situationen in Märchen spiegeln diesen Sachverhalt wider. Das Mädchen, das Stroh nicht zu Gold spinnen kann, läßt sich durch Zauberei helfen. Der Berg, in dem Schätze verborgen sind, kann durch einen Zauberspruch geöffnet werden.

Magisches Denken finden wir ausgeprägter beim Kind als beim Erwachsenen, doch sind nahezu alle Formen des magischen Denkens auch beim „aufgeklärten" Erwachsenen unserer Kultur anzutreffen. Er klopft dreimal auf Holz, wenn er mitteilt, daß ihm bis jetzt noch nichts passiert sei, wünscht „Hals- und Beinbruch", um durch dieses Verrufen Unheil abzuhalten, hängt sich Maskottchen ins Auto oder trägt ein Amulett auf der Brust, betrachtet den Freitag als Unglückstag und vertraut sich auch heute noch der Astrologie und Wahrsagerei an. Neue Formen des magischen Denkens sind beim Lotteriespiel aufgetaucht. Man sucht das Glück (also den Zufall) zu beeinflussen, indem man die Entscheidung bei der Auswahl der Zahlen Personen überträgt, die besonders dafür geeignet erscheinen[1], oder indem man nach einem (sachlich irrelevanten) Prinzip

[1] Der Verfasser konnte beispielsweise beobachten, daß Eltern ihrem Sohn, der beim Auffinden vierblättriger Kleeblätter eine glückliche Hand hatte, die Auswahl der glückbringenden Zahlen übertrugen.

vorgeht. Die Deutung von Ereignissen als üble oder gute Vorzeichen (schwarze Katze, die über den Weg läuft; Schornsteinfeger, der einem begegnet) ist heute keineswegs verschwunden. Sie drängt sich auf, wenn ein zukünftiges Ereignis, das man nur wenig beeinflussen kann, große persönliche Bedeutung besitzt (Schulaufgabe, berufliches Vorwärtskommen).

Die Wurzeln magischer Geisteshaltung scheinen in dem Primat der Selbsterfahrung zu liegen. Die ersten und wichtigsten Bewußtseinserlebnisse sind emotionale Erfahrungen. Die Motivationsseite wird dabei durch Bewußtseinserlebnisse des Begehrens und Wünschens repräsentiert. Lange bevor man einen Weg zu einem bestimmten Ziel weiß, wünscht und begehrt man das Ziel. Die Intensität der Bewußtseinsvorgänge ist bei triebhaften Erlebnissen sicherlich stärker als bei rein kognitiven Prozessen. Der „Wunsch als Vater des Gedankens" produziert Lösungen, die dem egozentrischen Denken und der Selbsterfahrung angemessen, aber in der Realität nur begrenzt brauchbar sind. Daß sie auch beim Erwachsenen offenbar noch einen gewissen Nutzen haben, dürfte an der unzureichenden Falsifizierbarkeit liegen. Wenn man eine Skitour oder Kletterpartie gut überstanden hat, dann ist nicht gewiß, ob bestimmte magische Praktiken nicht doch einen Nutzen gehabt haben. Die Nutzlosigkeit eines Amuletts kann schlechterdings nicht nachgewiesen werden. Geht alles gut, so hat sich das Amulett als segensreich erwiesen. Tritt trotz des Amuletts ein Unheil ein, so kann man sich immer noch selbst oder anderen die Schuld geben bzw. die magische Kraft des Amuletts als unzureichend (aber keineswegs als baren Unsinn) ansehen.

Die bisherige Beschreibung des egozentrischen Denkens zeigt, wie notwendig für eine Erklärung das Faktum der Bewußtseinserlebnisse ist. Auch in der modernen Psychologie kommen wir nicht darum herum, Bewußtseinserlebnisse in die Theorienbildung miteinzubeziehen. Prinzipiell steht dem nichts im Wege. Auch die empirische Verifizierbarkeit von Hypothesen über Bewußtseinsphänomene ist möglich. Trotzdem spielt der Bewußtseinsbegriff beim Experimentieren kaum eine Rolle. Er taucht vorwiegend als Ungenauigkeit bei der Konzeption und Interpretation von Experimenten auf.

Der letzte Aspekt, den wir im Zusammenhang mit egozentrischen Denkweisen diskutieren wollen, muß gerade wegen des Bewußtseinsaspektes deutlich gegenüber den bisherigen Formen abgehoben werden.

Projektion

Wenn wir nach den Ursachen für Animismus, Finalismus und für magische Denkweisen fragen, so stoßen wir auf die Selbsterfahrung konstituierenden Bewußtseinserlebnisse. Richten wir unser Augenmerk auf den Prozeß, der dabei stattfindet, so stellt sich egozentrisches Denken als Projektion dar: die eigenen Bedürfnisse, Neigungen, Einstellungen usw. werden auf andere Objekte und Personen übertragen. Das Individuum projiziert gewissermaßen das eigene Verhalten in die Umwelt hinaus. Dabei scheint es mehrere Möglichkeiten zu geben. Der Mensch kann aufgrund mangelnder Erfahrungen „annehmen", daß alles, was um ihn herum ist, so denkt und fühlt wie er selbst. Diese Haltung ist der typisch kindliche Egozentrismus. Es gibt aber auch Projektionen, die als Mechanismus der Selbstverteidigung dienen (s. z. B. *Freud*, 1953). Das Individuum projiziert die Charakterzüge auf andere, die es sich selbst nicht eingestehen kann. Sozial nicht gebilligte oder gar tabuierte Verhaltensweisen werden bei anderen sozialen Partnern wahrgenommen, nicht dagegen an sich selbst. Ein Beispiel von dieser Art der Projektion ist das Belegen einer Minoritätsgruppe mit minderwertigen Charakterzügen (Juden im Dritten Reich; Neger in den USA).

4.132 Weltanschauung und Egozentrismus

Denken bringt dem Menschen gewiß viele Vorteile ein, aber es konfrontiert ihn auch mit der Reflexion über sich und die Welt. Das eigentlich Beängstigende liegt für den Menschen in seinem Wissen um die Dimension der Zukunft. Alle Objekte, einschließlich der eigenen Existenz, bestehen nicht nur zum gegenwärtigen Zeitpunkt, sondern auch in der Zukunft. Das bedeutet, daß zukünftige gefährdende oder beglückende Ereignisse vorweggenommen werden können und daß sich das Individuum mit seinem Ende konfrontiert sieht. In bezug auf die eigene Existenz ist das egozentrische Denken sicher am hartnäckigsten. So fällt es dem Menschen schwer, daran zu glauben, daß er einmal aufhören soll zu existieren. Er sucht nach Erklärungsmöglichkeiten, die das Fortbestehen des Daseins gewährleisten. Hier muß sein Denken subjektiv bleiben, obwohl Kultur- und Religionsgeschichte zeigen, daß auch für weltanschauliche oder metaphysische Hypothesen nach empirischer Verifizierbarkeit gesucht wird (Gottesurteile, Séancen, Wunder). Man kann einen Zusammenhang zwischen Religionsform und Grad der Individuation feststellen. In der abendländischen Anschauung und im Islam des Nahen Ostens steht die Existenz des Individuums im Vordergrund, in Kulturen des Fernen Ostens, vor allem in buddhistischen Religionen, geht es nicht um den Fortbestand des Individuums, sondern um die Auflösung des individuellen Daseins im Gesamtdasein. Wenn man so will, ist in der christlich-abendländischen Weltanschauung der Egozentrismus stärker ausgeprägt als im Buddhismus.

Bei der Konstruktion der Weltanschauung könnte man in bezug auf den Egozentrismus vier Positionen unterscheiden. Das Ich als Mittelpunkt, der Mensch als Mittelpunkt, Gott als zentrale Instanz und der metaphysische Atheismus.

Für das Kleinkind steht die eigene Person im Mittelpunkt. Nur durch die Konfrontation mit der sozialen Realität lernt das Kind sich selbst als einen Menschen unter vielen verstehen. Wird während des Sozialisierungsprozesses diese Einsicht verhindert, so bleibt die „primitive", ichzentrierte Weltanschauung erhalten. In Ausnahmefällen verläuft der Sozialisierungsprozeß tatsächlich in Richtung auf eine Ichzentrierung. Man denke etwa an die Pharaonen, denen das Volk göttliche Eigenschaften verlieh, oder an das Königtum absolutistischer Prägung.

Der „Mensch als Maß aller Dinge" ist dagegen ein Anker für Erklärungsmöglichkeiten, denen größere soziale Bedeutung zukommt. Hier wird der Egozentrismus ausgeweitet auf alle Menschen, auf die species homo sapiens. Die Welt ist für den Menschen da, sie wurde geschaffen, damit der Mensch sie sich untertan mache. Er wird zur Krone der Schöpfung. Im naiven Bewußtsein des Durchschnittsmenschen ist diese Form des Egozentrismus auch heute noch, vielleicht sogar stärker als früher, vorhanden. Sie zeigt sich sehr eindrucksvoll in den artifizialistischen Deutungen des Kindes. Es lernt nämlich, daß sehr viele Dinge in seiner Umgebung von Menschenhand gemacht wurden (Häuser, Straßen, Möbel, Autos usw.). Es liegt nahe, alle Erscheinungen der Umwelt auf menschliches Wirken zurückzuführen. Berge werden aufgeschüttet, das Wasser wird in die Flüsse gepumpt, die Wolken entstehen aus dem Dampf der Lokomotiven, die Pflanzen (auch Wälder und Blumen) sind das Werk des Menschen[1]. Diese Denkweise drängt sich natürlich in einer überzivilisierten Welt auf, sie dürfte in Primitivkulturen kaum eine Rolle spielen.

Sobald die Grenzen der menschlichen Macht erkannt werden, muß nach anderen Erklärungsmöglichkeiten gesucht werden. Dabei bietet sich die Übertragung von Machtbefugnissen auf übermenschliche Wesen an. Gott-

[1] Diese Beispiele wurden vom Verfasser bei Kindern tatsächlich vorgefunden. Artifizialistische Deutungen sind aber seit langem bekannt (*Piaget*, 1926).

heiten, Dämonen, Fabelwesen sind unter diesem Aspekt typische Produktionen des Egozentrismus. Solange der Mensch seine Überlegenheit über andere Lebewesen noch nicht erkennt, eignen sich Tiere genauso gut oder sogar noch besser als Träger von Gottheiten. Je mehr sich aber der Mensch seiner Einzigartigkeit bewußt wird, desto menschlichere Züge erhalten die übernatürlichen Wesen (griechisch-römische Mythologie). Selbst für die christlichen Hochreligionen ist das Personsein ein Wesensmerkmal Gottes. So ist der Mensch gezwungen, sich Gott „nach seinem Ebenbild" zu schaffen. Gott wird deshalb von manchen Psychologen (*Freud*, 1953; *Jung*, 1933) als Projektion gedeutet.

Das naturwissenschaftliche Denken versucht den Egozentrismus zu überwinden. Der Mensch wird zu einem Lebewesen unter vielen; phylogenetisch kann er als das Ergebnis einer Kausalreihe erklärt werden. Seine Natur ist nicht das Ergebnis eines intentionalen Aktes, sondern ein Zufallsergebnis. Die Übertragung des naturwissenschaftlichen Denkens auf metaphysische Fragen führt zu einem Atheismus, der eingangs als metaphysischer Atheismus bezeichnet wurde, womit zum Ausdruck gebracht werden soll, daß damit eine kritisch reflektierende Haltung gemeint ist und nicht das diffuse Weltbild eines seinen Alltagssorgen lebenden Individuums. Ein metaphysischer Atheismus braucht nicht nihilistisch zu sein, er kann eine positive religiöse Haltung reflektieren (siehe hierzu *Ernst Bloch*, 1959). Die Übertragung des naturwissenschaftlich-positivistischen Denkens auf metaphysische Fragen wird übrigens von Naturwissenschaftlern meist nicht vorgenommen. Aber sie stellt eine mögliche Konsequenz der Vermeidung des Egozentrismus bei metaphysischem Denken dar.

Den Psychologen hat nicht die Frage zu beschäftigen, ob diese Denkweise erkenntnistheoretisch legitim ist. Aber er kann zu dem Problem Stellung nehmen, ob es sinnvoll ist, den Egozentrismus um jeden Preis zu überwinden. In der bisherigen Darstellung hat sich gezeigt, daß jede Form des Egozentrismus auch als Verankerungsphänomen verstanden werden kann. Das Ich bzw. Teilaspekte des Erlebens dienen als Anker für die Urteilsbildung. Während es in persönlich und affektiv irrelevanten Problemen durchaus wünschenswert sein mag, den Egozentrismus zu überwinden, wird der Mensch bei allen Problemen, die ihn mit beträchtlichem Ego-involvement beschäftigen, nach internen Ankern suchen müssen (s. auch Abschnitt 4.12). Für sein Selbstverständnis und das Verständnis des Woher und Wohin ist es vielleicht unmöglich, ohne Egozentrismus auszukommen. Sicherlich gibt es auch bei diesem Zug des Denkens in der egozentrischen Haltung eine Grenze, deren Überschreitung nicht ohne

Störung des kognitiv-affektiven Gleichgewichts erkauft werden kann. Der Mensch fühlt sich verloren, „ins Dasein geworfen" (*Heidegger*, 1927). Vollkommener Verzicht auf egozentrisches Denken führt zur Konfrontation mit der Sinnlosigkeit des Daseins. Die von der Existenzphilosophie her bekannte Problematik scheint eine Problematik des modernen Menschen zu sein. Menschen früherer Epochen, für die ein gewisses Maß an Egozentrismus selbstverständlich war, kannten vermutlich keine Existenzangst und brauchten nicht zu fürchten, daß das Dasein „sinnlos" sein könnte.

Zusammenfassung

Denkprozesse gehen von einem Subjekt aus. Sie orientieren sich daher nicht ausschließlich an der Aufgabe, sondern mehr oder minder an subjektiven Ankern. Subjektiv ist das Denken in doppelter Hinsicht. Zum einen beeinflussen affektive Prozesse die Denkvorgänge, sobald eine zu treffende Entscheidung belangvoll für das Individuum wird (Ego-involvement als Anker). Zum anderen benutzt das Individuum die durch die Bewußtseinserlebnisse sich bildenden Kategorien beim Denken (Egozentrismus). Dabei werden eigene Bedürfnisse, Gefühle und die Erfahrungen an sich selbst in die Umwelt projiziert. Die Beseelung der Umwelt (Animismus) und die teleologische Deutung von Geschehnissen (Finalismus) erfolgen gemäß den an sich selbst gewonnenen Erfahrungen. Sieht sich der Mensch außerstande, bestimmte für ihn sehr wichtige Ereignisse durch realitätsorientiertes Verhalten zu beeinflussen, so neigt er zu Lösungen, die das magische Denken zur Verfügung stellt. Zwischen dem Egozentrismus und der Deutung von Welt und eigenem Dasein scheint eine Beziehung zu bestehen. Ein vollkommener Verzicht auf egozentrische Verankerung des Denkens kann das Individuum in bezug auf seine Welt-Anschauung und auf das Verständnis des eigenen Daseins zu einer Position führen, die es affektiv und kognitiv nur schwer zu bewältigen vermag (Sinnlosigkeit des Daseins).

4.2 „Gefühl“ und Denken

4.21 Wertorientiertes Denken

Die im ersten und zweiten Kapitel beschriebenen Denkprobleme sind für den Denkenden fast ausschließlich neutral. Das Bergtourproblem oder die 13-Aufgabe (Abschn. 2.11) sind sachliche Problemstrukturen, der Denkende ist in die Beziehungen der Aufgaben nicht affektiv verwickelt, er steht ihnen kühl und emotional unbeteiligt gegenüber. Anders verhält es sich, wenn der Denkende Entscheidungen über Objekte und die zwischen ihnen bestehenden Beziehungen fällt, die ein Wertvorzeichen besitzen. Ein Großteil des menschlichen Denkens kreist um Objekte und Situationen, die begehrenswert sind oder die gemieden werden müssen.

Wertorientiertes Denken soll im folgenden unter drei Gesichtspunkten behandelt werden. Zunächst interessiert die Frage, wie die Entstehung von Wertbegriffen im Gegensatz zur Bildung sachlicher Begriffe vonstatten geht. Dabei wird ein Modell zur Darstellung von Wertstrukturen beschrieben. Sodann soll an Hand von Werthaltungen (attitudes) gezeigt werden, wie Wertbegriffe und aktuelles Denken ineinandergreifen. Schließlich besteht auf der Basis der Entscheidungstheorie die Möglichkeit zur Diskussion, Wertentscheidungen als rationale Prozesse darzustellen.

4.211 Wert als Konzept

Der Mensch gruppiert die Objekte nicht nur nach logischen Begriffen, sondern klassifiziert seine Umwelt auch mit Hilfe von Wertbegriffen. Wertbegriffe oder Wertkonzepte, wie man wohl besser sagen könnte, unterscheiden sich aber in mehrfacher Hinsicht von den Begriffen, die uns im ersten Kapitel beschäftigt haben. Zunächst sind sie keine logischen Begriffe. Die Merkmale, die unter ein Wertkonzept subsumiert sind, können sich sogar logisch widersprechen.

Über Begriffe, wie „Haus“, „Zeitung“, „organische Stoffe“ kann man sich leicht einigen. Es existieren Benutzungsregeln für diese Wörter, die garantieren, daß jeder unter ihnen das gleiche versteht. Sie benennen zugleich reale Einzelobjekte (*denotative* Bedeutung). Anders verhält es sich mit Wertbegriffen, wie etwa „Glück“, „Ehre“, „Freiheit“. Sie enthalen für das Individuum eine Reihe von Aspekten, die aus der persönlichen Erfahrung stammen und zum großen Teil affektiven Charakter besitzen. Die *connotative* Bedeutungskomponente ist bei jedem Benutzer des Begriff anders, während die *denotative* Komponente gänzlich fehlen kann.

Schließlich vollzieht sich die Bildung von Wertbegriffen vermutlich anders als die Begriffsbildung im rein kognitiven Bereich. Bei letzterem müssen Klassifikationsregeln gelernt oder selbständig gebildet werden, bei ersteren scheinen Konditionierungsvorgänge wichtiger zu sein. Bevor wir uns aber mit diesen unterschiedlichen Lernprozessen befassen, soll die Struktur von Wertbegriffen zur Sprache kommen.
Der Verfasser hat ein Verfahren vorgeschlagen, das Wertkonzepte bzw. Wertstrukturen abbilden kann (*Oerter*, 1970 b). Das Prinzip dieses Verfahrens besteht darin, soziale Objekte (z. B. Berufe) nach wertgetönten Merkmalen (z. B. Eigenschaften) einstufen zu lassen und die so gewonnenen Urteile zu analysieren.

Das Modell, in dem die Wertstruktur abgebildet werden kann, ist ein leerer euklidscher Raum („Wertraum"). Das Individuum ordnet die Merkmale, nach denen soziale Objekte oder Klassen von Objekten eingestuft werden, in ganz verschiedener Weise. Je nach Verwendung der Merkmale sind sie einander ähnlich, entgegengesetzt oder unabhängig voneinander. Diese Beziehungen zwischen den Merkmalen können im euklidschen Raum durch die Distanz zwischen den Merkmalen dargestellt werden. Ähnliche Merkmale liegen nahe beieinander. Die Dimensionen (Koordinaten) des „Wertraumes" entsprechen den Wertkonzepten. Merkmale, die sich in der Nähe einer Koordinate befinden und einen genügend hohen Grad an Polarisation (Entfernung vom Nullpunkt) haben, definieren das Wertkonzept. So gehören nach den Befunden des Verfassers häufig die Merkmale „glücklich", „gesund", „robust", und „kräftig" zu einer Dimension. Sie bildet das Wertkonzept „körperliche Leistungsfähigkeit". Eine andere (unabhängige) Dimension vergesellschaftet die Merkmale „freundlich", „höflich", „gutaussehend", „beliebt", „geschickt im Umgang mit Menschen". Dieses Konzept kann man als „Weltgewandtheit" bezeichnen. In Abb. 4.2 ist eine dreidimensionale Wertstruktur wiedergegeben, die aus den Dimensionen (Konzepten) „Charakterfestigkeit", „lebenstüchtige Weltgewandtheit" und „körperliche Leistungsfähigkeit" besteht[1]. Diese Wertstruktur wurde bei einer weiblichen Versuchsperson (PH-Studentin) ermittelt. Sie zeigt die Eigentümlichkeit von Wertbegriffen gegenüber logischen Begriffen sehr deutlich. Zur „Charakterfestigkeit" gehören nicht nur rein moralische Qualitäten, wie „charakterfest", „aufrecht", „gerecht" und „ehrlich", sondern auch Merkmale wie „ehrgeizig", „sich durchsetzend" und „streng". Die Dimension „Weltgewandtheit" (x-Achse) enthält unter anderem das Merkmal „glücklich". Man könnte deshalb vermuten, daß die Vp diese Dimension für erstrebenswert hält, sie als „Leitbild" benutzt.
Die Individuen unterscheiden sich sowohl hinsichtlich der Zahl der für den Wertraum verwendeten Dimensionen — in der Regel treten vier Dimensionen auf —, als auch in bezug auf die Verteilung der Merkmale im Wertraum. Das Merkmal „glücklich" beispielsweise wird vom einen Individuum mit Merkmalen der Weltgewandtheit, vom anderen mit Merkmalen der körperlichen Leistungsfähigkeit und vom dritten mit Eigenschaften der Charakterfestigkeit vergesellschaftet.

[1] Die Benennung der Konzepte geschieht nur zur Veranschaulichung. Definiert werden sie durch die Merkmale.

Abb. 4.2: Individuelle Wertstruktur, ermittelt aus der Beurteilung von 40 Berufen nach 24 Eigenschaften *(Oerter,* 1970 b).

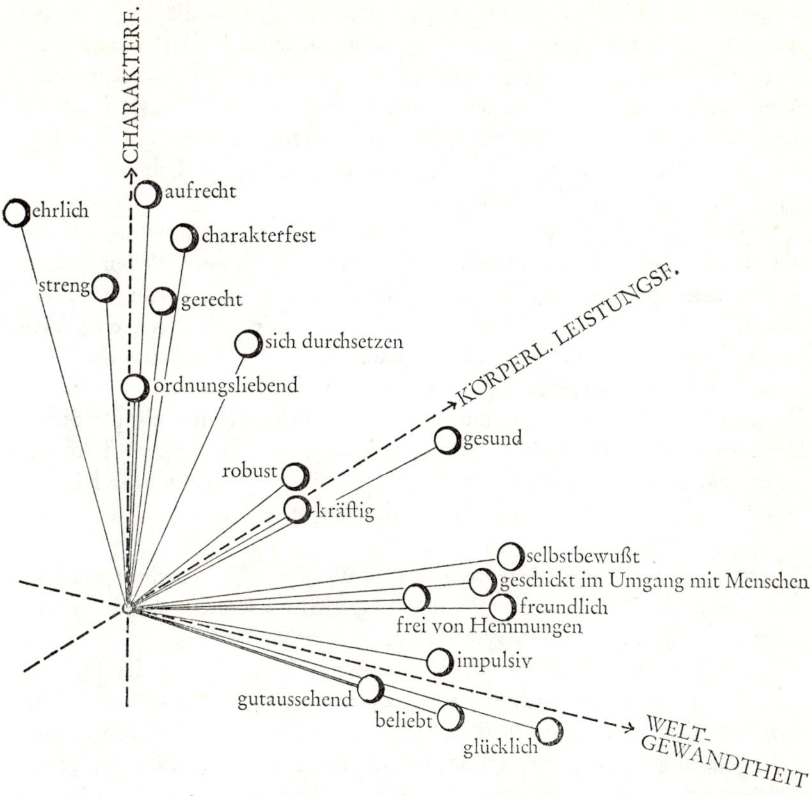

Manchmal gruppieren sich auch Merkmale der Weltgewandtheit und Charakterfestigkeit um die entgegengesetzten Pole ein- und derselben Dimension (bipolarer Faktor oder Wertbegriff).

Die ermittelten Wertkonzepte[1] können als Ordnungssystem aufgefaßt werden, das der Proband bei seiner Beurteilungsaufgabe benutzt. Genau wie bei der neutralen Einordnung von Erscheinungen der Welt handelt es sich hier um ein Ordnen mit dem Ziel der besseren Orientierung. Anders aber als bei neutralen Begriffen erfolgt die Klassifizierung der Objekte nach der Bedeutung, die sie für das Individuum besitzen. Es fühlt sich nur wohl, wenn es sich tatsächlich nach seinen Wertkonzepten orien-

[1] Die Urteile wurden einer Faktorenanalyse mit anschließender Varimaxrotation unterzogen.

tieren kann, und gerät in Bedrängnis (Störung des kognitiv-affektiven Gleichgewichts), wenn es ihm verwehrt bleibt, sich gemäß seiner Wertstruktur zu verhalten. Wertkonzepte gruppieren also die Objekte und Sachverhalte nach ihrer jeweiligen (vorübergehenden oder dauerhaften) Bedeutung für die Lebensplanung und -gestaltung des Menschen. Die Welt nach logischen, sachlichen Begriffen ordnen, heißt, das Chaos der Reizeindrücke gliedern. Klassifizieren von Erscheinungen und Ereignissen mit Hilfe von Wertkonzepten bedeutet, sein eigenes Leben „in Ordnung bringen", ihm einen Sinn geben.

Die Untersuchungen des Verfassers erbrachten auch Hinweise auf die Festigkeit und die Verankerung von Wertstrukturen. Neben relativ konsistenten Strukturen, die sich bei Meßwiederholung kaum veränderten, traten Strukturen auf, bei denen die augenblickliche kognitive Aktivität dominierte und weniger ein habituell gewordenes stabiles Ordnungssystem zugrunde lag. Als „Anker" erwies sich die Gruppennorm. Je mehr eine Wertstruktur mit der Gruppennorm (ermittelt als Struktur über alle untersuchten Individuen hinweg) übereinstimmte, desto stabiler war sie der Tendenz nach. ‚Konformisten' besaßen also häufiger ein dauerhafteres Wertsystem als ‚Nonkonformisten'.

Verständnis für die Wirkungsweise von Wertbegriffen gewinnt man aus ihrer Genese. Die Entstehung von Wertbegriffen wollen wir unter dem kognitiven und dem affektiven Aspekt betrachten.

Wie kommt der Proband zur Klassifizierung? Warum sieht der Proband die Merkmale „sich durchsetzend", „charakterfest", „streng" und „ehrlich" als ähnlich an und klassifiziert sie als zu einer gemeinsamen Dimension (Charakterfestigkeit) gehörig? Offenbar hat er sie häufig vergesellschaftet erfahren. Nehmen wir einmal an, es handle sich hier um Charakterzüge des eigenen Vaters, so erlebt der Proband die Merkmale als zusammengehörig. Sie ergeben gestaltpsychologisch gesehen eine Einheit und gehören assoziationspsychologisch betrachtet aufgrund der räumlichen und zeitlichen Kontiguität zusammen. Orientiert man sich an den Versuchen von *Goss* (1961), *Staats* (1961) und *Osgood* (1957), Begriffe durch S-R-Beziehungen darzustellen, so präsentiert sich der Wertbegriff „Charakterfestigkeit" als vermittelnder repräsentierender Prozeß (Abb. 4.3), der identisch für die Bedeutung „ehrlich", „sich durchsetzend", „charakterfest" und „streng" ist. Der Vater produziert Verhaltensweisen R, die vom Probanden ehemals wahrgenommen wurden als Reize oder Informationen S, sprachlich etikettiert durch „ehrlich", „sich durchsetzend" usw. Diese Reizmuster aktivieren jedes für sich

Bedeutungen, die wir im Anschluß an *Osgood* oder *Kendler* (s. Abschn. 1.4) als vermittelnde Prozesse r-s kennzeichnen können. Die Verwendung der Begriffe „ehrlich" usw. (also die Reaktion R) geschieht im Sinne dieser Bedeutungen, die ihrerseits durch das Verhalten des Vaters, z. B. seine sprachlichen Äußerungen, Erziehungsmaßnahmen, sein Rollenverhalten usw. geprägt wurden. Da aber alle hier aufgezählten Erfahrungen S durch räumliche und zeitliche Nähe verbunden sind und zudem ein und derselben Person, dem Vater, angehören, bildet sich ein zusätzlicher vermittelnder Prozeß heraus, die allen Merkmalen gemeinsame Dimension „Charakterfestigkeit". Dieses Wertkonzept dürfte beim Probanden kein sprachliches Etikett besitzen, es wirkt aber gleichwohl regulierend wie andere verbal verfügbare Konzepte auch.

Abb. 4.3: Wertkonzept als S—R—Koppelung

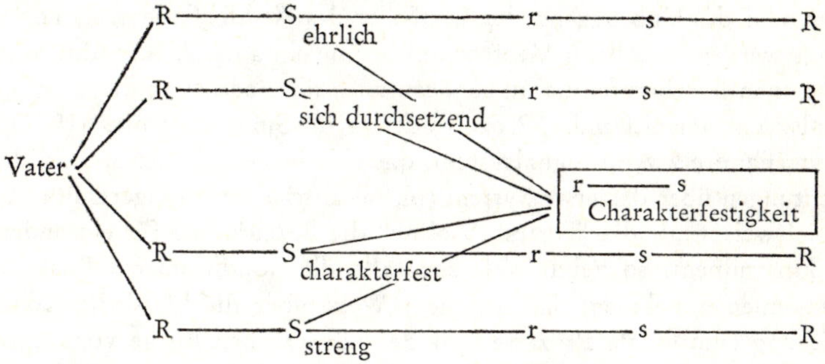

Wahrscheinlich sind Wertkonzepte in ihrer Steuerungsfunktion deshalb so allgegenwärtig, weil sie nicht durch die Sprache gebannt werden. Auch wenn sprachliche Etiketten zur Verfügung stehen, wie beispielsweise bei „Ehre" und „Freiheit", ist der Bedeutungsgehalt des signierten Wertkonzepts viel umfassender und viel individueller, als es die Wortmarke glauben macht. Hinter dem Begriff „Ehre" steckte in vergangenen Epochen eine ganze Weltanschauung und das gesamte persönliche Engagement (Ego-involvement). Wer in seiner Ehre angegriffen wurde, war in seiner Existenz bedroht. Heute nimmt der Begriff „Freiheit" eine ähnlich zentrale Stelle ein. Rivalisierende Ideologien bedienen sich seiner in gleicher Weise und stellen ihn in den Mittelpunkt ihrer Propaganda. Dies ist möglich, weil eine denotative Bedeutung von „Freiheit" kaum gegeben ist und der Adressat alle seine persönlichen Wünsche nach Glück und Wohlergehen unter sie subsumieren kann.

Zum affektiven Aspekt des Wertkonzepts sollen zwei Erklärungsmöglichkeiten herangezogen werden, die klassische Konditionierung und die S-R-Darstellung von Begriffen zweiter Ordnung nach *Rhine* (1958).

In *Razran* (1960) finden sich eine Reihe von experimentellen Befunden zur sogenannten semantischen Konditionierung. Versuchspersonen lernen rasch die Koppelung zwischen einem neutralen Reiz, z. B. einem Wort, und einer Reaktion des autonomen Nervensystems, z. B. Vasokonstriktion, auf dem Weg über die klassische Konditionierung. Der unbedingte Reiz, in unserem Beispiel Abkühlung an einer Stelle des linken Arms, bewirkt die unbedingte Reaktion (Gefäßverengung). Durch Koppelung des unbedingten Reizes mit einem anderen (das Wort „Violine") kommt es zur Konditionierung: „Violine" ruft Gefäßverengung hervor. Ein Wort kann somit physiologische Reaktionen einleiten. Viele dieser Reaktionen sind mit Bewußtseinserlebnissen gekoppelt, wie mit Gefühlen der Angst oder des Unbehagens, der Lust oder des Wohlbefindens. Es konnte gezeigt werden, daß beim Menschen nicht nur ein äußerer Stimulus solche Reaktionen hervorrufen kann, sondern auch die Bedeutung dieses Stimulus, also ein vermittelnder Prozeß oder – im Sinne *Pawlows* (1953) – das sogenannte zweite Signalsystem, das sich in Gestalt der sprachlichen Bedeutungen über das erste System (physikalische Reize) lagert. Bot man beispielsweise statt des Wortes „Violine" die Bezeichnung für ein anderes Musikinstrument, so zeigte sich ebenfalls die konditionierte Reaktion. Wir können annehmen, daß auf dem Wege über die klassische Konditionierung emotionale Prozesse (auf der körperlichen Ebene vorwiegend durch das autonome Nervensystem evozierte Reaktionen) mit Bedeutungen gekoppelt werden. Dieser Vorgang sei durch das Schema in Abb. 4.4 a veranschaulicht. Die Reaktion R sei die Gesamtheit aller affektiven Vorgänge, die nach dem Konditionierungsprozeß mit dem Begriff „Charakterfestigkeit" verknüpft sind (etikettiert als ‚wertvoll' und ‚wichtig', aber vielleicht auch mit negativen Akzenten versehen). Der unkonditionierte Reiz S_u wären die Verhaltensweisen des Vaters, die emotionale Prozesse aktivieren (Strafe, Frustration, Lob, soziale Bindung). Der bedingte Reiz s_c ist die Bedeutung dieses Verhaltens, von uns mit „Charakterfestigkeit" bezeichnet. Die Einzelbedeutungen der beobachteten Handlungsweisen ($s_{ehrlich}$, s_{streng} usw.) können natürlich in gleicher Weise mit emotionalen Reaktionen gekoppelt worden sein. Im Endeffekt aber ist wichtig, daß die Aktivierung der Bedeutung s des Wertkonzepts oder einzelner Bestandteile die für dieses Konzept charakteristischen Prozesse auslöst.

Abb. 4.4: Erklärungsmöglichkeiten der affektiven Komponente bei Werthaltungen

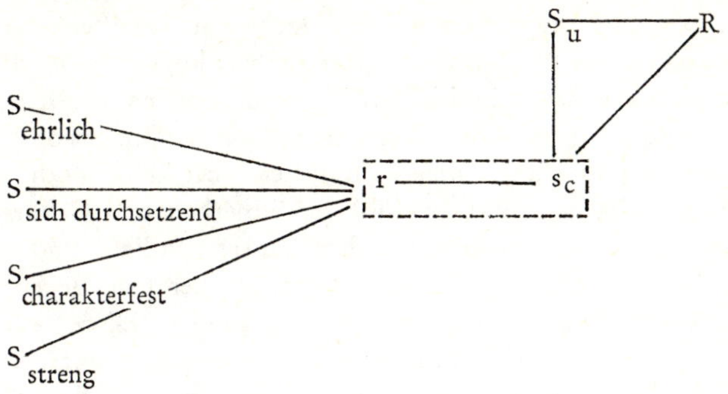

a) Konditionierung von emotionalen Prozessen

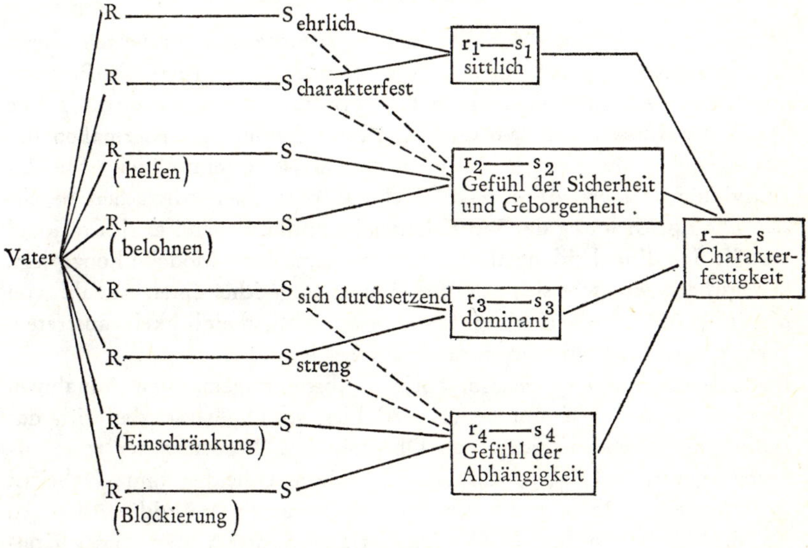

b) Wertkonzept als Begriff zweiter Ordnung (in Anlehnung an *Rhine*, 1958)

Rhine (1958) hat für das Wertkonzept ein anderes Modell vorgeschlagen, das kognitive und affektive Komponenten vereinigt (Abb. 4.4 b). Er unterscheidet Begriffe erster und zweiter Ordnung. Der in dem Schema der Abbildung dargestellte Begriff der „Charakterfestigkeit" wäre ein Begriff zweiter Ordnung, der sich aus mehreren Begriffen erster Ordnung zusammensetzt. So kann man (fiktiv) zwei kognitive Begriffe erster Ordnung unterscheiden, nämlich „sittlich" und „dominant". Beide zusammen ergeben die für den Probanden eigentümliche Dimension der Charakterfestigkeit. In diese Dimension gehen aber auch noch affektive Komponenten ein, etwa das „Gefühl der Sicherheit und Geborgenheit", das mehr mit der Komponente „sittlich" korrespondiert, und das „Gefühl der Abhängigkeit und Schwäche", das stärker dem Begriff „dominant" entspricht. Die vier vermittelnden Prozesse r_1, r_2, r_3, r_4 haben interne Stimuluskomponenten, d. h. Repräsentationskomponenten, die zum Teil auch erlebnismäßig bewußt gegeben sind (s_1 bis s_4). Diese aktivieren nach abgeschlossenem Lernprozeß einen Vermittler zweiter Ordnung, den wir als „Charakterfestigkeit" apostrophiert haben, wobei aber die sprachliche Etikettierung fehlen kann und in unserem Beispiel tatsächlich fehlt.

4.212 Wert als Ursache von Entscheidungen

In unserer bisherigen Modellvorstellung wurde das Verhalten durch Wertkonzepte reguliert, die als vermittelnde repräsentierende Prozesse verstanden werden können. Nun läßt sich aber der Wert auch als eine Qualität auffassen, die dem Objekt selbst zukommt, gewissermaßen Bestandteil von ihm ist. Je nachdem wie wertvoll ein Objekt für das Individuum ist, wird es das Objekt stärker oder schwächer begehren. Die Entscheidung des Individuums ist optimal, wenn es sich rational verhält. Die Entscheidungstheorie hat mathematische Modelle konzipiert, die vorhersagen, wie sich ein Individuum angesichts einer Anzahl von Möglichkeiten, die mit einer bestimmten Wahrscheinlichkeit auftreten, verhält, wenn es vollkommen rational vorgeht.

Im Gegensatz also zu den im vorigen Abschnitt gemachten Annahmen über die affektive Komponente wird hier vorausgesetzt, daß sich das Individuum auch angesichts von Objekten mit Wertcharakter rein aufgrund kognitiver Leistungen entscheidet oder entscheiden kann. Dabei ist der Wert eines Objekts sein Nutzen, den er für ein Individuum besitzt. Wie bereits in Abschn. 2.213 näher erläutert, nennt man dieses Konstrukt SEU (subjective expected utility). Der subjektive Nutzen kann als

Wahrscheinlichkeitswert ausgedrückt werden, der sich auf den Grad der Bevorzugung einer Alternative in einem Satz von gegebenen Alternativen bezieht. SEU als Zahlenwert einer Skala ist dann und nur dann möglich, wenn die Alternative a aus einem Satz T von Alternativen in der Weise gewählt wird, daß der Nutzen von a größer ist als der jeder anderen Alternative. Der subjektive Nutzen einer Alternative ist eng verknüpft mit der subjektiven Wahrscheinlichkeit für das Eintreten des Ereignisses, das die bevorzugte Alternative bringt. Wenn a α b die mit Risiko verbundene Wahlmöglichkeit zwischen a und b bezeichnet, bei der a das Ergebnis ist, wenn α eintritt, und b das Ereignis, wenn α nicht eintritt, so gilt nach der Hypothese des subjektiv erwarteten Nutzens:

$$u\,(a\,\alpha\,b) = u\,(a)\,\Psi\,(\alpha) + u\,(b)\,[\,1 - \Psi\,(\alpha);$$

Dabei bezeichnet u die Skala des subjektiven Nutzens und Ψ die Skala der subjektiven Wahrscheinlichkeit (*Luce*, 1962). Diese Gleichung ist lediglich ein Modell, und es gilt nun empirisch zu überprüfen, ob es sich eignet. Die Schwierigkeiten, die hierbei auftauchen, sollen nicht näher erläutert werden. Eine Möglichkeit besteht darin, die subjektive Wahrscheinlichkeit für das Ereignis gleich $^1/_2$ zu machen. *Davidson, Suppes* und *Siegel* (1957) stellten fest, daß die Verwendung einer Münze mit den Ereignissen „Kopf“ und „Adler“ sich nicht für die Herstellung subjektiv gleichgroßer Wahrscheinlichkeiten eignete, weil die Probanden einer der beiden Seiten eine größere Ereigniswahrscheinlichkeit zusprachen. Sie verwendeten einen Würfel, der auf drei Seiten die Silbe ZOJ und auf den restlichen drei die Silbe ZEJ zeigte. Auf diese Weise (die Namen der Silben wechselten) konnten sie nachweislich eine subjektive Wahrscheinlichkeit für das Auftreten eines beliebigen Gewinnes oder Verlustes von $^1/_2$ erreichen. Nun versuchten sie für jedes Individuum einzeln eine Utilitätsfunktion zu gewinnen, die den Zusammenhang zwischen dem Skalenwert des subjektiven Nutzens (SEU) und dem im Spiel als Gewinn und Verlust in Aussicht gestellten Geldbetrag ausdrückt. Der Proband hatte zwischen zwei Möglichkeiten zu wählen, die beide einen Verlust oder einen Gewinn einbrachten, je nachdem, welche der beiden Silben ZOJ und ZEJ gewürfelt wurde. Die eine Wahl brachte beispielsweise 5 Cents ein, wenn ZOJ oben lag, und einen Verlust von 5 Cents, wenn ZEJ gewürfelt wurde. Die zweite Wahlmöglichkeit brachte beim Eintreten von ZOJ einen Verlust von 5 Cents und bei ZEJ einen Gewinn von 6 Cents. Da der Proband die beiden Ereignisse ZOJ und ZEJ als gleich wahrscheinlich ansah, konnte aus seiner Wahl unmittelbar auf den subjektiven

Nutzen der Geldbeträge geschlossen werden. In unserem Beispiel ist die zweite der genannten Möglichkeiten die „richtige" Wahl, da man die Chance dabei hat, 6 Cents zu gewinnen, während man in der ersten Wahlmöglichkeit nur 5 Cents gewinnen konnte. Zur Verdeutlichung des rationalen Verhaltens von Wahlen, die mit Risiko behaftet sind, sei ein Ausschnitt aus der von *Davidson* und Mitarbeitern (1957) mitgeteilten Tabelle wiedergegeben (Tab. 4.1). Die erste Spalte enthält die Nummer des Spiels, die zweite die beiden Silben, mit welchen der Würfel bedruckt war, in der dritten sind die Geldbeträge aufgeführt, die bei der ersten Wahlmöglichkeit zu gewinnen bzw. zu verlieren sind, die vierte Spalte enthält die entsprechenden Geldbeträge für die zweite Wahlmöglichkeit und die letzte Spalte gibt die richtige Wahl an, die man treffen müßte, wenn man beide der möglichen Würfelereignisse für gleich wahrscheinlich hält.

Durch Veränderung der Gewinn- und Verlustbeträge konnte für 15 von 19 getesteten Individuen eine Utilitätsfunktion gewonnen werden, die allerdings nicht exakt als Kurve, sondern als schmale Fläche mit oberer und unterer Grenze zu ermitteln war. Nach Ermittlung der Funktion (mit der genannten Genauigkeitsgrenze) starteten die Autoren eine neue Serie von Spielen mit veränderten Bedingungen. Die Wahrscheinlichkeit

Tab. 4.1: Beispiel einer Spielfolge mit Angabe der richtigen Wahl bei Annahme gleichgroßer Wahrscheinlichkeit für das Auftreten von zwei Ereignissen (nach *Davidson, Suppes* & *Siegel*, 1957)

Spielnummer	(Würfel-) Ereignis	Wahlmöglichkeit 1	Wahlmöglichkeit 2	Nummer der richtigen Wahl
1	ZOJ	5	–5	Wahl 2
	ZEJ	–5	6	
2	QUG	17	–11	Wahl 1
	QUJ	–10	17	
	–	–	–	–
8	XEQ	7	–6	Wahl 2
	WUH	–6	8	
9	QUJ	–2	–4	Wahl 2
	QUG	–4	10	
10	WUH	5	4	Wahl 1
–	XEQ	10	–	
–	–	–	–1	–

der beiden Ereignisse betrug jetzt nämlich 1/4 und 3/4. Zu diesem Zweck verwendeten die Autoren einen Würfel mit vier planen und zwei abgerundeten Seiten, so daß der Würfel nur auf vier Seiten fallen konnte. Das eine Ereignis bestand wiederum im Auftreten von ZEJ, das andere Ereignis im Auftreten der restlichen drei Würfelseiten. Mit Hilfe der zuvor ermittelten Utilitätsfunktion konnte für jedes Individuum die subjektive Wahrscheinlichkeit der beiden (Würfel-) Ereignisse vorhergesagt werden. Die Ergebnisse zeigen, daß für einige der Probanden die getroffenen Vorhersagen genau zutrafen. Zum einen blieb die subjektive Wahrscheinlichkeit für verschieden hohe Verlust- und Gewinnbeträge ziemlich konstant, zum anderen waren die Autoren in der Lage, bei 15 der 19 Versuchspersonen im Falle gleichgroßer Ereigniswahrscheinlichkeit genau für jeden eingesetzten Gewinn- und Verlustbetrag die Entscheidung des Individuums vorherzusagen.

Damit aber wäre die risikobehaftete Entscheidung des Menschen gegenüber Objekten oder Möglichkeiten, die Wertcharakter besitzen, als eine letztlich rationale Entscheidung, die man vorhersagen kann, zu kennzeichnen. Dies ist für die Wirtschaftswissenschaften ein besonders wichtiger Befund, da bei seiner Gültigkeit die zukünftige ökonomische Entscheidung des Menschen bekannt ist und daher rechtzeitig Vorkehrmaßnahmen getroffen werden können. Freilich erweist sich der Ansatz von *Davidson* und Mitarbeitern unbefriedigend, da nur für eine begrenzte Zahl von Fällen richtige Vorhersagen getroffen werden können. Ähnliches gilt für das Modell von *Mosteller* und *Nogee* (1951). *Luce* (1962) meint, daß es gegenwärtig noch keine experimentellen Befunde gebe, die die SEU-Hypothese klar bestätigen oder widerlegen. Immerhin scheint es Hinweise genug dafür zu geben, daß unter bestimmten Bedingungen das Konzept des subjektiven Nutzens (SEU) brauchbar ist. Das würde heißen, daß der Mensch sein Verhalten (seine Entscheidungen) nach einer individuellen Nutzfunktion ausrichtet, die er sich konstruiert hat.

Die Entscheidungen des Individuums angesichts von risikobehafteten Alternativen können auch gerade unter dem Aspekt ihrer Abweichung von der getroffenen Vorhersage behandelt werden. Nehmen wir an, der Proband könne zwischen der Möglichkeit des Spiels der Form $x\alpha$—5¢ und der Möglichkeit, überhaupt nicht zu spielen, wählen. Trifft das Ereignis α ein, so gewinnt er den Betrag x, trifft es nicht ein, so verliert er 5 Cents. Nimmt er an dem Spiel nicht teil (zweite Wahlmöglichkeit), so kann er weder gewinnen noch verlieren. Sobald x einen bestimmten Betrag übersteigt (im Beispiel der Abb. 4.5 sind es 12 Cents), wählt der Proband so gut wie immer das Spiel, bei einem geringeren Betrag dagegen seltener und bei x = 7 Cents überhaupt nicht. Ganz anders verhält sich der Proband, wenn das angebotene Spiel x gegen Null lautet. Wenn x kleiner Null (Möglichkeit des Verlustes), wird das Spiel niemals gewählt, wenn x größer Null, wird das Spiel immer gewählt, die Wahrscheinlichkeit steigt sprunghaft von Null auf 1.

Luce (1962) bietet eine „Zerlegungs"-Theorie (decomposition theory) an, wonach ein ähnlich sprunghaftes Ansteigen der Wahrscheinlichkeit für die Wahl eines Spiels erwartet wird, wenn zwei Spiele der folgenden Form angeboten werden.

$$\begin{array}{cc} & \begin{array}{cc} \text{I} & \text{II} \end{array} \\ \begin{array}{c} \alpha \\ \bar{\alpha} \end{array} & \begin{bmatrix} a & b \\ d & c \end{bmatrix} \end{array} \quad a > b > c > d$$

a, b, c und d sind Geldbeträge im oben angegebenen Größenverhältnis. Der Proband kann entweder Spalte I oder II wählen, α und $\bar{\alpha}$ bezeichnen die beiden Ereignisse, die auftreten können. Wenn α ein Ereignis ist, das nie eintritt, wenn also $\bar{\alpha}$ gilt, wird der Proband Spalte I nie wählen. Ereignet sich aber α mit Sicherheit, so wird er Spalte I immer wählen. Wenn nun die Wahrscheinlichkeit von α allmählich von 0 bis 1 ansteigt, so müßte die Wahrscheinlichkeit für die Bevorzugung der Spalte I ebenfalls kontinuierlich ansteigen, sofern man seine Alltagserwartung zu Rate zieht. Dagegen würde die Wahrscheinlichkeit für Spalte I diskontinuierlich, also in Sprüngen ansteigen, wenn man die Zerlegungstheorie von *Luce* und *Raiffa* zugrunde legt. *Luce* und *Shipley* (in *Luce*, 1962) prüften das Verhalten von 5 Probanden. Zwei zeigten in der Tat diskontinuierliche Funktionen, die restlichen drei produzierten Funktionen, die ebenfalls deutlich vom Bild eines kontinuierlichen Ansteigens der Wahrscheinlichkeit abwichen. Die Probanden verhielten sich also ebenfalls nicht gemäß einer stetigen SEU-Funktion, aber auch nicht gemäß der Schritt-Funktion von *Luce*.

Abb. 4.5: Wahlverhalten bei einem Spiel der Form X—5 ¢, wobei das Ereignis eine Wahrscheinlichkeit von 0,33 besitzt (nach *Luce*, 1962)

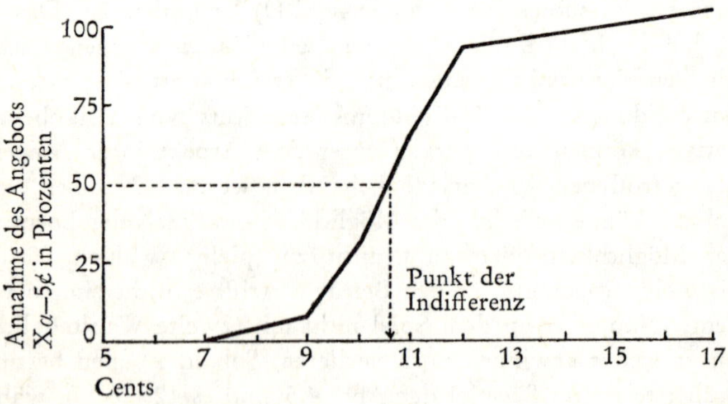

Nähere Erläuterungen siehe Text

Trotz all dieser Mängel, die bei entscheidungstheoretischen Ansätzen generell auftauchen, ist die Aussicht, Wertentscheidungen des Menschen angesichts risikobehafteter Alternativen exakt vorhersagen zu können, außerordentlich bedeutsam, da das Willensverhalten als Funktion vorausgegangener Informationsübermittlung beschrieben werden kann.

4.22 *Affektiv-kognitives Gleichgewicht*

Wir haben Wertkonzepte als Vereinigung sowohl von emotionalen Anteilen als auch von kognitiven Ordnungsleistungen zu kennzeichnen versucht (Abb. 4.4 b). Bis jetzt stand der Erwerb solcher Konzepte im Vordergrund. Nun interessiert uns die Dynamik, die solche kognitiv-affektiven Strukturen steuert.

Eine ganze Reihe von Hypothesen und Theorien befassen sich mit der Erklärung solcher Strukturen durch das Gleichgewichtsprinzip. *Heider* (1946) war wohl der erste, der dieses Prinzip auf dem Bereich der Werthaltungen (attitudes) anwandte. *Cartwright* und *Harary* (1956) haben seinen Ansatz mit Hilfe der Theorie linearer Graphen erweitert, und *Rosenberg* (1960) untersuchte die Gültigkeit des Gleichgewichtsprinzips bei der Einstellung gegenüber Objekten. Sicherlich sind diese Erklärungsversuche einseitig, aber sie leisten einen Beitrag zum Verständnis des menschlichen Denkens, das anderen Gesetzen gehorcht, sobald emotionale Prozesse beteiligt sind.

4.221 Werthaltungen (attitudes) als Gleichgewichtssystem

Heider (1958) konzentriert sich bei seinen Analysen auf die Dreiersituation, in der die Beziehungen eines Individuums zu einem sozialen Partner und zu einem (impersonalen) Objekt untersucht werden. Er unterscheidet:

P = Person, deren Lebensraum betrachtet wird
O = Sozialer Partner von P
X = Dinge, Situationen, Inhalte
L = positive Gefühlsbindung (Like)
DL = negative Gefühlsbindung (Dislike)
U = Beziehungen der Zusammengehörigkeit (unit relation)
notU = Fehlen der Einheitsbeziehung

Betrachten wir zunächst zwei ausgewogene Dreiersysteme:

a) P findet O sympathisch, beide schätzen ein bestimmtes Buch (Abb. 4.6 a)

b) P mag O nicht, O kauft sich einen Anzug, den P unausstehlich findet (Abb. 4.6 b)

Die Regel für Gleichgewicht lautet hier einfach: in einem Dreiersystem herrscht Ausgewogenheit, wenn alle drei Relationen positiv sind (Beispiel a) oder wenn zwei negative und eine positive Beziehung existieren (Beispiel b).

Ein Beispiel für gestörtes Gleichgewicht in einem Dreiersystem wäre:

c) P findet O sympathisch, O liebt ein bestimmtes Buch, das P völlig ablehnt (Abb. 4.6 c)

Für die Beseitigung des Ungleichgewichts gibt es mehrere Möglichkeiten: Man kann, um bei Beispiel c) zu bleiben, die Beziehung zwischen P und X umwandeln (P findet Gefallen an dem Buch), die Relation zwischen P und O ändern (P findet O unsympathisch) und aus der positiven OX-Beziehung eine negative machen (O lehnt ebenfalls das Buch ab). *Heider* nennt auch eine differenziertere Möglichkeit der Herstellung des Gleichgewichts. Der soziale Partner O kann in eine positive Komponente (Erhaltung der bisherigen Sympathie) und in eine negative, die mit der Vorliebe von P für das Buch X zu tun hat, „zerlegt" werden. Analog könnte man natürlich auch X in zwei Komponenten aufspalten und O unverändert lassen. Wichtig ist bei dieser Betrachtungsweise, daß sich nicht nur affektive, sondern auch kognitive Relationen ändern können. Das bedeutet, daß jemand sein Urteil verändert, um ein gestörtes kognitiv-affektives Gleichgewicht wieder auszubalancieren.

Dieser Tatbestand soll an komplexeren Beispielen verdeutlicht werden. Bis jetzt haben wir nur jeweils eine Beziehung zwischen zwei Punkten des Dreiersystems eingesetzt. Eigentlich aber müssen sowohl die kognitive Beziehung als auch die affektive Beziehung berücksichtigt werden, so daß zwischen den Punkten O, P und X je zwei Relationen existieren. Dann aber wird es schwer, ad hoc Regeln

Abb. 4.6: Einheitsbeziehungen und affektive Beziehungen in einem Dreiersystem (in Anlehnung an *Heider*, 1958).

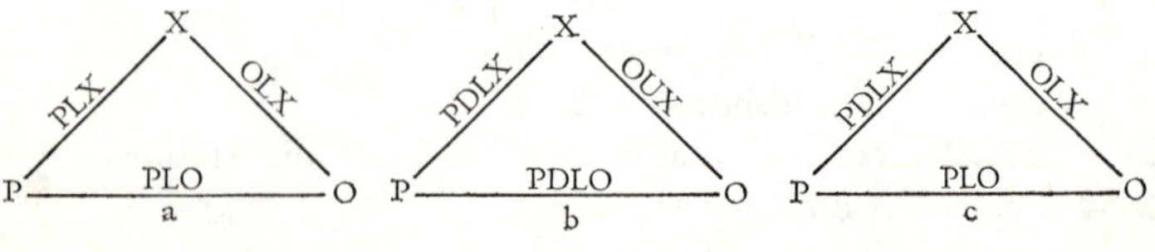

Abb. 4.7: Graphendarstellung von kognitiv-affektiven Beziehungen zwischen Quelle (S), Kommunikation (C), Kommunikationsinhalt (I) und Empfänger (R) (nach *Feather*, 1964).

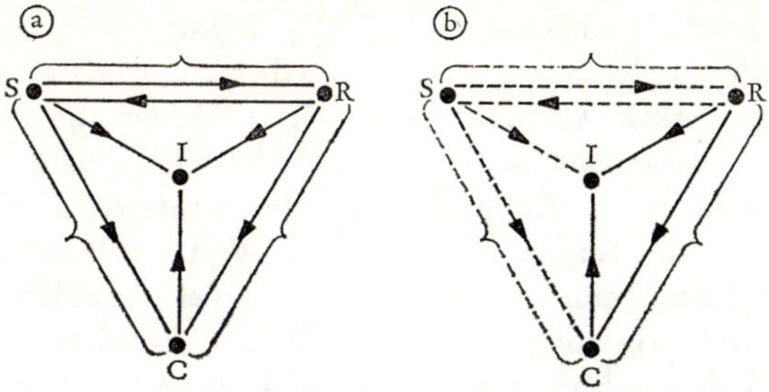

für Gleichgewicht und Ungleichheit aufzustellen, zumal wenn man die Zahl der Punkte erhöht, vom Dreiersystem etwa zum Vierersystem übergeht. *Cartwright* und *Harary* (1956) verwenden zur Darstellung der Beziehung lineare Graphen und bestimmen den Gleichgewichtszustand an Hand der Zahl der vorhandenen Zykeln bzw. Semizykeln. Auf diese Weise ist es möglich, verschiedene Grade des Gleichgewichts zu definieren. Wir können auf diesen Ansatz nicht näher eingehen[1], wollen aber zwei Graphen in einem Vierersystem betrachten, die sich im Zustand des Gleichgewichts befinden (Abb. 4.7). Es handelt sich um ein System, in dem ein Individuum von einem Informationsträger eine Kommunikation empfängt, die einen bestimmten Inhalt hat. Dabei meint R den Empfänger, S die Quelle (Informationsträger), C die Kommunikation und I den Inhalt (Behauptung, Feststellung). Durchgezogene Linien bedeuten positive Beziehungen, unterbrochene Linien negative Relationen, Klammern kognitive Beziehungen (unit relations) und Pfeile affektive Beziehungen. Für *Feather* (1964), von dem die beiden in Abb. 4.7 wiedergegebenen Beispiele stammen, sind kognitive Beziehungen nicht gerichtet, weil sie hier Qualitäten der Nähe, des Besitzes, des ursächlichen Zusammenhangs u. a. m. bedeuten. Affektive Beziehungen nach beiden Richtungen hin gibt es zwischen S und R, nach einer Richtung hin zwischen R und C, S und C sowie zwischen S, R und C und dem Inhalt I. Im Beispiel der Abb. 4.7 a sind alle Relationen positiv; Beispiel b, ebenfalls ein ausbalancierter Graph, enthält dagegen einige negative Relationen.

Rosenberg (1960) hat das *Heider*sche Prinzip der Harmonie zwischen affektiver Beziehung und unit relation auf die Haltungsstruktur gegenüber Objekten angewandt. Wenn ein Individuum eine Tendenz zeigt, gegenüber einem bestimmten Objekt mit negativem oder positivem Affekt zu reagieren, so besitzt es zugleich eine kognitive Struktur über die Möglichkeiten, die dieses Objekt zur Verwirklichung oder Blockierung wertvoller Zustände bietet. Wenn also ein Objekt begehrenswert ist, so muß es zugleich als Instrument der Realisation wertvoller Ziele

[1] Näheres in *Oerter*, 1970b.

dienen. Umgekehrt trachtet man ein Objekt zu meiden, das die Verwirklichung von Werten blockiert. Bei *Rosenberg* wird nicht ausgesprochen, ob der Affekt eine Folge dieses Werkzeugcharakters des Objekts ist oder ob affektive und kognitive Komponenten unabhängig voneinander existieren können. Prinzipiell wäre wohl an beide Möglichkeiten zu denken. Ganz im Sinne des Gleichgewichtsprinzips wird ein Objekt begehrenswert, wenn es der Verwirklichung von Werten dient; oder ein aus anderen Gründen begehrenswertes Objekt wird gewissermaßen für den zu realisierenden Wert entdeckt. Inkonsistenz besteht aber dann, wenn das Objekt, aus welchen Gründen auch immer, affektiv positiv aufgeladen ist und zugleich die Realisierung von Werten blockiert. Bei einer solchen Inkonsistenz zwischen affektiver und kognitiver Komponente wird das Individuum, so behauptet *Rosenberg*, solange reorganisierend aktiv, bis die Diskrepanz beseitigt ist oder unter die Schwelle des Gewahrwerdens abgesunken ist.

Rosenberg versuchte sein Konzept der kognitiv-affektiven Konsistenz zu verifizieren, indem er die affektive Komponente veränderte und den Effekt dieser Beeinflussung auf die kognitive Komponente studierte. Haltungsobjekt war neben anderen aktuellen Fragen die Ansiedlung von Negern in weißen Wohnvierteln. Zunächst wurde die Haltung (attitude) zu diesen Fragen erfaßt und die kognitive Komponente mit Hilfe der Wertwichtigkeit und Wertinstrumentalität gemessen. Der Proband mußte zur Erfassung der kognitiven Komponente angeben, wie wichtig einzelne Werte (Wertwichtigkeit) für ihn waren und inwiefern das Haltungsobjekt (Neger bei Weißen) der Verwirklichung oder Blockierung dieser Werte diente. Wie zu erwarten, zeigte sich eine vorwiegend negative Einstellung zu den Negern und zugleich eine korrespondierende kognitive Struktur (Blockierung wichtiger Werte). Die Veränderung der affektiven Komponente erfolgte durch Hypnose, in der man der Vp auftrug, nach dem Erwachen sehr positiv gegenüber Negern und ihrer Eingliederung in weiße Viertel zu „fühlen". Dieser positive Affekt sollte solange aufrecht erhalten werden, bis die posthypnotische Suggestion durch Aussprechen eines Wortes beseitigt war.

Die Ergebnisse zeigen, daß die hypnotisierten Probanden tatsächlich ihre Gefühlsbeziehung zu der Haltungsfrage ändern und nur zu ihr (die anderen Haltungsfragen wurden ganz ähnlich wie vor der Hypnose beantwortet). Weiterhin ändert sich die kognitive Struktur deutlich in Richtung auf eine sich in Konsistenz befindende Wertinstrumentalität und Wertwichtigkeit. Die Bejahung der Eingliederung von Negern in weiße Viertel führte also zu einer veränderten Wertinstrumentalität, die Eingliederung nützte nun in den Augen der Vpn der Verwirklichung mancher Werte. Andererseits änderte sich auch die Wertwichtigkeit, so daß manche Werte in der posthypnotischen Situation weniger bedeutsam erschienen als früher. Stellte man die Probanden zur Rede und brachte ihnen in Erinnerung, daß sie vorher anders gewertet hatten, so behaupteten sie, sich geirrt zu haben und erst jetzt ihre eigentliche Meinung zum Ausdruck zu bringen. Nach Aufhebung der posthypnotischen Situation kehrten sie zu ihrer ursprünglichen affektiv ablehnenden Haltung gegenüber Negern zurück. Allerdings folgten die vorgenommenen Veränderungen in der kognitiven Struktur (Wertwichtigkeit und Wertinstrumentalität) nicht vollständig diesem Trend, so daß ein dauerhafter Effekt der Beeinflussung vorzuliegen schien.

Obwohl es problematisch erscheint, die Haltungsmessung nach einem Attitude-Fragebogen als affektive Komponente, die Wertwichtigkeit und Wertinstrumentalität als kognitive Komponente zu bezeichnen, ist doch die Veränderung der Gesamtstruktur recht interessant. Der Proband wurde gezwungen, kognitiv aktiv zu werden, um ein vorhandenes Ungleichgewicht zu beseitigen.

Abelson und *Rosenberg* (1958) schlagen bei der Haltung zu mehreren Objekten, die miteinander in Beziehung stehen, ein weiteres spezifisches Modell vor (model of attitudinal cognition). Dabei beachten sie nur die affektive Bindung zu den Haltungsobjekten (entweder positiv oder negativ) und das kognitive Band zwischen diesen Haltungsobjekten. Für den ausbalancierten Zustand gibt es folgende Möglichkeiten:

+ p + Zwei positiv aufgeladene (begehrenswerte) Objekte bzw. ihre Repräsentation als Begriffe sind miteinander durch ein positives Band verknüpft (gehören zusammen).

— p — Zwei negative Begriffe sind durch ein positives Band verknüpft (gehören zusammen).

— n + Ein negativer Begriff ist durch ein negatives Band mit einem positiven verknüpft (die Begriffe gehören nicht zusammen).

+ n — Ein positiver Begriff ist durch ein negatives Band mit einem negativen Begriff verknüpft (beide Begriffe gehören nicht zusammen).

Handelt es sich um mehr als zwei Begriffe, so lassen sich ebenfalls Regeln für Balance aufstellen. Sie sind als Matrix (nach ihren Urhebern als *Abelson-Rosenberg*-Matrix bezeichnet) darstellbar.

Die Autoren überprüften ihr Balance-Modell an einer Rollensituation. Der Pb versetzte sich in die Rolle eines Warenhausbesitzers, der gegenüber drei Objekten, nämlich dem Verkaufsleiter Fenwick, der modernen Kunst und dem Verkauf, eine bestimmte Einstellung hatte, die je nach Versuchsbedingung verschieden war.

Wie man aus Abb. 4.8 ersieht, wurden weitere Informationen über die Beziehungen („Bänder“) zwischen den drei Begriffen geliefert, so daß sich jedesmal unbalancierte Strukturen ergaben. In allen Versuchssituationen war die Beziehung zwischen Verkauf und moderner Kunst negativ (eine Ausstellung von Werken moderner Kunst verringert den Verkaufserfolg), die Beziehung zwischen Verkauf und Fenwick positiv (Fenwick hat im vergangenen Jahr den Umsatz gesteigert) und die Beziehung zwischen Fenwick und moderner Kunst ebenfalls positiv (Fenwick plant die Ausstellung moderner Kunstwerke in den Verkaufsräumen). Die Autoren nehmen an, daß man bei der Herstellung des Gleichgewichts den am wenigsten aufwendigen Weg benutzt. Im Falle der Struktur a (Abb. 4.8) läßt sich das Gleichgewicht am leichtesten durch die Änderung des Bandes zwischen „Verkauf“ und „moderne Kunst“ herstellen. Bei Struktur b ist die am wenigsten aufwendige Veränderung die Umwandlung des Bandes zwischen „Fenwick“ und „moderner Kunst“. Die Struktur c läßt sich am einfachsten durch Veränderung des Bandes zwischen „Verkauf“ und „Fenwick“ ausbalancieren. Die Autoren boten zur Überprüfung ihrer Hypothese den Pbn verschiedene Kommunikationen an, von denen die eine die Information enthielt, daß moderne Kunst in Wahrheit den Umsatz steigere (positives Band zwischen V und K), die zweite zum Ausdruck brachte, daß Fenwick in Wahrheit gar keine Ausstellung moderner Bilder plane (negatives Band zwischen K und F) und die dritte behauptete, Fenwick habe nicht den ihm zugeschriebenen Verkaufserfolg erzielt (negatives Band zwischen V und F).

Die Ergebnisse zeigen in der Tat der Tendenz nach, daß Versuchspersonen mit der Struktur a die erste Kommunikation für richtig hielten, Versuchspersonen mit der Struktur b die zweite Kommunikation bevorzugten und Pbn der Struktur c die dritte Kommunikation für am wahrscheinlichsten hielten. An die zweite Stelle wurde jeweils die Kommunikation gesetzt, die eine Veränderung von zwei Bändern nötig machte, also den nächstaufwendigeren Weg darstellte. Damit schien zunächst die Hypothese der Autoren bestätigt zu sein. Es zeigten sich aber doch recht deutliche Abweichungen von diesem allgemeinen Trend. Zudem fanden

Abb. 4.8: Disharmonische Strukturen, die bei drei Experimentalgruppen erzeugt wurden *(Rosenberg & Abelson,* 1960).

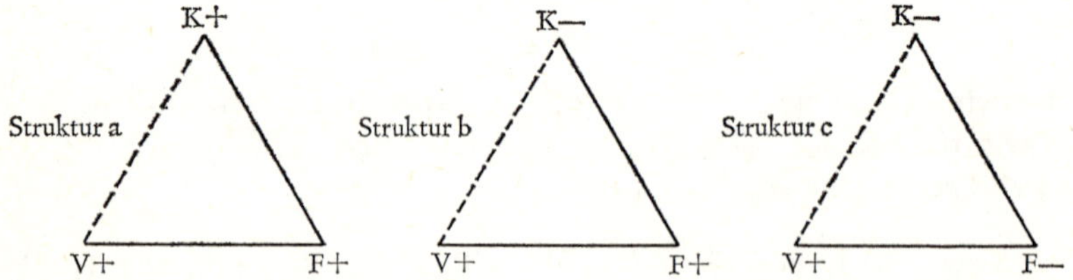

V = Verkauf; K = moderne Kunst; F = Ferwick; durchzogene Linien kennzeichnen positive, unterbrochene Linie negative Beziehungen.

die Autoren, daß nahezu kein Proband bei einer zweiten Erfassung von Vorzeichen und Relationen der Begriffe eine ausbalancierte Struktur aufwies. *Abelson* und *Rosenberg* führen zusätzliche Variable zur Erklärung dieses Sachverhalts ein, z. B. die Tendenz zum persönlichen Gewinn, die ein Band besonderer Art darstellt (zwischen dem Ich und der augenblicklichen Sachlage) und negativwertige Begriffe meidet. Man kann aber auch einfach annehmen, daß die Probanden die Struktur anders wahrgenommen haben, als es die Autoren nahelegen wollten, etwa daß sie nicht alle Beziehungen überblickten oder da „Begriffe" setzten, wo die Autoren „Bänder" postulierten usw.
An dieser Stelle muß auf eine Unterscheidung aufmerksam gemacht werden, die von *Singer* (in *Feldman,* 1966) in die Diskussion gebracht wurde. Er unterscheidet zwischen Konsistenz als kognitivem Stil und Konsistenz als Prozeß. Wenn man, wie in den Beispielen *Heiders* und in dem eben genannten Experiment, bestimmte Situationen auf ihre Ausbalanciertheit zu beurteilen hat, so geht die Herstellung des Gleichgewichts auf einen kognitiven Stil zurück. Der Proband bevorzugt in seinem Wahrnehmen und Denken die Herstellung stimmiger Beziehungen und Strukturen. Hat man aber dagegen Unstimmigkeiten in der eigenen kognitiv-affektiven Struktur zu beseitigen, so handelt es sich um die Herstellung der Konsistenz als Prozeß. Insgesamt mag man sicher darin gehen, daß die Konsistenz im kognitiven Stil häufiger auftritt als beim Prozeß der Verarbeitung eigener diskrepanter Bindungen zu Haltungsobjekten.

Immerhin beweisen auch schon die hier mitgeteilten Experimente, daß sich das Denken um Lösungen bemühen muß, die nicht rein logischer Natur sind, sondern affektive Bindungen an die zur Struktur gehörigen Objekte berücksichtigen müssen. Dies soll durch die Theorie der kognitiven Dissonanz, von der im nächsten Abschnitt kurz die Rede sein wird, noch weiter erläutert und bestätigt werden.

4.222 Der Fuchs und die Weintrauben

Die bekannte Fabel vom Fuchs, der die Weintrauben nicht mochte, weil er sie nicht haben konnte, kennzeichnet einen weiten Bereich von Denkleistungen beim Menschen. Wenn sich das Individuum für eine Möglichkeit entschieden, für ein bestimmtes Verhalten engagiert hat, wird es durch Informationen, die die getroffene Entscheidung als falsch und nachteilig erscheinen lassen, in einen unangenehmen Spannungszustand

versetzt. Das Wissen um die getroffene Entscheidung und das Engagement in das eigene Verhalten stehen im Widerspruch oder, wie *Festinger* (1957) sagt, in kognitiver Dissonanz zu dem Wissen, daß diese Entscheidung falsch war. Die kognitive Dissonanz weckt das Bedürfnis nach Verringerung der Dissonanz, was sich in der inneren (geistigen) oder äußeren Aktivität (Handlungsweisen) des Individuums zeigt.
Der Fuchs in der Fabel verringerte die Dissonanz zwischen seiner (falschen) Entscheidung und dem auftretenden Mißerfolg, indem er die Trauben abwertete und damit ein weiteres Springen nach den Früchten für sinnlos erklärte.
An einigen experimentellen Beispielen sollen die Entstehung der kognitiven Dissonanz und die Bemühung um Dissonanzverringerung demonstriert werden.

Ehrlich u. a. (1957) beobachteten das Verhalten von Autokäufern. Wenn jemand einen neuen Pkw erwirbt, entscheidet er sich unumstößlich für eine Alternative. Jede Information, die gegen seine Entscheidung spricht, erhöht die Dissonanz. Informationen über die Qualität anderer, im Preis vergleichbarer Autos stehen im Widerspruch zu der getroffenen Entscheidung. Autokäufer müßten deshalb positive Informationen über andere Autos meiden, um die kognitive Dissonanz nicht zu erhöhen. In der Tat fanden die Autoren, daß Besitzer ganz neuer Wagen Berichte über den eigenen Wagen häufiger lasen als Berichte über Fahrzeuge, die sie in Erwägung gezogen, aber nicht gekauft hatten. Diese selektive Tendenz war bei Autobesitzern, die ihren Wagen schon längere Zeit besaßen, weit weniger ausgeprägt. Von den Autobesitzern mit neuen Fahrzeugen suchten und lasen die Käufer, die mehrere Typen in Erwägung gezogen hatten, häufiger positive Information über ihren eigenen Wagen als Käufer, die nur einen oder gar keinen anderen Wagen in Betracht gezogen hatten. Genauso müßte man sich gemäß der Theorie der kognitiven Dissonanz verhalten. Allerdings ließe sich das Verhalten der Käufer auch ohne die kognitive Dissonanz erklären.

Eine weitere Untersuchung, die ebenfalls mit einer lebensnahen Situation zu tun hat, stammt von *Cohen* (in *Brehm* & *Cohen*, 1962). 30 verlobten Studenten, die während der Ferien heiraten wollten, stellte man sechs „objektive" Fragen über die Ehe (Treffen mit anderen Mädchen, Freiheitsverlust, religiöse Unterschiede zwischen beiden Partnern, sozioökonomische Unterschiede usw.). Außerdem beantworteten die Studenten drei „subjektive" Fragen (Inwieweit erscheint Ihnen die Zukunft leer ohne ihre Verlobte? — Wie sehr lieben Sie Ihr Mädchen, wenn Sie so ehrlich sind wie möglich? — Wie sehr, glauben Sie, sind Sie füreinander bestimmt?). Als Probanden mit großer kognitiver Dissonanz wurden Personen angesehen, bei denen die Beantwortung der „objektiven Fragen" Schwierigkeiten in der Ehe erwarten ließ. Wenn etwa der Proband geurteilt hatte, daß die Ehe einen beträchtlichen Freiheitsverlust mit sich bringe, daß deutliche sozioökonomische Unterschiede zwischen ihm und seiner Verlobten bestünden und daß er sich gerne mit anderen Mädchen treffe, so vermutete *Cohen* eine hohe Dissonanz. Wie konnte der Student die Dissonanz verringern, vorausgesetzt, daß er wirklich heiratete? Er konnte gewisse kognitive Elemente in ihrer Bedeutung so aufwerten, daß die Dissonanz zwischen seiner Entscheidung und den damit eingehandelten Nachteilen verringert wurde. *Cohen* ließ zur Überprüfung dieser Annahme die Studenten nach der Hochzeit (nach den Ferien hatten allerdings nur 20 der 30 Studenten geheiratet) nochmals die drei „subjektiven" Fragen beantworten. Studenten mit großer kognitiver Dissonanz zeigten eine stärkere positive Bindung an ihre Frau als solche mit geringerer Dissonanz. Offenbar suchten die Probanden die Dissonanz dadurch auszugleichen, daß sie die eingegangene Bindung aufwerteten, z. B. stärker als zuvor glaubten, daß sie ihre Frau besonders liebten und sich eine Zukunft ohne sie nicht vorstellen konnten. Wiederum zeigen die Befunde zwar deutlich, welche andersartige Funktion hier das Denken hat als bei wertfreien Problemen, aber sie beweisen nicht unbedingt die Theorie der kognitiven Dissonanz.

Als gezieltes Experiment sei die Untersuchung von *Adams* und *Rosenbaum* (1962) angeführt. Die Versuchspersonen arbeiteten für Lohn, der nach bestimmten Bedingungen variiert wurde. Eine Versuchsgruppe erhielt einen Stundenlohn von 3.50 Dollar. Man ließ die Probanden wissen, daß sie überbezahlt waren. Eine weitere Gruppe erhielt den gleichen Stundenlohn, doch hielt man sie in dem Glauben, daß es sich um eine angemessene Bezahlung handle. Die beiden restlichen Versuchsgruppen bekamen einen Stücklohn von 30 Cents, wobei die eine Gruppe wiederum erfuhr, sie sei zu gut bezahlt, während die andere Gruppe der Meinung war, es handle sich um einen gerechten Lohn. Die Versuchsgruppen mit angeblich zu hohem Stundenlohn und Stücklohn mußten Dissonanz erfahren, da das Wissen um den empfangenen Lohn und das Wissen um die — laut Information zu geringe — Arbeitsleistung in Widerspruch zueinander standen. Die Verringerung der Dissonanz müßte aber bei den beiden Versuchsgruppen, die sich zu hoch bezahlt fühlen, auf verschiedenem Wege erfolgen. Bei zu hohem Stundenlohn kann man durch Erhöhung der Arbeitsleistung einen Ausgleich schaffen, zu hoher Stücklohn läßt sich dagegen so nicht ausgleichen, man kann allenfalls seine Arbeitsleistung verringern und so die Gesamtbezahlung gerechter gestalten. Die Ergebnisse bestätigen diese Erwartungen. Versuchspersonen mit angeblich zu hohem Stundenlohn steigerten ihre Arbeitsleistung im Vergleich zur Kontrollgruppe mit angemessenem Stundenlohn. Versuchspersonen mit zu hohem Stücklohn verringerten ihre Leistung im Vergleich zur Kontrollgruppe mit angemessenem Stücklohn und fertigten eine geringere Anzahl von Werkstücken.

Es gibt eine große Zahl von Untersuchungen zur Dissonanztheorie, doch spricht heute vieles dafür, daß sie in der vorliegenden Form nicht aufrechterhalten werden kann. Die vielen Untersuchungen, zu denen sie angeregt hat, liefern aber außerordentlich wertvolles Material über die kognitive Aktivität des Menschen nach vollzogenen Entscheidungen und nach Einwilligung in ein den bisherigen Überzeugungen widersprechendes Verhalten. Was der Proband in solchen Situationen an Denken investiert, kann durchaus als produktiv angesehen werden, da er zu Lösungen kommen muß, die für ihn neu und unter Umständen auch einmalig sind.

4.223 Kann man die Zukunft aus der Tabelle ablesen?

Alle Modelle und Theorien über das Gleichgewichtsprinzip haben die Vorhersagbarkeit des Verhaltens zum Ziel. Denn nur, wenn ein vorhergesagtes Ereignis eintritt, kann eine Aussage des Modells oder der Theorie als bestätigt gelten.

Je präziser eine Vorhersage ist, desto beweiskräftiger wird eine Hypothese. Am genauesten sind Zahlenwerte. Läßt sich deshalb voraussagen, daß ein Verhalten eintreten wird, dem eine bestimmte Zahl zugeordnet werden kann, so ist die Vorhersageleistung am größten.

Osgood und *Tannenbaum* (1955) haben in ihrem Kongruenzmodell einen solchen Versuch unternommen. Das Modell beschränkt sich – ähnlich wie der Ansatz von *Abelson* und *Rosenberg* (s. Abschn. 4.221) – auf zwei Haltungsobjekte und die positive bzw. negative Verknüpfung zwischen ihnen. Während die Einstellung (attitude) zu den Haltungsobjekten je nach individuellem Urteil variieren kann, wird bei der Verknüpfung der die Haltungsobjekte repräsentierenden Begriffe nur eine Plus- oder Minusbeziehung ohne Berücksichtigung verschieden starker Ausprägung verwendet. Die Einstellung zu den Haltungsobjekten erfolgte mit Hilfe der ersten Dimension des semantischen Differentials (Evaluation-Dimension) dergestalt, daß die Projektion der Begriffe auf diese Dimension als Maß für die Haltung verwendet wurde. Die Probanden hatten dabei sechs Begriffe (Labor Leaders, Chicago Tribune, Senator Taft, Legalized Gambling, Abstract Art, Accelerated College Programs) nach den Skalen zu bewerten, welche die Evaluation-Dimension definieren. Drei der Begriffe dienten als Objekt, drei als Subjekt. Die Verbindung zwischen zwei Begriffen (je einem Subjekt und Objekt)

Abb. 4.9: Wirkung des Kongruenzdruckes bei drei verschiedenen Situationen (*Osgood, Suci* & *Tannenbaum,* 1957).

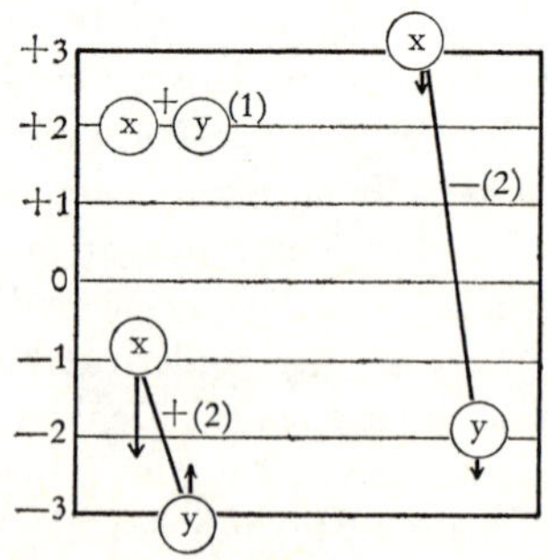

Nähere Erläuterungen siehe Text

erfolgte durch eine Behauptung, die einer glaubwürdigen Quelle (z. B. Zeitung) entstammte.

Das Kongruenzmodell von *Osgood* und *Tannenbaum* erlaubt nun die präzise Vorhersage des Wertes der einzelnen Begriffe auf der Evaluation-Dimension.

Dazu einige Beispiele, die in Abb. 4.9 veranschaulicht sind. In Beispiel (1) beträgt der Wert im Vortest für Subjekt und Objekt beidesmal 2. Bei positiver Verknüpfung beider Begriffe ergibt sich daher keine Verschiebung der Werte. In Beispiel (2) betrug der Wert für X (Subjekt) —1 und für Y (Objekt) —3. Bei positiver Verknüpfung beider Begriffe erfolgt eine Verschiebung, wobei X stärker zum negativen Bewertungspol rückt und Y nur geringfügig in Richtung auf den neutralen Nullpunkt wandert. In Beispiel (3) hat X anfänglich den Wert +3 und Y den Wert —2. Das Kongruenzmodell sagt voraus, daß bei negativer Verknüpfung der beiden Begriffe X geringfügig zum Nullpunkt wandert, Y sich dagegen weiter zum negativen Pol bewegt. Diese Vorhersage ist nicht trivial, da man vom Augenschein her eine solche Veränderung nicht erwarten würde. Die Autoren berechnen die Verschiebung der Begriffe auf der Wertungsskala mit Hilfe der Formeln

$$AC_o = \frac{d_s}{d_s + d_o} \cdot P_s \pm i;$$

$$AC_s = \frac{d_o}{d_s + d_o} \cdot P_o \pm i;$$

AC	=	Einstellungsänderung (Verschiebung auf der Evaluation-Dimension)
d	=	Abstand vom Nullpunkt
P	=	Kongruenzdruck
i	=	Korrekturglied (Betrag der Unglaubwürdigkeit)
Index s	=	Subjekt
Index o	=	Objekt

Die Verschiebung resultiert also aus der Größe des Kongruenzdruckes P des einen Begriffs multipliziert mit dem Anteil der Distanz des anderen Begriffs an der Gesamtdistanz zwischen beiden Begriffen, verringert um den Betrag der Unglaubwürdigkeit i (AC wird durch das Korrekturglied immer verringert; das Pluszeichen tritt in Aktion, wenn AC ein negatives Vorzeichen hat).

Die Autoren haben eine Tabelle aufgestellt, die für sämtliche Ausprägungsgrade zweier Begriffe den Effekt einer positiven und negativen Verknüpfung vorhersagt. Der Vergleich der empirischen Daten mit den vorhergesagten Werten erbrachte, daß die errechnete Änderungsrichtung immer richtig war (also z. B. auch in Fall (4) der Abb. 4.9).

Auch die Änderungsbeträge AC näherten sich oft deutlich den errechneten Werten, doch waren die Unterschiede immerhin noch gravierend, so daß von einer eindeutigen Verifizierung des Modells sicher nicht die Rede sein kann.

Zudem wurden nicht individuelle Werte, sondern Gruppenwerte zum Vergleich herangezogen, da bei Einzelwerten die Größe des Meßfehlers eine exakte Vorhersage zunichte macht. Gruppenwerte können aber auf recht verschiedenartige Weise zustande kommen. Trotzdem bleibt der Versuch fesselnd, mit Hilfe einer einfachen Gleichung vorherzusagen, wie ein Mensch mit bestimmten Einstellungskonstellationen nach einer vorgenommenen Manipulation fühlt und „denkt".

4.224 Logik und Wunschdenken

Unsere Überzeugung und unser Urteil über das Eintreffen bestimmter Ereignisse resultieren möglicherweise aus einem Kompromiß zwischen „Wunschdenken" und logischem Denken. Wenn etwa eine Behauptung über ein Ereignis logisch aus gegebenen Prämissen folgt, die wir für richtig halten, so sind wir von der Richtigkeit dieser Behauptung dennoch keineswegs überzeugt, sofern wir sie für wenig wünschenswert halten. Umgekehrt neigen wir dazu, wünschenswerte Ereignisse für wahrscheinlicher zu halten, als sie aufgrund sachlicher Gegebenheiten sind. Man könnte also vermuten, daß logisches Denken und „Wunschdenken" ein Gleichgewichtssystem bilden, das der kognitiv-affektiven Struktur von Werthaltungen bei *Rosenberg* und der Balance von Sympathiebindungen und „Unit Relations" bei *Heider* entspricht.

McGuire (1960) verwendete zur Überprüfung dieser Annahmen 48 Aussagen, die der Proband nach zwei Gesichtspunkten zu beurteilen hatte. Er mußte angeben, für wie wahrscheinlich er die in den betreffenden Aussagen behaupteten Ereignisse hielt, und kennzeichnete auf einer fünfstufigen Skala, für wie wünschenswert er diese Ereignisse ansah. Die 48 Aussagen wurden vermischt dargeboten, bildeten aber 16 Syllogismen der folgenden Form:

Prämissen:
a) Ein großer nuklearer Krieg würde mindestens die Hälfte der Erdbevölkerung vernichten (Major)
b) Ein großer nuklearer Krieg wird sich während der nächsten 10 Jahre ereignen (Minor)

Conclusio:
c) Mindestens die Hälfte der Erdbevölkerung wird in den nächsten zehn Jahren umkommen.

Wenn man die Aussagen a) und b) für wahrscheinlich hält, dann muß man auch der Aussage c) den gleichen Wahrscheinlichkeitsgrad einräumen. Da man aber das Ereignis c) für wenig wünschenswert hält, mag es sein, daß man der Conclusio weniger Wahrscheinlichkeit zubilligt als den beiden Prämissen.

McGuire leitet für Syllogismen obiger Art folgende Gleichung ab:

$$p'(c) \geq p(a)p(b)$$

Die logisch geforderte Wahrscheinlichkeit für das Ereignis c (Conclusio) ist also mindestens so groß wie das Produkt aus der Wahrscheinlichkeit für das Ereignis a (Major) und der Wahrscheinlichkeit für das Ereignis b (Minor)[1]. Da für jede der 48 Aussagen Wahrscheinlichkeitswerte (von 0 bis 1 reichend) vorlagen, korrelierte *McGuire* einfach die Werte für c mit dem Produkt der Werte von a und b. Hohe Korrelationen weisen auf bessere logische Stimmigkeit hin, niedrige oder gar negative Korrelationen zeigen an, daß der Proband unlogisch geurteilt hat. *McGuire* fand einen korrelativen Zusammenhang von nur $r = .48$. Da aber die Korrelation der Wahrscheinlichkeitswerte mit den Urteilen, wie wünschenswert die Aussagen seien, ebenfalls $r = .40$ betrug, lag die Vermutung nahe, daß das „Wunschdenken" mit dem logischen Denken einen Kompromiß eingegangen war. Durch Auspartialisierung[2] der Korrelation zwischen Wunsch und Logik stieg denn auch die Korrelation zwischen Prämissen und Conclusiones auf $r = .80$.

Einige interessante Effekte traten bei Meßwiederholung mit und ohne Beeinflussung auf. *McGuire* nahm an, daß sich die logische Konsistenz bei Meßwiederholung verbessern würde, da allein schon die Verbalisierung von Überzeugungen zu größerer Sensibilität gegenüber logischer Inkonsistenz führt und ein Lerngewinn insofern auftritt, als man nun die Aussagen und ihre Beziehungen untereinander besser überblickt („sokratischer" Effekt). Wenn aber die logische Konsistenz ansteigt, müssen Conclusiones, die logisch ein zu hohes Maß an Wahrscheinlichkeit erhalten haben, weil sie wünschenswert waren, in ihrer Wahrscheinlichkeit absinken. Genau dies wurde bei Meßwiederholung ohne Beeinflussung auch tatsächlich beobachtet. Für den Fall der Beeinflussung stellte *McGuire* unter anderem eine der Alltagserfahrung widersprechen-

[1] Nähere Ausführungen hierzu siehe *McGuire* (1960) und *Oerter* (1970b).

[2] Man kann dabei schätzen, wie hoch die Korrelation von .48 ausfallen würde, wenn kein Zusammenhang zwischen Wahrscheinlichkeits- und Attraktivitätswerten vorhanden wäre.

de Hypothese auf. Er behauptete nämlich, daß die Wahrscheinlichkeit weniger wünschenswerter Aussagen leichter zu erhöhen sei als die Wahrscheinlichkeit von wünschenswerten Aussagen. Letztere sei nämlich an und für sich schon zu hoch und damit logisch inkonsistent. Eine weitere Erhöhung würde also nur noch die Inkonsistenz vergrößern. Tatsächlich wurde ein signifikant höheres Ansteigen der Wahrscheinlichkeit von unerwünschten Aussagen nach Beeinflussung beobachtet.

Wenn logische Konsistenz neben der affektiven Bewertung von Ereignissen eine maßgebliche Rolle spielt, so ist zu erwarten, daß die Änderung der Wahrscheinlichkeit von Prämissen eine Änderung der Wahrscheinlichkeit von Conclusiones hat, ohne daß diese selbst zum Gegenstand der Beeinflussung gemacht wurden. Auch diese Erwartung bestätigte sich. Die Probanden, die von einer größeren Wahrscheinlichkeit der Prämissen überzeugt worden waren, steigerten auch die Wahrscheinlichkeit der Schlußfolgerungen, allerdings nicht in dem logisch geforderten Ausmaß, so daß wir auch hier wieder ein System zugrundelegen müssen, in dem nicht nur logische Beziehungen walten.

Interessant ist ein Effekt, der bei einer dritten Messung zutage trat. Eine Woche später nämlich war die Beeinflussungswirkung bei den Prämissen weitgehend verschwunden. Die Probanden wiesen ihnen also etwa die gleiche Wahrscheinlichkeit zu wie vor der Beeinflussung. Die Conclusiones hingegen verharrten weiterhin in dem Wahrscheinlichkeitszustand, der ihnen aufgrund der veränderten Situation bei der zweiten Messung zugewiesen worden war. Sie unterlagen also einem gewissen Trägheitseffekt. So ergab sich die merkwürdige Tatsache, daß indirekt beeinflußte Aussagen nachhaltiger verändert wurden als direkt beeinflußte.

Die Untersuchungen *McGuires* wurden sehr sorgfältig ausgewertet, doch haben sie den Nachteil, daß die Korrelationswerte an Gruppen gewonnen wurden. Wir haben hier einen Ansatz vor uns, der die in der Geschichte der Psychologie immer wieder diskutierte Einwirkung emotionaler Prozesse auf das Denken zu präzisieren sucht und dabei wohl auch Erfolge aufweisen kann.

4.225 Gleichgewicht durch Verallgemeinerung

Die Welt, in der wir leben, ist gekennzeichnet durch ein starkes Maß an Unsicherheit. Wenn wir gerne wissen wollen, wie sich unser sozialer Partner verhalten wird, schließen wir von seinen Eigenschaften auf zukünftige Ereignisse. Halten wir ihn beispielsweise für zuverlässig, so sind wir überzeugt, daß er ein gegebenes Versprechen halten wird. Menschen, deren Verhaltensweisen wenig vorhersagbar, gewissermaßen „unberechenbar" sind, verunsichern das soziale Zusammenleben. Da die soziale Realität außerordentlich komplex ist und zuverlässige Vorhersagen nur möglich sind, wenn man eine große Zahl von Bedingungen kennt, versuchen wir meist, die Situation zu vereinfachen. Wir teilen die Menschen in Gute und Böse, Tüchtige und Unbrauchbare, Faule und Fleißige ein und vernachlässigen gewöhnlich die große Vielzahl von Ausprägungsgraden einzelner Merkmale.

Eine typische Technik bei der Verringerung von Unsicherheit ist die Verallgemeinerung. Jede Persönlichkeitseigenschaft, die wir einem sozialen Partner zuschreiben, stellt eine Verallgemeinerung im Sinne eines allgemein gültigen Begriffes dar. Gewöhnlich ist das Verhalten des Menschen so variabel, daß es schwerfällt, ihm konsistente Eigenschaften zuzuschreiben. Ein zweiter Schritt der Verallgemeinerung besteht darin, Einzelmerkmale zu „stimmigen" Systemen zusammenzuordnen. Wir ordnen körperliche und seelische Sauberkeit zusammen und statten verbrecherische Menschen gern auch mit äußerer Häßlichkeit aus. Das Lehrerurteil wird bekanntlich stark durch die (fehlerhafte) Zuordnung von sozialem Milieu des Kindes und seiner geistigen Leistungsfähigkeit beeinträchtigt. Solche Verallgemeinerungen dienen dann als Anker in unserem Bezugssystem des Urteilens und Denkens bei wichtigen wertbezogenen Entscheidungen. Der Verfasser konnte bei seinen Untersuchungen über Wertkonzepte nachweisen, daß Beurteilungsfehler dieser Art als individuelle Persönlichkeitsvariablen verwendet werden können und bei Bewertungsaufgaben (s. Abschn. 4.211) als Anker dienen, die den Beurteilungsprozeß offensichtlich erleichtern.

Alle diese Eigenarten können – natürlich etwas einseitig – als voreiliges Verallgemeinern durch induktives Denken beschrieben werden. Der Mensch beobachtet mehrere Ereignisse gleicher Art mit ähnlichem Ausgang und schließt verallgemeinernd von ihnen auf alle Ereignisse dieser Art. Eine Untersuchung von *Gilson* und *Abelson* (1965) informiert darüber, unter welchen Bedingungen wir besonders leicht generalisieren.

Die Autoren boten nach Auswertung einiger Pilot-Studien den Vpn je drei Sätze der folgenden Art:

Südliche Stämme haben Sportmagazine
Nördliche Stämme haben keine Sportmagazine
Zentralstämme haben keine Sportmagazine

Der Proband mußte sodann die Frage beantworten: Haben Stämme Sportmagazine? Er konnte nur mit ja oder nein antworten. Es wurde ihm aber gesagt, daß die Fragen keine streng logische Antwort zuließen, sondern eher nach einem intuitiven Eindruck beantwortet werden sollten.
Außer einigen Füll-Items wurden je drei zusammengehörige Sätze geboten, die immer nur ein einziges positives Beispiel und zwei negative Beispiele enthielten. Variiert wurde entweder das Subjekt, wie im obigen Falle (= subjektspezifisch), oder das Objekt wie im folgenden Beispiel:

Südliche Stämme haben keine Sportmagazine
Südliche Stämme haben keine Nachrichten-Magazine
Südliche Stämme haben Modemagazine

Haben südliche Stämme Magazine?

Verwendet wurden acht Subjekte, acht Objekte und acht Verben, von denen ein Subjekt und ein Objekt eine als Hauptwort dienende sinnlose Silbe war. Durch Kombination der Subjekte mit sämtlichen Objekten entstanden 64 Items mit je drei Feststellungen der oben angegebenen Art. Die Verben wurden auf diese 64 Kombinationen so verteilt, daß jedes Verb mit gleichviel verschiedenen Subjekt- und Objektwörtern gekoppelt war. Die Ergebnisse zeigen eine deutliche Asymmetrie der Verallgemeinerungen. Objektspezifische Sätze, bei denen das Subjekt unverändert blieb und das Objekt variierte, wurden häufiger verallgemeinert als subjektspezifische Sätze mit variierendem Subjekt und konstantem Objekt. Verben, die kognitive Beziehungen im Sinne der ‚unit relations' von *Heider* ausdrückten (herstellen, kaufen, haben), veranlaßten die Pbn häufiger zu Verallgemeinerungen als Verben, die affektive Beziehungen beschrieben (lieben, verstehen, meiden). In Tab. 4.2 ist der durchschnittliche Anteil der Ja-Antworten bei jedem Satztypus angegeben.

Zunächst sollte beachtet werden, daß ganz allgemein in allen Fällen eine stärkere Verallgemeinerung vorgenommen wurde, als sie vom Material her nahelag. Nur jeweils eines der drei Beispiele war positiv formuliert, die restlichen zwei widersprachen der Regel.
Auffällig ist die stärkere Verallgemeinerung über Objekte. Die Autoren

Tab. 4.2: Durchschnittlicher Anteil der Ja-Antworten für subjekt- und objektspezifische Sätze sowie für verschiedene Verbtypen (nach *Gilson* & *Abelson*, 1965).

	Anteil der Ja-Antworten (Verallgemeinerungen)
subjektspezifische Sätze	0,61
objektspezifische Sätze	0,70
Verben für kognitive Relationen	0,78
Verben für affektive Relationen	0,58

führen sie einmal darauf zurück, daß man Unterschiede zwischen Personen (die Satzsubjekte waren mit Ausnahme des sinnlosen Wortes Personen oder Personengruppen) mehr beachtet als Unterschiede zwischen Sachen. Zum andern meinen sie, daß das Subjekt zuerst käme und deswegen (vielleicht auch aus syntaktischen Gründen) größere Bedeutung als das Objekt besitze. Interessant ist die größere Verallgemeinerungstendenz bei Verben, die kognitive Relationen ausdrücken. Was man als zusammengehörig erfaßt, scheint leichter verallgemeinert zu werden als das, was durch Gefühlsbeziehungen des Aufsuchens und Meidens verknüpft ist. Bei ‚unit relations' scheint ein zusätzlicher Induktionsschluß vorzuliegen. Etwas nicht haben, kaufen, herstellen, bedeutet noch nicht, daß keine Verbindung zwischen Subjekt und Objekt besteht. Begriffe, die durch ‚unit relations' gekoppelt sind, gehören selbst dann zusammen, wenn die Beziehung negativ formuliert wurde. Die Negation bedeutet bei diesen Relationen nur ihre Abwesenheit, während die Negation bei affektiven Beziehungen durch Verben der Ablehnung, des Meidens und dgl. ausgedrückt werden muß bzw. negierte positive Beziehungen als Ablehnung interpretiert werden müssen. Eine affektive Negation kann nicht einfach ignoriert werden, über sie hinweg eine positive Beziehung zu verallgemeinern, fällt schwer.
Die „subjektive Logik" bei Induktionsschlüssen ist ein anschauliches Beispiel dafür, wie unser Denken im Alltagsleben arbeitet. Vor allem in der sozialen Interaktion sind wir gezwungen, zu allgemeineren Aussagen zu kommen, um Entscheidungen treffen zu können. Die soziale Realität hat uns offenbar gelehrt, daß man leichter (erfolgreicher) über Sachen als über Personen generalisieren kann und daß über emotional gegensätzliche Beziehungen eine Verallgemeinerung schwerer ist als über Einheitsbeziehungen, die vorhanden oder nicht vorhanden sind.

4.226 Kognitive Leistungen bei emotionaler Erregung

Es ist ganz sicherlich ein Irrtum, wenn man annimmt, daß Gefühle nichts mit dem Verstand zu tun haben. Die reichhaltige Gefühlsskala eines Erwachsenen hängt beispielsweise eng mit seiner Sprache zusammen. Je differenzierter die Sprache, desto differenzierter ist auch das Gefühlserleben. Nur wer einen Namen für eine bestimmte emotionale Erregung erworben hat, kann sie von anderen Erregungen differenzieren. Die physiologischen Bedingungen scheinen übrigens für eine Reihe von Gefühlserlebnissen ganz ähnlich zu sein. Das Gefühl, so wie man es phänomenologisch beschreiben kann, hängt sehr stark von situativen Komponenten ab, d. h. die augenblickliche Situation bestimmt mit, wie wir eine emotionale Erregung interpretieren. Hierzu gibt es ein sehr hübsches Experiment von *Schachter* und *Singer* (1962).

Versuchspersonen erhielten nach ihrer Einwilligung eine Injektion von Adrenalin, das den Körper bekanntlich in einen Erregungszustand (Alarmzustand) versetzt. Adrenalin, das auch vom Körper selbst als Hormon ausgeschüttet wird, bewirkt unter anderm eine Erhöhung des Herzschlags, Tremor, Erhöhung des Blutzuckergehalts und Verengung der Hautgefäße. Eine Gruppe wurde korrekt über einige physiologische Symptome informiert (Erhöhung des Herzschlags, Tremor der Hand, Durchblutung des Gesichts), eine zweite Gruppe erhielt falsche Informationen (Füße erstarren, Kopfweh, Jucken) und eine dritte Gruppe wurde überhaupt nicht über irgendwelche Folgeerscheinungen der Injektion unterrichtet. Eine weitere Gruppe erhielt eine Placebo-Injektion (eine wirkungslose Salzlösung). Alle Gruppen wurden noch einmal unterteilt und zwei unterschiedlichen Versuchsbedingungen unterworfen. In der einen Versuchsbedingung saß die Vp mit einem Pb zusammen, der scheinbar die gleiche Aufgabe zu erfüllen hatte, nämlich Fragebogen zu bearbeiten. Er gebärdete sich aber recht ausgelassen und trieb allerlei Unsinn. In der anderen Versuchssituation war der Mit-Proband ärgerlich und zornig. Anschließend gaben die Vpn an, wie ärgerlich oder wie glücklich sie sich fühlten, und beantworteten Fragen über körperliche Veränderungen, die sie an sich wahrgenommen hatten.

Tab. 4.3 bringt einen Überblick über die verschiedenen Versuchsbedingungen.

Man kann nun erwarten, daß Probanden, die genau über die physiologischen Veränderungen bei Adrenalin-Injektion unterrichtet waren, vergleichsweise wenig durch situative Bedingungen beeinflußt wurden, da sie ihren Erregungszustand ja erklären konnten. Falsch oder nicht informierte Vpn dagegen waren auf die Berücksichtigung der Situation (Ärger – Euphorie) angewiesen, um ihre Erregungssteigerung sinnvoll interpretieren zu können. In der Tat unterlagen falsch informierte Vpn

Tab. 4.3: Versuchsplan zum Experiment von *Schachter* und *Singer* (1962).

	Verhalten des Partners	
Injektion	euphorisch	ärgerlich-zornig
Adrenalin	richtig informiert	richtig informiert
Adrenalin	nicht informiert	nicht informiert
Adrenalin	falsch informiert	– – –
Placebo	nicht informiert	nicht informiert

am stärksten dem situativen Einfluß: In der Euphorie-Situation fühlten sie sich laut Selbstbeobachtung im Vergleich zu den übrigen Versuchsgruppen am fröhlichsten und verhielten sich auch dementsprechend, wie objektivierte Verhaltensbeobachtungen zeigten. In der Ärger-Situation trat im Verhalten und in den Angaben der Pbn über ihren Gefühlszustand die Ärgerreaktion am deutlichsten zutage, wenn die Pbn über die Wirkung des Adrenalin-Präparates im ungewissen gelassen worden waren (falsch Informierte fehlen leider als Versuchsgruppe in der Ärger-Situation).

Aufgrund dieser Befunde und von Ergebnissen anderer Studien sehen *Schachter* und *Singer* Gefühlszustände als Funktion physiologischer Erregung an. Hat das Individuum keine unmittelbare Erklärung für einen physiologischen Erregungszustand, so wird es ihn je nach den kognitiven Verarbeitungsmöglichkeiten, die in der augenblicklichen Situation zur Verfügung stehen, als „Freude", „Zorn" oder „Eifersucht" klassifizieren. Bietet sich für einen physiologischen Erregungszustand von vornherein eine eindeutige Erklärung an, braucht das Individuum nicht zusätzliche Informationen heranzuziehen (etwa bei physiologischer Erregung als Folge von Ereignissen: Schmerz, Lust).

Uns interessieren die experimentellen Befunde vorwiegend im Zusammenhang mit dem Konzept des kognitiv-affektiven Gleichgewichts. Sie werfen ein Licht auf die Funktionsweise des Gleichgewichtsprinzips bei kognitiv-affektiven Strukturen.

Emotionale Erregungsvorgänge erzeugen Ungewißheit, solange man sie nicht identifizieren kann. Sofern unsere Bewußtseinserlebnisse faßbar sind, vermögen wir sie in irgendeiner Weise zu beschreiben. Wir setzen sie in Beziehung zu anderen Ereignissen, die als „Ursache" herangezogen werden, interpretieren sie und vergleichen sie mit ähnlichen Bewußtseinserlebnissen aus früheren Erfahrungen.

Ein bekanntes Beispiel für so verstandenes kognitiv-affektives Ungleichgewicht ist die Angst ohne ausgeprägten Objektbezug. Phänomenologisch präsentiert sie sich als Aufkommen von Angstzuständen, ohne daß man weiß, wovor man sich eigentlich ängstigt[1]. Offenbar rührt aber das Angsterlebnis gerade daher, daß man die physiologische Erregung kognitiv nicht bewältigen, und das heißt nicht interpretieren kann.

Nicht nur die aus der Umwelt stammenden Reize stellen also Information dar, die abgebaut werden muß, sondern auch interne Reize bedeuten Unsicherheit, die es zu verringern gilt. Man strukturiert und ordnet

[1] *Lersch* (1964) unterscheidet zwischen Angst (gegenstandslos) und Furcht (gegenstandsbezogen).

nicht nur die Außenwelt, sondern auch seine „Innenwelt", hier verstanden als Reizchaos, das von internen Reizquellen herrührt. Ungleichgewicht wird so zur Unsicherheit oder subjektiven Information, Gleichgewicht zur Redundanz.

4.23 Einige pädagogische Konsequenzen

Viele wichtige Entscheidungen, Urteile und Handlungsweisen des Menschen werden als Ergebnis seines Nachdenkens angesehen und durch sein Denken begründet. Wir haben dieses Denken als „unsachlich" zu entlarven versucht und können die Hypothese aufstellen, daß das Denken bei persönlichen Belangen offenbar noch andere Komponenten mitberücksichtigen muß als die sachlichen Gegebenheiten, wie sie etwa eine Materialanalyse im Sinne *Dunckers* ergeben würde. Oft sind die sachlichen Elemente eines Problems vage, so daß man weitere Anhaltspunkte braucht. Man benutzt sie, wie wir sahen, als Anker bei der Bildung von Entscheidungen. Egozentrismus und Ego-involvement können im umfassenden Sinn als solche Anker angesehen werden.
Vielfach dreht es sich darum, eine Lösung zu erreichen, die sowohl dem eigenen Wohlbefinden als auch den sachlichen Gegebenheiten Rechnung trägt. Das Ergebnis sind Kompromisse zwischen kognitiven Ordnungsbemühungen und affektiven Prozessen. Die Tatsache, daß unser Denken, gerade wenn es darauf ankommt, deutlich beeinträchtigt wird, hat für pädagogische Maßnahmen sicherlich Bedeutung.
Besonders wichtige Entscheidungen, wie solche politischer Art, kann man guten Gewissens nicht mehr allein einem Denken anvertrauen, das von Ankern abhängig ist und zumindest teilweise Gesetzen des kognitiv-affektiven Gleichgewichts gehorcht. Man sollte wenigstens eine Kontrolle des Denkens durchführen. Dies wäre möglich, indem man etwa einen Computer die verlangten Entscheidungen nachvollziehen läßt und dabei herausfinden kann, was an den menschlichen Entscheidungen irrational ist. Bekanntlich hat man solche Aufgaben bereits Computern anvertraut. Ihre Leistung besteht vermutlich weniger darin, dem Menschen Entscheidungen abzunehmen, sondern darin, seine Denkprozesse auf logische Stimmigkeit hin zu überprüfen. Eine wichtige Erziehungsaufgabe der Zukunft scheint darin zu liegen, dem Menschen seine Denkfehler bewußt zu machen und ihm zu zeigen, welche Mechanismen bei seinen Entscheidungen beteiligt sind. Er muß in die Lage versetzt werden, seine Denkleistungen (Urteile, Wertungen, Pläne) zu analysieren und Komponenten der Dissonanzreduktion oder der Ausbalancierung kognitiv-

affektiver Beziehungen herauszufiltern. Zum Erziehungsziel würde unter diesem Aspekt viel mehr an Verständnis und kritischer Reflexion über die eigene Persönlichkeit gehören als bisher. Aus diesem Grunde ist das Gespräch mit anders „Denkenden" sehr bedeutsam. Die Beobachtung, daß andere zu einem Urteil gelangen, das sich vom eigenen wesentlich unterscheidet, könnte dazu führen, den eigenen Denkprozeß noch einmal kritisch zu überprüfen. Analog kann man den Gesprächspartner dazu veranlassen, seinen Gedankengang oder seine Beweisführung (immer wertorientierte Probleme vorausgesetzt) darzulegen. Auf diese Weise dürfte sich vieles als unzulässig im Sinne eines schlüssigen Denkens herausstellen, das ohne vergleichende Prüfung verborgen geblieben wäre. Freilich schützt das Wissen um Gleichgewichtsmechanismen, sofern ihnen allgemeine Gesetzlichkeit zukommt, noch nicht vor Torheiten im Denken. So entgeht etwa der Psychologe genauso wenig dem Halo-Effekt wie der psychologische Laie. Er kann diesen Beurteilungsfehler nur vermeiden, indem er Sicherheitsmaßnahmen trifft und gewissermaßen sich selbst überlistet (z. B. Wechsel in der Beurteilungsreihenfolge bei verschiedenen Merkmalen). Ganz ähnlich könnte man etwa die Wirkung von Entscheidungsdissonanz auf das Denken ausschalten, indem man fiktiv verschiedene Rollen übernimmt, z. B. auch die Rolle desjenigen, der sich anders als man selbst entschieden hat. Eine Reihe von Experimenten hat gezeigt, daß durch Rollenspiel bestimmte Gleichgewichtseffekte simuliert werden, wie man sie in Ernstsituationen erwarten kann (siehe Abschn. 4.221, außerdem: *Mausner*, 1960).
Eine weitere Aufgabe der Denkerziehung dürfte in der klaren Scheidung zwischen zugrundeliegenden Wertkonzepten und den aus ihnen hervorgehenden Konsequenzen liegen, die mit Hilfe des Denkens gewonnen wurden. Wichtige Ziele, seien es politische, ökonomische oder soziale Ziele, werden oft als logisch zwingende Notwendigkeiten dargestellt. Sie sind aber nur so lange zwingend, wie man die vorausgesetzten Wertannahmen akzeptiert. Sie bilden einen Teil der Prämissen.

Alle unsere bisherigen didaktisch-pädagogischen Überlegungen fußen natürlich ebenfalls auf bestimmten Wertkonzepten. Da diese bislang nicht explizit genannt wurden, erscheint es vorteilhaft, einige von ihnen exemplarisch aufzuführen, da sie vielen der gegenwärtigen Aussagen in der empirischen Pädagogik und der pädagogischen Psychologie zugrunde liegen. Formuliert man diese Wertvorstellungen konkret, dann ergibt sich etwa: gleiche Chancen für alle, eine Gesellschaft als Zielvorstellung, die durch aktive und einsichtige Entscheidung des einzelnen getragen

wird, eine bestmögliche Förderung der Intelligenz (evtl. schon als Folge des vorausgenannten Ziels).
Eine zusätzliche Annahme wissenschaftlicher Art, die aber mehr Wunschvorstellung als erwiesene Tatsache ist, kann als Überzeugung umrissen werden, daß das augenblickliche durchschnittliche Niveau der geistigen Leistungen durch gezielte Maßnahmen erheblich gesteigert werden kann. Akzeptiert man die hier genannten wertorientierten Ziele nicht, so werden natürlich auch alle didaktisch-pädagogischen Vorschläge illusorisch.

Zusammenfassung

Wertbegriffe sind im Gegensatz zu sachlich-logischen Begriffen durch persönliches Engagement und affektive Besetzung fixiert. Sie können nicht wie Sachbegriffe beliebig durch Wechseln der Klassifikationsregel geändert werden. Sie lassen sich durch die Distanz und Position von Merkmalen in einem euklidischen Raum („Wertraum") beschreiben, können als vermittelnde Prozesse, die sich nach dem S-R-Paradigma durch die persönliche Erfahrung aufgebaut haben, erklärt werden und sind verstehbar als „Begriffe zweiter Ordnung", in denen sich kognitive und emotionale „Begriffe" erster Ordnung miteinander verbinden.
Entscheidungstheoretisch ist der Wert der subjektiv erwartete Nutzen (SEU) eines Objektes, dessen Skala nach verschiedenen theoretischen Modellen ermittelt werden kann. Dabei liegt die Annahme zugrunde, daß sich der Mensch auch bei der Wahl zwischen risikobehafteten Alternativen rational verhält, sofern er die möglichen Ereignisse und deren Wahrscheinlichkeit überblickt. Wie eine Reihe von Ergebnissen zeigen, verhält sich aber der Mensch nicht optimal rational, wenn ihm der Überblick oder die erforderliche Speicherkapazität fehlen.
Interpersonale Beziehungen sowie Relationen zu Haltungsobjekten scheinen sich häufig nach dem Gleichgewichtsprinzip zu strukturieren. Störungen des Gleichgewichts treten auf, wenn kognitive und/oder affektive Beziehungen im Widerspruch zueinander stehen. Sie werden sowohl durch kognitive Aktivität als auch durch Vorzeichenwechsel ausgeglichen. Als Folge von getroffenen Entscheidungen entsteht *Festingers* Theorie zufolge fast immer kognitive Dissonanz, deren Reduktion hauptsächlich durch kognitive Aktivität bewältigt wird.
Gehorcht das Denken und Urteilen in den bisher beschriebenen Situationen dem Gleichgewichtsprinzip, so müssen präzise Vorhersagen über das, was sich jemand „ausdenkt", möglich sein. *Osgood* und Mitarbeiter haben

solche Vorhersagen bei Veränderung der Einstufung von Begriffen auf der Evaluation-Skala vorherzusagen versucht und können dabei bereits gewissen Erfolge verbuchen. Auch *McGuires* Vorhersagen über die Veränderung des subjektiven Wahrscheinlichkeitswertes von Aussagen trafen bis zu einem gewissen Maß zu. Seine Untersuchungen sind insofern bemerkenswert, als sie genaue Beziehungen zwischen verschiedenen Aussagen erfassen und meßbare Relationen zwischen Wahrscheinlichkeit und Attraktivität der zu beurteilenden Aussagen erbringen.

In einem allgemeineren Sinne kann das Gleichgewichtsprinzip als Verringerung von Unsicherheit mit dem Ziel wachsender Redundanz aufgefaßt werden. So betrachtet erklärt sich beispielsweise die Überschätzung der Wahrscheinlichkeit von erwünschten und die Unterschätzung der Wahrscheinlichkeit von unerwünschten Ereignissen sowie die Neigung, vorschnell zu verallgemeinern.

Verringerung von Unsicherheit bedeutet auch die Interpretation von emotionalen Erregungsvorgängen als „Gefühle" und „Stimmungen" spezifischer Art. *Schachter* und *Singer* konnten zeigen, daß die gleichen physiologischen Prozesse je nach Situation zu verschiedenen Gefühlszuständen führten; sie lieferten damit einen Hinweis dafür, wie kognitive Aktivität physiologisch bedingtes Ungleichgewicht verringern kann.

Die hier zur Diskussion gestellten Gesichtspunkte über das Denken als Kompromißtätigkeit haben erhebliche pädagogische Konsequenzen, die man dahingehend zusammenfassen kann, daß der Mensch bewußt über seine Denkprozesse reflektieren und sie auf störende emotionale oder wertorientierte Einflüsse hin überprüfen soll. Wertbegriffe dürfen dabei nicht eliminiert, sondern müssen als Voraussetzungen für anscheinend rein rationale Entscheidungen sichtbar gemacht werden. Der Mensch sollte lernen, zwischen seinen Wertbegriffen und den aus ihnen abgeleiteten Schlußfolgerungen zu unterscheiden.

4.3 Motivation zum Denken

Fragen wir nach den aktivierenden Ursachen des Denkens, so fällt es uns schwer, ähnlich wie bei Hunger und Durst Mangelerscheinungen als bewirkende Ereignisse anzuführen. Denken setzt ein, wenn ein Problem erkannt ist oder eine Frage an das Individuum gestellt wird. Es hält solange an, bis eine Lösung gefunden wird, die als richtig oder „brauchbar" erscheint. Damit präsentiert sich die Motivation zum Denken als Prozeß, der im Denken selbst steckt, nicht erst zu ihm hinzutritt und gewissermaßen von außen her einen Prozeß in Gang setzt. Man könnte auch sagen, die Denkaktivität reguliert sich selbst. Diese Art der Motivation, die nicht als Zutat von außen her oder von sachfremden Energiequellen aus wirkt, nennt man inhärente oder intrinische Motivation (*Hunt,* 1965).

4.31 Inhärente (intrinsische) Motivation

Man kann sich fragen, ob es überhaupt sinnvoll ist, von Motivation zu sprechen. Eine Motivation, die im Prozeß steckt und nicht losgelöst von diesem Prozeß besteht, ist eigentlich als Annahme überflüssig und unökonomisch.

Vielleicht haftet der Psychologie hier immer noch ein egozentrisches Denken und das Anklammern an unbrauchbare Anker an, die unsere Sprache liefert. Weil unsere Sprache für das Handeln Motive als Erklärungsgrund anbietet, muß es theoretisch nicht notwendig sein, Motive zur Erklärung heranzuziehen. Für einen „körperfernen" Prozeß wie das Denken liegt eine solche Vermutung besonders nahe. Die Gestaltpsychologie verzichtet denn auch auf Motive und kommt mit einem Erklärungsprinzip aus, das den Denkvorgang und das Denkmotiv umschließt. Sie erklärt das Problem als defekte Struktur, die einen Spannungszustand hervorruft. Die defekte Struktur selbst wird zum Antrieb für Aktivität. Erst wenn eine neue ganze Struktur entsteht, weicht die Spannung oder der „Lösungsdruck". Das gestörte „Feld" befindet sich — sowohl elektrophysiologisch als auch psychologisch — im Ungleichgewicht. Dieser Zustand ist von Natur aus nicht haltbar, er muß in einen Gleichgewichtszustand überführt werden. Das Gleichgewichtsprinzip hat uns zur Erklärung der Entstehung und Veränderung von kognitiv-affektiven Strukturen gedient. Mit Ausnahme der Dissonanztheorie, auf die wir noch einmal zu sprechen kommen werden, begnügt man sich bei allen Hypothesen und Modellen über die Wirkung des Gleichgewichts mit der bloßen Voraussetzung dieses Prinzips[1].

Obwohl also gerade der Denkvorgang ohne eigentliches Motivationsprinzip auskommt, ist es zum gegenwärtigen Zeitpunkt vom Verständnis

[1] *Heiders* Versuch einer Erklärung, die an *Spinoza* anknüpft, ist eine eher mystische Spekulation, die uns hier nicht zu beschäftigen braucht (*Heider,* 1958).

des Prozesses her noch vorteilhaft, Motivation als zusätzliche Bedingung zu berücksichtigen. Dies legt schon die Erlebnisseite des Phänomens nahe. Ungelöste Probleme werden als Spannungszustand erlebt, man ringt mit ihnen, beschäftigt sich mit ihnen und schiebt sie beiseite, um sie zu einem anderen Zeitpunkt wieder aufzugreifen. Viele Gelehrte, Forscher und Erfinder vergessen über ihren Problemen Essen und Trinken, verzichten auf Schlaf und haben keinen Blick für die Annehmlichkeiten des Lebens. Die Denkmotivation ist hier buchstäblich stärker als biologische Triebe. Möglicherweise kann schon deshalb die Motivation zum Denken so dominant werden, weil der Denkvorgang relativ wenig physische Energie verbraucht. Im Vergleich zu einem körperlich arbeitenden Menschen kommt der Denkende mit einem Minimum an Kalorien aus, er kann seine Probleme unter Umständen auf einem Sofa liegend lösen. Wenn der körperlich Arbeitende längst kapitulieren muß, weil es ihm an Energien fehlt, kann der „geistig“ Arbeitende noch lange weiter aktiv sein.

Bei der intrinsischen Denkmotivation handelt es sich nicht nur um kurzfristige Aktivierung von Prozessen, sondern oft um Steuerungstendenzen, die über lange Zeitstrecken hinweg wirken. Viele Probleme beschäftigen den Menschen jahrelang, nur selten wird er mit seinen Denkaufgaben in kurzer Zeit fertig. Phänomenologisch präsentiert sich dieser Vorgang als Aufkommen einer Unruhe, deren Ursache im betreffenden Problem erblickt wird. Vergleichbar ist dieser Motivationszustand mit dem sog. Zeigarnik-Effekt, der darin besteht, daß Unerledigtes besser behalten wird als Erledigtes. Denkprobleme, die ungelöst blieben, erfahren offenbar aus ähnlichen Gründen eine Reaktivierung.
Wir haben bis jetzt vorwiegend Fälle im Auge behalten, die durch Probleme aktiviert werden. Vielfach gibt man natürlich auch Probleme auf, ohne sie gelöst zu haben. Viele Probleme der Jugendzeit sind für den Erwachsenen nicht mehr Gegenstand seines Denkens, obwohl er sie nie gelöst hat. Weiterhin gibt es, wie uns schon die Alltagserfahrung lehrt, viele Menschen, die auch bei Konfrontation mit Problemen nicht zum Denken aktiviert werden. Sie nehmen die Probleme zur Kenntnis und gehen zur Tagesordnung über. Man kann sagen, daß selbst geistig sehr rege Menschen nicht in der Lage sind, alle Probleme, denen sie begegnen, zu bewältigen. Es fehlt ihnen dazu vor allem die Zeit und die nötige Information. Wissenschaftliche Probleme, die in unser Alltagsleben hineinspielen, können in den seltensten Fällen vom einzelnen befriedigend bearbeitet werden.

Unabhängig davon aber bleiben die individuellen Unterschiede in der Motivation zum Denken bestehen. Manche Menschen werden leicht, manche schwer durch Probleme zum Denken aktiviert. Manche bleiben bis zur Lösung aktiv, andere geben früher auf. Zwei Ursachen kann man neben dem allgemeinen Intelligenzniveau für geringe Denkmotivation anführen: Jemand kann einerseits gar nicht gelernt haben, Probleme durch Denken zu bewältigen, und andererseits verlernt haben, sich dieser Möglichkeit zu bedienen. Beide Ursachen scheinen ineinander zu greifen, wenn man die Entwicklung und die Lerngeschichte einzelner Individuen näher ansieht. Eine Reihe von Kindern und Jugendlichen müssen zu wenig denken, sie werden zu wenig zum Denken aufgefordert. Bis hinein in die modernsten Formen der Stoffvermittlung trachtet man danach, Wissen und Sachverhalte möglichst problemlos und einfach zu vermitteln. Der programmierte Unterricht in der von *Skinner* entworfenen linearen Form zerlegt bekanntlich den Stoff in kleinste Einheiten. Jeder Schritt ist so beschaffen, daß Fehler möglichst ausgeschaltet werden. Damit sind aber gleichzeitig produktive Denkvorgänge gehemmt, denn sie bestehen gerade darin, daß man falsche Hypothesen verwirft und die richtigen beibehält. Der traditionelle Unterricht der Volksschule hat eine differenzierte Methodik entwickelt, die ebenfalls darauf hinausläuft, das Ziel möglichst ohne Anstrengung zu erreichen. Überspitzt formuliert, verhindert jeder in sorgfältigen Erarbeitungsschritten vorbereitete Unterricht weitgehend das produktive Denken, da dieses per definitionem eigene Wege geht, also in der Regel nicht die Wege, die sich der Lehrer, der Programmkonstrukteur, der Autor von Fernseheinheiten und was immer, ausgedacht haben. Von diesen Schwierigkeiten war bereits mehrfach die Rede. Es muß aber an dieser Stelle doch noch einmal deutlich hervorgehoben werden, welche Gefahr ein perfektioniertes Unterrichtswesen für die Förderung des produktiven Denkens bedeuten kann. Übersieht man dieses Problem in der Didaktik, so kann man den kommenden Generationen großen Schaden zufügen.

Hand in Hand mit einer Blockierung des Erwerbs von Denkprozessen bzw. der Motivation zum Denken geht vielfach eine kontinuierliche Unterdrückung dieser Motivation. Der Erziehungsstil vieler Eltern ist dadurch gekennzeichnet, daß er Fragen des Kindes unbeantwortet läßt, explorative Aktivität unterbindet und nach wie vor einen Typ des Kindes als Ideal ansieht, der sich ruhig und brav, das heißt, angepaßt und in allem den Erwachsenen fügsam verhält. Bis zu einem gewissen Grad wird also dazu erzogen, Probleme einfach hinzunehmen („Das verstehst du noch nicht"), ohne sich mit ihnen auseinanderzusetzen. Man darf nicht vergessen, daß die Schule, ohne es zu wollen, auch zu dieser Tendenz ihren Beitrag liefert. Da sie feste Lehrziele hat, die es in einer gewissen Zeit zu erreichen gilt, verzichtet sie oft oder meist auf die Möglichkeit, Problemen, die den einzelnen beschäftigen mögen, nachzugehen. Sie honoriert auch Aktivitäten in lehrzielfernen Bereichen nicht, sofern der Betreffende nicht bei den in der Schule verlangten Aufgaben gut abschneidet. Die Parole „Lern erst einmal das, was du können mußt" bestimmt gewollt oder ungewollt das Unterrichtsgeschehen. Die Schwierigkeiten, die hier auftauchen, sollen nicht bagatellisiert werden. Die Leistungskriterien orientieren sich nach wie vor am Curriculum der Schule. Der Schüler, der zwar gerne denkt, aber eher bei Problemen, die am Rande liegen, mag in schulischen Leistungen schlecht sein und demzufolge eher für seine Denkleistungen bestraft werden. Als allgemeine Richtschnur wird aber wohl für jeden Lehrer und Pädagogen gelten müssen, Denkleistungen zu honorieren, ganz gleich, ob sie unmittelbar im Dienst der gesteckten Ziele oder abseits von ihnen auftreten.

4.32 Kognitive Konflikte

4.321 Ursache für Aktivierung

Die Erklärung der Denkaktivität aus einem Zustand des gestörten Gleichgewichts ist sehr allgemein und letztlich unbefriedigend. Warum kann man einer defekten Struktur nicht gleichgültig gegenüberstehen? Was veranlaßt den Denkenden, sich mit Problemen jahrelang herumzuschlagen? Woher kommt das Erlebnis der Unruhe und Spannung bei Denkproblemen?

Berlyne bietet eine Erklärung der kognitiven Aktivität an, die zum gegenwärtigen Zeitpunkt recht einleuchtend und theoretisch überzeugend erscheint. Für ihn ist Denkaktivität nur sinnvoll erklärbar, wenn sie sich in das Gesamtsystem von Aktivitäten einordnen läßt. Damit muß auch die Motivation zum Denken bzw. zur kognitiven Aktivität überhaupt aus übergeordneten Prinzipien verständlich sein, die bei anderen Motivationsprozessen ebenfalls gelten[1]. In einer der jüngsten Darstellungen

[1] Da gegenwärtig die Begriffe „arousal" und „activation" austauschbar sind (*Campbell* & *Misanin*, 1969), wird hier der Begriff Aktivierung verwendet.

seiner Überlegungen (*Berlyne,* 1967) geht er von der Aktivierung[1] (arousal) als Ursache für Verhalten aus. Er unterscheidet drei Arten von Aktivierungsdeterminanten: a) psychophysische Determinanten, die von dem Ausmaß (der Amplitude) und der Häufigkeit von Energieübertragung abhängen, b) ökologische Determinanten, die mit spezifischen Bedrohungen und Belohnungen korrelieren, c) vergleichende Prozesse, die sich als Konflikt zwischen miteinander unvereinbaren Antworttendenzen darstellen. Wir werden uns nur mit dem dritten Bedingungsbereich befassen, da er für die *kognitive* Aktivität (in der Sicht *Berlynes*) verantwortlich ist.

Kognitive Konflikte sorgen also ganz ähnlich wie andere Bedingungen für Erregung (arousal) oder Aktivierung. Hohe Aktivierungsniveaus sucht man zu meiden. Deshalb wirken Senkungen der Aktivierungsniveaus auf eine mittlere Höhe belohnend. Unter manchen Umständen wirkt aber auch die Steigerung des Aktivierungsniveaus belohnend oder verstärkend[2], z. B. dann, wenn der Gesamtpegel sehr niedrig lag (wie etwa bei Langeweile oder Reizhomogenität, s. nächsten Abschnitt). In Anlehnung an *Olds* (1955) und andere Autoren unterscheidet *Berlyne* in seinem Aktivierungskonzept Belohnungs- und Aversionssysteme. Beide Systeme werden durch äußere Reize, innere Reize oder chemische Wirkungen aktiviert. Die Schwelle des Aversionssystems liegt höher als die des Belohnungssystems. Auf diese Weise wird das Belohnungssystem bei mäßigem Ansteigen, das Aversionssystem dagegen bei starkem Ansteigen des Aktivierungspegels mobilisiert. Geräusche sind beispielsweise äußere Reize, die den Aktivierungs- oder Erregungsgrad steigern. Handelt es sich um mäßig laute akustische Reize, so richtet man seine Aufmerksamkeit auf sie, das Belohnungssystem ist aktiv. Bei sehr starken Geräuschen hingegen tritt das Aversionssystem in Aktion, man sucht die Distanz zur Schallquelle zu vergrößern. Kognitive Konflikte, mit denen wir uns vorwiegend befassen wollen, wären nach obigem Einteilungsgesichtspunkt als innere Reizbedingungen zu verstehen, die das Aktivierungsniveau so stark anheben, daß das Aversionssystem mobilisiert wird. Die Aktivität richtet sich auf Verringerung des Aktivierungsniveaus, was durch die Beseitigung des Konflikts erreicht werden kann.

4.322 Konfliktarten

Welche Arten von kognitiven Konflikten gibt es? Wenn Muskelaktivität (also etwa Handlungen) durch das Denken repräsentiert wird, so beglei-

[1] Auch das Gestaltprinzip ist ja ein übergeordnetes Prinzip, das für den Gesamtbereich des Verhaltens gilt.

[2] Hier folgt *Berlyne Sheffield* (1966), der Verstärkung mit Triebinduktion (Erhöhung des Erregungszustandes) und nicht, wie üblich, mit Triebreduktion in Verbindung bringt.

ten die Repräsentation („Vorstellung") noch rudimentäre Muskelkontraktionen, die zu den expliziten Handlungen gehören (intensives Vorstellen des Hebens eines schweren Gewichts führt zum Spannen des Bizeps). Die Repräsentation („Vorstellung") verschiedener Aktionen führt möglicherweise zu rudimentärer Muskelkontraktion von antagonistischen Muskeln. Hier ist der Konflikt auch außerhalb von vermittelnden Prozessen manifest vorhanden. In ähnlicher Weise können durch Aktivierung einander widersprechender Repräsentationen antagonistische Bahnen des autonomen Nervensystems (Sympathicus und Parasympathicus) zugleich Impulse erhalten. Ganz sicher reichen also kognitive Konflikte auch in außercerebrale Regionen des Körpers hinein. Es ist nicht ausgeschlossen, daß die Spannungserlebnisse bei solchen Konflikten mit der Rückmeldung antagonistischer Reaktionen zusammenhängen.

Berlyne (1960) klassifiziert ohne Anspruch auf Vollständigkeit die kognitiven Konflikte in ‚Zweifel' (Konflikt zwischen der Tendenz zu glauben und der Tendenz, nicht zu glauben), ‚Verwirrung' (perplexity: mehrere sich ausschließende Überzeugungen sind gleichwahrscheinlich oder haben den gleichen Grad von Sicherheit), ‚logischer Widerspruch' (vorausgesetzt, daß Sequenzen von repräsentierenden Prozessen als logisch widerspruchsvoll erkannt werden, erzeugen sie einen „Trieb", der den Widerspruch zu beseitigen trachtet), ‚Verwechslung' (Confusion: Reizmuster, die mehrdeutig sind oder miteinander verwechselt werden können, erzeugen in Konflikt befindliche symbolische Reaktionen, weil auch die korrespondierenden äußeren Reaktionen miteinander rivalisieren), ‚Irrelevanz' (Konfrontation mit kognitiven Einheiten, die scheinbar nicht zu den übrigen der gesamten Sequenz gehören), ‚begriffliche Inkongruenz' (wenn Eigenschaft A und Eigenschaft B als nicht zusammengehörig erlernt wurden, erzeugt ein Ereignis, das beide Merkmale zugleich aufweist, einen kognitiven Konflikt).

Sehr einleuchtend wird der kognitive Konflikt als hoher Aktivierungsgrad, wenn man ihn informationstheoretisch interpretiert (s. Abschn. 2.212). Jeder Konflikt bedeutet nämlich Konfrontation mit Unsicherheit (Information). Zweifel und Mehrdeutigkeit (die bei ‚confusion' zugrunde liegt) stellen Zustände hoher Unsicherheit dar, da die zur Diskussion stehenden Alternativen zunächst gleichwahrscheinlich sind. ‚Begriffliche Inkongruenz' konfrontiert den Denkenden mit einer Situation von sehr niedriger Wahrscheinlichkeit, da das Zusammengehören zweier bislang noch nicht vergesellschafteter Merkmale nicht erwartet wird. ‚Logischer Widerspruch' kennzeichnet einen Zustand mit der Wahrscheinlichkeit Null, also mit unendlich großem Informationsbetrag (logische Widersprüche kann es nicht geben). ‚Irrelevanz': Die in den Augen des Denkenden irrelevanten kognitiven Einheiten sind unabhängig von den relevanten Einheiten und enthalten keine Information über sie, weshalb die Unsicherheit durch irrelevante Einheiten nicht verringert wird.

4.323 Wege der Behebung von kognitiven Konflikten (*Berlyne*, 1960)

Drei Möglichkeiten der Konfliktbeseitigung gibt es nach Ansicht *Berlynes;* alle Denkaktivität müßte sich vom Motivationsprozeß her gesehen in sie einordnen lassen. Widerstreitende Antworttendenzen lassen sich versöhnen, wenn sie weniger unvereinbar erscheinen. Der erste Weg der Konfliktverringerung wäre also Ausgleich und Versöhnung (conciliation). Der Erwerb von Wissen und Kenntnissen, allgemein das Erlernen neuer Antworttendenzen mag zu einer solchen ausgleichenden Denkaktivität beitragen. Der für das Denken wohl wichtigste Schritt bei dieser Art der Konfliktbeseitigung ist das Einfügen widerstreitender Tendenzen oder Einheiten in einen übergeordneten Zusammenhang. Ein kognitiver Konflikt entsteht beispielsweise für Kinder angesichts der Tatsache, daß Eisen nicht schwimmt, Schiffe aber aus Eisen gebaut werden. Erst das Prinzip der Wasserverdrängung versöhnt den Widerspruch.

Die zweite Möglichkeit, kognitive Konflikte abzubauen, nennt *Berlyne* ‚swamping' (Überschwemmung). Er meint damit das Zudecken der wettstreitenden Reaktionen durch den Aufbau einer noch stärkeren Reaktion. Eine solche neue dominierende Reaktion besteht oft darin, die Dinge anders zu sehen als bisher. Der Übergang vom dreidimensionalen in den vierdimensionalen Raum bereitet große Schwierigkeiten, solange man an dem anschaulichen Modell der drei aufeinander senkrecht stehenden Koordinaten festhält. Verzichtet man hingegen darauf und konzentriert sich auf die Prinzipien, die den dreidimensionalen (euklidischen) Raum beherrschen (Orthogonalität), so gelangt man ohne weiteres zu den Gesetzmäßigkeiten im vierdimensionalen Raum. Der Wechsel auf eine neue Betrachtungsweise oder auf ein neues Vorgehen, prinzipiell wohl überhaupt ein Hypothesenwechsel, kann als Aufbau einer neuen dominierenden Reaktion verstanden werden. Entwicklungspsychologisch haben wir das ‚swamping' beim Aufkommen der Reversibilität des Denkens vor uns. Diese neue „Reaktion" bewältigt viele Konflikte, etwa das Kugel-Walzen-Problem (Invarianz).

Die dritte Möglichkeit zur Beseitigung kognitiver Konflikte ist wohl die häufigste, wenn es um die Frage geht, welche von zwei oder mehreren Alternativen die richtige ist. Dann nämlich müssen die Alternativen ungleich gemacht werden, so daß eine die Oberhand gewinnt. *Berlyne* nennt diesen Vorgang „disequalization". Durch die Verschiebung des Wahrscheinlichkeitswertes von Alternativen kann die Information abgebaut werden. In der Regel geschieht dies wohl durch den Erwerb von Wissen. Nicht immer muß man sich das Wissen aus der Umwelt erst holen. Durch Nachdenken kann man oft zu der Gewißheit gelangen, daß nur die eine der Alternativen richtig sein kann. In der Psychologie liegt ein typischer Fall für ‚disequalization' beim Entscheidungsexperiment vor, das geplant wird, um einer von zwei Alternativ-Hypothesen zum Sieg zu verhelfen.

Der Vorschlag *Berlynes,* Denkprozesse als Bemühungen zur Behebung von Konflikten zu deuten, bietet über den Motivationsaspekt hinaus Vorteile. Er hebt vor allem die Trennung von „reinen" Denkvorgängen (Problemlösen im engeren Sinn) und von wertorientiertem Denken auf. Alle Gleichgewichtstheorien und Modelle, von denen wir einige im Vorübergehen kennengelernt haben, können unter dem Aspekt der Bereinigung kognitiver Konflikte gesehen werden.

4.324 Kognitive Dissonanz als Motivkonflikt

Da wir die Verringerung von kognitiver Dissonanz als Erklärungsmöglichkeit für kognitive Aktivität und deren Leistungen kurz behandelt haben, lohnt es sich, kognitive Dissonanz als eine besondere Art des Konflikts kennenzulernen. In fast allen Experimenten zu dieser Theorie befaßt man sich mit Entscheidungsdissonanz, d. h. mit Dissonanz, die aufgrund von getroffenen Entscheidungen entsteht. Der Proband muß zwischen zwei oder mehreren Alternativen wählen und fällt seine Entscheidung. Er hat also bereits einen Konflikt ausgetragen. Dadurch ergibt sich die merkwürdige Situation, daß nach Beilegung eines Konflikts kognitive Dissonanz als neuer Konflikt auftritt. Wodurch entsteht nun aber Dissonanz? *Festinger* (1957) definiert sie als Widerspruch zwischen kognitiven Elementen und formuliert: „Zwei kognitive Elemente stehen in dissonanter Beziehung, wenn bei alleiniger Berücksichtigung dieser beiden Elemente das Gegenteil des einen Elements aus dem andern folgt" (*Festinger,* 1957, S. 260). *Brehm* und *Cohen* (1962) haben als zusätzliche entscheidende Bedingung das Commitment eingeführt (siehe auch Abschn. 4.122). Nach *Festingers* Definition müßte zwischen dem Wissen, daß Rauchen krebsfördernd wirkt, und der Tatsache, daß viele Menschen rauchen, kognitive Dissonanz bestehen. Dissonanz als Motivationszustand kommt aber, wie *Brehm* und *Cohen* meinen, erst auf, wenn man selbst raucht, sich also in einem Verhalten engagiert hat, das dem Wissen um die Schädlichkeit des Rauchens zuwiderläuft.

In der Sicht, daß Dissonanz die Folge einer Entscheidung mit persönlichem Engagement ist, wird das Konzept der kognitiven Dissonanz theoretisch fruchtbarer und einsichtiger. Der durch die Dissonanz hervorgerufene Spannungszustand ist nämlich dann nicht einfach eine Folge von kognitivem Ungleichgewicht oder von auftretenden logischen Widersprüchen. Vielmehr stellt er einen Konflikt zwischen zwei einander widerstreitenden Verhaltenstendenzen dar. Die Entscheidung für eine bestimmte Alternative bedeutet zugleich die Unterdrückung der Verhaltenstendenz für die verworfene Alternative. Bei unserem Raucherbeispiel rivalisiert die Angst vor dem Tode (latent doch wahrscheinlich vorhanden) mit der (sicherlich ziemlich starken) Gewohnheit (habit) des Rauchens. Erinnern wir uns an die Befragung verlobter Studenten, die während der Ferien geheiratet haben (Abschn. 4.222). Kognitive Dissonanz bestand zwischen den frustrierten Verhaltenstendenzen, die mit dem Verzicht auf Vorteile des Junggesellendaseins zusammenhängen, und den durch die Eheschließung eingehandelten Vorteilen. Entscheidungsdissonanz kann also immer aufgefaßt werden als Konflikt zwischen Bedürfnissen oder Motivationszuständen. Dieser Konflikt entsteht als Folge eines zuvor ausgetragenen Konflikts. Bereinigt wird er aber in der Regel nun nicht mehr durch eine weitere Entscheidung – sie ist nicht möglich –, sondern durch kognitive Aktivität. Die von kognitiven Konflikten herrührende Denkaktivität, wie sie *Berlyne* beschreibt, kann vorwiegend auf intrinsische (inhärente) Motivation zurückgeführt werden. Die kognitive Aktivität bei Dissonanz wäre unter dem eben dargestellten Aspekt eher als Folge extrinsischer Motivation, nämlich aus dem Konflikt widerstreitender Motive, die nichts mit dem Denkprozeß selbst zu tun haben, zu erklären.

4.33 Neugierverhalten

Bexton, Heron und *Scott* (1954) boten ihren erwachsenen Versuchspersonen eine nicht unbedeutende Geldsumme (20 Dollar pro Tag) dafür an, nichts zu tun, möglichst wenig zu sehen und zu hören, kurzum, es sich wohl sein zu lassen, so lange sie nur wollten. Für Essen, Trinken und Schlafen war hinreichend gesorgt, es fehlte also nichts, was dem körperlichen Wohlbefinden hätte abträglich sein können[1]. Die Pbn konnten also jährlich durch Nichtstun mehr als 7000 Dollar verdienen, wenn man

[1] Da es sich um Erwachsene handelte, muß allerdings berücksichtigt werden, daß fehlende sexuelle Beziehungen möglicherweise als Mangel empfunden wurden.

Zimmer und Übernachtung noch mit einkalkuliert. Um so erstaunlicher waren die Reaktionen der Versuchspersonen. Sehr bald nämlich zeigte sich ein starkes Bedürfnis nach Stimulation.
Ein erwachsener Student verlangte 15 bis 20mal in einem 30stündigen Zeitabschnitt nach einer für einen Sechsjährigen gedachten Darstellung über die Gefahren des Alkohols. Anderen Probanden bot man einen alten Börsenbericht an, nach dem sie ebenfalls wiederholt verlangten. Eine Versuchsperson, die sich in finanzieller Bedrängnis befand, verzichtete auf einen Lohn von 20 Dollar pro Tag, um dafür eine harte Arbeit, die 7 bis 8 Dollar pro Tag einbrachte, einzutauschen.
Aus einer Reihe von Untersuchungen geht hervor, daß Monotonie der Reizeinwirkung und Reizarmut überhaupt für den Organismus außerordentlich unangenehm sind. Auch bei Säugetieren, vor allem bei Affen, kann man die beeinträchtigende Wirkung des Reizmangels und Aktivität, die auf Reizwechsel oder Suche nach größerem Reizangebot gerichtet ist, beobachten (*Harlow*, 1950; *Harlow* et al., 1956).

Neugierverhalten ist bei Tier und Mensch eine fundamentale Eigenart, die offenkundig zur primären Ausstattung höherer Lebewesen gehört. Man hat die Neugier als primären Trieb zu den biologischen Trieben hinzugefügt und den experimentellen Nachweis erbracht, daß auch Tiere infolge dieses „Neugiertriebes" lernen (*Tolman*, 1932; *Cotton*, 1953). Das Neugierverhalten basiert aber auf einer Reihe von Prozessen ganz verschiedener Herkunft. Das Faktum des für den Organismus unerträglichen Zustandes des Reizmangels oder der zu geringen Variation von Reizen ist bis heute noch nicht befriedigend geklärt.
Man kann einerseits angeborene Mechanismen im Sinne eines Triebs annehmen, ähnlich, wie Hunger bei Mangel an Nahrung aktiviert wird. Andererseits ist es möglich, davon auszugehen, daß eine Anhebung des Aktivierungsniveaus belohnend wirkt (*Berlyne*, 1967, *Sheffield*, 1966). Letztere Erklärung ist gegenwärtig vorteilhafter. Reizwechsel, Reizvermehrung und -intensivierung führen zu einem Ansteigen des allgemeinen Aktivierungs-(Erregungs-)Pegels. Dieses Ansteigen, das allerdings nicht ein zu hohes Niveau erreichen darf, wirkt verstärkend und wird deshalb vom Organismus herbeigeführt. Auf primitiver Ebene gibt es einen Mechanismus, der den Organismus befähigt, auf neue Reize bzw. auf Reizwechsel zu reagieren: den orientierenden Reflex (OR) oder die orientierende Reaktion. Andererseits resultiert Neugierverhalten auch aus kognitiven Konflikten, die aber erst in einem späteren Stadium der Entwicklung auftreten können.

4.331 Der orientierende Reflex (OR)

Befassen wir uns zunächst mit den Reaktionen, die die Aufmerksamkeit auf bestimmte Reizsituationen lenken. Entscheidend für jede Art der Informationsaufnahme ist ja, daß die Sinnesorgane überhaupt die auftreffenden Reize aufnehmen. Welche Reize werden aber aufgenommen, welche Auswahl trifft der Organismus? Wir behandeln nur ein einziges Selektionsprinzip, das für die komplexeren Prozesse, wie das Denken, sehr wichtig zu sein scheint, nämlich die Zuwendung bei Reizwechsel. Die normale Reaktion auf einen neuen Reiz ist der orientierende Reflex. Er ist keineswegs, wie die Bezeichnung „Reflex" glauben machen könnte, eine isolierte Reaktion, sondern ein zentral organisiertes System von drüsensekretorischen, neurologischen und kognitiven Reaktionen. Einige der Reaktionen sind: Verengung der Blutgefäße der Finger, Erweiterung der Pupillen, psychogalvanischer Reflex (Herabsetzung des elektrischen Hautwiderstands), Augenbewegungen, Desynchronisierung der Hirnströme (EEG), Veränderungen in der Atmung, motorische Reaktionen mit Fingern, Händen, Füßen sowie mit dem Gesamtkörper. Ein von russischen Psychologen und Physiologen gerne als Indikator verwendetes Syndrom für den OR ist das gleichzeitige Erweitern von Blutgefäßen der Stirn und Verengung der Blutgefäße der Finger (*Razran*, 1960).
Zum Verständnis der Bedeutung des OR ist es wichtig zu wissen, daß er im Gegensatz zu anderen Reflexreaktionen (unbedingten Reaktionen) nach einiger Zeit verschwindet. Man kann den Grad der Neuheit eines Reizes regelrecht durch das Auftreten des OR und seine Dauer definieren. Schon *Pawlow* behauptete deshalb, daß der OR wie eine erlernte (konditionierte) Reaktion funktioniere und der Extinktion unterworfen sei. Extinktion oder Gewöhnung[1] sind sowohl in der menschlichen Entwicklung als auch in der phylogenetischen Reihe ein wichtiges Merkmal. Niedere Säugetiere beispielsweise behalten den OR bei Auftreten eines neuen Reizes länger bei als höhere Säugetiere. Neugeborene und Kinder unter sechs Monaten zeigen ebenfalls den OR relativ lange bei Auftreffen eines neuen Reizes. Die phylogenetisch älteren Anteile des OR verschwinden später als die jüngeren Anteile. So erlischt die PGR-Komponente (Absinken des elektrischen Hautwiderstands) früher als die Atmungskomponente.
Jeffrey (1968) hat die Extinktion des OR als Grundlage seiner seriellen

[1] *Jeffrey* (1968) nennt das Verlöschen des OR „habituation", wodurch zum Ausdruck kommt, daß der Organismus sich an einen Reiz, dem er sich zunächst zuwandte, gewöhnt hat.

Gewöhnungshypothese (serial habituation hypothesis) verwendet. Er bringt den Gewöhnungseffekt mit der Stimulusrelevanz in Beziehung. Je wichtiger ein Reiz für den Organismus ist, desto rascher wird der OR auftreten und desto rascher wird er aber auch abklingen. Das rührt daher, daß relevante Reize (etwa Nahrung) häufig auftauchen und eine kurze Aufmerksamkeitsreaktion ausreicht, die in dem Reizmaterial steckende Information zu verarbeiten. Relevante Reizmerkmale sind nun aber auch nicht so komplex wie weniger relevante Merkmale, so daß weniger relevante, aber komplexere Reizmuster den OR länger wachhalten. Der OR wendet sich somit von den relevanten Reizen sukzessiv zu immer weniger relevanten, wobei aber die Komplexität der Reizmuster steigt und somit mehr unabhängige OR ausgelöst werden als bei einfachen Reizmustern. Betrachtet man nun die Aufmerksamkeitsreaktion, die aus dieser Sequenz der OR-Antworten und der Stimulusrelevanz resultiert, so ergibt sich der in Abb. 4.10 dargestellte Zusammenhang. Die Relevanz der Reize wird definiert durch die Stärke der Zuwendung. Diese nimmt mit zunehmender Komplexität der Reize ab. Mit der Abnahme der Reaktion ist aber ein Absinken des Gewöhnungseffektes verbunden. Der OR erlischt also mit zunehmender Reizkomplexität langsamer, weil mehr orientierende Reaktionen ausgelöst werden (Abb. 4.10 a). Daraus resultiert ein Zuwendungs- oder Aufmerksamkeitsverhalten, wie es in Abb. 4.10 b ersichtlich ist. Reize von geringer Komplexität sind gewissermaßen wenig interessant (der OR wendet sich rasch anderen Reizen zu). Situationen mit mittlerem Komplexitätsgrad werden am meisten bevorzugt, da die resultierende Reaktion (siehe Abb. 4.10 a) hier am stärksten ist. Reize mit hohem Komplexitätsgrad hinwiederum erfahren wenig Zuwendung, da sie von geringer Relevanz sind. Diese umgekehrte U-förmige Beziehung ist bei der Aufmerksamkeitszuwendung und im gesamten Neugierverhalten eine wichtige Gesetzmäßigkeit, die auch für das Problemlöseverhalten von großer Bedeutung sein dürfte, wie im folgenden zu zeigen sein wird.

Wir wollen uns nun die Frage vorlegen, ob der OR bzw. die Zuwendungsreaktion überhaupt für den Denkvorgang bedeutsam sind. Mit *Jeffrey* (1968) kann man argumentieren, daß Problemlösen wie selektives Lernen nur durch eine Serie von Aufmerksamkeitsleistungen möglich ist, die das Fortschreiten des Denkens auf einem bestimmten Weg gewährleistet. Für das konvergente Denken ist dies unmittelbar einleuchtend. Der Sachverhalt der Aufmerksamkeitswanderung trifft aber ebenfalls für das divergente Denken zu. Der OR kann als Basisreaktion der

Abb. 4.10: Zuwendung als Resultante von Gewöhnung und Bedeutsamkeit des Reizmusters (*Jeffrey*, 1968)

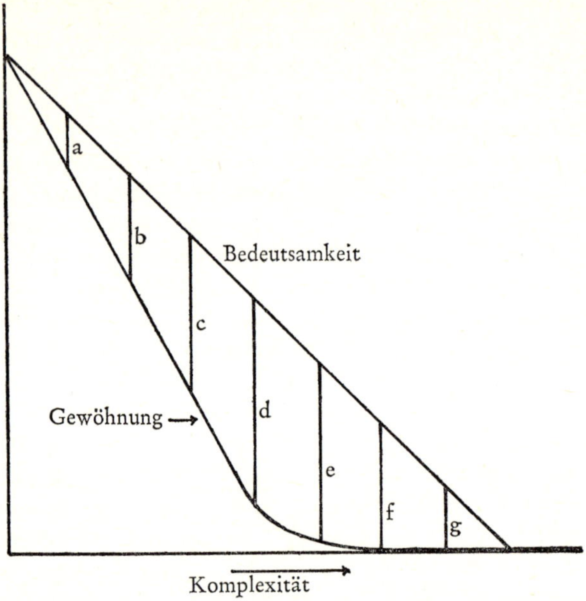

a) Reizbedeutsamkeit und Gewöhnung in Abhängigkeit von der Reizkomplexität

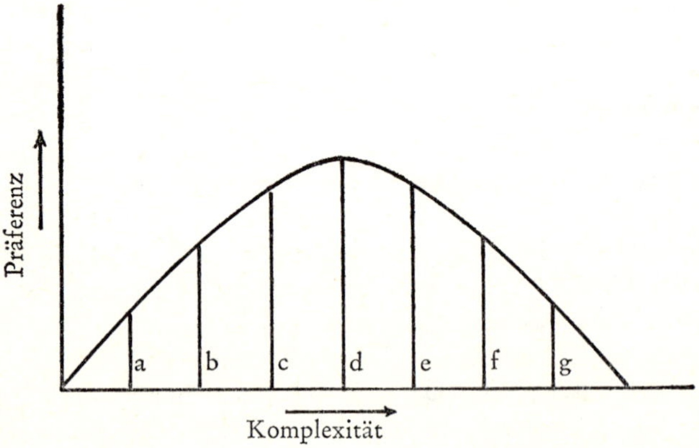

b) Die umgekehrte U-Beziehung der Reizbevorzugung als Resultante aus der Differenz der beiden theoretischen Kurven für Bedeutsamkeit und Gewöhnung

Aufmerksamkeitszuwendung verstanden werden. Je nachdem, ob viele (auch wenig bedeutsame) Reize die Aufmerksamkeit erregen oder nur besonders relevante Reize ins Spiel kommen, je nachdem ob der OR rasch abklingt und so einer neuen orientierenden Reaktion Platz machen kann oder ob er nur langsam verlöscht, wird der Organismus flexibel oder wenig flexibel in seiner Aufmerksamkeitszuwendung sein. Wir haben schon den Zusammenhang zwischen der Entwicklungshöhe in der phylogenetischen Reihe und dem rascheren Abklingen des OR kennengelernt. Auch in der menschlichen Entwicklung selbst beobachten wir eine Zunahme der Flexibilität mit dem Alter. Zunächst wenden sich Kinder nur relevanten und auffälligen Reizen zu. Der OR hält lange an. Allmählich erstreckt sich die orientierende Reaktion und ihr Abklingen auf ganze Ketten von Reizen oder Reizaspekten, die nach ihrer Relevanz für das Kind geordnet sind. Auf diese Weise läßt sich etwa beschreiben, wie das Kind einen Würfel exploriert. Die relevanten Reize (Farbe, Ecken) werden als erstes mit Aufmerksamkeitszuwendung bedacht. Je „bekannter" sie sind, desto rascher erfolgt die Aufmerksamkeitszuwendung zu anderen, weniger auffälligen Reizaspekten. Wenn sich das Objekt nicht hinreichend vom Hintergrund abhebt, wenn also die Umgebung nicht reizarm genug ist, werden in die Kette der OR-Reaktionen natürlich auch die nicht zum Objekt gehörigen Reize einbezogen, was zur Folge hat, daß der Erkenntnisprozeß beeinträchtigt wird. Die Aufmerksamkeitszuwendung ist also, wie *Jeffrey* meint, primär bei kognitiven Prozessen beteiligt. Gelingt es, sie für die entscheidenden Reizaspekte zu gewinnen, so können kognitive Prozesse erfolgreich eingesetzt werden. Sie versagen aber, wenn die Aufmerksamkeitskomponente inadäquat beteiligt ist.

Erinnern wir uns noch einmal an Aufgaben der Begriffsbildung, bei denen wenig auffällige, gewissermaßen tiefer liegende Merkmale entscheidend für die Klassifikationsregel sind (Abschn. 1.1). Wenn man die Aufmerksamkeit des Kindes von den auffälligen Oberflächenmerkmalen weg und auf die unauffälligen Wesensmerkmale hinlenken kann, so gelingt die Begriffsbildung auf höherer Ebene. Im anderen Falle werden Oberflächenmerkmale als Kriterien des Begriffs verwendet.

Es ist anzunehmen, daß der OR im Laufe der Entwicklung nicht allein mehr auf sensorische Meldungen äußerer und innerer Reize anspricht, sondern auch bei der Aktivierung gespeicherter Signale auftritt. Die Repräsentation von sensorischen Ereignissen mag also ganz ähnlich zu orientierenden Reaktionen führen, wie die sensorischen Ereignisse selbst. Die symbolische Repräsentation von Objekten mag mit zunehmender

Entwicklungshöhe als Auslöserbedingung für den OR wirken. Es ist also wahrscheinlich, daß der OR auch bei höheren kognitiven Leistungen, also bei Denkprozessen, die Basis für die Folge von Aufmerksamkeitszuwendungen bildet. Allerdings liegen über die Möglichkeiten eines Trainings in der Zuwendung zu den für optimale Denkvorgänge entscheidenden (inneren) Ereignissen noch kaum experimentelle Befunde vor, so daß es voreilig erscheint, didaktische Konsequenzen zu ziehen, wie das *Jeffrey* (1968) getan hat. Aber man sollte beachten, daß das Versagen bei Denkproblemen, welcher Art auch immer, einfach seine Ursache in der Aufmerksamkeitssteuerung haben kann. Kinder und Erwachsene, deren OR gar nicht zu den weniger auffälligen Stimulusbereichen überwechselt, werden viele Probleme nicht lösen können, bei denen gerade diese Bereiche entscheidend sind. Es läßt sich nicht ganz von der Hand weisen, daß unsere Umwelt infolge eines massiven und intensiven Reizangebots die von *Jeffrey* beschriebene Sequenz von OR- und Gewöhnungsprozessen verhindert. Sollte diese Vermutung zutreffen, so wäre allerdings ein besonderes Training von Aufmerksamkeitssequenzen notwendig.

4.332 Neugier als Folge kognitiver Konflikte

Wir haben kognitive Konflikte als Auslöser für Erregung bzw. Aktivierung kennengelernt. Aus der Sicht, daß Aktivierung im kognitiven Bereich mit dem OR verknüpft ist, läßt sich die aktivierende Wirkung von kognitiven Konflikten wenigstens teilweise durch das Auftreten von Zuwendungsreaktionen (OR) erklären. Da kognitive Konflikte in der Entwicklung erst allmählich das Denken aktivieren, handelt es sich gewiß um einen höheren und differenzierteren Prozeß. Allgemein läßt sich sagen, daß Menschen um so mehr auf kognitive Konflikte mit Denkaktivität antworten, je besser sie gelernt haben, auf sie aufmerksam zu werden. Die einfachste Möglichkeit, einen kognitiven Konflikt zu erzeugen, besteht darin, Fragen zu stellen. *Berlyne* verwendete bereits in den fünfziger Jahren diese Methode (*Berlyne*, 1954a und b).

In einem Experiment erhielt die Versuchsgruppe einen Fragebogen mit 48 Fragen über Wirbeltiere. Danach befaßte sie sich mit einer Liste von 72 Feststellungen (Informationen) über Wirbeltiere. Im Nachtest hatte sie dann die gleichen Fragen zu beantworten wie im Vortest. Die Kontrollgruppe wurde den gleichen Bedingungen unterworfen, nur daß sie keinen Vortest durchlief. Sie ging also an die Information über wirbellose Tiere heran, ohne daß durch die Fragen ein kognitiver Konflikt erregt worden war. *Berlyne* erwartete, daß der Konflikt bei der Versuchsgruppe eine größere Aktivierung (Neugier) hervorrief und daß sie deshalb mehr lernen würde. In der Tat wußte die Versuchsgruppe im Nachtest signifikant mehr als die Kontrollgruppe. Nach dem Versuch wurden beide Gruppen gefragt, für welches der 12 Tiere, die in dem Test vorkamen, sie sich besonders interessierten. Die Versuchsgruppe gab im Durchschnitt mehr Tiere an als die Kontrollgruppe. Die Fragen zu Beginn des Experiments hatten also die allgemeine Neugier über diesen Bereich aktiviert, so daß die nachfolgende Beschäftigung mit Informationen über den erfragten Bereich offenbar neue Fragen aufwarf und das Interesse stärker fesselte als bei der Kontrollgruppe. Weiterhin fand *Berlyne* einen Zusammenhang zwischen Behaltensleistung und Neugier. Die Fragen, für die sich der Proband am meisten interessierte, wurden hinterher auch am besten beantwortet. Der Pb hatte über sie am meisten Information gespeichert.

Diese Ergebnisse sind eher trivial, da man auch vom „gesunden Menschenverstand" her annimmt, daß jemand von einer Sache mehr weiß, für die er sich interessiert. Die Erklärung dieses Tatbestands ist allerdings nicht eindeutig möglich. Man kann einerseits annehmen – wie wir –, daß kognitive Konflikte Erregung oder Aktivierung bedingen und daß Zuwendungsreaktionen im Sinne des OR erfolgen. Andererseits wären die oben mitgeteilten Befunde auch allein aus den kognitiven Prozessen erklärbar. Wer zuvor Fragen kennengelernt hat, besitzt bereits Informationen, die jemand, der unmittelbar mit Wissen konfrontiert wird, nicht hat. Jede Frage bedeutet eine Problemstellung, die auch kognitiv durchstrukturiert werden muß, unabhängig von der Motivationskomponente.

Berlyne gab sich mit diesen Befunden deshalb auch nicht zufrieden, sondern studierte, welche Komponenten des Konflikts das Neugierverhalten besonders beeinflussen. Zunächst vermutete er, daß eine Frage dann größere Neugier hervorruft, wenn sie sich auf bereits vertraute Inhalte bezieht. Konflikt kann nämlich nur entstehen, wenn die Frage zwischen bereits vorhandenem Wissen und der neuen in der Frage enthaltenen Information einen Zwiespalt hervorruft oder wenn das vorhandene Wissen durch die Frage selbst widerspruchsvoll wird. Er legte deshalb beiden Gruppen, die wie oben beschrieben behandelt worden waren, die Liste der 12 Wirbeltiere vor und ließ sie vor Beginn des eigentlichen Experiments nach dem Grad der Vertrautheit einstufen. Fragen über vertraute Tiere weckten deutlich mehr Neugier als Fragen über weniger bekannte Tiere.

Berlyne führt dies auf die größere Anzahl wetteifernder Antworttendenzen zurück. Spielt diese Variable eine Rolle, so müßten Fragen mit mehreren Antwortmöglichkeiten größere Neugier wecken als Fragen ohne dargebotene Antwort oder solche mit nur zwei Antworten. In einer früheren Untersuchung fand *Berlyne* in einem Behaltenstest genau dieses

Ergebnis. Fragen mit vier Alternativen weckten größere Neugier als solche mit zwei Alternativen. Die Vpn wollten erstere bevorzugt beantwortet haben.

Eine weitere Annahme *Berlynes* bei dem Zusammenhang zwischen Konflikt und Neugier bezog sich auf die Vereinbarkeit oder Unvereinbarkeit von Feststellungen. Fragen, die mehr überraschen, bringen Informationen aufs Tapet, die in Konflikt mit dem bisherigen Wissen stehen. Je größer der kognitive Konflikt, desto größer wiederum die Neugier. Eine Befragung von Vpn ergab, daß Fragen mit größerem Überraschungswert auch größere Neugier weckten. Der Grad der Unvereinbarkeit von kognitiven Elementen wurde durch *Berlyne* in einem Experiment auch systematisch variiert.

Der Versuchsgruppe wurden acht bildliche Darstellungen von Tieren vorgelegt. Jedem Tier gegenüber standen vier Feststellungen, die sich auf das zugehörige Tier bezogen. Die Vpn sollten die zwei Sätze ausschneiden, die ihrer Meinung nach am wenigsten für das zugehörige Tier zutrafen. Wiederum schienen die beiden ausgeschiedenen Alternativen die meiste Neugier zu erregen, wie aus den nachfolgenden Angaben der Vp über das, was sie am meisten interessierte, hervorging. Feststellungen, die am wenigsten auf das zu kennzeichnende Objekt zutreffen, erzeugen einen relativ großen Konflikt, die Neugier ihnen gegenüber ist deshalb ebenfalls größer.

Zunächst (1960) neigte *Berlyne* noch dazu, die Neugier als Trieb (drive) zu verstehen, dessen Reduktion verstärkend wirkt. Neugier wurde also als unangenehmer Spannungszustand interpretiert, den es zu verringern gilt. Später (1967) nannte *Berlyne* auch noch die Möglichkeit, daß Erregungssteigerung innerhalb eines mäßigen Aktivierungsbereichs verstärkend wirken kann. Nach Ansicht des Verfassers erscheint es zum gegenwärtigen Zeitpunkt vorteilhaft, Neugierverhalten aus der Aufmerksamkeitszuwendung zu verstehen, die durch die Konfliktsituation hervorgerufen wird. Die Aufmerksamkeitszuwendung ihrerseits ist abhängig von der Entwicklungshöhe des Individuums. Kognitive Konflikte wirken nur dann aktivierend und aufmerksamkeitszuwendend, wenn sie erkenntnismäßig erfaßt werden können. Bereits in diesem Stadium also dürfen wir eine „absteigende“ Wirkungskette annehmen: Während bei primitiven Formen der Aufmerksamkeitszuwendung zunächst die niedrigeren Zentren aktiviert werden und diese ihrerseits erst die höheren ansprechen, beeinflussen nun höhere Zentren die niedrigeren und sorgen dafür, daß sich die Aufmerksamkeit den erregenden Bedingungen im Großhirn zuwendet.

Damit stoßen wir auf die Frage nach der neuro-physiologischen Basis von Motivationsbedingungen des Denkens.

4.34 Zur Physiologie der Denkmotivation

Wir haben die Begriffe „Aktivierung“ und „Erregung“ (arousal) als Grundlage für unsere Betrachtungsweise der Motivationsbedingungen gewählt. Dies geschah aus zweierlei Gründen. Einmal eignen sich diese Begriffe als theoretische Grundlage für alle Motivationszustände, zum anderen gibt es eine neurologische Funktionseinheit im Gehirn, die mit einiger Sicherheit als Bedingungskomplex der Aktivierung angesehen werden kann. Aktivierung ist also eine „neuropsychologische“ Dimension (*Malmo*, 1959).

Das Kontinuum vom tiefen Schlaf über Zustände des Wachseins bis hin zur extremen Erregung ist eine Funktion des kortikalen Bombardements des aufsteigenden retikulären Aktivierungssystems (RAS). Je stärker das RAS feuert, desto größer die Aktivierung. Das retikuläre Aktivierungssystem ist keineswegs ein homogenes anatomisches System, sondern ein weitverzweigtes Funktionsgeflecht, das vom Hirnstamm ausgehend von der formatio reticularis, bis in den Cortex hinaufreicht. Obwohl keine anatomische Einheit, bildet es doch eine echte Funktionseinheit. Die Beziehung zwischen Aktivierungsgrad und Verhaltensniveau folgt einer umgekehrten U-förmigen Beziehung (Abb. 4.10 b). Von einem niedrigen Aktivierungsgrad ansteigend bis zu einem mittleren Niveau der Aktivierung steigt auch das Aktionsniveau (Leistung, Verhalten) monoton an. Wird aber der optimale Aktivierungspegel überschritten, so sinkt die Leistung wieder ab. Bei sehr hohem Aktivierungsgrad (starker Erregung) kommt es zu ungesteuerten unkoordinierten Aktionen (Aufregung, Panik, Ekstase). *Lindsley* (1952) hat in einer Tabelle den Aktivierungsgrad, ausgedrückt durch das Verhaltenskontinuum zwischen Tod und starker Erregung, physiologischen Meßgrößen und dem Verhaltensniveau gegenübergestellt. Der nachfolgende Auszug (Tab. 4.4) zeigt zwei für das Denken wichtige Aktivierungsniveaus: Im Zustand des „optimalen“ Erregungsniveaus (wache Aufmerksamkeit) gelingen zielgerichtete konvergente Denkvorgänge am besten, da sie nur bei guter Konzentration Erfolg versprechen. Im nächstniedrigeren Aktivierungsniveau des entspannten Wachseins steigen die Assoziationen leicht, kreatives Denken hat hier seine günstigsten Voraussetzungen. Es wäre von pädagogischer Sicht aus also durchaus falsch, den Denkenden möglichst hoch zu aktivieren, da ein Zuviel an Aktivation den Denkvorgang eher beeinträchtigen dürfte. Für kreative Leistungen vollends eignet sich eine entspannte Atmosphäre gut, in der das für konzentrierte Hochleistungen notwendige Aktivierungsniveau deutlich unterschritten wird. Wie wir aus einzelnen Beispielen im dritten Kapitel sehen konnten, treten schöpferische Einfälle auch noch im nächstniedrigen Aktivierungsniveau (Schläfrigkeit, Dösen) auf.

Zusammenfassend läßt sich zum Aktivationskonzept sagen (s. *Malmo*, 1959):

a) Aktivierung hat keine Steuerungsfunktion für das Verhalten, b) sie ist umfassender als emotionale Erregung, c) sie ist ein Produkt der Wechselwirkung zwischen inneren Bedingungen und äußeren Schlüsselreizen, kann also nicht allein aus den vorausgegangenen Bedingungen gefolgert werden, d) Aktivierung ist ein

Tab. 4.4: Aktivierungsniveaus und ihre physiologischen und psychologischen Korrelate (Ausschnitt nach *Lindsley*, 1952)

Verhaltenskontinuum (Aktivierungsniveaus)	Elektro-Encephalogramm (EEG)	Aufnahmefähigkeit	Verhaltenswirksamkeit
Starke Erregung (Furcht, Zorn, Angst)	Desynchronisiert: niedrige bis mittlere Amplitude, hohe gemischte Frequenzen	eingeschränkte Aufnahmefähigkeit, geteilte Aufmerksamkeit, Verwirrung	gering: Mangel an Kontrolle; Erstarrung; Fehlen von organisierenden Tendenzen
Wache Aufmerksamkeit	partiell synchronisiert. Hauptsächlich hohe Frequenzen mit geringer Amplitude	Selektive Aufmerksamkeit, die aber gleitend sein kann. Konzentration, Vorwegnahme, „set“	gut: Organisation von Verhaltensketten; rasche erfolgreiche Reaktionen
Entspanntes Wachsein	Synchronisiert, optimaler Alpharhythmus	wandernde Aufmerksamkeit, Begünstigung freier Assoziationen	gut: für Routineverhalten und für kreatives Denken
Schläfrigkeit, Dämmern, Dösen	Reduzierte Alphawellen und gelegentlich langsame Wellen mit niedriger Amplitude	Grenze des Wachbewußtseins, nur noch partielle Aufnahmefähigkeit, traumähnliche Zustände, bilderreiche Vorstellungen	gering: Mangel an Koordination, Fehlen eines geordneten Ablaufs von Verhaltensketten
Leichter Schlaf	Langsame Wellen mit größeren Amplituden. Abnahme der Alphawellen	Stark reduzierte Bewußtseinsfähigkeit, Verlust des Wachbewußtseins, typischer Traumzustand	fehlt

Phänomen relativ langsamer Veränderung; die Zeiteinheiten, mit denen man hier rechnen muß, sind Minuten und Stunden, nicht Sekunden, e) Aktivierung ist eine quantifizierbare Dimension, die den Vorteil besitzt, daß sie sich mit physiologischen Maßen erfassen läßt.

Inzwischen ist der Optimismus in bezug auf das Aktivierungskonzept verschwunden. Wie andere Hypothesen und Theorien im psychophysiologischen Bereich mußte sein Geltungsbereich eingeschränkt werden (*Campbell* & *Misanin,* 1969, auch die Aktivierung als breiteste Grundlage für kognitive und motorische Aktivität muß wohl als Zusammenspiel von erregenden und hemmenden Bedingungen verstanden werden. Dennoch bietet der Aktivierungsbegriff so viele Vorteile, daß man ihn als wichtige Basis für kognitive Leistungen anerkennen muß.
Ergänzend zu den bisherigen Ausführungen soll die Aktivierung in ihrer Wechselwirkung mit dem efferenten Steuerungseinfluß des Cortex noch etwas beleuchtet werden. Wiederum greifen wir zu einer vereinfachten Darstellung des außerordentlich verwickelten Sachverhalts.

Bronson (1965) unterscheidet in der hierarchischen Organisation des Gehirns drei Niveaus. Das unterste Niveau ist phylogenetisch alt. Zu ihm gehören das retikuläre System (der substantia reticularis) und die motorischen Kerne, die für die Koordination der Grobbewegungen sorgen (z. B. angeborene Mechanismen der bilateralen Koordination von Kopf, Augen, Rumpf). Eine wichtige Funktion dieses neurologischen Niveaus ist die orientierende Reaktion (OR) und die Vermeidungsreaktion (bei Intensivreizen oder Schmerzreizen). *Bronson* betont, daß die Reize, die dieses System in Gang setzen, vom Organismus oft nicht erlebnismäßig wahrgenommen werden. Chemische Veränderungen im Blut wirken beispielsweise auf das retikuläre System, ebenso mögen physiologische Bedingungen, die mit verdrängten Inhalten (gefahrbringende Aspekte eines Objekts) korrespondieren, zur Erregung des RAS führen.
Die zweite Ebene umfaßt Regionen des Thalamus, Hypothalamus und des limbischen Systems. Auf diesem Niveau scheinen die subkortikalen Regionen des Säugetiergehirns miteinander verknüpft zu werden. Sensorische Unterscheidung und motorische Koordination sind auf dieser Ebene besser als auf dem vorhergehenden Niveau. Äußere und innere Reize werden integriert und in die dritte Ebene (Neuhirn) projiziert. Zweitens geht von hier spezifische motivationale und emotionale Erregung aus (aufs engste verbunden mit Gefühls- und Stimmungserlebnissen). Drittens sorgt dieses neurologische Niveau für die Kontrolle der Aufmerksamkeit; die Anteile des RAS im Thalamus selegieren bereits und richten die diffuse Aktivierung, die von niedrigeren Zentren (substantia reticularis) ausgeht, auf bestimmte Brennpunkte.
Das dritte und höchste neurologische Niveau ist im Cortex (Neuhirn) beheimatet. Seine Funktion in bezug auf die beiden niedrigeren Ebenen ist bekanntlich die der Steuerung und Hemmung. Die niedrigeren Zentren aktivieren zwar die höheren Zentren (vorwiegend über das RAS, wie wir sahen), doch letztere können die Aktivität steuern, indem sie die diffusere Aktivierung niedrigerer Zen-

tren für ihre Zwecke nutzen. Das oberste System kann nach seiner Aktivierung selbst Reize auf dem Weg über absteigende Bahnen setzen und so die Aktivierung regulieren. Dieser Sachverhalt liegt vor, wenn die Aktivierung des Neugierverhaltens durch kognitive Konflikte erreicht wird. Reizveränderung erfolgt nun nicht mehr von außen — die Organismusumwelt kann reizarm sein —, sondern durch das Großhirn. Die mit der phylogenetischen Entwicklungsreihe zunehmende Dauer von explorierenden Verhaltensweisen und Furchtreaktionen hängt mit dem wachsenden Einfluß des Neuhirns zu sammen. Der Mensch vollends wird von der Umwelt und ihren zufälligen Reizbedingungen unabhängig. Er kann sich selbst aktivieren und andererseits seine Aktivität drosseln. Diese Unabhängigkeit von stimulierenden äußeren Reizen in der Aktivierung liegt beim Denken vor.

Abschließend sei an einem Beispiel der steuernde Einfluß des Cortex demonstriert. *Blatt* (1961) kontrollierte die Herzschlagfrequenz von 18 männlichen jungen Erwachsenen, während sie komplexe Probleme lösten. Der Erfolg beim Denken hing maßgeblich mit Herzschlagfrequenz und ihrer Schwankungsbreite zusammen. Erfolgreiche Problemlöser wiesen einen starken Anstieg der Herzschlagfrequenz bei zunehmender Schwankungsbreite auf. Diese Veränderung war signifikant stärker als bei wenig erfolgreichen Problemlösern. Die Beschleunigung des Herzschlags wurde zum Teil bei besonders kritischen Momenten im Denkvorgang beobachtet, z. B. wenn die nötige Information für die Lösung bereitgestellt war, wenn der Denkende von der Analyse zur Synthese wechselte und wenn ihm die Lösung selbst einfiel. Die Veränderungen der Herztätigkeit werden von *Blatt* als Erregungs-(Aktivierungs-)wechsel gedeutet. Diese Fluktuation geht zweifellos auf das Konto der Großhirnaktivität. *Blatt* weist darauf hin, daß die Leichtigkeit, mit welcher Reaktionen des autonomen Nervensystems schwanken, eng mit Leistungen des Problemlöseverhaltens zusammenhängt. Das Aktivationsniveau scheint Denkleistungen besonders dann zu begünstigen, wenn es innerhalb eines optimalen Mittelbereichs Schwankungen unterworfen ist, die offenbar von höheren Zentren aus mitbedingt sind. Diese Vermutung wird uns noch im nächsten Abschnitt beschäftigen, wo wir den störenden Einfluß sachfremder Motivationsbedingungen zu diskutieren haben. Man darf wohl nicht ganz ohne Grund annehmen, daß Individuen, die ihr Aktivierungsniveau unabhängig von äußeren Reizen durch die Aktivität des Großhirns manipulieren können, besonders günstige Motivationsbedingungen für Problemlösen mitbringen. Wer sich hingegen in ein extrem hohes (Angst) oder in ein zu niedriges Aktivierungsniveau („faul", „denkträge") versetzen läßt, wird nur schwer das Interesse am Denkproblem aufrecht erhalten können.

4.35 Extrinsische Motivation

Bis jetzt interessierten uns hauptsächlich die Motivationsbedingungen, die inhärent in den Denkproblemen stecken. Auslösende Bedingung war die Unsicherheit (Information), die durch eine bestimmte Situation heraufbeschworen wurde. Diese Unsicherheit konnte sich allgemein als Neuartigkeit von Reizen zeigen oder als kognitiver Konflikt, der unabhängig von dem etwaigen Verschwinden äußerer Reizbedingungen weiterbestand. Oft gibt es aber Einflüsse, die zusätzlich das Denken aktivieren und gewissermaßen von außen her Einfluß nehmen. Solche Bedingungen kann man als extrinsisch, sachfremd oder allochthon (*Bergius*, 1969) bezeichnen.

4.351 Äußere versus innere Kontrolle[1]

Kleine Kinder suchen oft nach Bestätigung ihrer Denkleistung durch soziale Partner. Sie sind sich ihrer Sache nicht so sicher und wollen eine Bestätigung durch Instanzen haben, die in ihren Augen unfehlbar sind. Wir konnten dieses Verhalten bei den Untersuchungen über Begriffsbildung beobachten, wo Kinder erst dann den Invarianzbegriff fanden, als sie den Denkprozeß durch die soziale Interaktion regulieren konnten (*Seiler*, 1968; siehe Abschn. 1.313). Am deutlichsten ist diese äußere Kontrolle bei der Orientierung an der Verstärkung. Bei der Entwicklung von Strategien benutzen Kinder gerne den augenblicklichen äußeren Erfolg ihrer Handlung. Reaktionen, die verstärkt werden, behalten kleine Kinder eher bei als solche, die zu dem eigentlichen System gehören. Es sei an das Experiment von *Weir* (1964) und die Untersuchungen von *Kendler* (1963) erinnert (siehe Abschn. 1.522 und 2.221). Das Denken gehorcht offenkundig zunächst genauso den einfachen Lerngesetzen (Selektion von verstärkten Verhaltensweisen) wie motorisches Lernen. Nur muß man sich vergegenwärtigen, daß diese äußere Kontrolle eine Sicherheitsmaßnahme darstellt und nicht den eigentlichen Denkprozeß selbst ausmacht. Die Denkprozesse, die zum (sozialen) Erfolg führen, sind eben in der Regel auch richtig. Dieser Mechanismus funktioniert nur dann nicht, wenn die Gesellschaft als Ganzes irrt und falsche Denkergebnisse verstärkt, wie etwa, daß die Erde eine Scheibe sei, daß man sich nur durch magische Praktiken vor übersinnlichen Mächten schützen

[1] Diese Bezeichnung wurde gewählt, da sie sich in der englisch-sprachigen Literatur eingebürgert hat. Vorteilhafter ließe sich das, was hier gemeint ist, wohl mit „externer" und „interner Steuerung" bezeichnen.

könne oder daß jedes Wort einer Sprache bloß durch sein Vorhandensein schon die Garantie für die Existenz des etikettierten Sachverhalts abgibt. Im Laufe der Entwicklung kann das Kind auf die äußere Kontrolle verzichten. Sie mag eine zusätzliche und willkommene Sicherung sein, gibt aber nicht mehr den Ausschlag für die Denkrichtung und Strategie. Es gibt allerdings auch Bereiche, in denen selbst der Erwachsene seinen Denkprozeß gerne durch äußere Kontrolle reguliert. Politisches Denken, Entscheidungen im Konsumverhalten und in der Gestaltung der Lebensweise orientieren sich an der Gruppe.

Die äußere Kontrolle entspricht der Fremdverstärkung, die innere Kontrolle der Eigenverstärkung. Sowohl beim Denkprozeß wie bei anderen psychischen Vorgängen ist das Individuum in seinen Bedürfnissen von äußeren Umständen abhängig, solange es sich an der Fremdverstärkung orientiert. Die Fähigkeit zu denken macht deshalb den Menschen frei, sofern er sich selbst verstärkt. Die Eigenverstärkung besteht beim Denken in der Lösungsfindung, in der Beseitigung des kognitiven Konfliktes, allgemein: in der Verringerung von Unsicherheit (Informationsabbau).

Fremdverstärkung ihrerseits korrespondiert mit extrinsischen, sachfremden Motivationsbedingungen, wie soziale Anerkennung, Identifikation mit dem sozial mächtigen Partner, Belohnungserwartung (z. B. Geld, Spielzeug). Es gibt allerdings auch noch sachfremde (extrinsische) Motivation, die unabhängig von der äußeren Kontrolle aufkommen kann, wie etwa die Leistungsmotivation oder Angstzustände.

Ziel einer Denkerziehung und einer sinnvollen Denkentwicklung muß immer die innere Kontrolle sein. Diese besteht keineswegs darin, daß der Effekt des Nachdenkens nicht in der äußeren Realität überprüft wird, sondern darin, daß die Richtigkeit des Ergebnisses nicht von seinem sozialen oder sonstwie belohnenden Erfolg abhängig gemacht wird. Denker, der trotz massiven Drucks durch die Gesellschaft ihr Denken nur von der inneren Kontrolle abhängig machten, waren beispielsweise Kopernikus, Marconi oder Einstein. Andererseits findet man auch heute noch Wissenschaftler, die sich in ihren Schlüssen an Autoritäten halten (vorwiegend in den Geisteswissenschaften). Ob im Bereich der Wissenschaft oder im Alltagsleben, Denkvorgänge sind nur dann richtig, wenn sie unabhängig von Autoritäten den logischen Gesetzen folgen. Der Denkende ist deshalb gezwungen, seine Lösungen durch die innere Kontrolle zu überprüfen. Er hat die Regeln und Gesetze, an die er sich dabei hält, wohl durch die Interaktion mit der dinglichen und sozialen Umwelt erworben, doch benutzt er sie nach ihrer Internalisation unabhängig von der Umwelt[1].

Innere Kontrolle in dem hier verstandenen Sinne ist erreicht, wenn der Proband irritierende Items (irreführende Fragen) adäquat beantworten kann. *Smedslund* (1961) hat eine Reihe von Experimenten durchgeführt, in denen Kinder den Invarianzbegriff der Substanz und des Gewichts (s. Abschn. 1.3) ohne äußere Verstärkung erwarben. Es zeigte sich, daß die so gewonnenen Begriffe auch dem äußeren irreführenden Augenschein widerstanden. Das Kind äußerte beispielsweise, wenn eine deformierte Plastilinkugel auf der Waage ein anderes Gewicht anzeigte, daß die Waage nicht stimmen könne, das Plastilin müsse noch genausoviel wiegen wie vorher. Damit ist die Hypothese ausgesprochen, daß das Denken auch während eines relativ frühen Stadiums ohne äußere Kontrolle zu richtigen Ergebnissen kommen kann. So gewonnene Ergebnisse scheinen für äußere irritierende Bedingungen weniger anfällig zu sein. Sollte *Smedslund* recht haben, würde die äußere soziale Kontrolle tatsächlich nur eine zusätzliche Hilfe bedeuten, sie wäre für die Entwicklung des Denkens nicht ausschlaggebend, sondern besäße nur Stützfunktion.

Innere und äußere Kontrolle schließen einander nicht aus, vielfach greift der Denkende nur sicherheitshalber zur äußeren Kontrolle. Ihre Funktion besteht dann aber nicht in einem belohnenden oder bestrafenden Effekt, sondern in der Kontrolle des Denkvorgangs selbst. Nur unter diesen Umständen ist übrigens eine äußere Kontrolle sinnvoll. Erfährt der Denkende, daß seine Lösung falsch ist, so muß er zugleich darüber informiert werden, warum sie falsch ist.

Das Zusammenspiel zwischen äußerer und innerer Kontrolle ist mannigfaltig. Man kann vielleicht vorteilhaft von zwei kognitiven Stilen sprechen, je nach Dominanz der äußeren oder inneren Kontrolle. Sowohl im Unterricht als auch im Studium herrscht bei einem Teil der Lernenden die äußere Kontrolle vor. Bei jüngeren Kindern findet man eher Lernerfolge durch personorientierte, bei älteren vorwiegend durch aufgabenorientierte Verstärkung (*Lewis, Wall & Aronfreed*, 1963; *Rosenhan & Greenwald*, 1965). Interessanterweise reagieren Mädchen eher auf sachbezogene und Buben eher auf personbezogene Verstärker (*Rosenhan & Greenwald*, 1965; *Oerter*, 1967). Auch zwischen soziologischer Schicht und Art der Verstärkung scheint ein Zusammenhang zu bestehen. Kinder der Unterschicht orientieren sich eher an personbezogener Verstärkung, Kinder der Mittelschicht stärker an leistungsrelevanter Verstärkung (*Zigler & Kanzer*, 1962; *Douvan*, 1956). Den kognitiven Stil der Anlehnung an äußere Kontrolle könnte man als Persönlichkeitsmerkmal

[1] Das erkenntnistheoretische Problem, das sich angesichts der Möglichkeit einer bloßen Übernahme der Denkregeln von außen her ergibt, kann hier nicht zur Sprache kommen.

auffassen. Schüler und Studenten versuchen oft so zu denken, wie der Lehrer denkt, um gute Noten zu erhalten. Wer in Prüfungen gut abschneidet, hat sich vielleicht nur der Lehrmeinung des Dozenten angeschlossen. Demgegenüber gibt es Lernende, die weitgehend auf die äußere Kontrolle verzichten. Dieser kognitive Stil ist unbedingt dem zuerst genannten vorzuziehen, sofern der Denkende sachadäquate Kontrollen seiner Denkleistungen vornimmt.

4.352 Gewohnheiten (habits) als extrinsische Bedingungen

Je schwerer die Denkprobleme werden, desto mehr Zeit muß man auf ihre Lösung verwenden. Es ist zweifellos mühsam, sich längere Zeit denkend mit einem Problem zu beschäftigen. Die Aufgabe verliert ihren Reiz, andere Belange werden wichtiger, oder der Alltag tritt mit neuen Anforderungen an uns heran. Das ist der Grund, weshalb viele Menschen gerne auf das produktive, weiterführende Denken verzichten. Es ist ihnen zu anstrengend, sie gehen gewöhnlich bequemere Wege, d. h. sie bewegen sich in ausgefahrenen Geleisen. Sicherlich kann auch die intrinsische Motivation allein Hürden beim Denken überwinden, etwa wenn die Aufmerksamkeitszuwendung in optimaler Weise den Denkvorgang führt oder wenn kognitive Konflikte immer wieder neu wahrgenommen werden und als Agens wirken.

Aber schon dabei erweist sich die Gewohnheitsbildung als vorteilhaft. Optimale Aufmerksamkeitshaltung ist erlernt, sie bedarf bei komplexeren Problemen vorausgegangener Schulung. Die Erkenntnis kognitiver Konflikte und die Beschäftigung mit ihnen hängt sicher auch davon ab, ob man gelernt hat, Widersprüche zu sehen, und sich daran gewöhnt hat, sich aktiv mit ihnen auseinanderzusetzen.

Daneben gibt es eine Reihe von dauerhaft wirkenden habits oder Persönlichkeitsvariablen, die das Denken fördern. Wächst das Kind in einer Umgebung auf, wo man Denken schätzt und es zum Alltag gehört, sich mit Denkproblemen auseinanderzusetzen, so gewinnt es leichter eine positive Werthaltung (attitude) gegenüber Denkleistungen. Die Abhängigkeit des Intelligenzniveaus vom sozioökonomischen Status geht nicht zuletzt auf den Aufbau solcher Werthaltungen zurück. Eine weitere wichtige überdauernde Motivationsbedingung ist die Leistungsmotivation. Sie begünstigt dann die Denkvorgänge, wenn sie als habit auf das gesamte Verhalten des Individuums wirkt. Hat es sich nämlich daran gewöhnt, sich Leistungen abzuverlangen, so wird es dies auch bei Denkvorgängen tun. Die Anspruchsniveausetzung übt eine fördernde Wirkung auf das Denken aus, sofern die Probleme vom Individuum bewältigt werden können, also nicht zu schwer und nicht zu leicht sind. Die Leistungsmotivation ist aber eine Fremdmotivation, sie kann, wie noch zu zeigen sein wird, auch störend wirken. Wer ein Problem löst, weil er sich dies als Leistung zum Ziel gesetzt hat, bleibt durch extrinsische Motivation aktiv („Das wäre noch schöner, wenn ich das nicht herausbekäme!"). Der intrinsisch Motivierte dagegen wird von dem Problem selbst gefesselt. In diesem Punkt muß man wohl *Heckhausen* (1969) widersprechen, der die Leistungsmotivation ebenfalls zu den intrinsischen Bedingungen des Denkens zählt.

Habits, wie kontinuierliches Arbeitsverhalten, Flexibilität und Wachheit (Vigilanz) oder erlernte kognitive Stile sind unter didaktisch-pädagogischem Aspekt besonders wichtig. Will man das Denken fördern, so genügt es nicht, die unmittelbaren kognitiven Leistungen zu schulen, sondern auch die Bereitschaft zu solchen Leistungen zu wecken und zu erhalten. Diese Bereitschaft wäre aber ein habit in dem eben beschriebenen Sinne. Die kognitiven Stile (siehe Abschn. 3.322) der Feldabhängigkeit und der kognitiven Komplexität sind sicherlich größtenteils erworbene Techniken der Bewältigung von Information. Ihre Förderung ist, wie man übereinstimmend mit *Heckhausen* feststellen kann, bereits Aufgabe der vorschulischen Erziehung, denn offenkundig werden gerade in dieser Zeit bereits die „Operationsmodi"[1] der Informationsverarbeitung erworben. *Ertel* (1966) hat mit Hilfe der Faktorenanalyse drei bipolare Dimensionen gefunden, die als Operationsmodi oder kognitive Stile interpretiert werden können: Anspannung (erhöht versus mäßig), Variabilität (versus Stetigkeit) und Unifizierung (versus Diversifizierung).

Erhöhte Anspannung kennzeichnet *Ertel* aufgrund seiner Befunde als „gründliches, sorgsames, angestrengtes, besonnenes und hartnäckiges Vorgehen" (*Ertel*, 1966, S. 169). Den anderen Pol dieser Dimension, nämlich mäßige Anspannung, beschreibt er als „... unbekümmertes, gelassenes, leichtfüßiges Vorgehen" (op. cit., S. 169). Variabilität läßt sich durch Kriterien kennzeichnen wie „phantasievoll denken, Einfälle aufsteigen lassen, variabel vorgehen, die Sache auf sich wirken lassen, ohne strenge Systematik vorgehen" (op. cit., S. 171). Der Gegenpol, die Stetigkeit, besitzt Kriterien wie „nüchtern denken, Einfälle unterdrücken, stetig vorgehen, die Sache in den Griff nehmen, systematisch vorgehen" (op. cit., S. 171). Unifizierung umfaßt Operationsweisen, wie „den Gegenstand ganzheitlich auffassen, das Verhältnis der Einzelheiten zu einem übergreifenden Ganzen wichtig nehmen, Dinge miteinander verknüpfen, Zusammenhänge herstellen, den Kern der Sache beachten" (op. cit., S. 173). Das Gegenteil von Unifizierung ist die Diversifizierung. Sie wird beschrieben als „den Gegen-

[1] *Heckhausen* (1969).

stand zergliedern, das Verhältnis der Einzelheiten untereinander betonen, Dinge voneinander trennen, Zusammenhänge auflösen, Einzelheiten beachten" (op. cit., S. 173).

Es braucht nicht eigens hervorgehoben zu werden, daß eine Reihe von habituellen Persönlichkeitsvariablen das Denken hemmen. Hierher gehören die Gewöhnung an problemfrei servierte Information (Massenmedien, aber auch Lehrprogramme), die Übernahme von bildungsfeindlichen Werthaltungen (Hauptsache ist Geldverdienen, lange Studienzeiten sind unökonomisch), die allzu starke soziale Anpassung im Sinne eines Konformismus, der alle Denkrichtungen, die nicht von der Gruppe gebilligt werden, untersagt. Das gefährlichste habit ist wohl die aktive Hemmung des Neugierverhaltens, die im Sinne der konditionierten Hemmung von *Hull* (1943) verstanden werden kann: das Kind oder der Jugendliche lernt, auf neue Reize mit Passivität zu reagieren.

4.353 Störmotivation

Extrinsische Motivations- und andere Persönlichkeitsvariablen scheinen, wenn sie als unterschwellige Gewohnheiten wirken, den Denkvorgang zu unterstützen. Treten sie aber situativ in den Denkprozeß ein, so können sie leicht zu Störvariablen werden. Zunächst seien hierfür einige experimentelle Beispiele aufgezählt, sodann sollen zwei Erklärungsmöglichkeiten für die Interferenzwirkung von extrinsischer Motivation genannt werden.

Székely (1944) wies nach, daß Probanden mit der ehrgeizigen Einstellung, die Lösung zu finden, schlechtere Problemlöser waren als problemorientierte Versuchspersonen. Die leistungsmotivierte ich-hafte Einstellung störte den Denkvorgang. Zeitdruck und erhöhte Ängstlichkeit beeinträchtigen unter Umständen massiv den Lösungserfolg. *Bartmann* (1963) untersuchte beispielsweise Volksschüler der Volksschuloberklasse und fand, daß die Leistung unter Zeitdruck geringer war. Ängstliche Schüler waren von der Streß-Situation mehr betroffen.

Bekannt sind die interferierenden Wirkungen von Angst und Streß in Prüfungssituationen. In Untersuchungen von *Maltzman* (1953) führte Angst stets zur Rigidität und zur Benutzung schematischer Lösungsmethoden. Auch *Cowen* (1952) und *Brown* (1953) beobachteten eine Einengung des Denkens auf schematisches Vorgehen, wenn die Probanden in emotionale Streß-Situationen versetzt wurden. *Mayzner* und *Tresselt* (1956) führten zwei Experimente über den Einfluß von Angst auf das

Denken durch, fanden aber nur im zweiten Experiment den bisher angedeuteten Zusammenhang: die weniger ängstliche Gruppe produzierte mehr direkte Lösungen. Es gibt aber auch Untersuchungen, die auf einen gegenteiligen Zusammenhang zwischen Angst und Denkleistungen hinweisen.

Buskirk (1961) beispielsweise erfaßte die manifeste Angst mit drei verschiedenen Verfahren. Er bot seinen Vpn zwei Aufgabentypen, einen mit logischer Deduktion und einen mit Figur-Analogien. Die ängstlicheren Probanden leisteten bei komplexeren Aufgaben der logischen Deduktion mehr als die wenig ängstlichen. Dieser Unterschied bestand jedoch nicht bei den Figur-Analogien. Der Autor interpretiert seinen Befund damit, daß Pbn mit hohem Angstniveau stärker engagiert sind und sorgfältiger arbeiten. Ihre Denkleistung wird so lange nicht beeinträchtigt, wie keine ernsthafte Ichbedrohung auftritt. Was *Buskirk* gemessen hat, ist also eine dauerhafte Persönlichkeitsvariable, die wie andere Gewohnheiten auch positiv auf die Denkleistung wirkt. Für unsere nachfolgenden Überlegungen ist wichtig, ob vorwiegend die Interferenz oder die affektive Beeinträchtigung bei der Angst stört. *Holmes* und *Schallow* (1969), die sich die gleiche Frage in bezug auf die Gedächtnisleistung vorlegten, verglichen den Einfluß von Ichbedrohung mit dem Einfluß von affektiv neutralen Störreizen. Bei beiden Versuchsbedingungen war die Gedächtnisleistung herabgesetzt. Die Beeinträchtigung verschwand in einem darauffolgenden Versuch, wo beide Störeinflüsse wieder wegfielen. Das spricht dafür, daß Interferenz und nicht affektive Mechanismen, wie die der Verdrängung, wirksam waren[1].

Eine wichtige extrinsische Motivation ist das Bedürfnis nach Anerkennung. *Crowne* und *Holland* (1968) prüften bei Grundschulkindern den Zusammenhang zwischen Bedürfnis nach Lob und Anerkennung und der Leistung bei visuellen Unterscheidungsproblemen. Die Kinder mit starker Abhängigkeit von Lob und Anerkennung waren signifikant schlechter bei den gestellten Diskriminationsaufgaben, zeigten eine höhere Herzschlagfrequenz und waren impulsiver. Die Autoren interpretierten den Befund aufmerksamkeitstheoretisch. Kinder mit starkem Anerkennungsbedürfnis würden in ihrer Aufmerksamkeit durch die Erregung von Angst (keine Anerkennung zu finden) gestört und hätten sich demzufolge nicht den relevanten Reizdimensionen bei der Unterscheidungsaufgabe zuwenden können.

[1] Verdrängung trat auch nicht bei den Gedächtniselementen (Wörtern) auf, die unmittelbar mit Ichbedrohung gekoppelt waren.

Insgesamt sind die Befunde aber durchaus nicht einheitlich. Es besteht auch eine Wechselwirkung zwischen Schwierigkeitsgrad und Art des Denkproblems auf der einen Seite und den extrinsischen Variablen auf der anderen Seite. Was sich bei leichten Aufgaben wenig störend auswirkt, kann bei schwereren Aufgaben unterstützend wirken und umgekehrt.

Gegenwärtig neigt man dazu, in der pädagogischen Psychologie mehr oder minder systematisch alle Variablen zu untersuchen, die beim Lernprozeß eine Rolle spielen könnten. Dabei stößt man auch auf den Einfluß von extrinsischen Motivationsbedingungen beim Denken. Dieses Vorgehen ist, auch was die Ergebnisse anlangt, unbefriedigend, weil man oft zu wenig von theoretischen Vorstellungen über die hier wirksamen Zusammenhänge ausgeht. Im folgenden soll eine Erklärung für die Interferenzwirkung sachfremder Motivationsbedingungen versucht werden.

Man kann den Einfluß von Ego-Involvement, spezifischer: von Leistungsmotivation, Ehrgeiz, Angst und sozialer Motivation gestaltpsychologisch als Störung des Problemfeldes verstehen (*Meili*, 1961; *Bergius*, 1969). Eine andere, vielleicht konkretere Beschreibung der hier vorliegenden Interferenz ist mit Hilfe des Konflikt-Begriffs möglich. Wir konnten zeigen, daß Denken durch das Aufkommen eines kognitiven Konfliktes aktiviert wird. Die Erregung von sachfremder Motivation, wie der Leistungs- und der sozialen Motivation, bedeutet nun die Entstehung eines zusätzlichen Konfliktes. Dieser neue Konflikt besteht in dem Risiko, sich in ein Verhalten einzulassen, das möglicherweise nicht zum Ziel, sondern zu Mißerfolgen führt. Der Leistungsmotivierte strengt sich an, um die Lösung des Denkproblems zu erreichen, riskiert aber dabei, daß er seine Energien vergeblich einsetzt. Dieses Risiko ist freilich bei allen Leistungsvollzügen gegeben, bei denen die Leistungsmotivation eine Rolle spielt. Doch bedeutet der Konflikt bei motorischen Aktivitäten (z. B. sportlichen Leistungen) weniger eine Störung als bei geistiger Aktivität, da der Konflikt zwischen Hoffnung auf Erfolg und Furcht vor Mißerfolg genauso eine interne Spannung wie der kognitive Konflikt des Denkproblems selbst darstellt.

Für den Problemlöser, der sich vorwiegend aus extrinsischen Beweggründen zum Nachdenken entschlossen hat, liegt also eine kognitive Dissonanz besonderer Art vor. Sie besteht zwischen der verworfenen Alternative, sich gar nicht erst an das Problem heranzuwagen und statt dessen etwas zu tun, was auf anderen Bereichen Erfolg (oder andere Annehmlichkeiten) bringt, und der bejahten Alternative, unter dem Risiko des Versagens an das Problem heranzugehen. Kognitive Dissonanz ist nun aber trotz der extrinsischen Komponente, die wir bereits diskutiert haben (Abschn. 4.324), ein kognitiver Konflikt, der gerade deswegen mit dem kognitiven Konflikt, den das eigentliche Denkproblem bildet, kollidieren muß. Der Denkende hat gewissermaßen zwei Konflikte zugleich zu bewältigen und ist damit überfordert. Je schwerer das Denkproblem ist, desto gravierender dürfte übrigens die Interferenzwirkung von extrinsischen Bedingungen sein, da das Hinzutreten eines neuen Konfliktes dann eine nicht mehr zu bewältigende Erschwerung bedeutet.

Auch unter dem Aspekt der Unsicherheit (Information) läßt sich der eben besprochene Sachverhalt beleuchten. Das Denkproblem selbst bedeutet die Einführung von Unsicherheit. Zusätzliche extrinsische Motivation kann, wie wir sahen, einen risikobehafteten Konflikt heraufbeschwören. Je stärker aber das Risiko, desto eher gleichwahrscheinlich werden die beiden rivalisierenden Alternativen, die verworfene (nicht zu denken) und die akzeptierte (das Problem zu lösen versuchen). Der Grad von Unsicherheit (Information) ist aber bei gleichwahrscheinlichen Alternativen größer als bei Alternativen mit unterschiedlichen Chancen. So müssen zwei Unsicherheitsbeiträge reduziert werden: das Denkproblem und der Dissonanzbetrag an Information.

Immer dann, wenn zwei Konflikte zugleich ausgetragen werden müssen oder wenn zwei Informationsbeträge zusammen abgebaut werden sollen, besteht die Schwierigkeit, daß nur eine von beiden Möglichkeiten auf einmal bearbeitet werden kann. Der Denkende mag entweder zwischen beiden Konflikten alternieren oder aber nur einen der beiden beachten. Hat er sich gut „in der Hand", so kann er sich auf das gestellte Denkproblem konzentrieren, im anderen Falle wird seine Leistung beeinträchtigt.

Es gibt vermutlich noch eine andere Situation, in der Interferenzphänomene zwischen Fremdmotivation und intrinsischer Denkmotivation auftreten. Wie wir sahen, erreicht das Individuum sein optimales Leistungsniveau bei einem mittleren Grad der Aktivierung (s. Abschn. 4.34). Dabei ist es übrigens von sekundärer Bedeutung, ob das Aktivierungsniveau allein durch das Denkproblem erreicht wurde oder ob noch andere Komponenten mitspielen. Bekannt ist die Untersuchung von *Birch* (1945), in der Schimpansen in schwachem, mäßigem und starkem Hungerzustand Probleme zu lösen hatten. Die besten Leistungen traten bei einem mittleren Aktivierungsniveau auf, während ein Leistungsabfall bei zu schwacher und zu starker (Hunger-) Motivation zu verzeichnen war. Dies entspricht genau der bereits mehrfach erwähnten umgekehrten U-Beziehung zwischen Aktivierungsniveau und Leistung.

Ray (1965) fand vollends, daß schon eine über das Minimum der Aktivierung hinausgehende Steigerung der Motivationsspannung den Lösungsprozeß beeinträchtigte. Die Ergebnisse besagen wohl weniger, daß man nur bei schwacher Aktivierung gut denken kann, sondern vielmehr, daß die in den *Ray*schen Experimenten gestellten Probleme mit relativ mäßiger Aktivierung zu meistern waren, durch zusätzliche Aktivierung in Form von Streß dem Probanden aber Schwierigkeiten bereiteten. Bei vielen Angst- und Streß-Bedingungen muß man annehmen, daß der optimale Aktivierungsgrad für Denken überschritten wurde. Wir wissen nicht, ob man tatsächlich durch physiologische Maße diesen optimalen Aktivierungspegel erfassen kann. Das günstigste Aktivierungsniveau ist ja nicht ein absoluter Wert, sondern richtet sich nach der verlangten Aktivität. Kreative Leistungen verlangen oft, wie wir sahen, ein Aktivierungsniveau, das bereits deutlich unter dem wachen, konzentrierten Bewußtseinszustand liegt. Deshalb dürfte die optimale Aktivierungsgrenze bei Denkvorgängen auch viel häufiger überschritten werden als bei anderen Leistungen. Nun bringt es aber das Leben in unserer Gesellschaft mit sich, daß ausgerechnet bei Denkanforderungen, auf die es ankommt, das Streß-Moment besonders stark ist. Schüler und Studenten haben ihre besten Denkleistungen unter Prüfungsbedingungen, die für die meisten mit Angst verbunden sind, zu vollbringen. Der Berufstätige muß ebenfalls oft gerade dann Probleme lösen, wenn er aufgrund äußerer Umstände in Bedrängnis gerät (z. B. wenn rasche Entscheidungen nötig sind).

Zwei Möglichkeiten gibt es, dieser offenbar systematischen Beeinträchtigung des Denkens zu entrinnen. Erstens, man versucht die Probleme sowohl für Schüler als auch für Berufstätige in Situationen zu betten, die mit möglichst wenig sachfremden Spannungen behaftet sind. Zweitens, man trainiert den Denkenden dahin, daß er trotz des gesteigerten Aktivierungsniveaus zu guten Denkleistungen kommt. Bekanntlich gibt es eine Reihe von Menschen, denen es glückt, gerade in solchen spannungsträchtigen Situationen Probleme zu lösen. Das sind die in unserer Gesellschaft Erfolgreichen. Sie haben einen kognitiven Stil entwickelt, der es ihnen gestattet, sich auf den kognitiven Konflikt, den das betreffende Problem ausmacht, zu konzentrieren. Emotional Stabile sind sicherlich in diesem Punkt den Labilen überlegen.

4.36 *Didaktisch-pädagogische Empfehlungen*

Die Motivationskomponente des Denkens hat mehrere pädagogisch bedeutsame Aspekte. Einmal ist sie wie die Motivation bei anderen Leistungsbereichen auch als Aktivator, als Energiespender nötig, wie sich dieser Vorgang auch immer beim Denken abspielen mag. Daneben ist aber die Motivationskomponente so eng mit dem Denken verknüpft, daß man nicht zwischen der rein kognitiven Leistung und der steuernden Leistung der Motivation unterscheiden kann. Der Erfolg des Denkens hängt beispielsweise wesentlich von der richtigen Führung kognitiver Prozesse durch die Aufmerksamkeit ab. Diese beiden Aspekte, Motivation als Energiespender und als Steuerungsinstanz, sollen im folgenden zu Wort kommen.
Hinsichtlich der Maßnahmen zur Schaffung fördernder Motivationsbedingungen, die das Denken in Gang halten, kann man unterscheiden:

1. Erhaltung der Neugier. Eine wichtige Aufgabe vorschulischer und schulischer Erziehung besteht darin, die beim Kind ohnedies vorhandene Neugier zu erhalten. Das bedeutet, daß zumindest auf der Ebene vorschulischer Förderungsmaßnahmen unter keinen Umständen eine vorzeitige Akzentuierung bestimmter Einzelleistungen erfolgen sollte, wenn diese eine Einengung der Aufmerksamkeitszuwendung und eine verfrühte Kanalisierung bewirken.

2. Übertragung des Neugierverhaltens auf interne Signale. Je älter das Kind wird, desto mehr muß es auf die durch repräsentierende Prozesse zustande kommenden Situationsänderungen aufmerksam werden. Das Neue liegt nun nicht mehr allein in den neuen Reizen der Umwelt, sondern in den durch die vermittelnden repräsentierenden Prozesse geschaffenen neuen Aspekten. In einer vergleichsweise monotonen Umwelt schafft sich der Mensch Abwechslung durch Umdeutung oder Umformung von Sinnesdaten. Je mehr man lernt, solche Prozesse zu unterstützen und aufdringliche Umweltreize (etwa die durch Werbung und Massenkommunikationsmittel produzierten) zu negieren, desto leichter kann das Denken durch intrinsische Motivation gestützt werden.

3. Sensibilität für Konflikte. Eine differenzierte Informationsverarbeitung führt laufend zu kognitiven Konflikten. Je nach Umweltanregung lernt der Mensch, gegenüber solchen Konflikten abzustumpfen oder mit gesteigerter Sensibilität zu reagieren. Eine Selektion der

Konflikte, die man verarbeitet, aus der Gesamtzahl von auftretenden kognitiven Konflikten wird wohl immer stattfinden, weil zu viele andere Anforderungen bewältigt werden müssen, als daß Zeit für die Verarbeitung sämtlicher Konflikte vorhanden wäre. Jedoch erscheint es wichtig, eine Haltung zu entwickeln, die möglichst viele dieser Widersprüche oder Probleme angeht.

4. Aufbau von habits (Gewohnheiten). Manche Studiengänge und Berufe bringen es mit sich, daß sich der Mensch ans Denken und die damit verbundenen Anstrengungen gewöhnt hat. Dieser Gewöhnungsprozeß sollte bis zu einem gewissen Grad bei allen jungen Menschen stattfinden. Zur Gewöhnung tragen eine dauerhafte Leistungsmotivation und die Herausbildung kognitiver Stile bei. Die Förderung und Pflege kognitiver Stile ist bereits eine wichtige Aufgabe für die vorschulische Erziehung (siehe auch *Heckhausen,* 1969). Sie ist viel bedeutsamer als spezifisches Leistungstraining und überdies nicht mit dessen Nachteilen behaftet.

5. Widerstand gegen Störeinflüsse[1]. Sowohl von inneren Reizquellen (bei der Erregung von Angst, bei starkem Ehrgeiz oder auch bei Aufkommen von Müdigkeit) als auch von äußeren Reizbedingungen her (Ablenkung) ist der Denkende störenden Einwirkungen unterworfen. Bei aller inhärenten Motivation braucht er doch eine habituell gewordene Haltung, die mit solchen Störreizen fertig wird. Man kann sich bis zu einem gewissen Grad daran gewöhnen, bei Lärm nachzudenken oder in Streß-Situationen (Examina) gute Denkleistungen zu vollbringen.

Unter dem Aspekt der Steuerung von Denkvollzügen wäre im Hinblick auf die Förderung von Motivationsbedingungen an folgende Punkte zu denken:

1. Aufmerksamkeitszuwendung. Das für höhere Lebewesen charakteristische rasche Abklingen des OR und sein Überwechseln auf weniger relevante Reize ist zweifellos die Basis für das Zustandekommen von Denksequenzen. Einerseits muß der Denkende lernen, eine bestimmte Reihenfolge in der Aufmerksamkeitszuwendung zu beachten, andererseits ist er im Vorteil, wenn der Wechsel in der Aufmerksamkeitszu-

[1] Hier zeigt sich ein Widerspruch zu den hinsichtlich der Kreativitätsförderung gemachten Vorschlägen. Doch geht es dort um die Offenheit gegenüber Störreizen im Sinne neuer Information, hier dagegen um Beeinträchtigung (Störung) durch Motivkonflikte.

wendung möglichst rasch geschieht. Die „gleitende" Aufmerksamkeit kann als Paradigma für rasches Denken gelten. Wie man Aufmerksamkeitsverläufe schulen kann, ist noch wenig bekannt. Ein Mittel der Steuerung bildet die Sprache.

2. Sprache als Hilfe bei der Führung von Denkprozessen. Wie wir bei unserer Beschäftigung mit dem Zusammenhang zwischen Denken und Sprache sahen, hat die Sprache eine regulierende Funktion für das Denken. Sie kontrolliert nicht nur den Denkprozeß selbst im Blick auf seine Richtigkeit, sondern ist offensichtlich ein wichtiges Mittel der willentlichen Lenkung und erleichtert die Aufmerksamkeitssteuerung (siehe Abschn. 1.423). Deshalb muß sie noch einmal unter dem Motivationsaspekt genannt werden.

3. Schwankungen im Aktivierungsniveau. Es gibt Hinweise dafür, daß leichte Veränderungen eines mittleren Aktivierungsgrades besonders günstig für Denkprozesse sind (z. B. *Blatt*, 1961). Spannung und Entspannung sind beim Fortschreiten zu Teillösungen und schließlich zur Endlösung immer wieder zu beobachten. Ähnlich wie der Sportler sich nach momentaner Höchstanstrengung zu entspannen sucht und in dem Wechsel von Tonussteigerung und -senkung im Laufe der Zeit große Übung hat, sollte auch der Denkende zu möglichst raschem Wechsel im Spannungszustand fähig sein. Umstrukturierungsprozesse, Einfälle oder neue Hypothesen entstehen vermutlich bei variablem Spannungsniveau leichter als bei starrer und hoher Anspannung. Denklösungen lassen sich bekanntlich nicht erzwingen. Sie stellen sich aber oft von selbst in einer gelockerten Atmosphäre ein. Die Fähigkeit, sich zu entspannen bzw. von stärkerer Anspannung auf ein niedrigeres Aktivierungsniveau überzuwechseln, kann geübt werden. Sie bedeutet, wie wir wissen, über den Bereich des Denkens hinaus für das persönliche Wohlbefinden einen großen Gewinn.

Zusammenfassung

Die für das Denken entscheidende Motivation kann als „inhärent" oder „intrinsisch" bezeichnet werden. Sie steckt in dem Ungleichgewicht, das durch die Problemstruktur hervorgerufen wird. Inhaltlich konkreter läßt sich dieses Ungleichgewicht als kognitiver Konflikt verstehen, der Unsicherheit (Information) induziert. Im Gegensatz zu solchen kognitiven Konflikten kann kognitive Dissonanz als Konflikt zwischen Motiven interpretiert werden, den das Individuum aber ebenfalls durch kognitive Aktivität zu beseitigen trachtet.

Entwicklungspsychologisch entspringt die Denkmotivation aus dem Neugierverhalten. Der orientierende Reflex (OR), der (phylogenetisch und ontogenetisch) zunächst durch relevante (lebenswichtige) Reize ausgelöst wird und lange anhält, klingt im Laufe der Entwicklung rascher ab und wird durch weniger relevante Reize aktiviert, so daß allmählich ganze OR-Ketten entstehen. Wenn der OR durch interne Reize ausgelöst werden kann, wird er zur Basis der Aufmerksamkeitszuwendung oder -sequenz beim Denken. Dann entsteht Neugierverhalten auch als Folge von internen kognitiven Konflikten und wird weitgehend unabhängig von augenblicklichen äußeren Reizbedingungen.

Eine neurologische Basis der Motivation ist das aufsteigende retikuläre Aktivierungssystem (RAS). Auch Denkaktivität ist ohne seine Mitwirkung nicht möglich. Das RAS kann sowohl von „unten" (z. B. beim orientierenden Reflex) als auch von „oben" (durch den Cortex) aktiviert werden. Letzteres Faktum ermöglicht dem Denkenden, sich selbst zu stimulieren und zu aktivieren.

Denkprozesse sollten unter interner Kontrolle bei größtmöglicher Unabhängigkeit von externer Kontrolle ablaufen. Allerdings gibt es neben intrinsischen Motivationsbedingungen dabei auch extrinsische Motivationseinflüsse, die dem Denken förderlich sind. Dies gilt vor allem dann, wenn diese Einflüsse habituell geworden sind (z. B. Gewöhnung an Anstrengung, an das Angehen eines Zieles, bis es wirklich erreicht ist). Extrinsische Motivation wird aber leicht zu Störmotivation, was sich aus der Interferenz zwischen dem eigentlichen Denkkonflikt und dem zusätzlichen Konflikt zwischen extrinsischen und intrinsischen Bedingungen erklärt.

Didaktisch relevant bei der Schaffung von geeigneten Motivationsbedingungen erscheinen einerseits Maßnahmen zur Ankurbelung der Denkaktivität (wie Anregung der Neugier und Sensibilisierung gegenüber kognitiven Konflikten), andererseits gezielte Trainingsmethoden zur Aufmerksamkeitssteuerung.

ABELSON, R. P. und ROSENBERG, M. J. (1958): Symbolic psycho-logic: a model of attitudinal cognition. Behav. Sci., 3: 1—13

ACH, N. (1905): Über die Willenstätigkeit und das Denken. Vandenhoeck und Ruprecht, Göttingen

ADAMS, J. S. und ROSENBAUM, W. B. (1962): The relationship of worker productivity to cognitive dissonance. J. appl. Psychol., 46: 161—164

ADAMSON, R. E. (1952): Functional fixedness as related to problem solving: a repetition of three experiments. J. exp. Psychol., 44: 288—291

AEBLI, H. (1963): Über die geistige Entwicklung des Kindes. Klett, Stuttgart

ALLPORT, G. W. (1958): Werden der Persönlichkeit. Huber, Bern/Stuttgart

ASHER, J. J. (1963): Toward a neo-field theory of problem solving. J. gener. Psychol., 68: 3—8

BARRON, F. (1952): Personality style and perceptual choice. J. of Pers., 20: 385—404

BARRON, F. (1964): The relationship of ego diffusion to creative perception. In: *Taylor, C.* (Hrsg.), Widening horizons in creativity. Wiley, New York

BARTENWERFER, H. (1963): Über Art und Bedeutung der Beziehung zwischen Pulsfrequenz und skalierter psychischer Anspannung. Z. exp. angew. Psychol., 10: 455—470

BARTLETT, F. (1958): Thinking. An experimental and social study. Unwin university books

BARTMANN, TH. (1963): Der Einfluß von Zeitdruck auf die Leistung und das Denkverhalten bei Volksschülern. Psych. Forsch., 27: 1—61

BAUER, H. (1790): Schulung des logischen Denkens in meiner 3. Klasse. — Eine Untersuchung über die Förderung von Denkleistungen für den modernen Rechenunterricht. Schriftliche Hausarbeit zur Anstellungsprüfung (unveröffentlicht)

BAYLEY, N. (1965): Comparisons of mental and motor test scores of age 1—15 month by sex, birth order, race, geographical location, and education of parents. Child Developm., 36: 379—411

BELLAK, L. (1958): Creativity: some random notes to a systematic consideration. J. proj. tech., 22: 363—380

BEREITER, C. (1966): A beginning language program for disadvantaged children. Paper presented at the Amer. Educ. Res. Association. Febr. 19, Chicago

BERGIUS, R. (1964): Produktives Denken. In: *Bergius, R.* (Hrsg.), Handbuch der Psychologie, Bd. I, Teil 2: Lernen und Denken. Hogrefe, Göttingen

BERGIUS, R. (1969): Analyse der „Begabung“: Die Bedingungen des intelligenten Verhaltens. In: *Roth, H.* (Hrsg.), Begabung und Lernen. Klett, Stuttgart

BERLYNE, D. E. (1954a): A theory of human curiosity. Brit. J. Psychol., 45: 180—191

BERLYNE, D. E. (1954b): An experimental study of human curiosity. Brit. J. Psychol., 45: 256—265

BERLYNE, D. E. (1960): Conflict, arousal, and curiosity. McGraw-Hill, New York/Toronto/London

BERLYNE, D. E. (1965): Structure and direction in thinking. Wiley, New York

BERLYNE, D. E. (1967): Arousal and reinforcement. In: *Levine, D.* (Hrsg.), Nebraska symposium on motivation. Univ. of Nebraska Press, Lincoln, Nebraska

BERNSTEIN, B. (1964): Elaborated and restricted codes: Their origins and some consequences. In: *Gumberz, J. J.* und *Hymed, D.* (Hrsg.), The Ethnography of Communication. Amer. Anthropologist, Special Publication, 66, No. 6, Part. 2: 55—69

BEXTON, W. H., HERON, W. und SCOTT, T. H. (1954): Effects of decreased variation in the sensory environment. Canadian J. Psychol., 8: 70—76

BIRCH, H. G. (1945): The relation of previous experience to insightful problem-solving. J. comp. Psychol., 38: 367—383

BIRCH, H. G. und RABINOWITZ, H. S. (1951): The negative effect of previous experience on productive thinking. J. exp. Psychol., 41: 121—125

BLATT, S. J. (1961): Patterns of cardiac arousal during complex mental activity. J. Abnorm. Soc. Psychol., 63: 272—282

BLEULER, E. (1911): Dementia praecox oder Gruppe der Schizophrenien. In: Handbuch der Psychiatrie. IV. Abtlg., 1. Hälfte. Deuticke, Wien

BLOCH, E. (1959): Das Prinzip der Hoffnung. 2 Bde., Suhrkamp, Frankfurt

BOCHENSKI, I. M. (1954): Die zeitgenössischen Denkmethoden. Dalp Taschenbücher, Francke, Bern

BREHM, J. W. und COHEN, A. R. (1962): Explorations in cognitive dissonance. Wiley, New York

BRONSON, G. (1965): The hierarchical organization of the central nervous system: implication for learning processes and critical periods in early development. Behav. Sci., 10: 7—25

BROWN, R. W. (1953): A determinant of the relationship between rigidity and authoritarianism. J. Abnorm. Soc. Psychol., 48: 469—476

BROWN, R. W. und BERKO, J. (1960): Word-association and the acquisition of grammar. Child Developm., 31: 8—19

BRUNER, J. S. (1962): The conditions of creativity. In: *Gruber, H. E., Terell, G., Wertheimer, M.* (Hrsg), Contemporary approaches to creative thinking. Atherton Press, New York

BRUNER, J. S., GOODNOW, J. J. und AUSTIN, G. A. (1956): A study of thinking. Wiley, New York

BRUNER, J. S. und KENNEY, H. J. (1965): Representation and mathematics learning. In: Mathematics Learning, Monogr. of the Society for Research in Child Development, 30, No. 99, 50—59

BRUNER, J. S. et al. (1966): Studies in cognitive growth. Wiley, New York

BÜHLER, CH. (1928): Kindheit und Jugend. Hirzel, Leipzig

BÜHLER, K. (1922): Die geistige Entwicklung des Kindes. Fischer, Jena

Burger, E. (1959): Einführung in die Theorie der Spiele. de Gruyter, Berlin

Buskirk, C. v. (1961): Performance on complex reasoning tasks as a function of anxiety. J. Abnorm. Soc. Psychol., 62: 201—209

Campbell, A. C. (1965): On the solving of code items demanding the use of indirect procedures. Brit. J. Psychol., Vol. 56: 45—51

Campbell, B. A. und Misanin, J. R. (1969): Basic drives. Ann. Rev. Psychol., 20: 57—84

Carroll, J. B. (1964a): Language and thought. Englewood Cliffs. Prentice-Hall, New York

Carroll, J. B. (1964b): Words, meanings, and concepts: Part. II. Concept teaching and learning. Harvard Educ. Review, 34: 191—202

Carroll, J. B. und Cassagrande, J. B. (1958): The function of language classifications in behavior. In: *Maccoby, E. E. u. a.* (Hrsg.), Readings in social Psychology. Holt, Rinehart, New York

Cartwright, D. und Harary, F. (1956): Structural balance: a generalization of Heider's theory. Psychol. Rev., 63: 277—293

Chapman, L. J. und Chapman, J. P. (1959): Atmosphere effect re-examined. J. exp. Psychol., 58: 220—226

Chomsky, N. (1957): Syntactic structures. (Januar. Linguarum, Ser. No. 4). The Hague, Mouton

Chomsky, N. (1965): Aspects of the theory of syntax. MIT Press, Cambridge, Mass.

Chorness, M. H. und Nottelmann, D. A. (1956): The predictability of creative expression in teaching. Air force Personnel and Training Research Center, Lackland Air Force Base, December 1956

Clark, H. H. (1969): Linguistic processes in deductive reasoning. Psychol. Rev., 76: 387—404

Clark, H. H. und Card, S. K. (1969): Role of semantics in remembering comparative sentences. J. exp. Psychol., 82: 545—553

Cotton, J. W. (1953): Running time as a function of food deprivation. J. exp. Psychol., 46: 188—198

Cowen, E. L. (1952): A study of the influence of varying degrees of psychological stress on problem solving rigidity. J. Abnorm. Soc. Psychol., 47: 512—519

Crowne, D. P. und Holland, C. H. (1968): Personality factors in discrimination learning in children. J. Pers. Soc. Psychol., 10: 420—430

Davidson, D., Suppes, P. und Siegel, S. (1957): Decision-making: an experimental approach. Stanford Univ. Press, Stanford, Calif.

Davidson, R. E. und Dollinger, L. E. (1969): Syntactic facilitation of paired associate learning: Deep structure variation. J. Educ. Psychol., 60: 434—438

Deese, J. (1962): Form class and the determinants of association. J. Verb. Learn. Verb. Behav., 1: 79—84

De Soto, C. B., London, M. und Handel, S. (1965): Social reasoning and spatial paralogic. J. Pers. soc. Psychol., 2: 513—521

Deutsch, M. (1964): Facilitating development in the preschool child: Social and psychological perspectives. In: Merill-Palmer-Quarterly, 10: 249—263

Dienes, Z. P. und Jeeves, M. A. (1968): Denken in Strukturen. Eine psychologische Untersuchung mathematischer Lernprozesse. Herder, Freiburg/Basel/Wien Engl. Originaltitel: Thinking in structures. 1965 (Übers. von Bruzek, A.)

Dilthey, W. (1894): Ideen über eine beschreibend-zergliedernde Psychologie. Leipzig

Dollard, J. und Miller, N. E. (1950): Personality and psychotherapy. McGraw-Hill, New York/Toronto/London

Donaldson, M. (1959): Positive and negative information in matching problems. Brit. J. Psychol., 50: 235—262

Douvan, E. (1956): Social status and success striving. J. abnorm. soc. Psychol., 52: 219—223

Doyle, W. (1960): Recognition of sloppy hand-printed characters. Proc. Western Joint Computer Cont., 133—142

Duncan, C. P. (1959): Recent research on human problem solving. Psychol. Bull., 56: 397—429

Duncker, K. (1935): Zur Psychologie des produktiven Denkens. Springer, Berlin, neuaufgel. 1963, Springer, Berlin/Heidelberg/New York

Durkheim, E. (1933): The division of labour in society. Macmillan, New York

Edwards, W. (1954): The theory of decision making. Psychol. Bull., 51: 380—417

Ehrlich, D., Guttmann, J., Schönbach, P. und Mills, J. (1957): Postdecision Exposure to Relevant Information. J. Abnorm. Soc. Psychol., 54: 98—102

Elkind, D., Koegler, R. R. und Go, E. (1964): Effects of perceptual training at three age levels. Science, 137: 755—756

Elkind, D. und Flavell, J. H. (Hrsg.) (1969): Studies in cognitive development. Oxford Univ. Press, New York/Toronto/London

Entwisle, D. R., Forsyth, D. F. und Muuss, R. (1964): The syntactic-paradigmatic shift in children's word association. J. Verb. Learn. Verb. Behav., 3: 19—29

Ertel, S. (1966): Ein differentialmethodischer Versuch zum Intelligenzproblem. Psych. Forsch., 30: 151—199

Fairbanks, G. (1954): Systematic research in experimental phonetics. I. A theory of speechmechanism as a servo-system. J. Speech Dis., 19: 133—139

Feather, N. T. (1964): A structural balance model of communication effects. Psychol. Rev., 71: 291—313

Feldman, S. (Hrsg.) (1966): Cognitive consistency. Academic Press, New York/London

Festinger, L. (1957): A theory of cognitive dissonance. Row, Peterson, Evanston, 1957

Fitzgibbons, D., Goldberger, L. und Eagle, M. (1955): Field dependence and memory for incidental material. Percept. Mot. Skills, 21: 743—749

Flavell, J. H. und Hill, J. P. (1969): Developmental Psychology. Ann. Rev. Psychol., 20: 1—56

Frank, H. (1961): Zur Mathematisierbarkeit des Ordnungsbegriffs. Grundlagenstudien aus Kybernetik und Geisteswissenschaft, 2: 33—42

Freud, S. (1900): Die Traumdeutung. — Über den Traum. In: Gesammelte Werke Bd. II/III. Imago Publishing & Co., London

Freud, S. (1953): Abriß der Psychoanalyse. Das Unbehagen in der Kultur. Neu aufgel. Fischer-Bücher, Frankfurt/Hamburg

Freytag-Löringhoff, v. B. (1955): Über das hypothetische Urteil und den Rückschluß auf seine Prämissen. Zeitschr. für Philos. Forschg., 9: 56—76

Fromm, E. (1959): The creative attitude. In: *Anderson H. H.* (Hrsg.), Creativity and its cultivation. Harper & Row, New York

Furth, H. G. (1966): Thinking without language. Free Press of Glencoe, New York

Gagné, R. M. und Smith, E. C. (1962): A study of the effect of verbalization on problem solving. J. Exp. Psychol., 63: 12—18

Garner, W. R. (1962): Uncertainty and structure as psychological concepts. Wiley, New York

Geer, J. P. v. d. (1957): A psychological study of problem solving. Diss. Leyden

Gerald, R. W. (1962): How the brain creates ideas. In: *Parnes , S. J.* und *Harding, H. F.* (Hrsg.) A source book for creative thinking. Scribner's, New York

Getzels, J. W. und Jackson, P. W. (1962): Creativity and intelligence. Wiley, New York

Ghent, L. (1956): Perception of overlapping and embedded figures by children of different ages. Amer. J. Psychol., 69: 575—587

Gianirapani, D. (1958): Changes in adaption to prolonged perceptual distortion. A developmental study. Unpubl. doctoral thesis, Clark Univ., Worcester, Mass.

Gilson, C. und Abelson, R. P. (1965): The subjective use of inductive evidence. J. Pers. soc. Psychol., 2: 301—310

Glanzer, M. und Clark, W. H. (1964): The verbal-loop hypothesis: Conventional figures. Amer. J. Psychol., 77: 621—626

Goodenough, F. L. (1945): Developmental psychology. Appleton-Century-Crofts, New York

Gordon, W. J. J. (1961): Synectics: The development of creative capacity. Harper, New York

Goss, A. E. (1961): Verbal mediating response and concept formation. Psychol. Rev., 68: 248—274

Groos, K. (1899): Die Spiele des Menschen. Jena

Guilford, J. P. (1956): The structure of intellect. Psychol. Bull., 53: 267—293

Guilford, J. P. (1967a): The nature of human intelligence. McGraw-Hill, New York/Toronto/London

Guilford, J. P. (1967b): Some new views of creativity. In: *Helson, H.* (Hrsg.), Theories and data in psychology. Van Nostrand, Princeton

Gutman, H. (1961): The biological roots of creativity. Genetic Psycholog. Monogr., 1961, 419—458

Harlow, H. F. (1950): Learning and the satiation of response in intrinsically motivated complex puzzle performance in monkeys. J. Compar. Physiol. Psychol., 43: 289—294

Harlow, H. F., Blazek, N. C. und McClearn, G. E. (1956): Manipulatory motivation in the infant rhesus monkey. J. Compar. Physiol. Psychol., 49: 444—448

Harms, L. S. (1961): Listener Comprehension of speech of three status groups. Language and Speech, 4: 109—112

Harris, C. S. (1963): Adaption to displaced vision: visual, motor or proprioceptive change? Science, 140: 812—813

Harris, D. (1960): The development and validation of a test of creativity in engineering. J. appl. Psychol., 44: 254—257

Harvey, O. J., Hunt, D. E. und Schroder, H. M. (1961): Conceptual systems and personality organization. Wiley, New York

Hasan, P. und Butcher, H. J. (1966): Creativity and intelligence: a partial replication with Scottish children of Getzel's and Jackson's study. Brit. J. Psychol., 57: 129—135

Heckhausen, H. (1969): Förderung der Lernmotivierung und der intellektuellen Tüchtigkeiten. In: *Roth, H.* (Hrsg.), Begabung und Lernen. Klett, Stuttgart

Heidegger, M. (1927): Sein und Zeit. Niemeyer, Halle

Heider, F. (1946): Attitudes and cognitive organization. J. Psychol., 21: 107—117

Heider, F. (1958): The psychology of interpersonal relations. Wiley, New York

Held, R. (1965): Plasticity in sensory-motor systems. Sci. Amer., 213: 84—94

Held, R. und Schlank, M. (1964): An attempt that failed to reproduce a study of disarranged eye-hand coordination. Percept. Mot. Skills, 19: 301

Henle, M. (1962): On the relation between logic and thinking. Psychol. Rev., 69: 366—378

Herrmann, Th. (1964): Informationstheoretische Modelle zur Darstellung der kognitiven Ordnung. In: *Bergius, R.* (Hrsg.), Allgemeine Psychologie, 2. Halbband, Handbuch der Psychologie, Bd. 1, Hogrefe, Göttingen, 641—669

Hersch, C. (1962): The cognitive functioning of the creative person: a developmental analysis. J. Proj. Tech., 26: 193—200

Hesse, K. (1966): Entwicklungspsychologische Untersuchungen über logische Denkleistungen bei der Herstellung multiplikativer Gruppierungen. Unveröffentl. Zulassungsarbeit an der PH München

Hilgard, E. (1959): Creativity and problem-solving. In *Anderson, H. H.* (Hrsg.), Creativity and its cultivation. Harper & Row, New York

Hitt, W. D. (1965): Toward a two-factor theory of creativity. Psychol. Rec., 15: 127—132

Hofstätter, P. R. (1957): Gruppendynamik. Rowohlt, Hamburg rororo

Holland, J. L. (1959): Some limitations of teacher ratings as predictors of creativity. J. educ. Psychol., 50: 219—223

Hollander, E. P. (1961): Zur Frage der Konformität in der Persönlichkeit. In: *Brengelmann, J. C. und David, H. P.* (Hrsg.), Perspektiven der Persönlichkeitsforschung. Huber, Bern/Stuttgart

Holmes, D. S. und Schallow, J. R. (1969): Reduced recall after ego threat: repression or response competition? J. Pers. Soc. Psychol., 13: 145—152

Horn, J. L. (1968): Organization of abilities and the development of intelligence. Psychol. Rev., 75: 242—259

Houston, J. P. und Mednick, S. A. (1963): Creativity and the need for novelty. J. Abnorm. Soc. Psychol., 66: 137—141

Hovland, C. I. und Sherif, M. (1952): Judgmental phenomena and scales of attitude measurement: item desplacement in Thurstone scales. J. Abnorm. Soc. Psychol., 47: 822—832

Hübner, A. (1968): Der Effekt logischen Trainings bei geistig retardierten und akzelerierten Kindern. Unveröffentl. Zulassungsarbeit a. d. Pädagogischen Hochschule München

Hull, C. L. (1943): Principles of behavior. Appleton, New York

Hunt, E. B. (1962): Concept learning. An information precessing problem. Wiley, New York

Hunt, J. McV. (1961): Intelligence and experience. Ronald, New York

Hunt, J. McV. (1964): The psychological basis for using pre-school enrichment as an antidote for cultural deprivation. Merrill-Palmer Quart., 10: 209—248

Hunt, J. McV. (1965): Intrinsic motivation and its role in psychological development. In: *Levine, D.* (Hrsg.), Nebraska Symposium on Motivation 1965. Univ. of Nebraska Press, Lincoln

Husserl, E. (1913): Logische Untersuchungen. 2. Bd., 2. umgearbeitete Auflage, Niemeyer, Halle

Hutt, C. (1966): Exploration and play in children. In *Jewell, P. A.* und *Loizos, C.* (Hrsg.), Play, explorations and territory in mammals. Academic Press, London/New York

Jeffrey, W. E. (1968): The orienting reflex and attention in cognitive development. Psychol. Rev., 75: 323—334

Jensen, A. R. (1967): Social class determinants of language development. In: *De Cecco, J. P.* (Hrsg.), Psychology of language, thought and instruction. Holt, Rinehart & Winston, New York

Jensen, A. R. und Rohwer, W. D. (1965): Syntactical Mediation of serial and paired-associate learning as a function of age. Child Developm., 36: 601—608

Jex, F. B. (1963): Negative validities for two different ingenuity tests. In: *Taylor, C. W.* und *Barron, F.* (Hrsg.), Scientific creativity Wiley, New York

Jung, C. G. (1933): Die Beziehungen zwischen dem Ich und dem Unbewußten. Rascher, Zürich

KAGAN, J. (1965a): Individual differences in the resolution of response uncertainty. J. Pers. Soc. Psychol., 2: 154—160

KAGAN, J. (1965b): Reflection-impulsivity and reading ability in primary grade children. Child Developm., 36: 609—628

KALVERAM, K. T. (1965): Die Veränderung von Faktorenstrukturen durch „simultane Überlagerung". Arch. für d. ges. Psychol., 117: 296—305

KANKELEIT, O. (1959): Das Unbewußte als Keimstätte des Schöpferischen. Selbstzeugnisse von Gelehrten, Dichtern und Künstlern. Reinhardt, München/Basel

KARLINS, M. und LAMM, H. (1967): Information search as a function of conceptual structure in a complex problem-solving task. J. Pers. Soc. Psychol., 5: 456—459

KATONA, G. (1940): Organizing and memorizing. Columbia Univ. Press, New York

KELLY, G. A. (1955): The psychology of personal constructs. Norton, New York

KEMPER, W. (1955): Der Traum und seine Be-Deutung. rororo Hamburg

KENDLER, H. H. und KENDLER, T. S. (1962): Vertical and horizontal processes in problem solving. Psychol. Rev., 69: 1—16

KENDLER, T. S. (1963): Development of mediating responses in children. In: *Wright, J. C.* und *Kagan, J.* (Hrsg.), Basic cognitive processes in children. Monograph of the Soc. for Res. on Child Development, Inc., Pardue Univ.

KENDLER, T. S. und KENDLER, H. H. (1959): Reversal and nonreversal shifts in kindergarten children. J. exp. Psychol., 58: 56—60

KENDLER, T. S., KENDLER, H. H. und WELLS, D. (1960): Reversal and nonreversal shifts in Nursery School children. J. Comp. Physiol. Psychol., 53: 83—88

KERSH, B. Y. und WITTROCK, M. C. (1962): Learning by discovery: An interpretation of recent research. J. of Teacher Education, 13: 461—468

KLEINMUNTZ, B. (1966): Problem solving: research, method, and theory. Wiley, New York

KLIX, F. (1967): Untersuchungen über Begriffsbildung I. Psychologische Probleme des Ursprungs, des Erwerbs und der Struktur begrifflicher Klassifizierung. Z. Psychol., 173: 159—207

KLIX, F. und RAUTENSTRAUCH-GOEDE, K. (1967): Struktur- und Komponentenanalyse von Problemlösungsprozessen. Z. für Psychol., 174: 167—193

KOHL, H. (1970): Die beschleunigte Entwicklung bei der Bildung des Raumbegriffs in meinem 1.—4. Schülerjahrgang. Schriftl. Hausarbeit zur Anstellungsprüfung (unveröffentlicht)

KÖHLER, W. (1940): Dynamics in Psychology. Liveright Publishing Corp., New York

KONSTADT, N. und FORMAN, E. (1965): Field dependence and external directedness. J. Pers. Soc. Psychol., 1: 490—493

KRIS, E. (1952): Psychoanalytic explorations in arts. Internat. Univ. Press, New York

KUBIE, L. S. (1958): Neurotic distortion of the creative process. Kansas University, Lawrence

KUENNE, M. R. (1946): Experimental investigation of the relation of language to transposition behavior in young children. J. Exp. Psychol., 36: 471—490

KUHLMAN, C. (1960): Visual imagery in children. Unpublished doctoral diss., Harvard Univ.

LANDAU, E. (1969): Psychologie der Kreativität. Reinhardt, München/Basel

LANGER, D. (1962): Informationstheorie und Psychologie. Hogrefe, Göttingen

LEARY, T. (1964): The effects of test feedback on creative experience. In: *Taylor, C.* (Hrsg.), Widening horizons in creativity. Wiley, New York

LEHMAN, H. C. (1942): The creative years: oil paintings, etchings, and architectural works. Psychol. Rev., 49: 19—43

LEHMAN, H. C. (1953): Age and Achievement. Princeton University Press

LENNEBERG, E. H. (1967): Biological foundation of language. Wiley, New York

LERSCH, PH. (1964): Der Aufbau der Person. 9. Aufl. Barth, München

LEWIS, M., WALL, A. M. und ARONFREED, J. (1963): Developmental change in the relative values of social and nonsocial reinforcement. J. exp. Psychol. 66: 133—137

LIENERT, G. H. (1964): Belastung und Regression. Hain, Meisenheim, Glan

LINDSLEY, D. B. (1952): Psychological phenomena and the electroencephalogram. EEG Clinical Neurophysiology, 4: 443—456

LINHART, L. (1965): Probleme der semantischen Information im menschlichen Lernen. Z. Psychol., Bd. 171, 304—324

LOWENFELD, V. und BEITTEL, K. (1959): Interdisziplinary criteria of creativity in the arts and sciences: A progress report. Research Yearbook of the National Art. Education Association

LUCE, R. D. (1962): Psychological studies of risky decision making. In: *Strother, G. B.* (Hrsg.), Social science approaches to business behavior. R. D. Irwin, Inc. Tavistock Publications Ltd., London

LUCE, R. D. und RAIFFA, H. (1957): Games and decisions. Wiley, New York

LUCHINS, A. S. (1946): Classroom experiments on mental set. Amer. J. Psychol., 59: 295—298

LUCHINS, A. S. und LUCHINS, E. H. (1950): New experimental attempts at preventing mechanization in problem solving. J. gen. Psychol., 42: 279—297

LURIA, A. R. (1961): The role of speech in the regulation of normal and abnormal behavior. The Liveright Publishing Corp., New York

MCGUIRE, C. (1961): The prediction of talented behavior in junior high schools. Proceedings of the 1960 invitational conference on testing problems. Princeton, N. J., Educational Testing Service, 46—73

MCGUIRE, W. J. (1960): A syllogistic analysis of cognitive relationships. In: *Hovland, C. I.* und *Rosenberg, M. J.* (Hrsg.), Attitude organization and change. Yale Univ. Press, New Haven, Conn.

MCKELLAR, P. (1957): Imagination and thinking. Cohen & West, London

McKinnon, D. W. (1960a): The highly effective individual. Teachers College Record 61 (7)

McKinnon, D. W. (1960b): Nurturing creativity in the able student. A talk given to the Senior Workshop for Teachers of Secondary Gifted Classes. Oakland Public Schools, Oakland, Calif. Nov. 17, 1960 p 10. Mimeo.

McKinnon, D. W. (1962): The nature and nurture of creative talent. Amer. Psychol., 17: 484—495

Maier, N. R. F. (1931): Reasoning in humans. II. The solution of a problem and its appearance in consciousness. J. comp. Psychol., 12: 181—194

Maier, N. R. F. (1967): Assets and liabilities in group problem solving. The need for an integrative function. Psychol. Rev., 74: 239—249

Malmo, R. B. (1959): Activation: A neuropsychological Dimension. Psychol. Rev., 66: 367—386

Maltzman, I. (1960): On the training of originality. Psychol. Rev., 67: 229—242

Maltzman, I., Bogartz, W. und Berger, L. (1958): A procedure for increasing word association originality and its transfer effects. J. exp. Psychol., 56: 392—398

Maltzman, I., Simon, S. und Licht, L. (1959): The persistence of originality training effects. Univ. of California, Department of Psychology, Technical Report 4

Marshall, J. (1968): Psychological aspects of semantic structure. In: *Meetham, R.* (Hrsg.), Encyclopedia of linguistics, information and control. Pergamon Press, London

Maslow, A. H. (1954): Motivation and personality. Harper, New York

Maslow, A. H. (1959): Creativity in self-actualizing people. In: *Anderson, H. H.* (Hrsg.), Creativity and its cultivation. Harper & Row, New York

Maslow, A. H. (1963): The creative attitude. The Structurist, 3: 4—10

Mausner, B. (1960): The effect of an instructed bias on judges in a Thurstone scale construction. Unpubl. paper, Graduate School of Public Health, Univ. of Pittsburg

Mayzner, M. S. und Tresselt, M. E. (1956): The effekt of the competition and generalization of sets with respect to manifest anxiety. J. genet. Psychol., 55: 241—247

Mednick, S. A. (1967): The associative basis of the creative process. Psychol. Rev., 69: 220—232

Meer, M. und Stein, M. J. (1955): Measures of intelligence and creativity. J. Psychol., 39: 117—126

Meili, R. (1961): Lehrbuch der psychologischen Diagnostik. Huber, Bern/Stuttgart

Merz, F. (1968): Der Einfluß des Verbalisierens auf die Leistung bei Intelligenzaufgaben. Ber. aus dem Inst. für Psychologie der Philipps-Univ. in Marburg, Nr. 14

Messick, S. J. und Solley, C. M. (1957): Probability learning in children: Some exploratory studies. J. Genet. Psychol., 90: 23—32

Michotte, A. (1946): La perception de la causalité. Louvain, Paris/Brüssel

Miller, G. A. (1962): Some psychological studies of grammar. Amer. Psychologist, 17: 748—762

Miller, G. A., Galanter, E. und Pribram, K. H. (1960): Plans and the structure of behavior. Henry Volt & Comp., New York

Mooney, C. M. (1957): Age in the development of closure ability in children. Canad. J. Psychol., 11: 219—226

Mooney, R. L. und Razik, T. A. (Hrsg.) (1967): Explorations in Creativity. Harper & Row, New York

Mosteller, F. und Nogee, P. (1951): An experimental measurement of ability. J. politic. Econ., 59: 371—404

Mowrer, O. H. (1960): Learning theory and the symbolic process. Wiley, New York

Müller, K. (1964): Denken und Lernen als Organisieren. In: *Bergius, R.* (Hrsg.), Handbuch der Psychologie, Bd. I, 2. Halbband: Lernen und Denken. Hogrefe, Göttingen 118—43

Muschiol, B. (1968): Der Einfluß eines kurzen Trainings auf die Entwicklung des logischen Zahlbegriffs bei fünf- bis sechsjährigen Kindern. Unveröffentl. Zulassungsarb. a. d. Pädagogischen Hochschule München

Nadiraschwili, S. (1965): Über die Modellierung von Verallgemeinerungsprozessen. Z. Psychol., 171: 196—203

Neisser, U. (1963): The multiplicity of thought. Brit. J. Psychol., 54: 1—14

Neisser, U. (1967): Cognitive Psychology. Appleton, New York

Newell, A., Shaw, J. C. und Simon, H. A. (1958): Chess-playing problems and the problem of complexity. IBM, J. of Res. & Developm., 2: 320—335

Newell, A., Shaw, J. C. und Simon, H. A. (1960): Report on a general problem-solving program. Proceedings of the international conference on information processing. Unesco, Paris

Oerter, R. (1967): Über den Einfluß verschiedener Arten von Informationsaufnahme und -verarbeitung auf den Lernprozeß. In: Praxis und Perspektiven des programmierten Unterrichts. Bd. II., Schnelle, Quickborn

Oerter, R. (1970a): Moderne Entwicklungspsychologie. Auer, Donauwörth (8. Aufl.)

Oerter, R. (1970b): Struktur und Wandlung von Werthaltungen. Oldenbourg, München

Oevermann, U. (1967): Sprache und soziale Herkunft. Ein Beitrag zur Analyse schichtspezifischer Sozialisationsprozesse und ihre Bedeutung für den Schulerfolg. Diss., Frankfurt. Veröffentl. 1970 in: Studien und Berichte des Instituts für Bildungsforschung der Max-Planck-Gesellschaft Berlin, Nr. 18

Oevermann, U. (1969): Schichtspezifische Formen des Sprachverhaltens und ihr Einfluß auf die kognitiven Prozesse. In: *Roth, H.* (Hrsg.), Begabung und Lernen. Klett, Stuttgart, 297—355

Olds, J. (1955): Physiological mechanism of reward. In *Jones, M. R.* (Hrsg.), Nebraska Symposium on Motivation. Univ. of Nebraska Press, Lincoln

Osborn, A. F. (1957): Applied imagination (Revised ed.) Scribner's, New York

Osborn, A. F. (1962): Development in creative education. In: *Parnes, S. J.* und *Harding, H. F.* (Hrsg.), A source book for creative thinking. Scribner's, New York

Osgood, C. E. (1957): A behavioristic analysis of perception and language as cognitive phonomena. In: Contemporary approaches to cognition. Harvard Univ. Press, Cambridge, Mass.

Osgood, C. E., Suci, G. J. und Tannenbaum, P. H. (1957): The measurement of meaning. Univ. of Illinois Press, Urbana

Osgood, C. E. und Tannenbaum, P. H. (1955): The principle of congruity in the prediction of attitude change. Psychol. Rev., 62: 42—55

Paivio, A. und Csapo, K. (1969): Concrete image and verbal memory codes. J. exp. Psychol., 80: 279—285

Palermo, D. S. (1963): Word associations and children's verbal behavior. In: *Lipsett, L. P.* und *Spiker, C. C.* (Hrsg.), Advances in child development and behavior. Vol. 1. Academic Press, New York

Palermo, D. S. (1964): Word associations and their influence upon the verbal behavior of children. Paper presented at the meeting of the American Psychological Association, Los Angeles

Palermo, D. S. (1965): Characteristics of word association responses obtained from children in grades one through four. Paper presented at the Social Research of Child Development Conference, Minneapolis, 1965

Palermo, D. S. und Jenkins, J. J. (1963): Frequency of superordinate responses to a word association test as a function of age. J. Verb. Learn. Verb. Behav., 1: 378—383

Parnes, S. J. (1961): Effects of extended effort in creative problem-solving. J. educ. Psychol., 52: 117—122

Parnes, S. J. und Hardings, H. F. (1962): A source book for creative thinking. Scribner's, New York

Pawlow, I. P. (1953): Sämtliche Werke. Übers. v. A. Kapp u. a. Gesamtred. L. Pickenhain. Akademie Verlag, Berlin

Peck, R. F. (1962): Student mental health; the range of personality patterns in a college population. In: *Sutherland, R. et al.* (Hrsg.), Personality factors on the colleg campus. Austin, Texas, Hogg Foundation for Mental Health

Petter, G. (1966): Die geistige Entwicklung des Kindes im Werk von Jean Piaget. Huber, Bern/Stuttgart

Phillips, L. und Edwards, W. (1966): Conservatism in a simple probability inference task. J. exper. Psychol., 72: 346—354

Piaget, J. (1926): La représentation du monde chez l'enfant. Delacheux et Niestlé, Neuchâtel

Piaget, J. (1947): Psychologie der Intelligenz. Rascher, Zürich

Piaget, J. (1955): Die Bildung des Zeitbegriffs. Übers. v. G. Meili-Dworetzki, Rascher, Zürich

Piaget, J. und Albertini, B. v. (1954): Recherches sur le développement des perceptions. XIX. Observation sur la perception des bonnes formes chez l'enfant par actualization des lignes virtuelles. Arch. Psychol., Genf, 34: 203—243

Piaget, J. und Szeminska, A. (1965): Die Entwicklung des Zahlbegriffes beim Kind. Übers. v. H. K. Weinert. Klett, Stuttgart

Pressey, S. L. und Kuhlen, R. G. (1957): Psychological development through the life span. Harper & Brothers, New York

Rausch, E. (1960): Denken und Raumanschauung. Ber. 22. Kongr. d. DGP, Heidelberg, hg. von Thomae, H., Hogrefe, Göttingen, 155—157

Ray, W. S. (1965): Mild stress and problem-solving. Amer. J. Psych. 78: 227—234

Razran, G. (1960): The observable unconscious and the inferable conscious in current Soviet psychophysiology: Interceptive conditioning, semantic conditioning and the orienting reflex. Psychol. Rev., 68: 109—119

Reese, H. W. (1960): Motor paired-associate learning and stimulus pretraining. Child Developm., 31: 505—513

Reiss, D. (1958): Subjective models of a simple finite-state grammar: a study of their attainment and characteristics. Unpublished honors thesis, Harvard Univ.

Reitman, W. R. (1965): Cognition and thought. Wiley, New York

Reitman, W. R., Grove, R. B. und Shoup, R. G. (1964): Argus: An information-processing model of thinking. Behav. Sci., 9: 270—281

Reynolds, J. H. (1968): Cognitive transfer in verbal learning: II. Transfer effects after prefamiliarization with integrated versus partially integrated verbal-perceptual structures. J. Educ. Psychol., 59: 133—138

Rhine, R. J. (1958): A concept-formation approach to attitude acquisition. Psychol. Rev., 65: 362—370

Robinson, W. P. (1965): Close procedure as a technique for the investigation of social class differences in language usage. Lang. Speech, 8: 42—55

Rogers, C. R. (1959): Toward a theory of creativity. In: *Anderson, H. H.* (Hrsg.), Creativity and its cultivation. Harper & Row, New York

Rohr, A. (1968): Komplexes Denken. Beltz, Weinheim/Berlin

Rosenbaum, M. E., Arenson, S. J. und Panman, R. A. (1964): Training and instructions in the facilitation of originality. J. verb. Learn. verb. Beh., 3: 50—56

Rosenberg, M. J. (1960): An analysis of affective-cognitive consistency. In: *Hovland, C. I.* und *Rosenberg, M. J.* (Hrsg.), Attitude organization and change. Yale Univ. Press, New Haven

Rosenhan, D. und Greenwald, J. A. (1965): The effects of age, sex, and socioeconomic class on responsiveness to two classes of verbal reinforcement. J. Pers., 33: 108—121

Roughead, W. G. und Scandura, J. M. (1968): "What is learned" in mathematical discovery. J. Educ. Psychol., 59: 283—289

Russell, D. H. (1956): Children's thinking. Ginn, Boston
Russell, B. (1904): The axiom of infinity. Hibbert, J., 2: 809—812

Sader, M. (1957): Instruktionsverständnis und Testleistung. Untersuchung über Vorphase und Hauptphase eines psychologischen Prüfversuchs. Psycholog. Arbeiten 4, hrsg. v. *E. Rausch*, Frankfurt
Samuels, S. J. und Wittrock, M. C. (1969): Word-association strength and learning to read. J. Educ. Psychol., 60: 248—252
Schachter, S. und Singer, J. E. (1962): Cognitive, social and physiological determinants of emotional state. Psychol. Rev., 69: 379—399
Schatzmann, L. und Strauss, A. (1955): Social class and modes of communication. Am. Soc. Rev., 60: 329—338
Scheuerl, H. (1965): Das Spiel. Beltz, Weinheim
Seiler, T. B. (1968): Die Reversibilität in der Entwicklung des Denkens. Klett, Stuttgart
Selz, O. (1913): Über die Gesetze des geordneten Denkverlaufs. Spemann, Stuttgart
Selz, O. (1922): Zur Psychologie des produktiven Denkens und des Irrtums. Cohen, Bonn
Shannon, C. E. (1948): A mathematical theory of communication. Bell System Tech. J., Vol., 27: 379—423, 623—656
Sheffield, F. D. A. (1966): A drive-induction theory of reinforcement. In: *Haber, R. N.* (Hrsg.), Current research in motivation, Holt, Rinehart & Winston, New York
Shepard, R. N. (1964): On subjectively optimum selections among multi-attribute alternatives. In: *Shelley, M. W.* und *Bryan, G. L.* (Hrsg.), Human judgements and optimality. Wiley, New York
Sherif, M. und Hovland, C. I. (1961): Social judgement. Yale Univ. Press. New Haven, Conn.
Shipstone, E. I. (1960): Some variables affecting pattern conception. Psychol. Monogr., Vol. 74, Whole No. 504
Skinner, B. F. (1938): The behavior of organism. Appleton, New York
Smedley, D. A. (1969): Language and social class among grammar school children (Abstract). Brit. J. Educ. Psychol., 39: 195—196
Smedslund, J. (1961): The acquisition of conservation of substance and weight in children. V. Practice without external reinforcement. Scand. J. Psychol., 2: 156—160
Spiker, C. C. (1961): Verbal factors in the discrimination learning of children. Paper read at the Conference on Cognitive Processes. Minneapolis, April 61
Spotts, J. W. und Mackler, B. (1967): Relationships of field-dependent and field-independent cognitive styles to creative test performance. Percept. Mot. Skills, 24: 239—268
Spranger, E. (1925): Psychologie des Jugendalters. Quelle & Meyer, Leipzig

Staats, A. W. (1961): Verbal habit families, concepts, and the operant conditioning of word classes. Psychol. Rev., 68: 190—204
Stern, C. (1967): Acquisition of problem-solving strategies in young children and its relation to verbalization. J. Educ. Psychol., 58: 245—252
Stevens, S. S. (1959): Measurement, psychophysics, and utility. In: *Churchman, C. W.* und *Ratoosh, P.* (Hrsg.), Measurement: definitions and theories. Wiley, New York
Suchman, R. J. (1961): Inquiry training: building skills for autonomous discovery. Merrill-Palmer Quart., 7: 147—170
Suedfeld, P. und Hagen, R. L. (1966): Measurement of information complexity: I. Conceptual structure and information pattern as factors in information processing. J. Pers. Soc. Psychol., 4: 233—236
Sydow, H. (1968): Versuche zur strukturellen und metrischen Darstellung von Problemzuständen in Lösungsprozessen. In *Klix, F.* (Hrsg), Kybernetische Analysen geistiger Prozesse. Verlag Dokumentation München-Pullach, Lizenzaus gabe des VEB Verlag d. Wissenschaften, Berlin
Szekely, L. (1944): Zur Psychologie des geistigen Schaffens. Schweiz. Z. Psychol.. 4: 110—124, 332—347

Tack, W. H. (1965): Möglichkeiten der Anwendung von Lernmodellen auf Fragen der Begriffsbildung. Z. Psychol., 171: 218—231
Taylor, D. W., Berry, P. C. und Block, C. H. (1957): Does group participation when using brainstorming facilitate or inhibit creative thinking? Yale Univ., Department of Industrial Administration and Department of Psychology. Technical Report 1, prepared under contract Nour 609 (20) (NR 150—166) for Office of Naval Research
Taylor, D. W. und Block, C. H. (1957): Should group or individual work come first on problems requiring creative thinking when equal time is devoted to each? Yale Univ. Prepared under contract Nour 609 (20) (NR 150—166) for Office of Naval Research
Taylor, D. W. und McNemar, O. W. (1955): Problem solving and thinking. Ann. Rev. Psychol., 6: 455—482
Taylor, J. G. (1962): The behavioral basis of perception. New Haven, Conn.: Yale Univ. Press
Thorndike, E. L. (1903): Educational Psychology. Lencke & Buechner, New York
Thorndike, R. L. (1962): Some methodological issues in the study of creativity. In: *Gardener, E.* (Hrsg.), Proceedings of the 1962 invitational conference on testing problems
Thurstone, L. L. (1938): Primary mental abilities. Psychometric Monogr. I, Univ. of Chicago Press, Chicago
Tolman, E. C. (1932): Purposive behavior in animals and men. Appleton-Century-Crofts, New York
Torrance, E. P. (1959): Sex role identification and creativity: An exploratory

study. Research Memorandum BER-59-10, Bureau of Ed. Res., Univ. of Minnesota

Torrance, E. P. (1960): Educational achievement of the highly intelligent and the highly creative: eight partial replications of the Getzel-Jackson study, Research Memorandum BER-60-18, Bureau of Educ. Res., Univ. of Minnesota

Torrance, E. P. (1962a): Guiding creative talent. Englewood Cliffs, New York, Prentice Hall

Torrance, E. P. (1962b): Developing creative thinking through school experiences. In: *Parnes, S. J.* und *Harding, H. F.* (Hrsg.), A source book for creative thinking. Scribner's, New York

Torrance, E. P. und Gowan, J. C. (1963): The reliability of the Minnesota tests of creative-thinking. Research Memorandum BER-63-4. Bureau of Educ. Res., Univ. of Minnesota

True, G. H. (1957): Creativity as a function of idea fluency, practicability and specific training. Diss. Abstr. Vol. XVII, 401—402

Tuckman, B. W. (1966): Integrative complexity: its measurement and relation to creativity. Educ. Psychol. Measmt., 26: 369—382

Tversky, A. (1969): Intransitivity of preferences. Psychol. Rev. 76: 31—48

Vannoy, J. S. (1965): Generality of cognitive complexity – simplicity as a personality construct. J. Pers. Soc. Psychol., 2: 385—396

von Domarus, E. (1944): The specific laws of logic in schizophrenia. In: *Kasanin, J. S.* (Hrsg.), Language and thought in schizophrenia. Univ. of California Press

Voss, J. F. (1969): Approaches to thought. Merrill, Columbus, Ohio

Vurpillot, E. und Zoberman, N. (1965): Roles des indices communs et des indices distincts dans la différentation perceptive. Acta Psychologica, 24: 49—67

Wallach, H., Kravitz, J. und Lindauer, J. (1963): A passive condition for rapid adaptation to displaced visual direction. Amer. J. Psychol., 76: 568—578

Wallach, M. A. und Kogan, N. (1965a): A new look at the creativity-intelligence distinction. J. Pers. 33: 348—369

Wallach, M. A. und Kogan, N. (1965b): Modes of thinking in young children. Holt, Rinehart & Winston, New York

Wason, P. C. (1960): On the failure to eliminate hypotheses in a conceptual task. Quart. J. exp. Psychol., 12: 129—140

Wason, P. C. (1964): The effect of self-contradiction on fallacious reasoning. Quart. J. exp. Psychol., 16: 30—34

Watson, J. B. (1920): Is thinking merely the action of language mechanism? Part. V. Brit. J. Psychol., 11: 87—104

Weir, M. W. (1964): Developmental changes in problem solving strategies. Psychol. Rev., 71: 473—490

Weltner, K. (1970): Informationstheorie und Erziehungswissenschaft. Schnelle, Quickborn

Werner, H. (1959): Einführung in die Entwicklungspsychologie. Barth, München

WERTHEIMER, M. (1925): Über Schlußprozesse im produktiven Denken. In: „Drei Abhandlungen zur Gestalttheorie". Neu herausg.: Weltkreis-Verlag, Erlangen

WERTHEIMER, M. (1945): Produktive Thinking. Harper, New York. Deutsch: Frankfurt 1957

WETHERICK, N. E. (1962): Eliminative and enumerative behavior in a conceptual task. Quart. J. exp. Psychol., 14: 246—249

WHITE, S. H. (1965): Evidence for a hierarchical arrangement of learning processes. In: *Lipsitt, L. P.* und *Spiker, C. C.* (Hrsg.), Advances in child development and behavior. Academic Press, New York, 187—220

WHITEHEAD, A. N. und RUSSELL, B. (1910): Principia mathematica. 3 Bände 1910—1913, London

WHITFIELD, J. W. (1951): An experimental in problem solving. Quart. J. exper. Psychol., 3: 184—197

WHORF, B. L. (1956): Science and Linguistics. In: *Carroll, J. B.* (Hrsg.), Language, thought, and the school. M. I. T. Press, Cambridge, Mass.

WHORF, B. L. (1963): Sprache — Denken — Wirklichkeit. Hrsg. von P. Krausser, rde. 174, Hamburg

WILSON, R. C., GUILFORD, J. P. und CHRISTENSEN, P. R. (1953): The measurement of individual differences in originality. Psychol. Bull., 50, Nov. 5

WITKIN, H. A., DYK, R. B., FATTUSON, H. F., GOODENOUGH D. R. und KARP S. A. (1962): Psychological differentiation: studies of development. Wiley, New York

WITTGENSTEIN, L. (1922): Tractatus Logico-Philosophicus. Annalen der Naturphil. (neu aufgel. 1951)

WYGOTSKI, L. S. (1964): Denken und Sprechen. Fischer, Stuttgart. Übers. von G. Sewekow (Originalausg. Moskau, 1934)

YAMAMATO, K. (1964): Evaluation of some creativity measures in a high school with prep. nominations as criteria. J. Psychol., 4: 401—405

YOST, P. A., SIEGEL, A. E. und ANDREWS, J. M. (1962): Non-verbal probability judgements by young children. Child Developm., 33: 769—780

ZIETZ, K. (1955): Kind und physische Welt. Psychische Voraussetzungen für den Naturlehreunterricht in der Volksschule. Kösel, München

ZIGLER, E. und KANZER, P. (1962): The effectiveness of two classes of verbal reinforcers on the performance of middle-and lower-class children. J. Pers. 1962, 30, 157—163